W0176227

Xpert.press

Die Reihe **Xpert.press** vermittelt Professionals in den Bereichen Softwareentwicklung, Internettechnologie und IT-Management aktuell und kompetent relevantes Fachwissen über Technologien und Produkte zur Entwicklung und Anwendung moderner Informationstechnologien.

Thomas Winkler

# ABAP/4 Programmiertechniken

## Trainingsbuch

Mit 350 Abbildungen und 51 Tabellen

Thomas Winkler
Gerhard-Hauptmann-Str. 26
15537 Erkner
th.winkler1001@t-online.de

Bibliografische Information der Deutschen Bibliothek
Die Deutsche Bibliothek verzeichnet diese Publikation in der Deutschen Nationalbibliografie; detaillierte bibliografische Daten sind im Internet über http://dnb.ddb.de abrufbar.

ISSN 1439-5428
ISBN 3-540-40486-4 Springer Berlin Heidelberg New York

Dieses Werk ist urheberrechtlich geschützt. Die dadurch begründeten Rechte, insbesondere die der Übersetzung, des Nachdrucks, des Vortrags, der Entnahme von Abbildungen und Tabellen, der Funksendung, der Mikroverfilmung oder der Vervielfältigung auf anderen Wegen und der Speicherung in Datenverarbeitungsanlagen bleiben, auch bei nur auszugsweiser Verwertung, vorbehalten. Eine Vervielfältigung dieses Werkes oder von Teilen dieses Werkes ist auch im Einzelfall nur in den Grenzen der gesetzlichen Bestimmungen des Urheberrechtsgesetzes der Bundesrepublik Deutschland vom 9. September 1965 in der jeweils geltenden Fassung zulässig. Sie ist grundsätzlich vergütungspflichtig. Zuwiderhandlungen unterliegen den Strafbestimmungen des Urheberrechtsgesetzes.

Springer ist nicht Urheber der Daten und Programme. Weder Springer noch die Autoren übernehmen die Haftung für die CD-ROM und das Buch, einschließlich Ihrer Qulität, Handels- und Anwendungseignung. In keinem Fall übernehmen Springer oder die Autoren Haftung für direkte, indirekte, zufällige oder Folgeschäden, die sich aus der Nutzung der CD-ROM oder des Buches ergeben.

Springer ist ein Unternehmen von Springer Science+Business Media

springer.de

© Springer-Verlag Berlin Heidelberg 2005
Printed in Germany

Die Wiedergabe von Gebrauchsnamen, Handelsnamen, Warenbezeichnungen usw. in diesem Werk berechtigt auch ohne besondere Kennzeichnung nicht zu der Annahme, dass solche Namen im Sinne der Warenzeichen- und Markenschutzgesetzgebung als frei zu betrachten wären und daher von jedermann benutzt werden dürften. Text und Abbildungen wurden mit größter Sorgfalt erarbeitet. Verlag und Autor können jedoch für eventuell verbliebene fehlerhafte Angaben und deren Folgen weder eine juristische Verantwortung noch irgendeine Haftung übernehmen.

Satz und Herstellung: LE-TEX Jelonek, Schmidt & Vöckler GbR, Leipzig
Umschlaggestaltung: KünkelLopka Werbeagentur, Heidelberg
Gedruckt auf säurefreiem Papier 33/3142/YL - 5 4 3 2 1 0

# Einführung

Wieder ein neues Buch zu ABAP/4 – wer soll es lesen und wie unterscheidet es sich von den anderen Werken, die sich mit der Programmiersprache des SAP R/3-Systems befassen?

*Inhaltübersicht*

So wie das Boxen nicht durch die Analyse von Kämpfen guter Boxer zu erlernen ist, kann auch das Programmieren nicht allein durch Analysieren von Syntaxdiagrammen, Lernen von Definitionen und Klauseln gemeistert werden. Programmieren lernt man am besten durch - Programmieren.

Deshalb vermittelt Ihnen das vorliegende Buch grundlegende und weiterführende ABAP/4-Programmiertechniken, wie z.B. das Erstellen von interaktiven Listen und die Nutzung aller klassischen Komponenten der Dialogprogrammierung, am Beispiel der Entwicklung eines „Literaturrecherche- und -verwaltungsprogrammes" für die East-Side-Library.

Ein Ausblick in die objektorientierte Programmierung mit ABAP-Objects erklärt wichtige Begriffe und Prinzipien dieser integrierten, objektorientierten Komponente der Programmiersprache ABAP – ebenfalls am Beispiel des „Literaturrecherche- und verwaltungsprogrammes", das mit einer objektorientierten Komponente zur komfortablen Tabellenausgabe von Daten, dem ALV Grid Control, vervollkommnet wird.

*Methode*

Das vorliegende Buch versteht sich als handlungsorientierte Ergänzung zu den ABAP/4-Standardwerken. In den einzelnen Kapiteln programmieren Sie, in leicht überschaubaren Programmierschritten, das „Literaturrecherche- und -verwaltungsprogramm" der East-Side-Library. Zu jedem Programmierschritt wird eine kurze Einführung gegeben, den Abschluss bildet jeweils eine Programmieraufgabe deren Lösung sowohl im Buch als auch auf der mitgelieferten CD zu finden ist.

Durch den Transport der für die einzelnen Programmierschritte benötigten Entwicklungsobjekte von der Buch-CD in Ihr R/3-

*Vorkenntnisse*

System, können Sie selbst bestimmen, mit welchem Schwierigkeitsgrad Sie Ihr ABAP/4-Training beginnen. Vorkenntnisse sind demnach nicht notwendig, wenn Sie Ihr Training mit dem ersten Kapitel beginnen. Der Anhang enthält eine detaillierte Anleitung zum Transport der Entwicklungsobjekte in Ihr R/3-System.

*Entwicklungssystem*

Alle Übungen können Sie auf dem „Mini SAP-System" durchführen, dessen neueste Version Sie für 29,00 € bei der SAP erwerben können (http://www.sap.com/company/shop, Link: SAP Knowledge Shop, Suchbegriff „Mini SAP"). Dieses System läuft unter Windows 2000 oder Windows XP. Sie benötigen 199 Mbyte RAM und 3,5 Gbyte freie Plattenkapazität.

*Zeichenerklärung*

Im Buch werden zur Verbesserung der Übersichtlichkeit die folgenden Icons benutzt:

| | |
|---|---|
| | Der Student macht auf wichtige Definitionen und Begriffe aufmerksam. |
| STOP | Das Stopschild warnt vor Aktionen, deren Ausführung weitreichende Konsequenzen für das R/3-System hat. |
| | Auf Vorgehensweisen, wie z.B. das Anlegen einer Tabelle oder eines Dynpros, weist Sie das Computersymbol hin. |
| | Und dieses Symbol zeigt Ihnen an, dass durch Sie eine Aufgabe zur Programmierung des „Literaturrecherche- und –verwaltungsprogramm" zu erledigen ist. |

Ich wünsche Ihnen viel Freude beim Programmieren, denn die Freude über ein funktionierendes Programm garantiert den Erfolg beim bewältigen der nächsten Aufgabe (Hinweis: Dieses rekursive Prinzip wirkt nicht nur beim Programmieren).

*Thomas Winkler*

# Inhaltsverzeichnis

# 1 Projektmanagement

## 1.1 Komponenten eines SAP-R/3-Systems

*Client-Server-Architektur*

Ein SAP-R/3-System basiert, wie die meisten Leser sicher wissen, auf einer Client-Server-Architektur. Dieser Begriff lässt sich sowohl aus software- als auch aus hardwareorientierter Sicht betrachten.

### *Softwareorientierte Sicht*

Unter „Service" ist ein Dienst zu verstehen, der von einer Softwarekomponente angeboten wird. Solche Softwarekomponenten können aus einem einzelnen Prozess oder aus mehreren Prozessen (Prozessgruppe) bestehen und werden dann „Server" (Diener) genannt. Softwarekomponenten, die einen „Service" nutzen, werden als „Clients" (Kunden) bezeichnet.

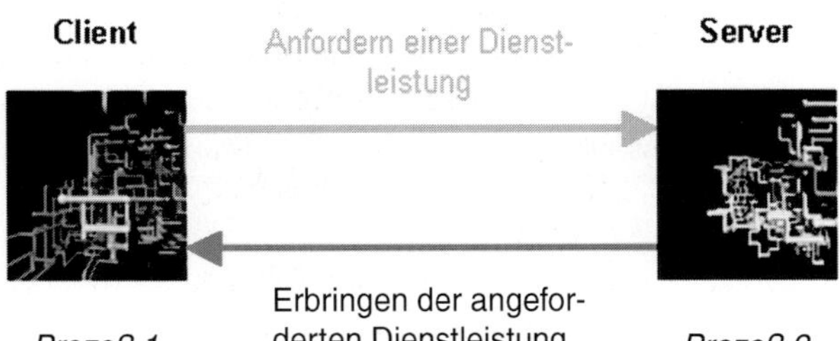


*Abb. 1.1 Softwareorientierte Sicht*

Aus softwareorientierter Sichtweise besteht ein R/3-System immer aus drei Komponenten, die oft auch als „Schichten" bezeichnet werden:

- Datenbankschicht

*Datenbankschicht*

Die Datenbankschicht übernimmt die Datenhaltung. Sie speichert alle Anwendungstabellen und Programme im darunterliegenden Datenbanksystem und stellt sie der Anwendungsschicht zur Verfügung.

*Anwendungsschicht*

- Anwendungsschicht

Diese Schicht ist verantwortlich für alle Abläufe und Funktionen der R/3-Anwendung. Hier laufen alle System- und ABAP/4-Programme.

*Präsentationsschicht*

- Präsentationsschicht

Die Präsentationsschicht hat folgende Hauptaufgaben:

- Entgegennehmen und Weiterleiten von Benutzeraktionen (Maus, Tastatureingaben),
- Entgegennehmen, Aufbereiten und Darstellen der Anwendungsdaten.

*Abb. 1.2 Schichtenmodell eines SAP-R/3-Systems*

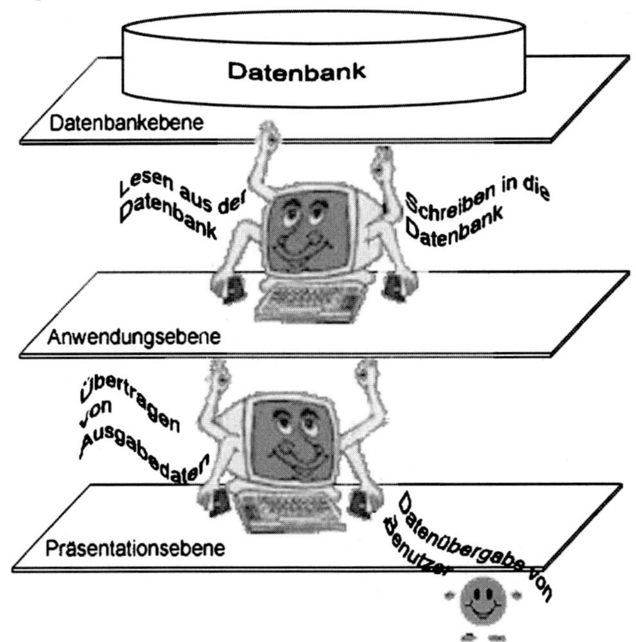


### Hardwareorientierte Sicht

In der hardwareorientierten Sicht wird unter „Server“ ein Rechner verstanden, der bestimmte „Services“ (Dienste) anbietet. Der „Client“ ist bei dieser Betrachtungsweise ein Rechner, der Dienste des Servers in Anspruch nimmt.

Abb. 1.3 Hardwareorientierte Sicht

Der Vorteil der Client-Server-Architektur besteht darin, dass verschiedene Dienste (softwareorientierte Sicht) auf verschiedene Hardwarekomponenten aufgeteilt werden können. Zwei mögliche Verteilungen (Konfigurationen) eines R/3-Systems zeigt die folgende Abbildung:

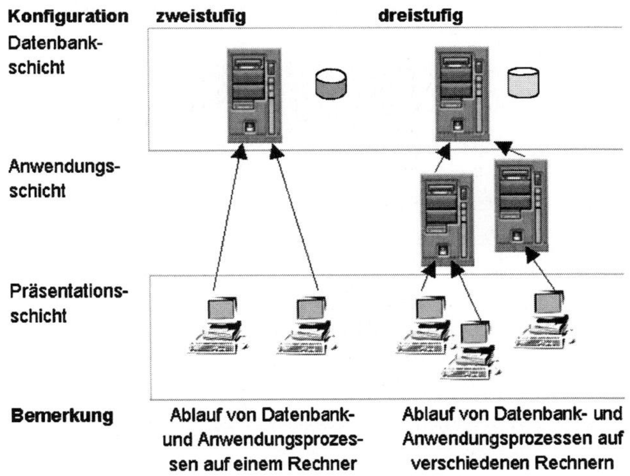


Abb. 1.4 R/3-Konfigurationsmöglichkeiten

Theoretisch können alle Softwarekomponenten eines R/3-Systems auch in einem einzigen Rechner installiert werden. Das ist dann eine einstufige Konfiguration, die in der Praxis jedoch eher selten vorkommt.

## 1.2 Datenstruktur eines R/3-Systems

Jedes SAP-R/3-System besitzt genau eine Datenbank. In dieser können verschiedene organisatorische Bereiche, die als Mandanten bezeichnet werden, angelegt werden. Jedem dieser Mandanten ist ein

„mandantenabhängiger“ Speicherbereich zugeordnet, auf dessen Datenobjekte

- Anwendungsdaten,
- Customizingdaten,
- Userdaten,

nur der jeweilige Mandant zugreifen kann.

Zusätzlich gibt es noch zwei „mandantenunabhängige“ Speicherbereiche für

- Mandantenunabhängige Customizingdaten,
- Repositorydaten,

auf deren Datenobjekte alle Mandanten zugreifen.

*Abb. 1.5 Datenstruktur des R/3-Systems*

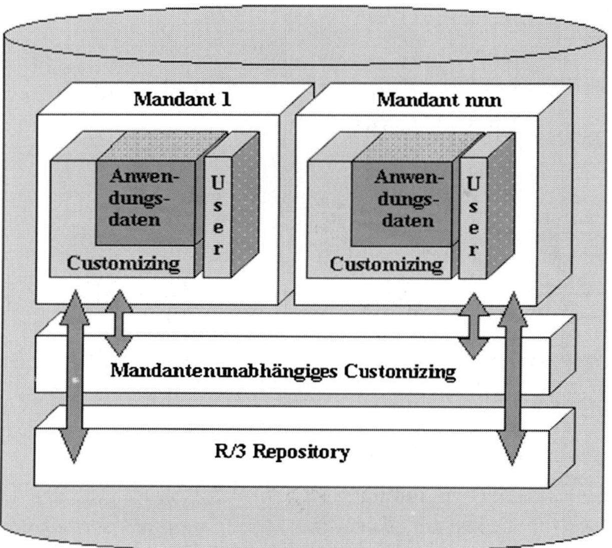

*Mandant*

- Mandant

Organisatorischer Bereich in der Datenbank, der Customizingdaten, Anwendungsdaten und Benutzerdaten kapselt.

Standardmandanten:

- Mandant 000 (SAP-R/3-Auslieferungsmandant)
- Mandant 001 (SAP-R/3-Entwicklungs- oder Customizingmandant)
- Mandant 066 (SAP-R/3-Mandant zur Durchführung der Fernwartung im Rahmen des SAP-Services EarlyWatch)

■ Customizingdaten

*Mandanten-abhängige Customizing-daten*

Customizing ist das Anpassen des R/3-Systems an die konkreten Bedingungen im Kundenunternehmen ohne Programmierung. Dabei werden Unternehmensdaten, wie z.B. Buchungskreise, Kostenstellen, Werke usw., in Customizingtabellen eingetragen. Jede Customizingtabelle existiert einmal pro Mandant.

■ Anwendungsdaten

*Anwendungs-daten*

Anwendungsdaten sind z.B. Dokumente, Materialstammsätze und Lieferantenstammsätze. Solche Anwendungsdaten sind nur in ihrer jeweiligen Customizing-Umgebung betriebswirtschaftlich sinnvoll. Beispiel: Material (Anwendungsdaten) wird einem Lager (Customizingdaten) zugeordnet, ein Lieferant (Anwendungsdaten) wird einem Buchungskreis zugeordnet (Customizingdaten).

■ Benutzerdaten

*Benutzerdaten*

Für jeden R/3-Benutzer wird vom Systemadministrator ein Benutzerstammsatz angelegt. Darin stehen z.B.

- der Benutzername,
- das Kennwort,
- die Benutzerrechte.

Diese Daten sind mandantenabhängig, deshalb kann sich jeder Benutzer mit seinen Daten (Benutzername und Kennwort) nur an den Mandanten anmelden, in denen ein entsprechender Benutzerstammsatz angelegt wurde.

■ Mandantenunabhängiges Customizing

*Mandanten-unabhängiges Customizing*

Neben dem mandantenabhängigen Customizing gibt es auch das mandantenunabhängige. Die hier bearbeiteten Customizingdaten stehen dann für alle Mandanten zur Verfügung. Beispiele dafür sind:

- die Druckereinstellungen und
- der Werktagskalender

■ R/3 Repository

*R/3 Repository*

Das Repository ist ein Teil der zentralen Datenbank, in dem alle Objekte, die in der ABAP Workbench angelegt wurden, gespeichert sind. Zu diesen Daten gehören:

- Programme
- Funktionsbausteine
- Klassen

- Tabellen
- Views
- Datenelemente
- Domänen
- Suchhilfen
- Sperrobjekte

# 1.3 Änderungen an R/3-Datenobjekten

## 1.3.1 Änderungsebenen

Änderungen können sowohl an mandantenabhängigen als auch an mandantenunabhängigen Datenobjekten durchgeführt werden. Im folgenden Kapitel sollen unterschiedliche Methoden zur Änderung von R/3-Datenobjekten gezeigt werden.

*Abb. 1.6 Ebenen von Datenbankänderungen und Anpassungen*

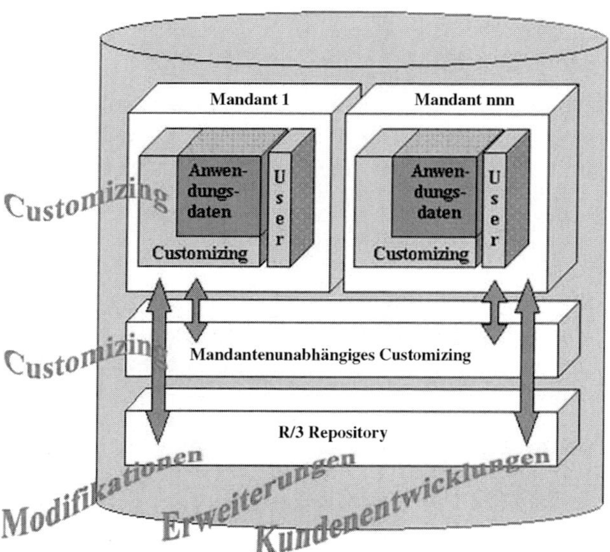


*Kundenentwicklungen*

- Kundenentwicklungen

Der Kunde entwickelt selbst neue Repository-Objekte (Programme, Tabellen, Views, ...).

*Erweiterungen*

- Erweiterungen

Der Kunde nutzt von der SAP vorgedachte Programmschnittstellen, um die Funktionalität der Standardprogramme zu erweitern. Diese Schnittstellen werden auch als „Exits“ bezeichnet.
Prinzipdarstellung:

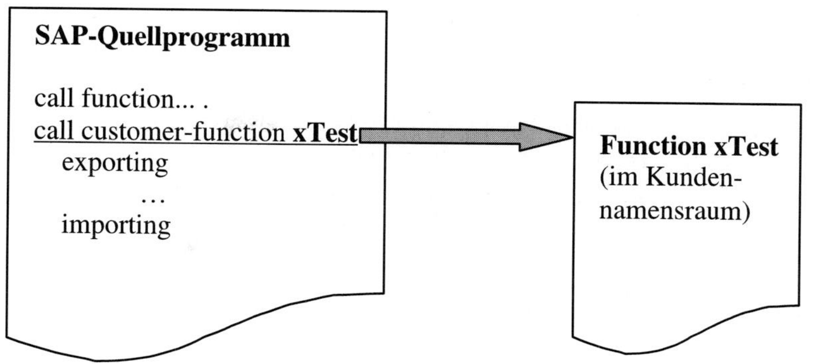


*Abb. 1.7 Ebenen von Datenbankänderungen und Anpassungen*

Wie an der Prinzipdarstellung zu erkennen ist, muss der SAP-Programmierer einen Exit in das SAP-Programm eingearbeitet haben. In diesem Fall sorgt ein „Funktionsbaustein-Exit“ für den Aufruf eines Funktionsbausteins im Kundennamensbereich. Es gibt folgende Exits:

- Funktionsbausteinexit *Funktionsbausteinexit*
  Vom SAP-Programm wird ein Funktionsbaustein im Kundennamensbereich aufgerufen.
- Dynproexit *Dynproexit*
  Im Dynpro ist ein Subscreenbereich, der ein Subscreen im Kundennamensbereich aufruft, implementiert.
- Menüexits *Menüexit*
  Im Menü (GUI-Oberfläche) der SAP-Anwendung befindet sich ein Menüpunkt, der einen Funktionsbausteinexit aufruft.

■ Modifikationen *Modifikationen*

Modifikationen sind Änderungen, die der Kunde direkt am SAP-Programm durchführt. Modifikationen sollten nach Möglichkeit nicht angewendet werden, weil sie zu Komplikationen bzw. Mehraufwand beim Update führen.

## 1.3.2 Änderungsstrategien

Das Durchführen von Änderungen erfordert bei so umfangreichen Systemen, wie es das SAP-R/3 darstellt, einen hohen administrativen Aufwand. Folgende Hauptanforderungen sollten durch technische und administratorische Maßnahmen gewährleistet sein:

- Die Tests der Änderungen und Anpassungen sollten immer auf einem genau definierten Stand basieren.
- Test- und Entwicklungsarbeiten sollten parallel erfolgen können.
- Nicht getestete Änderungen dürfen nicht praxiswirksam werden.

Um diese Anforderungen zu erfüllen, bedarf es unterschiedlicher Voraussetzungen bei Änderungen an mandantenunabhängigen und mandantenabhängigen Daten.

### *Änderungsstrategie für mandantenabhängige Daten*

Die Änderungen an mandantenabhängigen Daten (Customizing) werden im Entwicklungsmandanten (Mandant 001), der zunächst eine 1:1 Kopie des Auslieferungsmandanten (Mandant 000) ist, durchgeführt.

Zu einem bestimmten Zeitpunkt werden alle mandantenabhängigen Änderungen in einen dritten Mandanten (Testmandant) transportiert und dort getestet. Während der Testphase können die Entwicklungsarbeiten im Entwicklungsmandanten weitergeführt werden, ohne dass sie sich auf den Test auswirken.

Durch den Test entdeckte Fehler werden im Entwicklungsmandanten korrigiert und erneut in den Testmandanten transportiert. Am Ende enthält der Entwicklungsmandant alle (ausreichend getesteten) mandantenabhängigen Einstellungen. In Abb. 1.8 ist die Änderungsstrategie für mandantenabhängige Daten grafisch dargestellt.

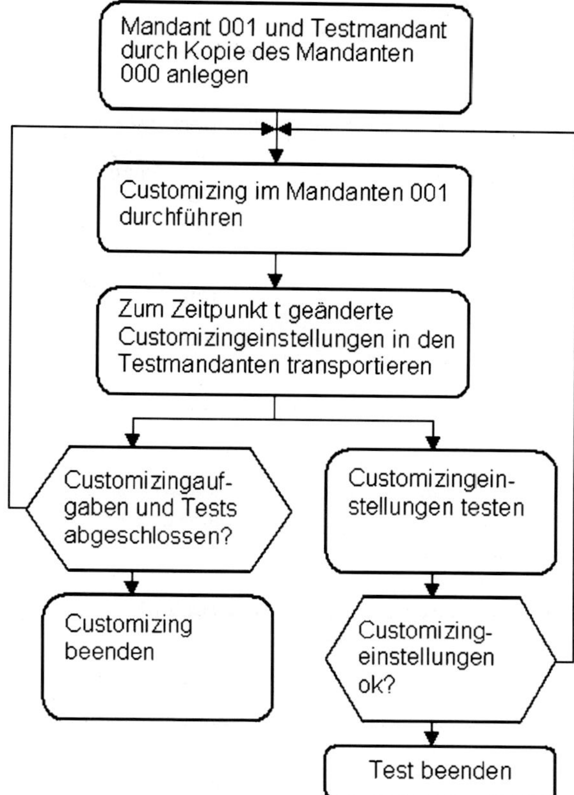


*Abb. 1.8 Änderungen an mandantenabhängigen Daten*

### Änderungsstrategie für mandantenunabhängige Daten

Änderungen an mandantenunabhängigen Datenobjekten wirken sich sofort auf alle Mandanten eines SAP-R/3-Systems aus. Daraus ergeben sich folgende Konsequenzen:

- Es ist nicht möglich, innerhalb eines SAP-R/3-Systems Test- und Entwicklungsarbeiten an mandantenunabhängigen Datenobjekten parallel durchzuführen.
- Der Mandant, auf dem der Produktivbetrieb läuft, und der Entwicklungsmandant sind in verschiedenen R/3-Systemen zu installieren. Änderungen an mandantenunabhängigen Datenobjekten würden sich sonst sofort, d.h. ohne getestet worden zu sein, auf die Produktivumgebung auswirken.

Sollen also Änderungen an Repository-Objekten oder an Objekten des mandantenunabhängigen Customizings vorgenommen werden, müssen im Unternehmen mindestens zwei SAP-R/3-System betrieben werden – ein Entwicklungssystem und ein Produktivsystem.

Abb. 1.9
Änderungen an mandantenunabhängigen Daten

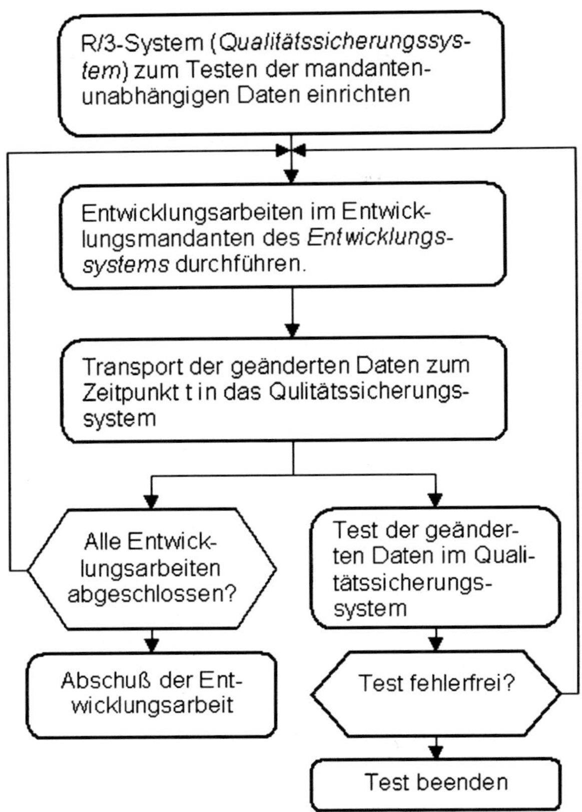


## 1.4 Die Drei-System-Landschaft

*Systemlandschaft*

Unter einer Systemlandschaft sind alle miteinander durch Transportwege verbundenen SAP-R/3-Systeme mit den darin angelegten Mandanten zu verstehen.

Im Abschnitt „Änderungsstrategie für mandantenunabhängige Daten“ (Seite 9) wurde die Notwendigkeit begründet, mindestens zwei R/3-Systeme zu betreiben. Die dort beschriebene Systemlandschaft (Entwicklungssystem und Produktivsystem) hat jedoch den Nachteil, dass Entwicklung und Test nicht parallel erfolgen können. Deshalb empfiehlt SAP, diese Zwei-System-Landschaft um ein R/3-System, das Qualitätssicherungssystem (QAS), zur Drei-System-Landschaft zu erweitern.

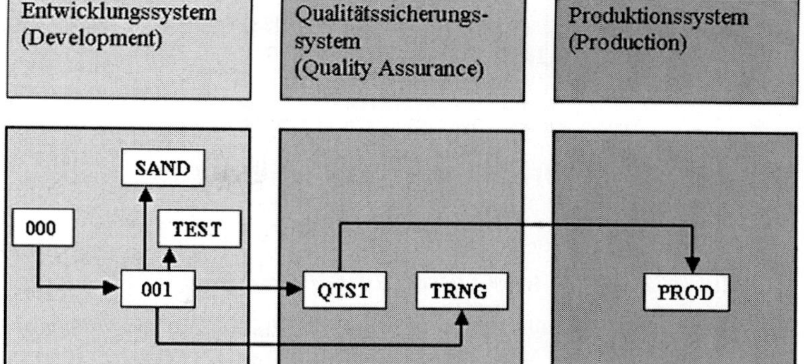


*Abb. 1.10 Drei-System-Landschaft*

Grundsätzlich erfolgen alle Entwicklungsarbeiten im Entwicklungssystem (Mandant 001). Die geänderten Datenobjekte werden nach Abschluss der Entwicklungsarbeiten in das Qualitätssicherungssystem transportiert und unabhängig von weiteren Entwicklungsarbeiten getestet. Alle in das Qualitätssicherungssystem transportierten Objekte lassen sich automatisch in das Produktivsystem übernehmen.

*Tabelle 1.1 Mandantenrollen*

| R/3-System | Mandant | Aktivitäten |
|---|---|---|
| **Entwicklungssystem** | 001 | Entwicklung |
| | TEST | Testen der mandantenabhängigen Einstellungen |
| | SAND | Experimentieren mit den Customizingwerkzeugen |
| **Qualitätssicherungssystem** | QTST | Customizingeinstellungen und Programmentwicklungen werden in einer realitätsnahen Umgebung getestet |
| | TRNG | Schulung der Endanwender |
| **Produktionssystem** | PROD | produktive Arbeit |

## 1.5 Transporte durchführen

### 1.5.1 Transporte innerhalb eines R/3-Systems

#### *1.5.1.1 Voraussetzungen und Durchführung*

Um geänderte mandantenabhängige Daten unabhängig von weiteren Änderungen an den Customizingtabellen testen zu können, werden sie in den Testmandanten des Entwicklungssystems transportiert. Dazu müssen vorher folgende Voraussetzungen geschaffen worden sein:

*Voraussetzungen für das Customizing*

- der Testmandant ist angelegt (siehe Seite 12),
- der Projektleiter hat für alle Entwickler einen Customizingauftrag angelegt (siehe Seite 16),
- im Entwicklungsmandanten (001) ist die Eigenschaft „automatische Aufzeichnung von Änderungen" aktiviert (siehe Seite 18).

Die Datenänderungen und der Transport der geänderten Daten erfolgt in folgenden Schritten:

*Schritte zum Transport von Änderungen innerhalb eines R/3-Systems*

- Die Daten werden mit den Customizingwerkzeugen gepflegt. Beim Sichern der Änderungen werden diese in einen speziellen Abschnitt des Customizingauftrages, der dem jeweiligen Entwickler zugeordnet ist, eingetragen. Dieser spezielle Abschnitt wird als „Aufgabe" bezeichnet (siehe Seite 17).
- Hat der Entwickler seine Customizingaufgaben abgeschlossen, gibt er seine Aufgabe frei (siehe Seite 27).
- Hat jeder Entwickler seine Aufgabe freigegeben, gibt der Projektleiter den gesamten Auftrag frei (siehe Seite 27).
- Zum Schluss werden vom Projektleiter alle im Customizingauftrag gekapselten Änderungen in den Zielmandanten transportiert (siehe Seite 30).

#### *1.5.1.2 Anlegen des Testmandanten*

Der Testmandant wird durch Kopieren des Mandanten 000 (Auslieferungsmandant) erzeugt. Die Kopie wird in zwei Schritten erstellt:

**_Erster Schritt: Deklaration des Testmandanten_**

Alle Mandanten eines Systems werden in die Tabelle T000 eingetragen.

*Vorgehensweise: Mandantendeklaration*

Die Mandantendeklaration wird mit SCC4 vorgenommen. (Werkzege → Administration → Verwaltung → Mandantenverwaltung → SCC4 Mandantenpflege)
Das Einstiegsbild *Sicht „Mandanten" ändern: Übersicht* zeigt alle Mandanten des R/3-Systems an dem Sie angemeldet sind.

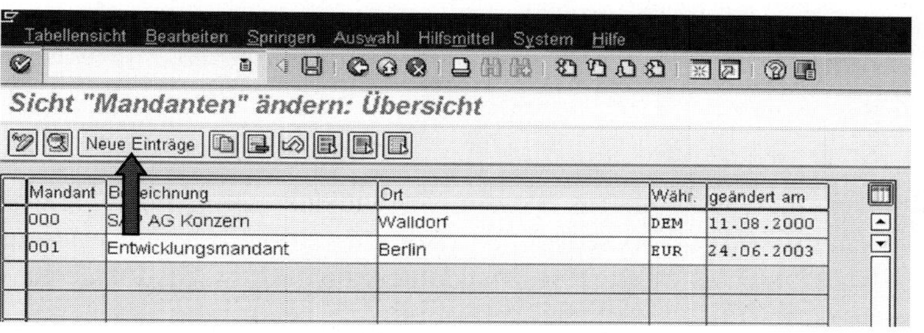


*Abb. 1.11 Sicht „Mandanten" ändern: Übersicht (Anzeige der Datensätze der Tabelle T000)*

Im Bild *Neue Einträge: Detail Hinzugefügte* werden die Eigenschaften des neuen Mandanten festgelegt (siehe Abb. 1.11).

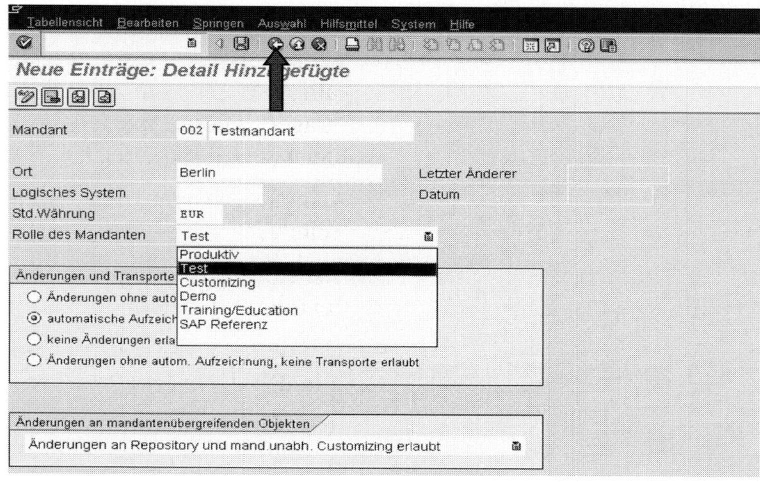


*Abb. 1.12 Deklaration eines neuen Mandanten in der Tabelle T000*

**_Zweiter Schritt: Mandantenkopie durchführen_**

Nachdem der Testmandant deklariert ist, müssen die Customizingtabellen vom Quellmandanten (000) in den Testmandanten (002) kopiert werden.

**Achtung:** Bei der Mandantenkopie werden *mehrere Tausend* Tabellen kopiert. Das erfordert erhebliche Systemressourcen. Außerdem wird für die Zeit der Ausführung der Mandantenkopie der Quellmandant für weitere Anmeldungen gesperrt. Sollten Sie beabsichtigen, die Mandantenkopie wirklich auszuführen, sprechen Sie mit Ihrem Systemadministrator – am besten vorher, damit kein Frust aufkommt.

*Vorgehensweise: Mandantenkopie*

**Wichtig:** Sie müssen sich am Testmandanten (Zielmandant) anmelden. Weil im Testmandanten jedoch noch keine Benutzerstammdaten angelegt sind, benutzen Sie folgende Login-Daten:

| | | |
|---|---|---|
| Mandant: | 002 | (Nr. des Zielmandanten) |
| Benutzer: | SAP* | |
| Kennwort: | Pass | |

Im Testmandanten starten Sie die Mandantenkopie über die Transaktion SCCL (Werkzeuge → Administration → Verwaltung → Mandantenverwaltung → Mandantenkopie → SCCL lokale Kopie)

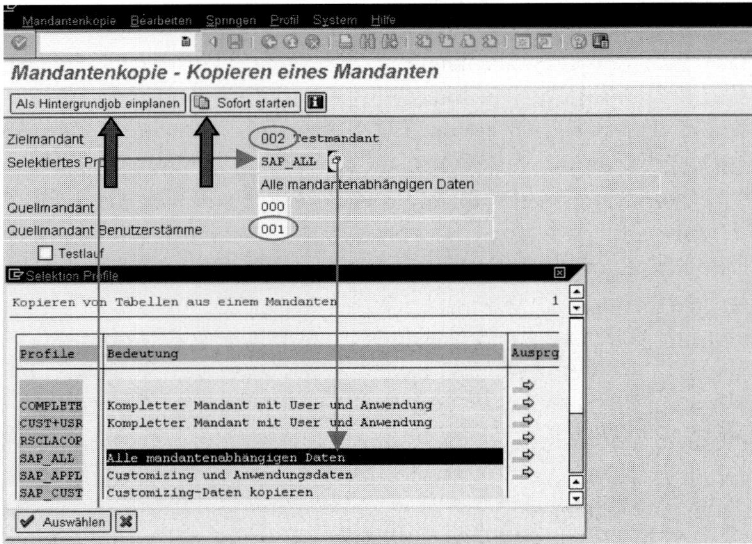


*Abb. 1.13 Mandantenkopie – Kopieren eines Mandanten*

Gehen Sie wie folgt vor:

- Kontrollieren Sie, ob der richtige Zielmandant (002) eingetragen ist.
- Wählen Sie im Feld „Selektiertes Profil" ein Profil aus. Über das Profil steuern Sie, welche Daten vom Quellmandan-

ten in den Zielmandanten transportiert werden. Ihnen stehen folgende Selektions- Standardprofile zur Verfügung:

*Tabelle 1.2 Selektionsprofile*

| **Profil** | **Daten** |
|---|---|
| SAP_ALL | Alle mandantenabhängigen Daten |
| SAP_APPL | Customizing- und Anwendungsdaten |
| SAP_CUST | Customizingdaten |
| SAP_CUSV | Customizingdaten und Reportvarianten |
| SAP_UAPP | Benutzerstämme, Reportvarianten, Anwendungsdaten |
| SAP_UCSV | Customizingdaten, Reportvarianten und Benutzerstämme |
| SAP_UCUS | Customizingdaten und Benutzerstämme |
| SAP_USER | Benutzerstämme und Berechtigungsprofile |

- **Hinweis:** Die Customizingtabellen sind einmal pro Mandant vorhanden. Sie werden beim Anlegen des Mandanten vom Quell- in den Zielmandanten kopiert. Tabellen für Anwendungsdaten, z.B. die Debitorenstammtabelle existiert nur einmal pro R/3-System. Die Mandantenabhängigkeit wird dadurch erreicht, dass die Mandantennummer Bestandteil des Datensatzes ist. Die Tabellen für die Anwendungsdaten werden also nicht kopiert, sondern die Datensätze dieser Tabellen werden mit der Nummer des Zielmandanten neu angelegt.
- Geben Sie im Feld „Quellmandant" den Quellmandanten (000) an.
- Geben Sie im Feld „Quellmandant Benutzerstämme" einen Mandanten an, der die Benutzerstammsätze enthält, die im Zielmandanten benötigt werden. Das könnte zum Beispiel der Mandant 001 (Entwicklungsmandant) sein, weil in dieser Phase der Entwickler seine Änderungen meist selbst testet.
- Starten Sie die Mandantenkopie über eine der folgenden Schaltflächen:
    - „Als Hintergrundjob einplanen" oder
    - „Sofort starten".

Während der Mandantenkopie dürfen weder am Quellmandanten noch am Zielmandanten Daten geändert werden.

### 1.5.1.3 Anlegen eines Customizingauftrages

Das Customizing ist im Allgemeinen projektorientiert, d.h. unterschiedliche Aufgabenkomplexe werden von verschiedenen Projektteams bearbeitet. Der Transport-Organizer unterstützt diese Arbeitsweise. Auf der Grundlage eines Customizingauftrages werden folgende administratorischen Aufgaben der Projektarbeit gelöst:

- Zuordnung von Änderungen zum jeweiligen Entwickler
- Kapselung aller Änderungen die ein Projektteam durchführt.
- Sicherstellen, dass *alle* zu einem Projekt gehörenden Änderungen zum richtigen Zeitpunkt transportiert werden.
- Prüfen, ob alle Entwickler ihre Aufgaben beendet haben.

*Vorgehensweise: Customizingauftrag anlegen*

Customizingaufträge werden im Transport-Organizer (SE10) angelegt (Werkzeuge → AcceleratedSAP → Customizing → SE10 Transport Organizer). Füllen Sie das Einstiegsbild des Transport-Organizers wie in Abb. 1.14 aus. Klicken Sie dann die Schaltfläche „Anlegen“.

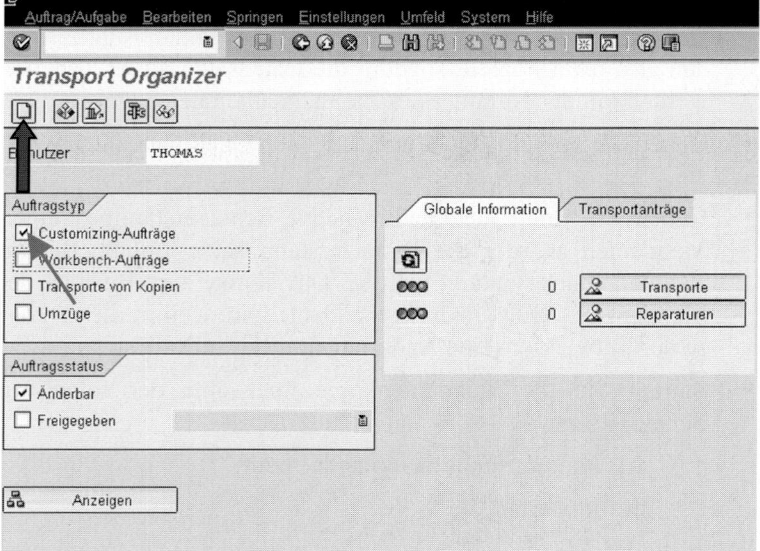


*Abb. 1.14 Einstiegsbild Transport-Organizer*

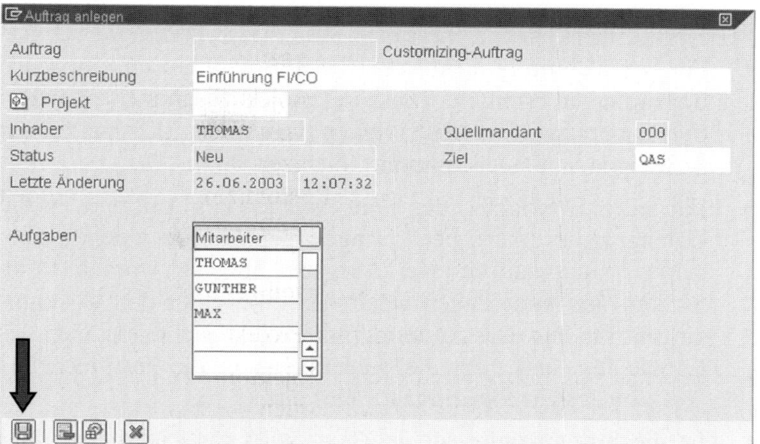


*Abb. 1.15*
*Auftrag anlegen*

Geben Sie in das Eingabefeld „Kurzbeschreibung" einen Titel für Ihren Customizingauftrag ein. Wenn Sie in der komfortablen Lage sind, die anfallenden Customizingarbeiten auf andere Teammitarbeiter delegieren zu können, tragen Sie in die Datengruppe *Aufgaben* deren Benutzernamen ein. Ihr eigener Benutzername wird vom System in diese Datengruppe übernommen.

Ist die Systemlandschaft bereits angelegt ist, wird im Feld „Ziel" das R/3-System angegeben, in welches die Änderungen nach Abschluss der Entwicklungsarbeiten transportiert werden sollen. Bei einer Drei-System-Landschaft ist das das Qualitätssicherungssystem QAS.

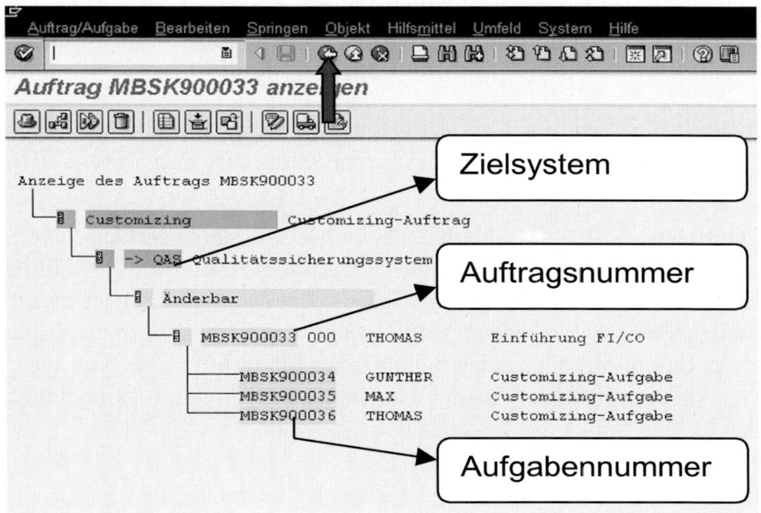


*Abb. 1.16*
*Auftrag anzeigen*

In diesem Fenster ist zu erkennen:

- Für jeden Auftrag wird vom System automatisch eine Auftragsnummer ermittelt. Diese setzt sich zusammen aus dem Systemnamen (hier: MBS), einer Konstanten „K9" und einer 5-stelligen laufenden Nummer (hier „00033").
- Für jeden Entwickler, der beim Anlegen des Auftrages in die Datengruppe „Aufgaben" eingetragen wurde (siehe Abb. 1.14), ist automatisch eine „Aufgabe" angelegt worden. Beim Sichern der Änderungen wählt der Entwickler den Customizingauftrag aus. Das System ermittelt den Benutzernamen des Entwicklers und trägt die Änderungen in die entsprechende Aufgabe des Customizingauftrages ein.
- Ist die Systemlandschaft angelegt, wird das Zielsystem (hier das Qualitätssicherungssystem QAS) in die Auftragshierarchie eingetragen. Dadurch kann man die Änderungen später auch in das Zielsystem transportieren.

#### 1.5.1.4 Automatische Aufzeichnung von Änderungen

Die automatische Aufzeichnung von Änderungen bewirkt, dass der Entwickler beim Sichern seiner Änderungen vom System nach der Auftragsnummer gefragt wird. Die Zuordnung der Änderungen zu einem Auftrag erfolgt nur, wenn diese Eigenschaft des Mandanten aktiviert ist. Durch die „automatische Aufzeichnung von Änderungen" werden die geänderten Objekte an das Korrektur- und Transportwesen (CTW) des R/3-Systems angeschlossen. Damit ist sichergestellt, dass keine Änderungen beim Transport in den Zielmandanten bzw. in das Zielsystem „vergessen" werden – ein Highlight des R/3-Systems.

*Vorgehensweise: Automatische Aufzeichnung von Änderungen aktivieren*

Die Eigenschaften der Mandanten eines R/3-Systems werden mit der Transaktion SCC4 (Werkzeuge → Administration → Verwaltung → Mandantenverwaltung → SCC4 Mandantenpflege) geändert. Stellen Sie im *Bild Sicht „Mandanten" ändern: Übersicht* (Abb. 1.17) durch Anklicken der Schaltfläche [icon] (Ändern → Anzeigen) den Änderungsmodus ein und wählen Sie danach durch Doppelklick den Entwicklungsmandanten aus.

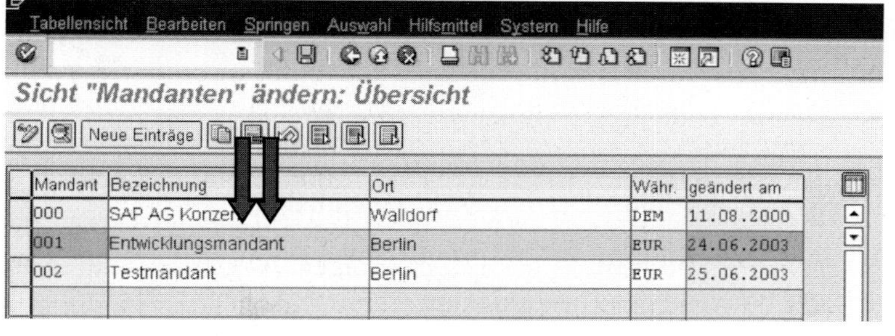


Abb. 1.17 Sicht Mandanten ändern: Übersicht

Sicht "Mandanten" ändern: Detail

Neue Einträge

| | | | |
|---|---|---|---|
| Mandant | 001 Entwicklungsmandant | | |
| Ort | Berlin | Letzter Änderer | DDIC |
| Logisches System | | Datum | 24.06.2003 |
| Std.Währung | EUR | | |
| Rolle des Mandanten | Customizing | | |

Änderungen und Transporte für mandantenabhängige Objekte

- (•) Änderungen ohne automat. Aufzeichnung
- ( ) automatische Aufzeichnung von Änderungen
- ( ) keine Änderungen erlaubt
- ( ) Änderungen ohne autom. Aufzeichnung, keine Transporte erlaubt

Änderungen an mandantenübergreifenden Objekten

Änderungen an Repository und mand.unabh. Customizing erlaubt

Abb. 1.18 Sicht Mandanten ändern: Detail

#### 1.5.1.5 Ausflug ins Customizing

Das Customizing ist die Anpassung der Standardsoftware R/3 an die konkreten Bedingungen des Anwenderunternehmens. Dieser Teil der Kundenanpassung wird ohne ABAP-Programmierung ausgeführt. Beispiele dafür sind:

- das Festlegen allgemeiner Einstellungen (z.B. im Unternehmen gebräuchliche Maßeinheiten)
- die Abbildung der Unternehmensstruktur im R/3-System.

Die allgemeinen Einstellungen bzw. die Struktureinheiten, wie Buchungskreise, Kostenstellen, Werke, Lager, werden mit speziellen R/3-Werkzeugen in die entsprechenden Customizingtabellen eingetragen.

*Referenz-IMG*

Ausgangspunkt des Customizings ist der Referenz-Einführungsleitfaden, auch Referenz-IMG genannt

(IMG → Implementation Guide). Der Referenz-IMG enthält

- alle Customizingaufgaben und
- die notwendigen Customizingwerkzeuge.

*Projekt-IMG*

Daraus wird der Projekt-Einführungsleitfaden, auch als Projekt-IMG bezeichnet, abgeleitet. Der Projekt-IMG enthält

- alle Customizingaufgaben für ein Projektteam,
- alle notwendigen Customizingwerkzeuge,
- Tools zur Verwaltung des Projektes.

*Vorgehensweise: Projekt-IMG anlegen*

Der Projekt-IMG wird mit der Transaktion SPRO_ADMIN (Werkzeuge → AcceleratedSAP → Customizing → SPRO_ADMIN-Projektverwaltung) angelegt.

*Abb. 1.19 Customizing: Projektverwaltung*

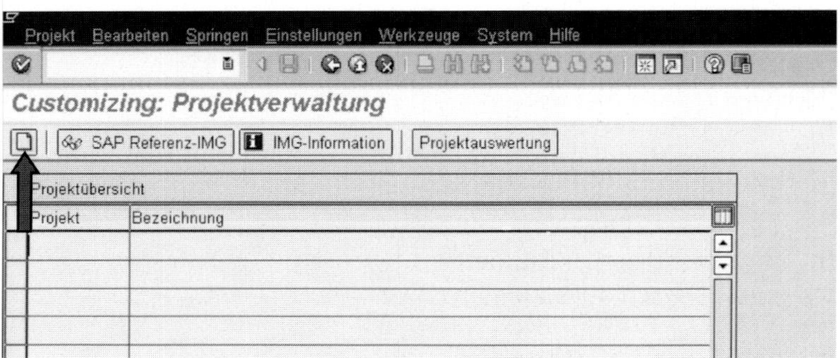


Um den Referenz-IMG anzuzeigen, klicken Sie auf die Schaltfläche *SAP Referenz-IMG.* Einen neuen Projekt-IMG erzeugen Sie über die Schaltfläche „Anlegen".

*Abb. 1.20 Projekt anlegen mit Vorlage*

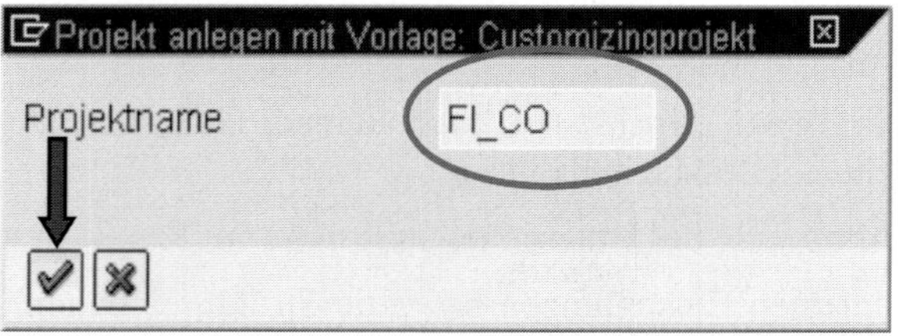


Legen Sie einen Projektnamen fest und drücken Sie dann die ENTER-Taste. Sie gelangen in das Fenster *Projekt anlegen.* Alle Registerkarten dieses Werkzeuges hier zu erläutern würde den „Ausflug ins Customizing" in eine eher knochige Bergtour verwandeln. Deshalb beschränkt sich dieses Buch auf die Registerkarten „Allgemeine Daten“ und „Umfang“. Am Beispielprojekt „Einführung Fi/Co (Allgemeine Einstellungen)“ soll das Customizing gezeigt werden.

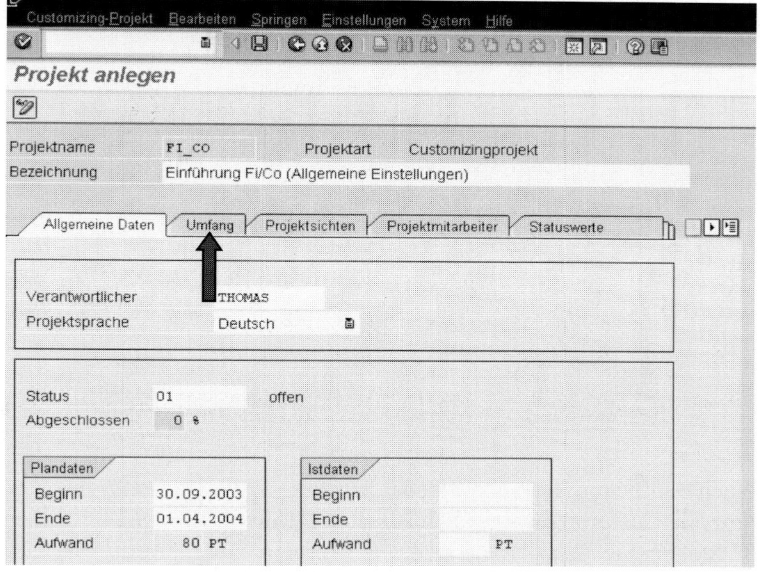


*Abb. 1.21*
*Projekt anlegen*

In der Registerkarte „Umfang“ werden die Customizingaufgaben festgelegt, die im jeweiligen Projekt bearbeitet werden sollen.

*Beispielaufgabe Customizing*

Im Beispiel soll für die physikalische Größe „Zeit“ das „Semester“ als Maßeinheit eingeführt werden.

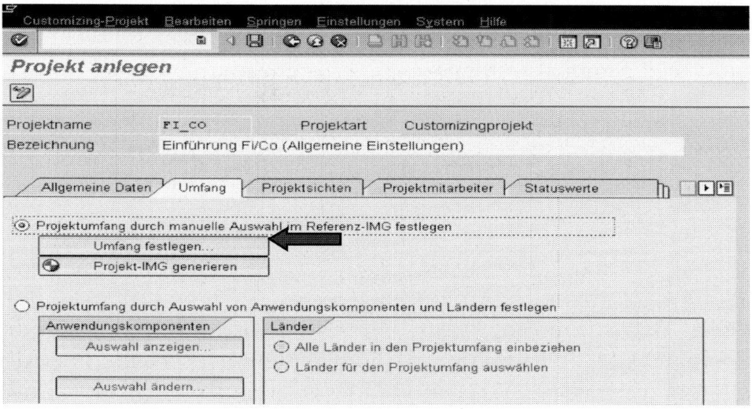

*Abb. 1.22*
*Umfang festlegen*

Abb. 1.23
Auswahl der Customizing-aufgaben

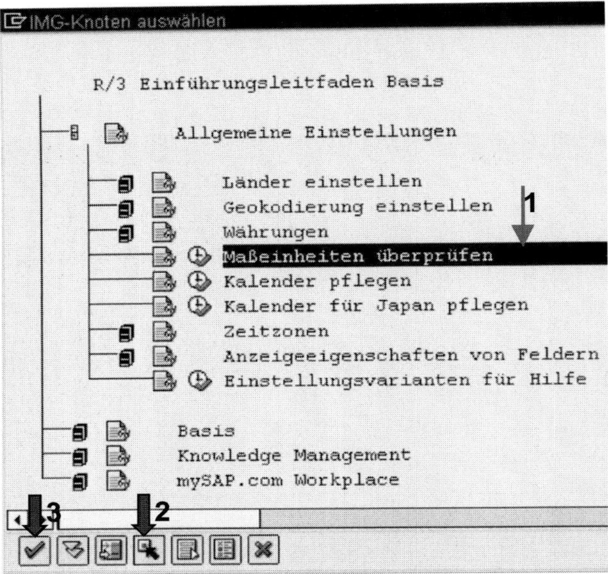


Nach Anklicken der Schaltfläche „Umfang festlegen" zeigt das System alle Customizingaufgaben aus dem Referenz-IMG an.

Stellen Sie den Cursor in die Customizingaufgabe, die Sie auswählen wollen (hier: Maßeinheiten überprüfen) und klicken Sie dann auf die Schaltfläche „Markieren" auf der Symbolleiste des Fensters.

Wenn Sie mehrere Aufgaben auswählen wollen, wiederholen Sie diesen Vorgang solange, bis alle Aufgaben markiert sind. Markieren Sie einen Knoten, wenn alle untergeordneten Hierarchiestufen ausgewählt werden sollen. Drücken Sie anschließend die ENTER-Taste.

Das Fenster „Projekt anlegen" wird wieder angezeigt. Das Projekt muss jetzt generiert werden.

Abb. 1.24
Customizingprojekt generieren

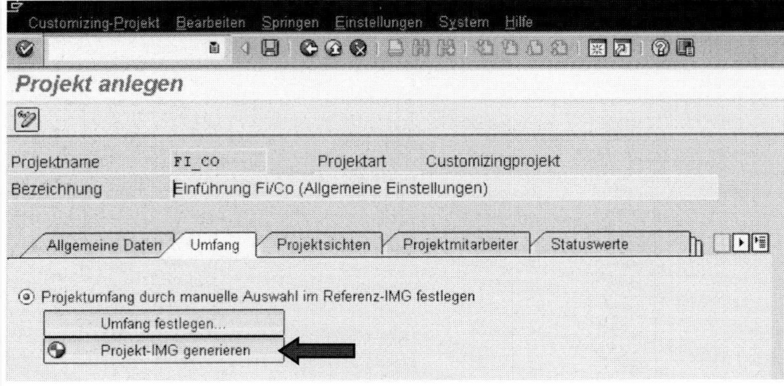

Zum Generieren des Projektes klicken Sie auf die Schaltfläche „Projekt-IMG generieren" und bestätigen alle folgenden System-ausschriften mit der ENTER-Taste.

Kehren Sie in die Projektverwaltung zurück (F3). Ihr Customizingprojekt wird jetzt angezeigt.

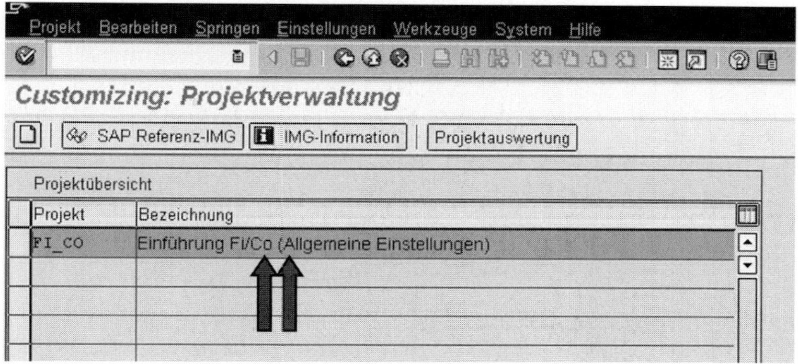


Abb. 1.25 Das neue Customizingprojekt wird angezeigt

*Vorgehensweise: Customizing durchführen*

Ausgangspunkt ist die Transaktion SPRO_ADMIN (Werkzeuge → AcceleratedSAP → Customizing → SPRO_ADMIN Projektverwaltung).

Starten Sie im Fenster „Customizing: Projektverwaltung" (siehe Abb. 1.26) Ihren Projekt-IMG durch Doppelklick.

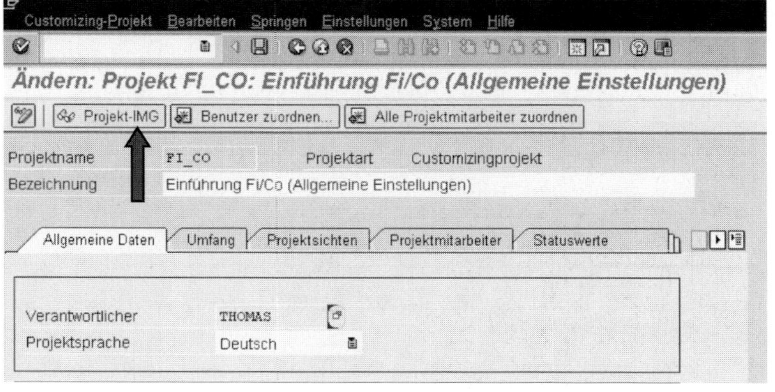


Abb. 1.26 Projekt-IMG starten

Durch Anklicken der Schaltfläche „Projekt-IMG" gelangen Sie in die Baumstruktur Ihres Projekt-IMGs.

Abb. 1.27
Baumstruktur des Projekt-IMGs

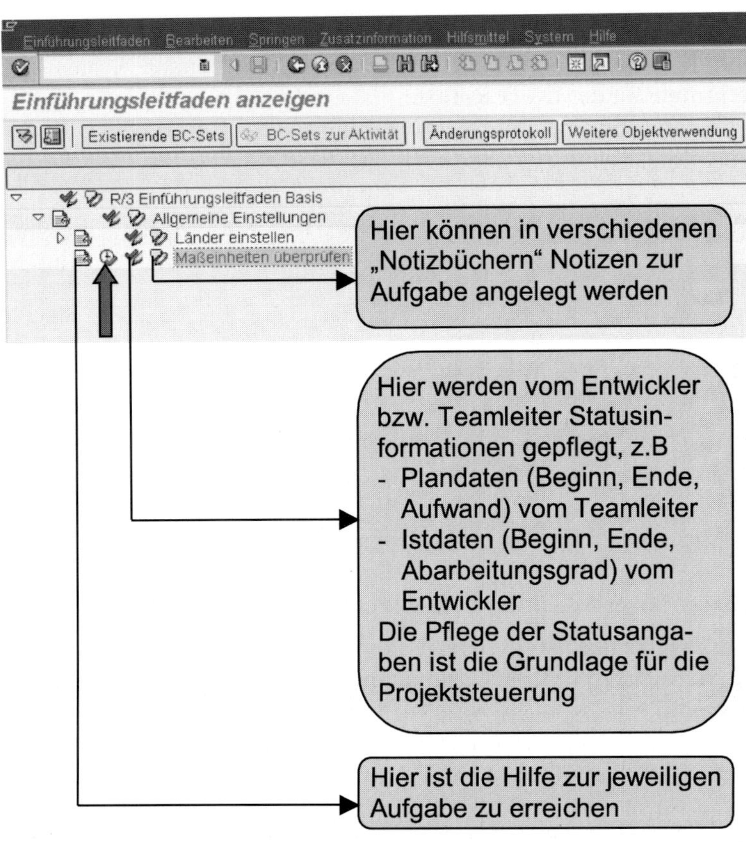


Klicken Sie auf die Schaltfläche „IMG-Aktivität“. Damit rufen Sie das Customizingwerkzeug „Maßeinheiten überprüfen“ auf.

Abb. 1.28
Dimension für die neue Maßeinheit auswählen

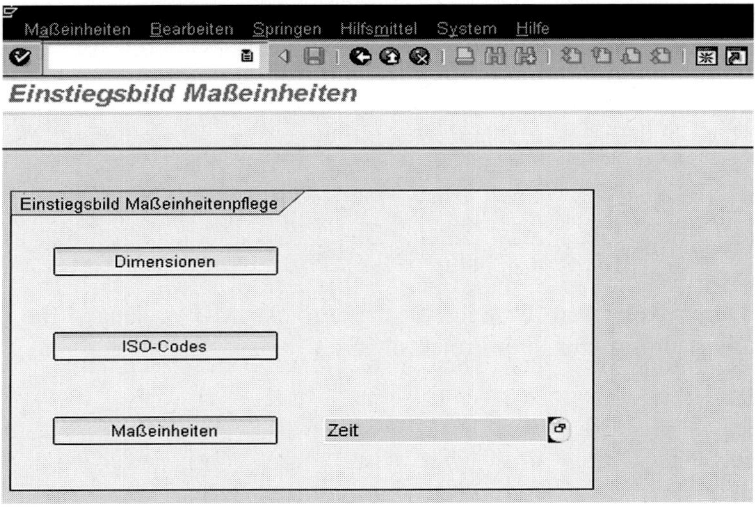

Maßeinheiten Bearbeiten Springen Hilfsmittel System Hilfe

Einstiegsbild Maßeinheiten

Einstiegsbild Maßeinheitenpflege

Dimensionen

ISO-Codes

Maßeinheiten Zeit

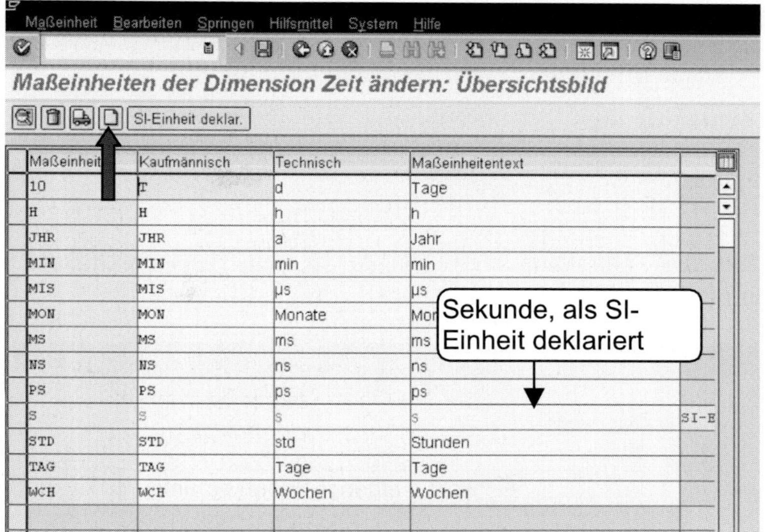


*Abb. 1.29 Anzeige der bereits deklarierten Maßeinheiten*

Legen Sie im folgenden Fenster die Eigenschaften der neuen Maßeinheit „Semester" fest.

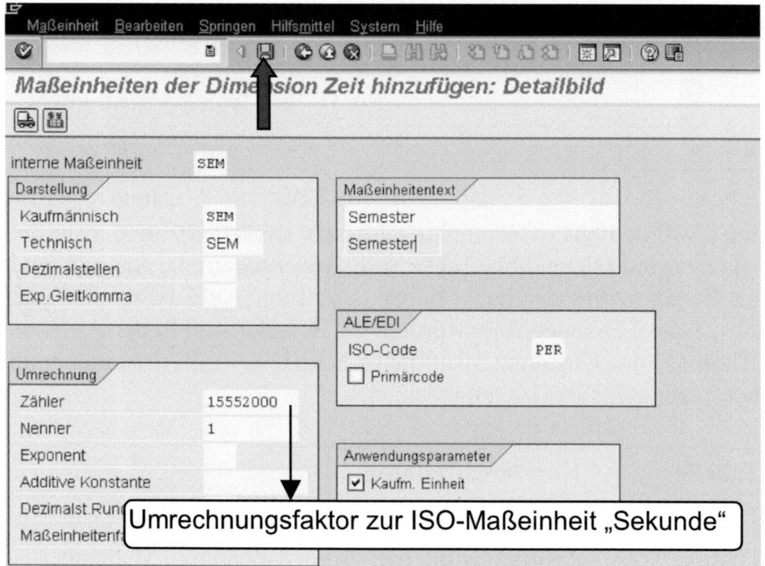


*Abb. 1.30 Eigenschaften der neuen Maßeinheit festlegen*

Beim Sichern der Maßeinheit müssen die Änderungen dem im Kapitel 1.5.1.3 „Anlegen eines Customizingauftrages" (Seite 16) angelegten Customizingauftrag (MSBK900033) zugeordnet werden. Im folgenden Fenster können Sie diesen Auftrag über die Schaltfläche „Eigene Aufträge" auswählen.

Abb. 1.31 Zuordnung der Änderungen zum Customizingauftrag

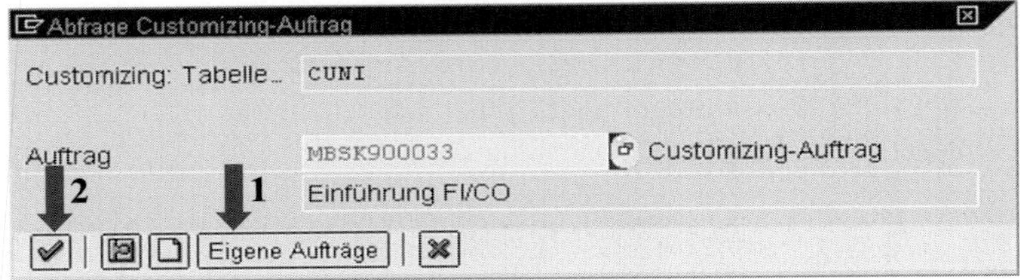


Über die Transaktion SE10 können Sie den Transport-Organizer aufrufen.

Abb. 1.32 Anzeige der eigenen Transportaufträge

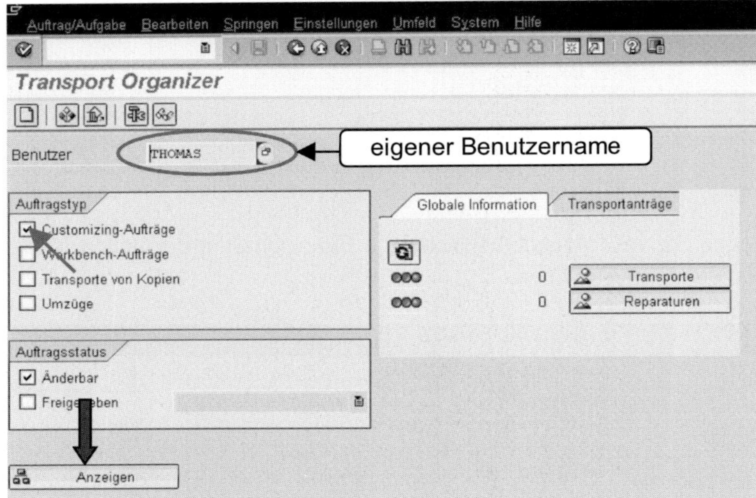


Ihnen werden alle Customizingaufträge angezeigt, an denen Sie beteiligt sind (siehe Abb. 1.33). Alle Änderungen, die Sie während des Customizings bearbeitet haben, sind Ihrer Aufgabe (siehe Abb. 1.15, Seite 17) zugeordnet worden. Im Beispiel sind in der Aufgabe „Thomas“ des Customizingauftrages MBSK900033 Änderungen an den folgenden Tabellen aufgezeichnet:

Tabelle 1.3 Geänderte Customizingtabellen

| Tabelle | Kurzbeschreibung |
|---|---|
| T006 | Maßeinheiten |
| T006A | Zuordnung interne – sprachabhängige Maßeinheiten |
| T006B | Zuordnung externe kaufmännische zu interner Maßeinheit |
| T006C | Zuordnung externe technische zu interner Maßeinheit |

Durch die „automatische Aufzeichnung von Änderungen“ werden die Änderungen an den verschiedenen Customizingtabellen in den Customizingauftrag eingetragen. Das Customizing ist dadurch ohne Kenntnisse der R/3-Tabellenstruktur durchführbar.

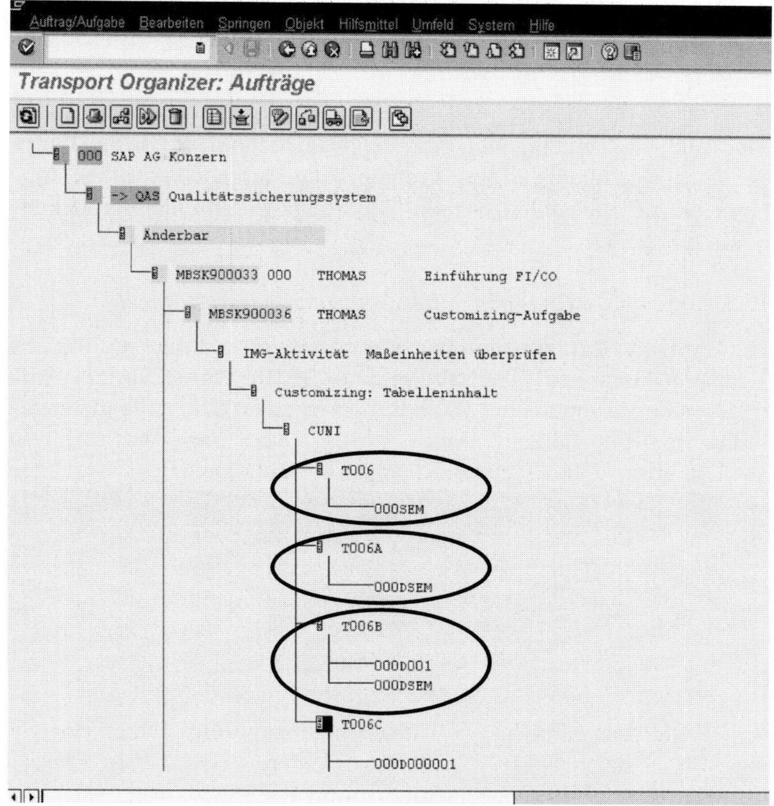


*Abb. 1.33 Aufriss des Customizingauftrages*

### 1.5.1.6 Freigabe der Customizingaufgabe und des Customizingauftrages

Bevor der Transport der im Customizing durchgeführten Änderungen, d.h. der Transport der neuen Maßeinheit „Semester“ die im vorigen Kapitel angelegt wurde, durchgeführt werden kann, muss jedes Teammitglied seine Customizingaufgabe freigeben. Die Freigabe durch den jeweiligen Bearbeiter bestätigt den qualitätsgerechten Abschluss der Änderungen. Durch das R/3-Berechtigungssystem ist gesichert, dass kein anderer Bearbeiter außer dem Inhaber der Aufgabe selbst, diese freigeben kann. Voraussetzung dafür ist die Vergabe der Berechtigungsprofile entsprechend der folgenden Tabelle:

Tabelle 1.4 Berechtigungsprofile des Customizings

| Profil | Benutzertyp | Rechte im Transport-Organizer |
|---|---|---|
| S_A.SYSTEM | Systemverwalter | Systemverwalter |
| S_A.ADMIN | Operator | Nur Anzeige |
| S_A.CUSTOMIZ | Customizer | Projektverantwortlicher |
| S_A.DEVELOP | Entwickler | Entwickler |

Sind alle Customizingaufgaben freigegeben, gibt der Projektleiter den Customizingauftrag frei. Freigegebene Aufgaben/Aufträge können nicht mehr geändert werden. Die Freigabe kann nicht zurückgenommen werden.

*Vorgehensweise: Freigabe der Aufgabe und des Auftrages*

Die Freigabe der Customizingaufgaben und -aufträge erfolgt im Transport-Organizer (Transaktionscode SE10). Rufen Sie die Aufträge, in denen Ihnen über Ihren Benutzernamen eine Aufgabe zugeordnet ist auf (siehe Seite 26).

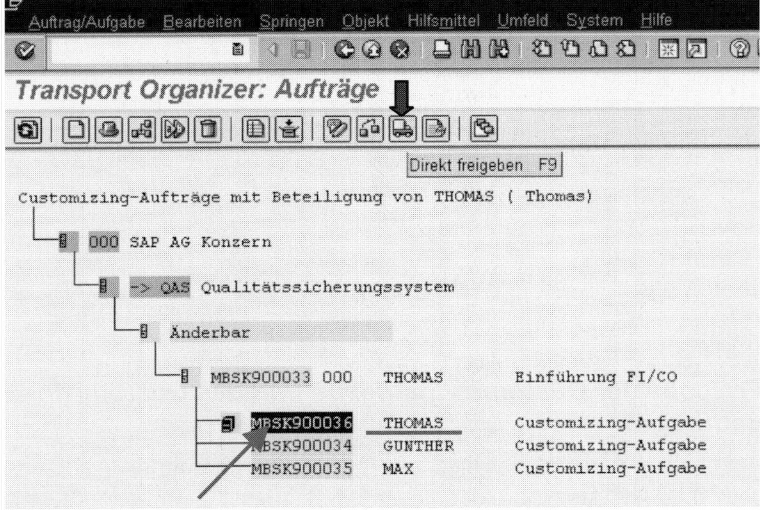


Abb. 1.34 Freigabe der Customizingaufgabe

Stellen Sie den Cursor in die freizugebende Aufgabe und klicken Sie die Schaltfläche „Direkt freigeben“ an.

*Abb. 1.35 Kommentar zur Freigabe der Aufgabe eingeben*

Die SAP empfiehlt, folgende Informationen zu dokumentieren:

- Verantwortliche Personen und Ansprechpartner
- Verweise auf zusätzliche interne Dokumentationen oder innerbetriebliche Anweisungen
- Details zur Implementierung
- Abhängigkeiten von anderen Entwicklungsprojekten

Damit ist die Freigabe der Customizingaufgabe beendet. Sind alle Aufgaben, denen Änderungen zugeordnet sind, freigegeben, erfolgt, ebenfalls im Transport-Organizer, die Freigabe des Auftrages durch den Projektleiter.

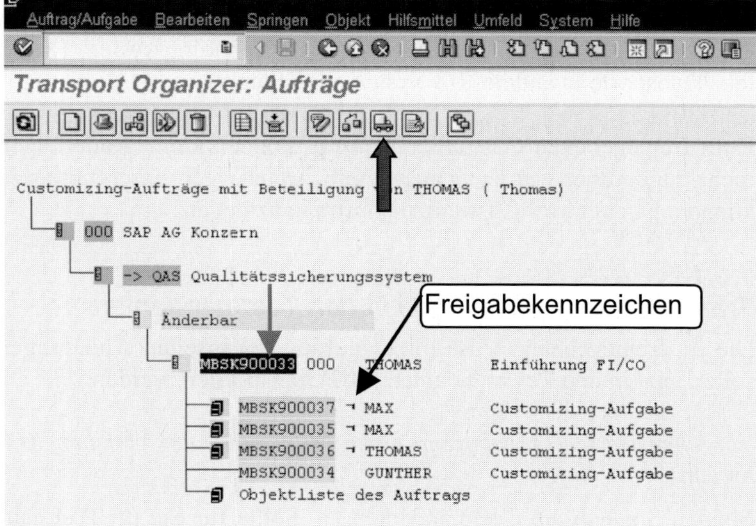


*Abb. 1.36 Freigabe des Customizigauftrages*

Am Freigabekennzeichen ist zu erkennen, dass die Projektmitarbeiter Max und Thomas die von ihnen durchgeführten Änderungen ebenfalls zum Transport freigegeben haben. Max hat nach der Aufgabenfreigabe weitere Änderungen vorgenommen. Für ihn wurde deshalb automatisch eine neue Aufgabe angelegt, die er dann ebenfalls freigegeben hat. Nach der Freigabe des Auftrages wird ein Protokollbildschirm angezeigt.

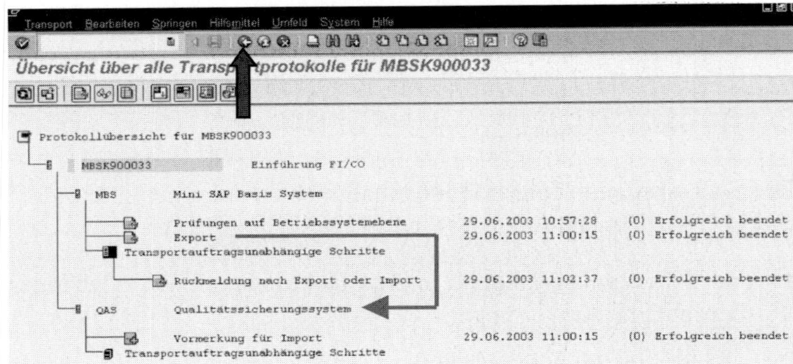


*Abb. 1.37 Protokollbildschirm*

Durch die Freigabe des Auftrages MBSK900033 werden zwei Dateien erzeugt:

- R00033.MBS (enthält die zu ändernden Daten)
- K00033.MBS (enthält Transportsteuerdaten)

Zusätzlich werden Steuerinformationen in einen Pufferspeicher des Qualitätssicherungssystems transportiert – Vorraussetzungen für den Transport der Änderungen in das Qualitätssicherungssystem (Kapitel „Transporte in andere R/3-Systeme“ (Seite 39).

Dem freigegebenen Customizingauftrag können keine Änderungen mehr zugeordnet werden. Um weitere Änderungen durchführen zu können, ist ein neuer Customizingauftrag anzulegen.

### 1.5.1.7 Transport der Änderungen in den Testmandanten

Die im freigegebenen Customizingauftrag gekapselten Änderungen sollen jetzt in den Testmandanten (002) transportiert werden.

*Vorgehensweise: Transport in einen Mandanten des gleichen R/3-Systems*

Melden Sie sich am Testmandanten an. Sollte für Sie im Testmandanten noch kein Benutzerstammsatz angelegt sein, benutzen Sie folgende Login-Daten:

Mandant: 002
Benutzer: SAP*
Kennwort: Pass

Starten Sie die Transaktion SCC1 (Werkzge → Administration → Verwaltung → Mandantenverwaltung → Sonderfunktionen → SCC1 Trsp-Auftrg kopieren).

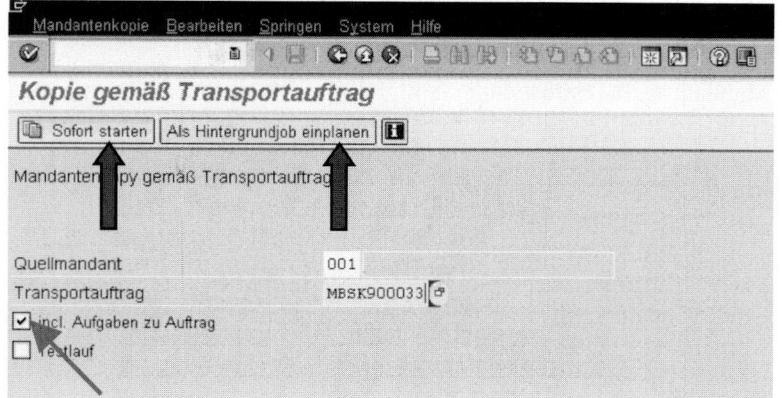


Abb. 1.38 Transportauftrag ausführen

Tragen Sie den Quellmandanten und die Auftragsnummer in die entsprechenden Eingabefelder ein und wählen Sie „*Sofort starten*“ oder „*Als Hintergrundjob einplanen*“.
Über das Menü Springen → Protokollanzeige können Sie den Erfolg des Transports kontrollieren.

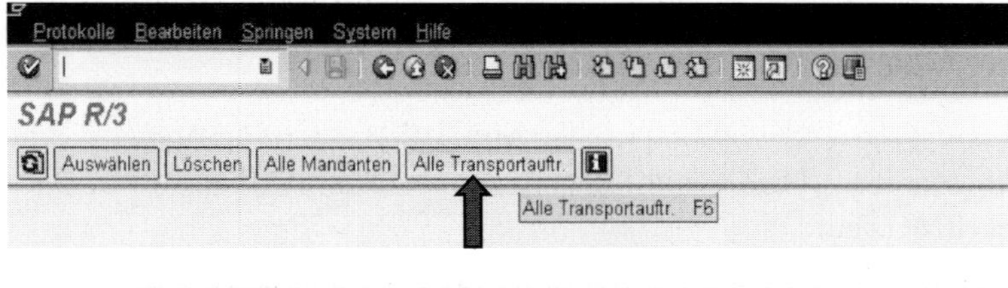


Abb. 1.39 Aufruf der Protokollanzeige

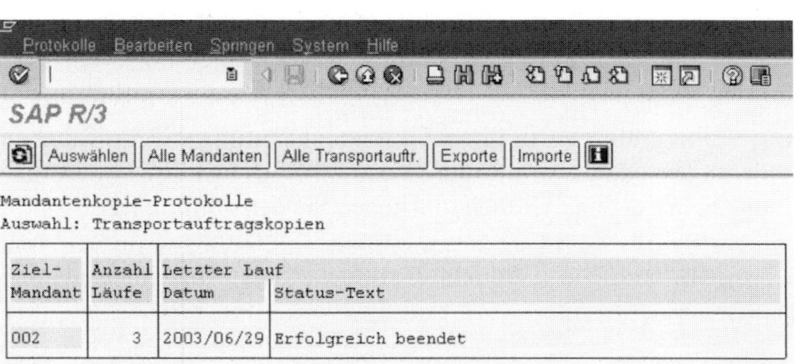


Abb.1.40 Anzeige aller Transportprotokolle

Mit der Kontrolle des Transportprotokolls ist der Transport der Änderungen in den Testmandanten abgeschlossen.

### *1.5.1.8*
### *Übungsaufgaben*

**A 1.** Ermitteln Sie, welche Mandanten in Ihrem System angelegt sind.

**A 2.** Deklarieren Sie einen neuen Mandanten.
Mandant: 010 Testmandant (sollte dieser Mandant bereits angelegt sein, wählen Sie eine andere Mandantennummer)
Mandantenrolle: Testmandant
Änderungen ohne automatische Aufzeichnung

Stellen Sie fest, wie viele Dateien bei der Mandantenkopie vom Quellmandanten 000 in den Zielmandanten 010 kopiert werden würden.

**Achtung:** Für die folgenden Übungen reicht es, den neuen Mandanten zu deklarieren. Beim zweiten Schritt, der Mandantenkopie, werden mehrere Tausend Tabellen kopiert. Das erfordert erhebliche Systemressourcen. Sollten Sie Beabsichtigen, die Mandantenkopie wirklich auszuführen, sprechen Sie vorher mit dem Systemadministrator.

**A 3.** Legen Sie einen Customizingauftrag mit der Kurzbezeichnung „Länder-Regionen“ an.

**A 4.** Legen Sie einen Projekt-IMG „Regionen“ an. Nehmen Sie den Knoten „Allgemeine Einstellungen“ in den Umfang Ihres Projekt-IMGs auf.

**A 5.** Legen Sie für das Land Deutschland (DE) die Region 17 Berlin-Brandenburg an.

**A 6.** Überprüfen Sie in Ihrem Customizingauftrag welche Tabellen Änderungen enthalten, die durch das Anlegen der Region Berlin-Brandenburg erzeugt wurden und geben Sie den Auftrag frei.

**A 7.** Melden Sie sich an dem in Aufgabe 2 angelegten Mandanten an.

**A 8.** Kontrollieren Sie im Customizing, ob die Region Berlin-Brandenburg vorhanden ist.

**A 9.** Führen Sie den Transport (Auftragskopie) durch und kontrollieren Sie, ob die Region Berlin-Brandenburg jetzt vorhanden ist.

**A 10.** Löschen Sie den neuen Mandanten wieder.

### *1.5.1.9 Lösungen*

**A 1.** Ermitteln Sie, welche Mandanten in Ihrem System angelegt sind.

Starten Sie die Transaktion SCC4 (Werkzeuge → Administration → Verwaltung → Mandantenverwaltung → SCC4 Mandantenpflege). Im Folgebild „Sicht Mandanten anzeigen: Übersicht" sehen Sie alle im System angelegten Mandanten.

**A 2.** Deklarieren Sie einen neuen Mandanten.

1. Transaktion SCC4 (Werkzeuge → Administration → Verwaltung → Mandantenverwaltung → SCC4 Mandantenpflege) starten.
2. „anzeigen ⇔ ändern".
3. „Neue Einträge".
4. Attribute des Mandanten entsprechend der Aufgabenstellung eingeben.
5. Sichern Sie die Eingabe.

Stellen Sie fest, wie viele Dateien bei der Mandantenkopie vom Quellmandanten 000 in den Zielmandanten 010 kopiert werden würden.

6. Am Zielmandanten anmelden<br>Mandant: 010<br>Benutzer: SAP*<br>Kennwort: PASS
7. Transaktion SCCL starten (Werkzeuge → Administration → Verwaltung → Mandantenverwaltung → Mandantenkopie → SCCL Lokale Kopie)
8. Im Folgebild „Mandantenkopie – Kopieren eines Mandanten"<br>- Selektionsprofil „SAP_CUST"<br>- Quellmandanten „000"<br>auswählen.
9. Kontrollkästchen „Testlauf" aktivieren
10. Mandantenkopie („Sofort starten") starten
11. Im Folgebild „Verifikation" die Schaltfläche „Fortfahren" anklicken

12. Im Folgebild „Mandantenkopie Verifikation“ den Schalter „Resourcencheck“ anklicken

Nach dem „Ressourcencheck“ befinden Sie sich wieder im Hauptmenü „Easy Access“.

13. Transaktion SCCL erneut aufrufen
14. Im Folgebild Quellmandanten 000 eintragen
15. Menü „Springen → Protokollanzeige“ auswählen
16. Im Folgebild den Protokolleintrag anklicken

Ergebnis:

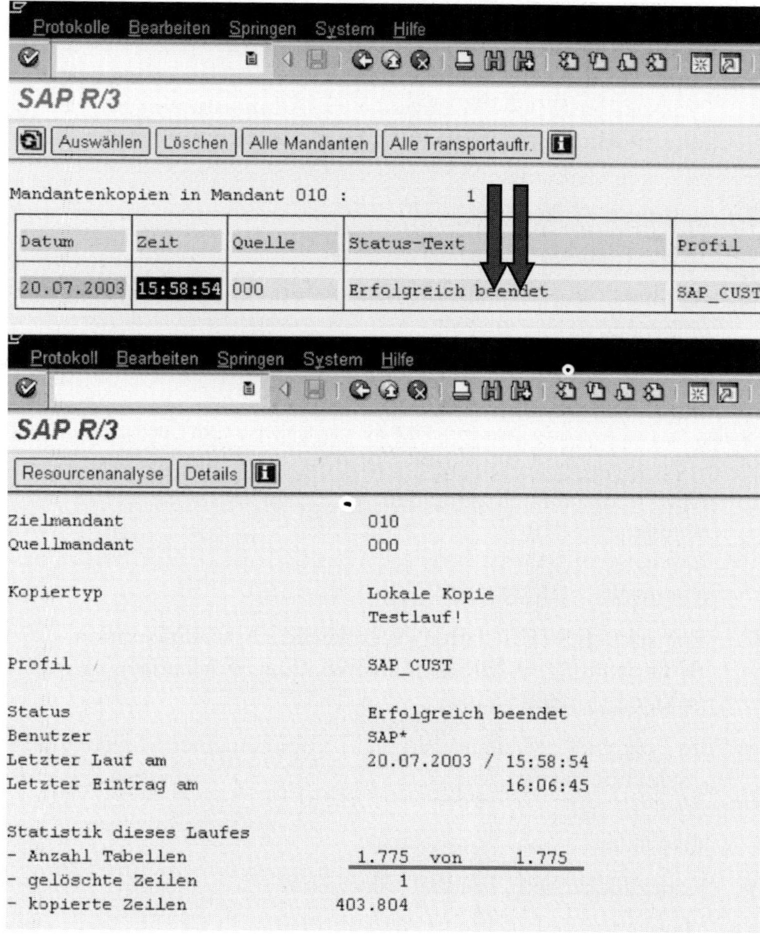

**A 3.** Legen Sie einen Customizingauftrag mit der Kurzbeschreibung „Länder-Regionen“ an.

1. Transaktion SE10 starten (Werkzeuge → AcceleratedSAP → Customizing → SE10 Transport Organizer).
2. Im Folgebild die Kontrollkästchen „Customizing-Aufträge“ und „Änderbar“ aktivieren.
3. Schaltfläche „Anlegen (F7)“ anklicken.
4. Im Folgebild „Auftrag anlegen“ Kurzbeschreibung „Länder-Regionen“ und eventuell Teammitarbeiter eintragen.
5. Sichern (ENTER-Taste).

**A 4.** Legen Sie einen Projekt-IMG „Regionen“ an. Nehmen Sie den Knoten „Allgemeine Einstellungen“ in den Umfang Ihres Projekt-IMGs auf.

6. Transaktion SPRO_ADMIN starten (Werkzeuge → AcceleratedSAP → Customizing → SPRO_ADMIN Projektverwaltung)
7. Im Folgebild „Customizing: Projektverwaltung“ Schaltfläche „Anlegen“ anklicken.
8. Im Folgebild „Projekt anlegen ...“ Projektname „Regionen“ eingeben/ENTER.
9. Im Folgebild „Projekt anlegen“ Bezeichnung des Projektes (z.B. Länderregionen) eingeben.
10. Registerkarte „Allgemeine Daten“ mit sinnvollen Daten ausfüllen.
11. In der Registerkarte „Umfang“ Auswahlknopf „Projektumfang durch manuelle Auswahl im Referenz-IMG festlegen“ aktivieren.
12. Sichern.
13. Schaltfläche „Umfang festlegen“ anklicken.
14. Im Folgebild „IMG-Knoten auswählen“ Cursor in den Knoten „Allgemeine Einstellungen“ stellen.
15. Schaltfläche „Markieren F9“ anklicken.
16. ENTER-Taste drücken.
17. Im Bildschirm „Projekt anlegen“ Schaltfläche „Projekt-IMG generieren“ anklicken.
18. Informationen mit ENTER-Taste bestätigen.
19. Im Folgebild „Projekt-IMG generieren“ gewünschte Arbeitsweise einstellen („Hintergrundjob“ oder „Sofort“) .
20. ENTER-Taste drücken.

**A 5.** Legen Sie für das Land Deutschland (DE) die Region 17 Berlin-Brandenburg an.

1. Transaktion SPRO_ADMIN starten (Werkzeuge → AcceleratedSAP → Customizing → SPRO_ADMIN Projektverwaltung).
2. Im Folgebild „Customizing: Projektverwaltung“ das Projekt „Regionen“ durch Doppelklick starten.
3. Im Folgebild „Ändern: Projekt Regionen: Länderregionen“ Schaltfläche „Projekt-IMG“ anklicken.
4. IMG-Aktivität „Regionen einfügen“ entsprechend der Abbildung auswählen.

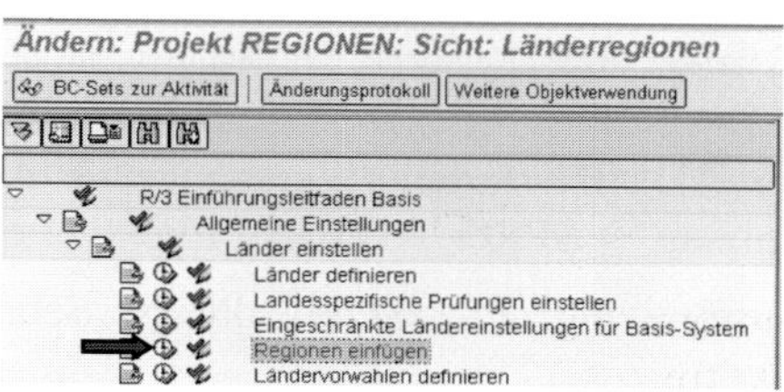


5. Im Folgebild „Sicht Regionen ändern: Übersicht“ Schaltfläche „Neue Einträge“ anklicken.
6. Folgebild „Neue Einträge ...“ Region Berlin-Brandenburg entsprechend Abbildung anlegen.

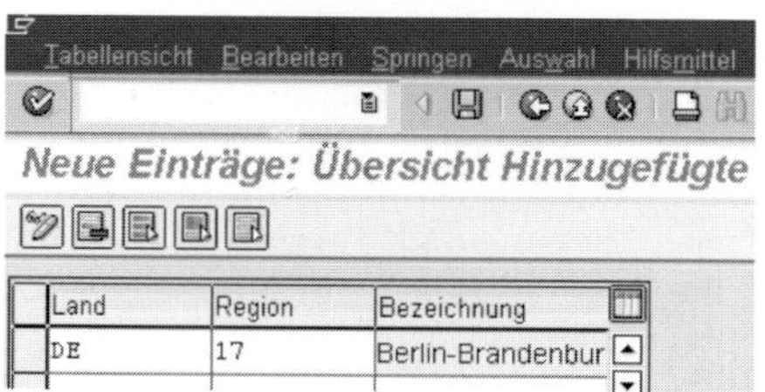


7. Sichern und Customizingauftrag aus Aufgabe 3 (Länder-Regionen) zuweisen.

**A 6.** Überprüfen Sie in Ihrem Customizingauftrag welche Tabellen Änderungen enthalten, die durch das Anlegen der Region Berlin-Brandenburg erzeugt wurde

1. Transaktion SE10 starten (Werkzeuge → AcceleratedSAP → Customizing → SE10 Transport Organizer).
2. Im Folgebild die Kontrollkästchen „Customizing-Aufträge“ und „Änderbar“ aktivieren.

3. Schaltfläche „Anzeigen“ anklicken Im Folgebild „Transport Organizer: Aufträge“ Customizingauftrag „Länder-Regionen“ entsprechend Abbildung aufreißen.

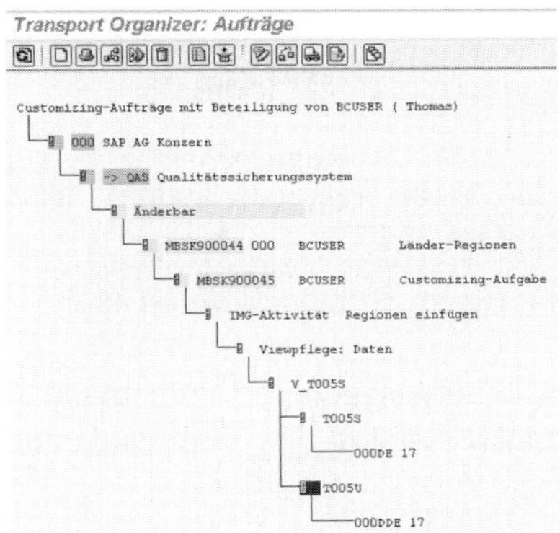


4. Stellen Sie den Cursor in die Aufgabe und geben Sie diese frei (Schaltfläche „direkt freigeben“).
5. Stellen Sie den Cursor in den Auftrag und geben Sie diesen frei (Schaltfläche „direkt freigeben“).

**A 7.** Melden Sie sich an dem in Aufgabe 2 angelegten Mandanten an.

Start „SAPLogon“ → Logon
Logondaten:

| | |
|---|---|
| Mandant: | 010 |
| Benutzer: | SAP* |
| Kennwort: | PASS |

**A 8.** Kontrollieren Sie im Customizing, ob die Region Berlin-Brandenburg vorhanden ist.

Die folgenden Handlungen sind im Mandanten 010 (Mandant aus Aufgabe 2) auszuführen.

1. Transaktion SPRO_ADMIN starten (Werkzeuge → AcceleratedSAP → Customizing → SPRO_ADMIN Projektverwaltung).
2. Im Folgebild „Customizing: Projektverwaltung“ das Projekt „Regionen“ durch Doppelklick starten.
3. Im Folgebild „Ändern: Projekt Regionen: Länderregionen“ Schaltfläche „Projekt-IMG“ anklicken.
4. IMG-Aktivität „Regionen einfügen“ entsprechend der Abbildung auswählen.

5. Suchen Sie im Folgebild „Sicht Regionen ändern: Übersicht" für Deutschland (DE) die Region 17.

Ergebnis: Die Region DE 17 Berlin-Brandenburg ist nicht vorhanden.
Begründung: Die Ländereinstellungen gehören zum mandantenabhängigen Customizing. Sie müssen erst in den Testmandanten (010) transportiert werden.

**A 9.** Führen Sie den Transport (Auftragskopie) durch und kontrollieren Sie, ob die Region Berlin-Brandenburg jetzt vorhanden ist.

Die folgenden Handlungen sind im Mandanten 010 (Mandant aus Aufgabe 2) auszuführen.

1. Transaktion „SCC1 Trsp-Auftrag kopieren" starten (Werkzeuge → Administration → Verwaltung → Mandantenverwaltung → Sonderfunktionen → SCC1 Trsp-Auftrag kopieren).
2. Geben Sie im Folgebild „Kopie gemäß Transportauftrag" folgende Daten ein:
   Quellmandant: <Mandant indem die Region angelegt wurde>
   Transportauftrag: <Customizing-Auftragsnr. aus Aufgabe 3>
3. „Sofort starten" oder „Als Hintergrundjob einplanen" anklicken.

Kontrollieren Sie analog zur Aufgabe 8, ob die Region jetzt vorhanden ist.

**A 10.** Löschen Sie den neuen Mandanten wieder.

Die folgenden Handlungen sind im Mandanten 010 (Mandant aus Aufgabe 2) auszuführen.

1. Transaktion „SCC5 Mandant löschen" starten (Werkzeuge → Administration → Verwaltung → Mandantenverwaltung → Sonderfunktionen → SCC1 Trsp-Auftrag kopieren). Im Folgebild „Mandanten löschen" ist im Anzeigefeld „zu löschende Mandanten" der aktuelle Mandant eingetragen (010).
2. Kontrollkästchen „Lösche Eintrag aus T000" aktivieren.
3. Wählen Sie „Online löschen" oder „Hintergrund".

Es werden alle mandantenabhängigen Tabellen des Mandanten 010 und der Datensatz des Mandanten 010 in der Tabelle T000 gelöscht. Hinweis: Das manuelle Löschen des Mandanten in der Mandantenübersicht (SCC4) löscht die mandantenabhängigen Tabellen des Mandanten nicht.

## 1.5.2 Transporte in andere R/3-Systeme

### *1.5.2.1 Grundlagen*

Bei der Installation eines R/3-Systems wird auf der Betriebssystemebene ein Transportverzeichnis angelegt. Alle R/3-Systeme einer Systemlandschaft nutzen ein gemeinsames Transportverzeichnis.

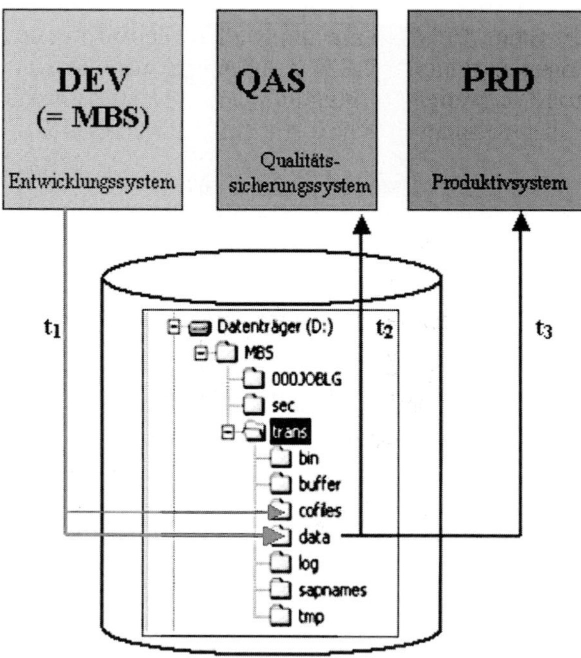


*Abb. 1.40 Nutzung des gemeinsamen Transportverzeichnisses*

Zum Zeitpunkt $t_1$ (Freigabe des Auftrages) werden die zu transportierenden Daten in das Unterverzeichnis „data" des gemeinsamen Transportverzeichnisses „trans" geschrieben. Gleichzeitig werden für den Transport wichtige Steuerdaten im Verzeichnis „cofiles" gespeichert.

Zum Zeitpunkt $t_2$ (Import der Daten in das System QAS) werden die Daten in das Qualitätssicherungssystem transportiert und dort getestet. Korrekturen werden im Entwicklungssystem durchgeführt und anschließend in das Qualitätssicherungssystem transportiert.

Zum Zeitpunkt $t_3$ (Import der Daten in das System PRD) werden die Daten aller Änderungsaufträge in das Produktivsystem übernommen. Die Reihenfolge der Änderungen wird dabei exakt eingehalten, damit neue Versionen nicht durch alte überschrieben werden.

Abb. 1.41
Daten- und Informationsfluß bei der Freigabe

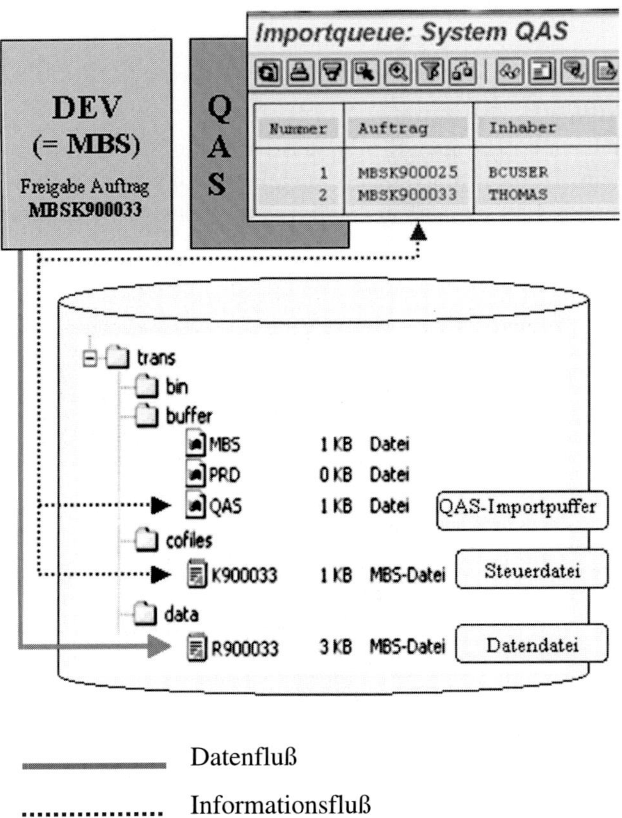


*Vorgänge bei der Freigabe des Auftrages*

Nach der Freigabe des Auftrages MBSK900033 wird die Datei R900033.MBS mit den zu transportierenden Daten erzeugt und in das Unterverzeichnis „data" kopiert. Zusätzlich wird die Datei K900033.MBS mit Steuerinformationen angelegt und im Transportunterverzeichnis „cofiles" abgelegt.

Die QAS-Importdatei und Importqueue werden ebenfalls mit Steuerinformationen versorgt.

Die Dateien K900033.MBS, R900033.MBS und QAS können auch von den R/3-Arbeitsstationen angezeigt werden. Mit der Transaktion AL11 können Sie die Verzeichnisse des Servers auf dem Bildschirm Ihrer Arbeitsstation abbilden. Doppelklicken Sie in das Verzeichnis DIR_TRANS → data, DIR_TRANS → cofiles bzw. DIR_TRANS → buffer. Den Inhalt der Dateien können Sie sich von dort aus ebenfalls mit Doppelklick anschauen.

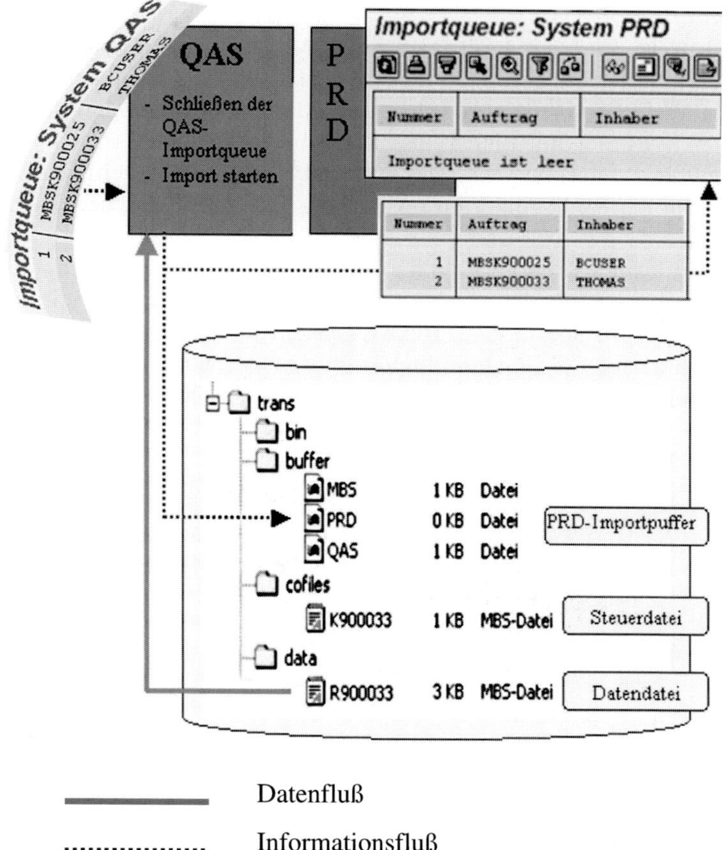


*Abb. 1.42 Daten- und Informationsfluß beim Import in das QAS*

*Vorgänge beim Import*

*Wirkungsweise der Importqueues*

„Damit ein SAP-System durch die Versorgung mit Änderungsaufträgen immer in einem konsistenten Zustand bleibt, ist es notwendig, Termine festzulegen, zu denen die Entwickler ihre Änderungsaufträge freigeben müssen. Um zu verhindern, dass Aufträge, die nach diesem Zeitpunkt freigegeben werden, auch noch importiert werden, kann die Importqueue geschlossen werden.

Änderungsaufträge, die dann freigegeben werden, werden nach einer Endemarkierung in die Queue geschrieben und damit erst für den übernächsten Import vorgemerkt. Beim nächsten Import, der durch das Schließen der Importqueue auch zu einem späteren Zeitpunkt erfolgen kann, werden nur die Aufträge vor der Endemarkierung importiert (SAP R/3 Online-Hilfe).

**Hinweis:** Im Normalfall wird die Importqueue zu festgelegten und veröffentlichten Terminen geschlossen damit die Projektleiter über die Wahl des Freigabezeitpunktes festlegen können, wann die Entwicklungen in die Folgesysteme importiert werden.

Beim Import der Aufträge in das QAS werden Steuerinformationen in den PRD-Importpuffer und die PRD-Importqueue geschrieben.

Im letzten Schritt erfolgt der Import der Aufträge in das Produktionssystem PRD. Die Einträge der PRD-Importqueue bestimmen, welche Aufträge in das Produktivsystem transportiert werden. Der Import erfolgt analog zum Import in das QAS, nur dass kein Importpuffer und keine Importqueue beliefert werden müssen.

*Abb. 1.43 Daten- und Informationsfluß beim Import in das PRD*

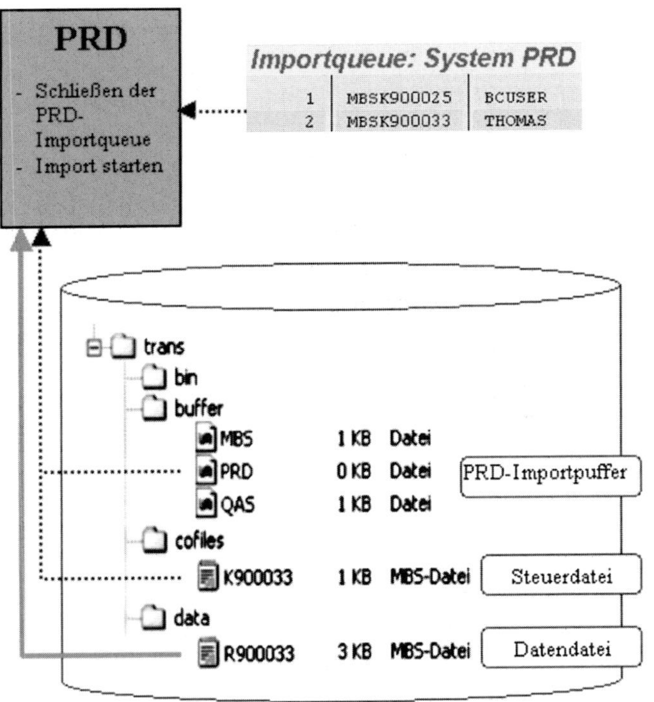

### 1.5.2.2
### Voraussetzungen und Durchführung

Es gibt verschieden Methoden, Transporte in andere R/3-Systeme zu realisieren. Hier soll speziell auf das Transport-Management-System (TMS) eingegangen werden. Mit dem TMS steht ein komfortables Werkzeug zur Verfügung mit dem alle Transporte organisiert und zuverlässig ausgeführt werden können. Benutzeraktionen auf Betriebssystemebene sind bei der Verwendung des MTS nicht mehr notwendig, da alle benötigten Informationen und Funktionen im SAP-System abgebildet werden.

Um Änderungen mit dem TMS zu transportieren, sind folgende Voraussetzungen zu erfüllen:

- Die Systemlandschaft ist eingerichtet.
- Für die Änderungen an mandantenabhängigen Daten ist ein Customizingauftrag angelegt.
- Für die Änderungen an mandantenunabhängigen Daten ist eine Entwicklungsklasse und ein Workbenchauftrag angelegt.
- Die automatische Aufzeichnung von Änderungen ist eingeschaltet.

Die Datenänderungen und der Transport der geänderten Daten in ein anderes R/3-System erfolgt in folgenden Schritten:

- Die mandantenabhängigen Daten werden mit den Customizingwerkzeugen gepflegt und beim Sichern in den Customizingauftrag eingetragen (siehe Kapitel 1.5.1 „Transporte innerhalb eines R/3-Systems“).
- Mandantenunabhängige Daten werden beim Anlegen einer Entwicklungsklasse und einem Workbenchauftrag zugeordnet. Die Entwicklungsklasse enthält Angaben zum Zielsystem in welches die Änderungen transportiert werden sollen. Analog zum Customizingauftrag erfüllt der Workbenchauftrag folgende Hauptaufgaben:
  - Zuordnung der Änderungen an mandantenunabhängigen Daten zum jeweiligen Entwickler
  - Kapselung aller Änderungen, die zu einem Projekt gehören
  - Kennzeichnung der erledigten Entwicklungsaufgaben
- Nach dem Abschluss der Entwicklungsarbeiten erfolgt die Freigabe der Customizing- und Workbenchaufträge. Bei der Freigabe werden die Änderungsaufträge und die dazugehöri-

gen Steuerinformationen in das gemeinsame Transportverzeichnis geschrieben (siehe Abb. 1.41, Seite 40).

- Zum Schluss wird im Transport-Management-System der Transport der Änderung in das Zielsystem ausgeführt.

### 1.5.2.3 Einrichten der Systemlandschaft

In diesem Kapitel wird das Anlegen einer „Drei-System-Landschaft" gezeigt. Als Entwicklungssystem dient das System MBS (Mini-Basis-System). Für das Qualitätssicherungssystem (QAS) und das Produktionssystem (PRD) werden zwei virtuelle Systeme angelegt. In der Praxis werden virtuelle Systeme immer dann benutzt, wenn die Zielsysteme (in der Regel QAS und PRD) physisch noch nicht vorhanden sind und das Transport-Management-System zu Testzwecken initialisiert werden soll.

*Domain Controller*

Um die Systemlandschaft zu konfigurieren, müssen Sie am Domain Controller angemeldet sein. Der Domain Controller ist ein System der Systemlandschaft, das dazu bestimmt wurde, Änderungen an der Systemlandschaft aufzunehmen und in die anderen Systeme zu verteilen. Wie der Domain Controller konfiguriert wird, entnehmen Sie bitte der Online-Dokumentation.

Nach Auslösen des Transportvorganges wird dieser vom TMS selbstständig ausgeführt. Dazu benötigt das TMS Angaben über die R/3-Systeme der Systemlandschaft und die Transportwege über die die Entwicklungsobjekte transportiert werden sollen.

Alle benötigten Informationen werden direkt im TMS angelegt.

#### R/3-Systeme der Systemlandschaft im TMS anlegen

*Vorgehensweise: R/3-Systeme anlegen*

Starten Sie das TMS über die Transaktion STMS (Werkzeuge → Administration → Transporte → STMS Transport-Management-System),
und wählen Sie die Menüfolge „Übersicht → Systeme".

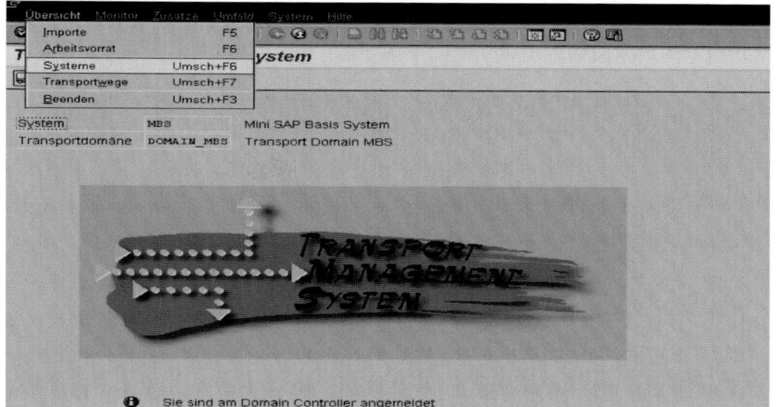


*Abb. 1.44 Einstiegsbild des TMS*

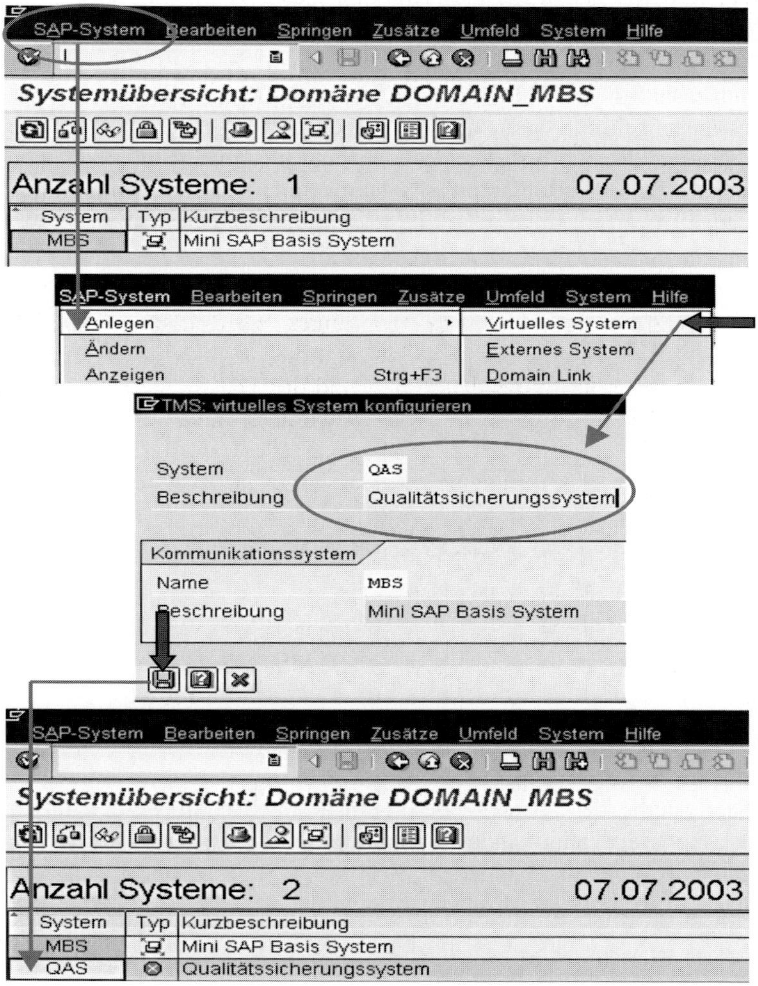

*Abb. 1.45 Anlegen eines R/3-Systems im TMS*

Wählen Sie das Menü „SAP-System → Anlegen → Virtuelles System" und belegen Sie die Eingabefelder im folgenden Dialogfenster entsprechend Abb. 1.46. Sichern Sie in diesem Dialogfenster Ihre Eingaben. Als Ergebnis wird in der Systemübersicht das neue System angezeigt.

Legen Sie im TMS ein virtuelles System „PRD" (Produktionssystem) an.

*Vorgehensweise: Transportwege anlegen*

Ausgangspunkt ist das Einstiegsbild des TMS (Transaktion STMS). Wählen Sie die Menüfolge „Übersicht → Transportwege". Es wird ein grafischer Editor zur Pflege der Systemlandschaft angezeigt. Wechseln Sie in den Änderungsmodus.

Unter der Drucktastenleiste sehen Sie die R/3-Systeme, die in die Systemlandschaft integriert werden können. Klicken Sie mit der Maustaste auf das Entwicklungssystem (MBS). Stellvertretend für das ausgewählte System wird im Arbeitsbereich ein rotes Rechteck angezeigt, das Sie mit der Maus an eine geeignete Stelle schieben können. Zum Positionieren des Systems drücken Sie die linke Maustaste.

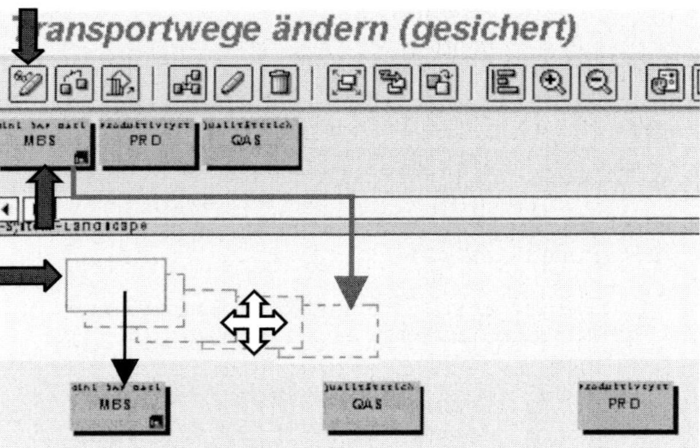


*Abb. 1.46 Systeme im grafischen Editor des TMS positionieren*

Positionieren Sie die Systeme QAS und PRD entsprechend der Abbildung im Arbeitsbereich des grafischen Editors.

Die Systeme der anzulegenden Transportlandschaft werden durch Transportwege miteinander verbunden. Es werden zwei Arten von Transportwegen unterschieden:

- **Konsolidierungswege**

Ein Konsolidierungssystem ist ein System der Systemlandschaft, in das stabile Entwicklungsstände aus dem Entwicklungssystem per Transport übernommen und getestet werden.
Der Transportweg vom Entwicklungssystem zum Konsolidierungssystem wird als Konsolidierungsweg bezeichnet Ein Konsolidierungsweg setzt eine Transportschicht voraus.

- **Belieferungswege**.

Ein Belieferungssystem ist ein System der Systemlandschaft, das aus einem Konsolidierungssystem automatisch beliefert wird. Der Transportweg von einem Konsolidierungssystem in ein Belieferungssystem wird als Belieferungsweg bezeichnet. Belieferungswege benötigen keine Transportschicht.

*Vorgehensweise: Konsolidierungsweg anlegen*

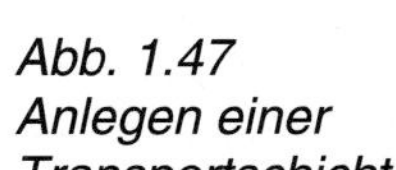

Zum Anlegen eines Konsolidierungsweges wird eine Transportschicht benötigt.
Pro SAP-System und Transportschicht können Sie nur einen Konsolidierungsweg einrichten.

Legen Sie über die Menüfolge „Bearbeiten → Transportschicht → Anlegen" eine Transportschicht an.

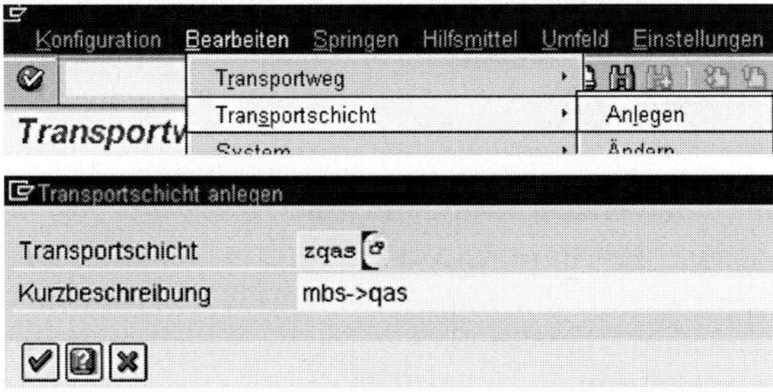


*Abb. 1.47 Anlegen einer Transportschicht*

Der Name der Transportschicht muss im Kundennamensbereich liegen (Anfangsbuchstabe „z" oder „y").

Mit dieser Transportschicht soll jetzt ein Konsolidierungsweg zwischen dem Entwicklungssystem (MBS) und dem Qualitäts-sicherungssystem (QAS) angelegt werden. Wählen Sie dazu im Fenster „Transportwege ändern" die Menüfolge „Bearbeiten → Transportweg → Transportweg einfügen".

Daraufhin nimmt der Cursor die Form eines Bleistiftes an. Ziehen Sie mit gedrückter linker Maustaste eine Linie (Kante) vom Mittelpunkt des Entwicklungssystems (MBS) zum Qualitätssicherungssystem (QAS) und lassen Sie die Maustaste wieder los. Aktivieren Sie im folgenden Dialogfenster den Auswahlknopf „Konsolidierungsweg", wählen Sie die von Ihnen angelegte Transportschicht aus und drücken Sie dann die ENTER-Taste. Der Konsolidierungsweg ist angelegt (Vergleiche Abb. 1.48).

*Abb. 1.48 Transportweg anlegen*

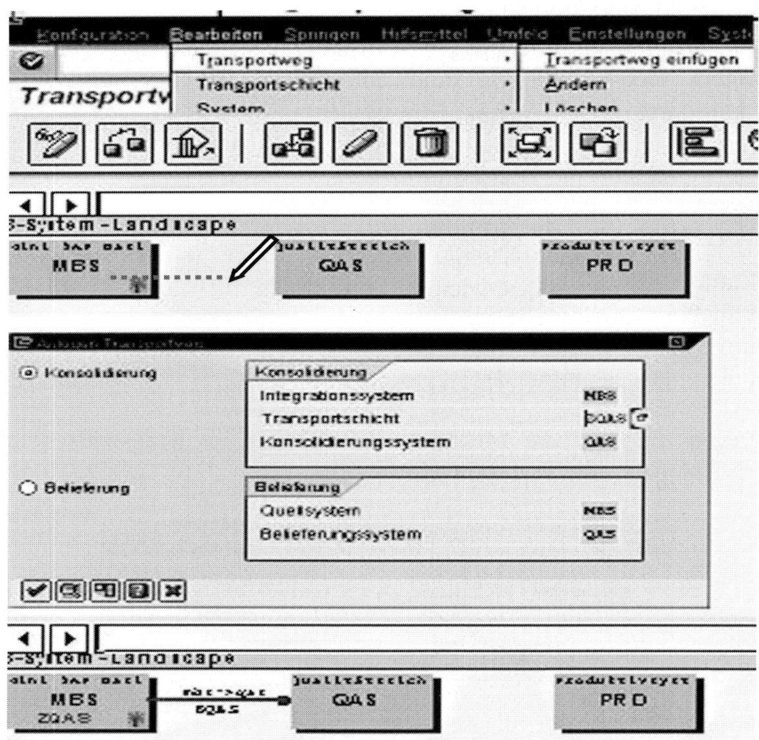


Die am Domain Controller konfigurierte Systemlandschaft muss jetzt gesichert, verteilt und aktiviert werden. Klicken Sie die Schaltfläche „Sichern" an, geben Sie der Konfiguration einen Namen und verteilen Sie im folgenden Dialogfenster Ihre Konfiguration.

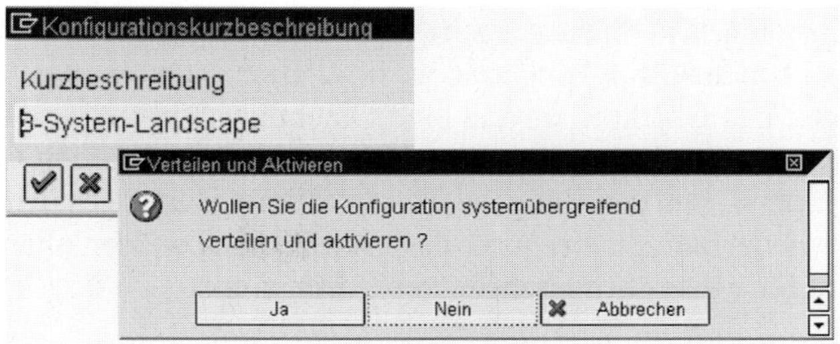


*Abb. 1.49 Konfiguration sichern, verteilen und aktivieren*

Legen Sie zwischen den Qualitätssicherungssystem (QAS) und dem Produktionssystem (PRD) einen Belieferungsweg an.

Hinweis: Der Belieferungsweg benötigt im Gegensatz zum Konsolidierungssystem keine Transportschicht.

### 1.5.2.4 Der Workbenchauftrag

Jedes mandantenunabhängige Objekt das angelegt oder geändert werden soll, ist vom Entwickler einem Workbenchauftrag zuzuordnen.

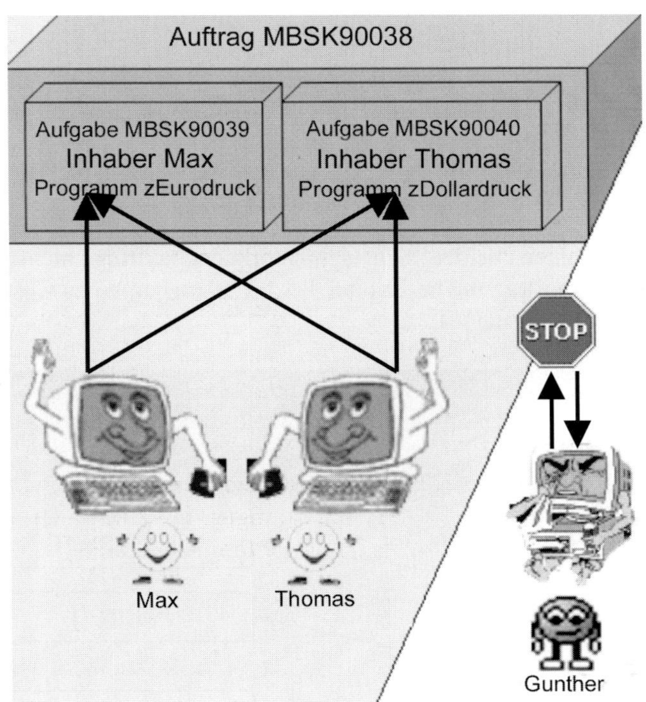


*Abb. 1.50 Wirkung der Objektsperre im Workbenchauftrag*

Dadurch wird das Objekt gesperrt und kann nur von Benutzern, die im Workbenchauftrag eingetragen sind, bearbeitet werden. Jeder Bearbeiter des Objektes wird in eine Objektliste eingetragen. Damit ist jederzeit eine Zuordnung der Bearbeiter zum geänderten Objekt möglich. Erst mit der Freigabe des Workbenchauftrages wird die Sperre wieder aufgehoben und das Objekt steht wieder allen Entwicklern für weitere Änderungen zur Verfügung.

*Vorgehensweise: Anlegen eines Workbenchauftrages*

Workbenchaufträge werden mit der Transaktion SE09 (Werkzeuge → ABAP Workbench → Übersicht → SE09 Transport Organizer) angelegt.

*Abb. 1.51 Anlegen eines Workbenchauftrages*

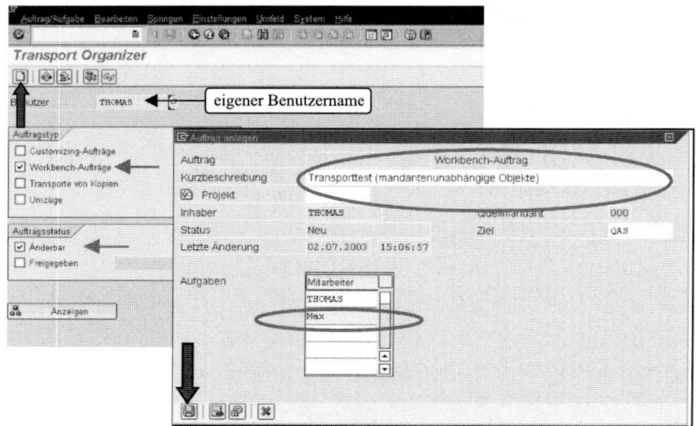


Äußerlich unterscheidet sich der Workbenchauftrag nicht vom Customizingauftrag (siehe Kapitel 1.5.1.3 „Anlegen eines Customizingauftrages", Seite 16).

*Abb. 1.52 Neu angelegter Workbenchauftrag*

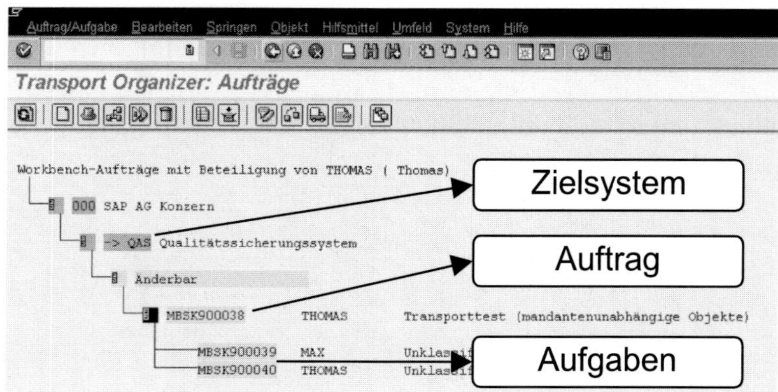

In diesem Fenster kann man folgendes erkennen:

- Für jeden Auftrag wird vom System automatisch eine Auftragsnummer ermittelt. Diese setzt sich zusammen aus
  - dem Systemnamen (hier: MBS)
  - einer Konstanten „K9“ und einer
  - 5-stelligen laufenden Nummer (hier „00038“).
- Für jeden Entwickler, der beim Anlegen des Auftrages in die Datengruppe „Aufgaben“ eingetragen wurde (siehe Abb. 1.14), ist automatisch eine „Aufgabe“ angelegt worden. Beim Sichern der Änderungen wählt der Entwickler den Workbenchauftrag aus. Das System ermittelt den Benutzernamen des Entwicklers und trägt die Änderungen in die entsprechende Aufgabe des Customizingauftrages ein.

#### *1.5.2.5 Die Entwicklungsklasse*

Jedes Entwicklungsobjekt, das in andere R/3-Systeme transpor tiert werden soll, bekommt eine Entwicklungsklasse zugeordnet. Die Entwicklungsklasse stellt die obere Hierarchiestufe logisch zusammenhängender Entwicklungsobjekte dar. Für größere Entwicklungsprojekte sollten immer eine eigene Entwicklungsklasse angelegt werden. So sind zum Beispiel alle Entwicklungsobjekte (Programme, Tabellen, Nachrichtenklasse etc.) die im Zusammenhang mit diesem Buch stehen, beim Autor der Entwicklungsklasse „Y_ABAP_TRAINING_TW“ zugeordnet.
Ist die Entwicklungsklasse eines Projektes bekannt, können alle Entwicklungsobjekte, die zu diesem Projekt gehören, mit dem Object Navigator angezeigt werden.

Abb. 1.53
Entwicklungsobjekte der Entwicklungsklasse yBuch

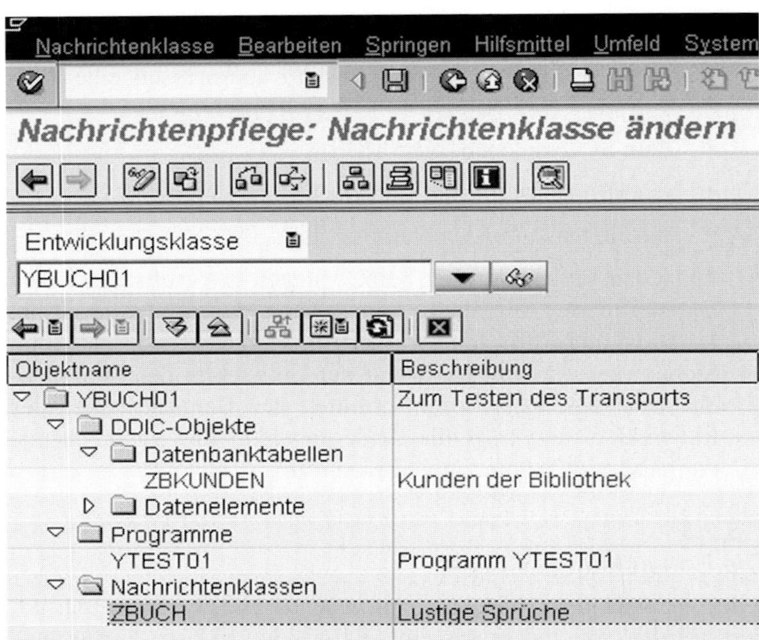

*Vorgehensweise: Anlegen einer Entwicklungsklasse*

Entwicklungsklassen werden mit SE80 (Werkzeuge → ABAP Workbench → Übersicht → SE80 Object Navigator) angelegt.

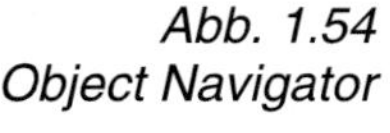

Abb. 1.54
Object Navigator

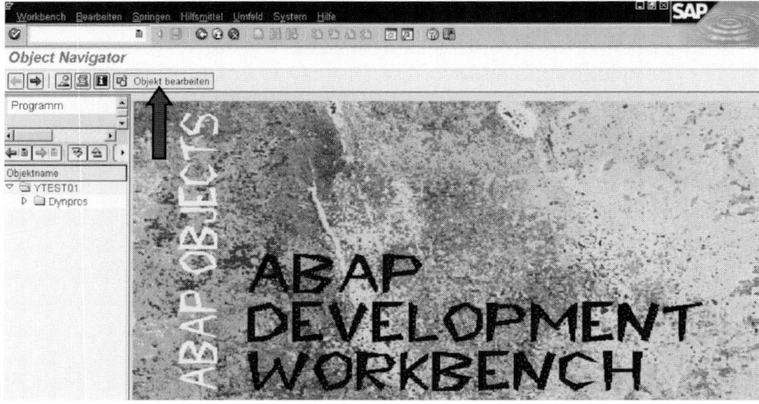


Dieses Werkzeug ist die integrierte Entwicklungsumgebung des R/3-Systems. Von hier aus lassen sich alle Entwicklungsobjekte anlegen und ändern. Um eine Entwicklungsklasse anzulegen, klicken Sie auf die Schaltfläche „Objekt bearbeiten".

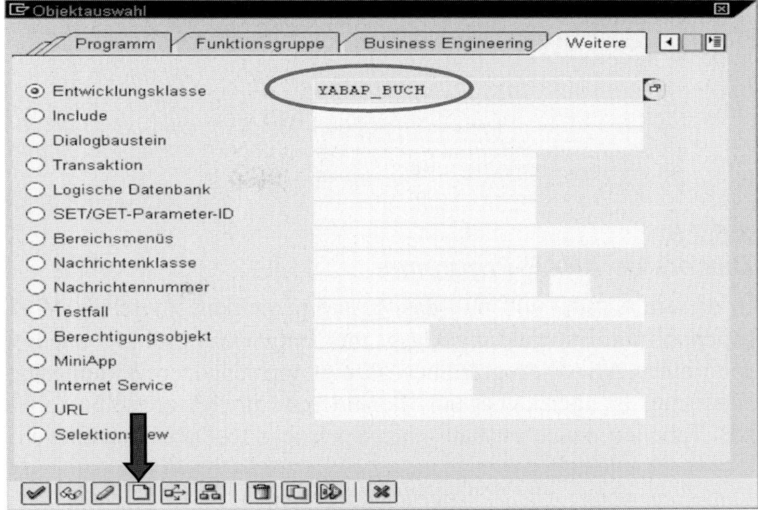


Abb. 1.55 Anlegen einer Entwicklungsklasse

Tragen Sie in diesem Bildschirm den Namen der Entwicklungsklasse ein. Der Name muss sich im Kundennamensbereich befinden, d.h. mit den Buchstaben „z" oder „y" beginnen. Groß- und Kleinschreibung spielen dabei keine Rolle.

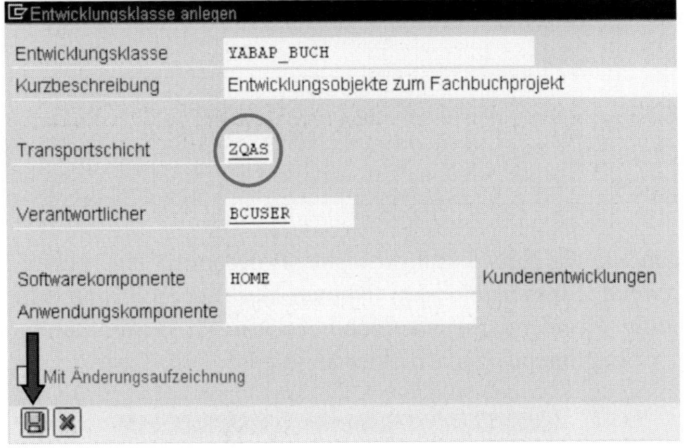


Abb.1.57 Eigenschaften der Entwicklungsklasse

Neben der Kurzbeschreibung wird in diesem Bildschirm die Transportschicht angegeben. Das Eingabefeld ist immer mit der Standardtransportschicht vorbelegt. Beim Sichern wird die Entwicklungsklasse dem im Kapitel 1.5.2.4 „Der Workbenchauftrag" (Seite 49) angelegten Workbenchauftrag zugeordnet.

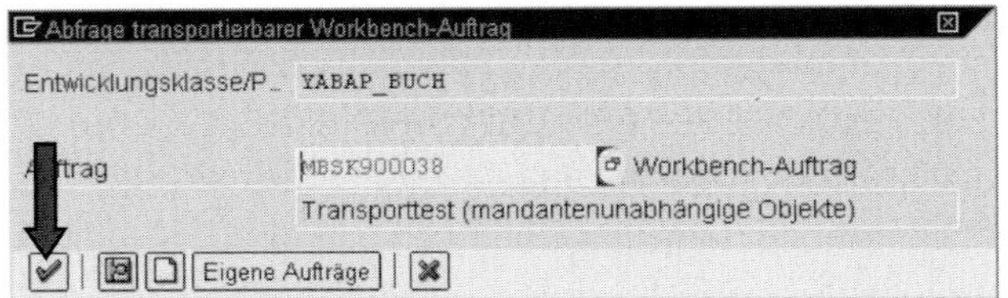


*Abb. 1.56 Zuweisung des Workbenchauftrages*

### 1.5.2.6 Das erstes ABAP-Programm

In diesem Kapitel soll nun das Zusammenwirken zwischen Workbenchauftrag, Entwicklungsklasse und Entwicklungsobjekt am Beispiel eines ABAP-Programmes gezeigt werden. Der Wirkungsmechanismus ist übertragbar auf alle anderen Entwicklungsobjekte wie z.B. Tabellen, Funktionsbausteine, Sperrobjekte, Datenelemente etc.

*Vorgehensweise: ABAP-Programm anlegen*

ABAP-Programme können mit zwei verschiedenen Werkzeugen, dem eigentlichen ABAP-Editor (SE38) und dem „Object Navigator" (SE80) angelegt werden.

*Abb. 1.57 ABAP-Programm anlegen*

Wählen Sie als Entwicklungsobjekt „Programm" aus, geben Sie in das zweite Eingabefeld den Namen des neuen Programmes ein (Achtung: Kundennamensbereich beachten, Programmname mit „z" oder „y" beginnend) und drücken Sie die ENTER-Taste.

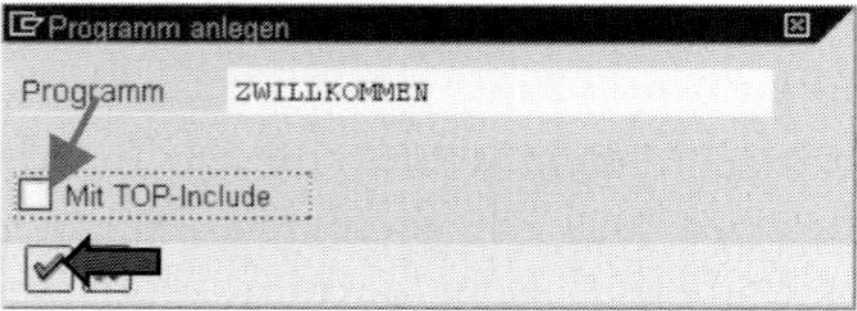


*Abb. 1.58*

Deaktivieren Sie das Kontrollkästchen „Mit TOP-Include". Auf diese Funktion werden wir an späterer Stelle eingehen.

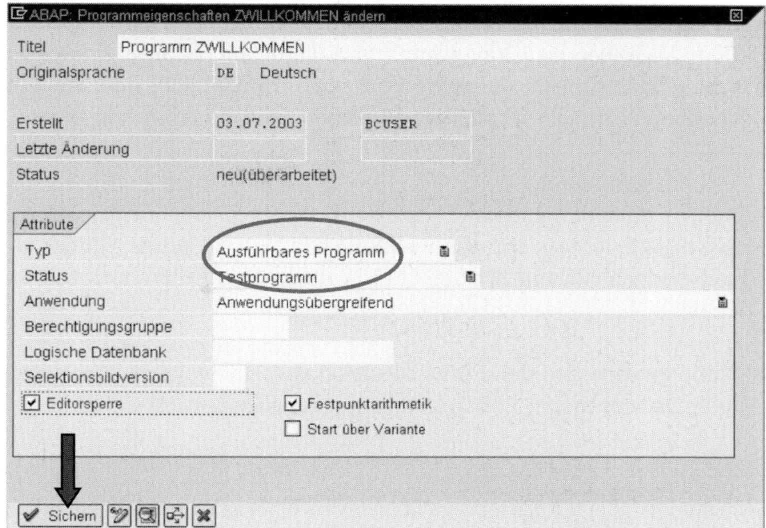


*Abb. 1.59 Programmtyp auswählen*

Wählen Sie als Programmtyp „Ausführbares Programm" und sichern Sie dann Ihre Eingabe.

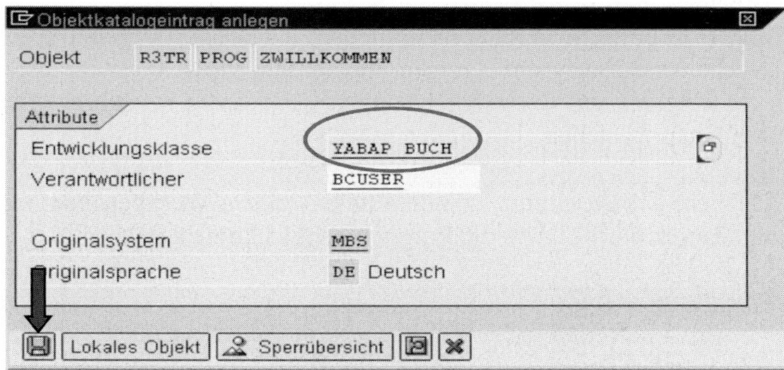


*Abb. 1.60 Zuordnung der Entwicklungsklasse*

Jedes Entwicklungsobjekt bekommt beim Anlegen eine Entwicklungsklasse zugeordnet. Im Beispiel wird das Programm „zWillkommen" in die Entwicklungsklasse YABAP_BUCH gelegt.

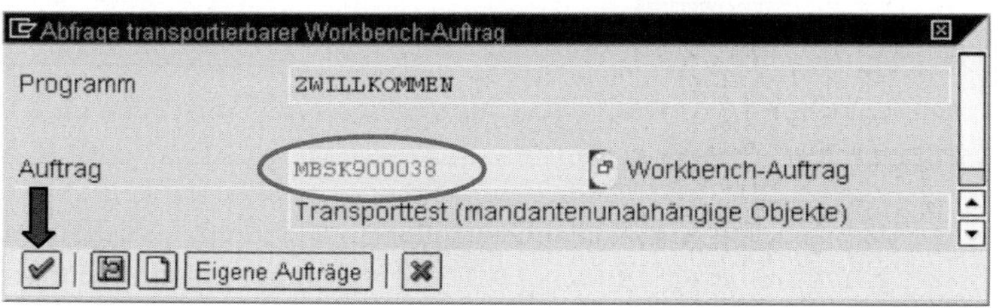


*Abb. 1.61 Zuordnung des Workbenchauftrages*

Als letzten administrativen Schritt wird nun das Entwicklungsobjekt in den Workbenchauftrag gestellt und damit für Nichtmitglieder des Workbenchauftrages gesperrt. Vergewissern Sie sich, dass im Eingabefeld „Auftrag“ der richtige Workbenchauftrag eingetragen ist

Zusammenfassung:
Jedem Entwicklungsobjekt wird beim Anlegen eine Entwicklungsklasse zugeordnet. Die Entwicklungsklasse wiederum enthält die Transportschicht, mit der der Transportweg zum Zielsystem verbunden ist.

Damit entscheidet die Entwicklungsklasse, in welches Zielsystem die ihr zugeordneten Entwicklungsobjekte transportiert werden.

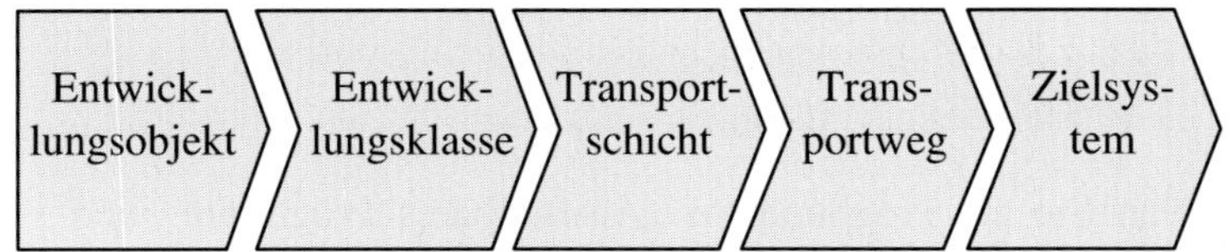


**Hinweis:**
Eine Transportschicht kann nicht mehreren Transportwegen, die auf verschiedene Zielsysteme zeigen, zugeordnet werden. Es ist daher nicht möglich, ein Entwicklungsobjekt gleichzeitig in mehrere Importqueues zu stellen.

Nachdem das Programm „zWillkommen“ einem Workbenchauftrag zugewiesen wurde, kann die Programmentwicklung beginnen.

*Abb. 1.62*
*Object Navigator*

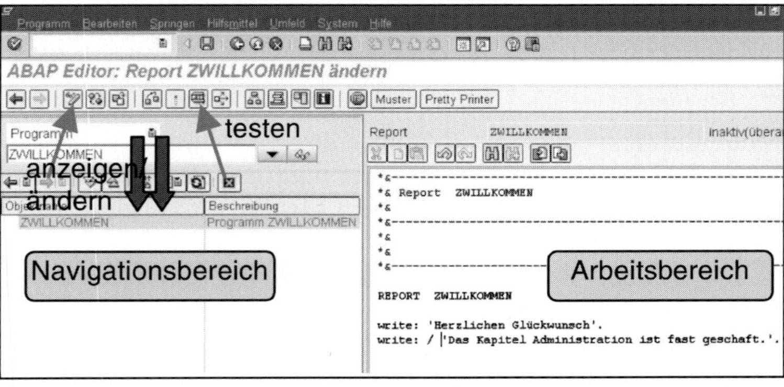


Ohne den späteren Kapiteln die Spannung zu stehlen, soll an dieser Stelle schon das erste einfache ABAP-Programm geschrieben werden. Der Object Navigator ist das integrierte Werkzeug zum Anlegen von Entwicklungsobjekten. Im Navigationsbereich wählen Sie das Entwicklungsobjekt aus (Doppelklick auf Programmname). Im Arbeitsbereich wird daraufhin der ABAP-Editor bereitgestellt. Wechseln Sie in den Arbeitsbereich und stellen Sie in den Änderungsmodus her (Schaltfläche „Anzeigen⇔Ändern“). Geben Sie folgenden Quelltext ein:

```
WRITE   'Herzlichen Glückwunsch'.
WRITE / 'Das Kapitel Administration ist fast
         geschafft.'.
```

Beachten Sie:

- WRITE ist das Schlüsselwort für eine Datenausgabe.
- Jede Anweisung wird mit einem Punkt abgeschlossen (hier ist der Punkt am Ende jeder Zeile Eingabezeile gemeint).
- Jede Zeichenkette beginnt und endet mit einem Hochkomma („ ' “).

Der Aufbau eines ABAP-Programmes und die Syntax der Anweisungen wird in einem späteren Kapitel ausführlich behandelt.

Sichern Sie Ihr Programm. Über die Schaltfläche (Testen) können Sie das Programm starten.

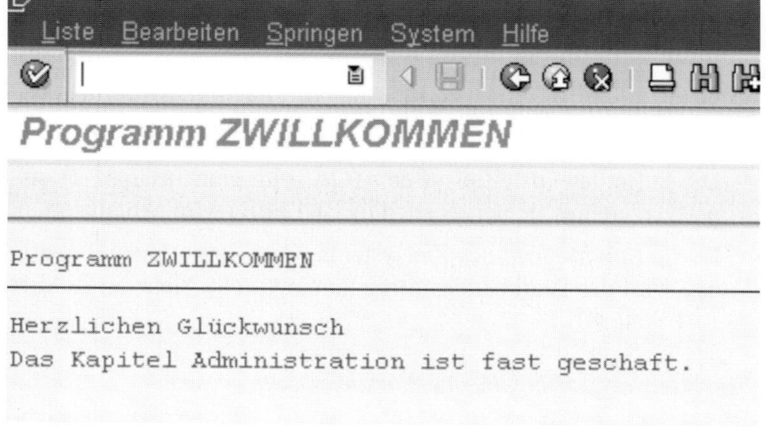


*Abb. 1.63 Ausführung des Programms „zWillkommen“*

Kehren Sie in den Object Navigator zurück. Klicken Sie mit der rechten Maustaste auf den Programmnamen in der Baumstruktur im Navigationsbereich und Aktivieren Sie Ihr Programm. Das ist die Voraussetzung zur Freigabe der Aufgabe im Workbenchauftrag.

Abb. 1.64 Aktivieren des Programms

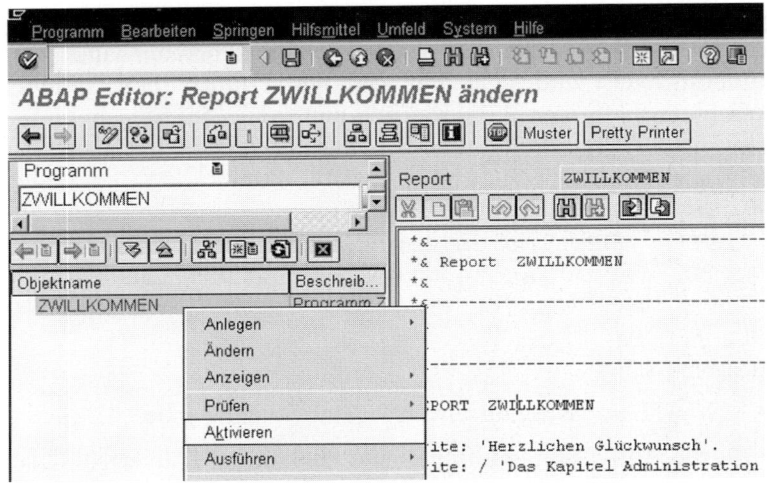


### 1.5.2.7 Freigabe des Workbenchauftrages

Die Freigabe des Workbenchauftrages (MBSK00038) hat folgende Wirkungen:

- Die Sperrung der einzelnen Entwicklungsobjekte wird aufgehoben.
- Die Steuerdatei K00038 wird angelegt und in das Transportunterverzeichnis COFILES geschrieben.
- Die Datei R00038 mit den zu transportierenden Entwicklungsobjekten wird angelegt und Transportunterverzeichnis DATA gestellt.
- Die Pufferdatei des Zielsystems (QAS) im gemeinsamen Transportverzeichnis (Unterverzeichnis BUFFER) wird aktualisiert.
- Ist die Importqueue des Zielsystems (QAS-Importqueue) geöffnet, wird der Workbenchauftrag hineingestellt (siehe auch Abb. 1.41 Seite 40).

*Vorgehensweise: Freigabe des Workbenchauftrages*

Die Freigabe der Workbenchaufträge erfolgt mit der Transaktion SE09 oder SE10 (Werkzeuge → ABAP Workbench → Übersicht → SE09 Transport Organizer).

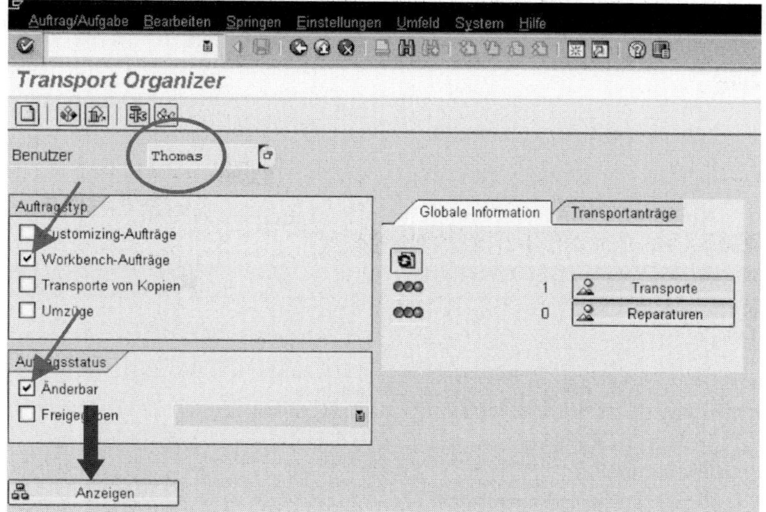


Abb. 1.65 Workbenchaufträge anzeigen

Alle vom Entwickler Thomas innerhalb des Auftrages angelegten oder geänderten Entwicklungsobjekte (im Beispiel die Entwicklungsklasse und das ABAP-Programm „zWillkommen“) sind einer Aufgabe (Inhaber Thomas) zugeordnet. Die Entwicklungsarbeiten an diesen Objekten gelten als beendet, wenn die Aufgabe freigegeben ist.

Zur Freigabe der Aufgabe stellen Sie den Cursor in die Aufgabe und klicken die Schaltfläche „Direkt freigeben“ an.

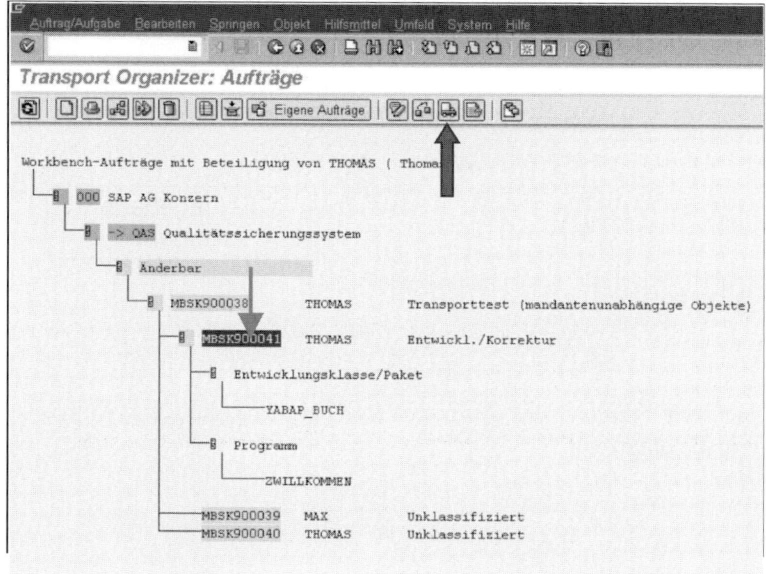


Abb. 1.66 Freigabe der Aufgabe

Die SAP empfiehlt, folgende Informationen zu dokumentieren:

- Verantwortliche Personen und Ansprechpartner
- Verweise auf zusätzliche interne Dokumentationen oder innerbetriebliche Anweisungen
- Details zur Implementierung
- Abhängigkeiten von anderen Entwicklungsprojekten

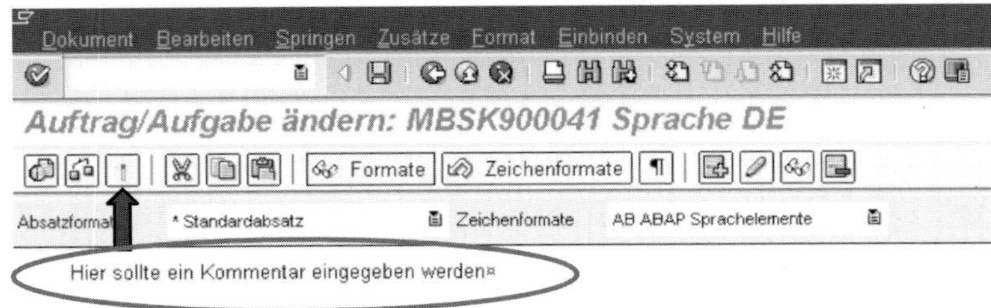


*Abb. 1.67 Kommentieren der Aufgabe*

Damit ist die Freigabe der Workbenchaufgabe beendet. Sind alle Aufgaben, denen Änderungen zugeordnet sind, freigegeben, erfolgt die Freigabe des Auftrages durch den Projektleiter. Die Freigabe des Auftrages wird ebenfalls im Transportorganizer durchgeführt.

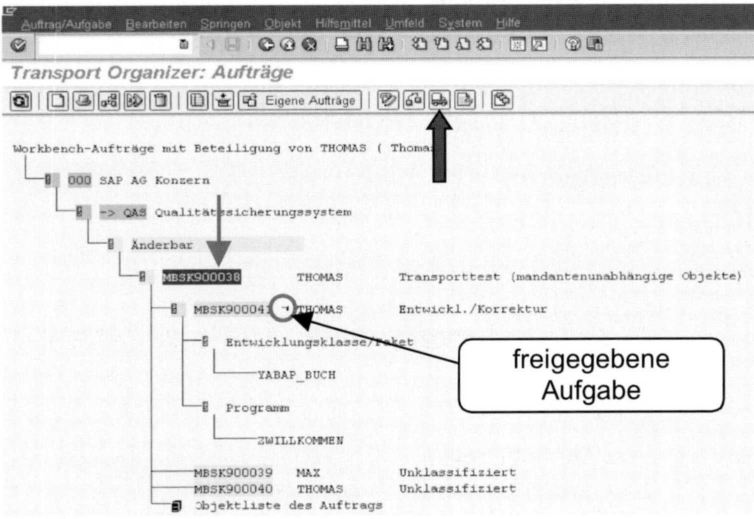


*Abb. 1.68 Freigabe des Auftrages*

Nach der Freigabe des Auftrages wird ein Protokoll zur Auftragsfreigabe angezeigt.

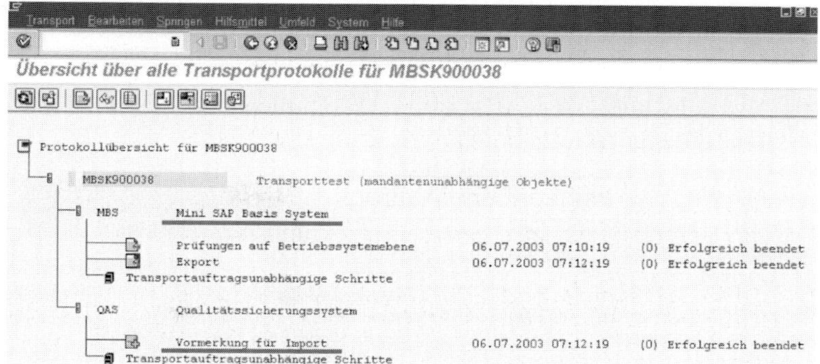


*Abb. 1.69*
*Protokoll der Freigabe*

## 1.5.2.8 Transport durchführen

*Vorgehensweise: Transport der freigegebenen Aufträge*

Starten Sie das TMS über die Transaktion STMS (Werkzeuge → Administration → Transporte → STMS Transport-Management-System). Wählen Sie im Einstiegsbild des TMS das Menü „Übersicht → Importe".

Wählen Sie das Zielsystem aus.

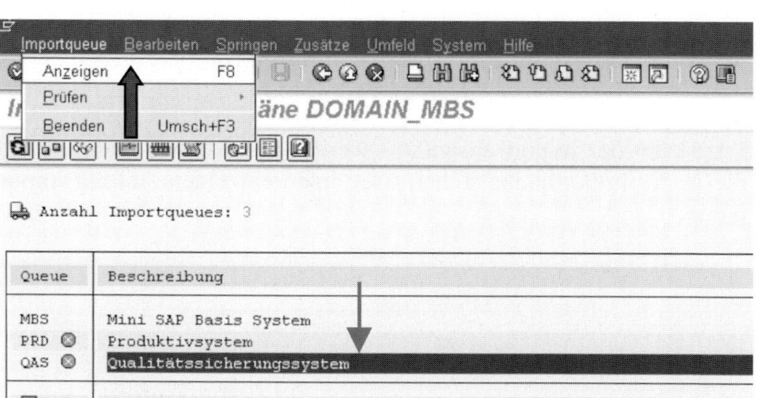


*Abb. 1.70*
*Auswahl des Zielsystems*

Schließen Sie die Importqueue des Zielsystems. Damit sichern Sie, dass Aufträge, die während des Imports freigegeben werden, nicht im aktuellen Transportlauf in das Zielsystem gelangen.

Wie Sie in Abb. 1.71 sehen, finden Sie in der QAS-Importqueue sowohl den Workbenchauftrag WBSK900038 als auch den im Kapitel 1.5.1.5 „Ausflug ins Customizing" (Seite 19) angelegten Customizingauftrag MBSK900033. Die Aufgaben der Aufträge können Sie mit Doppelklick auf die Auftragsnummer anzeigen.

Abb. 1.71 Schließen der Importqueue des Zielsystems

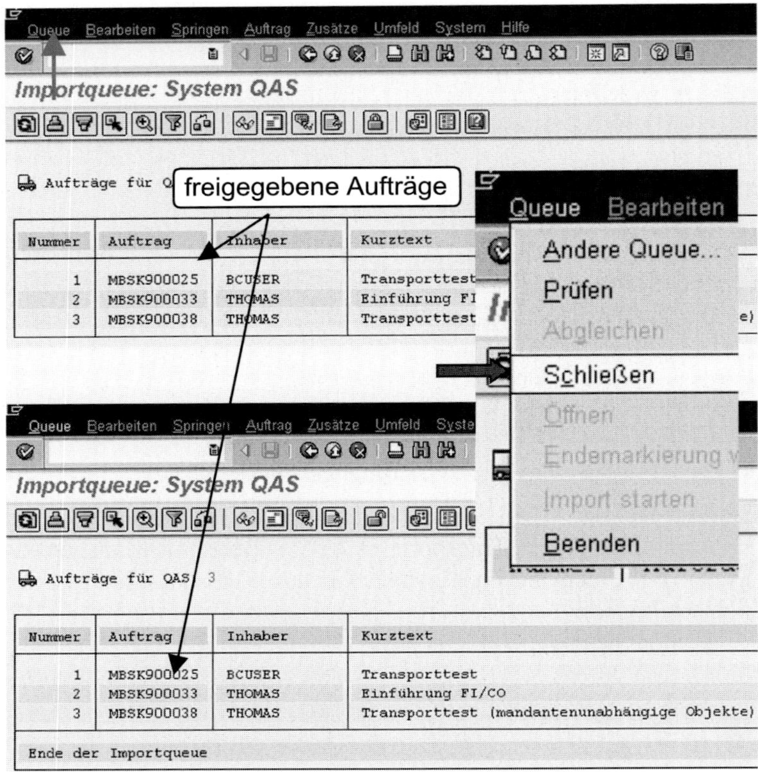


Jetzt kann der Import ausgeführt werden. Sie können alle Aufträge die in der Importqueue stehen oder einen einzelnen Auftrag importieren.

Abb. 1.72 links: Import der gesamten Importqueue

Abb. 1.73 rechts: Import eines einzelnen Auftrages

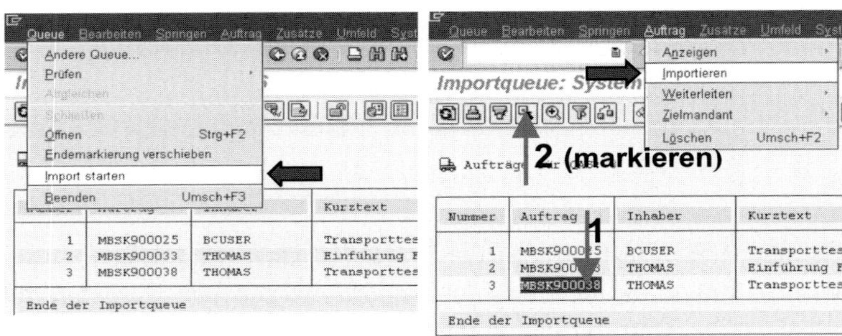

### *1.5.2.9 Übungsaufgaben*

**A 1.** Legen Sie einen Workbenchauftrag mit der Kurzbeschreibung „Transporte“ an. Achten Sie darauf, dass im Eingabefeld „Ziel“ das System QAS aus Kapitel 1.5.2.3 „Einrichten der Systemlandschaft“ angegeben ist.

**A 2.** Legen Sie eine Entwicklungsklasse „ZK1“, Kurzbeschreibung „Transporte“, an. Achten Sie darauf, dass im Eingabefeld „Transportschicht“ die Transportschicht „ZQAS“ aus dem Kapitel „Einrichten der Systemlandschaft“ eingetragen ist. Weisen Sie beim Sichern der Entwicklungsklasse den in Aufgabe 1 angelegten Workbenchauftrag „Transporte“ zu.

**A 3.** Legen Sie ein ABAP-Programm „zTest“ ohne Top-Include an.

Programmtyp: „Ausführbares Programm“
Entwicklungsklasse: „ZK1“ aus Aufgabe 2
Auftrag: Transporte (aus Aufgabe 1)

```
REPORT zTest.
WRITE 'Transporttest'.
```

Sichern und aktivieren Sie Ihr Programm.

**A 4.** Geben Sie im Transport-Organizer Ihren Workbenchauftrag frei.

**A 5.** Kontrollieren Sie im Transport-Management-System (TMS) ob Ihr Workbenchauftrag in der Importqueue des Systems QAS zu finden ist.

**A 6.** Wie wird der Transport ausgelöst?

Legen Sie für die Übungen der nächsten Kapitel eine Entwicklungsklasse „YABAP-TR“ (Kurzbeschreibung: „ABAP-Training“) und einen Workbenchauftrag mit der gleichen Kurzbeschreibung an. Diese Entwicklungsklasse und der Workbenchauftrag werden im weiteren als „Ihre Entwicklungsklasse“ und „Ihr Workbenchauftrag“ bezeichnet.

### *1.5.2.10 Lösungen*

**A 1.** Legen Sie einen Workbenchauftrag mit der Kurzbezeichnung „Transporte" an.

1. Transaktion SE09 starten (Werkzeuge → ABAP Workbench → Übersicht → SE09 Transport Organizer).
2. Im Folgebild die Kontrollkästchen „Workbench-Aufträge" und „Änderbar" aktivieren.
3. Schaltfläche „Anlegen (F7)" anklicken.
4. Im Folgebild „Auftrag anlegen" Kurzbeschreibung „Transporte" und eventuell Teammitarbeiter eintragen.
5. Sichern (ENTER-Taste).

**A 2.** Legen Sie eine Entwicklungsklasse „ZK1" an.

1. Transaktion SE80 (Werkzeuge → ABAP-Workbench → Übersicht → SE80 Object Navigator).
2. Im Folgebild „Object Navigator" Schaltfläche „Objekt bearbeiten" anklicken.
3. Im Folgebild „Objektauswahl" Registerkarte „Weitere" auswählen.
4. Auswahlknopf „Entwicklungsklasse" aktivieren.
5. In das Eingabefeld den Namen der Entwicklungsklasse eintragen (zk1).
6. Schaltfläche „anlegen" am unteren Rand des Fensters anklicken.
7. Im Folgebildschirm „Entwicklungsklasse anlegen" Kurzbeschreibung „Transporte" und Transportschicht „ZQAS" eingeben.
8. Sichern.
9. Im Folgebild „Abfrage transportierbarer Workbench-Auftrag" den in Aufgabe 1 angelegten Workbench-Auftrag „Transporte" angeben.

**A 3.** Legen Sie ein ABAP-Programm „zTest" ohne Top-Include an.

1. Transaktion SE80 (Werkzeuge → ABAP Workbench → Übersicht → SE80 Object Navigator).
2. Ausfüllen der Eingabefelder entsprechend Abbildung.

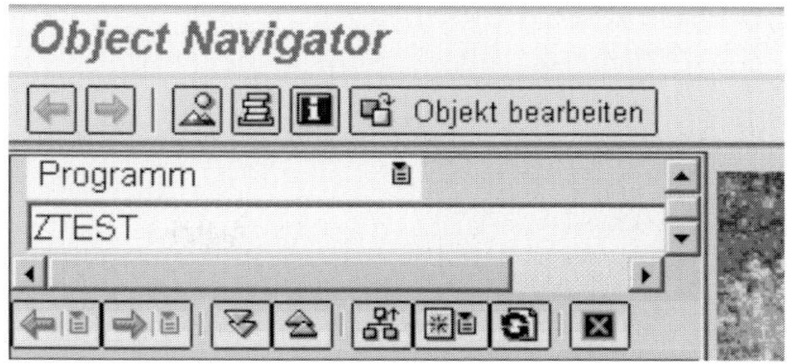


3. ENTER-Taste drücken
4. Im Folgebild „Objekt anlegen“ Schaltfläche „Ja“ anklicken
5. Im Folgebild Kontrollkästchen „Mit TOP-Include“ deaktivieren.
6. ENTER-Taste drücken.
7. Im Folgebild „ABAP: Programmeigenschaften ...“ Programmattribute eintragen.
8. Sichern.
9. Im Folgebild „Objektkatalogeintrag anlegen“ die Entwicklungsklasse „zk1“ angeben.
10. Sichern.
11. Im Folgebild „Abfrage transportierbarer Workbench-Auftrag“ den in Aufgabe 1 angelegten Workbench-Auftrag „Transporte“ zuordnen.
12. Doppelklicken Sie auf den Objektnamen „ZTEST“.

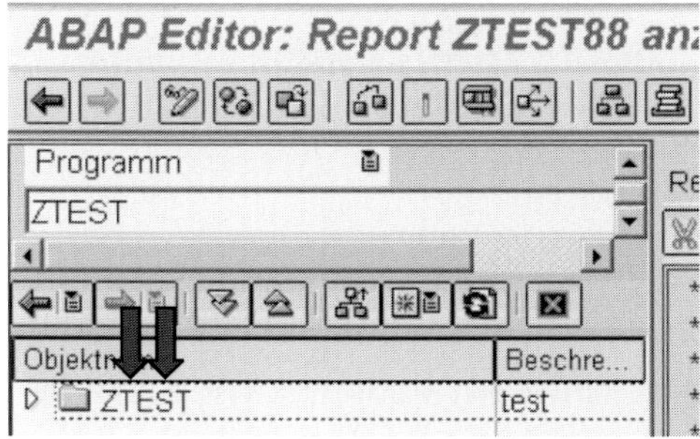


13. In die Arbeitsfläche des Object Navigators ist jetzt der ABAP-Editor geladen. Klicken Sie auf die Schaltfläche „Anzeigen⇔Ändern“ und geben Sie den Quelltext aus der Aufgabenstellung ein.
14. Sichern.
15. Aktivieren.

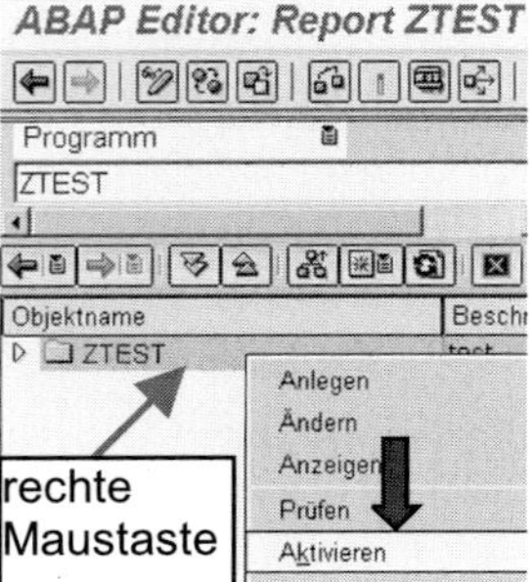


**A 4.** Geben Sie im Transport-Organizer Ihren Workbenchauftrag frei.

1. Transaktion SE09 starten (Werkzeuge → ABAP-Workbench → Übersicht → SE09 Transport Organizer).
2. Im Folgebild die Kontrollkästchen „Workbench-Aufträge“ und „Änderbar“ aktivieren.
3. Schaltfläche „Anzeigen“ anklicken.
4. Im Folgebild „Transport Organizer: Aufträge“ Aufgabe und Auftrag freigeben Stellen Sie zuerst den Cursor in die Aufgabe und geben diese mit der Schaltfläche „Direkt freigeben F9“ frei. Im Folgebild können Sie einen Kommentar eingeben. Sichern Sie den Kommentar. Stellen Sie danach den Cursor in den Auftrag und geben Sie diesen ebenfalls über die Schaltfläche „Direkt freigeben F9“ frei.

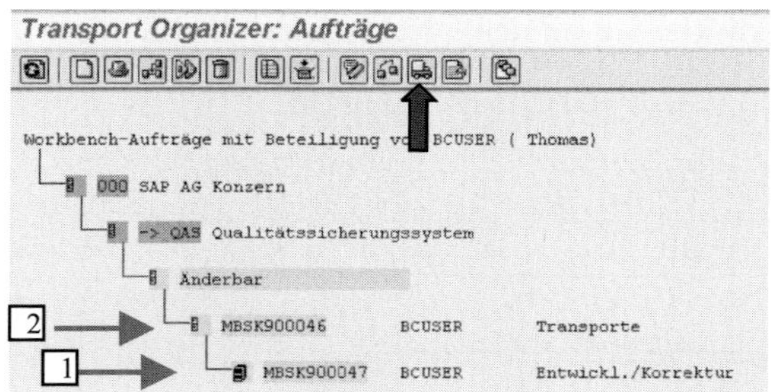


**A 5.** Kontrollieren Sie im Transport-Management-System (TMS) ob Ihr Workbenchauftrag in der Importqueue des Systems QAS zu finden ist.

1. Transaktion STMS starten (Werkzeuge → Administration → Transporte → STMS Transport Management System).
2. Menü „Übersicht → Importe“ auswählen.
3. Im Folgebild „Importübersicht ...“ Doppelklick auf die Zeile „Qualitätssicherungessystem“.

Im Folgebild „Importqueue: System QAS“ finden Sie Ihren Transportauftrag „Transporte“

**A 6.** Wie wird der Transport ausgelöst?

1. Transaktion STMS starten (Werkzeuge → Administration → Transporte → STMS Transport Management System).
2. Menü „Übersicht → Importe“ auswählen.
3. Im Folgebild „Importübersicht ...“ Doppelklick auf die Zeile „Qualitätssicherungessystem“.
4. Im Folgebild „Importqueue: System QAS“ Cursor in den Auftrag „Transporte“ stellen.
5. Menü „Auftrag → Importieren“ auswählen.

Hinweis: Sollen alle Aufträge der Importqueue importiert werden, wählen Sie das Menü „Queue → Import starten“.

# 2 Wegweiser

## 2.1 Projektbeschreibung

In den folgenden Kapiteln werden von Ihnen für die fiktive Bibliothek „East-Side-Library" verschiedene Datenbanktabellen und Programme entwickelt werden. Dabei bauen die Entwicklungsaufgaben der einzelnen Kapitel aufeinander auf. Wenn Sie alle Aufgaben der einzelnen Kapitel nacheinander bearbeiten, können Sie also immer auf Ihre eigenen Entwicklungsobjekte zurückgreifen. Die Namen der Entwicklungsobjekte in den Aufgabenstellungen beziehen sich auf die von Ihnen entwickelten Objekte.

Damit Sie selbst bestimmen können, welche Kapitel bzw. welche Aufgaben sie bearbeiten, sind die einzelnen Entwicklungsstände der Programme auf der mitgelieferten CD enthalten. Über einen Transportvorgang können Sie alle Entwicklungsobjekte der CD in Ihr R/3-System laden. Die konkrete Vorgehensweise ist in der Anlage beschrieben.

Sie sollten alle Ihre Entwicklungsobjekte, die Sie im Zusammenhang mit dem Bibliotheksprojekt anlegen, der Entwicklungsklasse YABAP-TR zuordnen, die in Kapitel 1 (Projektmanagement) angelegt wurde. Dort ist auch ein Workbenchauftrag „ABAP-Training" angelegt worden, dem Sie Ihre Entwicklungen zuweisen können. In den Aufgabenstellungen und Vorgehensweisen der späteren Kapitel wird auf diese Zuordnungen nicht mehr eingegangen.

Alternativ zu dieser Arbeitsweise können Sie Ihre Entwicklungsobjekte auch als lokale Objekte speichern. Sie benötigen dann keine Entwicklungsklasse und keinen Workbenchauftrag. Allerdings können Sie dann Ihre Entwicklungen nicht transportieren.

Dieses Kapitel soll Ihnen helfen, das Kapitel auszuwählen, mit dem Sie Ihr ABAP-Training beginnen. Außerdem enthält es Angaben zu den Entwicklungsobjekten der Buch-CD.

### Kapitel 3

**Kurzbeschreibung:**
Die Tabellen

- ZBESTAND
- ZAUTOREN
- ZKUNDEN
- ZKATEGORIE
- ZAUSLEIHE

werden angelegt. Mit dem Programm YDATEN_TW werden diese Tabellen mit Daten versorgt.

**Entwicklungsobjekte der Buch-CD**

Alle in diesem Kapitel anzulegenden Datenobjekte und -deklarationen befinden sich auch auf der Buch-CD. Als Unterscheidungsmerkmal zu den von Ihnen angelegten Objekten, wurde an die der CD die Zeichenkette '_TW' angehängt.

Beispiele:

*Tabelle 2.1*

| Objekt | Name des Objektes aus Aufgabenstellung | Name des Objektes auf der CD |
|---|---|---|
| Domäne | YRVP_ANZ | YRVP_ANZ_TW |
| | YRVP_BESTAND | YRVP_BESTAND_TW |
| | YRVP_NAME | YRVP_NAME_TW |
| | ... | ... |
| Datenelement | YRVP_KNR | YRVP_KNR |
| | YRVP_ISBN | YRVP_ISBN |
| | YRVP_BESTAND | YRVP_BESTAND |
| | ... | ... |
| Tabelle | ZBESTAND | ZBESTAND_TW |
| | ZAUTOREN | ZAUTOREN_TW |
| | ZKUNDEN | ZKUNDEN_TW |
| | ZKATEGORIE | ZKATEGORIE_TW |
| | ZAUSLEIHE | ZAUSLEIHE_TW |
| Suchhilfen | ZAUTOREN | ZAUTOREN_TW |
| | ZISBN | ZISBN_TW |
| | ZKATEGORIE | ZKATEGORIE_TW |
| | ZKUNDEN | ZKUNDEN_TW |

### Überspringen des Kapitels 3

Soll Kapitel 3 übersprungen werden, sind die folgende Handlungen notwendig:

- Kopieren der Tabellen. Dieser Schritt ist optional. Wenn Sie ihn ausführen, können Sie so weiterarbeiten, als hätten Sie Kapitel 3 bearbeitet. Kopieren Sie diese Objekte nicht, sind beim Bearbeiten der Aufgaben anderer Kapitel die von der Buch-CD übernommenen Objekte zu verwenden.

*Tabelle 2.2*

| Objekt | Name des Originals | Name der Kopie |
|---|---|---|
| Tabelle | ZBESTAND_TW | ZBESTAND |
| | ZAUTOREN_TW | ZAUTOREN |
| | ZKUNDEN_TW | ZKUNDEN |
| | ZKATEGORIE_TW | ZKATEGORIE |
| | ZAUSLEIHE_TW | ZAUSLEIHE |

- Ausführen des Programmes YDATEN_TW. Das Programm versorgt die Tabellen die von der BUCH-CD in Ihr R/3-System transportiert wurden und deren Kopien, sofern Sie sich an die vereinbarten Namen gehalten haben, mit Daten.

## *Kapitel 4*

### Voraussetzung

- Vor der Bearbeitung der Aufgaben aus Kapitel 4 sollten die verwendeten Tabellen über das Programm YDATEN_TW mit Testdaten versorgt worden sein (siehe „Überspringen des Kapitels 3“, Seite 71).

### Kurzbeschreibung

In diesem Kapitel wird das ABAP-Programm YK04DBAS für die „East-Side-Library“ entwickelt. Dabei werden grundlegende Programmiertechniken, wie z.B.

- der Grundaufbau eines ABAP-Programmes.
- die Ausgabe von Texten und Variablen.
- die Deklaration elementarer und strukturierter Datenobjekte,
- die Arbeit mit internen Tabellen.
- das Lesen von Datenbanktabellen und
- das Anlegen von Selektionsbildschirmen

behandelt.

**Entwicklungsobjekte der Buch-CD**

Das Programm wird in 10 Entwicklungsschritten (Aufgaben) zu einem Literaturrechercheprogramm ausgebaut. Die Programme, die bei der Bearbeitung der einzelnen Aufgaben entstehen, finden Sie auf der Buch-CD unter folgenden Namen:

1. Entwicklungsschritt → YK04DABAS_1
2. Entwicklungsschritt → YK04DABAS_2

...

10. Entwicklungsschritt → YK04DABAS_10

**Überspringen des Kapitels 4**

Das Überspringen dieses Kapitels erfordert keine Aktivitäten.

## *Kapitel 5*

**Voraussetzungen**

- Vor der Bearbeitung der Aufgaben aus Kapitel 5 sollten die verwendeten Tabellen über das Programm YDATEN_TW mit Testdaten versorgt worden sein (siehe „Überspringen des Kapitels 3", Seite 71).

**Kurzbeschreibung**

Das Literaturrechercheprogramm YK04DBAS aus Kapitel 4 wird nach YK05DBAS kopiert und weiterentwickelt. Es werden folgende Schwerpunkte behandelt:

- Modularisierung durch Unterprogramme und Includes,
- Benutzen von Ikonen in Listen,
- Programmierung von Menüleiste, Drucktastenleiste und Titelzeile,
- Anzeige von Zusatzinformationen in Verzweigungslisten (interaktive Listen),
- Mehrfachauswahl von Zeilen einer Liste,
- Dynamisches Sortieren von Listen,
- Arbeit mit Funktionsgruppen und Funktionsbausteinen.

**Entwicklungsobjekte der Buch-CD**

Die Programme, die bei der Bearbeitung der einzelnen Aufgaben entstehen, finden Sie auf der Buch-CD unter folgenden Namen:

1. Aufgabe → YK05DABAS_1
2. Aufgabe → YK05DABAS_2
...
14. Aufgabe → YK05DABAS_14

**Überspringen des Kapitels 5**

Das Überspringen dieses Kapitels erfordert keine Aktivitäten.

### *Kapitel 6*

**Voraussetzungen**

- Vor der Bearbeitung der Aufgaben aus Kapitel 6 sollten die verwendeten Tabellen über das Programm YDATEN_TW mit Testdaten versorgt worden sein (siehe „Überspringen des Kapitels 3“, Seite 71).

**Kurzbeschreibung**

Im Kapitel 6 beginnt die Dialogprogrammierung. Das Rechercheprogramm der „East-Side-Library“ erhält ein zeitgemäßes Design auf der Basis von Dynpros. Dazu wird ein neues Programm SAPMYK06 angelegt. An diesem Programm werden

- die Bestandteile eines Dynpros,
- das Anlegen eines Dynpros,
- Dynproelemente zur Datenausgabe (Textfelder, Statusikonen und Gruppenrahmen) und
- Dynproelemente zur Ein- und Ausgabe (Ein- und Ausgabefelder, Ankreuzfelder, Auswahlknopfgruppen und Drucktasten)

gezeigt und die theoretischen Grundlagen der Dynproprogrammierung erkärt.

**Entwicklungsobjekte der Buch-CD**

Die Programme, die bei der Bearbeitung der einzelnen Aufgaben entstehen, finden Sie auf der Buch-CD unter folgenden Namen:

1. Aufgabe → SAPMYK06_1
2. Aufgabe → SAPMYK06_2
...
10. Aufgabe → SAPMYK06_10

**Überspringen des Kapitels 6**

Das Überspringen dieses Kapitels erfordert keine Aktivitäten.

### *Kapitel 7*

**Voraussetzungen**

- Vor der Bearbeitung der Aufgaben aus Kapitel 7 sollten die verwendeten Tabellen über das Programm YDATEN_TW mit Testdaten versorgt worden sein (siehe „Überspringen des Kapitels 3“, Seite 71).

**Kurzbeschreibung**

Im Kapitel 6 werden anspruchsvollere Dynproprogrammiertechniken erarbeitet. Schwerpunkte werden auf

- die Anzeige von Dynpros in einem Trägerdynpro (Subscreentechnik),
- das Anzeigen von Listen in Dynpros und
- die Darstellung von Daten in Table Controls

gelegt.

**Entwicklungsobjekte der Buch-CD**

Die Programme, die bei der Bearbeitung der einzelnen Aufgaben entstehen, finden Sie auf der Buch-CD unter folgenden Namen:

1. Aufgabe → SAPMYK07_1
2. Aufgabe → SAPMYK07_2

...

5. Aufgabe → SAPMYK07_5

**Überspringen des Kapitels 7**

Das Überspringen dieses Kapitels erfordert keine Aktivitäten.

### *Kapitel 8*

**Voraussetzungen**

- Vor der Bearbeitung der Aufgaben aus Kapitel 8 sollten die verwendeten Tabellen über das Programm YDATEN_TW mit Testdaten versorgt worden sein (siehe „Überspringen des Kapitels 3“, Seite 71).

**Kurzbeschreibung**

Die bisher auf verschiedene Dynpros der Anwendungsprogramme verteilte Funktionalität des Programmes wird in einem Tabstrip mit Blätterfunktion komprimiert.

**Entwicklungsobjekte der Buch-CD**

Die Programme, die bei der Bearbeitung der einzelnen Aufgaben entstehen, finden Sie auf der Buch-CD unter folgenden Namen:

1. Aufgabe → SAPMYK08_1

**Überspringen des Kapitels 8**

Das Überspringen dieses Kapitels erfordert keine Aktivitäten.

### *Kapitel 9*

**Voraussetzungen**

- Vor der Bearbeitung der Aufgaben aus Kapitel 9 sollten die verwendeten Tabellen über das Programm YDATEN_TW mit Testdaten versorgt worden sein (siehe „Überspringen des Kapitels 3“, Seite 71).

**Kurzbeschreibung**

Auf der Grundlage des Programmes SAPMYK09_Bestand_1, das sich ebenfalls auf der Buch-CD befindet, werden

- Datenbankändernde Anweisungen,
- das SAP-LUW und DB-LUW-Konzept als Grundlage für die korrekte Organisation der Datenbankänderungen,
- das SAP-Sperrkonzept und
- die automatische Vergabe von Nummern über Nummernkreisobjekte

erklärt.

Außerdem werden von Ihnen zwei neue Programme für das „East-Side-Library-Projekt“ entwickelt – das Programm zur Bearbeitung von Ausleih- und Rückgabevorgängen SAPMYK09_Ausleihe und das Kundenverwaltungsprogramm SAPMYK09_Kunden. Als Hilfestellung wird eine Step by Step-Anleitung gegeben. Zielstellung dieses Kapitels ist neben der Vermittlung der für die Datenbankänderungen notwendigen Programmiertechniken auch die Festigung des bisherigen Stoffes in der praktischen Arbeit.

**Entwicklungsobjekte der Buch-CD**

Ausgangspunkt für die Arbeit in diesem Kapitel ist das Bestandspflegeprogramm SAPMYK09_Bestand_1. Außerdem sind noch folgende Entwicklungsobjekte auf der CD:

Tabelle 2.3

| Objektart | Name | Inhalt |
|---|---|---|
| Programm | SAPMYK09_Bestand_2<br>SAPMYK09_Bestand_3<br>SAPMYK09_Bestand_4 | Entwicklungsstände des Bestandspflegeprogramms |
| | SAPMYK09_Ausleihe_TW | Ausleih- und Rückgabeprogramm |
| | SAPMYK09_Kunden_TW | Kundenverwaltungsprogramm |
| Sperrobjekte | EZZAUSLEIHE_TW<br>EZZAUTOREN_TW<br>EZZKUNDEN_TW<br>EZZBESTAND_TW | |
| Nummernkreisobjekt | ZKNR_TW | Zur automatischen Vergabe von Kundennummern |
| Suchhilfen | ZISBN_AUSLEIHE_TW | Suchehilfe für ISBN und Kundennummern. Diese Suchhilfe greift auf die Tabelle ZAUSLEIHE_TW zu. |
| | ZAUTOREN_TW | Suchhilfe für Autorennummern.. Greift auf die Tabelle ZAUTOREN_TW zu |
| | ZISBN_TW | Suchhilfe für die ISBN in der Bestandstabelle. Greift auf ZBESTAND_TW zu |
| | ZKATEGORIE_TW | Suchhilfe für das Feld Kategorie. Greift auf Tabelle ZKATEGORIE_TW zu |
| | ZKUNDEN_TW | Suchhilfe für das Feld Kundennummer. Greift auf Tabelle ZKUNDEN_TW zu. |

**Überspringen des Kapitels 9**

Das Überspringen dieses Kapitels erfordert keine Aktivitäten.

***Kapitel 10***

**Voraussetzungen**

- Vor der Bearbeitung der Aufgaben aus Kapitel 10 sollten die verwendeten Tabellen über das Programm YDATEN_TW mit Testdaten versorgt worden sein (siehe „Überspringen des Kapitels 3", Seite 71).

**Kurzbeschreibung**

In Kapitel 10 wird ein Ausblick auf die objektorientierte Programmierung mit ABAP Objects gegeben.

**Entwicklungsobjekte der Buch-CD**

Die Programme, die bei der Bearbeitung der einzelnen Aufgaben entstehen, finden Sie auf der Buch-CD unter folgenden Namen:

1. Aufgabe → YK10_1
2. Aufgabe → YK10_2
3. Aufgabe → YK10_3
4. Aufgabe → YK10_4, Klasse: ZCL_BUCH_TW
5. Aufgabe → SAPMYK10_1

Demonstration Vererbung und Morphologie: YK10_VERERBUNG

# 3 Das ABAP-Dictionary

## 3.1 Einführung

Das ABAP-Dictionary ist der Teil der Entwicklungsumgebung in dem alle globalen Datendefinitionen des R/3-Systems angelegt und verwaltet werden. Gehören zu den Datendefinitionen Datenobjekte auf der Datenbank, werden diese vom ABAP-Dictionary angelegt. Das ABAP-Dictionary „kennt" somit

- die logische Struktur der Objekte und
- deren Abbildung auf der Datenbank.

Die Abbildung eines Datenobjektes auf der Datenbank ist abhängig vom eingesetzten relationalen Datenbankmanagementsystem (RDMS), während die logische Struktur des Datenobjektes systemunabhängig ist.

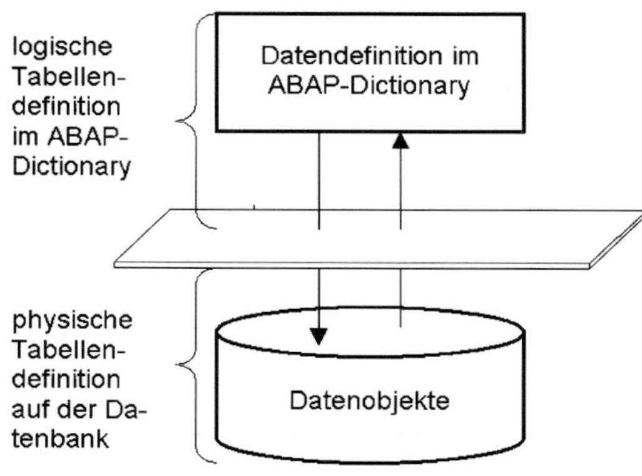


*Abb. 3.1 Das ABAP-Dictionary als Schnittstelle zur Datenbank*

Das ABAP-Dictionary kann demzufolge als Schnittstelle zwischen der R/3-Entwicklungsumgebung und dem vom RDMS verwalteten Datenbestand aufgefasst werden.

Die Programme des R/3-Systems greifen über die Datendefinitionen des ABAP-Dictionarys (genauer über deren Laufzeitobjekte) und die Datenbankschnittstelle auf die Datenobjekte zu.

Das ABAP-Dictionary bildet somit die eigentliche Grundlage für eine datenbankunabhängige Programmierung mit ABAP/4. Die Programmiersprache enthält SQL-ähnliche Anweisungen für die Bearbeitung der R/3-Tabellen die sich nicht auf die Tabellendefinitionen der Datenbank, sondern auf die Definitionen des ABAP-Dictionarys beziehen. Diese Anweisungen gehören zum Sprachumfang des von der SAP entwickelten „Open SQL" und werden in der Datenbankschnittstelle in datenbankabhängige Standard-SQL-Anweisungen übersetzt.

*Open SQL*

*Abb. 3.2 Das ABAP-Dictionary als Vorraussetzung für datenbankunabhängiges Programmieren*

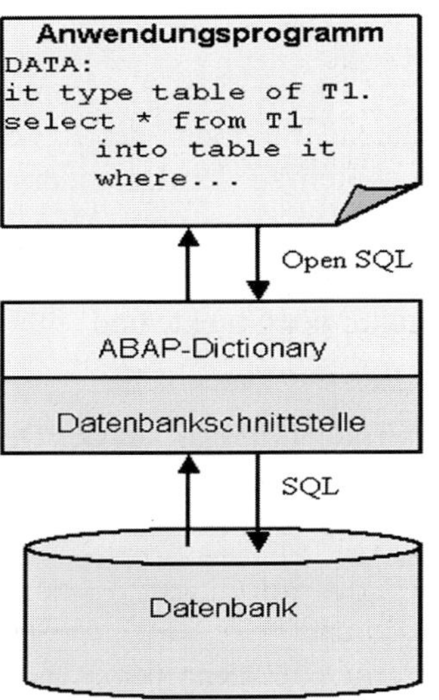


Weitere Highlights des ABAP-Dictionarys:

- Auch die Dokumentation (F1-Hilfe) und die Eingabehilfe (F4-Hilfe) zu einem Feld auf einer Eingabemaske stammen aus dem ABAP-Dictionary.
- Über Fremdschlüsselbeziehungen werden im ABAP-Dictionary Beziehungen, die zwischen den Tabellen des R/3-Systems bestehen, hinterlegt.
- Änderungen an Dictionary-Objekten werden nach ihrer Aktivierung in allen Komponenten die die geänderten Objekte nutzen, sofort wirksam. Damit ist sichergestellt, dass Dynpro- und ABAP-Interpreter, Eingabehilfe, Datenbankschnittstelle und Entwicklungswerkzeuge stets auf aktuelle Informationen zugreifen.

Beispiel:
Das folgende Programm gibt den Buchbestand der „East Side Library“ aus.

*Beispiel zur Nutzung des ABAP-Dictionarys innerhalb eines ABAP-Programmes*

```
REPORT ZBESTANDSAUSGABE .
*******************************************
*Anlegen einer Struktur mit Bezug zum    *
*ABAP-Dictionary zur Aufnahme eines Daten- *
*satzes aus der Tabelle zBestand_tw    *
*******************************************
DATA: wa_zbestand type zbestand_tw.
*******************************************
*Open-SQL-Anweisung Select...Endselect *
*zur Selection der Datensätze     *
*******************************************
select * from zbestand_tw into wa_zbestand.
*Ausgabe ausgewählter Felder der Struktur
*wa_zbestand
 write: / wa_zbestand-ISBN,
      wa_zbestand-Auflage,
      wa_zbestand-Titel,
      wa_zbestand-Bestand,
      wa_zbestand-Ausgeliehen.
endselect.
```

Im Programm wird nur die Struktur „wa_zbestand“ deklariert (DATA-Anweisung). Alle Informationen zu dieser Struktur, z.B. Feldnamen, Datentypen und Feldlängen, werden aus der im ABAP-Dictionary definierten Tabelle ZBESTAND_TW übernommen. Diese Informationen zur Tabelle ZBESTAND werden beim Generieren des Programms aus dem ABAP-Dictionary abgerufen.

Damit muss bei einer Änderung der Tabelle ZBESTAND_TW, zum Beispiel bei der Veränderung der Länge eines Tabellenfeldes, der Quelltext des Programms nicht angepasst werden. Beim nächsten Aufruf des Programms wird über den sogenannten Zeitstempel, festgestellt, dass sich die Struktur der Tabelle ZBESTAND_TW verändert hat. Das Programm wird automatisch neu generiert und arbeitet dann mit der geänderten Tabelle ZBESTAND_TW.

## Kurzbeschreibung der Dictionary-Datenobjekte

Alle Dictionary-Objekte werden im Repository, einem besonderen Bereich der Datenbank, gespeichert. Sie werden deshalb gelegentlich auch als Repository-Objekte bezeichnet.

*Datenbanktabelle*

■ Datenbanktabelle

Datenobjekt, in das zusammengehörige Daten gespeichert werden.

**Beispiel:**

| Mandant | ISBN | Titel | Jahr | Autorennr. |
|---|---|---|---|---|
| 001 | 4825212815 | Easy-Web-Transactions programmieren | 1993 | 123 |
| 001 | 4897212722 | HTML-Business | 1997 | 123 |
| 001 | 4934358222 | ABAP Objects | 2003 | 456 |

**Terminologie:**
Eine Spalte der Tabelle wird als „Feld" oder „Tabellenfeld" (z.B. Feld Mandant, Feld ISBN), eine Zeile als „Datensatz" bezeichnet. Jedes Feld erhält einen eindeutigen Feldnamen (im Beispiel „Mandant", „ISBN", „Titel" und „Jahr") über den es vom ABAP-Programm angesprochen werden kann.

Die Struktur der Datenbanktabelle wird im Repository gespeichert. Für die Daten dieser Tabelle wird auf der Datenbank Speicher reserviert.

*Domäne*

■ Domäne

In der Domäne werden die physikalischen Eigenschaften der Tabellenfelder (z.B. Datumsfeld), und ggf. ein Wertebereich (z.B. 01.01.2004–31.12.2004) hinterlegt. Eine Domäne kann mehreren Datenelementen zugeordnet werden.

*Datenelement*

■ Datenelement

Das Datenelement wird direkt einem oder mehreren Datenbankfeldern zugeordnet. Es enthält eine Domäne (d.h. die physikalischen Eigenschaften), den Feldbezeichner und ggf. eine Suchhilfe für das ihm zugeordnete Tabellenfeld.

*View*

■ View

Hauptsächlich werden Views benutzt, um Daten die in verschiedenen Tabellen stehen, zusammenzufassen.

**Beispiel:**

Abb. 3.3 View mit 2 Tabellen

**Datenbanktabelle 1**

| ISBN | Titel | Autorennr. |
|---|---|---|
| 4825212815 | Easy-Web-Transactions programmieren | 123 |
| 4897212722 | HTML-Business | 123 |
| 4934358222 | ABAP Ob- | 456 |

**Datenbanktabelle 2**

| Autorennr. | Autor |
|---|---|
| 123 | Smith |
| 456 | Walther |

**View**

| ISBN | Titel | Autorennr. | Autor |
|---|---|---|---|
| 4825212815 | Easy-Web-Transactions programmieren | 123 | Smith |
| 4897212722 | HTML-Business | 123 | Smith |
| 4934358222 | ABAP Objects | 456 | Walther |

- Struktur

*Struktur*

Ebenso wie eine Datenbanktabelle besteht eine Struktur aus mehreren, inhaltlich zusammengehörigen, Feldern. Für sie wird jedoch kein Speicherbereich auf der Datenbank reserviert. Somit können in Datenobjekten dieses Typs keine Daten dauerhaft gespeichert werden. Sie dienen dem Programmierer zum temporären Speichern von Daten, oftmals eines Datensatzes aus einer Datenbanktabelle.

- Tabellentyp

*Tabellentyp*

Dieses Datenobjekt dient zum Anlegen interner Tabellen im ABAP-Programm. Dem Tabellentyp wird, ebenso wie der Struktur, kein Speicher in der Datenbank zugeordnet.

- Suchhilfe

*Suchhilfe*

Datenobjekt, indem festgelegt wird, welche Felder einer Tabelle oder eines Views in der F4-Hilfe angezeigt werden sollen.

**Beispiel:**

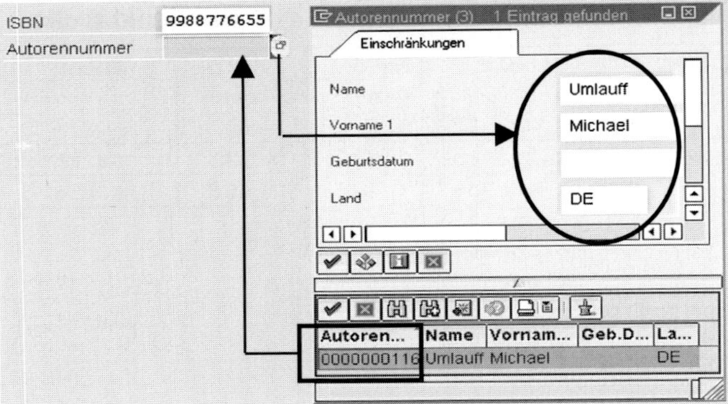


*Sperrobjekt*

■ Sperrobjekt

Gleichzeitiges Bearbeiten eines Datensatzes durch mehrere Benutzer kann zu Inkonsistenzen in der Datenbank führen. Sollen z.B. Stammdaten eines Kunden in der Tabelle ZKUNDEN des Bibliotheksprojektes geändert werden, muss das ändernde Programm sicherstellen, dass andere Anwender nicht zur gleichen Zeit den gleichen Datensatz bearbeiten können. Nach der Änderung ist der Datensatz für die Bearbeitung durch andere Benutzer wieder freizugeben.

Das Sperrobjekt ist Teil des Sperrkonzeptes des R/3-Systems. Beim Anlegen eines Sperrobjektes wird festgelegt, in welchen Tabellen Datensätze von der jeweiligen Anwendung gesperrt werden. Beim Aktivieren des Sperrobjektes im ABAP-Dictionary werden dafür zwei Funktionsbausteine (Enqueue- und Dequeuefunktionsbaustein) angelegt, die, eingebunden in das jeweilige Anwendungsprogramm, den entsprechenden Datensatz sperren und zu gegebener Zeit auch wieder freigeben.

# 3.2 Domäne, Datenelement, Datenbankfeld

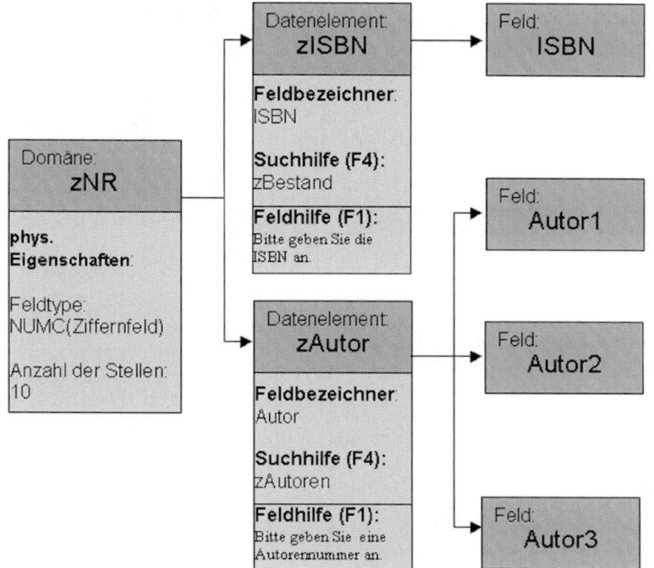


*Abb. 3.4 Domänenkonzept*

- die Domäne legt die physikalischen Eigenschaften des ihr zugeordneten Feldes fest. Zusätzlich kann in der Domäne noch der gültige Wertebereich des Datenbankfeldes angegeben werden.
- Die Domäne wird dem Feld nicht direkt, sondern über ein Datenelement zugeordnet. Dabei kann eine Domäne mehreren Datenelementen zugeordnet werden. In Abb. 3.4 wurde die Domäne „zNR“ den Datenelementen „zISBN“ und „zAutor“ zugeordnet, weil diese Datenelemente wiederum Feldern zugeordnet sind, die gleiche physikalische Eigenschaften haben sollen (Ziffernfeld, 10-stellig).
- Die Datenelemente enthalten neben der Domäne den Feldbezeichner (nicht zu verwechseln mit dem Feldnamen) ggf. eine Suchhilfe und eine Feldhilfe (F1-Hilfe). Ein Datenelement kann mehreren Feldern zugewiesen werden. In Abb. 3.4 ist das Datenelement „zAutor“ den Feldern „Autor1“, „Autor2“ und „Autor3“ zugeordnet, weil alle 3 Felder mit der gleichen Suchhilfe („zAutoren“) der gleichen Feldhilfe und dem gleichen Bezeichner arbeiten sollen.
- Dem Feld wird das Datenelement zugeordnet. Damit sind die physikalischen Eigenschaften (über die Domäne) und semantischen Eigenschaften (F4- und F1-Hilfe) des Feldes festgelegt.

### 3.2.1
### Domänen anlegen

Das Bibliotheksprojekt (RVP) benötigt die folgenden Domänen:

*Tabelle 3.1 benötigte Domänen*

| Domänenname | Datentyp | Zahl der Stellen | Ausgabelänge |
|---|---|---|---|
| YRVP_ANZ | NUMC | 4 | 4 |
| YRVP_BESTAND | NUMC | 5 | 5 |
| YRVP_BEREICH | CHAR | 10 | 10 |
| YRVP_DAT | DATS | 8 | 10 |
| YRVP_JAHR | NUMC | 4 | 4 |
| YRVP_MAIL | CHAR | 20 | 20 |
| YRVP_NAME | CHAR | 35 | 35 |
| YRVP_NR | NUMC | 10 | 10 |
| YRVP_POSITION | CHAR | 10 | 10 |
| YRVP_INHALT | CHAR | 35 | 35 |
| YRVP_TEL | NUMC | 15 | 15 |
| YRVP_TITEL | CHAR | 65 | 65 |
| YRVP_KAT | CHR | 10 | 10 |
| YRVP_PLZ | NUMC | 5 | 5 |

Der Domänenname muss sich im Kundennamensbereich befinden, d.h. er beginnt mit „z“ oder „y“.

**Hinweis:** Domänen werden im ABAP-Dictionary angelegt und stehen damit global, d.h. im gesamten R/3-System zur Verfügung. Die Domänennamen des Bibliotheksprojektes sind so gewählt, dass es mit hoher Wahrscheinlichkeit nicht zu Namenskonflikten mit bereits angelegten Domänen kommt. Sollte in Ausnahmefällen der Domänenname doch schon vergeben sein, wählen Sie einen anderen.

*Vorgehensweise: Domäne anlegen*

Domänen werden im ABAP-Dictionary angelegt. Starten Sie die Transaktion SE11 (Werkzeuge → Entwicklung → SE11 Dictionary).

Aktivieren Sie im Einstiegsbild den Auswahlknopf „Domäne“ und tragen Sie im dazugehörigen Eingabefeld den Namen der Domäne ein.

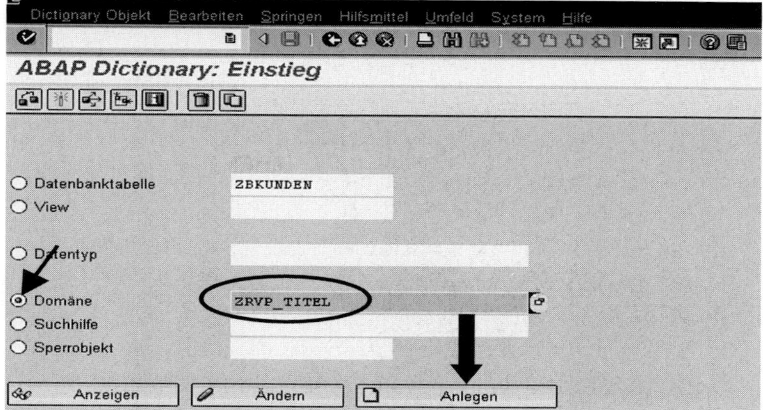


*Abb. 3.5 Einstiegsbild Anlegen einer Domäne*

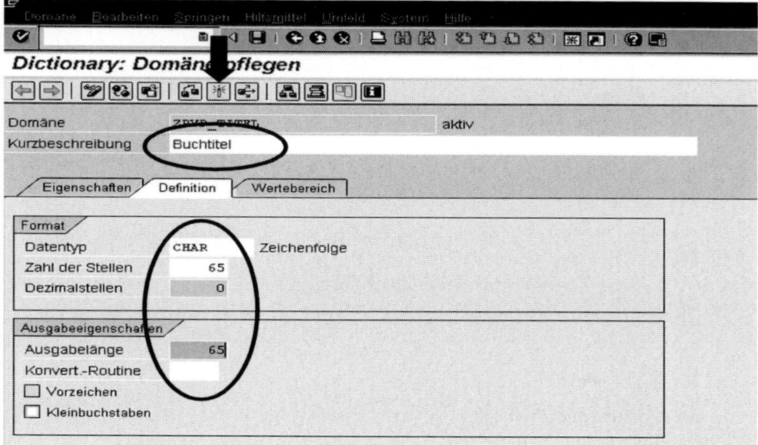


*Abb. 3.6 Anlegen einer Domäne, Eigenschaften pflegen und aktivieren*

Pflegen Sie die Eingabefelder im Nachfolgebild „Dictionary: Domäne pflegen" entsprechend der Abb. 3.6 und wählen Sie dann die Schaltfläche „Aktivieren".

Durch das Aktivieren der Domäne wird diese in das Repository gespeichert. Erst danach steht die Domäne wirklich zur Verfügung.

**Hinweis:** Beachten Sie die Statusangabe rechts neben dem Eingabefeld für den Domänennamen. Nach dem erfolgreichen Aktivieren der Domäne ist der Status „aktiv" gesetzt.

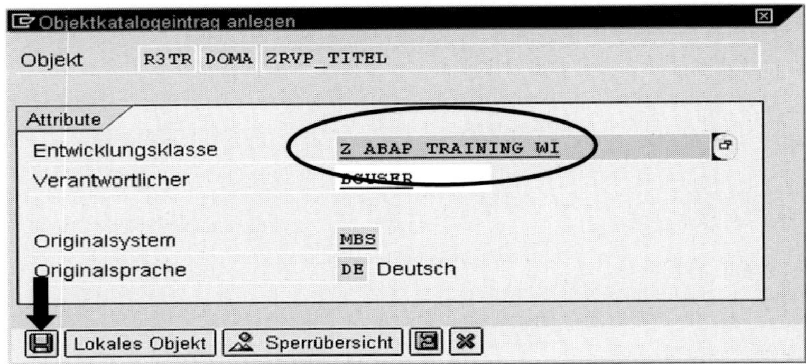


*Abb. 3.7 Zuordnen der Entwicklungsklasse*

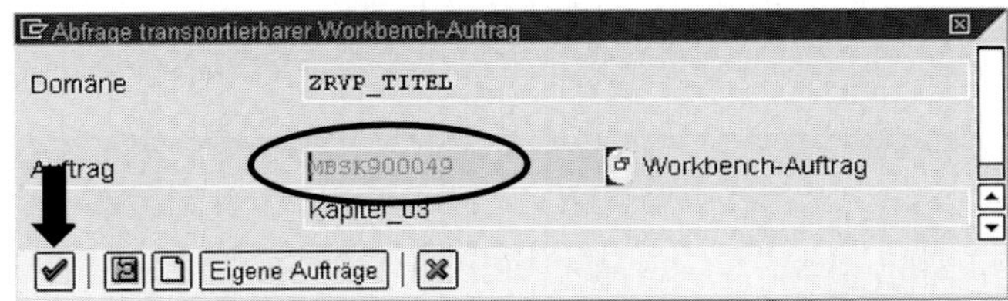


*Abb. 3.8 Zuordnen des Workbenchauftrages*

Geben Sie im Folgebild „Abfrage transportierbarer Workbench-Auftrag" Ihren Workbenchauftrag ein.

Aufgabe:
Legen Sie die Domänen des Bibliotheksprojektes entsprechend der Tabelle 3.1 (Seite 86) an.

### 3.2.2
### Datenelemente anlegen

Das Bibliotheksprojekt (RVP) benötigt folgende Datenelemente:

*Tabelle 3.2 benötigte Datenelemente*

| Datenelement | Domäne | Feldbezeichner |
|---|---|---|
| YRVP_ADATUM | YRVP_DAT | Ausleihe |
| YRVP_ANR | YRVP_NR | Autorennr. |
| YRVP_ANZ | YRVP_ANZ | Anzahl |
| YRVP_AUFLAGE | YR VP_ANZ | Auflage |
| YRVP_AUS | YRVP_BESTAND | verliehen |
| YRVP_BESTAND | YRVP_BESTAND | Bestand |
| YRVP_BEREICH | YRVP_BEREICH | Bereich |
| YRVP_EINTRITT | YRVP_EINTRITT | Eintritt |
| YRVP_EJAHR | YRVP_JAHR | Ersch. Jahr |
| YRVP_GDAT | YRVP_DAT | Geb.Dat. |
| YRVP_ISBN | YRVP_NR | ISBN |
| YRVP_KATEGORIE | YRVP_KAT | Kategorie |
| YRVP_KNR | YRVP_NR | Kundennr |
| YRVP_LAND | LAND1 | Land |
| YRVP_MAIL | YRVP_MAIL | e-Mail |
| YRVP_NAME | YRVP_NAME | Name |
| YRVP_ORT | YRVP_NAME | Ort |
| YRVP_PLZ | YRVP_PLZ | Plz |
| YRVP_POSITION | YRVP_POSITION | Lagerpos. |
| YRVP_RDATUM | YRVP_DAT | Rückgabe |
| YRVP_SCHLAGWORT | YRVP_INHALT | Inhalt |
| YRVP_STRASSE | YRVP_NAME | Straße |
| YRVP_TEL | YRVP_TEL | Telefon |
| YRVP_TITEL | YRVP_TITEL | Titel |
| YRVP_VERLAG | YRVP_NAME | Verlag |
| YRVP_VNAME1 | YRVP_NAME | Vorname 1 |
| YRVP_VNAME2 | YRVP_NAME | Vorname 2 |
| YRVP_BESCHR | YRVP_INHALT | Beschreibung |

*Vorgehensweise: Datenelemente anlegen*

Datenelemente werden im ABAP-Dictionary angelegt. Starten Sie SE11 (Werkzeuge → Entwicklung → SE11 Dictionary).

Aktivieren Sie im Einstiegsbild den Auswahlknopf „Datentyp" und tragen Sie im dazugehörigen Eingabefeld den Namen des Datenelementes ein.

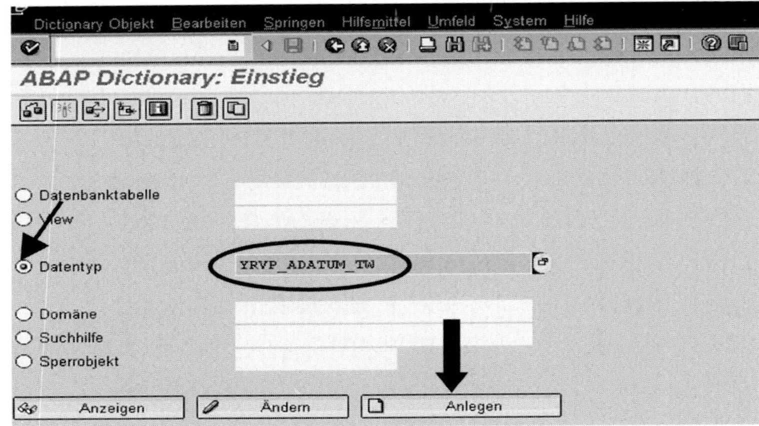


*Abb. 3.9 Datenelement anlegen*

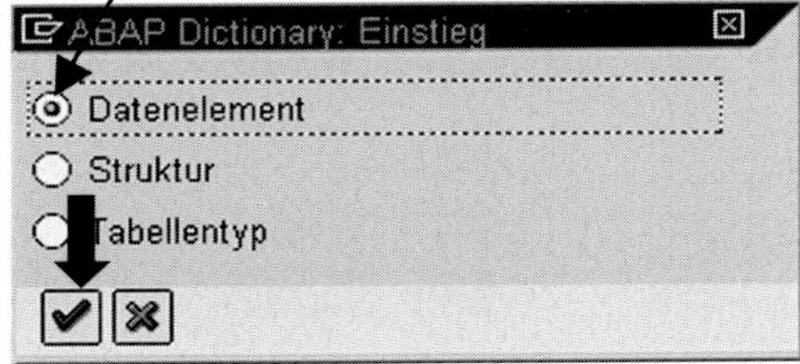


*Abb. 3.10 Auswahl des anzuanlegenden Datenobjektes*

Im Folgebild „Dictionary: Datenelement pflegen" geben Sie in der Registerkarte „Definition" die zugehörige Domäne an.

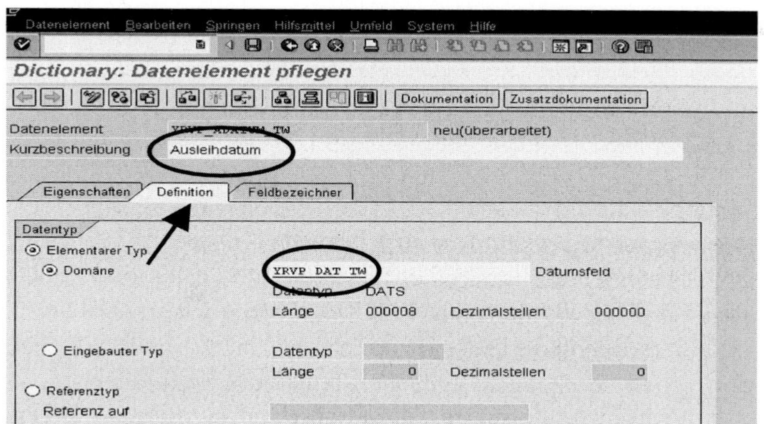


*Abb. 3.11 Zuordnen der Domäne*

Wählen Sie dann die Registerkarte „Feldbezeichner" und tragen Sie in die Eingabefelder „kurz", „mittel", „lang" und „Überschrift" aussagekräftige Feldbezeichner für Ihr Datenelement ein. Die Feldbezeichner werden Ihnen später beim Anlegen der Programmoberfläche (Dynproprogrammierung) das Leben erleichtern. Aktivieren Sie anschließend das Datenelement.

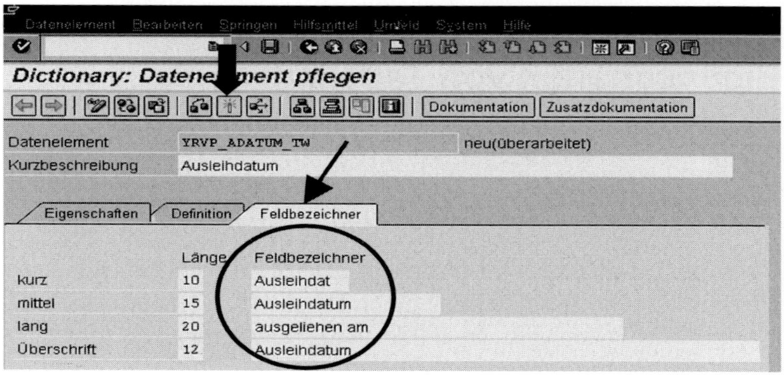


*Abb. 3.12 Feldbezeichner pflegen, Aktivieren*

Ordnen Sie die Domäne Ihrer Entwicklungsklasse zu.

*Abb. 3.13 Entwicklungsklasse zuordnen*

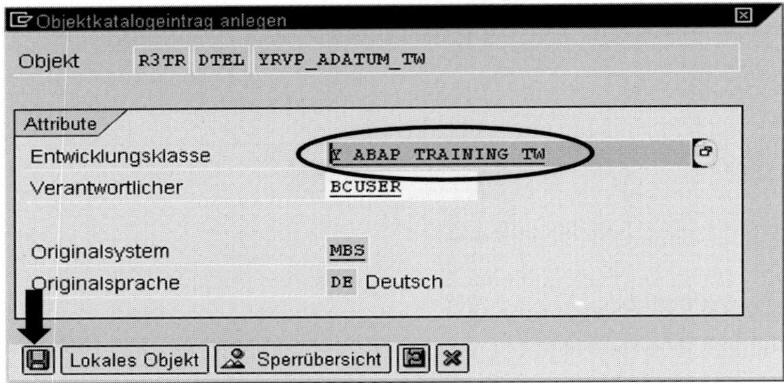


Geben Sie im Folgebild „Abfrage transportierbarer Workbench-Auftrag" Ihren Workbenchauftrag ein.

Aufgabe:
Legen Sie in analoger Art und Weise die Datenelemente des Bibliotheksprojektes entsprechend der Tabelle 3.2 (siehe Seite 89) an.

## 3.3 Eigenschaften von Tabellen

### 3.3.1 Tabellenarten

Über die Tabellenart wird festgelegt, wie die im ABAP-Dictionary erfolgte logische Beschreibung einer Tabelle (bzw. mehrerer Tabellen) auf der Datenbank abgebildet wird. Es werden die folgenden Tabellenarten unterschieden:

- Transparente Tabellen
- Pooltabellen
- Clustertabellen
- Strukturen
- Append-Strukturen

**Hinweis:**
Der ABAP/4-Quellcode bezieht sich immer auf die logische Beschreibung der Tabelle im ABAP-Dictionary. Der Quellcode zur Bearbeitung von Tabellen ist deshalb unabhängig von der Tabellenart.

## Beschreibung der Tabellenarten

■ Transparente Tabellen

Bei transparenten Tabellen entspricht jedem Feld der im ABAP-Dictionary angelegten logischen Beschreibung genau einem Feld auf der Datenbank.

- Beim Aktivieren der transparenten Tabelle im ABAP-Dictionary wird diese auf der Datenbank angelegt und Platz für die Daten der Tabelle reserviert. Die Größe des reservierten Speicherbereiches richtet sich nach der Größenklasse der Tabelle, die ebenfalls im ABAP-Dictionary festgelegt wird.
- Tabellenname und Feldnamen der physischen Tabellendefinition sind namensgleich zu den entsprechenden Namen der logischen Tabellendefinition.
- Datentypen der logischen Tabellendefinition werden automatisch in korrespondierende Datentypen des jeweiligen Datenbanksystems umgewandelt. Damit ist das Anlegen von Tabellen unabhängig von der verwendeten Datenbank.
- Die Reihenfolge der Felder in der Datenbank kann von der Reihenfolge der Felder in der logischen Tabellendefinition abweichen. Dadurch können Felder in die Tabelle eingefügt werden, ohne dass die Tabelle umgesetzt (siehe Kapitel 3.3.7 „Änderungen an Tabellen“ Seite 108) werden muss.

Abb. 3.14 Abbildung der logischen Tabellendefinition (ABAP-Dictionary) auf der Datenbank

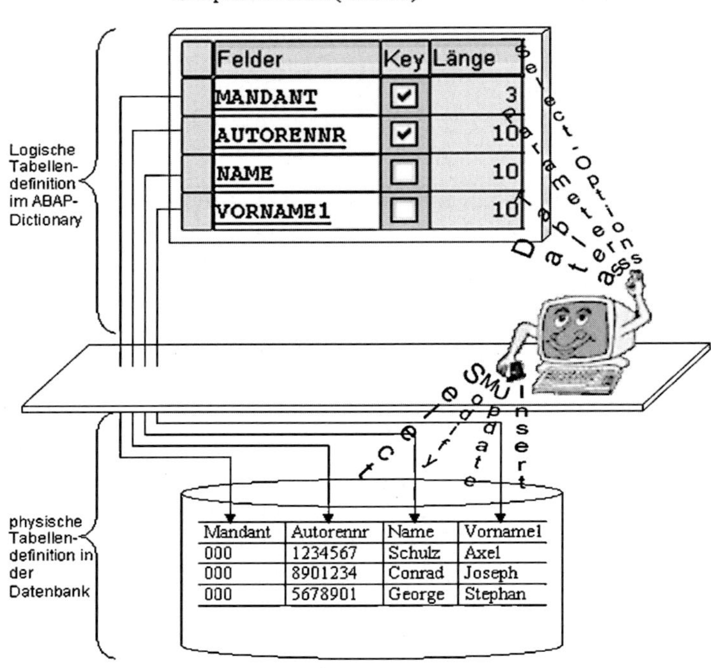


■ Pooltabellen

Eine Pooltabelle wird auf der Datenbankebene in einem ihr zugeordneten Tabellenpool gespeichert. Dabei können mehrere Pooltabellen einen gemeinsamen Tabellenpool nutzen.
Ein Tabellenpool hat folgende 4 Felder:

Tabelle 3.3 Felder eines Tabellenpools

| Feld | Datentyp | Bedeutung |
|---|---|---|
| Tabname | CHAR(10) | Name der Pooltabelle |
| Varkey | CHAR(n) | Enthält als String die Einträge aller Schlüsselfelder des Satzes der Pooltabelle, max. Länge für n ist 110 |
| Dataln | INT2 | Länge des in Vardata stehenden Strings |
| Vardata | RAW | Enthält die Einträge aller Datenfelder des Satzes der Pooltabelle. |

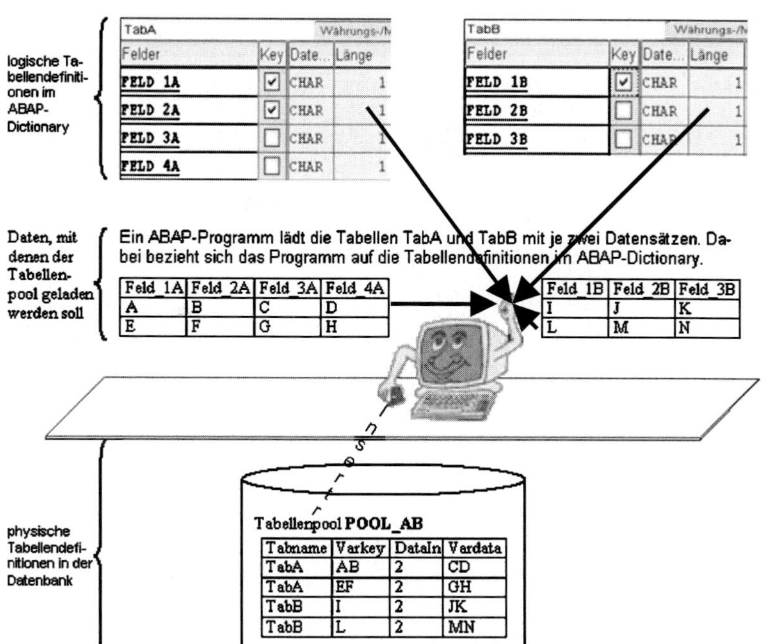


*Abb. 3.15 Tabellenpool*

Abb. 3.15 zeigt, wie die Speicherung der Daten im Tabellenpool organisiert ist. Es ist zu erkennen, dass die Zuordnung der Feldinhalte in den Datenfeldern VARKEY und VARDATA zu den jeweiligen Feldern der Pooltabellen nur noch mit Hilfe der Informationen aus dem ABAP-Dictionary möglich ist.

In jedem Datenbanksystem ist die Anzahl der zu verwaltenden Tabellen begrenzt. Der Vorteil dieser Speichermethode ist es, dass weniger Tabellen auf der Datenbank angelegt werden müssen als bei der Nutzung transparenter Tabellen.

Dieser Vorteil wird durch längere Zeiten zur Bereitstellung der benötigten Daten erkauft, was zu einer Verschlechterung der Performance führt. Große Datenbestände wie z.B. betriebswirtschaftliche Daten des Unternehmens, werden deshalb niemals in Pooltabellen sondern immer in transparenten Tabellen gespeichert.

Nutzen Sie Tabellenpools nur zur Ablage interner Steuerinformationen (Dynprofolgen, Programmparameter, temporäre Daten).

- Clustertabellen

In einem Tabellencluster (Datenbankebene) können mehrere Datensätze aus verschiedenen, voneinander abhängigen Clustertabellen (ABAP-Dictionary-Ebene) in einem physischen Satz gespeichert werden.

Das Tabellencluster hat folgende Felder:

*Tabelle. 3.4 Felder eines Tabellenclusters*

| Feld | Datentyp | Bedeutung |
|---|---|---|
| CLKEY1 | * | Erstes Schlüsselfeld |
| CLKEY2 | * | Zweites Schlüsselfeld |
| CLKEYn | * | n-tes Schlüsselfeld |
| Pageno | INT2(5) | Nummer des Fortsetzungssatzes |
| Timestmp | CHAR(14) | Zeitstempel |
| Pagelg | INT2(5) | Länge des in Vardata stehenden Strings |
| Vardata | RAW (n) | Enthält als Zeichenkette die Einträge der Datenfelder der zugeordneten Clustertabellen |

Abb. 3.16 zeigt das Prinzip eines Tabellencluster. Die Datensätze aus den Clustertabellen TABA und TABB, die in den Schlüsselfeldern FELD_1A und FELD_2A gleiche Feldinhalte besitzen, sollen in einen Datensatz des Tabellenclusters CLUSTER_AB geschrieben werden. Beim Erzeugen des Tabellenclusters wurden für diese beiden Felder Schlüsselfelder (CLKEY1 und CLKEY2) angelegt.

*Abb. 3.16 Tabellencluster*

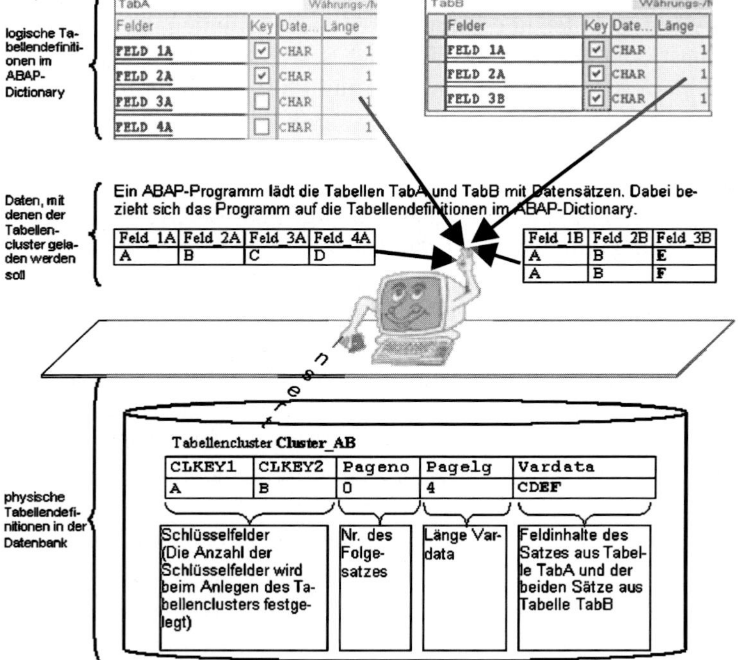

**Hinweis:**
Verwechseln Sie Tabellencluster nicht mit Views. Diese werden auf der logischen Ebene, also im ABAP-Dictionary, definiert während Tabellencluster die physische Datenspeicherung betreffen.

Durch die Verwendung von Tabellenclustern wird, genau wie bei der Verwendung von Tabellenpools auch, die Anzahl der vom Datenbanksystem zu verwaltenden Tabellen verringert. Die Zuordnung der Inhalte des Feldes VARDATA des Tabellenclusters zu den Feldern der Clustertabelle ist nur über das ABAP-Dictionary möglich. Tabellencluster sollten daher nicht zur Speicherung betriebswirtschaftlicher Daten verwendet werden (schlechte Performance).

- Strukturen

Strukturen bestehen, ebenso wie Tabellen, aus Feldern. Im Gegensatz zu Tabellen wird ihnen jedoch beim Aktivieren kein Speicherplatz auf der Datenbank bereitgestellt. Strukturen werden hauptsächlich als Schnittstellen zu Programmen, Funktionsbausteinen und Dynpros eingesetzt.

- Append-Strukturen

Eine Append-Struktur ist eine Struktur, die genau einer Tabelle zugeordnet ist. Sie wird hauptsächlich benötigt, um Erweiterungen an Tabellen vorzunehmen, die nicht im eigenen Namensbereich liegen, wie z.B. SAP-Standardtabellen.

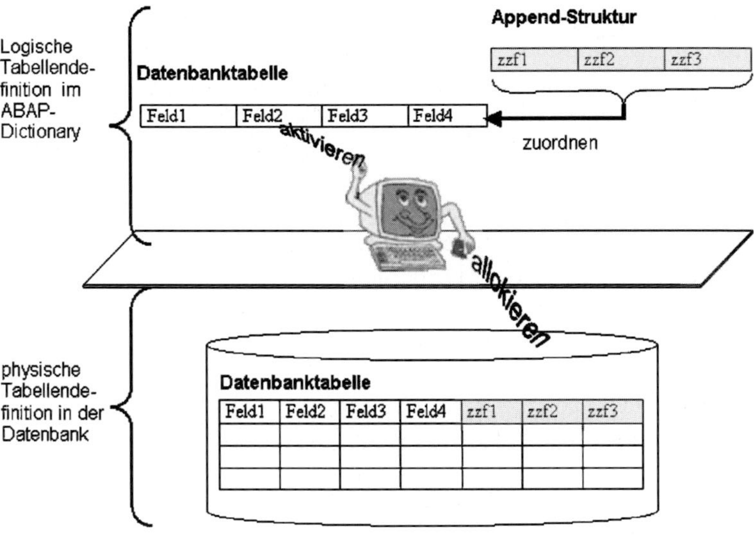


*Abb. 3.17 Struktur*

Beim Aktivieren der Tabelle im ABAP-Dictionary werden vom System alle zu dieser Tabelle gehörenden Append-Strukturen gesucht. Die Felder der Append-Struktur werden an die Tabelle angehängt. Die „Gesamttabelle“ (Tabellenfelder + Append-Strukturfelder) wird auf der Datenbank abgebildet.

**Namenskonventionen:**
Append-Strukturen werden im Kundennamensbereich angelegt. Sie beginnen daher mit „z“ oder mit „y“. Damit Namenskonflikte zwischen den Feldern der Tabelle und denen der Append-Struktur verhindert werden, beginnt der Kundennamensbereich für Felder der Append-Struktur mit „zz“ oder mit „yy“.

## 3.3.2 Schlüsselfelder und Primärindex

Die kleinstmögliche Kombination von Feldern, die einen Datensatz in einer Tabelle eindeutig identifizieren kann, heißt Schlüssel. Jede R/3-Tabelle besitzt einen solchen Schlüssel. Mit den Schlüsselfeldern wird beim Aktivieren der Tabelle automatisch eine „Hilfstabelle“, die Primärschlüssel oder Primärindex genannt wird, erzeugt. Der Primärindex liegt *sortiert* nach Schlüsselfeldern auf der Datenbank. Zusätzlich zu den Schlüsselfeldern enthält er noch einen Zeiger (Pointer) auf den zugehörigen Datensatz der Tabelle.

Der Primärindex ermöglicht einen schnellen Zugriff auf einzelne Sätze der Tabelle. Die Sortierung des Primärindexes gestattet es, andere Suchalgorithmen (z.B. binäre Suche) einzusetzen als bei der Suche in der nichtsortierten Tabelle (sequentielle Suche).

Die Alternative zum Primärindex wäre das Sortieren der Gesamttabelle, was jedoch im Vergleich zur Sortierung der wenigen Felder des Primärindexes sehr zeitaufwendig ist.

Änderungen in den Schlüsselfeldern der Tabelle führen zu einem sofortigen Aktualisieren des Primärindexes.

In Abb. 3.18 wird über die Syntax

```
Select single * from zBestand client specified
where Mandant = '000' and ISBN = '3877917410'.
```

in der Tabelle ZBESTAND auf den Datensatz mit der ISBN 3877917410 zugegriffen.

Der Zugriff auf diesen Datensatz über den Primärindex erfolgt nach dem Prinzip der binären Suche. In diesem Fall sind 2 Datenbankzugriffe nötig:

1. Halbieren der Gesamtmenge der Datensätze
   (Ergebnis: 11/2 → 5)
   Zugriff auf Satz Nr. 5, Vergleich ISBN(5) mit 3877917410
   (Ergebnis: ISBN > 3877917410)
2. Halbieren der Menge der Datensätze mit ISBN < ISBN des Satzes 5 (4/2 → 2)
   Zugriff auf Satz Nr. 2, Vergleich ISBN(5) mit 3877917410
   (Ergebnis: ISBN = 3877917410)

Die Suche in der unsortierten Tabelle ZBESTAND hätte 10 Datenbankzugriffe erfordert.

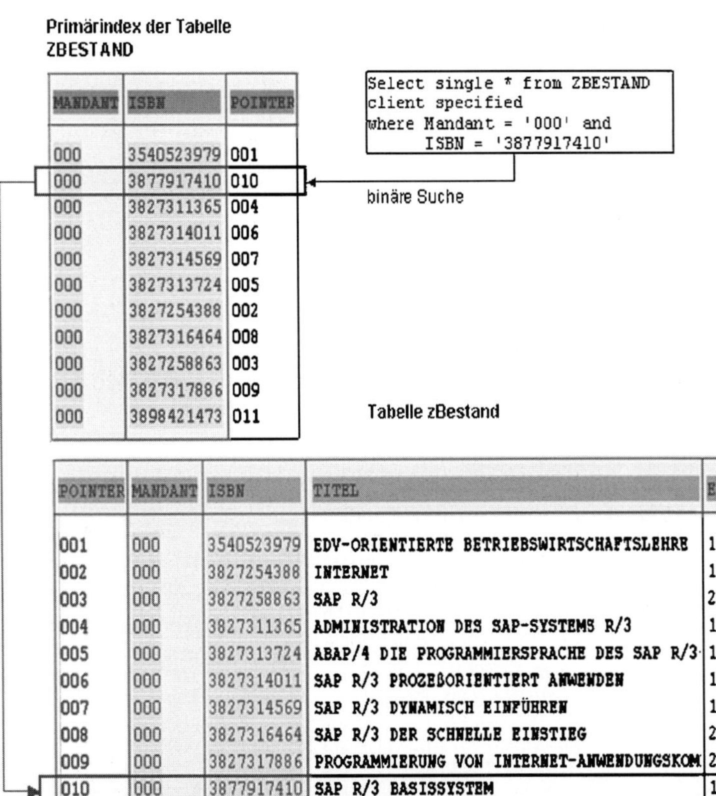


| MANDANT | ISBN | POINTER |
|---|---|---|
| 000 | 3540523979 | 001 |
| 000 | 3877917410 | 010 |
| 000 | 3827311365 | 004 |
| 000 | 3827314011 | 006 |
| 000 | 3827314569 | 007 |
| 000 | 3827313724 | 005 |
| 000 | 3827254388 | 002 |
| 000 | 3827316464 | 008 |
| 000 | 3827258863 | 003 |
| 000 | 3827317886 | 009 |
| 000 | 3898421473 | 011 |

| POINTER | MANDANT | ISBN | TITEL | ERSC |
|---|---|---|---|---|
| 001 | 000 | 3540523979 | EDV-ORIENTIERTE BETRIEBSWIRTSCHAFTSLEHRE | 1990 |
| 002 | 000 | 3827254388 | INTERNET | 1999 |
| 003 | 000 | 3827258863 | SAP R/3 | 2000 |
| 004 | 000 | 3827311365 | ADMINISTRATION DES SAP-SYSTEMS R/3 | 1997 |
| 005 | 000 | 3827313724 | ABAP/4 DIE PROGRAMMIERSPRACHE DES SAP R/3 | 1998 |
| 006 | 000 | 3827314011 | SAP R/3 PROZEßORIENTIERT ANWENDEN | 1998 |
| 007 | 000 | 3827314569 | SAP R/3 DYNAMISCH EINFÜHREN | 1998 |
| 008 | 000 | 3827316464 | SAP R/3 DER SCHNELLE EINSTIEG | 2000 |
| 009 | 000 | 3827317886 | PROGRAMMIERUNG VON INTERNET-ANWENDUNGSKOM | 2001 |
| 010 | 000 | 3877917410 | SAP R/3 BASISSYSTEM | 1996 |
| 011 | 000 | 3898421473 | ABAP OBJECTS | 2001 |

*Abb. 3.18 Datenbankzugriff über den Primärschlüssel*

## 3.3.3 Sekundärindizes

Sekundärindizes sind Hilfsdateien, die immer dann von Nutzen sind, wenn der Zugriff auf die Daten einer Tabelle häufig über ein bestimmtes Feld bzw. über eine bestimmte Feldkombination erfolgt. Der Sekundärindex enthält in sortierter Reihenfolge alle Feldinhalte des Feldes bzw. der Feldkombination und einen Zeiger auf den entsprechenden Tabellensatz.

Beispiel:
Der Zugriff auf den Datenbestand der Buchbestandstabelle ZBESTAND erfolgt oft über das Feld AUTOR1 (Autorennummer).

Abbildung 3.19 zeigt das Auffinden eines Datensatzes über einen Sekundärindex zum Feld AUTOR1.

*Abb. 3.19 Datenbank-zugriff über Sekundär-schlüssel*

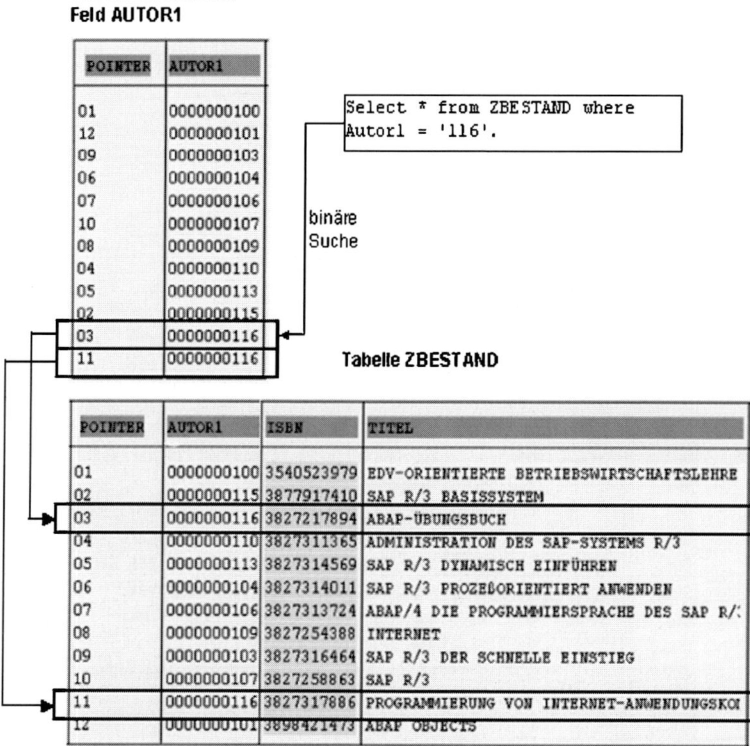


Durch die binäre Suche im Sekundärindex wird das Auffinden des gesuchten Datensatzes mit erheblich weniger Datenbankzugriffen als bei der sequentiellen Suche in der Tabelle ZBESTAND erreicht, was zu einer deutlichen Verbesserung der Performance führt.

## 3.3.4 Fremdschlüssel

Im ABAP-Dictionary können Verbindungen zwischen R/3-Tabellen definiert werden. Dazu werden Felder, die Beziehungen zu einer anderen Tabelle haben, über einen Fremdschlüssel mit dieser anderen Tabelle abgeglichen.

Zum Beispiel kann die Autorennummer in der Buchbestandsdatei (ZBESTAND) mit den Autorennummern der Autorenstammdatei (ZAUTOREN) abgeglichen werden. Damit wird gesichert, dass in die Tabelle ZBESTAND keine Autorennummern eingetragen werden können, für die in der Tabelle ZAUTOREN kein Stammdatensatz existiert.

Ein Fremdschlüssel ist eine Kombinationen von Feldern einer Tabelle (Fremdschlüsseltabelle), die mit dem Primärschlüssel einer „fremden“ Tabelle (Prüftabelle) abgeglichen wird.

In Abb. 3.20 wird zum Feld AUTOR1 der Tabelle ZBESTAND ein Fremdschlüssel zur Tabelle ZAUTOREN definiert.

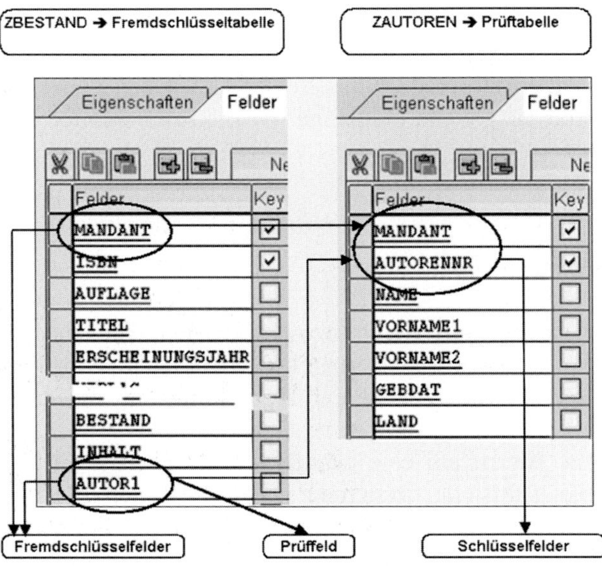


*Abb. 3.20 Begriffe bei Fremdschlüsselbeziehungen*

Jedem Schlüsselfeld der Prüftabelle *muss* ein Fremdschlüsselfeld zugeordnet sein. Es reicht also im obigen Beispiel nicht aus, nur den

Inhalt des Feldes AUTOR1 an die Prüftabelle zu übergeben, auch das Feld MANDANT wird benötigt.

Den internen Abgleich kann man sich entsprechend der folgenden Select-Anweisung vorstellen:

```
SELECT SINGLE * FROM ZAUTOREN CLIENT SPECIFIED
WHERE MANDANT = ZBESTAND-MANDANT AND
   AUTORENNR = ZBESTAND-AUTOR1.
```

Die SELECT SINGLE-Anweisung sucht einen Datensatz in der Tabelle ZAUTOREN in dem das Feld MANDANT inhaltsgleich mit dem Fremdschlüsselfeld MANDANT und das Feld AUTORENNR inhaltsgleich mit dem Fremdschlüsselfeld „AUTOR1“ ist. Wird kein entsprechender Datensatz gefunden, gibt das System eine Fehlermeldung aus.

In eher seltenen Fällen ist eine Prüfung gegen alle Schlüsselfelder der Prüftabelle nicht sinnvoll. In diesen Fällen können generische Fremdschlüssel definiert werden. Durch Setzen eines Flags werden dabei die Schlüsselfelder der Prüftabelle die nicht in die Prüfung einbezogen werden sollen, gekennzeichnet.

Voraussetzungen für Fremdschlüsselbeziehungen:

- Prüffeld und referierendes Schlüsselfeld benutzen die gleiche Domäne.
- Die anderen Fremdschlüsselfelder haben den gleichen Datentyp und die gleiche Feldlänge wie die referierenden Schlüsselfelder.

## 3.3.5 Pufferungsarten

Puffern bedeutet, dass Datensätze der Datenbanktabelle vom Massenspeicher in einen Speicherbereich des Arbeitsspeichers des Applikationsservers, den Tabellenpuffer, geschrieben werden.

Erfolgt ein Zugriff auf eine gepufferte Datenbanktabelle, prüft die Datenbankschnittstelle, ob sich die jeweiligen Daten im lokalen Puffer des Applikationsservers befinden. Ist das der Fall, werden die Daten aus dem Puffer gelesen. Anderenfalls werden sie direkt aus der Datenbank geholt und dabei in den Puffer geschrieben, wo sie dann für den nächsten (schnellen) Zugriff zur Verfügung stehen.

Die Verwaltung der Puffer wird vom R/3-System übernommen. Dazu gehört auch die Synchronisation der Puffer bei der Verwendung mehrerer Applikationsserver (siehe 3.3.6 Synchronisation von Puffern Seite 107).

Durch die erheblich kürzeren Zugriffszeiten auf die Daten des Arbeitsspeichers kann durch die Pufferung die Systemperformance deutlich verbessert werden.

Über die Pufferungsartart wird festgelegt, welche Datensätze einer Tabelle in den Pufferspeicher des Applikationsservers geschrieben werden.

Nicht in jedem Fall bringt die Pufferung aller Datensätze einer Tabelle den größten Performancegewinn, in ungünstigen Fällen kann gar eine Verschlechterung eintreten.

Bei der Wahl der Pufferungsart sind folgende Kriterien zu berücksichtigen:

- Welche Speicherkapazität ist für die zu puffernde Tabelle von Nöten?
- Wie groß ist die Anzahl der lesenden Zugriffe?
  Bei einer geringen Anzahl lesender Zugriffe ist in der Regel eine Pufferung nicht sinnvoll.
- Wie groß ist die Anzahl der schreibenden Zugriffe?
  Bei Änderungen wird vom R/3-System der Puffer und die Datenbank aktualisiert. Das Aktualisieren der Puffer wird besonders dann prekär, wenn die betreffende Tabelle in mehreren Servern gepuffert ist.
  Übersteigt die Anzahl schreibender Zugriffe die Anzahl der lesenden führt eine Pufferung aller Datensätze einer Tabelle in der Regel nicht zu einer Verbesserung der Performance.
- Erfolgt der Zugriff auf die Datensätze im Allgemeinen über die Schlüsselfelder?
  Die Datensätze im Puffer sind nach dem Primärschlüssel der gepufferten Tabelle sortiert. Bei Zugriffen bei denen das erste Schlüsselfeld nicht angegeben ist, wird der Puffer sequentiell (d.h. Satz für Satz) gelesen. Diese Zugriffsmethode wird „Full Table Scan“ genannt. Schon dieser Name assoziiert lange Zugriffszeiten!
  Bei häufigen Anfragen ohne das erste Schlüsselfeld, sollten Sie prüfen, ob ein Zugriff über einen geeigneten Sekundärindex nicht schneller zum Ziel führt.
- Kann die Anzahl der zu puffernden Datensätze eingeschränkt werden?

Nachfolgen werden die zur Verfügung stehenden Pufferarten

- Vollständige Pufferung
- generische Pufferung
- Einzelsatzpufferung

beschrieben. Die Auswahl der geeigneten Pufferungsart ist eine wichtige Entscheidung. Die Abb. 3.21 soll Ihnen helfen, die richtige zu treffen.

*Abb. 3.21 Entscheidungsbaum zur Pufferung*

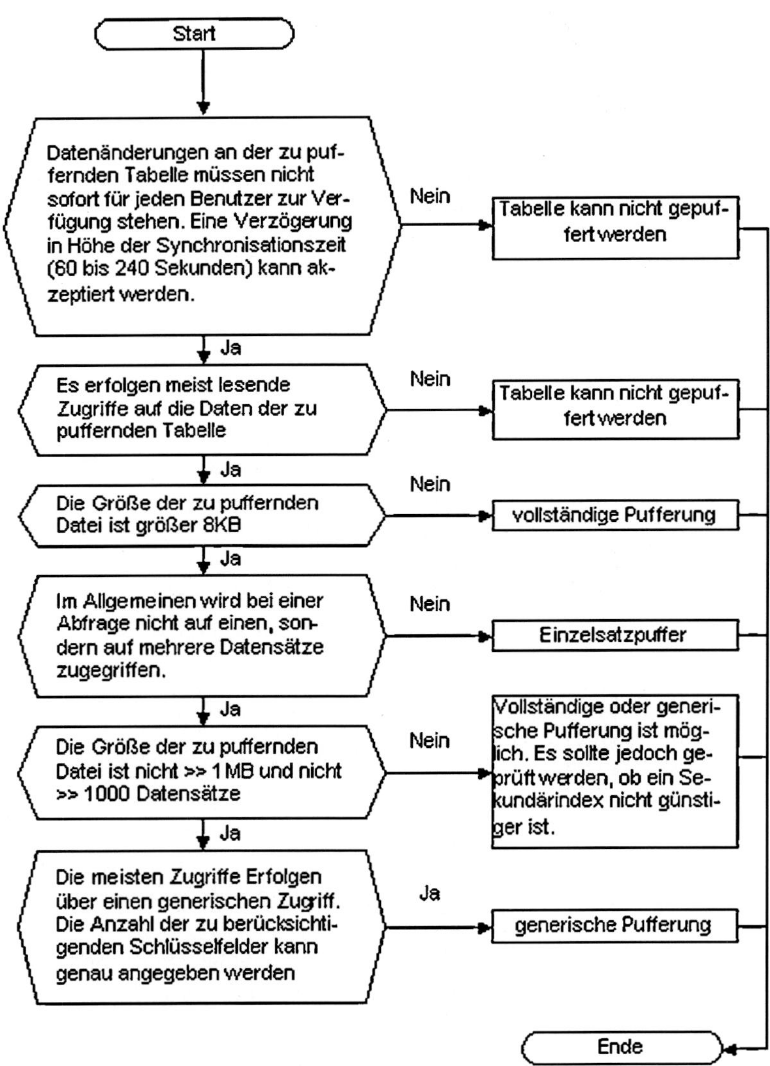

### Vollständige Pufferung

Bei der vollständigen Pufferung werden beim ersten Zugriff auf die Tabelle alle Datensätze in den Puffer geschrieben. Je kleiner die zu puffernde Tabelle ist, je häufiger sie gelesen wird, je seltener die Daten geändert werden umso bedenkenloser können Sie die vollständige Pufferung anwenden.

### Generische Pufferung

*generischer Schlüssel*

Unter einem generischen Schlüssel versteht man einen linksbündigen Teil des Primärschlüssels einer Tabelle. Wie viele Schlüsselfelder zum generischen Schlüssel gehören, wird beim Festlegen der Pufferart angegeben.

Beim Zugriff auf einen Satz einer generisch gepufferten Tabelle werden alle mit diesem Datensatz im generischen Schlüssel übereinstimmenden Datensätze in den Puffer geschrieben.

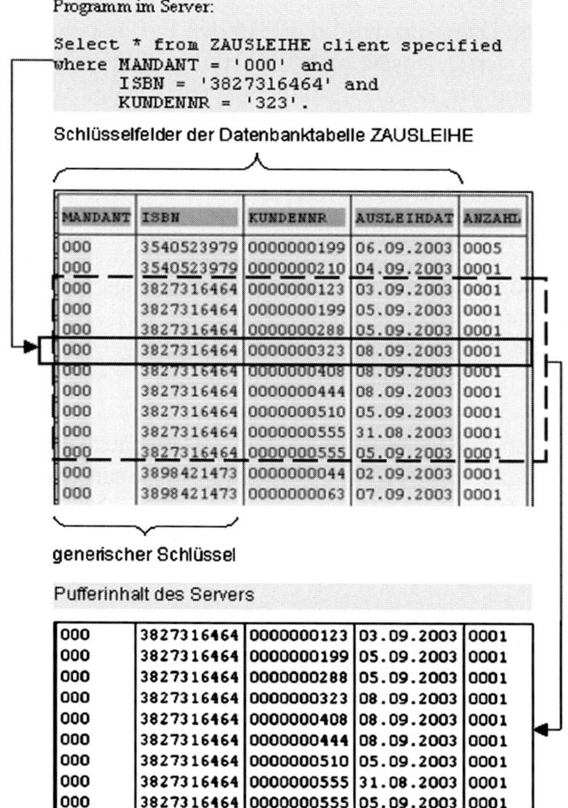


| MANDANT | ISBN | KUNDENNR | AUSLEIHDAT | ANZAHL |
|---|---|---|---|---|
| 000 | 3540523979 | 0000000199 | 06.09.2003 | 0005 |
| 000 | 3540523979 | 0000000210 | 04.09.2003 | 0001 |
| 000 | 3827316464 | 0000000123 | 03.09.2003 | 0001 |
| 000 | 3827316464 | 0000000199 | 05.09.2003 | 0001 |
| 000 | 3827316464 | 0000000288 | 05.09.2003 | 0001 |
| 000 | 3827316464 | 0000000323 | 08.09.2003 | 0001 |
| 000 | 3827316464 | 0000000408 | 08.09.2003 | 0001 |
| 000 | 3827316464 | 0000000444 | 08.09.2003 | 0001 |
| 000 | 3827316464 | 0000000510 | 05.09.2003 | 0001 |
| 000 | 3827316464 | 0000000555 | 31.08.2003 | 0001 |
| 000 | 3827316464 | 0000000555 | 05.09.2003 | 0001 |
| 000 | 3898421473 | 0000000044 | 02.09.2003 | 0001 |
| 000 | 3898421473 | 0000000063 | 07.09.2003 | 0001 |

| | | | | |
|---|---|---|---|---|
| 000 | 3827316464 | 0000000123 | 03.09.2003 | 0001 |
| 000 | 3827316464 | 0000000199 | 05.09.2003 | 0001 |
| 000 | 3827316464 | 0000000288 | 05.09.2003 | 0001 |
| 000 | 3827316464 | 0000000323 | 08.09.2003 | 0001 |
| 000 | 3827316464 | 0000000408 | 08.09.2003 | 0001 |
| 000 | 3827316464 | 0000000444 | 08.09.2003 | 0001 |
| 000 | 3827316464 | 0000000510 | 05.09.2003 | 0001 |
| 000 | 3827316464 | 0000000555 | 31.08.2003 | 0001 |
| 000 | 3827316464 | 0000000555 | 05.09.2003 | 0001 |

*Abb. 3.22 generische Pufferung*

Mandantenunabhängige, vollständig gepufferte Tabellen, werden automatisch generisch gepuffert. Der generische Schüssel ist dabei das Feld MANDANT.

### *Einzelsatzpufferung*

Bei Einzelsatzpufferung werden nur die Datensätze der Tabelle in den Pufferspeicher geladen, auf die tatsächlich zugegriffen wurde.

Beispiel:
Ein Programm greift mit der Anweisung

```
select single from ZAUSLEIHE client specified
where Mandant = '000' and
   ISBN = '3827316464' and
   KUNDENNR = '323'.
```

auf genau einen Datensatz zu.

Dieser eine Datensatz wird dabei in den Pufferspeicher geschrieben. Existiert der Datensatz nicht, so werden die Feldinhalte der Select-Anweisung (im Beispiel Mandant = '000', ISBN = '3827316464' und Kundennr = '323') mit dem Status "Nicht existent" in den Puffer eingetragen. Dadurch ist beim wiederholten Zugriff auf diesen Datensatz kein Datenbankzugriff erforderlich.

**Vorteil:**
Es wird weniger Speicherplatz benötigt wird, als bei den anderen Pufferungsarten.

**Nachteile:**
Es ist ein höherer Verwaltungsaufwand im Puffer notwendig.

Zum Laden der Datensätze in den Puffer sind wesentlich mehr Datenbankzugriffe notwendig als bei der vollständigen oder der generischen Pufferung.

Bei kleineren Tabellen ist in der Regel die vollständige Pufferung günstiger.

Die Einzelsatzpufferung ist besonders bei großen Tabellen, auf die häufig über "Select single" zugriffen wird, zu empfehlen.

Alle "Nicht-Select-Single-Zugriffe" gehen am Puffer vorbei direkt auf die Datenbank.

## 3.3.6
## Synchronisation von Puffern

Jeder Applikationsserver besitzt seinen eigenen Pufferbereich. Der Puffer wird beim ersten Zugriff auf eine zu puffernde Tabelle mit Daten gefüllt. Greifen zwei Applikationsserver (Server1 und Server2) auf die gleiche Tabelle (T1) zu, werden in die Pufferbereiche jeweils die gleichen Daten geschrieben. Bei einer Änderung an Tabelle T1 durch Server1 werden folgende Vorgänge ausgelöst:

- Ändern des Datensatzes in der Datenbanktabelle.
- Aktualisieren des Puffers auf Server 1.
- Aktualisieren des Puffers auf Server 2.

Die Aktualisierung (Synchronisierung) des Puffers auf Server2 erfolgt dabei nicht sofort sondern in festen Zeitintervallen, deren Länge über den Parameter *rdisp/bufreftime* festgelegt wird. Dieser Parameter ist in der Datei *Default.PFL* zu finden, mit der das R/3-System beim Start konfiguriert wird. Theoretisch können dafür Werte im Bereich von 60 bis 3600 Sekunden ausgewählt werden. Empfohlen wird eine Intervalllänge zwischen 60 und 240 Sekunden.

Das Prinzip der Pufferung und der Synchronisation der Puffer veranschaulicht Abb. 3.23 am Beispiel eines R/3-Systems mit 2 Applikationsservern. Eine Tabelle T1 wird vollständig in die Puffer der Server 1 und 2 geladen.

Von Server1 wird ein Datensatz der Tabelle T1 gelöscht.

*temporäre Inkonsistenzen beim Puffern von Tabellen*

Wie in Abb. 3.23 leicht zu erkennen ist, greift der Server 2 zum Zeitpunkt $t_9$ auf veraltete Daten des Puffers 2 zu. Die Tabelle T1 im Puffer 2 wird erst nach der Synchronisation (Zeitpunkt $t_{10}$) für ungültig erklärt und beim nächsten Zugriff des Servers2 auf T1 neu in den Puffer geschrieben. Prüfen Sie also für jede zu puffernde Tabelle, ob solche temporäre Inkonsistenzen akzeptiert werden können (siehe dazu auch Abb. 3.21 Entscheidungsbaum zur Pufferung).

Abb. 3.23 Synchonisation von Puffern

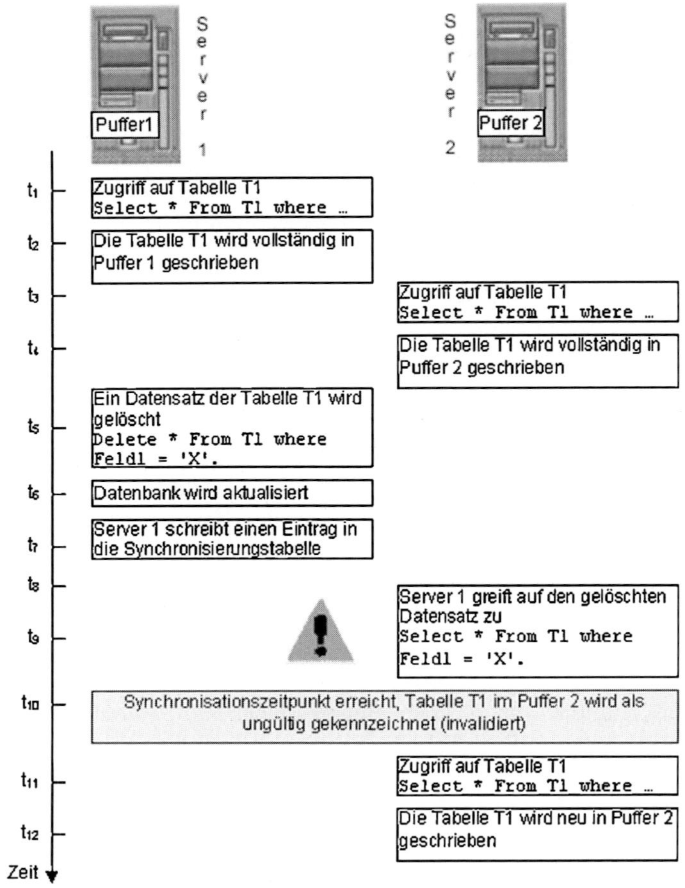


## 3.3.7 Änderungen an Tabellen

Soll eine aktives Dictionary-Objekt geändert werden, legt das R/3-System zusätzlich eine überarbeitete Version dieses Objektes an, in das dann die Änderungen eingearbeitet werden. Anschließend wird die überarbeitete Version aktiviert und damit die bisher aktive Version überschrieben. Das R/3-Laufzeitsystem greift grundsätzlich nur auf die aktive Version eines Datenobjektes zu.

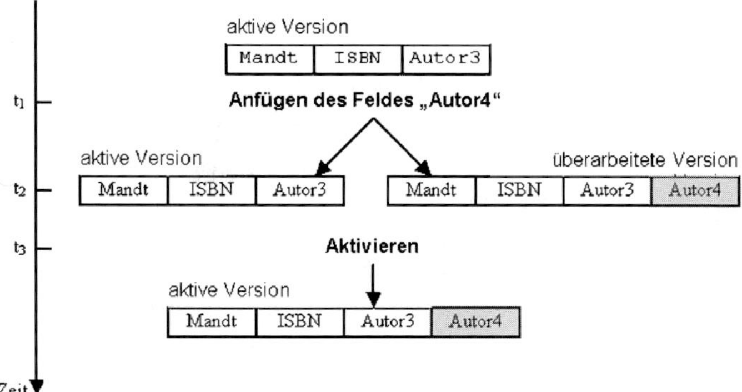


*Abb. 3.24 Aktive und überarbeitete Version*

Beim Aktivieren eines Objektes wird sowohl die Änderung selbst als auch die Auswirkung der Änderung auf andere, vom geänderten Objekt abhängige, Objekte geprüft. Die Aktivierung wird nur dann durchgeführt, wenn bei diesen Prüfungen keine Inkonsistenzen festgestellt wurden.

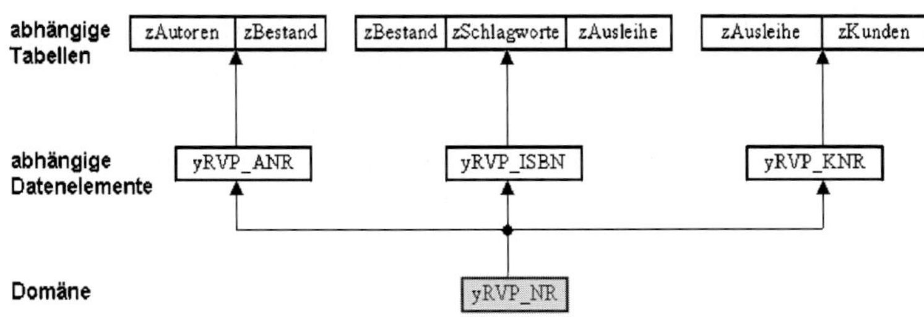


*Abb. 3.25 Beispiel für abhängige Objekte*

Sind von der Änderung Datenbanktabellen betroffen, muss die Datenbankstruktur der Tabelle an die Definition der Tabelle im ABAP-Dictionary angepasst werden. Für diese Anpassung stehen die folgenden Methoden zur Verfügung:

- Löschen und Neuanlegen:
  Bei dieser Methode wird die auf der Datenbank vorhandene Tabelle gelöscht. Danach wird die überarbeitete Version der Tabelle im ABAP Dictionary aktiviert und auf der Datenbank erneut angelegt. In der Tabelle vorhandene Daten gehen verloren.
- Änderung des Datenbank-Katalogs (ALTER TABLE).
  Es wird lediglich die Definition der Tabelle auf der Datenbank geändert. In der Tabelle vorhandene Daten bleiben erhalten. Indizes zur Tabelle müssen aber unter Umständen neu aufgebaut werden. Bei Strukturänderungen durch Änderungen des Datenbank-Katalogs können bei einigen Datenbanksystemen aufwendige interne Reorganisationen der Daten ablaufen.

- Umsetzung der Tabelle:
  Die Datenbanktabelle (Beispielname:: TAB1) wird umbenannt in QCMTAB1. Danach wird die überarbeitete Version der Tabelle TAB1 im ABAP Dictionary aktiviert und auf der Datenbank angelegt. Anschließend werden die Daten aus der Tabelle QCMTAB1 in die geänderte Tabelle TAB1 zurückgeschrieben. Die Indizes zur Tabelle TAB1 werden neu aufgebaut. Die Tabelle QCMTAB1 wird gelöscht. Hinsichtlich der benötigten Resourcen ist die Umsetzung die aufwendigste Methode, die Datenbankstruktur der Dictionarystruktur anzupassen.

Welche dieser Methoden vom System zur Anwendung gebracht wird ist von folgenden Bedingungen abhängig:

- der Art der Strukturänderung
- dem verwendeten Datenbank-System
- der Frage, ob schon Daten in der Tabelle vorhanden sind.

  Enthält die Tabelle keine Daten, so wird die vorhandene Tabelle auf der Datenbank gelöscht und neu angelegt. Sind Daten in der Tabelle vorhanden, so wird versucht die Strukturänderung durch ein ALTER TABLE durchzuführen. Falls das verwendete Datenbanksystem die Strukturänderung nicht durch ein ALTER TABLE abbilden kann, wird eine Umsetzung durchgeführt.

Bei bestimmten Änderungen an der Tabellenstruktur im ABAP-Dictionary ist keine Änderung der Datenbankstruktur notwendig, z.B. bei der Änderung der Reihenfolge der Tabellenfelder, wenn keine Schlüsselfelder betroffen sind

**Hinweis**
Eine Anpassung der Datenbankstruktur sollte nicht während des Produktivbetriebs durchgeführt werden. Zumindest sollten alle Applikationen, die auf die Tabelle zugreifen, während der Strukturanpassung deaktiviert sein. Da der Datenbestand einer Tabelle während der Strukturanpassung (insbesondere bei Umsetzungen) nicht konsistent ist, können sich Programme beim Zugriff auf diesen Datenbestand fehlerhaft verhalten!

## 3.3.8
## Anlegen der Tabellen für das Bibliotheksprojekt

Für das Bibliotheksprojekt sind 6 Tabellen anzulegen. Es ist zweckmäßig in folgenden Schritten vorzugehen:

1. Domänen anlegen
2. Datenelemente anlegen
3. Tabellen anlegen

Die notwendigen Domänen und Datenelemente sind schon in den Kapiteln „Domänen anlegen" (Seite 86) und „Datenelemente anlegen" (Seite 89) bereitgestellt worden.

Man kann auch zuerst die Tabellen anlegen und Domänen und Datenelemente in der Vorwärtsnavigation erstellen. Dabei geht aber schnell die Übersicht verloren und es kommt leicht eine gewisse Missstimmung auf und schneller ist diese Methode auch nicht.

*Vorgehensweise: Tabellen anlegen*

Tabellen werden im ABAP-Dictionary angelegt. Starten Sie die Transaktion SE11 (Werkzeuge → Entwicklung → SE11 Dictionary).

Aktivieren Sie im Einstiegsbild den Auswahlknopf „Datenbanktabelle" und tragen Sie im dazugehörigen Eingabefeld den Namen der Datenbanktabelle ein.

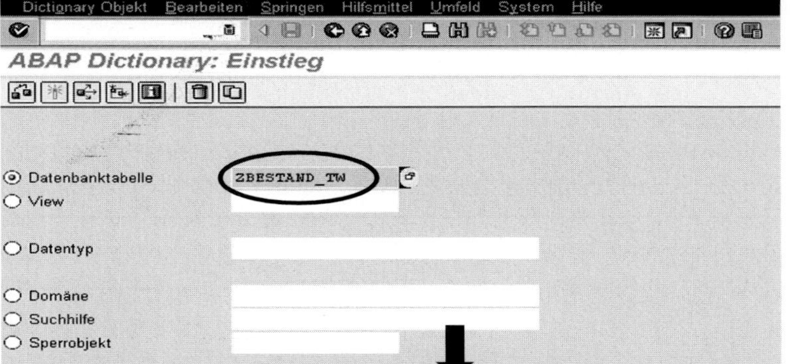


*Abb. 3.26 Anlegen eine Tabelle*

Füllen Sie in der Registerkarte „Eigenschaften" des Folgebildes die Eingabefelder „Kurzbeschreibung" und „Auslieferungsklasse" entsprechend der Abb. 3.27 aus.

Abb. 3.27 Kurzbeschreibung und Auslieferungsklasse eintragen

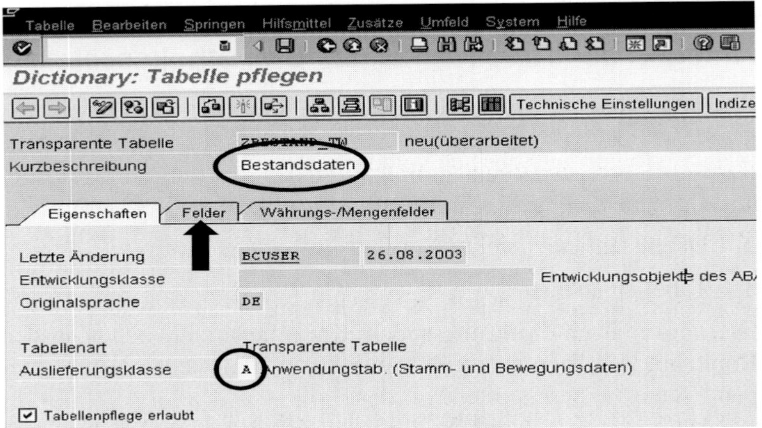


Wählen Sie dann die Registerkarte „Felder" aus und tragen Sie dort die Feldnamen und die dazugehörigen Datenelemente ein. Wenn die Spalten „Felder", „Key" und „Feldtyp" ausgefüllt sind, drücken Sie die ENTER-Taste.

Abb. 3.28 Felder und Datenelemente eintragen

| Felder | Key | Init. | Feldtyp |
|---|---|---|---|
| MANDANT | ✔ | | MANDT |
| ISBN | ✔ | | YRVP_ISBN_TW |
| AUFLAGE | | | YRVP_AUFLAGE_TW |
| TITEL | | | YRVP_TITEL_TW |
| ERSCHEINUNGSJAHR | | | YRVP_EJAHR_TW |
| VERLAG | | | YRVP_VERLAG_TW |
| BESTAND | | | YRVP_BESTAND_TW |
| AUSGELIEHEN | | | YRVP_AUS_TW |
| KATEGORIE | | | YRVP_KATEGORIE_TW |
| AUTOR1 | | | YRVP_ANR_TW |
| AUTOR2 | | | YRVP_ANR_TW |
| AUTOR3 | | | YRVP_ANR_TW |

Sichern Sie Ihre Tabelle. Weisen Sie der Tabelle Ihre Entwicklungsklasse und Ihren Workbenchauftrag zu.

*Direkte Eingabe des Datentyps*

**Hinweis:** Über die Schaltfläche „Datenelement/Direkter Typ" kann zwischen dem Anlegen von Feldern unter Verwendung von Datenelementen und der direkten Eingabe des Datentyps umgeschaltet werden. Die direkte Eingabe kann jedoch nicht für Schlüsselfelder und Prüffelder benutzt werden.

Zum Schluss sind noch die technischen Eigenschaften der Tabelle festzulegen. Wählen Sie dazu das Menü „Springen → technische Einstellungen".

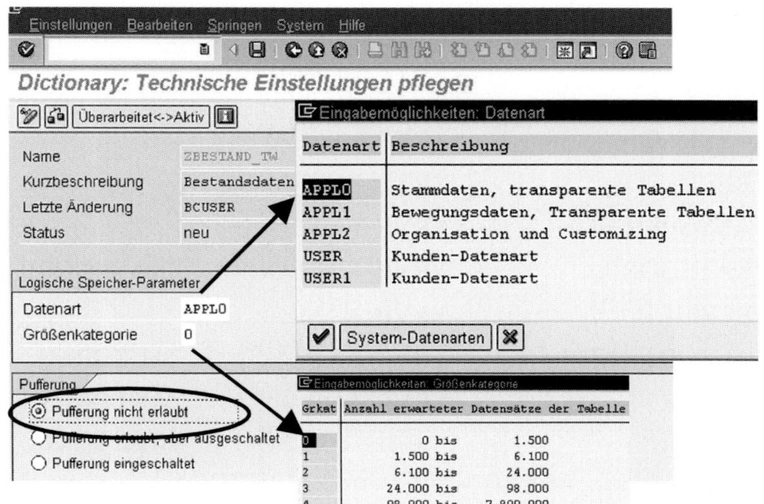


*Abb. 3.29 Festlegen der technischen Einstellungen*

Durch die Auswahl der Datenart wird der Speicherort der Tabelle in der Datenbank bestimmt. Die Größenkategorie legt fest, wie viel Speicherplatz bereitgestellt wird.

Sichern Sie jetzt die technischen Einstellungen der Tabelle. Verzweigen Sie mit der Schaltfläche „zurück" in den Bildschirm „Dictionary: Tabelle pflegen". Aktivieren Sie dort Ihre Tabelle.

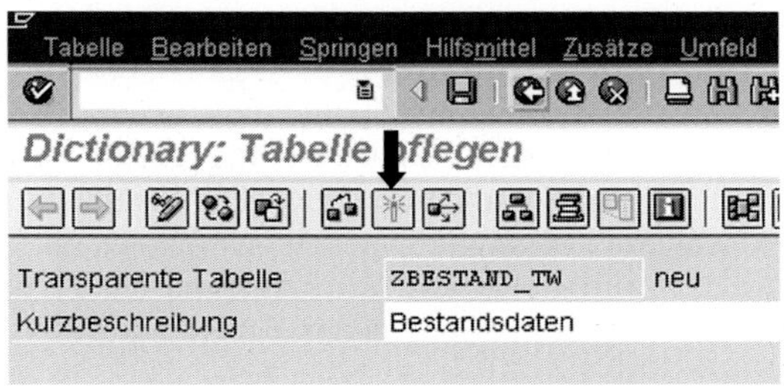


*Abb. 3.30 Aktivieren der Tabelle*

Aufgabe:
Legen Sie die Tabellen für das Bibliotheksprojekt an!

**Tabelle ZBESTAND (Bestandsstammdaten)**
Auslieferungsklasse: A
Datenart: APPL0; Größenklasse: 0; Pufferung nicht erlaubt

*Tabelle 3.5 Datenbanktabelle ZBESTAND*

| Feld | Key | Datenelement [a] | Prüftabelle [b] |
|---|---|---|---|
| MANDANT | ☑ | MANDT | T000 |
| ISBN | ☑ | YRVP_ISBN | |
| AUFLAGE | | YRVP_AUFLAGE | |
| TITEL | | YRVP_TITEL | |
| ERSCHEINUNGS JAHR | | YRVP_EJAHR | |
| VERLAG | | YRVP_VERLAG | |
| BESTAND | | YRVP_BESTAND | |
| AUSGELIEHEN | | YRVP_AUS | |
| KATEGORIE | | YRVP_KATEGORIE | ZKATEGORIE |
| BEREICH | | YRVP_NAME | |
| AUTOR1 | | YRVP_ANR | ZAUTOREN |
| AUTOR2 | | YRVP_ANR | ZAUTOREN (Kardinalität: C:CN) |
| AUTOR3 | | YRVP_ANR | ZAUTOREN (Kardinalität: C:CN) |

**Tabelle ZAUTOREN (Autorenstammdaten)**
Auslieferungsklasse: A
Datenart: APPL0; Größenklasse: 0; Pufferung nicht erlaubt

[a] In den Tabellen sind die Datenelementnamen aus der Übung des Kapitels „Datenelemente anlegen" (Seite 89) angegeben. Alternativ können Sie auch die Datenelemente der Buch-CD benutzen. Hängen Sie dazu die Zeichenkette _tw an die Datenelementnamen an.
[b] Die Angabe der Prüftabelle wird zum Anlegen der Fremdschlüsselbeziehungen, das nach dem Anlegen der Tabellen gezeigt wird, benötigt.

| Feld | Key | Datenelement | Prüftabelle |
|---|---|---|---|
| MANDANT | ☑ | MANDT | T000 |
| AUTORENNR | ☑ | YRVP_ANR | |
| NAME | | YRVP_NAME | |
| VORNAME1 | | YRVP_VNAME1 | |
| VORNAME2 | | YRVP_VNAME2 | |
| GEBDAT | | YRVP_GDAT | |
| LAND | | YRVP_LAND | T005 |

*Tabelle 3.6 Tabelle ZAUTOREN*

**Tabelle ZKUNDEN (Kundenstammdaten)**
Auslieferungsklasse: A
Datenart: APPL0; Größenklasse: 0; Pufferung nicht erlaubt

| Feld | Key | Datenelement | Prüftabelle |
|---|---|---|---|
| MANDANT | ☑ | MANDT | T000 |
| KUNDENNR | ☑ | YRVP_KNR | |
| NAME | | YRVP_NAME | |
| VORNAME1 | | YRVP_VNAME1 | |
| VORNAME2 | | YRVP_VNAME2 | |
| EINTRITTSDATUM | | YRVP_EINTRITT | |
| LAND | | YRVP_LAND | T005 |
| PLZ | | YRVP_PLZ | |
| WOHNORT | | YRVP_ORT | |
| STRASSE | | YRVP_STRASSE | |
| TELEFON | | YRVP_TEL | |
| E_MAIL | | YRVP_MAIL | |

*Tabelle 3.7 Tabelle ZKUNDEN*

**Tabelle ZAUSLEIHE (Ausleihdaten)**
Auslieferungsklasse: A
Datenart: APPL1; Größenklasse: 0; Pufferung nicht erlaubt

*Tabelle 3.8 Tabelle ZAusleihe*

| **Feld** | **Key** | **Datenelement** | **Prüftabelle** |
|---|---|---|---|
| MANDANT | ☑ | MANDT | T000 |
| KUNDENNR | ☑ | YRVP_KNR | ZKUNDEN |
| ISBN | ☑ | YRVP_ISBN | ZBESTAND |
| AUSLEIHDAT | ☑ | YRVP_ADATUM | |
| RUECKGABEDAT | | YRVP_RDATUM | |
| ANZAHL | | YRVP_ANZ | |

**Tabelle ZKATEGORIE (Gültige Katalogeinträge)**
Auslieferungsklasse: A
Datenart: APPL0; Größenklasse: 0; Pufferung nicht erlaubt

*Tabelle 3.9 Tabelle ZKATEGORIE*

| Feld | Key | Datenelement | Prüftabelle |
|---|---|---|---|
| MANDANT | ☑ | MANDT | T000 |
| KATEGORIE | ☑ | YRVP_KATEGORI E | |
| BESCHREIBUNG | | YRVP_BESCHR | |

*Vorgehensweise: Anlegen der Fremdschlüsselbeziehungen*

Mit Fremdschlüsseln können Verbindungen zwischen R/3-Tabellen im ABAP-Dictionary hinterlegt werden.

Starten Sie die Transaktion SE11 (Werkzeuge → ABAP-Workbench → Entwicklung → SE11 ABAP Dictionary) und rufen Sie die Tabelle, in die eine Fremdschlüsselbeziehung eingetragen werden soll (Fremdschlüsseltabelle), zum Ändern auf.

Stellen Sie den Cursor in das Prüffeld und klicken Sie die Schaltfläche „Fremdschlüssel“ an.

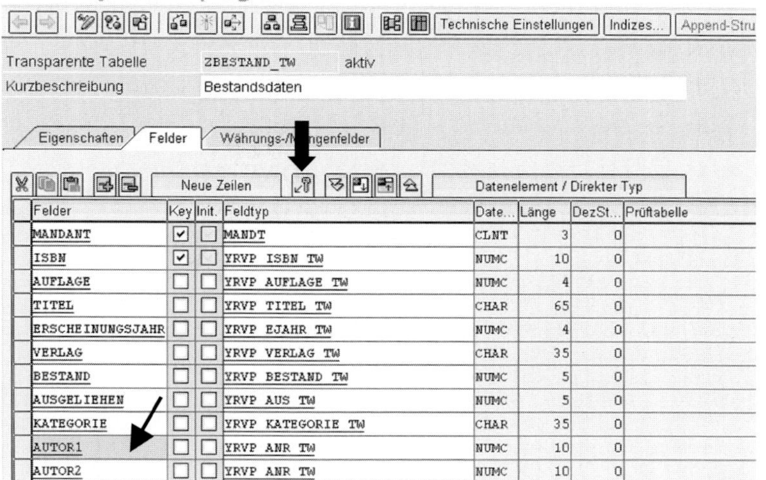


| Felder | Key | Init. | Feldtyp | Date... | Länge | DezSt... | Prüftabelle |
|---|---|---|---|---|---|---|---|
| MANDANT | ☑ | ☐ | MANDT | CLNT | 3 | 0 | |
| ISBN | ☑ | ☐ | YRVP_ISBN_TW | NUMC | 10 | 0 | |
| AUFLAGE | ☐ | ☐ | YRVP_AUFLAGE_TW | NUMC | 4 | 0 | |
| TITEL | ☐ | ☐ | YRVP_TITEL_TW | CHAR | 65 | 0 | |
| ERSCHEINUNGSJAHR | ☐ | ☐ | YRVP_EJAHR_TW | NUMC | 4 | 0 | |
| VERLAG | ☐ | ☐ | YRVP_VERLAG_TW | CHAR | 35 | 0 | |
| BESTAND | ☐ | ☐ | YRVP_BESTAND_TW | NUMC | 5 | 0 | |
| AUSGELIEHEN | ☐ | ☐ | YRVP_AUS_TW | NUMC | 5 | 0 | |
| KATEGORIE | ☐ | ☐ | YRVP_KATEGORIE_TW | CHAR | 35 | 0 | |
| AUTOR1 | ☐ | ☐ | YRVP_ANR_TW | NUMC | 10 | 0 | |
| AUTOR2 | ☐ | ☐ | YRVP_ANR_TW | NUMC | 10 | 0 | |

*Abb. 3.31 Anlegen einer Fremdschlüsselbeziehung*

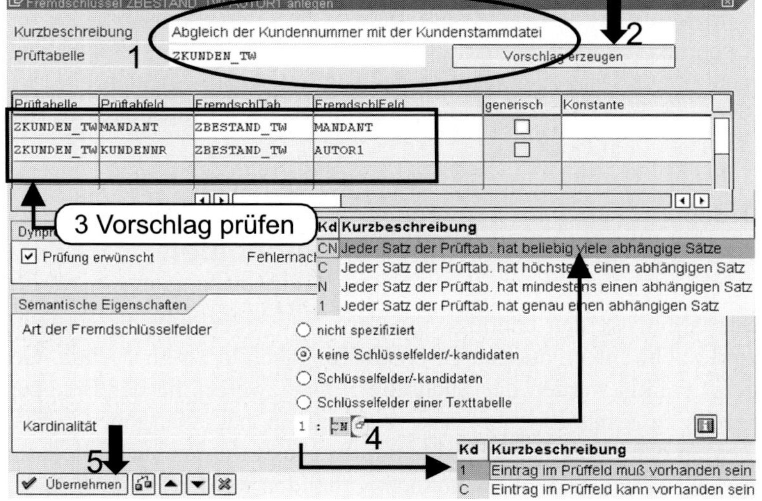


| Prüftabelle | Prüfabfeld | FremdschlTab | FremdschlFeld | generisch | Konstante |
|---|---|---|---|---|---|
| ZKUNDEN_TW | MANDANT | ZBESTAND_TW | MANDANT | ☐ | |
| ZKUNDEN_TW | KUNDENNR | ZBESTAND_TW | AUTOR1 | ☐ | |

| Kd | Kurzbeschreibung |
|---|---|
| CN | Jeder Satz der Prüftab. hat beliebig viele abhängige Sätze |
| C | Jeder Satz der Prüftab. hat höchstens einen abhängigen Satz |
| N | Jeder Satz der Prüftab. hat mindestens einen abhängigen Satz |
| 1 | Jeder Satz der Prüftab. hat genau einen abhängigen Satz |

| Kd | Kurzbeschreibung |
|---|---|
| 1 | Eintrag im Prüffeld muß vorhanden sein |
| C | Eintrag im Prüffeld kann vorhanden sein |

*Abb. 3.32 Details der Fremdschlüsselbeziehung festlegen*

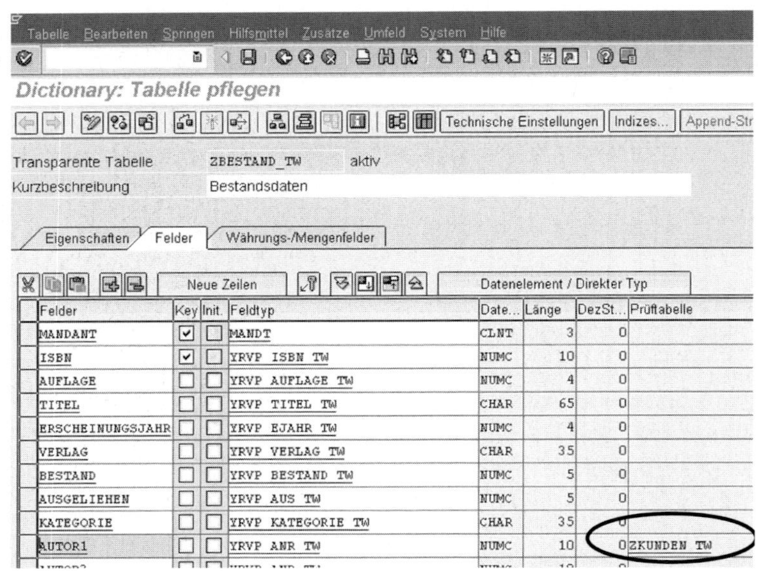


*Abb. 3.33 Die Prüftabelle ist festgelegt*

Legen Sie in ähnlicher Art und Weise die Fremdschlüsselbeziehungen zu den Datenbanktabellen des Bibliotheksprojektes an. Sie finden die Prüffelder und die zuzuordnenden Prüftabellen in den Tabellen 3.5 bis 3.9.

### 3.3.9 Anlegen und Einbinden von Suchhilfen

Suchhilfen werden benötigt, um dem Anwender über die F4-Hilfe zusätzliche Informationen zu einem Eingabefeld zu übergeben. Gegebenenfalls werden der Suchhilfe Eingabewerte, die der Benutzer bereits in seine Eingabemaske eingetragen hat, übergeben. Diese werden dann von der Suchhilfe bei der Auswahl der Suchhilfedaten berücksichtigt. Suchhilfen können verbunden werden

- mit einer Tabelle
  Die Suchhilfe wird angezeigt, wenn der Benutzer die F4-Hilfe zu einem Feld anfordert, dem die Tabelle mit der Suchhilfe als Prüftabelle zugeordnet ist.
- mit einem Datenelement
  Die Suchhilfe wird angezeigt, wenn der Benutzer die F4-Hilfe zu einem Feld anfordert, das mit dem Datenelement, dem die Suchhilfe zugeordnet ist, angelegt wurde.

- mit einem Tabellenfeld:
  Die Suchhilfe wird angezeigt, wenn die F4-Hilfe zu diesem Feld angefordert wird.

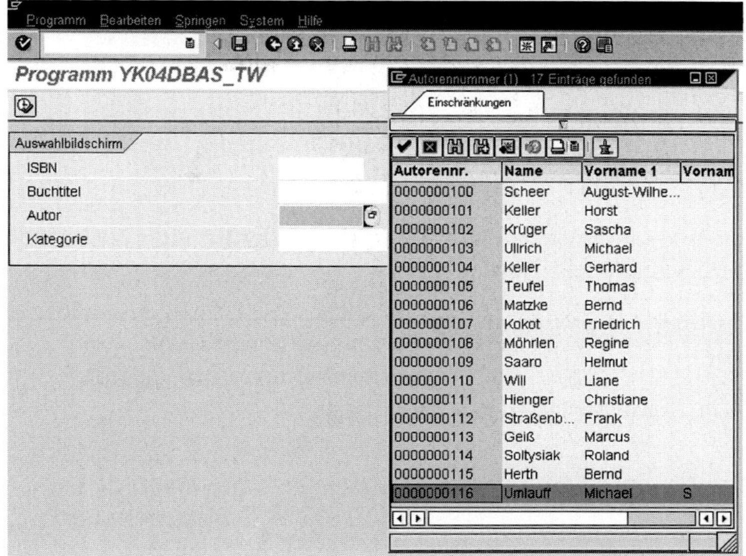


*Abb. 3.34 Beispiel für eine Suchhilfe, die an die Tabelle ZAUTOREN angebunden wurde*

*Vorgehensweise: Suchhilfe anlegen*

Starten Sie die Transaktion SE11 (Werkzeuge → ABAP Workbench → Entwicklung → SE11 ABAP Dictionary). Aktivieren Sie im Einstiegsbild den Auswahlknopf „Suchhilfe“ und legen Sie den Namen der Suchhilfe fest. Dieser muss sich im Kundennamensbereich befinden („z“ oder „y“ als ersten Buchstaben).

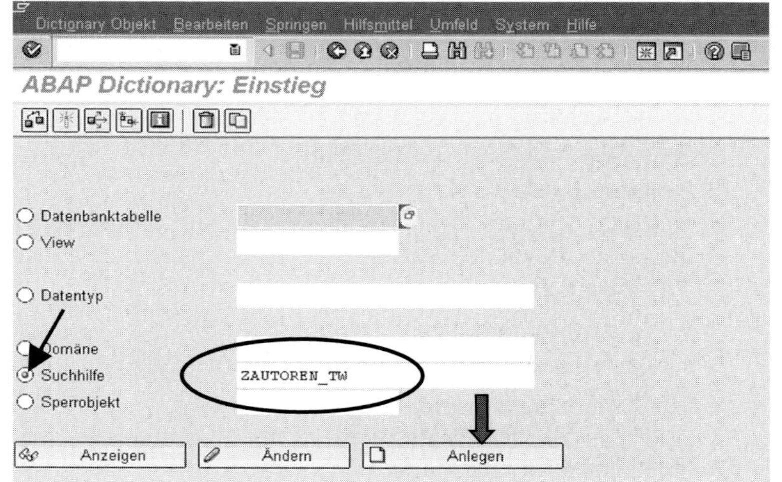


*Abb. 3.35 Suchhilfenamen festlegen*

Aktivieren Sie im Folgebild den Auswahlknopf „Elementare Suchhilfe" (über „Sammelsuchhilfen können mehrere elementare Suchhilfen zusammengefasst werden)

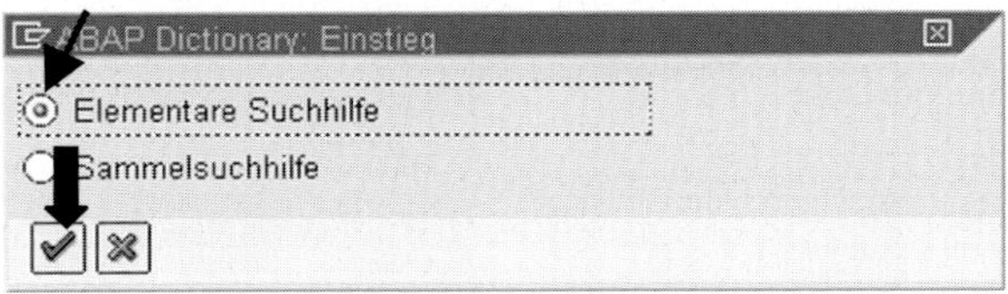


*Abb. 3.36 Auswahl der Suchhilfeart*

Im Bild „Dictionary: Suchhilfe pflegen" werden die Eigenschaften der Suchhilfe festgelegt.

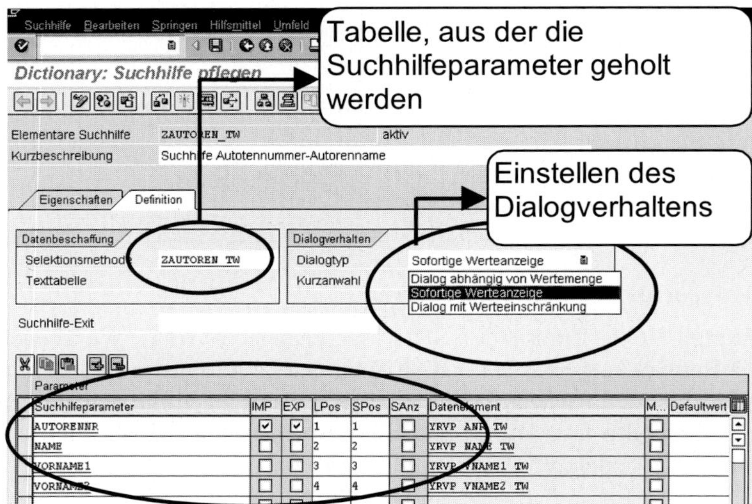


*Abb. 3.37 Festlegen der Eigenschaften der Suchhilfe*

- Importparameter
  Der Inhalt des Suchhilfeparameters in der Eingabemaske wird von der Suchhilfe importiert und bei der Auswahl der Datensätze für die F4-Hilfe berücksichtigt.
- Exportparameter
  Der Inhalt der vom Benutzer in der F4-Hilfe ausgewählten Eintrages wird von der Suchhilfe an das entsprechende Eingabefeld exportiert.
- Lpos (Listenposition)
  Position desSuchhilfeparameters in der F4-Ausgabeliste.
- Spos (Position im Selektionsbildschirm)
  Position des Suchhilfeparameters in der Registerkarte „Einschränkungen" der Suchhilfe.

Legen Sie folgende Suchhilfen an:

1. Suchhilfe ZAUTOREN.
   - Selektionsmethode: ZAUTOREN
   - Parameter

| Suchhilfeparameter | Import | Export | LPos | SPos |
|---|---|---|---|---|
| AUTORENNR | ☑ | ☑ | 1 | 1 |
| NAME | | | 2 | 2 |
| VORNAME1 | | | 3 | 3 |
| VORNAME2 | | | 4 | 4 |

2. Suchhilfe ZKATEGORIE
   - Selektionsmethode: ZKATEGORIE
   - Parameter

| Suchhilfeparameter | Import | Export | LPos | SPos |
|---|---|---|---|---|
| KATEGORIE | ☑ | ☑ | 1 | 2 |
| LANGTEXT | | ☑ | 2 | 1 |

3. Suchhilfe ZISBN
   - Selektionsmethode: ZBESTAND
   - Parameter

| Suchhilfeparameter | Import | Export | LPos | SPos |
|---|---|---|---|---|
| ISBN | ☑ | ☑ | 1 | 1 |
| TITEL | | | 2 | 2 |

Lösung: ZAUTOREN_TW
ZKATEGORIE_TW
ZISBN_TW

*Vorgehensweise: Anbinden der Suchhilfe an eine Tabelle*

Die Suchhilfe ZAUTOREN_TW soll an die Prüftabelle ZAUTOREN_TW angebunden werden. Die Suchhilfe wird dann für die Felder angezeigt, denen die Prüftabelle zugeordnet ist (z.B. ZBESTAND-Autor1 ... ZBESTAND-Autor3).

1. Starten Sie das ABAP-Dictionary (Werkzeuge → ABAP Workbench → Entwicklung → SE11 ABAP Dictionary) mit der Tabelle ZAUTOREN_TW.
2. Wählen Sie das Menü „Springen → Suchhilfe → Zum Feld“.

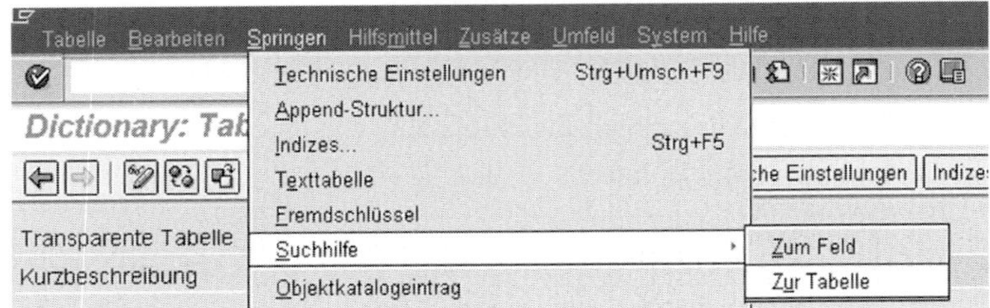


3. Tragen Sie im Bild „Suchhilfe zur Tabelle ..." den Namen der zuzuordnenden Suchhilfe ein.

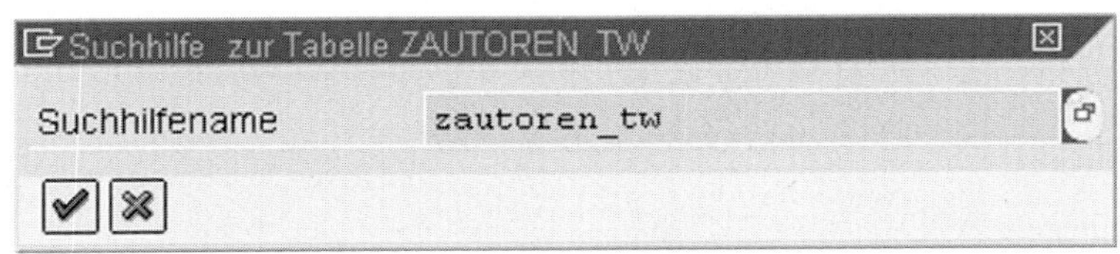


4. Lassen Sie sich gegebenenfalls einen Vorschlag erzeugen und übernehmen Sie die Suchhilfe.

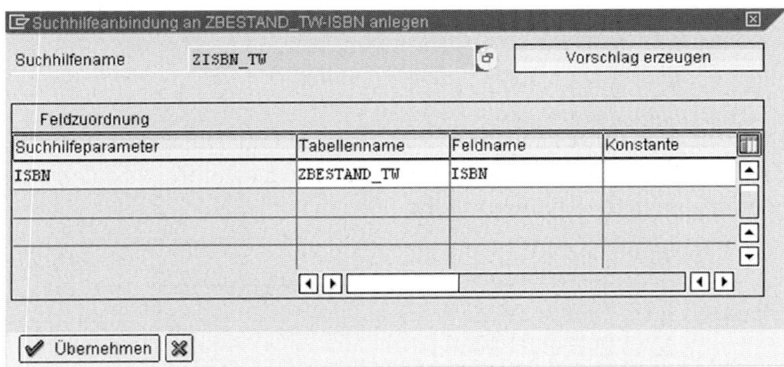


5. Aktivieren Sie danach die Tabelle

*Vorgehensweise: Anbinden der Suchhilfe an ein Datenelement*

Die Suchhilfe „ZISBN_TW" soll an das Datenelement YRVP_-ISBN_TW angebunden werden. Die Suchhilfe wird dann für alle Felder, die dieses Datenelement nutzen, bereitgestellt. Sie können wie folgt vorgehen:

1. ABAP-Dictionary (Werkzeuge → ABAP Workbench → Entwicklung → SE11 ABAP Dictionary) starten,
2. Auswahlknopf DATENTYP aktivieren, Name des Datenelementes in das Eingabefeld DATENTYP schreiben,

3. Drucktaste ÄNDERN drücken,
4. Suchhilfe und Parameter entsprechend nachfolgender Abbildung eintragen,
5. Datenelement aktivieren.

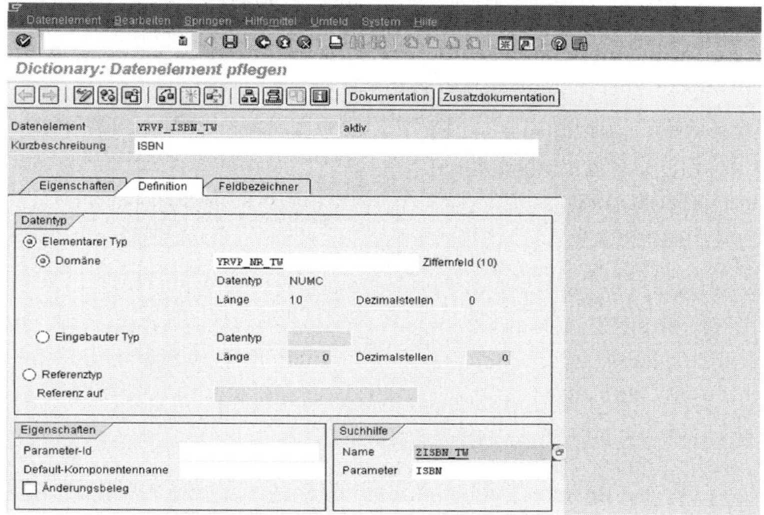


*Vorgehensweise: Anbinden der Suchhilfe an ein Feld*

Die Suchhilfe „ZISBN_TW" das Tabellenfeld ISBN der Tabelle ZBESTAND_TW angebunden werden. Die Suchhilfe wird dann genau für dieses Feld bereitgestellt.

1. Starten Sie das ABAP-Dictionary (Werkzeuge → ABAP Workbench → Entwicklung → SE11 ABAP Dictionary) mit der Tabelle ZBESTAND_TW.
2. Stellen Sie im Folgebild „Dictionary: Tabelle pflegen" den Cursor in das Feld, an das die Suchhilfe angebunden werden soll. Wählen Sie das Menü Springen → Suchhilfe → Zum Feld.

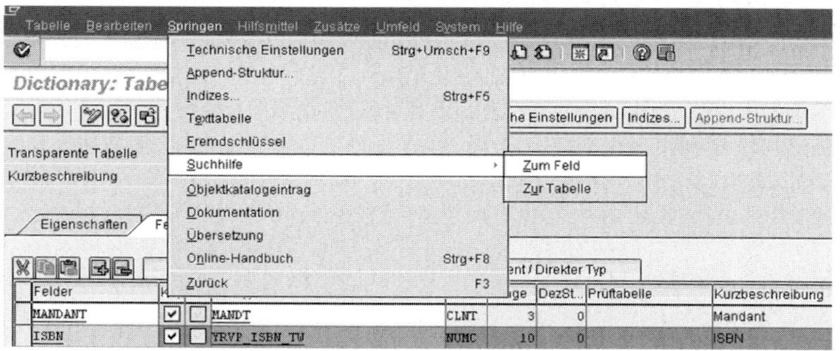

3. Tragen Sie im Bild „Suchhilfe zum Feld ...“ den Namen der zuzuordnenden Suchhilfe ein.

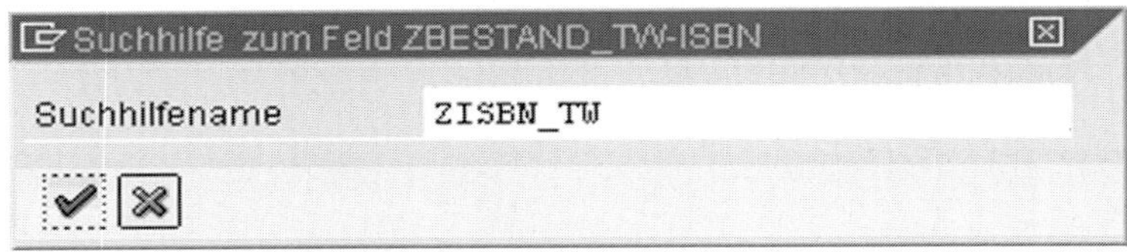


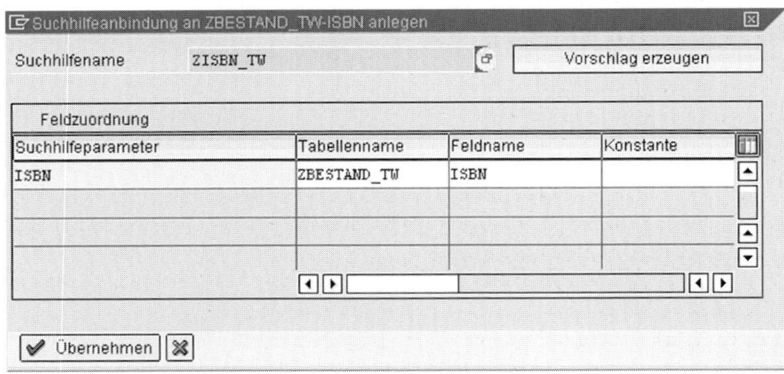


4. Lassen Sie sich gegebenenfalls einen Vorschlag erzeugen und übernehmen Sie die Suchhilfe.
5. Aktivieren Sie danach die Tabelle

Binden Sie die in der vorherigen Übung angelegten Suchhilfen entsprechend der Tabelle an:

| Suchhilfe | Anbindung |
|---|---|
| ZISBN | Datenelement YRVP_ISBN |
| ZAUTOREN | Tabelle ZAUTOREN |
| ZKATEGORIE | Tabelle ZKATEGORIE |

## 3.3.10 Tabellen mit Werten laden

Um nun in die von Ihnen angelegten Tabellen

- zBestand
- zAutoren
- zKunden
- zAusleihe
- zKategorie

einige Testdaten zu laden, Starten Sie das Programm YDATEN_-TW. Dieses Programm füllt auch die Mustertabellen

- zBestand_tw,
- zAutoren_tw,
- zKunden_tw,
- zAusleihe_tw und
- zKategorie_tw.

des Bibliotheksprojektes mit Daten.

## 3.3.11 Übungsaufgaben

Hinsichtlich der Zugriffe auf die Datensätze der Tabellen des Bibliotheksprojektes gelten die Angaben aus Tabelle 3.11.

*Tabelle 3.11 Zugriffe auf die Datenbanktabellen*

| **Datenbank-tabelle** | **häufigster Zugriff** | **häufige Zugriffe** | **Anzahl zu erwartender Datensätze** |
|---|---|---|---|
| zBestand | ISBN | Titel<br>Kategorie<br>Autor1,2,3 | >> 1000 |
| zAutoren | Autorennr | Name | >> 1000 |
| zAusleihe | Kundennr | ISBN<br>Rueckgabedat | >> 1000 |
| zKategorie | Kategorie | | < 50 |
| zKunden | Kundennr | | >> 1000 |

Schreibende Zugriffe:
Auf die Tabelle zBestand erfolgt pro Ausleih- und Rückgabevorgang je ein schreibender Zugriff um das Feld „ausgeliehen" zu aktualisieren. Dieses Feld enthält die Anzahl der ausgeliehenen Bücher zu einer ISBN.

In der Tabelle zAusleihe wird bei jedem Ausleihvorgang ein neuer Datensatz erzeugt. Bei jedem Rückgabevorgang wird ein Datensatz gelöscht.

Die Tabellen zAutoren, zKategorie, und zKunden werden nur selten geändert.

Lesende Zugriffe:

Lesende Zugriffe auf die Tabellen erfolgen durch die Recherchefunktion. Am häufigsten werden folgende Recherchen durchgeführt:

1. Recherche nach Autoren
   Der Rechercheur gibt den Namen eines Autors ein. Das Programm ermittelt in der Tabelle zAutoren die Autorennummer und liest dann in der Tabelle zBestand alle Datensätze, in denen in den Feldern Autor1, Autor2 oder Autor3 diese Autorennummer eingetragen ist.
2. Titel und Autor.
   In der Tabelle zBestand werden alle Bücher mit dem gesuchten Titel ermittel. Danach werden die Felder Autor1 Autor2 und Autor3 in der Tabelle zAutoren überprüft

Durchschnittlich erfolgen durch die Recherche in der Tabelle zBestand pro Ausleihvorgang 12 lesende Zugriffe (6 über das Feld ISBN, 3 über das Feld Titel und 3 über das Feld Autor1, Autor2 oder Autor3).

Die Tabelle zKategorie dient als Prüftabelle für das Feld „Kategorie" der Tabelle zBestand. Der Zugriff auf zKategorie erfolgt demzufolge ausschließlich über den Primärindex.

**A 1.** Welche Tabellen könnten gepuffert werden?

| **Datenbank-tabelle** | **keine Pufferung** | **Vollständige Pufferung** | **generische Pufferung** | **Einzelsatz-pufferung** |
|---|---|---|---|---|
| zBestand | | | | |
| zAutoren | | | | |
| zAusleihe | | | | |
| zKategorie | | | | |
| zKunden | | | | |

**A 2.** Zu welchen Tabellen könnten zur Verbesserung der Zugriffszeiten Sekundärindizes angelegt werden?

| Datenbanktabelle | Sekundär-index zum Tabellenfeld |
|---|---|
| zBestand | |
| zAutoren | |
| zAusleihe | |
| zKategorie | |
| zKunden | |

**A 3.** Stellen Sie die Pufferung für die Tabelle zKategorie entsprechend der Lösung für Aufgabe 1 ein.

**A 4.** Legen Sie zu den Tabelle zBestand, zAutoren und zAusleihe Sekundärindizes entsprechend der Lösung zu Aufgabe 2 an.

**A 5.** Die Struktur einer Tabelle, die bereits Daten enthält, wurde im ABAP-Dictionary geändert. Welche der folgenden Aussagen ist richtig:

- ☐ Die Struktur der Tabelle auf Datenbankebene muss generell nicht an die Struktur der Tabelle im ABAP-Dictionary angepasst werden. Die Datenbank greift immer über das ABAP-Dictionary auf die Daten zu.
- ☐ Die Anpassung erfolgt durch Löschen und Neuanlegen der Datenbanktabelle
- ☐ Die Anpassung erfolgt durch eine Änderung im Datenbankkatalog (ALTER TABLE), wenn die Datenbank die Strukturänderung über ALTER TABLE durchführen kann.
- ☐ Ist die Anpassung über eine Änderung des Datenbankkataloges nicht möglich, muss eine Umsetzung vorgenommen werden.

**A 6.** Was ist im SAP-Sprachgebrauch unter einer Prüftabelle zu verstehen?

- ☐ Eine Wertetabelle, die in der Domäne eines Feldes angelegt wurde
- ☐ Die Tabelle, für die ein Fremdschlüssel definiert wurde
- ☐ Die Tabelle, auf die sich der Fremdschlüssel bezieht
- ☐ Die Tabelle, die einem oder mehreren Feldern einer Fremdschlüsseltabelle zur Prüfung von Eingabewerten zugeordnet ist.

**A 7.** Welche Aussage hinsichtlich der Pufferung ist richtig?

- ☐ Einzelsatzpufferung ist nur sinnvoll, wenn häufig mit der Anweisung „Select single ...“ auf einen bestimmten Datensatz zugegriffen wird.
- ☐ Wenn auf eine Datenbanktabelle mehr schreibende als lesende Zugriffe erfolgen, sollte diese gepuffert werden.
- ☐ Bei Zugriffen auf gepufferte Tabellen erfolgt immer dann ein „Full Table Scan“, wenn der Zugriff über „Nicht-Schlüsselfelder“ erfolgt oder das linke Schlüsselfeld nicht angegeben ist.

**A 8.** Welche Aussagen treffen zu?

- ☐ Das Prüffeld ist das Feld der Fremdschlüsseltabelle, an das eine Prüftabelle angebunden ist, d.h. dessen Inhalt mit der Prüftabelle abgeglichen werden soll.
- ☐ Der Fremdschlüssel enthält in der Regel alle Schlüsselfelder der Prüftabelle. Fremdschlüsselfelder können auch „Nicht-Schlüsselfelder“ der Fremdschlüsseltabelle sein.
- ☐ Fremdschlüsselfelder sind Felder der Fremdschlüsseltabelle, die in der Prüftabelle mit dem Primärindex abgeglichen werden.
- ☐ Die Kardinalität 1:CN bei Fremdschlüsselbeziehungen gibt an, dass
  - das Prüffeld nicht leer sein darf (**1**:CN).
  - die Fremdschlüsseltabelle beliebig viele abhängige Datensätze enthalten kann (1:**CN**).

  Abhängige Datensätze haben in den Fremdschlüsselfeldern die gleichen Inhalte wie die Schlüsselfelder der Prüftabelle.
- ☐ In einer Struktur können dauerhaft (d.h. auf der Datenbank) Daten gespeichert werden.
- ☐ Der Primärindex einer Tabelle wird durch die Felder, die beim Anlegen der Tabelle als Schlüsselfelder deklariert wurden, gebildet.
- ☐ Der Primärindex wird automatisch angelegt.
- ☐ Sekundärindizes müssen manuell im ABAP-Dictionary angelegt werden. Sie können die Performance erheblich verbessern.

### 3.3.12
### Lösungen

**A 1.** Welche Tabellen könnten gepuffert werden?

| Datenbank-tabelle | keine Pufferung | Vollständige Pufferung | generische Pufferung | Einzelsatz-pufferung |
|---|---|---|---|---|
| zBestand | X | | | |
| zAutoren | X | | | |
| zAusleihe | X | | | |
| zKategorie | | X | | |
| zKunden | X | | | |

Begründungen

*Keine Pufferung der Tabelle zBestand*
Zur Tabelle zBestand wurde kein Puffer angelegt. Die Tabelle ist relativ groß (>> 1000 Datensätze). Der Zugriff erfolgt in den meisten Fällen über den Primärindex. Durch die binäre Suche ist dieser Zugriff wahrscheinlich auch ohne Pufferung schnell genug. Sollten dennoch Performanceprobleme auftreten, kann eine vollständige Pufferung in Erwägung gezogen werden.

Ebenfalls häufig wird über die Felder Titel, Autor1, Autor2 und Autor3 auf die Datensätze zugegriffen. Da diese Felder aber nicht Bestandteil des Primärindexes sind, müsste hier vom System ein „Full Table Scan" durchgeführt werden. Bei der Größe der Tabelle ist es sicher besser, entsprechende Sekundärindizes anzulegen.

*Keine Pufferung der Tabelle zAutoren*
Mit der gleichen Begründung wie für Tabelle zBestand wurde auch für diese Tabelle kein Puffer angelegt.

*Keine Pufferung der Tabelle zAusleihe*
Die Anzahl schreibender Zugriffe auf diese Tabelle ist höher als die der lesenden Zugriffe. Damit ist eine Pufferung nicht sinnvoll.

*Vollständige Pufferung der Tabelle zKategorie*
Bei der Tabelle zKategorie handelt es sich um eine sehr kleine Tabelle (< 50 Datensätze). Hier bringt die vollständige Pufferung sicher einen Performancegewinn.

*Keine Pufferung der Tabelle zKunden*

Die Tabelle zKunden wird nicht gepuffert. Auf diese Tabelle wird nur beim Ausleihvorgang zurückgegriffen, um das Feld „Kundennr“ zu prüfen. Dafür wird der Zugriff auch ohne Pufferung schnell genug sein. Sollte es dennoch zu Performanceproblemen kommen, kann die vollständige Pufferung eingeschaltet werden.

**A 2.** Zu welchen Tabellen könnten zur Verbesserung der Zugriffszeiten Sekundärindizes angelegt werden?

| Tabelle | Sekundärindex zum Tabellenfeld |
|---|---|
| ZBestand | Titel, Autor1, Autor2, Autor3, Kategorie |
| ZAutoren | Name |
| zAusleihe | Rueckgabedat, ISBN |

**A 3.** Stellen Sie die Pufferung für die Tabellen zKategorie und zSchlagworte entsprechend der Lösung für Aufgabe 1 ein.

*Vorgehensweise: Pufferung einschalten*

Starten Sie die Transaktion SE11 (ABAP-Dictionary) und rufen Sie die Tabelle, zu der die Pufferung eingeschaltet werden soll, zum Ändern auf. Klicken Sie im Bild „Dictionary: Tabelle pflegen“ die Schaltfläche „Technische Einstellungen“.

Im Folgebild „Dictionary: Technische Einstellungen pflegen“ können Sie die verschiedenen Pufferungsarten einstellen. Sichern Sie dann die Änderungen und Aktivieren Sie die Tabelle.

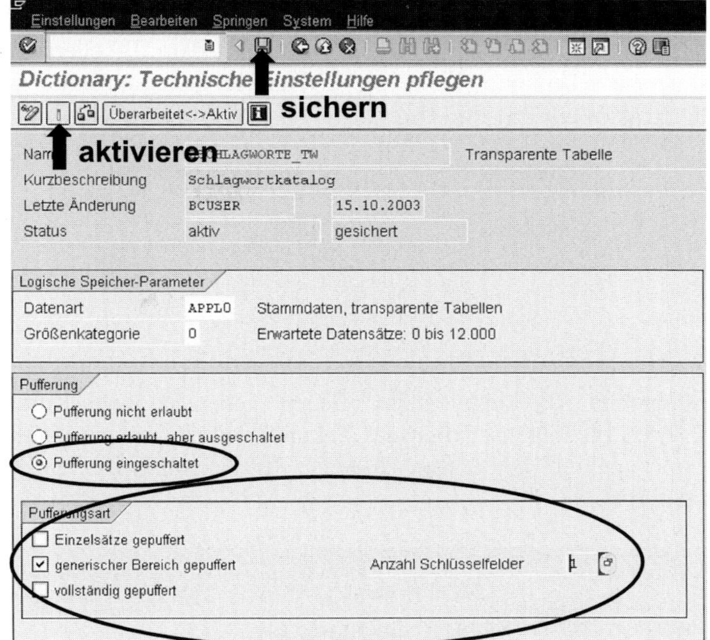


**A 4.** Legen Sie zu den Tabelle zBestand, zAutoren und zAusleihe Sekundärindizes entsprechend der Lösung zu Aufgabe 2 an.

*Vorgehensweise: Sekundärindex anlegen*

Starten Sie die Transaktion SE11 (ABAP-Dictionary) und rufen Sie die Tabelle, zu der ein Sekundärindex angelegt werden soll, zum Ändern auf.

Im Folgebild „Index anlegen" vergeben Sie für den anzulegenden Index eine 3-stellige Indexkennung, z.B. „001". Die Kennung „0" ist für den Primärindex vergeben und darf nicht benutzt werden. Der Indexname auf der Datenbank setzt sich aus dem Tabellennamen und der Indexkennung zusammen. Im Beispiel lautet der Indexname ZSCHLAGWORTE_TW~001.

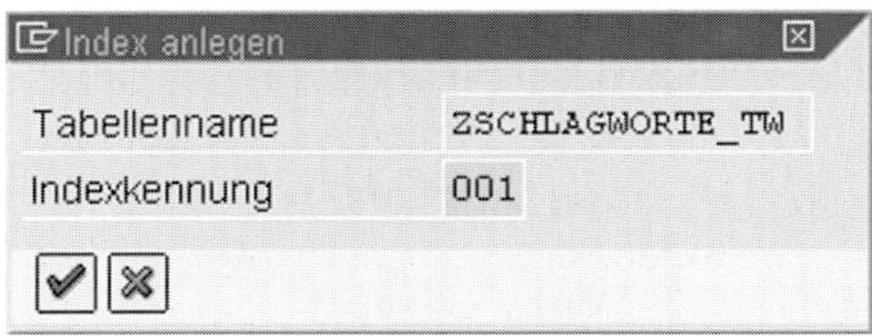


Im Folgebild „Dictionary: Index pflegen" geben Sie einen Kurztext ein, legen die Eigenschaften des Sekundärindizes fest und wählen ein oder mehrere Felder aus, zu denen der Sekundärindex angelegt werden soll.

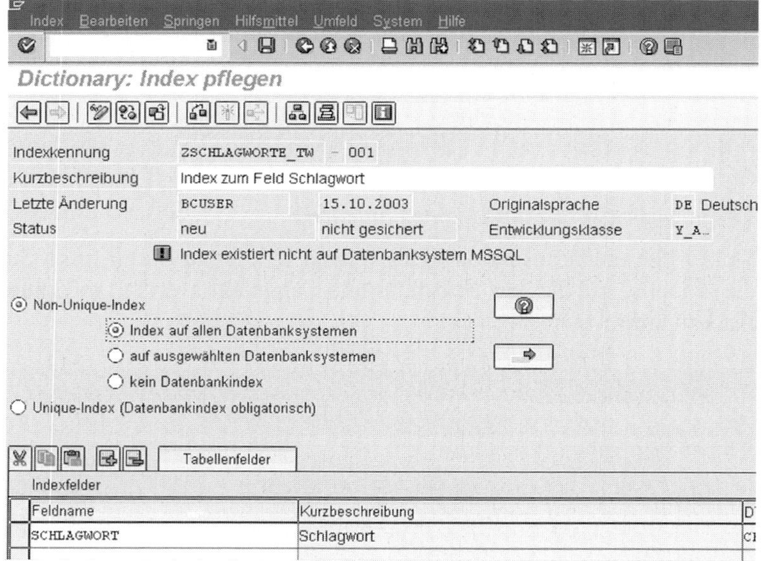

- Non-Unique-Index
  Der Non-Unique-Index lässt zu, das mehrere Datensätze angelegt werden können, die in allen Schlüsselfeldern des Sekundärindizes gleiche Feldinhalte haben. Diesen Index können Sie auf allen Datenbanksystemen oder auf ausgewählten Datenbanksystemen anlegen. Zudem besteht die Möglichkeit den Index nicht auf der Datenbank zu speichern.

- Unique-Index
  Der Unique-Index erlaubt nicht, dass mehrere Datensätze angelegt werden, die in allen Feldern des Sekundärindizes die gleichen Feldinhalte haben. Der Unique-Index muss zwingend auf der Datenbank angelegt werden.

**A 5.** Die Struktur einer Tabelle, die bereits Daten enthält, wurde im ABAP-Dictionary geändert. Welche der folgenden Aussagen ist richtig:

☐ Die Struktur der Tabelle auf Datenbankebene muss generell nicht an die Struktur der Tabelle im ABAP-Dictionary angepasst werden. Die Datenbank greift immer über das ABAP-Dictionary auf die Daten zu.

☐ Die Anpassung erfolgt durch Löschen und Neuanlegen der Datenbanktabelle

☑ Die Anpassung erfolgt durch eine Änderung im Datenbankkatalog (ALTER TABLE), wenn die Datenbank die Strukturänderung über ALTER TABLE durchführen kann.

☑ Ist die Anpassung über eine Änderung des Datenbankkataloges nicht möglich, muss eine Umsetzung vorgenommen werden.

**A 6.** Was ist im SAP-Sprachgebrauch unter einer Prüftabelle zu verstehen?

☐ Eine Wertetabelle, die in der Domäne eines Feldes angelegt wurde.

☐ Die Tabelle, für die ein Fremdschlüssel definiert wurde.

☑ Die Tabelle, auf die sich der Fremdschlüssel bezieht.

☑ Die Tabelle, die einem oder mehreren Feldern einer Fremdschlüsseltabelle zur Prüfung von Eingabewerten zugeordnet ist.

**A 7.** Welche Aussage hinsichtlich der Pufferung ist richtig?

☑ Einzelsatzpufferung ist nur sinnvoll, wenn häufig mit der Anweisung „Select single ..." auf einen bestimmten Datensatz zugegriffen wird.

☐ Wenn auf eine Datenbanktabelle mehr schreibende als lesende Zugriffe erfolgen, sollte diese gepuffert werden.

☑ Bei Zugriffen auf gepufferte Tabellen erfolgt immer dann ein „Full Table Scan", wenn der Zugriff über „Nicht-Schlüsselfelder" erfolgt oder das linke Schlüsselfeld nicht angegeben ist.

**A 8.** Welche Aussagen treffen zu?

☑ Das Prüffeld ist das Feld der Fremdschlüsseltabelle, an das eine Prüftabelle angebunden ist, d.h. dessen Inhalt mit der Prüftabelle abgeglichen werden soll.

☑ Der Fremdschlüssel enthält in der Regel alle Schlüsselfelder der Prüftabelle. Fremdschlüsselfelder können auch „Nicht-Schlüsselfelder" der Fremdschlüsseltabelle sein.

☑ Fremdschlüsselfelder sind Felder der Fremdschlüsseltabelle, die in der Prüftabelle mit dem Primärindex abgeglichen werden.

☑ Die Kardinalität 1:CN bei Fremdschlüsselbeziehungen gibt an, dass

- das Prüffeld nicht leer sein darf (**1**:CN).
- die Fremdschlüsseltabelle beliebig viele abhängige Datensätze enthalten kann (1:**CN**).

Abhängige Datensätze haben in den Fremdschlüsselfeldern die gleichen Inhalte wie die Schlüsselfelder der Prüftabelle.

☐ In einer Struktur können dauerhaft (d.h. auf der Datenbank) Daten gespeichert werden.

☑ Der Primärindex einer Tabelle wird durch die Felder, die beim Anlegen der Tabelle als Schlüsselfelder deklariert wurden, gebildet.

☑ Der Primärindex wird automatisch angelegt.

☑ Sekundärindizes müssen manuell im ABAP-Dictionary angelegt werden. Sie können die Performance erheblich verbessern.

# 4 Grundlegende Techniken der Listenprogrammierung

## 4.1 Zielstellung des Kapitels

Im Kapitel „Grundlegende Techniken der Listenprogrammierung“ sollen die Themen

- Ausgabe von Texten und Variablen,
- Deklaration elementarer und strukturierter Variablen,
- Arbeit mit internen Tabellen,
- Datenbeschaffung aus Datenbanktabellen und
- Anlegen von Selektionsbildschirmen

behandelt werden. Das Projekt „East Side Library“, für das im vorigen Kapitel die benötigten Tabellen angelegt wurden, soll jetzt das erste ABAP/4-Programm erhalten. Über ein Selektionsbild sollen über die Felder ISBN, Titel, Autor und Kategorie bestimmte Bücher ausgewählt und angezeigt werden.

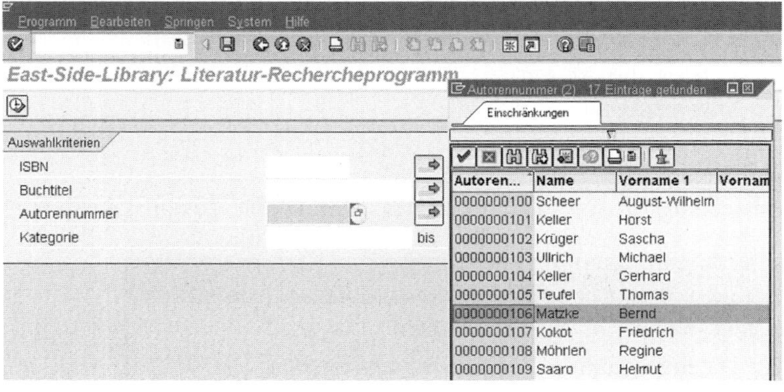


*Abb. 4.1 Selektionsbild des Literatur-Recherche-Programmes der East Side Library*

Die Ausgabeliste soll folgendes Layout erhalten:

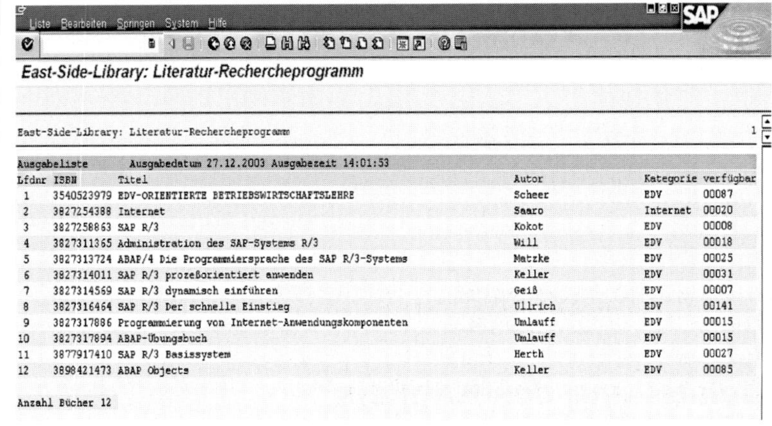


| Lfdnr | ISBN | Titel | Autor | Kategorie | verfügbar |
|---|---|---|---|---|---|
| 1 | 3540523979 | EDV-ORIENTIERTE BETRIEBSWIRTSCHAFTSLEHRE | Scheer | EDV | 00087 |
| 2 | 3827254388 | Internet | Saaro | Internet | 00020 |
| 3 | 3827258863 | SAP R/3 | Kokot | EDV | 00008 |
| 4 | 3827311365 | Administration des SAP-Systems R/3 | Will | EDV | 00018 |
| 5 | 3827313724 | ABAP/4 Die Programmiersprache des SAP R/3-Systems | Matzke | EDV | 00025 |
| 6 | 3827314011 | SAP R/3 prozeßorientiert anwenden | Keller | EDV | 00031 |
| 7 | 3827314569 | SAP R/3 dynamisch einführen | Geiß | EDV | 00007 |
| 8 | 3827316464 | SAP R/3 Der schnelle Einstieg | Ullrich | EDV | 00141 |
| 9 | 3827317886 | Programmierung von Internet-Anwendungskomponenten | Umlauff | EDV | 00015 |
| 10 | 3827317894 | ABAP-Übungsbuch | Umlauff | EDV | 00015 |
| 11 | 3877917410 | SAP R/3 Basissystem | Herth | EDV | 00027 |
| 12 | 3898421473 | ABAP Objects | Keller | EDV | 00085 |

Anzahl Bücher 12

*Abb. 4.2 Ausgabeliste des Literatur-Recherche-Programmes*

## 4.2 Grundaufbau eines ABAP-Programmes

*ABAP-Anweisungen*

*ABAP-Laufzeitsystem*

Ein ABAP-Programm besteht zunächst, wie jedes andere Programm auch, aus einer Abfolge von Anweisungen, die vom ABAP-Laufzeitsystem nacheinander abgearbeitet werden. Diese Anweisungen werden im ABAP-Editor in den sogenannten Quelltext des Programmes geschrieben. ABAP-Anweisungen haben folgende Syntax:

Schlüsselwort [Parameter].

Das Schlüsselwort gibt an, welche Aktion vom Laufzeitsystem ausgeführt werden soll (z.B. Ausgabe von Daten, Lesen von Daten, Schreiben in die Datenbank, Ändern der Ausgabefarben etc). Die meisten Schlüsselworte benötigen Parameter, die angeben, mit welchen Daten die Aktion ausgeführt werden soll. Der Punkt schließt die Anweisung ab.

**Beispiele:**
Anweisung zur Ausgabe des Textes „Das ist eine Textausgabe“.

| WRITE | 'Das ist eine Textausgabe'. |
|---|---|
| Schlüsselwort<br>zur Datenausgabe | Parameter<br>was wird ausgegeben |

Anweisung für das Erzeugen von zwei Leerzeilen.

| SKIP | 2. |
|---|---|
| Schlüsselwort zum Erzeugen von Leerzeilen | Parameter: Anzahl der zu erzeugenden Leerzeilen |

Anweisung für eine Unterstreichung ab Position 1 mit einer Länge von 20 Zeichen

| ULINE | 1(20). |
|---|---|
| Schlüsselwort zum Erzeugen einer Unterstreichung | Parameter: Position und Länge der Unterstreichung |

*Aufbau eines ABAP-Programmes*

Jedes ABAP-Programm besteht aus den zwei Teilen:

- globaler Deklarationsteil
- prozeduraler Teil.

Im globalen Deklarationsteil werden die Datenobjekte angelegt, die im Programm benötigt werden (z.B. eine Variable, die die Anzahl der verfügbaren Bücher aufnimmt). Wird ein Programm gestartet, so werden als erstes alle globalen, also für das gesamte Programm zur Verfügung stehenden Datenobjekte, angelegt. Dabei sucht das ABAP-Laufzeitsystem die globalen Datendeklarationen im *gesamten* Quelltet. Im Interesse der besseren Lesbarkeit der Programme ist es jedoch üblich, Datendeklarationen am Anfang des Quelltextes zu platzieren.

Der prozedurale Teil enthält die Anweisungen zur Verarbeitung der Daten, für die im globalen Deklarationsteil Datenobjekte angelegt wurden. Bei der Listenprogrammierung besteht der prozedurale Teil aus zwei Arten von Verarbeitungsblöcken:

*Verarbeitungsblöcke*

- Ereignisblöcke
  Ein Ereignisblock wird vom ABAP-Laufzeitsystem aufgerufen, wenn ein bestimmtes Ereignis aufgetreten ist (z.B. Verlassen des Selektionsbildschirmes, Doppelklick auf eine Zeile der Ausgabeliste etc). Ein Ereignisblock beginnt mit einem Schlüsselwort (z.B. Start-of-Selection, At Selection-Screen etc.) und endet am Schlüsselwort des nächsten Verarbeitungsblockes.

- Unterprogramme
  Unterprogramme werden durch die ABAP-Anweisung „PERFORM“ aufgerufen. Sie beginnen mit dem Schlüsselwort FORM und enden mit ENDFORM.

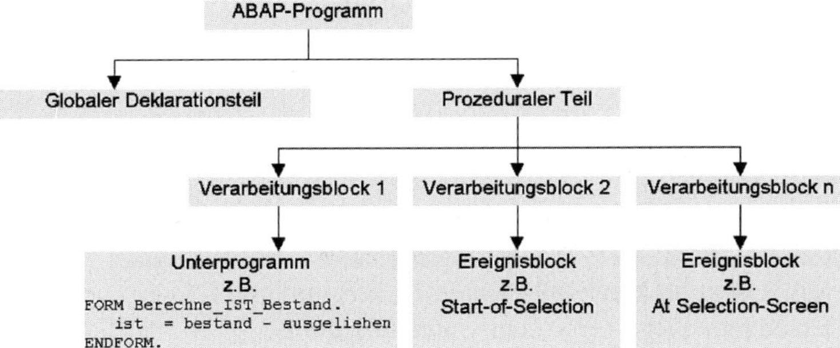


*Abb. 4.3 Struktur eines ABAP-Programmes*

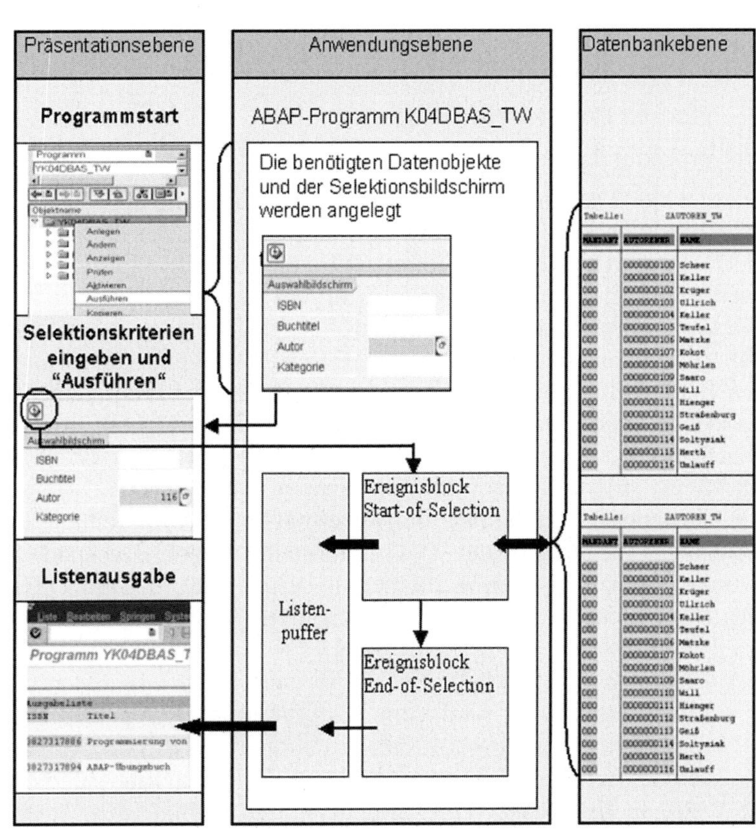


*Abb. 4.4 Ablauf eines ABAP-Pogrammes*

- Der Benutzer startet in der Präsentationsebene ein ausführbares Programm (z.B. YK04DBAS_TW). Das ABAP-Laufzeitsystem durchsucht das Programm (genauer das Laufzeitobjekt des Programmes) nach globalen Datendeklarationen und reserviert für diese entsprechende Speicherstellen. Die Felder, die das Selektionsbild bereitstellen soll, sind letztlich ebenfalls globale Datendeklarationen. Danach wird vom Laufzeitsystem das Selektionsbild an die Präsentationsebene übermittelt.

- Der Benutzer füllt das Selektionsbild aus und führt das Programm aus (Schaltfläche „Ausführen"). Durch dieses Ereignis löst das Laufzeitsystem den Ereignisblock „Start-of-Selection" aus. Dieser lädt die Datenobjekte mit Daten aus der Datenbank. Sind alle Anweisungen des Ereignisblockes „Start-of-Selection" abgearbeitet, wird vom Laufzeitsystem der Ereignisblock „End-of-Selection aufgerufen.
- Danach erfolgt die Ausgabe des Listenpuffers.
  **Hinweis:**
  Ist der Ereignisblock „End-of-Selection" im Programm nicht vorhanden, wird nach Beenden des Blockes „Start-of-Selection" der Listenpuffer ausgegeben.

*Tabelle 4.1 Ereignisse der Listenprogrammierung*

| Ereignisblock | Auslösendes Ereignis |
|---|---|
| Load-of-Program | Wird vom ABAP-Laufzeitsystem gestartet, bevor das Selektionsbild auf dem Bildschirm angezeigt wird. Er kann zur Vorbelegung von Feldern des Selektionsbildes benutzt werden. |
| At Selection-Screen | Wird vom ABAP-Laufzeitsystem ausgelöst, wenn der Anwender das Selektionsbild über die Schaltfläche „Ausführen" verlassen will. |
| Start-of-Selection | Wird vom ABAP-Laufzeitsystem ausgelöst, wenn das Selektionsbild verlassen wurde. Bei der Listenprogrammierung werden in diesem Block die Ausgabedaten ermittelt. In den meisten Fällen wird in diesem Block auch der Listenpuffer gefüllt. |
| End-of-Selection | Wird vom ABAP-Laufzeitsystem ausgelöst, wenn der Ereignisblock Start-of-Selection beendet wird. Dieser Block kann z.B. benutzt werden, um Daten in den Listenpuffer zu schreiben (z.B. einen Listenfußtext). |
| At User-Command | Wird vom ABAP-Laufzeitsystem ausgelöst, nachdem der Benutzer eine Aktion ausgelöst hat, z.B. Auswahl eines Menüpunktes, Anklicken einer Schaltfläche etc.). In diesem Block |

| Ereignisblock | Auslösendes Ereignis |
|---|---|
| | muss die vom Benutzer gewünschte Atkivität ermittelt und ausgelöst werden. |
| At Line-Selection | Dieser Ereignisblock wird nach einem Doppelklick auf eine Zeile der Ausgabeliste ausgelöst. Er wird zur Breitstellung von zusätzlichen Informationen in Verzweigungslisten benötigt. |
| Top-of-Page | Wird vom ABAP-Laufzeitsystem ausgelöst, wenn eine neue Seite begonnen werden muss. Dieser Block ist die geeignete Stelle, um z.B. Seitenüberschriften auszugeben. |
| End-of-Page | Wird ausgelöst, wenn das Seitenende erreicht ist. |
| Top-of-Page during Line-Selection | Wird ausgelöst, wenn in einer Verzweigungsliste eine neue Seite begonnen werden muss. |

## 4.3 Ausgabe von Texten

Nach diesen theoretischen Betrachtungen, die durchaus Auswirkungen auf Ihren Programmierstil haben werden, soll nun mit der Programmierung zum Projekt „East Side Library“ begonnen werden. Beginnen wir mit der Ausgabe der konstanten Texte der in Abb. 4.2 abgebideten Ausgabeliste. Diese Liste enthält folgende Textausgaben:
Zeile 1: „Ausgabeliste“
Zeile 2: „ISBN“, „Titel“, „Autor“, „Kategorie“, „verfügbar“.

Legen Sie in Ihrer Entwicklungsklasse YABAP_TR ein ausführbares ABAP-Programm YK04DBAS, ohne TOP-Include mit dem Titel „East-Side-Library: Literatur-Rechercheprogramm“ an und weisen Sie das Programm Ihrem Workbenchauftrag „ABAP-Training" zu. Starten Sie dann den ABAP-Editor.

**Hinweis:**
Das Anlegen eines ABAP Programmes ist in Kapitel 1.5.2.6 (Das erste ABAP-Programm) beschrieben

Sie sollten sich jetzt im „ABAP Editor:Report YK04DBAS anzeigen“ befinden.

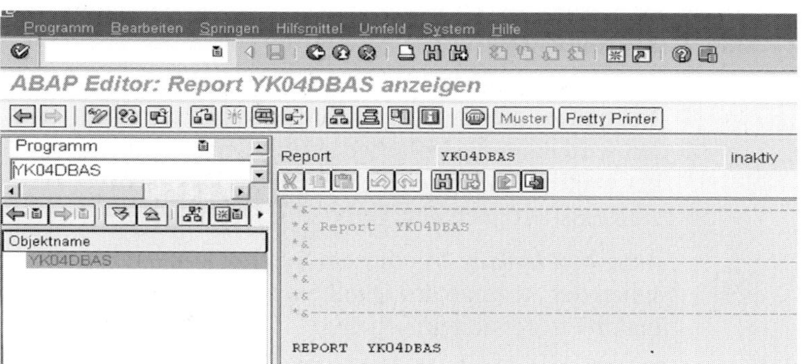


Abb. 4.5
ABAP-Editor

Wenn Sie das Programm über die Transaktion SE80 (Object Navigator) angelegt haben, wird in der linken Hälfte des Bildschirmes ein Navigationsbaum mit den Komponenten des Programmes, angezeigt. Beim aktuellen Entwicklungsstand ist hier lediglich der Programmname zu finden. Der rechte Teil des Bildschirmes enthält immer das Werkzeug, mit dem die jeweilige Komponente bearbeitet werden kann. In unserem Beispiel also den ABAP-Editor. Die wichtigsten Funktionen können über die Symbole in der Drucktastenleiste ausgeführt werden.

Tabelle 4.2
Hauptfunktionen des ABAP-Editors

| Symbol | Beschreibung |
|---|---|
|  | *Voriges Objekt:* Sie wechseln zu dem Objekt, das Sie zuvor bearbeitet haben, usw, usw.. |
|  | *Nächstes Objekt:* Mit diesem Symbol gelangen Sie wieder in das Objekt, dass sie vor dem Benutzen des Symbols „Voriges Objekt" bearbeitet haben. |
|  | *Anzeigen<->Ändern:*Mit diesem Symbol wechseln Sie vom Anzeigemodus in den Änderungsmodus und umgekehrt. |
|  | *Anderes Objekt:* Sie können andere Werkzeuge der ABAP-Workbench starten (z.B. Dictionary, Funktionbuilder) |
|  | *Hilfe zu:* Sie verzweigen in eine kontextsensitive Hilfe |
| | *Prüfen:* Sie können die Syntax Ihres Programmes testen |
| | *Testen:* Über diese Symbol kann sowohl die aktive als auch die inaktive Version des Programmes gestartet werden. |
|  | *Aktivieren:* Ein Programm ist erst systemweit sichtbar, wenn es aktiviert worden ist. Sobald Sie Änderungen an |

| Symbol | Beschreibung |
|---|---|
| | einem aktiven Programm ausführen, wird eine inaktive Version zu diesem Programm angelegt. Beim Aktivieren wird dann die bisherige aktive Version mit der bisher inaktiven Version überschrieben. Die inaktive Version existiert nach der Aktivierung nicht mehr. |
| | *Aktiv <-> Inaktiv:* Mit diesem Symbol können Sie zwischen der Anzeige des Quelltextes der aktiven und der inaktiven Version umschalten. |
| | *Verwendungsnachweis:* Wenn Sie in Ihrem Programm Komponenten benutzen, die im ABAP-Dictionary angelegt wurden, können Sie über diese Schaltfläche feststellen, in welchen Programmen diese Komponenten noch eingesetzt werden. |
| | *Objektliste anzeigen:* Wenn der ABAP-Editor direkt über die Transaktion SE38 aufgerufen wurde, kann über dieseSchaltfläche der Navigationsbereich eingeschaltet werden. |
| | *Navigationsfenster anzeigen:* Im unteren rechten Bildschirmbereich werden alle Objekte angezeigt, die Sie in der aktuellen Sitzung bearbeitet haben. Durch Anklicken des jeweiligen Objektes können Sie die Bearbeitung des Objektes fortsetzen |
| | *Breakpoint setzen/löschen:* Erreicht das Programm die Anweisung, auf die Sie einen Breakpoint gesetzt haben, wird die Abarbeitung des Programmes im Debuggingmodus fortgesetzt. |
| Muster | Mit dieser Funktion lassen sich Muster von ABAP-Anweisungen (z.B. Call Function, Message, Write) in den Quelltext laden. Der Programmierer muss dann nur die richtigen Parameter einsetzen. Diese Funktion hilft, Fehler die oft schwer zu finden sind, zu vermeiden. Übertreiben sollten Sie die Anwendung dieser Funktion allerdings auch nicht. |
| Pretty Printer | Wie unübersichtlich Ihr Quellprogramm auch ist, der Pretty Printer bereitet es so auf, das Sie von Ihrem Quellprogramm begeistert sein werden. Allerdings sollten Sie die Einstellungen des Werkzeuges kontrollieren (Hilfsmittel → Einstellungen, Registerkarte Pretty Printer. Empfehlenswert: Einrücken, Schlüsselwort groß) |

Wechseln Sie jetzt vom Anzeige- in den Änderungsmodus (Symbol „Anzeigen <-> Ändern“. Die erste Zeile des Programmes

```
REPORT YK04DBAS.
```

hat der ABAP-Editor automatisch angelegt. Diese Zeile kennzeichnet das Programm als ausführbares Programm.

*WRITE*

In der Listenprogrammierung erfolgen alle Ausgaben über die WRITE-Anweisung.

Allgemeine Syntax:
**WRITE [/][<Position>][(<Länge>)] Ausgabedaten [Optionen].**

**Hinweis:**
Lassen Sie nur an den Stellen Leerzeichen, an denen auch in der Syntaxbeschreibung Leerzeichen vorhanden sind.

*Vereinbarungen zur Beschreibung der Syntax von Anweisungen*

Die in [ ] eingeschlossenen Parameter sind optional, d.h. sie können bei Bedarf verwendet werden, für die in < > stehenden Parameter müssen konkrete Werte angegeben werden. Die Klammern gehören dabei nicht zur eigentlichen Sysntax.

*Tabelle 4.3 Parameter der WRITE-Anweisung*

| Parameter | Wirkung |
|---|---|
| / | Wird dieser Parameter angegeben, erfolgt die Ausgabe auf einer neuen Zeile |
| Position | Position, ab der die Ausgabe erfolgt.<br>**Beispiel**: WRITE 10 'Ausgabeliste'.<br>Die Ausgabe des Textes erfolgt auf der aktuellen Zeile, beginnend auf der Position 10.<br>Ausgabe: Ausgabeliste<br>Wird die Position nicht angegeben, erfolgt die Ausgabe an der aktuellen Cursorposition. |
| Länge | Mit diesem Parameter können Sie die Ausgabelänge begrenzen.<br>**Beispiel**: WRITE 10(7) 'Ausgabeliste'.<br>Die Ausgabe des Textes erfolgt auf der aktuellen Zeile, beginnend auf der Position 10 mit einer Ausgabelänge von 7 Zeichen.<br>Ausgabe: Ausgabe<br>Wird die Länge nicht angegeben, erfolgt die Ausgabe der gesamten Zeichenkette. |
| Ausgabedaten | Das sind die Daten, die von der WRITE-Anweisung ausgegeben werden sollen. Texte sind in Hochkommata einzuschließen. Die Ausgabe von Datenobjekten |

erfolgt hingegen ohne Hochkommata.

**Beispiel**: Textausgabe

WRITE 10 'Ausgabeliste'

Ausgabe: Ausgabeliste

**Beispiel**: Ausgabe des Inhaltes einer Variablen ERGEBNIS. Die Variable ERGEBNIS muss vor ihrem Gebrauch im ABAP-Progamm deklariert worden sein.

ERGEBNIS = 10 * 2.

WRITE 10 ERGEBNIS.

Ausgabe: 20.

Optionen

Es können Ausgabeoptionen eingestellt werden, z.B

- Format der Datumsaufbereitung,
- Aufbereitung eines Währungsfeldes entsprechend der Währung,
- linksbündige Ausgabe,
- zentrierte Ausgabe,
- rechtsbündige Ausgabe,
- Farbe der Ausgabe.

**Beispiel**: WRITE 'Ausgabeliste' color COL_HEADING.

Ausgabe:

Das Wort Ausgabe wird schwarz, auf blauem Hintergrund ausgegeben.

`Ausgabeliste`

Die WRITE-Anweisung ist eine umfangreiche Anweisung. Es gibt viele Parameter, die in Tabelle 4.3 nicht aufgeführt werden konnten. Eine vollständige Dokumentation zu WRITE bekommen Sie über die Funktion „Hilfe zu“ (Schlüsselwortdokumentation).

*Abb. 4.6 Aufruf der Hilfe zum Schlüsselwort „Write“*

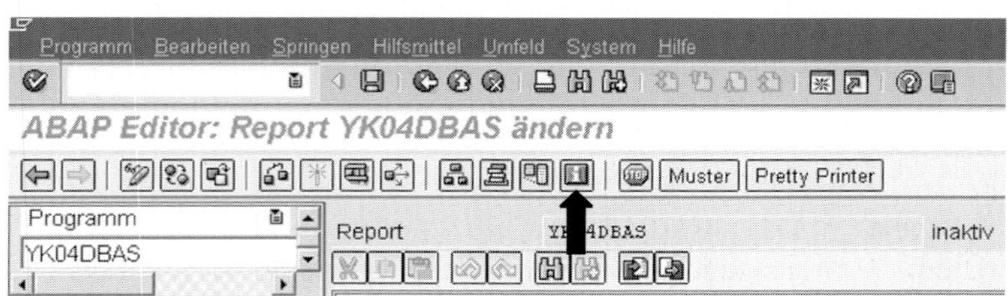

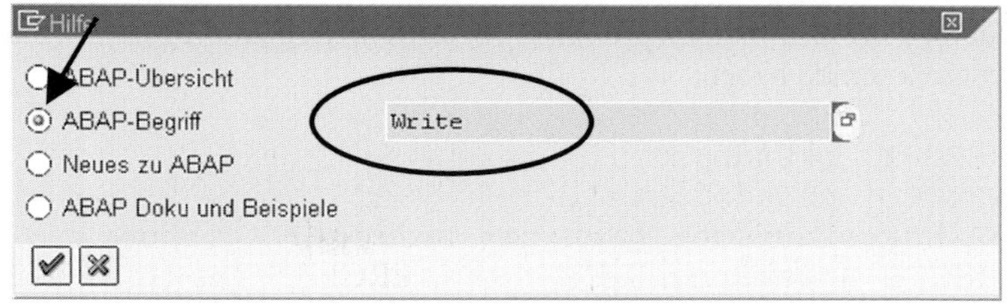


*Abb. 4.7*
*Eingabe des Schlüsselwortes*

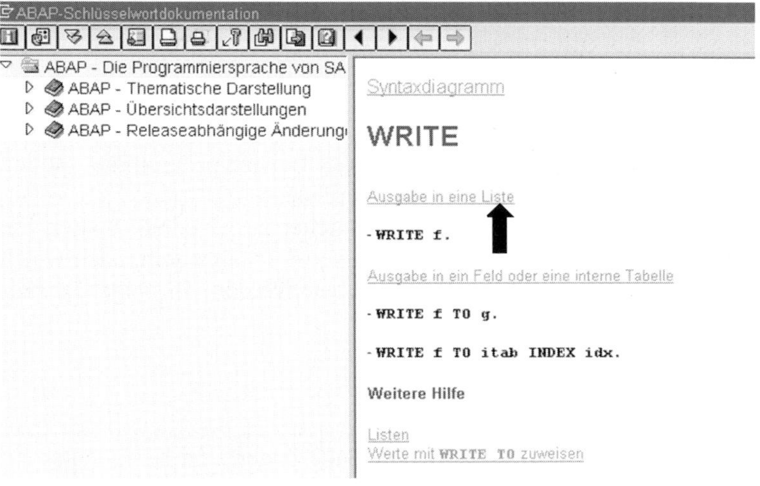


*Abb. 4.8*
*Einstiegsbild zur Schlüsselworthilfe*

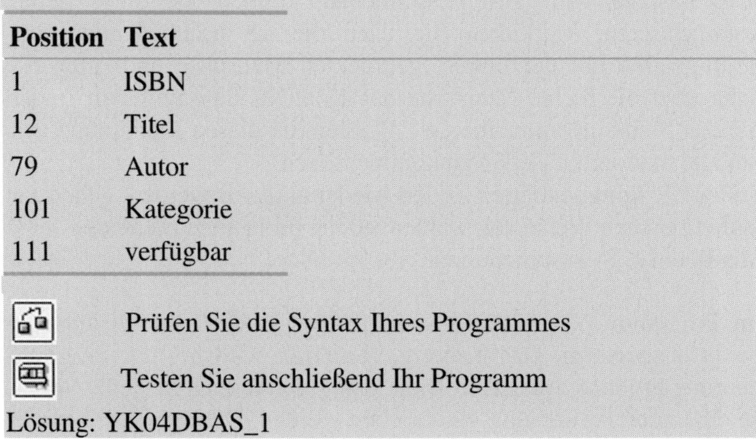

Geben Sie im Programm die folgenden Texte aus:
Zeile 1: „Ausgabeliste"
Zeile 2: „ISBN", „Titel", „Autor", „Kategorie" „verfügbar".

Die Texte der 2. Zeile sollen an folgende Positionen geschrieben werden:

| **Position** | **Text** |
|---|---|
| 1 | ISBN |
| 12 | Titel |
| 79 | Autor |
| 101 | Kategorie |
| 111 | verfügbar |

Prüfen Sie die Syntax Ihres Programmes

Testen Sie anschließend Ihr Programm

Lösung: YK04DBAS_1

Sie sollten in Ihrem Programm YK04DBAS folgende Ergänzungen vorgenommen haben:

*Quellecode des Programmes YK04DBAS*

```
REPORT  yk04dbas  .
WRITE 'Ausgabeliste'.
*Ausgabe auf der nächsten Zeile, '/' in der
*WRITE-Anweisung
WRITE /1 'ISBN'.
WRITE 12 'Titel'. "Ausgabe ab Position 12
WRITE 79 'Autor'.
WRITE 101 'Kategorie'.
WRITE 111 'verfügbar'.
```

*Kommentare*

Kommentare, wie in Zeile 3 und 6 des Beispielprogrammes, sollen kompliziertern Programmcode kurz erläutern.
Sie dienen dazu, Quelltexte verständlicher zu gestalten. Sparen Sie nicht mit Kommentaren. Sie werden sonst erstaunt sein, nach welch kurzer Zeit Sie Schwierigkeiten haben werden, Ihr eigenes Programm zu verstehen.

Syntax von Kommentaren:

| | |
|---|---|
| *<Kommentarzeile> | Mit * beginnende Zeilen sind Kommentarzeilen und werden bei der Abarbeitung des Programmes ignoriert |
| "<Kommentar> | " leitet einen Kommentar an eine beliebigen Stelle der Programmzeile ein. Er endet am Zeilenende. |

**Hinweis:** Wollen Sie beim Testen eines Programmes bestimmte Anweisungen vom Test ausschließen, können Sie diese Zeilen kommentieren. Markieren Sie dazu die auszuschließenden Programmzeilen mit der linken, gedrückten Maustaste und rufen Sie dann über die rechte Maustaste das Kontextmenü auf. Dort finden Sie das Menü „Kommentieren“. Wählen Sie diesen Menüpunkt aus, um alle markierten Zeilen zu kommentieren.
Sollen die kommentierten Zeilen wieder aktiviert werden, gehen Sie in der gleichen Weise vor, wählen jedoch im Kontextmenü den Menüpunkt „Dekommentieren“.

*Kettenanweisungen*

Im Programm YK04DBAS werden über WRITE-Anweisungen 6 Texte ausgegeben. Das bisherig Verfahren wird bei der Programmierung größerer Ausgaben leicht lästig, muss doch für jede Ausgabe eine neue Anweisung geschrieben werden. Der Ausweg aus die-

ser, für jeden Programmierer unbefriedigenden Methode, sind die Kettenanweisungen. Damit können aufeinanderfolgende Einzelanweisungen zum gleichen Schlüsselwort zusammengefasst werden.
Syntax von Kettenanweisungen

```
<Schlüsselwort>:      <Parameter der 1. Einzelanweisung>,
                      <Parameter der 2. Einzelanweisung>,
                                  .
                                  .
                                  .
                      <Parameter der n. Einzelanweisung>.
```

Zur Kennzeichnung der Kettenanweisung wird hinter das Schlüsselwort ein Doppelpunkt geschrieben. Es folgen die Parameter, für die sonst je eine Einzelanweisung geschrieben werden müsste, getrennt durch Kommata. Die Kettenanweisung wird durch einen Punkt abgeschlossen.

Fassen Sie die WRITE-Anweisungen im Programm YK04DBAS zu einer Kettenanweisung zusammen. Kommentieren Sie Ihr Programm.

Lösung: YK04DBAS_2

Ihr Programm sollte nach dieser kurzen Übung wie folgt aussehen:

```
REPORT  yk04dbas  .
WRITE: 'Ausgabeliste',
       /1   'ISBN',12 'Titel',79 'Autor',
        101 'Kategorie',111 'verfügbar'.
```

An welchen Stellen Sie eine neue Zeile im Quelltext beginnen, ist Ihre Entscheidung. In Zeichenketten (z.B. 'ISBN') sollten Sie jedoch keinen Zeilenumbruch benutzen. Die Ausgabe entspricht dann nicht mehr Ihren Erwartungen.

*Verwendung von Textsymbolen*

Unser bisheriges Programm hat einen entscheitenden Nachteil. Soll das Programm in anderen Sprachen abgearbeitet werden, z.B. in Englisch, kann für die Texte keine Übersetzung angefertigt werden. Übersetzungen im Quelltext sind nicht praktikabel, weil für jede Sprache eine andere Version des Programmes aufgerufen werden müsste.

Die Lösung des Problems liegt in der Verwendung sogenannter Textsymbole. Das sind Texte die außerhalb Ihres Programms in sprachabhängigen Textpools gespeichert werden. Ihr Programm greift dann automatisch auf die Texte im Textpool zu, die für die entsprechende Anmeldesprache des Benutzers vorhanden sind.

Syntax zur Verwendung von Textsymbolen

Textsymbole können über folgende Syntax angesprochen werden:

- Text-<id>
  Der Parameter id ist dabei eine 3-stellige Zeichenkette, die als Kennung für Ihr Textsymbol dient. Innerhalb eines Programmes muss jedes Textsymbol eine eindeutige Kennung haben.

  Beispiele
  ```
  Text-001
  Text-AAA
  Text-A02
  ```

  Diese Syntax ist für die Lesbarkeit des Programmes nicht unbedingt von Vorteil, weil nicht sofort ersichtlich ist, welcher Text dem Textsymbol zugeordnet ist.

- '<Literal>'(<id>).
  Auch in diesem Fall ist der Parameter id eine 3-stellige Zeichenkette, die als Kennung für das Textsymbol dient.
  Im <Literal> kann ein beliebiger Text stehen.

  Beispiele
  ```
  'Ausgabeliste'(001)
  'ISBN'(AAA)
  'Titel'(A02)
  ```

*Vorgehensweise: Anlegen eines Textsymbols*

Am bequemsten ist das Anlegen eines Textsymbols über die Vorwärtsnavigation. Vorwärtsnavigation bedeutet, dass Sie im ABAP-Programm zunächst den Aufruf des Textsymbols programmieren.

```
REPORT   yk04dbas   .
WRITE: 'Ausgabeliste'(001).
```

Doppelklicken Sie dann auf die Kennung des Textsymbols. Ist das Textsymbol noch nicht angelegt, erscheint die folgende Abfrage, anderenfalls wird das Textsymbol angezeigt.

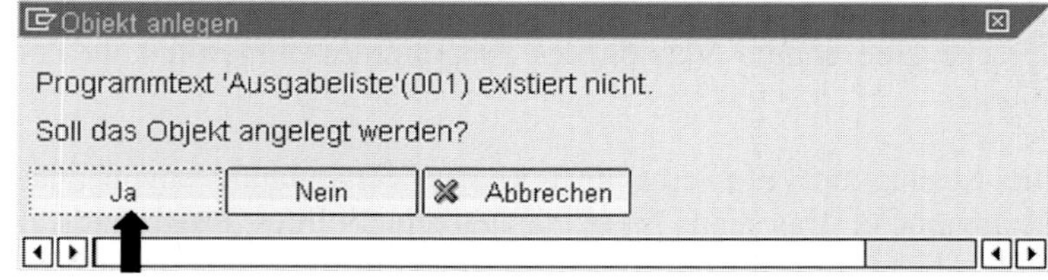


*Abb. 4.9 Abfrage bei der Vorwärts-navigation*

Im Folgebild „ABAP Textelemente: Textsymbole ändern Sprache Deutsch" sind die Felder für den Text und den Namen des Symbols, die Werte aus dem Textsymbolaufruf des ABAP-Programmes eingetragen. In der Spalte dLen steht die Länge des deutschen Textes, Im Feld mLen die maximal zulässige Länge des Textes. Diese Längenbegrenzung gilt dann auch für eventuelle Übersetzungen.

Aktivieren Sie das Textsymbol.

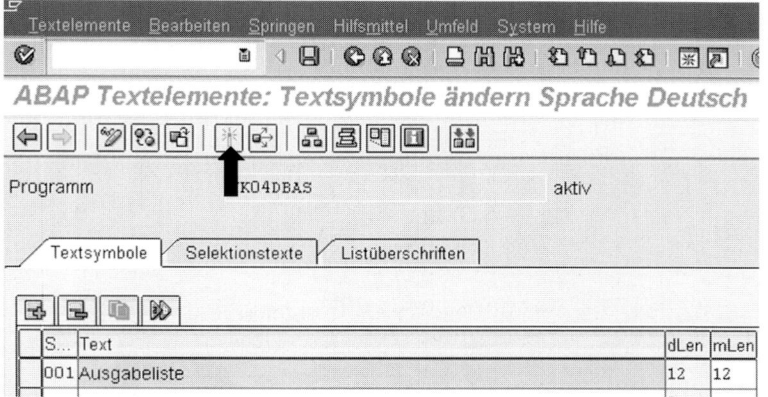


*Abb. 4.10 Textsymbole ändern*

**Hinweis:**
Wenn Sie nicht die Vorwärtsnavigation anwenden wollen, können Sie Textsymbole über das Menü des ABAP-Editors „Springen → Textelemente → Textsymbole" anlegen. Diese Methode ist empfehlenswert, wenn Sie die Textsymbole anlegen wollen, bevor Sie Ihr Programm schreiben.

*Vorgehensweise: Textsymbole übersetzen*

Wählen Sie im ABAP-Editor das Menü „Springen → Übersetzung" auf. Im Folgebild wählen Sie die Zielsprache (Englisch). Im Übersetzungsbildschirm tragen Sie die Übersetzung des Textsymbols ein und sichern sie.

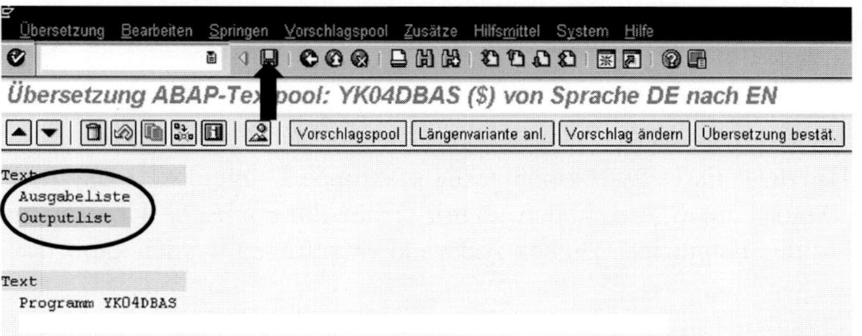


*Abb. 4.11 Übersetzung eines Textsymbols*

Ändern Sie Ihr Programm YK04DBAS so, dass die Texte nicht direkt, sondern über Textsymbole ausgegeben werden. Vergessen Sie nicht, das Programm zu aktivieren.

Legen Sie eine Übersetzung der Textsymbole an

Melden Sie sich mit der Sprache „EN" neu am R/3-System an und führen Sie das Programm YK04DBAS aus. Erscheinen jetzt die Übersetzungen der Textsymbole in der Ausgabe?

Lösung: YK04DBAS_2a

Nach der Übung sollte Ihr Programm folgende Anweisungen enthalten:

*YK04DBAS Gegenwärtiger Entwicklungsstand*

```
REPORT  yk04dbas   .
WRITE: 'Ausgabeliste'(001),
       /1  'ISBN'(002),
        12 'Titel'(003),
        79 'Autor'(004),
       101 'Kategorie'(005),
       111 'verfügbar'(006).
```

Im Bildschirm ABAP Textelemente sollten folgende Textsymbole definiert sein:

*Abb. 4.12 Anlegen der Textsymbole*

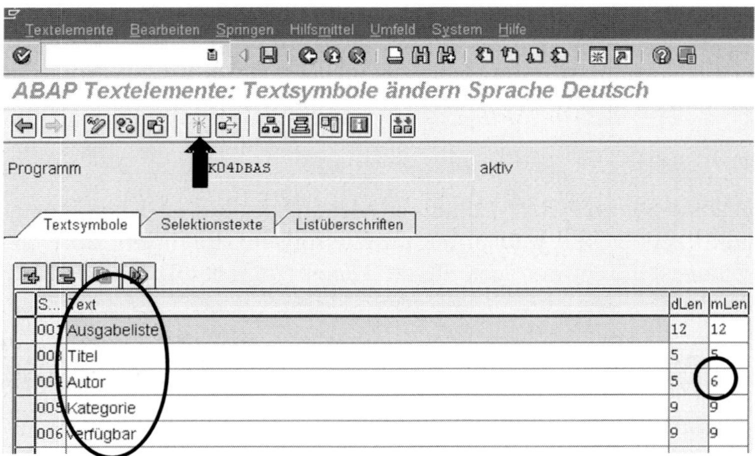


**Hinweis:** Es ist zweckmäßig, die maximale Länge des Textsymbols „Autor" auf 6 zu erhöhen, damit später die englische Übersetzung (Author) ohne zusätzlichen Aufwand eingetragen werden kann.

Im Übersetzungswerkzeug sind die Textsymbole zu Übersetzen (Originalsprache: Deutsch, Zielsprache: Englisch).

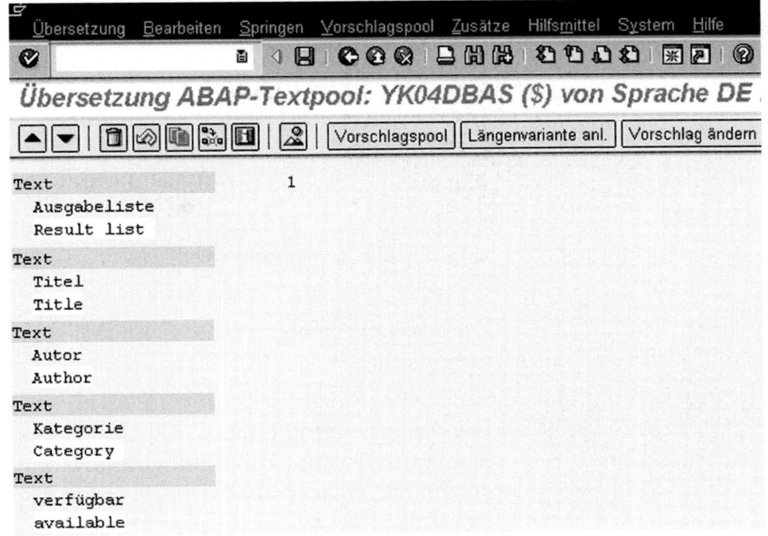


Abb. 4.13 Übersetzungen der Textsymbole

In Abhängigkeit von der Anmeldesprache wird entweder der deutsche Text oder die englische Übersetzung angezeigt.

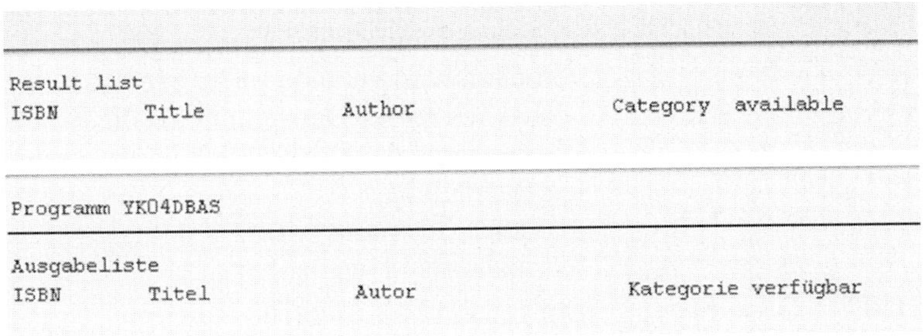

```
Result list
ISBN      Title              Author                   Category  available

Programm YK04DBAS

Ausgabeliste
ISBN      Titel              Autor                    Kategorie verfügbar
```

Abb. 4.14 Ausgabe der Textsymbole in der Anmeldesprache

*Farben in Listen*

Im nächsten Schritt soll die Ausgabe farbig gestaltet werden. Die Farbe der gesamten Ausgabe wird mit der FORMAT-Anweisung, die einer einzelnen Ausgabe in der WRITE-Anweisung, festgelegt.

*FORMAT*

Syntax der Format-Anweisung
**FORMAT [Zusatz].**

Die FORMAT-Anweisung wirkt ab der nächsten Ausgabeanweisung.

*Tabelle 4.4 Zusätze zur FORMAT-Anweisung*

| Zusatz | Wirkung |
|---|---|
| COLOR n ON/OFF | FORMAT COLOR n ON.<br>Die Ausgabe erfolgt mit der Hintergrundfarbe n (siehe Hinweis)<br>FORMAT COLOR n OFF.<br>Die Ausgabe erfolgt mit Standardhintergrundfarbe. |
| INTENSIFIED ON/OFF | FORMAT INTENSIFIED ON.<br>Die Ausgabe erfolgt mit der intensiven Version der Hintergrundfarbe<br>`FORMAT INTENSIFIED OFF.`<br>Die Ausgabe erfolgt mit der normalen Hintergrundfarbe |
| INVERSE ON/OFF | `FORMAT INVERSE ON.`<br>Die Ausgabe erfolgt invers, d.h. der Ausgabetext wird mit der Hintergrundfarbe ausgegeben. Die Hintergurundfarbe ist grau.<br>`FORMAT INVERSE OFF.`<br>Die inverse Darstellung wird wieder ausgeschaltet. |
| HOTSPOT ON/OFF | `FORMAT HOTSPOT ON.`<br>Der Cursor nimmt die Form einer Hand mit ausgestrecktem Zeigefinger an. Das Mausverhalten wird verändert. Der Einfach-Mausklick dieser Darstellung hat die gleiche Wirkung wie der Doppelklick in der normalen Darstellung.<br>**`FORMAT HOTSPOT OFF.`** stellt den Normalzustand wieder her. |
| INPUT ON/OFF | Der Inhalt von Listenteilen, die mit **`FORMAT INPUT ON.`** ausgeben wurde, kann vom Anwender geändert werden (Eingabefeld). |
| RESET | Zurücksetzen aller Formate (Farbe, Intensiv, Invers, Hotspot und Input).<br>Die Wirkung entspricht dem Befehl:<br>`FORMAT COLOR OFF INTENSIFIED OFF INVERSE OFF HOTSPOT OFF INPUT OFF.` |

**Hinweis:** Die „Liste der Farben“ erhalten Sie über die Schlüsselwortdokumentation zum Schlüsselwort „FORMAT“ (Wählen Sie das Symbol „Hilfe zu ...“ und geben Sie als ABAP-Begriff „Format“ ein).

| Nr | Farbe | INTENSIFIED | INTENSIFIED OFF | INVERSE | INPUT INT. | INPUT INT. OFF |
|---|---|---|---|---|---|---|
| 0 | COL_BACKGROUND | 0123456789 | 0123456789 | | 0123456 | 0123456 |
| 1 | COL_HEADING | 0123456789 | 0123456789 | 0123456789 | 0123456 | 0123456 |
| 2 | COL_NORMAL | 0123456789 | 0123456789 | 0123456789 | 0123456 | 0123456 |
| 3 | COL_TOTAL | 0123456789 | 0123456789 | 0123456789 | 0123456 | 0123456 |
| 4 | COL_KEY | 0123456789 | 0123456789 | 0123456789 | 0123456 | 0123456 |
| 5 | COL_POSITIVE | 0123456789 | 0123456789 | 0123456789 | 0123456 | 0123456 |
| 6 | COL_NEGATIVE | 0123456789 | 0123456789 | 0123456789 | 0123456 | 0123456 |
| 7 | COL_GROUP | 0123456789 | 0123456789 | 0123456789 | 0123456 | 0123456 |

*Abb. 4.15 Aufbau der Farbliste*

Wie Sie in Abb. 4.15 sehen können, ist jede Farbe durch eine Farbnummer (Spalte 1) oder durch den Farbnamen (Farbe) definiert. Die Farbnamen sind so gewählt, dass erkennbar ist, für welchen Verwendungszweck sie bestimmt sind. Sie sollten sich an diesen Verwendungszweck halten, damit sich der Anwender nicht bei jedem Programm an andere Farben und deren Bedeutung gewöhnen muss. In der Formatanweisung sollten Sie an Stelle der Farbnummer den Farbnamen benutzen.
Also, z.B. die Anweisung FORMAT COLOR COL_HEADING. benutzen und nicht FORMAT COLOR 2. Das Programm ist dadurch besser lesbar. Außerdem garantiert die SAP, dass die Farbnamen nicht geändert werden.

**Hinweis:** Die Zusätze der FORMAT-Anweisung sind auch für die WRITE-Anweisung erlaubt.

**Beispiel:**

```
REPORT  ydemo                        .
*Einschalten der Farbe COL_HEADING für die
*gesamte weitere Ausgabe bzw. bis zur nächsten
*FORMAT-Anweisung
FORMAT COLOR COL_HEADING INTENSIFIED OFF.

*Einschalten der Farbe COL_KEY für eine
*einzelne WRITE-Anweisung
WRITE:1 'ISBN' COLOR COL_KEY INTENSIFIED ON,
     12 'Titel',120 ''.
```

Dieses Programm erzeugt folgende Ausgabe:

Abb. 4.16 Ausgabeliste des Beispieles

Programm YDEMO

Programm YDEMO

ISBN Titel

Ergänzen Sie Ihr Programm ZK04DBAS so, dass die Texte mit folgenden Farben ausgegeben werden:

| Text | Farbe |
|---|---|
| Ausgabeliste | COL_HEADING INTENSIFIED ON |
| ISBN | COL_KEY INTENSIFIED ON |
| alle anderen Texte | COL_HEADING |

Formatieren Sie Ihr Programm mit dem Pretty Printer

Pretty Printer

Lösung: YK04DBAS_3

Ihr Programm könnte jetzt so oder Ähnlich aussehen:

Möglichkeit 1:

```
REPORT  yk04dbas   .

FORMAT COLOR COL_HEADING INTENSIFIED ON.
WRITE: 'Ausgabeliste'(001).
FORMAT COLOR COL_HEADING INTENSIFIED OFF.
WRITE: /1   'ISBN'(002) COLOR COL_KEY
             intensified on,
        12  'Titel'(003),
        79  'Autor'(004),
       101  'Kategorie'(005),
       111  'verfügbar'(006).
```

Möglichkeit 2:

```
REPORT  yk04dbas   .

FORMAT COLOR COL_HEADING INTENSIFIED ON.
WRITE: 'Ausgabeliste'(001).
```

```
FORMAT COLOR COL_KEY INTENSIFIED ON.
WRITE: /1  'ISBN'(002).
FORMAT COLOR COL_HEADING INTENSIFIED OFF.
WRITE:  12 'Titel'(003),
        79 'Autor'(004),
       101 'Kategorie'(005),
       111 'verfügbar'(006).
```

## 4.4 Datentypen und Datenobjekte

In der Regel arbeitet jedes Programm mit Datenobjekten, es sei denn, das Programm gibt lediglich feste Texte aus. Unter einem Datenobjekt versteht man eine Speicherstelle, die das Programm für sich reserviert. Für diese Speicherstelle wird im Programm ein Name vergeben (deklariert), über den Daten in diese Speicherstelle geschrieben, und auch wieder gelesen werden können.

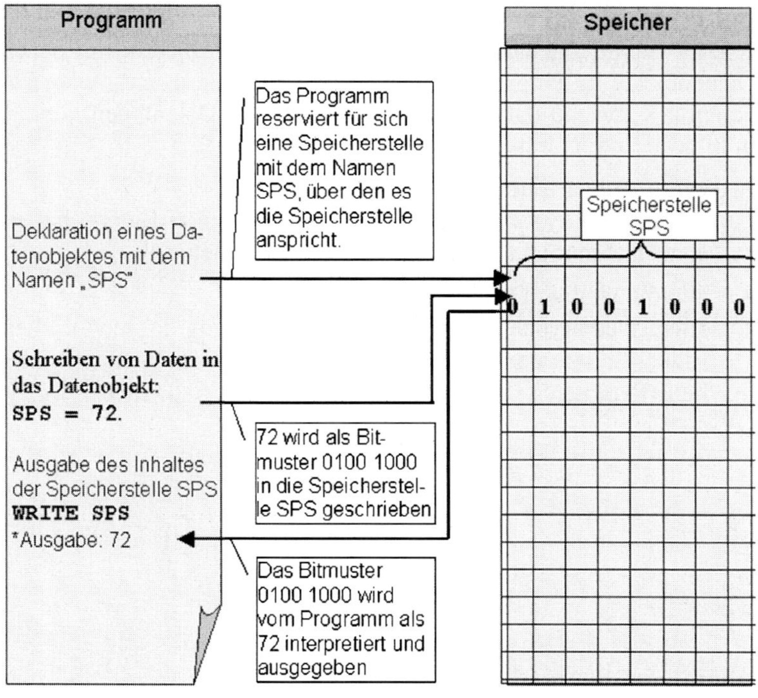


*Abb. 4.17 Datenobjekt, Programm, Speicher*

Es erscheint in Abb. 4.17 zunächst recht einsichtig, dass das Programm die Bitfolge 01001000 als die dezimale Zahl 72 interpretiert

(01001000 dual = 72 dezimal). Wenn Sie aber bedenken, dass Buchstaben über den ASCII-Code in Bitfolgen umgewandelt werden, ergibt sich hier doch ein gewisses Problem. 72 ist auch die ASCII-Codierung für den Buchstaben „H". Woher weiß also das Programm, dass die Bitfolge als 72, nicht aber als Buchstabe „H" zu interpretieren ist?

*Datentyp*

In der Deklaration wird dem Datenobjekt nicht nur ein Name , sondern auch ein Datentyp zugeordnet. Dieser enthält die technischen Eigenschaften des Datenobjektes, wie z.B.

- die Länge des Datenobjektes im Speicher,
- die Datenart (Zeichen, Zahlen, Datum).

Aufgrund dieser Angaben wird das Programm in die Lage versetzt, das aus der jeweiligen Speicherstelle gelesene Bitmuster, richtig zu interpretieren.

### 4.4.1 Eingebaute Datentypen

ABAP/4 stellt sogenannte eingebaute Datentypen bereit, mit denen Datenobjekte im Programm deklariert werden. Diese sind in den Tabellen 4.5 und 4.6 dargestellt. Die eingebauten Datentypen können in folgende zwei Gruppen eingeteilt werden:

- Vollständige Datentypen
  Diese Datentypen beschreiben die technischen Eigenschaften eines Datenobjektes ohne zusätzliche Parameter.
- Unvollständige Datentypen
  Diese Datentypen benötigen zur Beschreibung der technischen Eigenschaften der mit Ihnen deklarierten Datenobjekte, zusätzliche Parameter.

| Daten-typ | Beschreibung | Länge des Datenob-jektes in Byte | Initialwert | Ausgabe-länge in Zeichen |
|---|---|---|---|---|
| d | Datum (Date) Format YYYYMMDD | 8 | '00000000' | 10 |
| t | Zeitpunkt (Time) Format HHMMSS | 6 | '0000000' | 6 |
| i | ganze Zahl (integer) Wertebereich: $-2 * 10^9 \ldots 2 * 10^9$ | 4 | 0 | 11 rechts-bündig |
| f | Gleitpunktzahl (Floating Point) Wertebereich: $2{,}2 * 10^{-308} \ldots 1{,}8 * 10^{308}$ (positv und negativ) | 8 | '0.0' | 24 rechts-bündig |
| string | Zeichenfolge, Länge variabel) | beliebige Länge | String mit der Länge 0 | Länge der Zeichen-kette, links-bündig |
| xstring | Bytefolge (Hexa-dedimal), Länge va-riabel | beliebige Länge | String mit der Länge | Länge der Zeichen-kette, links-bündig |

*Tabelle 4.5 vollständige eingebaute Datentypen*

- Länge des Datenobjektes:
  Anzahl der vom Datenobjekt reservierten Byte im Speicher.
- Initialwert:
  Das ist der Wert, der beim Anlegen des Datenobjektes in dieses eingetragen wird
- Ausgabelänge
  Das ist die Länge, mit der das Datenobjekt ausgegeben wird. Ein Datenobjekt das auf dem Datentyp „i" basiert, wird mit einer Länge von 11 Zeichen, linksbündig ausgegeben.

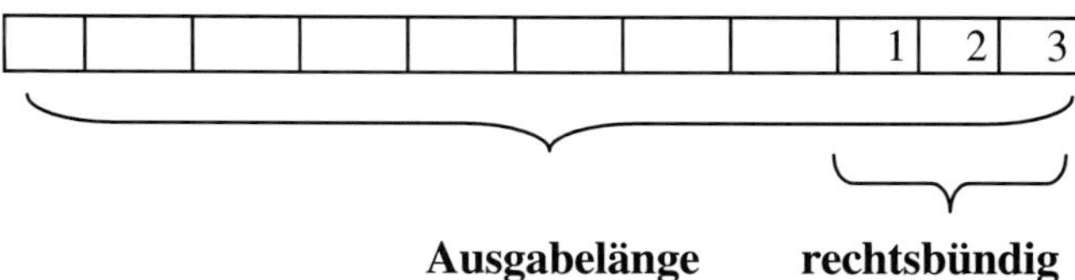

*Tabelle 4.6 unvollständige eingebaute Datentypen*

| Typ | Beschreibung | Länge des Datenobjektes | | Initial-wert | Ausgbe-länge in Zeichen |
|---|---|---|---|---|---|
| | | **Standard** | **Max. Länge** | | |
| c | Zeichenkette (Charakter), die Länge der Zeichenkette ist zu ergänzen | 1 | 65.530 | Leerzeichen | Länge der Zeichenkette, linksbündig |
| n | Numerisches Zeichen (numerical Charakter), die Länge der Zeichenkette ist zu ergänzen | 1 | 65.553 | Leerzeichen | Länge der Zeichenkette, rechtsbündig |
| p | gepackte Zahl (Packed Number) zur Darstellung von Festkommazahlen. Die Anzahl der Dezimalstellen (max. 14) und die Länge ist zusätzlich anzugeben | 8 | 16 | 0 | 2*Länge+1 rechtsbündig |
| x | Byte (Hexadezimal), die Länge der Hexadezimalzahl ist zu ergänzen | 1 | 65.553 | X'0...0' | Länge der Zeichenkette, linksbündig |

Weitere Datentypen können Sie im Programm oder im ABAP-Dictionay definieren. Die im Programm angelegten Datentypen stehen nur dem Programm zur Verfügung, in dem sie definiert wurden (programmlokale Definition). Auf die im ABAP-Dictionary angelegten Datentypen kann jedes Programm zugreifen (globale Definition).

## 4.4.2 Deklaration von Datenobjekten

Datenobjekte werden im Programm über die DATA-Anweisung deklariert. Erst durch die Deklaration eines Datenobjektes wird ein

Speicherbereich im Arbeitsspeicher des SAP-Servers, auf dem das Programm läuft, reserviert (siehe Abb. 4.16). Bei der Deklaration von Datenobjekten im ABAP-Programm kann auf folgende Datentypen zurückgegriffen werden:

- elementare, eingebaute Datentypen,
- programmlokale, mit der TYPES-Anweisung definierte Datentypen und
- globale, im ABAP-Dictionary definierte Datentypen.

Programmlokale und globale Typen sind immer vollständig definiert.

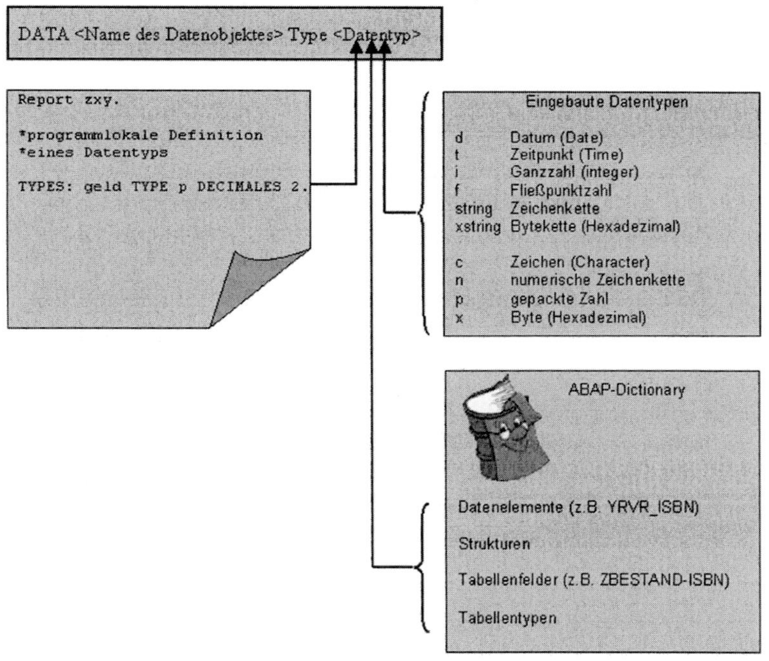


*Abb. 4.18*
*Datentypen*

Die mit der DATA-Anweisung deklarierten Datenobjekte werden auch als Variablen bezeichnet, weil deren Inhalt durch Anweisungen des ABAP-Programmes geändert werden kann.
Andere ABAP/4-Anweisungen, mit denen Variablen angelegt werden können, sind:

- PARAMETERS
- SELECT-OPTIONS und
- STATICS.

*Syntax der DATA-Anweisung*

Syntax der DATA-Anweisung

- Für vollständige Datentypen
  DATA <Datenobjektname> TYPE <Datentyp>
  [VALUE <Wert>].
- Für Datentypen ohne implizite Längenangabe
  DATA <Datenobjektname>(<Länge>) TYPE <Datentyp>
  [VALUE <Wert>].
  Alternative:
  Mit der TYPES-Anweisung wird ein Datentyp mit der benötigten Länge angelegt. Die DATA-Anweisung wird dann mit diesem neuen Datentyp geschrieben.
  TYPES <Name desDatentyps>(<Länge>) TYPE <Datentyp>.
  DATA <Datenobjekt> TYPE <Name des Datentyps>.
  **Beispiel:**
  TYPES zk_5(5) TYPE c.
  DATA zeichekette TYPE zk_5.

*Die TYPES-Anweisung*

- Für den eingebauten Datenyp „p"
  DATA <Datenobjektname>(<Länge>) TYPE p
  DECIMALS <Anzahl Nachkommastellen> [VALUE <Wert>].
  Alternative
  Mit der TYPES-Anweisung kann ein Datentyp mit der benötigten Länge und Anzahl Nachkommastellen angelegt werden, der dann in der DATA-Anweisung benutzt werden kann.
  **Beispiel:**
  TYPES geld(10) TYPE p DECIMALS 2
  DATA preis TYPE geld.

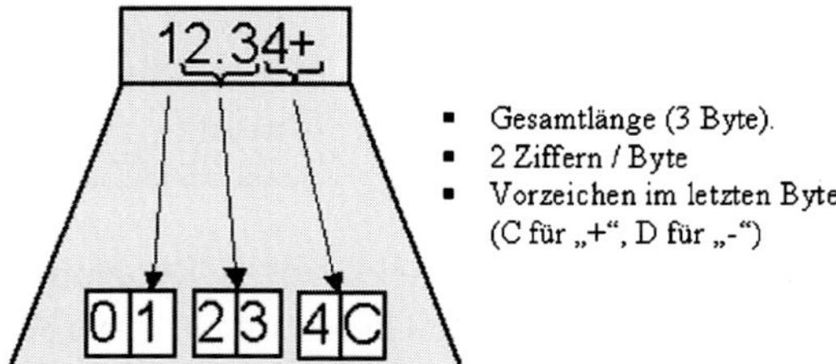


*Abb. 4.19 Speicherung einer Variablen vom Typ p*

**Hinweise:**

- Mit dem optionalen Parameter VALUE wird der Variable ein Initialwert zugewiesen, der im Programmverlauf geändert werden kann.

- Für fehlende Parameter werden Standardparameter eingesetzt:
  Länge: 1
  Decimals: 0
  Type: C.

#### *4.4.2.1 Beispiele für Datenobjektdeklarationen*

*Tabelle 4.7*

| Typ | Deklarationsbeispiel |
|---|---|
| d | Deklariert werden die Datenobjekte „begin“ und „begin1“ vom Typ „Datum“.<br><br>Initialwert: „11.12.2003“<br>DATA begin TYPE d VALUE '20031211'.<br><br>Der Initialwert für ein Datum wird als Zeichenliteral in der Form YYYYMMDD angegeben. Die Ausgabe erfolgt über<br>WRITE begin DD/MM/YYYY.<br>Initialwert: aktuelles Datum<br>DATA begin1 TYPE sy-datum.<br>begin1 = sy-datum.<br>Soll das Datenobjekt vom Typ „Datum“ mit dem aktuellen Datum initialisiert werden, ist dem Datenobjekt die Systemvariable sy-datum zuzuweisen. Die Ausgabe erfolgt, ohne weitere Anweisungen, in dem Datumsformat, das in den Benutzervorgaben ausgewählt ist, wenn Sie als Datentyp die Systemvariable sy-datum angeben. |
| t | Deklariert werden die Datenobjekte „zeit“ und „zeit1“ vom Type „Zeitpunkt“ mit unterschiedlichen Initialwerten.<br><br>Initialwert: „12:10:15“ (hh:mm:ss)<br>DATA zeit TYPE t VALUE '121015'.<br><br>Der Initialwert ist als Zeichenliteral anzugeben.<br>Initialwert: aktuelles Zeit<br>DATA zeit1 TYPE sy-uzeit.<br>zeit1 = sy-uzeit.<br>Soll das Datenobjekt vom Typ „Zeitpunkt“ mit der aktuellen Zeit initialisiert werden, ist dem Datenobjekt die Systemvariable sy-uzeit zuzuweisen. Wird die Systemvariable sy-uzeit als Datentyp eingesetzt, erfolgt die Ausgabe in dem Zeitformat, das in den Benutzervorgaben ausgewählt ist. |

| Typ | Deklarationsbeispiel |
|---|---|
| i | Deklariert werden die Datenobjekte „gz“ und „gz1“ vom Typ „ganze Zahl“. Die Initialwerte können als Zeichenliteral oder als Zahlenliteral angegeben werden:<br><br>▪ Initialwert als Literal angegeben<br>DATA gz TYPE i VALUE '123'.<br><br>Initialwert als Zahlenliteral<br>DATA gz1 TYPE i VALUE 123. |
| f | Die Datenobjekte „fpz“, „fpz1“ und „fpz2“ sind vom Typ „Fließpunktzahl“. Die Initialwerte können in verschiedener Form als Zeichenliteral angegeben werden, z.B. |

| Literal | „herkömmliche“ Schreibweise |
|---|---|
| '1' | 1 |
| '-765E-04' | $-765*10^{-4}$ |
| '1234E5' | $1234*10^{5}$ |
| '+12E+34' | $12*10^{34}$ |
| '+12.3E-4' | $12,3*10^{-4}$ |
| '1E160' | $1*10^{160}$ |

▪ Initialwert $12*10^{34}1$
DATA fpz TYPE f VALUE '12E34'.

▪ Initialwert $-765*10^{-4}$
DATA fpz1 TYPE f VALUE '-765E10-4'.

▪ Initialwert -12,34567
DATA fpz2 TYPE f Value '12.34567'.

**Achtung**: Dezimaltrenner ist immer ein Punkt.

| | |
|---|---|
| string | Es wird ein Datenobjekt „zk“ vom Typ „Zeichenkette“ deklariert und mit „Alle Programmierer sind Pedanten“ initialisiert.<br><br>DATA zk TYPE string.<br>zk = 'Alle Programmierer sind Pedanten'.<br><br>**Hinweis:** Der Type „string“ darf nicht über „VALUE“ initialisiert werden. Der Wert wird über den Zuweisungsoperator „ = “ in das Datenobjekt eingetragen. |
| x | Im Gegensatz zum Typ „xstring“ ist bei Typ „x“ die Länge des anzulegenden Datenobjektes anzugeben.<br>Es wird ein Datenobjekt „xc“ vom Typ x angelegt und initialisiert.<br><br>DATA xc(2) TYPE x VALUE '1A'. |

| | |
|---|---|
| xstring | Es wird ein Datenobjekt „xzk“ bis „xzk4“ vom Typ „Bytefolge“ deklariert. |

- Initialwert: „7273“. DATA xzk TYPE xstring. xzk = '7273'.
- Initialwert: „727“. DATA xzk1 TYPE xstring. xzk1 = '727'.
- Initialwert: „ABC” DATA xzk2 TYPE xstring. xzk2 = 'ABC'.
- Initialwert: „AB” DATA xzk3 TYPE xstring. xzk3 = 'AB'.
- Initialwert: „AX1” DATA xzk4 TYPE xstring. xzk4 = 'AX1'.

Hinweis: Der Type „xstring“ darf nicht über „VALUE“ initialisiert werden. Der Wert wird über den Zuweisungsoperator „ = “ in das Datenobjekt eingetragen.

c Im Unterschied zum Typ „string“ ist beim Typ „c“ die Länge des Datenobjektes festzulegen. Es wird das Datenobjekt „chr“ vom Datentyp „Zeichen“ mit einer Länge von 3 Zeichen und dem Initialwert „THW“ angelegt:

DATA chr(3) TYPE C VALUE 'THW'.

**Hinweis**: In diesem Datenobjekt lassen sich nur 3 Zeichen speichern. Weisen Sie dem Datenobjekt „chr“ mehr als 3 Zeichen zu, gehen die Zeichen ab Position 4 verloren.

n Es wird das Datenobjekt „plz“ vom Datentyp „numerisches Zeichen“ mit einer Länge von 5 Zeichen und dem Initialwert „03362“ angelegt:

DATA plz(5) TYPE n VALUE '03362'.

**Hinweis**: In diesem Datenobjekt lassen sich nur 5 Ziffern speichern. Weisen Sie dem Datenobjekt „plz“ mehr als 5 Ziffern zu, gehen die Zeichen ab Position 6 verloren.

p Es wird ein Datenobjekt „betrag“ vom Typ „gepackte Zahl“ angelegt und mit dem Wert „12,85“ initialisiert. Beachten Sie, dass der Dezimaltrenner immer ein Punkt ist. DATA betrag(5) TYPE p DECIMALS 2 VALUE '12.85'.

*Programm zur Deklaration der Datenobjekte aus Tabelle 4.7*

```
REPORT ydemo_04_1                    .
*Datendeklarationen entsprechen der Tabelle 4.7
*Datentyp d (Datum)
DATA: begin TYPE d VALUE '20031211',
      begin2 TYPE sy-datum.
      begin2 = sy-datum.
*Datentyp t (Zeitpunkt)
DATA: zeit TYPE t VALUE '121015',
      zeit1 TYPE sy-uzeit.
      zeit1 = sy-uzeit.
*Datentyp i (integer)
DATA: gz TYPE i VALUE '123',
      gz1 TYPE i VALUE 123.
*Datentyp f (Fließpunktzahl)
DATA: fpz TYPE f VALUE '12E34',
      fpz1 TYPE f VALUE '-765E4',
      fpz2 TYPE f Value '12.34567'.
*Datentyp string (Zeichenkette)
DATA: zk TYPE string,
      xzk TYPE xstring,
      xzk1 TYPE xstring,
      xzk2 TYPE xstring,
      xzk3 TYPE xstring,
      xzk4 TYPE xstring.
*Datentyp c (Zeichen)
DATA chr(3) TYPE C VALUE 'THW'.
*Datentyp n (numerische Zeichen)
DATA plz(5) TYPE n VALUE '03362'.
*Datentyp p (gepackte Zahl)
DATA betrag(5) TYPE p DECIMALS 2 VALUE '12.85'.
*Datentyp x (Byte)
DATA xc(2) TYPE x VALUE '1A'.
*Zuweisung der Werte für die Typen string und
xstring
zk = 'Alle Programmierer sind Pedanten'.
xzk = '7273'.
xzk1 = '727'.
xzk2 = 'ABC'.
xzk3 = 'AB'.
xzk4 = 'AX1'.
```

Sie finden dieses Programm auf der Buch-CD (Programmname: YDEMO_04_1).

Durch die folgende WRITE-Anweisung werden die Datenobjekte ausgegeben:

*Programm zur Ausgabe der Datenobjekte der Tabelle 4.7*

```
WRITE:
/ '"Datum"' color COL_HEADING,
/ 'begin:',20 begin DD/MM/YYYY,
/ 'begin2:',20 begin2,

/ '"Zeitpunkt"' color COL_HEADING,
/ 'zeit:',20 zeit,/ 'zeit1',20 zeit1,
/ '"integer"' color COL_HEADING,
/ 'gz:',20 gz, / 'gz1',20 gz1,

/ '"Fließpunktzahl"' color COL_HEADING,
/ 'fpz:',20 fpz,/ 'fpz1:',20 fpz1,
/ 'fpz2:',20 fpz2,

/ '"Zeichenkette"' color COL_HEADING,
/ 'zk:',20 zk,

/ '"Bytefolge"' color COL_HEADING,
/ 'xzk:',20 xzk,/ 'xzk1:',20 xzk1,
/ 'xzk2:',20 xzk2,/ 'xzk3:',20 xzk3,
/ 'xzk4:',20 xzk4,

/ '"Zeichen"' color COL_HEADING,
/ 'chr:',20 chr(3),

/ '"numerische Zeichen"' color COL_HEADING,
/ 'plz:',plz,

/ '"gepackte Zahl"' color COL_HEADING,
/ 'betrag:',betrag,

/ '"Byte"' color COL_HEADING,
/ 'xc:',20 xc.
```

Sie finden dieses Programm auf der Buch-CD
(Programmname: YDEMO_04_1)_

Die WRITE-Anweisung erzeugt folgende Ausgabe:

Abb. 4.20 Ausgabe der Datenobjekte

**Ausgabe der Datenobjekte aus Tabelle 4.7**

```
"Datum"
begin:                11.12.2003
begin2:               26.10.2003
"Zeitpunkt"
zeit:                 121015
zeit1                 09:53:06
"integer"
gz:                              123
gz1                              123
"Fließpunktzahl"
fpz:                    1,2000000000000001E+35
fpz1:                  -7,6500000000000000E+06
fpz2:                   1,2345670000000000E+01
"Zeichenkette"
zk:                   Alle Programmierer sind Pedanten
"Bytefolge"
xzk:                  7273
xzk1:                 7270
xzk2:                 ABC0
xzk3:                 AB
xzk4:                 A0
"Zeichen"
chr:                  THW
"numerische Zeichen"
plz: 03362
"gepackte Zahl"
betrag:               12,85
"Byte"
xc:                   1A00
```

### 4.4.2.2 Konstanten

Kostanten erhalten bei ihrer Deklaration einen Wert zugeordnet. Dieser Wert kann im Programmablauf nicht mehr geändert werden.

Die Deklaration von Konstanten wird über das Schlüsselwort „CONSTANTS" vorgenommen. Die Syntax ist die gleiche wie bei der DATA-Anweisung, allerdings ist die Wertzuweisung über die VALUE-Klausel zwingend vorgeschrieben.

**Beispiel:**

```
CONSTANTS Pi(3) TYPE p DECIMALS 2 VALUE '3.14'.
```

### *4.4.2.3*
### *Feldsymbole*

Ein Feldsymbol ist ein Zeiger, der auf Datenobjekte gerichtet werden kann. Besonders hilfreich sind Feldsymbole beim Einsatz von Strukturen und internen Tabellen. Dabei können Sie einen Zeiger mit den Komponenten einer Struktur oder einer Tabelle verbinden und sehr kompakten und laufzeitgünstigen Quellcode schreiben. Um ein Feldsymbol zu benutzen, müssen Sie es definieren und mit einem Datenobjekt verbinden.

**Definition eines Feldsymbols:**
Syntax:
FIELD-SYMBOLS <Feldsymbols> TYPE <Datenobjekt>.

**Hinweis:**
Der Name eines Feldsymbols beginnt und endet mit einer spitzen Klammer, z.B. <zeiger_i>.
Als Datentyp ist der Datentyp des Datenobjektes anzugeben, mit dem der Zeiger verbunden werden soll.

**Verbinden des Feldsymbols mit einem Datenobjekt:**
Syntax:
ASSIGN <Feldsymbols> TO <Name des Datenobjektes>.

**Beispiel:**
Im folgenden Programm wird ein Feldsymbol <zeiger_i> definiert und mit der Variablen y (TYPE i) verbunden. Dann wird der Variablen über das Feldsymbol ein Wert zugewiesen. Die Ausgabe des Wertes erfolgt über das Feldsymbol erfolgen.

```
REPORT zfeldsymbole.
DATA: y TYPE i.
*Deklaration des Feldsymbols
field-symbols: <zeiger_i> type i.
*Verbinden des Feldsymbols mit y
ASSIGN y TO <zeiger_i>.
*Zuweisung eines Wertes an die Variable y
*über das Feldsymbol.
<zeiger_i> = 5 * 20.
*Ausgabe des Wertes der Variablen y über
*das Feldsymbol
WRITE: <zeiger_i>. "Ausgabe: 100
*direkte Ausgabe der Variablen
WRITE: / y. "Ausgabe: 100
```

### 4.4.3 Arithmetische Operationen

ABAP/4 stellt für die Deklaration von Datenobjekten, in denen Zahlen gespeichert werden sollen, 3 eingebaute Datentypen zur Verfügung:

| Datentyp | Beschreibung | Verwendung |
|---|---|---|
| i | integer<br>Ganzzahl | für Berechnungen mit ganzen Zahlen<br>Wertebereich: $-2 * 10^9 ... 2 * 10^9$ |
| p | Packed Number<br>gepackte Zahl | Berechnungen mit Festkommazahlen. Benutzen Sie diesen Datentyp immer dann, wenn „auf den Pfennig" genau gerechnet werden soll. |
| f | Floating Point<br>Gleitpunktzahl | Dieser Datentyp erlaubt das Rechnen mit sehr großen Zahlen<br>Wertebereich:<br>$2{,}2 * 10^{-308} ... 1{,}8 * 10^{308}$ (positv und negativ)<br>Durch die interne Darstellung der Zahlen als Dualsummen, sind Berchnungen mit Datenobjekten, die mit diesem Datentyp angelegt wurden, eher ungenau. |

#### *4.4.3.1 Arithmetische Operatoren*

Für Datenobjekte, die mit den Datentypen „i", „p" oder „f" angelegt wurden, können Sie für die Formulierung arithmetischer Anweisungen die Operatoren der Tabelle 4.8 benutzen. Operatoren sind grundsätzlich in Leerzeichen einzuschließen.

*Tabelle 4.8 Arithmetische Operatoren*

| Operator | Beschreibung | Beispiel |
|---|---|---|
| + | Addition | `DATA: summand1 type i,`<br>`      summand2 type i,`<br>`      summe type i.`<br>`summand1 = 5.`<br>`summand2 = 6.`<br>`summe = summand1 + summand2.`<br>`*summe: 11` |
| - | Subtraktion | `DATA: minuend type f,`<br>`      subtrahend type f,`<br>`      differenz type f.`<br>`minuend = '1.23E03'.`<br>`subtrahend = '5.91E02'.`<br>`differenz = minuend - subtrahend.`<br>`*differenz: '6.39E+02'` |
| * | Multiplikation | `DATA:`<br>`faktor1(3) type p decimals 2,`<br>`faktor2(3) type p decimals 2,`<br>`produkt(6) type p decimals 2.`<br>`faktor1 = '123.45'.`<br>`faktor2 = '678.90'.`<br>`produkt = faktor1 * faktor2.`<br>`*produkt: '83810,21'` |
| ** | Potenz | `DATA:basis type i,`<br>`     potenz type i,`<br>`     ergebnis type i.`<br>`basis = 2.`<br>`potenz = 3.`<br>`ergebnis = basis ** potenz.`<br>`*ergebnis: 8` |
| = | Zuweisung | Der rechts neben dem Operator stehende Teil eines Ausdrucks wird dem links stehenden Teil zugewiesen. Verwechseln Sie den Zuweisungsoperator nicht mit dem mathematischen Gleichheitszeichen.<br>`DATA: n type i.`<br>`n = 5.`<br>`n = n + 1.`<br>`*n: 6`<br>Wirkung der Anweisung n = n + 1:<br>Im ersten Schritt wird n um 1 erhöht (5 + 1). Das Ergebnis wird wiederum dem Datenobjekt n zugewiesen. |
| ( | Klammer auf | `ergebnis = ( a + b ) * c.` |
| ) | Klammer zu | `ergebnis = ( a + b ) * c.` |

#### 4.4.3.2
#### Ganzzahlarithmetik

Bei der Ganzzahlarithmetik wird das Ergebnis gerundet.

**Beispiel:**

```
Data: a type i,
      b type i,
      c type i.
a = 4. b = 10.
ergebnis = a / b.
*ergebnis = 0.

a = 5. b = 10.
ergebnis = a / b.
*ergebnis = 1.
```

Zusätzlich stehen für die Ganzzahlarithmetik die Funktionen DIV (ganzahlige Division) und MOD (Rest ganzzahlige Division) zur Verfügung.

*Abb. 4.21 Die Funktion DIV und MOD*

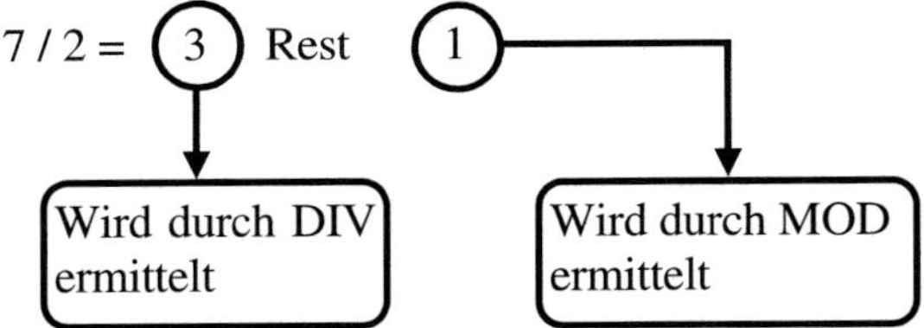


**Syntax:**

```
Data: a TYPE i VALUE 7,
      b TYPE i VALUE 2,
      c TYPE i.
c = a MOD b.
* c = 1

c = a DIV b.
* c = 3.
```

#### 4.4.3.3
#### Festpunktarithmetik

Berechnungen mit gepackten Zahlen (Datentyp p) erfolgen über die Festpunktarithmetik. Diese Arithmetik ist die einzige, die Sie für betriebswirtschaftliche Berechnungen nutzen können. Die Festpunktarithmetik nutzt die gleichen Prinzipien, wie sie auch bei Berechnungen mit „Papier und Bleistift" angewendet werden. Die Ergebnisse werden korrekt auf die in der Datendeklaration angegebenen Dezimalstellen gerundet.

```
DATA: fpz1 TYPE p DECIMALS 2 VALUE '5',
     fpz2 TYPE p DECIMALS 2 VALUE '3',
     ergebnis TYPE p DECIMALS 2.
ergebnis = fpz1 / fpz2.   " (5/2=1,666666)
*ergebnis: 1,67
```

Die Ausgabeaufbereitung erfolgt entsprechend der Einstellungen im Benutzerstammsatz.

### 4.4.3.4 Gleitpunktarithmetik

Die Gleitpunktaritmetik kommt bei Berechnungen mit Fließpunktzahlen (Datentyp f) zum Einsatz. Aufgrund der Zerlegung der an der Berechnung beteiligten Zahlen in Dualbruchsummen und der Arbeitsweise der Gleitpunktprozessoren sind die Ergebnisse der Gleitpunktarithmetik eher ungenau. Die Gleitpunktarithmetik ist für betriebswirtschaftliche Berechnungen **nicht** anwendbar.

**Beispiel:**

*Tabelle 4.9*

| Mit Gleitpunktarithmetik | Mit Festpunktarithmetik |
|---|---|
| DATA:<br>  a TYPE f.,<br>  b TYPE f,<br>  f TYPE f,<br>  c type p decimals 2. | DATA:<br>  a TYPE p decimals 2,<br>  b TYPE p decimals 4,<br>  c TYPE p decimals 2. |
| a = '8150'.<br>b = '0.2957'. | a = '8150'.<br>b = '0.2957'. |
| f = a * b. | c = a * b. |
| c = f. | |
| write: / 'c:', c,<br>        'f:', f. | write:  / 'c:', c. |
| f: 2,40995**4**999999999E+03 | |
| c: 2.409,9**5** | c: 2.409,9**6** |
| Genaues Ergebnis | c: 2409,95500 |

### 4.4.3.5 *Typkonvertierungen*

Typkonvertierungen sind notwendig, wenn an einer numerischen Operation Operanden mit unterschiedlichen Datentypen beteiligt sind. Vor der Ausführung einer solchen Operation konvertiert ABAP Zahlen in den höchsten vorkommenden Datentyp und führt dann die Operation mit den konvertierten Zahlen aus. Dabei wird die Datentyprangfolge i → p → f zugrunde gelegt. Nach Ausführung der Operation wird das Ergebnis dem Ergebnisfeld zugewiesen. Ist das Ergebnis nicht vom gleichen Typ wie das Ergebnisfeld, erfolgt eine Konvertierung des Ergebnisses in das Format des Ergebnisfeldes.

**Beispiel:**
Die Konvertierung soll an der numerischen Operation

```
x = a / b + c
```

gezeigt werden. Für die Berechnungen gilt:
a = 300, b = 301, c = '10.25'

Tabelle 4.10 Konvertierungsbeispiele

| Datentyp | | | | Berechnung des Zwischenergebnisses | Konvertierung in den Ergebnistyp |
|---|---|---|---|---|---|
| x | a | b | c | | |
| i | i | i | i | keine Konvertierung<br>300/301+10<br>1 +10 | keine Konv.<br><br>11 |
| i | i | p dec.. 3 | i | Konvertierung der Variablen a, b und c in den Typ p decimals 3<br>300.000/301.000 + 10.25<br>0,997 + 10,250 = 11,247 | Konvertierung von p nach i<br><br>11 |
| i | i | p dec. 2 | i | Konvertierung der Variablen a, b und c in den Typ p decimals 2<br>300.000/301.000 + 10.25<br>1 + 10,25 = 11,25 | Konvertierung von p nach i<br><br>11 |
| p dec. 3 | i | f | n | Konvertierung der Variablen a, b, und c in den Typ f<br>3,0000E+02 / 3,0100E+02 + 1,0250E+01<br>9,966777E-01 + 1,0250E+01<br>= 1,12466777E+01 | Konvertierung von f nach p<br><br>11,247 |

An den Konvertierungsbeispielen der Tabelle können Sie die folgenden Grundsätze erkennen:

- Die Ganzzahlarithmetik kommt dann zum Einsatz, wenn alle beteiligten Komponenten Ganzzahltypen sind (1. Beispiel).
- Die Gleitpunktarithmetik wird für numerische Operationen benutzt, wenn mindestens eine beteiligte Komponente vom Typ Fließpunktzahl ist (3. Beispiel).
- Die Festpunktarithmetik wird in allen anderen Fällen angewendet.
- Ist mindestens eine der beteiligten Komponenten ein Zahlentyp, kann der Ausdruck auch zeichenartige Komponenten enthalten (Beispiel 4). Die Zeichenkette wird dann in das Format des höchsten vorkommenden Zahlendatentyps konvertiert. Kann die Zeichenkette nicht als Zahl interpretiert werden, wird ein Laufzeitfehler ausgelöst.

## 4.4.4 Operationen mit Zeichenketten

Tabelle 4.10 zeigt eingebaute zeichenartige Datentypen.

*Tabelle 4.11 eingebaute zeichenartige Datentypen*

| Datentyp | Beschreibung | Verwendung |
|---|---|---|
| t | time<br>Zeit | Zeitberechnungen '<br>Format: 6 Ziffern HHMMSS<br>HH – Stunde (hour)<br>MM – Minute (minute)<br>SS – Sekunde (second)<br>Für Zeitberechnungen wird die Zeitarithmetik angewendet. |
| d | Date<br>Datum | Datumsberechnungen<br>Format: 8 Ziffern YYYYMMDD<br>YYYY – Jahr (year)<br>MM – Monat (month)<br>DD – Tag (day)<br>Für Datumsberechnungen wird die Datumsarithmetik angewendet. |
| c | Character<br>Zeichen | Zeichenkette fester Länge.<br>1...65535 Zeichen |
| n | numerische<br>Zeichen | Zeichenkette fester Länge.<br>1...65535 Ziffern |
| string | string<br>Zeichenkette | Zeichenkette beliebiger Länge. Dynamische Speicherverwaltung. |

Zeitarithmetik

### *Zeitarithmetik*

Über die Zeitpunktarithmetik kann eine Zeitdifferenz (in Sekunden) oder ein neuer Zeitpunkt berechnet werden.

**Beispiel:**
Berechnung einer Zeitdifferenz:

```
REPORT Zeitarithmetik.
DATA: differenz type i,
      time1 type t value '091000',
      time2 type t value '101000'.
*Berechnung der Zeitdifferenz:
differenz = time2 - time1.
write: 'Zeitdifferenz [Sekunden]:',differenz.
*Ausgabe: Zeitdifferenz [Sekunden]: 3.600
```

Berechnung eines neuen Zeitpunktes:

```
REPORT Zeitarithmetik.
DATA: differenz type i value 3600,
      time1 type sy-uzeit value '091000',
      time2 type sy-uzeit.
*Berechnung des neuen Zeitpunktes:
time2 = time1 + differenz.
write: 'Neuer Zeitpunkt:',time2,'Uhr'.
*Ausgabe: Neuer Zeitpunkt: 10:10:00 Uhr
```

### *Datumsarithmetik*

Über die Datumsarithmetik kann eine Datumsdifferenz (in Tagen) oder ein neues Datum berechnet werden.

**Beispiel:**
Berechnung einer Datumsdifferenz:

```
REPORT Datumsarithmetik.
DATA: differenz type i,
      datum1 type sy-datum value '20030225',
      datum2 type sy-datum value '20030325'.
*Berechnung der Differenz:
differenz = datum2 - datum1.
write: 'Datumsdifferenz [Tage]:',differenz.
*Ausgabe: Datumsdifferenz [Tage]: 28
```

Berechnung eines neuen Datums:

```
REPORT Datumsarithmetik.
DATA: differenz type i value 28,
      datum1 type sy-datum value '20030225',
      datum2 type sy-datum.
*Berechnung des neuen Datums:
datum2 = datum1 + differenz.
write: 'Neues Datum:',datum2.
*Ausgabe: Neues Datum: 25.03.2003
```

#### 4.4.4.1 Zeichenkettenverarbeitung

**SEARCH**

*SEARCH*

**Beschreibung:**
SEARCH f FOR g.
Die Zeichenfolge g wird in der Zeichenkette f gesucht.
sy-subrc = 0 → f enthält g
sy-fdpos = x.→ x ist die Position, an der g in f beginnt. Die Zählung beginnt bei 0.

**Beispiel:**

```
REPORT ZKV.
data: f(4) value 'ABAP',
      g(2) value 'BA'.
search f for g.
write: 'sy-subrc:',sy-subrc,
       / 'sy-fdpos:',sy-fdpos.
*Ausgabe:  sy-subrc: 0
*sy-fdpos: 1
```

**REPLACE**

*REPLACE*

**Beschreibung:**
`REPLACE a with g into f.`
Ersetzen des ersten Auftretens der Zeichenfolge a mit der Zeichenfolge g in der Zeichenkette f.
sy-subrc = 0 → a wurde durch g ersetzt.

**Beispiel:**

```
REPORT zkv.
DATA: a VALUE 'P',
      f(6) VALUE 'ABAP',
      g(3) VALUE 'P/4'.
REPLACE a WITH g INTO f.
```

```
IF sy-subrc = 0.
  WRITE: f.
ENDIF.
*Ausgabe:  ABAP/4
```

*TRANSLATE*

## TRANSLATE

**Beschreibung:**

```
1. TRANSLATE f TO LOWER CASE.
2. TRANSLATE f TO UPPER CASE.
```

In der ersten Variante werden alle Großbuchstaben in Kleinbuchstabe, in der 2. Variante alle Kleinbuchstaben in Großbuchstaben übersetzt. Weitere Informationen finden Sie in der Schlüsselwortdokumentation.

**Beispiel:**

```
REPORT zkv.
DATA: f(4) VALUE 'ABAP'.
TRANSLATE f TO LOWER CASE.
WRITE: f.
*Ausgabe:  abap
```

*SHIFT*

## SHIFT

**Beschreibung:**

```
SHIFT f [Zusatz] [BY <n> PLACES].
Zusätze: RIGHT
         LEFT
         CIRCULAR
```

Die Zeichen der Zeichenkette f werden um n Stellen nach rechts (Zusatz RIGHT) bzw. links (Zusatz LEFT) verschoben. Durch das Hinzufügen von Leerzeichen bleibt die Länge der Zeichenkette f erhalten.

Beim Zusatz CIRCULAR werden die n linken Zeichen entfernt und an die rechte Seite von f angehangen.

Weitere Anwendungsmöglichkeiten finden Sie in der Schlüsselwortdokumentation.

**Beispiel:**

Zusatz 'LEFT' (Standard)

```
REPORT zkv.
DATA: f(6) VALUE '123456'.
SHIFT f LEFT BY 2 PLACES.
WRITE: '"' NO-GAP,f NO-GAP,'"'.
*Ausgabe:  "3456  "  .
```

Zusatz „RIGHT“

```
REPORT zkv.
DATA: f(6) VALUE '123456'.
SHIFT f RIGHT BY 2 PLACES.
WRITE: '"' NO-GAP,f NO-GAP,'"'.
*Ausgabe:  "  1234"
```

Zusatz CIRCULAR

```
REPORT zkv.
DATA: f(6) VALUE '123456'.
SHIFT f CIRCULAR BY 2 PLACES.
WRITE: '"' NO-GAP,f NO-GAP,'"'.
*Ausgabe:  "345612"
```

Zusätze RIGHT CIRCULAR

```
REPORT zkv.
DATA: f(6) VALUE '123456'.
SHIFT f RIGHT CIRCULAR BY 2 PLACES.
WRITE: '"' NO-GAP,f NO-GAP,'"'.
*Ausgabe:  "561234"
```

**CONDENSE** *CONDENSE*

**Beschreibung:**

```
CONDENSE f.
```

Mehrere hintereinander auftretende Leerzeichen werden durch genau ein Leerzeichen ersetzt. Die entfernten Leerzeichen werden am Ende der Zeichenkette eingefügt.

**Beispiel**

```
REPORT zkv.
DATA: f(14) VALUE '12        3456'.
CONDENSE f.
WRITE: '"' NO-GAP,f NO-GAP,'"'.
*Ausgabe:  "12 3456       "
```

**OVERLAY** *OVERLAY*

**Beschreibung:**

```
OVERLAY f with g
```

Leerzeichen der Zeichenkette f werden mit den an der gleichen Position stehenden Zeichen der Zeichenkette g ersetzt.

**Beispiel**

```
REPORT zkv.
DATA: f(14) VALUE '12        3456',
      g(14) VALUE 'abcdefghijklmn'.
OVERLAY f with g.
WRITE: f NO-GAP.
*Ausgabe:  "12cdefghij3456"
```

CONCATENATE

## CONCATENATE

**Beschreibung:**

`CONCATENATE f g into f2.`

Die Zeichenkette f wird mit der Zeichenkette g verknüpft. Die daraus resultierende Zeichenkette wird auf f2 geschrieben. Leerzeichen am Ende der Zeichenketten werden ignoriert, es sei denn, Sie benutzen den Datentyp „string". (Achtung: Länge f2 = Länge f + Länge g).

sy-subrc = 0 → Länge von f2 ausreichend.

**Beispiel**

```
REPORT zkv.
DATA: schlagworte type string,
      S1(3) value 'EDV',
      S2(8) value 'Internet',
      s3(15) value 'Programmierung'.
Concatenate s1 s2 s3 into schlagworte separated
by ';'.
write: schlagworte.
*Ausgabe: EDV;Internet;Programmierung
```

SPLIT

## SPLIT

**Beschreibung:**

`SPLIT f at g into s1 s2…sn.`

Die Zeichenkette f wird an den Stellen, an denen das in der Variablen g stehende Zeichen steht, getrennt. Die dadurch entstehenden Teile der Zeichenkette werden in die Variablen s1...sn geschrieben.

**Beispiel:**

```
REPORT zkv.
DATA: schlagworte type string,
      S1(3),S2(8),s3(15).
schlagworte = 'EDV;Internet;Programmierung'
SPLIT schlagworte at ';' into s1 s2 s3.
write: s1, s2, s3.
*Ausgabe: EDV Internet Programmierung
```

## 4.4.5 Strukturen

Unter einer Struktur ist ein zusammengehöriger einzeiliger Speicherbereich zu verstehen, der mehrere, einzeln adressierbare Komponenten besitzt.

**Beispiel:**

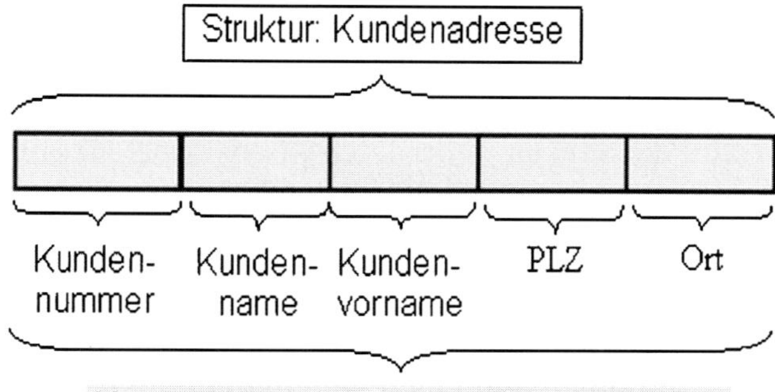


*Abb. 4.22 Beispiel einer Struktur*

Alle Komponenten der Struktur können gemeinsam über den Strukturnamen, jede Komponente über Strukturnamen plus Komponentennamen angesprochen werden. Strukturen werden häufig genutzt, um Daten eines Datensatzes einer Datenbanktabelle aufzunehmen (siehe Kapitel 4.6 „Lesen von Daten aus Datenbanktabellen").

### *4.4.5.1 Anlegen von Strukturen*

Wie auch elementare Datentypen können Strukturen auf verschiedenen Wegen erzeugt werden.

- Mit lokalem Strukturtyp,
- Mit implizitem Strukturtyp
- Mit einer globalen Struktur aus dem ABAP-Dictionary

#### *Struktur mit lokalem Strukturtyp*

Zunächst wird in einer TYPES-Anweisung der Strukturtyp definiert. Syntax:

```
TYPES: BEGIN OF <Strukturname>,
        <Komponentenname1> Type <Datentyp>,
        <Komponentenname2> Type <Datentyp>,
          ...
```

```
        <Komponentennamen> Type <Datentyp>,
        END OF <Strukturname>.
```

**Beispiel**

```
REPORT zstrukturen.
TYPES: BEGIN OF kundenadresse,
          kunnr(8) TYPE n,
          kundename(25),
          kundenvorname(25),
          plz(5) TYPE n,
          ort(25),
       END OF kundenadresse.
```

Danach wird die Struktur in der DATA-Anweisung deklariert, d.h. es wird ein Datenobjekt vom Typ „Struktur" angelegt.
Syntax:

```
DATA: <Datenobjekte> TYPE <Strukturname>.
```

**Beispiel:**

```
DATA: wa_kundenadresse TYPE kundenadresse.
```

**Hinweis:**
Strukturen werden häufig auch als „Arbeitsbereiche" (work area) bezeichnet. Es hat sich deshalb eingebürgert, dass Strukturnamen mit „wa_" beginnen.

### *Struktur mit implizitem Strukturtyp*

Alternativ zum oben beschriebenen Weg kann der Strukturtyp (implizit) in der DATA-Anweisung angelegt werden.

**Syntax:**

```
DATA: BEGIN OF <Datenobjekt>
        <Komponentenname1> Type <Datentyp>,
        <Komponentenname2> Type <Datentyp>,
          ...
        <Komponentennamen> Type <Datentyp>,
      END OF <Datenobjekt>.
```

Im folgenden Programmausschnitt wird die Struktur aus Abb. 4.22 über die implizite Datentypkonstruktion angelegt.

```
REPORT zstrukturen.
DATA: BEGIN OF wa_kundenadresse,
         kunnr(8) TYPE n,
         kundename(25),
```

```
      kundenvorname(25),
      plz(5) TYPE n,
      ort(25),
   END OF wa_kundenadresse.
```

**Hinweis:**
Strukturen können geschachtelt werden, d.h. eine Struktur kann wiederum Komponente einer Struktur sein.

### *4.4.5.2 Strukturen im Programm benutzen*

Nachdem nun klar ist, wie eine Struktur angelegt wird, wollen wir, am Beispiel der vorher deklarierten Struktur wa_kundenadresse, Daten in die Struktur einbringen und auch wieder ausgeben.

Eine Komponente einer Struktur wird über folgende allgemeine Syntax angesprochen:
<Strukturname>-<Komponentenname>.

**Laden der Struktur wa_kundenadresse mit Daten:**

```
wa_kundenadresse-kunnr = '1234'.
wa_kundenadresse-kundename = 'Gottschalk'.
wa_kundenadresse-kundenvorname = 'Thomas'.
wa_kundenadresse-plz = '01030'.
wa_kundenadresse-ort = 'Berlin'.
```

**Lesen der Daten der Struktur wa_kundenadresse:**

```
write: / wa_kundenadresse-kunnr,
       / wa_kundenadresse-kundename,
       / wa_kundenadresse-kundenvorname,
       / wa_kundenadresse-plz,
       / wa_kundenadresse-ort.
```

1. Legen Sie in Ihrem Programm YK04DBAS eine Struktur wa_zbestand mit den folgenden Komponenten an:
   - isbn TYPE zbestand-isbn,
   - titel TYPE zbestand-titel,
   - autor1 TYPE zbestand-autor1,
   - kategorie TYPE zbestand-kategorie,
   - bestand TYPE zbestand-bestand,
   - ausgeliehen TYPE zbestand-ausgeliehen,
   - verfuegbar TYPE i.

2. Legen Sie den Ereignisblock „Start-of-Selection“ an und laden Sie die Struktur wa_zbestand mit sinnvollen Daten. Die Komponente „verfuegbar“ soll aus den Komponenten „bestand“ und „ausgeliehen“ berechnet werden.
3. Geben Sie den Inhalt der Struktur entsprechend des Listenformates aus.
4. Ergänzen Sie in der Listenüberschrift, die z.Z. lediglich aus dem Wort „Ausgabeliste“ besteht, Datum und Uhrzeit der Listenerstellung.
5. Sorgen Sie dafür, dass die Überschrift im Ereignisblock „Top-of-Page“ ausgegeben wird.

Lösung: YK04DBAS_4

**Lösung**

```
REPORT  yk04dbas.
*Definition des Strukturtyps st_zbestand
TYPES: BEGIN OF st_zbestand,
          isbn TYPE zbestand-isbn,
          titel TYPE zbestand-titel,
          autor1 TYPE zbestand-autor1,
          kategorie TYPE zbestand-kategorie,
          bestand TYPE zbestand-bestand,
          ausgeliehen
                  TYPE zbestand-ausgeliehen,
          verfuegbar(4) TYPE n,
       END OF st_zbestand.
*Deklaration der Struktur wa_zbestand mit dem
*Datentyp st_zbestand und Deklaration der
*Variablen ausgabedatum und ausgabezeit
DATA: wa_zbestand TYPE st_zbestand,
      ausgabedatum TYPE sy-datum,
      ausgabezeit TYPE sy-uzeit.
START-OF-SELECTION.
*Systemdatum und -zeit eintragen
  ausgabedatum = sy-datum.
  ausgabezeit = sy-uzeit.
*Strukturkomponenten mit sinnvollen Werten laden
  wa_zbestand-isbn = '3898421473'.
  wa_zbestand-titel = 'ABAP Objects'.
  wa_zbestand-autor1 = '101' .
```

```
  wa_zbestand-kategorie = 'EDV' .
  wa_zbestand-bestand = 30 .
  wa_zbestand-ausgeliehen = 10 .
*Berechnung der Anzahl verfügbarer Bücher
wa_zbestand-verfuegbar = wa_zbestand-bestand
                       - wa_zbestand-ausgeliehen.
*Ausgabe der Struktur wa_zbestand.
  WRITE:
*Mit UNDER kann die Ausgabe unter der
*Spaltenüberschrift positioniert werden
*(siehe Schlüsselwortdokumentation "Write")
  / wa_zbestand-isbn UNDER 'ISBN'(002),
    wa_zbestand-titel UNDER 'Titel'(003),
    wa_zbestand-autor1 UNDER 'Autor'(004),
    (10) wa_zbestand-kategorie
         UNDER 'Kategorie'(005),
    wa_zbestand-verfuegbar
         UNDER 'verfügbar'(006).
TOP-OF-PAGE.
*Dieser Ereignisblock wird vom Laufzeitsystem
*aufgerufen, wenn eine neue Ausgabeseite begon-
*nen wird
  FORMAT COLOR COL_HEADING INTENSIFIED ON.
  WRITE:
       'Ausgabeliste'(001),
       'Ausgabedatum'(007), ausgabedatum,
       'Ausgabezeit'(008),ausgabezeit,119 ''.
  FORMAT COLOR COL_HEADING INTENSIFIED OFF.
  WRITE: /1  'ISBN'(002) COLOR COL_KEY
              INTENSIFIED ON,
          12 'Titel'(003),
          79 'Autor'(004),
         101 'Kategorie'(005),
         111 'verfügbar'(006).
```

#### 4.4.5.3
#### Zuweisungen von Strukturen und Zeichenketten

Mit der MOVE-Anweisung oder dem Zuweisungsoperator kann der Inhalt einer Struktur oder einer Zeichenkette einer Struktur zugewiesen werden. Dabei werden die Zeichen der Zeichenkette bzw. der Quellstruktur linksbündig in die Zielstruktur kopiert. Eine Typkonvertierung findet dabei **nicht** statt.

#### *Zuweisung einer Struktur an eine Struktur*

```
DATA: BEGIN OF wa_partner,
       name(10),
       vorname(10),
      END OF wa_partner,
      BEGIN OF wa_kunden,
       kundenname(10),
       kundenvorname(10),
       Umsatz(10) TYPE p DECIMALS 2,
      END OF wa_kunden.
wa_partner-name = 'Meier'.
wa_partner-vorname = 'Horst'.

MOVE wa_partner TO wa_kunden.
*oder
wa_kunden = wa_partner.
```

Im Beispiel wird der Inhalt der Struktur wa_partner in die Struktur wa_kunden kopiert. Dabei wird Zeichen für Zeichen der Struktur wa_partner linksbündig in wa_kunden eingetragen.

*Abb. 4.23 fehlerfreie Zuweisung einer Struktur an eine Struktur*

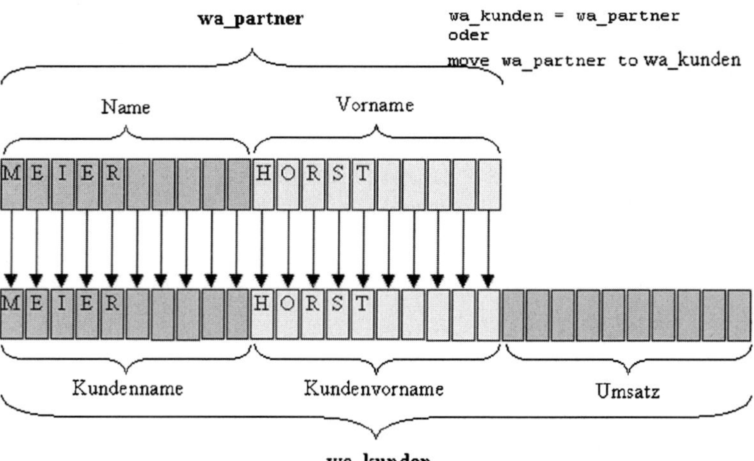


Das Ändern der Komponentenreihenfolge in der Struktur wa_kunden (z.B. Kundenname, Umsatz, Kundenvorname) hat bei der Zuweisung der Struktur wa_partner zur Folge, dass der Inhalt der Komponente Vorname in die Komponente Umsatz geschrieben wird. Bei der Ausgabe der Komponente Umsatz wird der Vorname als gepackte Zahl interpretiert, was schnell zu Fehleinschätzungen des Kundenumsatzes führt.

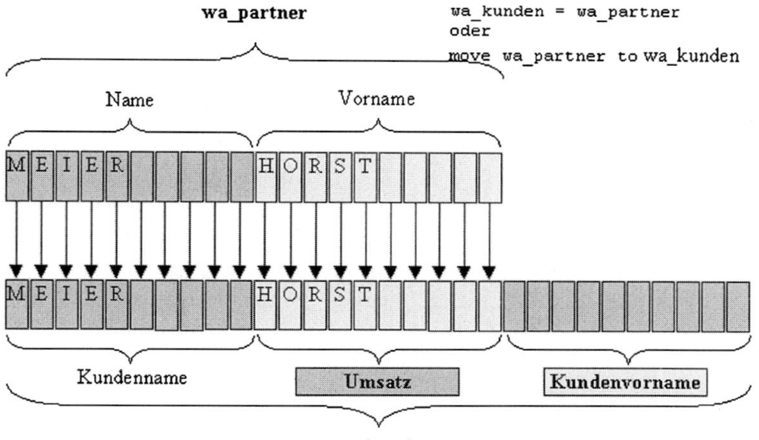


Abb. 4.24 fehlerhafte Zuweisung einer Struktur an eine Struktur

```
Kundenname:      Meier
Umsatz:          486?7273742020202,02
Kundenvorname:
```

Dieses Problem tritt nicht auf, wenn Sie an Stelle der einfachen Zuweisung die Anweisung „MOVE-CORRESSPONDING" benutzen. Diese Anweisung kopiert nur die Inhalte namensgleicher Felder. Die Komponentennamen des Beispielprogrammes sind deshalb ebenfalls zu ändern.:

```
DATA: BEGIN OF wa_partner,
        name(10),
        vorname(10),
      END OF wa_partner,
      BEGIN OF wa_kunden,
        name(10),
        umsatz(10) TYPE p DECIMALS 2,
        vorname(10),
      END OF wa_kunden.
wa_partner-name = 'Meier'.
wa_partner-vorname = 'Horst'.
MOVE-CORRESPONDING wa_partner to wa_kunden.
```

### *Zuweisung einer Zeichenkette an eine Struktur*

```
REPORT zDatumsaufbereitung.
DATA: BEGIN OF wa_datum,
        yyyy(4),
        mm(2),
```

```
         dd(2),
       END OF wa_datum,
       datum TYPE sy-datum VALUE '20031112'.
MOVE datum TO wa_datum.
WRITE: 'wa_datum-yyyy:',16 wa_datum-yyyy,
     / 'wa_datum-mm:',16 wa_datum-mm,
     / 'wa_datum-dd: ',16 wa_datum-dd.
```

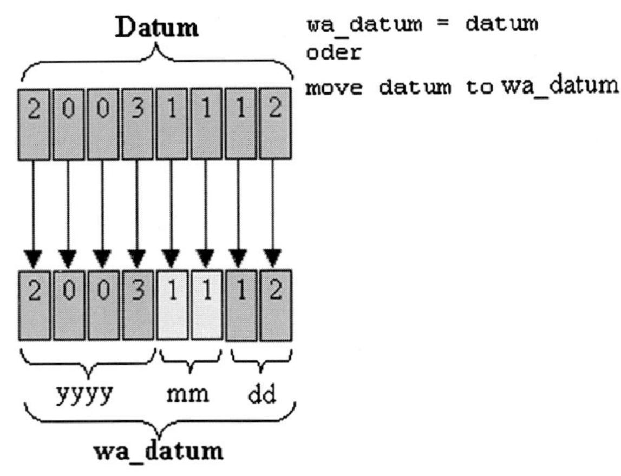


*Abb. 4.25 Zuweisung einer Zeichenkette an eine Struktur*

```
wa_datum-yyyy: 2003
wa_datum-mm:   11
wa_datum-dd:   12
```

## 4.4.6 Interne Tabellen

Interne Tabellen sind Datenobjekte, mit denen Datenmengen fester Struktur im Arbeitsspeicher des SAP-Servers gehalten werden. Eine interne Tabelle besteht aus Zeilen und Spalten. Die Spalten besitzen einen Spaltennamen und einen Datentyp. Alle Spalten werden als Zeilentyp bezeichnet.

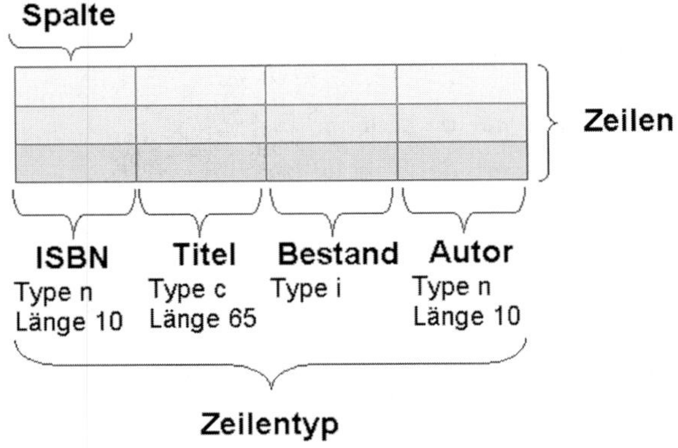


*Abb. 4.26*
*interne Tabelle*

- Interne Tabellen sind dynamische Datenobjekte, d. h. die benötigte Speicherkapazität wird während der Laufzeit ermittelt und bereitgestellt.
- Es gibt keine durch ABAP/4 gesetzten Beschränkungen hinsichtlich der Anzahl der Spalten und Zeilen.
- Jede Spalte kann beliebig definiert werden, sie kann elementare oder strukturierte Datentypen enthalten.
- Für interne Tabelle kann ein Tabellenschlüssel definiert werden.

### 4.4.6.1 Tabellenarten

In ABAP/4 können Sie drei Tabellenarten einsetzen:

- Standard Tabelle (standard table)
- Sortierte Tabelle (sorted table)
- Hashed Tabelle (hashed table)

#### Eigenschaften der Standardtabelle

*Standardtabelle*

- Die Zeilen der Tabelle sind nicht sortiert.
- Durch die Anweisung „SORT“ kann die Tabelle beliebig sortiert werden.
- Die Zeilennummern und ein Verweis auf die Datenzeile werden im sogenannten Index gehalten. Über diesen Index kann das ABAP-Programm auf eine bestimmte Zeile zugreifen (Index-Zugriff).
- Eine Standardtabelle besitzt immer einen non-unique-Schlüssel. Das ist ein Schlüssel, der erlaubt, dass mehrere Zeilen mit den gleichen Schlüsselwerten angelegt werden können. Über den

Tabellenschlüssel kann das ABAP-Programm ebenfalls auf eine Zeile der Tabelle zugreifen.

- Wird beim Anlegen der Tabelle kein Schlüssel definiert, erzeugt das Laufzeitsystem einen Standardschlüssel, der aus allen zeichenartigen Feldern der Tabelle besteht.
- Die Standardtabelle wird eingesetzt, wenn der Zugriff auf die Zeilen der Tabelle vorwiegend über den Index erfolgt.

*sortierte Tabelle*

### *Eigenschaften der sortierten Tabelle*

- Die Zeilen sortierter Tabellen liegen sortiert nach dem Tabellenschlüssel, der beim Anlegen der Tabelle definiert wird, im Arbeitsspeicher.
- Sortierte Tabellen besitzen, wie auch die Standardtabellen, einen Index der die Zeilennummer und einen Verweis auf die Datenzeile enthält. Über den Index kann das ABAP-Programm auf eine bestimmte Datenzeile zugreifen (Index-Zugriff)
- Sortierte Tabelle können über einen non-unique- oder einen unique-Schlüssel verfügen. Im Gegensatz zum non-unique-Schlüssel lässt der unique-Schlüssel nicht zu, dass mehrere Zeilen mit den gleichen Einträgen in den Schlüsselfeldern, angelegt werden können.
- Die sortierte Tabelle wird eingesetzt, wenn der Zugriff auf die Zeilen der Tabelle vorwiegend über den Schlüssel erfolgt. Durch die Sortierung kann hier ein schnellerer Suchalgorithmus angewendet werden (binäre Suche).

*Hashed-Tabelle*

### *Eigenschaften der Hashed-Tabelle*

- Die Hashed-Tabelle besitzt keinen Index.
- Es kann lediglich ein unique-Schlüssel angelegt werden.
- Auf die Zeilen der Tabelle kann nur über den Schlüssel zugegriffen werden.
- Der Zugriff auf die Zeilen der Tabelle erfolgt über einen speziellen Algorithmus. Dieser erreicht minimale Zugriffszeiten, wenn beim Zugriff auf eine Zeile alle Schlüsselfelder einbezogen werden. Die Zugriffszeiten sind dabei unabhängig von der Anzahl der Zeilen.
- Hashed-Tabellen sollten nur dann eingesetzt werden, wenn beim Zugriff auf eine Zeile vorwiegend alle Schlüsselfelder einbezogen werden.

### *4.4.6.2*
### *Anlegen interner Tabellen*

Interne Tabellen können über folgende Wege angelegt werden:

- Mit lokalem Tabellentyp
- Mit impliziten Tabellentyp
- Mit Bezug zum ABAP-Dictionary

#### *Internen Tabelle mit lokalem Tabellentyp*

*Internen Tabelle mit lokalem Tabellentyp*

In je einer TYPES-Anweisung wird

- eine Strukturtyp für den Zeilentyp der internen Tabelle,
- der Typ der internen Tabelle

definiert. Für die Definition der internen Tabelle ist die folgende Syntax zu benutzen:

```
TYPES <Name des Tabellentyps> TYPE <Tabellenart> TABLE
          OF <Zeilentyp>
          [WITH <Schlüsselart> KEY <Schlüsselfelder>]
          [INITIAL SIZE <Anzahl Zeilen>].
```

| Parameter | Parameterwerte |
|---|---|
| Name des Tabellentyps | beliebige Zeichenkette |
| Tabellenart | standard = Standardtabelle<br>sorted = Sortierte Tabelle<br>hashed = Hashed-Tabelle |
| Zeilentyp | Ein Strukturtyp mit den Spalteneigenschaften |
| Schlüsselfelder | Die Schlüsselfelder der Tabelle werden an dieser Stelle angegeben. Mehrere Schlüsselfelder sind durch Leerzeichen voneinander zu trennen |
| Anzahl Zeilen | optional kann die Anzahl der Zeilen der internen Tabelle festgelegt werden. Wird die Anzahl der Datensätze nicht festgelegt, wird bei der Deklaration der Tabelle standardmäßig ein 8 kB-Block resertviert, der dann bei Bedarf wiederum um einen 8 kB-Block erweitert wird, usw. |

**Beispiel**

Im folgenden Programmausschnitt wird ein Tabellentyp für die interne Tabelle aus Abb. 4.26 definiert.

```
REPORT zinterne_tabelle.
TYPES: BEGIN OF st_bestand,   "Zeilentyp
         isbn(10) TYPE n,
         titel(65) TYPE c,
         bestand TYPE i,
         autor TYPE n,
       END OF st_bestand.
*Definition des Tabellentyps
TYPES: int_bestand TYPE SORTED TABLE
       OF st_bestand
       WITH UNIQUE KEY isbn.
```

Eigenschaften des Tabellentyps:

- sortierte Tabelle (sorted Table)
- Zeilentyp: st_bestand
- Tabellenschüssel (unique key): isbn.

Mit dem in der TYPES-Anweisung definierten Tabellentyp wird in einer DATA-Anweisung die interne Tabelle deklariert.

Syntax:
DATA <Name der int. Tabelle> TYPE <Tabellentyp>.

Für das Beispiel sieht die Deklaration der internen Tabelle so aus:

```
DATA it_bestand TYPE int_bestand.
```

*Interne Tabelle mit implizitem Tabellentyp*

### *Internen Tabelle mit implizitem Tabellentyp*

Die interne Tabelle kann auch (implizit) bei der Deklaration definiert werden. Dabei wird anstelle des Schlüsselwortes TYPES das Schlüsselwort DATA benutzt

DATA <Name der int. Tab.> TYPE/LIKE <Tabellenart> TABLE
    OF <Zeilentyp> [initial size <n>].
    [WITH <Schlüsselart> KEY <Schlüsselfelder>]
    [INITIAL SIZE <Anzahl Zeilen>].

| Parameter | Parameterwerte |
|---|---|
| Name der int. Tab | beliebige Zeichenkette für den Namen der internen Tabelle |
| Tabellenart | standard = Standardtabelle<br>sorted = Sortierte Tabelle<br>hashed = Hashed-Tabelle |
| Zeilentyp | Ein Strukturtyp oder eine Struktur (Datenobjekt). Der Strukturtyp bzw. die Struktur enthält die Eigenschaften der Spalten. Benutzen Sie eine Struktur, müssen Sie bei der Deklaration der internen Tabelle „LIKE" einsetzen. |
| Schlüsselfelder | Die Schlüsselfelder der Tabelle werden an dieser Stelle angegeben. Werden mehrere Schlüsselfelder angegeben, sind diese durch Leerzeichen voneinander zu trennen |
| Anzahl Zeilen | Optional kann die Anzahl der Zeilen der internen Tabelle festgelegt werden. Wird die Anzahl der Datensätze nicht festgelegt, wird bei der Deklaration der Tabelle standardmäßig ein 8 kB-Block resertviert, der dann bei Bedarf wiederum um einen 8 kB-Block erweitert wird, usw. |

**Beispiel**
Im folgenden Programmausschnitt wird die interne Tabelle aus Abb. 4.26 mit implizitem Tabellentyp erzeugt. Als Zeilentyp wird eine Struktur benutzt.

```
TYPES: BEGIN OF st_bestand,
         isbn(10) TYPE n,
         titel(65) TYPE c,
         bestand TYPE i,
         autor TYPE n,
       END OF st_bestand.
DATA: wa_bestand type st_bestand.
DATA: it_bestand LIKE SORTED TABLE
         OF wa_bestand
         WITH UNIQUE KEY isbn.
```

### *interne Tabelle mit Bezug zum ABAP-Dictionary*

Beim Anlegen interner Tabellen kann auf globale Tabellentypen zugegriffen werden. Diese sind im ABAP-Dictionary abgelegt.

Syntax:
DATA <Name der int. Tab.> TYPE <Dictionary-Tabellentyp> .

Tabellenart und Tabellenschlüssel sind im globalen Tabellentyp hinterlegt. Außerdem kann über die Syntax

DATA <Name der int. Tab.> TYPE <Tabellenart> TABLE
OF **<Datenbanktabelle>**
[WITH KEY <Schlüsselfelder>]
[INITIAL SIZE <Anzahl Zeilen>].

eine interne Tabelle deklariert werden. Als Zeilentyp dient dabei die Struktur der Datenbanktabelle.

**Beispiel:**

```
DATA: it_bestand TYPE SORTED TABLE
      OF zbestand WITH UNIQUE KEY isbn.
```

### *4.4.6.3*
### *Zeilenoperationen*

Die folgenden Anweisungen beziehen sich auf einzelne oder mehrere Zeilen der internen Tabelle:

- APPEND
  (Anfügen einer Zeile an das Ende der Tabelle)
- INSERT
  (Einfügen einer Zeile)
- READ
  (Lesen einer Zeile)
- MODIFY
  (Ändern einer Zeile der internen Tabelle)
- DELETE
  (Löschen einer Zeile)
- LOOP...ENDLOOP
  (Sequentielles Bearbeiten von Zeilen)

*Arbeitsbereich Workarray*

Für diese Anweisungen werden Strukturen verwendet, die den gleichen Aufbau haben, wie der Zeilentyp der internen Tabelle. Diese Strukturen werden auch als „Arbeitsbereich“ oder „Workarea“ (wa) bezeichnet.

Nachfolgend sind die gebräuchlichsten Formen dieser Anweisungen an Hand eines Beispiels beschrieben. Weitere mögliche Formen dieser Anweisungen finden Sie in der Schlüsselwortdokumentation.

### *Die APPEND-Anweisung*

Mit der APPEND-Anweisung wird eine neue Zeile am Ende einer interne Tabelle angefügt. Wenden Sie diese Anweisung nur bei Standardtabellen an.

SYNTAX
APPEND <Arbeitsbereich> TO <int. Tabelle>.

Eine Struktur wird mit den Daten geladen, die in die interne Tabelle eingefügt werden sollen. Mit APPEND werden diese Daten am Ende der internen Tabelle eingefügt.

**Beispiel:**

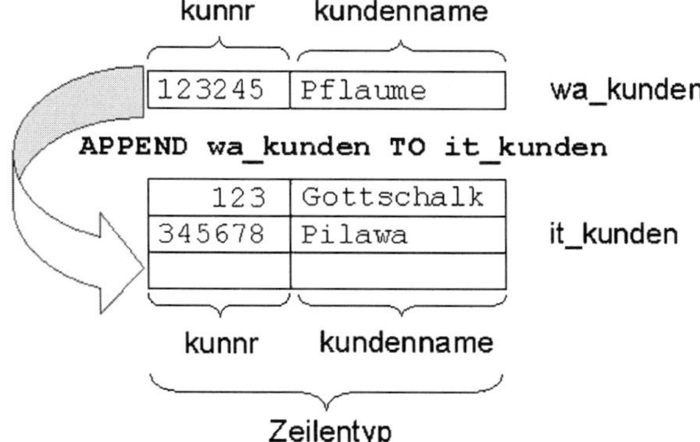


*Abb. 4.27 APPEND Anfügen einer Zeile an die interne Tabelle.*

```
REPORT zAppend.
TYPES: BEGIN OF st_kunden,
         kunnr(8) TYPE n,kundenname(25),
       END OF st_kunden.
DATA: wa_kunden TYPE st_kunden,
      it_kunden TYPE TABLE OF st_kunden.
*Int. Tabelle im Unterprogramm 'Fill' laden
Perform fill
*Laden der Struktur wa_kunden
wa_kunden-kunnr = '123245'.
wa_kunden-kundenname = 'Pflaume'.
*Einfügen der Daten der Struktur
*in die interne Tabelle it_kunden
APPEND wa_kunden TO it_kunden.
```

### *Die INSERT-Anweisung*

Mit der INSERT-Anweisung kann eine neue Zeile in die interne Tabelle eingefügt werden.

SYNTAX
INSERT <Arbeitsbereich> INTO TABLE<int. Tabelle>.

Bei sortierten Tabellen (sorted table) wird die Zeile entsprechend der Sortierfolge eingeordnet, bei Standardtabellen entspricht die Anweisung der APPEND-Anweisung.

*Tabelle 4.12*

| | |
|---|---|
| sy-subrc = 0 | Die Zeile wurde an die n-te Position eingefügt |
| sy-subrc = 4 | Tritt bei Tabellen mit eindeutigem Schlüssel (unique-key) auf. Zeile wurde nicht eingefügt, weil bereits eine Zeile mit gleichen Schlüsselwerten vorhanden ist. |

**Beispiel:**

*Abb. 4.28 INSERT Einfügen einer Zeile in die interne Tabelle.*

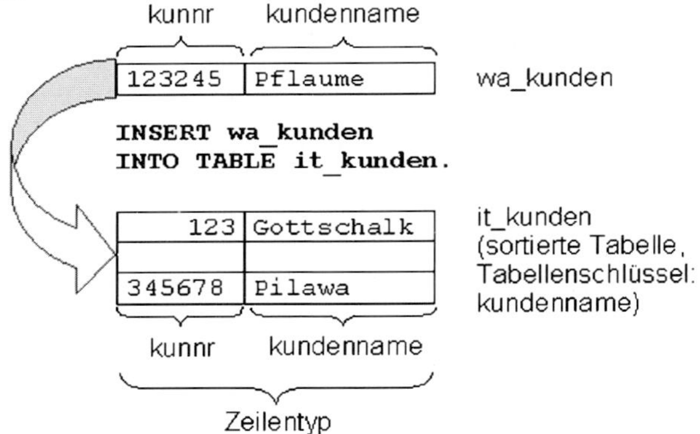


```
REPORT zInsert.
TYPES: BEGIN OF st_kunden,
         kunnr(8) TYPE n,kundenname(25),
       END OF st_kunden.
DATA:
wa_kunden TYPE st_kunden,
it_kunden TYPE SORTED TABLE OF st_kunden
          WITH NON-UNIQUE KEY kundenname.
*Int. Tabelle im Unterprogramm 'Fill'laden
PERFORM fill.
*Laden der Struktur wa_kunden
wa_kunden-kunnr = '123245'.
```

```
wa_kunden-kundenname = 'Pflaume'.
INSERT wa_kunden INTO TABLE it_kunden.
```

### *Die READ-Anweisung*

Die READ-Anweisung greift auf eine Tabellenzeile zu, über

- die Zeilennummer (Index),
- Feldinhalte der Tabellenschlüsselspalten (Tabellenschlüssel),
- Feldinhalte beliebiger Spalten.

Die READ-Anweisung belegt folgende Systemvariablen:

*Tabelle 4.13*

| | |
|---|---|
| sy-subrc | Mit 0 belegt, wenn eine Tabellenzeile gefunden wurde, die den Bedingungen der READ-Anweisung entspricht |
| sy-tabix | enthält die Zeilennummer der gefundenen Zeile |

**Indexzugriff**

Der Index wird bei internen Tabellen vom Typ „sorted“ und „standard“ automatisch angelegt und verwaltet. Bei Hashed-Tabellen gibt es keinen Index, demzufolge auch keinen Indexzugriff.

Syntax:
READ TABLE <it> INTO <wa> INDEX <n>.

*Tabelle 4.14*

| | |
|---|---|
| it | Interne Tabelle in der eine Zeile gelesen werden soll |
| wa | Arbeitsbereich, der die Felder der Tabellenzeile aufnimmt. |
| n | Nummer der Zeile, die gelesen werden soll. |

**Beispiel**

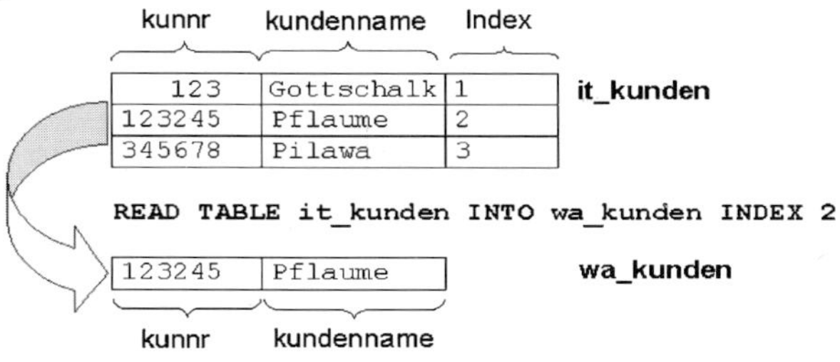


*Abb. 4.29 Indexzugriff*

```
REPORT zreadindex.
TYPES: BEGIN OF st_kunden,
         kunnr(8) TYPE n,kundenname(25),
       END OF st_kunden.
DATA: wa_kunden TYPE st_kunden,
      it_kunden TYPE TABLE OF st_kunden.
*Int. Tabelle im Unterprogramm 'Fill' laden
PERFORM fill.
*Lesen der 2. Zeile der Tabelle it_kunden
READ TABLE it_kunden INTO wa_kunden INDEX 2.
WRITE: wa_kunden-kunnr,wa_kunden-Kundenname.
```

**Indexzugriff über Feldsymbole**

Das Nutzen von Feldsymbolen (Zeigern) beim Lesen von Zeilen interner Tabellen ist für die Performance Ihrer Programme günstiger als der oben beschriebene Umweg über eine Struktur.
Das Feldsymbol wird mit der zu lesenden Zeile verbunden. Sie lesen die Daten also direkt aus der internen Tabelle. Eine Struktur wird bei dieser Methode nicht benötigt.

Syntax:
READ TABLE <it> INDEX <n> **ASSIGNING <fs>.**

| | |
|---|---|
| it | Interne Tabelle in der eine Zeile gelesen werden soll |
| fs | Feldsymbol |
| n | Nummer der Zeile, die gelesen werden soll. |

**Beispiel:**

*Abb. 4.30 Indexzugriff*

*Verbinden der zu lesenden Zeile mit einem Feldsymbol*

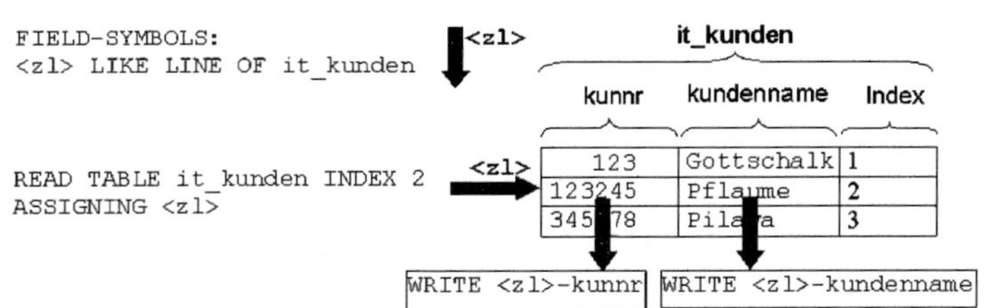


```
REPORT zfeldsymbole.
TYPES: BEGIN OF st_kunden,
         kunnr(8) TYPE n,kundenname(25),
       END OF st_kunden.
DATA:
it_kunden TYPE TABLE OF st_kunden.
```

```
*Mit FIELD-SYMBOLS ...LIKE LINE OF it_kunden
*wird ein Feldsymbol angelegt, das mit einer
*Zeile der Tabelle it_kunden verbunden werden
*kann
FIELD-SYMBOLS: <zl> LIKE LINE OF it_kunden.
*Int. Tabelle im Unterprogramm 'Fill'laden
PERFORM fill.
READ TABLE it_kunden INDEX 2 ASSIGNING <zl>.
*Durch den Zusatz ASSIGNING <zl> wird das
*Feldsymbol <zl> mit der durch die INDEX-
*Klausel ausgewählten Zeile der Tabelle
*verbunden. Durch die Typisierung mit 'LIKE
*LINE OF in der Feldsymboldeklaration kann auf
*die Komponenten der Zeile der internen Tabelle
*zugegriffen werden.
WRITE: / <zl>-kunnr, <zl>-kundenname.
```

**Tabellenschlüsselzugriff**

Bei sortierten Tabellen liegen die Zeilen der Tabelle sortiert nach dem Tabellenschlüssel vor, der beim Anlegen der internen Tabelle definiert wird. Beim Zugriff auf eine Tabellenzeile über die Felder dieses Schlüssels, wird bei sortierten und bei Hashed-Tabellen ein schneller Algorithmus, z.B. die binäre Suche, zum Auffinden der benötigten Tabellenzeile angewendet. Bei häufigen Zugriffen über die Schlüsselfelder sollten Sie deshalb diese Tabellenarten einsetzen. Bei unsortierten Tabellen findet immer ein „Full-Table-Scan“ statt.

Syntax 1:

```
READ TABLE <it> INTO <wa> WITH TABLE KEY <f1> = <i1>
                                         <f2> = <i2>
                                         <fn> = <in>.
```

| it | Interne Tabelle in der eine Zeile gelesen werden soll |
|---|---|
| wa | Arbeitsbereich, der die Felder der Tabellenzeile aufnimmt. |
| f1...fn | Felder des Tabellenschlüssels |
| i1...in | Inhalt der Schlüsselfelder in der zu lesenden Zeile |

*Abb. 4.31 Tabellen-schlüsselzugriff*

*Laden des Arbeitsbereiches mit dem Inhalt der zu lesenden Zeile*

**Beispiel:**

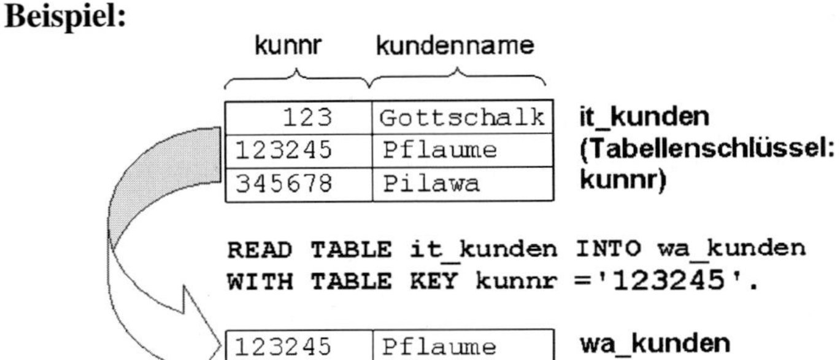


```
REPORT zreadtabschl.
TYPES: BEGIN OF st_kunden,
         kunnr(8) TYPE n,kundenname(25),
       END OF st_kunden.
DATA: wa_kunden TYPE st_kunden,
    it_kunden TYPE SORTED TABLE OF st_kunden
    WITH UNIQUE KEY kunnr.
*Int. Tabelle im Unterprogramm 'Fill' laden
PERFORM fill.
*Lesen der Zeile in der kunnr = '123245' ist
READ TABLE it_kunden INTO wa_kunden
WITH TABLE KEY kunnr = '123245'.
WRITE: wa_kunden-kunnr,wa_kunden-kundenname.
```

Syntax 2:
Alternativ zur Angabe der Schlüsselfelder und den Schlüsselfeldinhalten der zu lesenden Tabellenzeile in der READ-Anweisung, kann eine Struktur mit den Schlüsselfeldinhalten geladen werden. Diese Struktur wird von der READ-Anweisung genutzt, um die Datenzeile zu suchen, in der die gleiche Belegung der Schlüsselfelder auftritt wie in der vorher geladenen Struktur.

READ TABLE <it> INTO <wa> FROM <wa1>.

| | |
|---|---|
| it | Interne Tabelle in der eine Zeile gelesen werden soll |
| wa | Arbeitsbereich, der die Felder der Tabellenzeile aufnimmt. |
| wa1 | Arbeitsbereich, der mit den Feldinhalten der Schlüsselfelder der zu lesenden Zeile geladen wird |

Hinweis: Für wa und wa1 kann die gleiche Struktur benutzt werden.

**Beispiel**

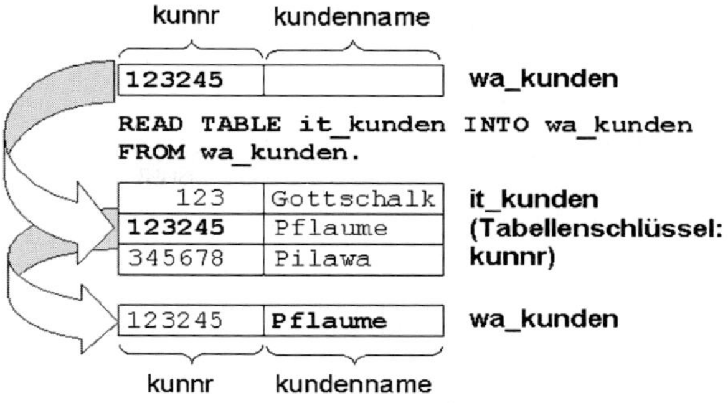

kunnr kundenname

| 123245 | | wa_kunden |
|---|---|---|

READ TABLE it_kunden INTO wa_kunden
FROM wa_kunden.

| 123 | Gottschalk | it_kunden (Tabellenschlüssel: kunnr) |
|---|---|---|
| 123245 | Pflaume | |
| 345678 | Pilawa | |

| 123245 | Pflaume | wa_kunden |
|---|---|---|

kunnr kundenname

*Abb. 4.32 Tabellenschlüsselzugriff über den Arbeitsbereich*

*Laden des Arbeitsbereiches mit dem Inhalt der zu lesenden Zeile*

```
REPORT zreadtabschl.
TYPES: BEGIN OF st_kunden,
         kunnr(8) TYPE n,kundenname(25),
       END OF st_kunden.
DATA: wa_kunden TYPE st_kunden,
    it_kunden TYPE SORTED TABLE OF st_kunden
    WITH UNIQUE KEY kunnr.
*Int. Tabelle im Unterprogramm 'Fill' laden
PERFORM fill.
*Struktur mit dem Inhalt der Schlüsselfelder
*der zu lesenden Tabellenzeile laden
wa_kunden-kunnr = '123245'.
*Lesen der Zeile in der kunnr = '123245' ist
READ TABLE it_kunden INTO wa_kunden
FROM wa_kunden.
WRITE: wa_kunden-kunnr,wa_kunden-kundenname.
```

**Tabellenschlüsselzugriff über Feldsymbole**

Das Nutzen von Feldsymbolen (Zeigern) beim Lesen von Zeilen interner Tabellen ist für die Performance Ihrer Programme günstiger als der Umweg über eine Struktur. Das Feldsymbol wird über den Tabellenschlüssel mit der zu lesenden Zeile verbunden. Die Feldinhalte der Tabellenzeile werden dann direkt aus der Tabelle gelesen. Eine Struktur wird bei dieser Methode nicht benötigt.

Syntax:
READ TABLE <it> WITH TABLE KEY <f1> = <i1>
<f2> = <i2>
<fn> = <in>

**ASSIGNING <fs>.**

Tabelle 4.15

| it | Interne Tabelle in der eine Zeile gelesen werden soll |
|---|---|
| fs | Feldsymbol |
| f1...fn | Felder des Tabellenschlüssels |
| i1...in | Inhalt der Schlüsselfelder in der zu lesenden Zeile |

Abb. 4.33 Tabellenschlüsselzugriff

Verbinden der zu lesenden Zeile mit einem Feldsymbol

**Beispiel**

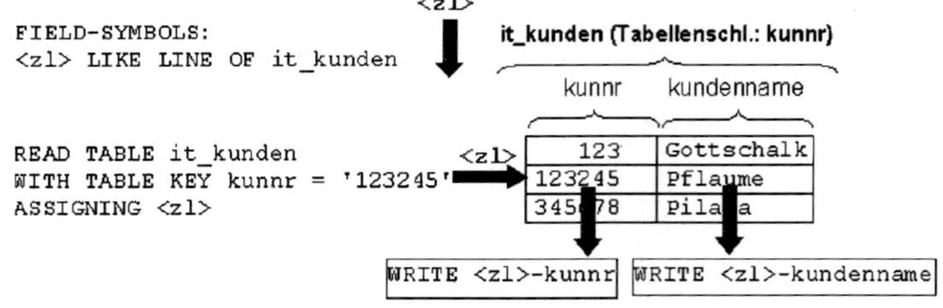


```
REPORT zreadtabschl.
TYPES: BEGIN OF st_kunden,
         kunnr(8) TYPE n,kundenname(25),
       END OF st_kunden.
DATA: it_kunden TYPE SORTED TABLE OF
      st_kunden WITH KEY kunnr.
*Anlegen des Feldsymbols mit Bezug zum
*Zeilentyp der int. Tabelle it_kunden
FIELD-SYMBOLS: <zl> LIKE LINE OF it_kunden.
*Int. Tabelle im Unterprogramm 'Fill' laden
PERFORM fill.
*Feldsymbol mit der zu lesenden Zeile ver-
*binden
READ TABLE it_kunden WITH TABLE KEY
kunnr = '123245' ASSIGNING <zl>.
WRITE: / <zl>-kunnr, <zl>-kundenname.
```

**Zugriff über Feldinhalte beliebiger Spalten**

Wird über beliebige Felder auf eine Tabellenzeile zugegriffen, findet, unabhängig von der Tabellenart, immer „Full-Table-Scan" statt.

Syntax 1:

READ TABLE <it> INTO <wa> WITH KEY <f1> = <i1><br><f2> = <i2><br><fn> = <in>.

| | | |
|---|---|---|
| it | Interne Tabelle in der eine Zeile gelesen werden soll | *Tabelle 4.16* |
| wa | Arbeitsbereich, die die Felder der Tabellenzeile aufnimmt. | |
| f1...fn | Beliebige Felder der internen Tabelle | |
| i1...in | Inhalt der Felder in der zu lesenden Zeile | |

Gibt es in der Tabelle mehrere Tabellenzeile, die die Bedingungen der READ-Anweisung erfüllen, wird die erste Tabellezeile ausgegeben, die die READ-Anweisung identifiziert hat.

**Beispiel**

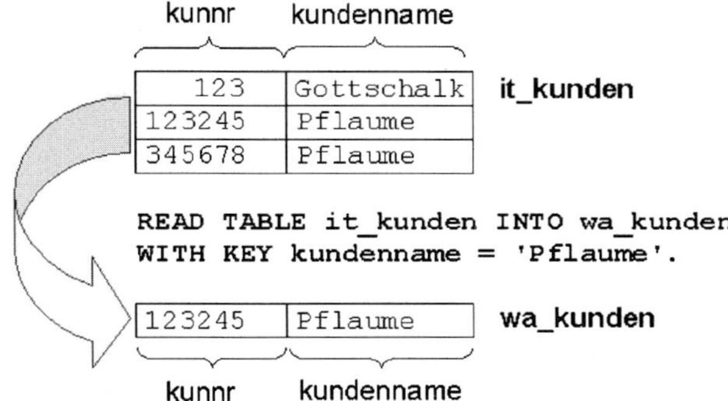


*Abb. 4.34 Zugriff auf eine beliebige Zeile*

*Laden des Arbeitsbereiches mit dem Inhalt der zu lesenden Zeile*

```
REPORT zreadbeliebig.
TYPES: BEGIN OF st_kunden,
         kunnr(8) TYPE n,kundenname(25),
        END OF st_kunden.
DATA: wa_kunden TYPE st_kunden,
      it_kunden TYPE TABLE OF st_kunden.
*Int. Tabelle im Unterprogramm 'Fill' laden
PERFORM fill.
*Lesen der Zeile in der
Kundenname = 'Pflaume' ist
READ TABLE it_kunden INTO wa_kunden
WITH KEY kundenname = 'Pflaume'.
WRITE: wa_kunden-kunnr,wa_kunden-kundenname.
```

### Zugriff über Feldinhalte beliebiger Spalten mit Feldsymbolen

Syntax:
READ TABLE <it> WITH KEY <f1> = <i1>
<f2> = <i2>
<fn> = <in>
**ASSIGNING <fs>.**

| Tabelle 4.17 | | |
|---|---|---|
| | it | Interne Tabelle in der eine Zeile gelesen werden soll |
| | fs | Feldsymbol |
| | f1...fn | Beliebige Felder der Tabelle |
| | i1...in | Inhalt der Felder in der zu lesenden Zeile |

**Beispiel**

*Abb. 4.35 Zugriff auf eine beliebige Zeile*

*Verbinden der zu lesenden Zeile mit einem Feldsymbol*

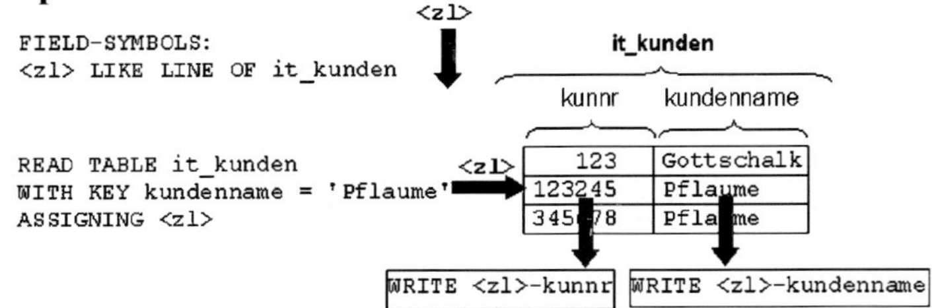


```
REPORT zreadbeliebig.
TYPES: BEGIN OF st_kunden,
         kunnr(8) TYPE n,kundenname(25),
       END OF st_kunden.
DATA: it_kunden TYPE TABLE OF st_kunden.
*Anlegen des Feldsymbols mit Bezug zum Zei-
*lentyp der int. Tabelle it_kunden
FIELD-SYMBOLS: <zl> LIKE LINE OF it_kunden.
*Int. Tabelle im Unterprogramm 'Fill' laden
PERFORM fill.
*Feldsymbol mit der zu lesenden Zeile ver-
*binden
READ TABLE it_kunden WITH KEY
kundenname = 'Pflaume' ASSIGNING <zl>.
WRITE: / <zl>-kunnr, <zl>-kundenname.
```

### *Die MODIFY-Anweisung*

Mit der MODIFY-Anweisung können Feldinhalte innerhalb einer oder mehrerer Zeilen der internen Tabelle geändert werden. Die Änderungen können über eine Struktur oder über ein Feldsymbol in die interne Tabelle eingetragen werden.

**Ändern interner Tabellen mittels Struktur**

Die Tabellenzeile, in der Feldinhalte geändert werden sollen, wird zunächst ausgewählt (z.B. mit einer READ-Anweisung) und in eine Struktur geschrieben. In der Struktur werden die Änderungen durchgeführt. Durch die MODIFY-Anweisung wird die ausgewählte Tabellenzeile mit der Struktur überschrieben.

**Hinweis:** Die Struktur muss den gleichen Aufbau haben wie der Zeilentyp der internen Tabelle, in der Änderungen ausgefürht werden sollen.

Syntax 1:
MODIFY TABLE <it> FROM <wa>.

*Tabelle 4.18*

| | |
|---|---|
| it | Name der internen Tabelle in der Daten geändert werden |
| wa | Arbeitsbereich, der die Schlüsselwerte der zu ändernden Tabellenzeile und die Inhalte der zu ändernden Felder enthält. Das Laufzeitsystem ermittelt die Tabellenzeile über die in der Struktur eingetragenen Schlüsselwerte und überschreibt die zu ändernden Felder mit denen aus der Struktur. Schlüsselfelder können über diese Methode nicht geändert werden |

**Beispiel**

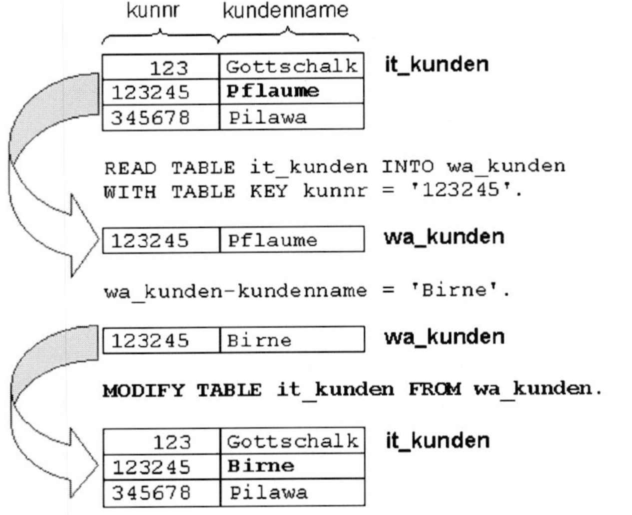


*Abb. 4.36 MODIFY Ändern einer Zeile der internen Tabelle über den Arbeitsbereich*

Syntax 2:
MODIFY <it> FROM <wa> INDEX <n>.

*Tabelle 4.19*

| | |
|---|---|
| it | Name der internen Tabelle in der Daten geändert werden |
| n | Tabellenzeile, in die die Änderungen eingetragen werden |
| wa | Arbeitsbereich, der die Inhalte der zu ändernden Felder der Tabellenzeile n enthält. |

**Beispiel**

*Abb. 4.37 MODIFY Ändern einer Zeile der internen Tabelle über den Tabellenindex*

**Ändern interner Tabellen mittels Feldsymbol**

Über Feldsymbole kann direkt, ohne die Nutzung einer Struktur, in der internen Tabelle geändert werden. Dazu wird das Feldsymbol mit der zu ändernden Tabellenzeile verbunden (READ-Anweisung). Danach können die gewünschten Änderungen über das Feldsymbol in die Datenzeile eingetragen werden.

Syntax:

READ TABLE <it> WITH TABLE KEY <f1> = <i1>
<f2> = <i2>
<fn> = <in>
ASSIGNING <fs>.

**<fs>-<Komponente> = <neuer Inhalt>.**

| | |
|---|---|
| <fs> | Feldsymbol, das mit der zu ändernden Tabellenzeile verbunden wird. Es muss im Programm über FIELD-SYMBOLS vereinbart werden. |

**Hinweis:**

Anstelle der Klausel „WITH TABLE KEY" in der READ-Anweisung, können auch die Klauseln „WITH KEY" und „INDEX <n>" verwendet werden (siehe Seite 196 und 201).

**Beispiel**

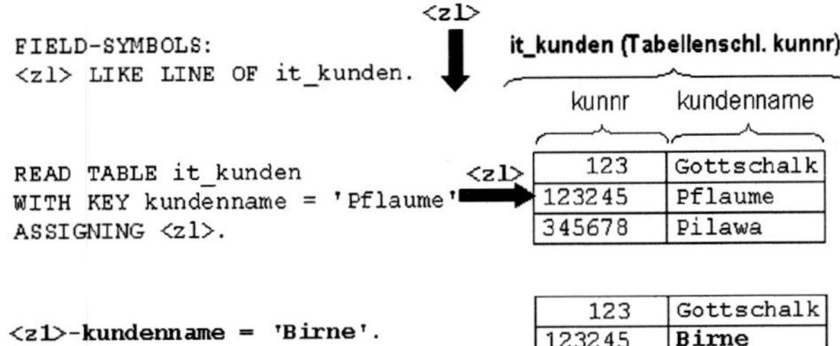


*Abb. 4.38 MODIFY Ändern einer Zeile der internen Tabelle über ein Feldsymbol*

```
REPORT zmodifyfs.
TYPES: BEGIN OF st_kunden,
         kunnr(8) TYPE n,kundenname(25),
       END OF st_kunden.
DATA: it_kunden TYPE TABLE OF st_kunden
      WITH KEY kunnr.
*Anlegen des Feldsymbols mit Bezug zum Zei-
*lentyp der int. Tabelle it_kunden
FIELD-SYMBOLS: <zl> LIKE LINE OF it_kunden.
*Int. Tabelle im Unterprogramm 'Fill' laden
PERFORM fill.
*Feldsymbol mit zu ändernder Zeile verbinden
READ TABLE it_kunden WITH KEY
kundenname = 'Pflaume' ASSIGNING <zl>.
*Änderung der Komponente „Kundenname"
<zl>-kundenname = 'Birne'.
WRITE: / <zl>-kunnr, <zl>-kundenname.
*Ausgabe: 123245 Birne
```

**Ändern interner Tabellen über eine Bedingung**

Einen oder mehrere Zeilen einer internen Tabelle können Sie auch über die Angabe einer logischen Bedingung ändern.

Syntax:
MODIFY <it> FROM <wa> TRANSPORTING f1 fn
WHERE <log. Bed.>.

*Tabelle 4.20*

| | |
|---|---|
| it | Tabelle, in der mehrere Zeilen geändert werden sollen. |
| wa | Arbeitsbereich, der die Inhalte der zu ändernden Felder enthält |
| f1...fn | Felder der internen Tabelle, die geändert werden sollen. |
| log. Bed. | Logische Bedingung, die für jede zu ändernde Zeile der internen Tabelle erfüllt sein muss. |

Belegung der Systemvariablen sy-subrc

| | |
|---|---|
| sy-subrc = 0 | Es wurde mindestens eine Änderung durchgeführt |
| sy-subrc = 4 | Es wurde keine Änderung durchgeführt |

**Beispiel**

*Abb. 4.39 Ändern mehrerer Zeilen über eine logische Bedingung*

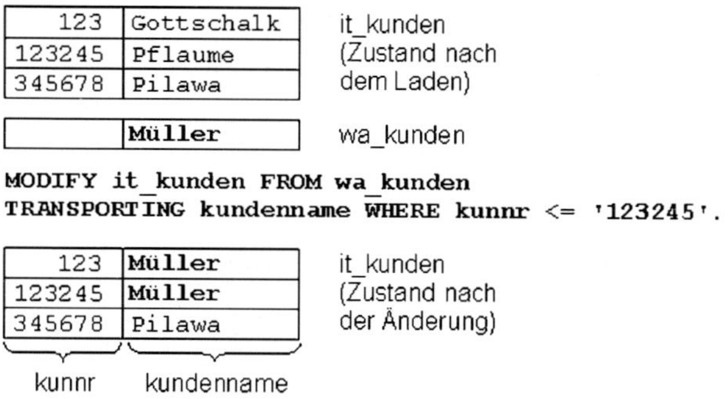

| | | |
|---|---|---|
| 123 | Gottschalk | it_kunden (Zustand nach dem Laden) |
| 123245 | Pflaume | |
| 345678 | Pilawa | |

| | | |
|---|---|---|
| | **Müller** | wa_kunden |

```
MODIFY it_kunden FROM wa_kunden
TRANSPORTING kundenname WHERE kunnr <= '123245'.
```

| kunnr | kundenname | |
|---|---|---|
| 123 | **Müller** | it_kunden (Zustand nach der Änderung) |
| 123245 | **Müller** | |
| 345678 | Pilawa | |

```
REPORT zmodifywhere.
TYPES: BEGIN OF st_kunden,
         kunnr(8) TYPE n,kundenname(25),
       END OF st_kunden.
DATA: it_kunden TYPE SORTED TABLE OF st_kunden
      WITH UNIQUE KEY kunnr,
      wa_kunden type st_kunden.
*Int. Tabelle im Unterprogramm 'Fill' laden
PERFORM fill.
wa_kunden-kundenname = 'Müller'.
*Änderungen in allen Zeilen, für die die log.
*Bedingung kunnr <= '123245' gilt, durchführen
MODIFY it_kunden FROM wa_kunden
TRANSPORTING kundenname
WHERE kunnr <= '123245'.
LOOP AT it_kunden INTO wa_kunden.
  WRITE: / wa_kunden-kunnr,
           wa_kunden-kundenname.
ENDLOOP.
```

### *Die DELETE-Anweisung*

Mit der DELETE-Anweisungen können eine oder mehrere Zeilen einer internen Tabelle gelöscht werden. Das Löschen erfolgt über

- die Zeilennummer (Index),
- Feldinhalte der Tabellenschlüsselspalten (Tabelleschlüssel),
- einen logischen Ausdruck.

Belegung der Systemvariablen sy-subrc

| | |
|---|---|
| sy-subrc = 0 | Es wurde mindestens eine Zeile gelöscht. |
| sy-subrc = 4 | Es wurde keine keine Zeile gelöscht. |

**Löschen über den Zeilenindex**
Diese Möglichkeit Zeilen einer internen Tabelle zu löschen, steht nur für Indextabellen (standard und sorted table) zur Verfügung.

Syntax:
DELETE <it> INDEX <n>.

| | |
|---|---|
| it | Interne Tabelle in der eine Zeile gelöscht werden soll |
| n | Nummer der Zeile, die gelesen werden soll. |

Beispiel

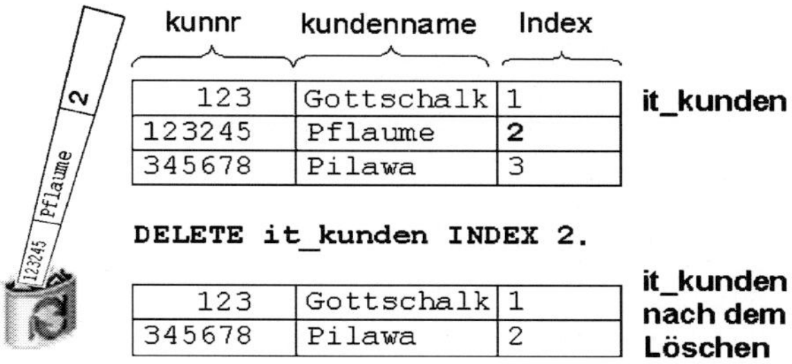

it_kunden

| kunnr | kundenname | Index |
|---|---|---|
| 123 | Gottschalk | 1 |
| 123245 | Pflaume | **2** |
| 345678 | Pilawa | 3 |

**DELETE it_kunden INDEX 2.**

it_kunden nach dem Löschen

| kunnr | kundenname | Index |
|---|---|---|
| 123 | Gottschalk | 1 |
| 345678 | Pilawa | 2 |

*Abb. 4.40 Löschen einer Zeile der internen Tabelle über den Zeilenindex*

```
REPORT zdeleteindex.
TYPES: BEGIN OF st_kunden,
         kunnr(8) TYPE n,kundenname(25),
       END OF st_kunden.
DATA: wa_kunden TYPE st_kunden,
      it_kunden TYPE TABLE OF st_kunden.
*Int. Tabelle im Unterprogramm 'Fill' laden
PERFORM fill.
*Lesen der Zeile, in der Kundenname = 'Pflaume'
*ist. Dabei wird sy-tabix mit der Zeilennummer
*der gelesenen Zeile geladen
READ TABLE it_kunden WITH KEY
kundenname = 'Pflaume' INTO wa_kunden.
*Prüfen, ob entsprechende Zeile gefunden wurde.
IF sy-subrc = 0.
  DELETE it_kunden INDEX sy-tabix.
ENDIF.
*Ausgabe der Tabelle über eine Loop-Schleife
```

```
LOOP AT it_kunden INTO wa_kunden.
  WRITE:/ wa_kunden-kunnr,wa_kunden-kundenname.
ENDLOOP.
```

### Löschen über den Tabellenschlüssel

Syntax 1:
DELETE TABLE <it> WITH TABLE KEY .<f1> = <i1>
<f2> = <i2>
<fn> = <in>.

| | |
|---|---|
| it | Interne Tabelle, in der eine Zeile gelöscht werden soll |
| f1...fn | Tabellenschlüsselfeld 1...Tabellenschlüsselfeld 3 |
| i1...in | Inhalt der Schlüsselfelder in der zu löschenden Zeile |

**Beispiel**

*Abb. 4.41 Löschen einer Zeile der internen Tabelle über den Tabellenschlüssel*

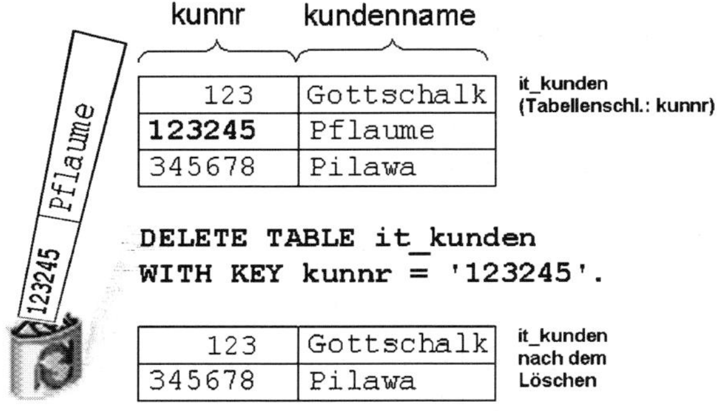


```
REPORT zdeleteschl.
TYPES: BEGIN OF st_kunden,
         kunnr(8) TYPE n,kundenname(25),
       END OF st_kunden.
DATA: wa_kunden TYPE st_kunden,
      it_kunden TYPE TABLE OF st_kunden
      WITH KEY kunnr.
*Int. Tabelle im Unterprogramm 'Fill' laden
PERFORM fill.
DELETE TABLE it_kunden
WITH TABLE KEY kunnr = '123245'.
*Ausgabe der Tabellenzeilen über eine
*Loop-Schleife
LOOP AT it_kunden INTO wa_kunden.
WRITE: / wa_kunden-kunnr,
         wa_kunden-kundenname.
ENDLOOP.
```

Syntax 2:
DELETE TABLE <it> FROM <wa>.

| | |
|---|---|
| it | Interne Tabelle, in der eine Zeile gelöscht werden soll |
| f1...fn | Tabellenschlüsselfeld 1...Tabellenschlüsselfeld 3 |
| i1...in | Inhalt der Schlüsselfelder in der zu löschenden Zeile |

**Beispiel**

*Abb. 4.42 Löschen einer Zeile der internen Tabelle über den Arbeitsbereich*

```
REPORT zdeleteschl.
TYPES: BEGIN OF st_kunden,
         kunnr(8) TYPE n,kundenname(25),
       END OF st_kunden.
DATA: wa_kunden TYPE st_kunden,
      it_kunden TYPE TABLE OF st_kunden
      WITH KEY kunnr.
*Int. Tabelle im Unterprogramm 'Fill' laden
PERFORM fill.
*wa_kunden mit dem Inhalt des Schlüssel-
*feldes der zu löschenden Zeile laden
wa_kunden-kunnr = '123245'.
*Löschen der Zeile in der kunnr = '123245' ist
DELETE TABLE it_kunden FROM wa_kunden.
*Ausgabe der Tabellenzeilen über eine
*Loop-Schleife
LOOP AT it_kunden INTO wa_kunden.
  WRITE: / wa_kunden-kunnr,
           wa_kunden-kundenname.
ENDLOOP.
```

**Löschen über einen logischen Ausdruck**

Über einen logischen Ausdruck können mehrere Zeilen einer internen Tabelle gelöscht werden.

Syntax 1:
DELETE <it> WHERE <logischer Ausdruck>.

| | |
|---|---|
| it | Interne Tabelle, in der eine Zeile gelöscht werden soll |
| <logischer Ausdruck> | Alle Zeilen, für die der logische Ausdruck gilt, werden gelöscht. |

**Beispiel**

*Abb. 4.43 Löschen mehrerer Zeilen der internen Tabelle über eine logische Bedingung*

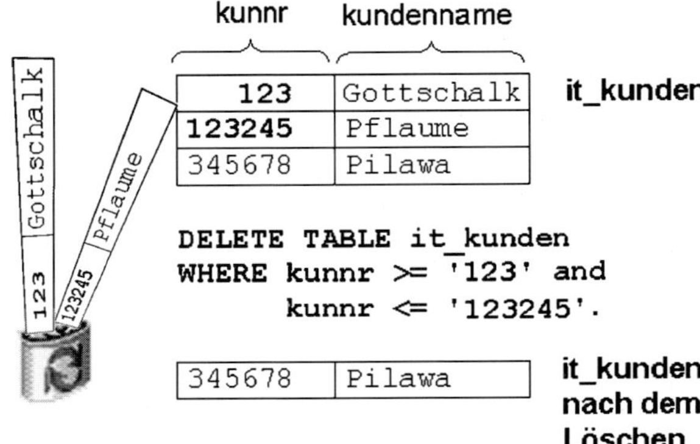


```
REPORT zdeleteausdr.
TYPES: BEGIN OF st_kunden,
         kunnr(8) TYPE n,kundenname(25),
        END OF st_kunden.
DATA: wa_kunden TYPE st_kunden,
      it_kunden TYPE TABLE OF st_kunden.
*Int. Tabelle im Unterprogramm 'Fill' laden
PERFORM fill.
*Löschen der Zeilen in denen
*kunnr >= '123245' und kunnr <= '234567' ist.
DELETE it_kunden WHERE
kunnr >= '123245' AND kunnr <= '234567'.
*Ausgabe der Tabellenzeilen über eine
*Loop-Schleife
LOOP AT it_kunden INTO wa_kunden.
  WRITE: / wa_kunden-kunnr,
           wa_kunden-kundenname.
ENDLOOP.
```

### *Sequentielles Bearbeiten von Tabellenzeilen*

Mit der LOOP-Schleife können Sie die Zeilen der internen Tabelle sequentiell bearbeiten.

Syntax

```
LOOP AT <it> INTO <wa> [FROM n1 TO n2]
                         [WHERE <logischer Ausdruck].

     *Bearbeitung der Tabellenzeile

ENDLOOP.
```

| | |
|---|---|
| it | Interne Tabelle, die sequentiell bearbeitet werden soll |
| n1...n2 | Bei Verwendung der FROM-Klausel werden nur die Tabellenzeilen verarbeitet, deren Zeilennummern im Intervall n1<=Zeilnnummer<=n2 liegen |
| logischer Ausdruck | Bei Verwendung der WHERE-Klausel werden nur die Tabellenzeilen bearbeitet, für die der logische Ausdruck zutrifft |

Die Systemvariable sy-tabix enthält den aktuellen Schleifenzähler. Sie können diese Systemvariable nur innerhalb der Schleife benutzen. Nach dem Verlassen der Schleife wird sie wieder auf 0 gesetzt.

**Prinzip der LOOP-Schleifenverarbeitung**

Zeilenzähler = 0. (sy-tabix)

**LOOP AT <it> INTO <wa>.** (Begin der Schleifenverarbeitung)

Zeilenzähler = Zeilenzähler + 1.

Zeilenzähler > Anzahl Zeilen der internen Tabelle <it>?

| Ja | Nein |
|---|---|
| Schleifenverarbeitung verlassen (Programm wird mit der ersten Anweisung nach der Schleifenverarbeitung fortgesetzt.) | Struktur <wa> mit der Zeile der internen Tabelle <it>, deren Zeilennummer mit dem aktuellen Inhalt des Zeilenzählers übereinstimmt, laden. |

**Verarbeitung der Daten der Struktur <wa>.**

**ENDLOOP.**

Erste Anweisung nach der Schleifenverarbeitung

*Abb. 4.44 Wirkungsweise der LOOP-Schleife*

**Hinweis:** Die hervorgehobenen Zeilen des Struktogrammes müssen vom Programmierer in ABAP-Quellcode umgesetzt werden. Die anderen Einträge dienen zum Verständnis der LOOP-Schleife und werden automatisch ausgeführt.

**Beispiel:**
Im Beispiel werden alle Tabellenzeilen der internen Tabelle it_kunden ausgegeben.

```
REPORT zloop.
TYPES: BEGIN OF st_kunden,
         kunnr(8) TYPE n,kundenname(25),
       END OF st_kunden.
DATA: wa_kunden TYPE st_kunden,
      it_kunden TYPE TABLE OF st_kunden
      WITH KEY kunnr.

START-OF-SELECTION.
*Int. Tabelle im Unterprogramm 'Fill' laden
  PERFORM fill.
*Ausgabe der Tabellenzeilen über eine
*Loop-Schleife
  FORMAT COLOR COL_NORMAL INTENSIFIED OFF.
  LOOP AT it_kunden INTO wa_kunden.
    WRITE: /(3) sy-tabix UNDER 'Position',
                wa_kunden-kunnr
                      NO-ZERO UNDER 'Kundennummer',
                wa_kunden-kundenname
                  UNDER 'Kundenname'.
  ENDLOOP.

TOP-OF-PAGE.
*Ausgabe der Spaltenüberschriften
  FORMAT COLOR COL_NORMAL INTENSIFIED ON.
  WRITE: 'Position',10 'Kundennummer',
         23 'Kundenname',47 '',/.
```

**Ausgabe:**

| Position | Kundennummer | Kundenname |
|---|---|---|
| 1 | 123 | Gottschalk |
| 2 | 123245 | Pflaume |
| 3 | 345678 | Pilawa |

### *4.4.6.4 Tabellenoperationen*

Operationen, die die gesamte interne Tabelle bearbeiten, sind:

- MOVE
  (Zeilenweise kopieren der internen Tabelle),
- REFRESH
  (Löschen des Inhaltes der internen Tabelle ohne Freigabe des allokierten (reservierten) Speicherbereiches),
- FREE
  (Löschen der internen Tabelle mit Freigabe des Speicherbereiches),
- SORT
  (Sortieren der internen Tabelle),
- DESCRIBE TABLE
  (Ermitteln der Tabelleneigenschaften).

Weiterhin können Sie zwei interne Tabelle mit den mathematischen Operatoren (=, >= ;<=, <, >, <>) miteinander vergleichen. Dabei wird zuerst die Zeilenanzahl und danach (bei gleicher Zeilenanzahl) die Zeileninhalte miteinander verglichen.

### *Die MOVE-Anweisung*

Mit der MOVE-Anweisung wird eine interne Tabelle kopiert.

Syntax 1:
MOVE <it-Quelle> TO <it-Ziel>.

Syntax 2.
<it-Ziel> = <it-Quelle>.

**Prinzip der MOVE-Anweisung**

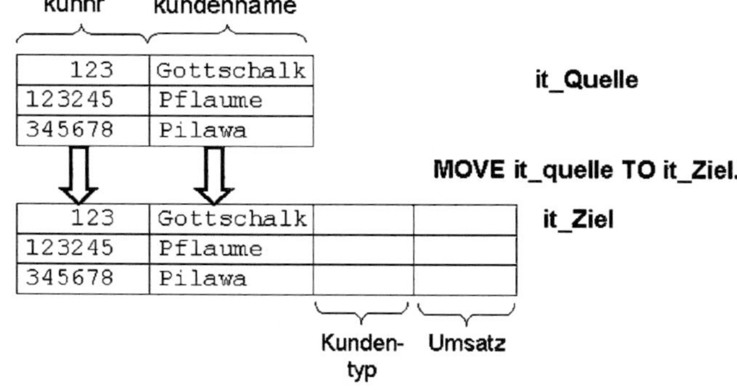


*Abb. 4.45 Wirkungsweise der MOVE-Anweisung bei internen Tabellen*

Die Zeilentypen der Quell- und der Zieltabelle sollten dabei gleich sein.

Grundsätze der MOVE-Anweisung:

- Die Zuordnung der zu kopierenden Felder der Quelltabelle zu den Feldern der Zieltabelle erfolgt durch ihre physische Anordnung, nicht durch Namensgleichheit.
- Sind die Typen der Quell- und Zielfelder unterschiedlich, erfolgt eine automatische Typkonvertierung.

*REFRESH*

### Die REFRESH-Anweisung

Die REFRESH-Anweisung löscht alle Zeilen der internen Tabelle. Der von der Tabelle allokierte, d.h. reservierte Platz im Hauptspeicher bleibt erhalten.

Syntax:
REFRESH <it>.

*Free*

### Die FREE-Anweisung

Die FREE-Anweisung löscht alle Zeilen der internen Tabelle und gibt den von der Tabelle allokierten Hauptspeicherbereich frei.

Syntax
FREE <it>.

*Sort*

### Die SORT-Anweisung

Durch diese Anweisung können interne Tabellen nach beliebigen Feldern sortiert werden.

Syntax

```
SORT <it> BY  <feld1>[ascending/descending]
              <feld2>[ascending/descending]
              <feldn>[ascending/descending].
```

| it | Zu sortierende interne Tabelle |
|---|---|
| feld1…feldn | Sortierfelder |
| ascending | Sortierung aufsteigend (Standard) |
| descending | Sortierung absteigend |

**Beispiel:**
Im folgenden Programm wird eine interne Tabelle it_kunden mit den Feldern „kunnr“, „kundenname“ und „kundenvorname“ nach „kundenname“ und „kundenvorname“ aufsteigend sortiert und ausgegeben.

```
REPORT zsortierung.
...
SORT it_kunden BY kundenname kundenvorname.
LOOP AT it_kunden INTO wa_kunden.
  WRITE: /(3) sy-tabix,
           wa_kunden-kunnr NO-ZERO,
           wa_kunden-kundenname,
           wa_kunden-kundenvorname.
ENDLOOP.
```

**Ausgabe**

| Position | Kundennummer | Kundenname | Vorname |
|---|---|---|---|
| 1 | 124 | Gottschalk | Günther |
| 2 | 123 | Gottschalk | Thomas |
| 3 | 123245 | Pflaume | Kai |
| 4 | 345678 | Pilawa | Jörg |

### *Die DESCRIBE-Anweisung*

*DESCRIBE*

Mit Hilfe der DESCRIBE-Anweisung können folgende Eigenschaften einer internen Tabelle ermittelt werden:

- aktuelle Anzahl der Zeilen,
- Anzahl der initial reservierten Tabellenzeilen,
- Tabellenart.

**Prinzip:**
Legen Sie für die zu ermittelnden Eigenschaften je eine Variable entsprechend der folgenden Tabell an.

| TYPE | Verwendung | Rückgabewert der DESCRIBE-Anweisung |
|---|---|---|
| i | Anzahl Zeilen | Anzahl der Tabellenzeilen |
| i | Anzahl Initialzeilen | Mit dem optionalen Zusatz „initial size“ angegebener Wert für für die initial zu reservierenden Tabellenzeilen. |
| c (Länge 1) | Tabellentyp | T – Standard Table<br>S – Sorted Table<br>H – Hashed Table |

Syntax:
DESCRIBE TABLE <it>
LINES <Anzahl Zeilen>
OCCURS <Anzahl Initialzeilen>
KIND <Tabellenart>.

**Beispiel**

```
REPORT zdescribe.
TYPES: BEGIN OF st_kunden,
        kunnr(8) TYPE n,kundenname(10),
       END OF st_kunden.
DATA: wa_kunden TYPE st_kunden,
      it_kunden
      TYPE sorted TABLE OF st_kunden
      WITH unique KEY kunnr
      initial size 5,

      zeilen TYPE i,
      initialzeilen TYPE i,
      tabellenart.
*Int. Tabelle im Unterprogramm 'Fill' laden
PERFORM fill.
describe table it_kunden
lines zeilen
occurs initialzeilen
kind tabellenart.
write: / 'aktuelle Anzahl Tabellenzeilen',
         30 zeilen,
       / 'Tabellenart',39 tabellenart,
       / 'Initialzeilen',30 initialzeilen.
```

**Ausgabe:**

```
aktuelle Anzahl Tabellenzeile          4
Tabellenart                            S
Initialzeilen                          5
```

Wir wollen jetzt unser Bibliotheksprogramm YK04DBAS um eine interne Tabelle ergänzen. In diese sollen 3 Buchbestandsdatensätze geschrieben werden. Die Einträge werden zunächst als Texteingaben im Programm vorgenommen, später werden wir diesen Teil des Programmes ersetzen und die Buchbestandsdaten direkt aus der Datenbanktabelle ZBESTAND holen.

1. Legen Sie einen internen Tabellentyp int_zbestand mit folgenden Eigenschaften an:
   - Tabellentyp: sorted table
   - Tabellenschlüsselart: unique key
   - Tabellenschlüsselfeld: isbn.
2. Deklarieren Sie eine interne Tabelle it_zbestand mit dem unter 1. definierten Tabellentyp int_zbestand.
3. Füllen Sie die interne Tabelle it_zbestand über die bereits bestehende Struktur wa_zbestand mit 3 Zeilen, die Buchstammdaten enthalten. Denken Sie sich dafür sinvolle Werte für die einzelnen Felder aus.
4. Geben Sie über eine LOOP-Schleife den Inhalt der Tabelle it_zbestand aus. Die bisherige Ausgabe soll dabei um eine laufende Nummer an der ersten Ausgabeposition ergänzt werden.
5. Stellen Sie über die DESCRIBE-Anweisung die Anzahl der Tabellenzeilen fest und geben Sie diese nach der LOOP-Schleife aus.

Lösung: YK04DBAS_5

Ihr Programm sollte folgende Ergänzungen bekommen haben (Die Ergänzungen sind im Quelltext so **hervorgehoben**) .

```
REPORT  yk04dbas.
*Definition des Strukturtyps st_zbestand
TYPES: BEGIN OF st_zbestand,
          isbn TYPE zbestand-isbn,
          titel TYPE zbestand-titel,
          autor1 TYPE zbestand-autor1,
          kategorie TYPE zbestand-kategorie,
          bestand TYPE zbestand-bestand,
          ausgeliehen
                  TYPE zbestand-ausgeliehen,
          verfuegbar(4) TYPE n,
       END OF st_zbestand.
*Definition des internen Tabellentyps
TYPES: int_zbestand
       TYPE SORTED TABLE OF st_zbestand
       WITH UNIQUE KEY isbn.
```

```
DATA: it_zbestand TYPE int_zbestand,
      wa_zbestand TYPE st_zbestand,
      ausgabedatum TYPE sy-datum,
      ausgabezeit TYPE sy-uzeit,
      zeilen TYPE i.

START-OF-SELECTION.
*Systemdatum und -zeit in die Variablen
*eintragen
  ausgabedatum = sy-datum.
  ausgabezeit = sy-uzeit.
*Struktur mit sinnvollen Werten laden
  wa_zbestand-isbn = '3898421473'.
  wa_zbestand-titel = 'ABAP Objects'.
  wa_zbestand-autor1 = '101' .
  wa_zbestand-kategorie = 'EDV' .
  wa_zbestand-bestand = 30 .
  wa_zbestand-ausgeliehen = 10 .
*Berechnung der Anzahl verfügbarer Bücher
  wa_zbestand-verfuegbar =
    wa_zbestand-bestand
  - wa_zbestand-ausgeliehen.
*Struktur in die interne Tabelle einfügen
  INSERT wa_zbestand INTO TABLE it_zbestand.

*Struktur mit sinnvollen Werten laden
  wa_zbestand-isbn = '3540523979'.
  wa_zbestand-titel = 'EDV-orientierte BWL'.
  wa_zbestand-autor1 = '100' .
  wa_zbestand-kategorie = 'EDV;BWL' .
  wa_zbestand-bestand = 95 .
  wa_zbestand-ausgeliehen = 8 .
*Berechnung der Anzahl verfügbarer Bücher
  wa_zbestand-verfuegbar =
    wa_zbestand-bestand
  - wa_zbestand-ausgeliehen.
*Struktur in die interne Tabelle einfügen
  INSERT wa_zbestand INTO TABLE it_zbestand.
*Struktur mit sinnvollen Werten *laden
  wa_zbestand-isbn = '3827317894'.
  wa_zbestand-titel = 'ABAP-Übungsbuch'.
  wa_zbestand-autor1 = '116' .
  wa_zbestand-kategorie = 'EDV' .
  wa_zbestand-bestand = 20 .
```

```
  wa_zbestand-ausgeliehen = 5 .
*Berechnung der Anzahl verfügbarer Bücher
  wa_zbestand-verfuegbar =
    wa_zbestand-bestand
  - wa_zbestand-ausgeliehen.
*Struktur in die interne Tabelle einfügen
  INSERT wa_zbestand INTO TABLE it_zbestand.

*Ausgabe der internen Tabelle
  LOOP AT it_zbestand INTO wa_zbestand.
   WRITE:
   /(3) sy-tabix,
    wa_zbestand-isbn UNDER 'ISBN'(002),
    wa_zbestand-titel UNDER 'Titel'(003),
    wa_zbestand-autor1 UNDER 'Autor'(004),
   (10) wa_zbestand-kategorie
        UNDER 'Kategorie'(005),
    wa_zbestand-verfuegbar
        UNDER verfügbar'(006).
  ENDLOOP.
  DESCRIBE TABLE it_zbestand
  LINES zeilen.
  WRITE: /,'Anzahl Bücher'(010),(3) zeilen.

TOP-OF-PAGE.
*Dieser Ereignisblock wird vom Laufzeitsystem
*aufgerufen, wenn eine neue Ausgabeseite
*begonnen wird
  FORMAT COLOR COL_HEADING INTENSIFIED ON.
  WRITE:'Ausgabeliste'(001),
         20 'Ausgabedatum'(007),
         ausgabedatum,
        'Ausgabezeit'(008),
        ausgabezeit,125 ''.
  FORMAT COLOR COL_HEADING INTENSIFIED OFF.
  WRITE: / 'Lfdnr'(009),
           7  'ISBN'(002) COLOR COL_KEY
              INTENSIFIED ON,
          18 'Titel'(003),
          85 'Autor'(004),
         107 'Kategorie'(005),
         117 'verfügbar'(006).
```

## 4.4.7 Globale Datentypen

In den vorigen Kapiteln wurden Datentypen über die TYPES-Anweisung angelegt. Ihr Geltungsbereich ist beschränkt auf das Programm, in dem sie definiert wurden. Sie werden deshalb auch als programmlokale Datentypen bezeichnet. Im Gegensatz dazu können globale Datentypen von jedem Programm benutzt werden. Sie werden im ABAP-Dictionary definiert. Tabelle 4.21 zeigt die globalen Datentypen und die Bestandteile ihrer Definition.

*Tabelle 4.21 globale Datentypen*

| globaler Datentyp | Bestandteile der Definition | Bemerkung |
|---|---|---|
| Datenelement | ■ technische Beschreibung<br>■ Feldbezeichner<br>■ Text für F1-Hilfe<br>■ Suchhilfeanbindung | siehe Kapitel 3.2 „Domäne, Datenelement, Datenbankfeld" |
| Strukturtyp | ■ Komponenten der Struktur einschl. Komponententyp<br>■ Suchhilfeanbindung | |
| interner Tabellentyp | ■ Zeilentyp<br>■ Tabellenart<br>■ Schlüssel | |

*Vorgehensweise: Anlegen eines globalen Strukturtyps*

Starten Sie das ABAP-Dictionary (Werkzeuge → ABAP Workbench → Entwicklung → SE11 Dictionary). Aktivieren Sie den Auswahlknopf „Datentyp" und geben Sie den Namen des Strukturtyps ein (im Beispiel „zst_zbestand)

*Abb. 4.46 ABAP-Dictonary: Einstieg zum Anlegen eines Strukturtyps*

Aktivieren Sie im Folgebild den Auswahlknopf „Struktur".

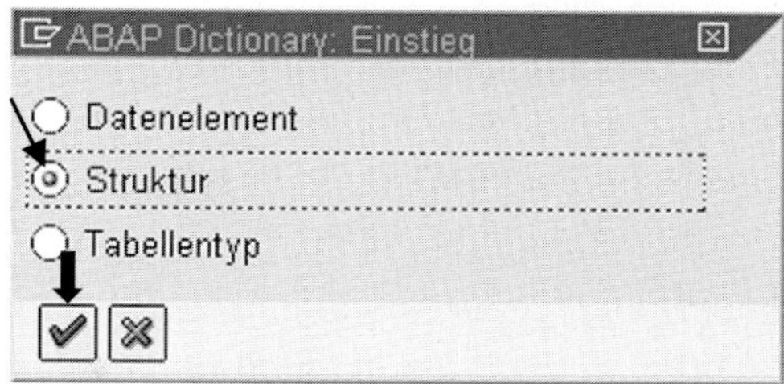


Abb. 4.47 Auswahl des anzulegenden Datentyps

Geben Sie im Folgebild „Dictionary: Struktur pflegen" einen Kurztext ein. Als Komponenten der anzulegenden Struktur sollen Felder aus der Datenbanktabelle ZBESTAND sowie eine neue Komponente „VERFUEGBAR" verwendet werden. Wählen Sie, um Felder aus der Tabelle ZBESTAND in den Strukturtyp zu übernehmen, das Menü „Bearbeiten → Felder übernehmen".

Abb. 4.48 Übernahme von Feldern einer Datenbanktabelle

Im Folgebild „Komponenten übernehmen" geben Sie den Namen der Datenbanktabelle (ZBESTAND) ein.

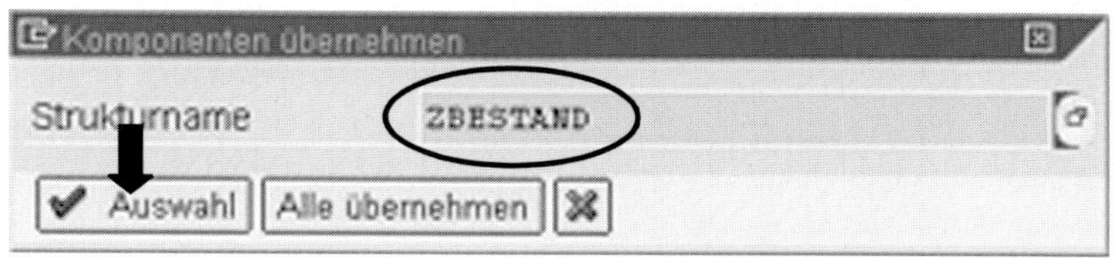


Abb. 4.49 Alle oder nur einige Felder auswählen

Wählen Sie im Bild „Feldauswahl aus Tabelle ZBESTAND" die Felder ensprechend der Abb. 4.50 aus, klicken Sie dann die Drucktaste „Übernehmen".

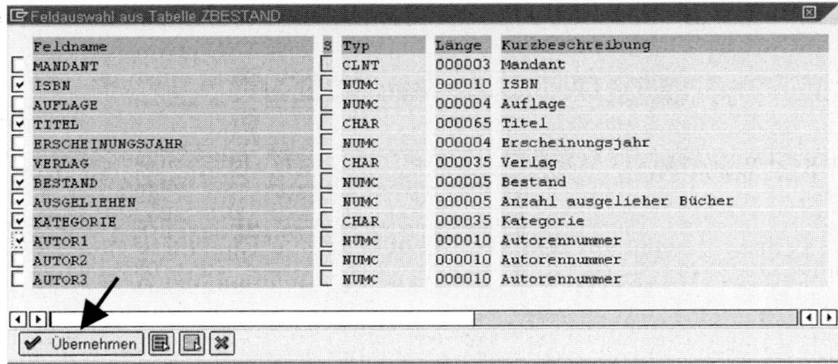


*Abb. 4.50 Auswahl der zu übernehmenden Felder*

Um die ausgewählten Felder zu übernehmen, klicken Sie im Folgebild die Schaltfläche „Einfügen".

*Abb. 4.51 Übernehmen der ausgewählten Felder*

Zum Anlegen der Komponente „VERFUEGBAR" tragen Sie den Komponentennamen in die Spalte „Komponente" ein und klicken dann die Drucktaste „Eingebauter Typ". Pflegen Sie die technischen Eigenschaften entsprechend der Abb. 4.52. Alternativ können Sie auch den Komponententyp „YRVP_BESTAND" verwenden.

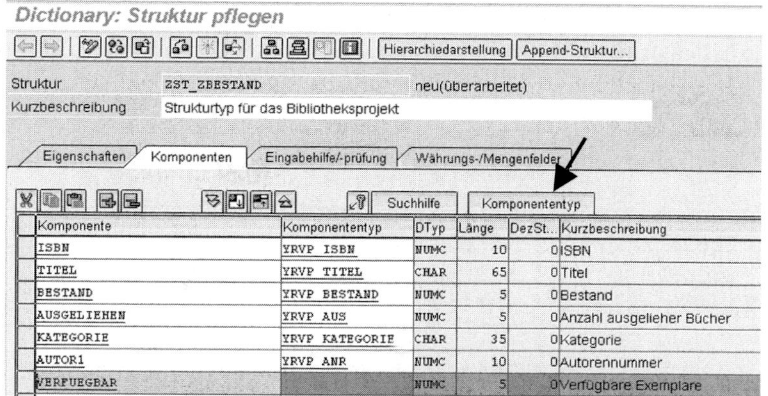


| Komponente | Komponententyp | DTyp | Länge | DezSt... | Kurzbeschreibung |
|---|---|---|---|---|---|
| ISBN | YRVP_ISBN | NUMC | 10 | 0 | ISBN |
| TITEL | YRVP_TITEL | CHAR | 65 | 0 | Titel |
| BESTAND | YRVP_BESTAND | NUMC | 5 | 0 | Bestand |
| AUSGELIEHEN | YRVP_AUS | NUMC | 5 | 0 | Anzahl ausgeliener Bücher |
| KATEGORIE | YRVP_KATEGORIE | CHAR | 35 | 0 | Kategorie |
| AUTOR1 | YRVP_ANR | NUMC | 10 | 0 | Autorennummer |
| VERFUEGBAR | | NUMC | 5 | 0 | Verfügbare Exemplare |

*Abb. 4.52 Anlegen einer neuen Komponente*

Aktivieren Sie Ihren Strukturtyp und weisen Sie ihm dabei eine Entwicklungsklasse und einen Workbenchauftrag zu.

*Vorgehensweise: Anlegen eines globalen internen Tabellentyps*

Starten Sie das ABAP-Dictionary (Werkzeuge → ABAP Workbench → Entwicklung → SE11 Dictionary), aktivieren Sie den Auswahlknopf „Datentyp" und geben Sie den Namen des Tabellentyps ein.

ABAP Dictionary: Einstieg

Datenbanktabelle

View

Datentyp ZINT_ZBESTAND

Anzeigen Ändern Anlegen

*Abb. 4.53 ABAP-Dictonary: Einstieg zum Anlegen eines Tabellentyps*

Aktivieren Sie im Folgebild den Auswahlknopf „Tabellentyp".

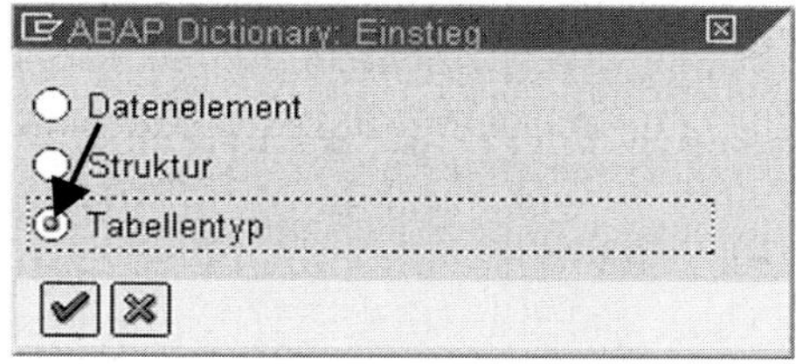


*Abb. 4.54 Auswahl des anzulegenden Datentyps*

Im Folgebild „Dictionary: Tabellentyp pflegen" ist eine Kurzbeschreibung„ der benötigten Zeilentyp (im Beispiel zst_zbestand aus der Vorgehensweise „Anlegen eines globalen Strukturtyps“) und die Tabellenart einzutragen.

Abb. 4.55 Auswahl des Zeilentyps und der Tabellenart

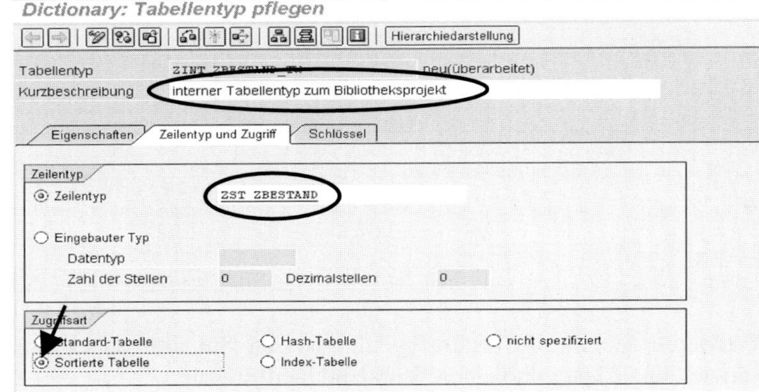


Wechseln Sie in die Registerkarte „Schlüssel“ und wählen Sie dort die Angaben zum Tabellenschlüssel aus.

Abb. 4.56 Auswahl der Komponenten des Tabellenschlüssels

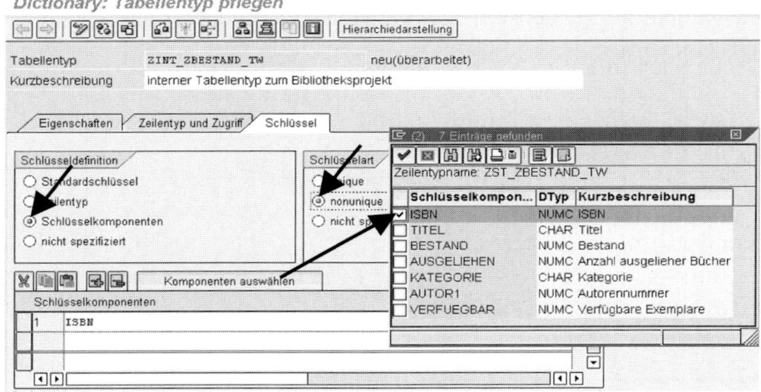


Aktivieren Sie Ihren Tabellentyp und weisen Sie ihm dabei eine Entwicklungsklasse und einen Workbenchauftrag zu.

Ersetzen Sie in Ihrem Programm YK04DBAS alle programmlokalen durch globale Typdefinitionen.

1. Legen Sie einen globalen Strukturtyp zst_zbestand an. Er soll die gleichen Komponenten besitzen wie der bisher verwendetet programmlokale Strukturtyp st_zbestand.

2. Legen Sie einen globalen internen Tabellentyp zint_zbestand an. Verwenden Sie als Zeilentyp den vorher angelegten Strukturtyp zst_bestand. Als Zugriffsart wählen Sie „Sortierte Tabelle“ aus. Sorgen Sie dafür, dass ein Tabellenschlüssel vom Typ „unique key“ mit dem Schlüsselfeld „ISBN“ angelegt wird.
3. Löschen Sie in Ihrem Programm YK04DBAS die TYPES-Anweisungen.
4. Ersetzen Sie in den DATA-Anweisungen die programmlokalen Datentypen st_zbestand und int_zbestand durch die globalen Datentypen zst_zbestand bzw. zint_zbestand.

Lösung: YK04DBAS_6

Ihre mit den globalen Datentypen zst_zbestand und zint_zbestand vorgenommenen Datendeklarationen sollten wie folgt aussehen:

```
REPORT  YK04DBAS
DATA: it_zbestand TYPE zint_zbestand,
      wa_zbestand TYPE zst_zbestand,...
```

## 4.5 Kontrollstrukturen

Kontrollstrukturen werden eingesetzt, um den Ablauf eines Programmes zu steuern. So können z.B. Anweisungen in Abhängigkeit eines logischen Ausdruckes einmalig oder mehrfach ausgeführt werden. Es können zwei Arten von Kontrollstrukturen unterschieden werden:

1. Bedingte Verzweigungen
2. Schleifen.

### 4.5.1 Bedingte Verzweigungen

#### *Die IF-Anweisung*

Die IF-Anweisung wird benötigt, um Anweisungen in Abhängigkeit von logischen Ausdrücken auszuführen. Die folgende Abbildung soll die Wirkungsweise der IF-Anweisung und ihre Syntax veranschaulichen.

*Abb. 4.57 Wirkungsweise und Syntax der IF-Anweisung*

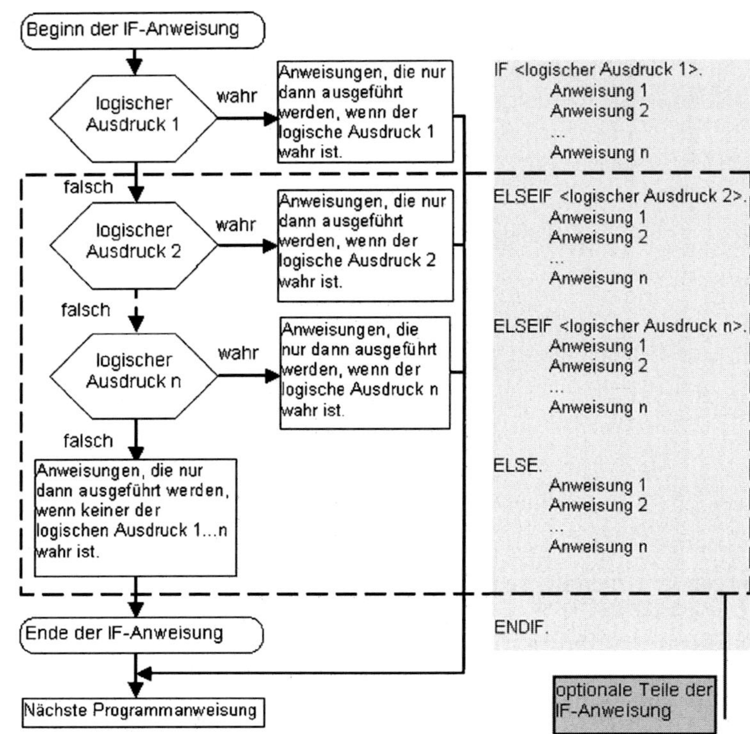


**Beispiel**

```
DATA: BEGIN OF wa,
         jahr(4),monat(2),tag(2),
      END OF wa.
wa = sy-datum.
IF wa-monat <= '06'.
  WRITE: '1. Halbjahr'.
ELSEIF wa-monat <= '12'.
  WRITE: '2. Halbjahr'.
ELSE.
  WRITE: 'ungültiges Datum'.
ENDIF.
```

IF-Anweisungen können beliebig geschachtelt werden, d.h. innerhalb eines Anweisungsblockes können wiederum IF-Anweisungen programmiert werden.

### *Die CASE-Anweisung*

Die CASE-Anweisung stellt ebenfalls eine bedingte Programmverzweigung dar. Bei dieser Anweisung wird der Inhalt zweier Datenobjekte verglichen. Die folgende Abbildung veranschaulicht die Wirkungsweise der CASE-Anweisung und ihre Syntax.

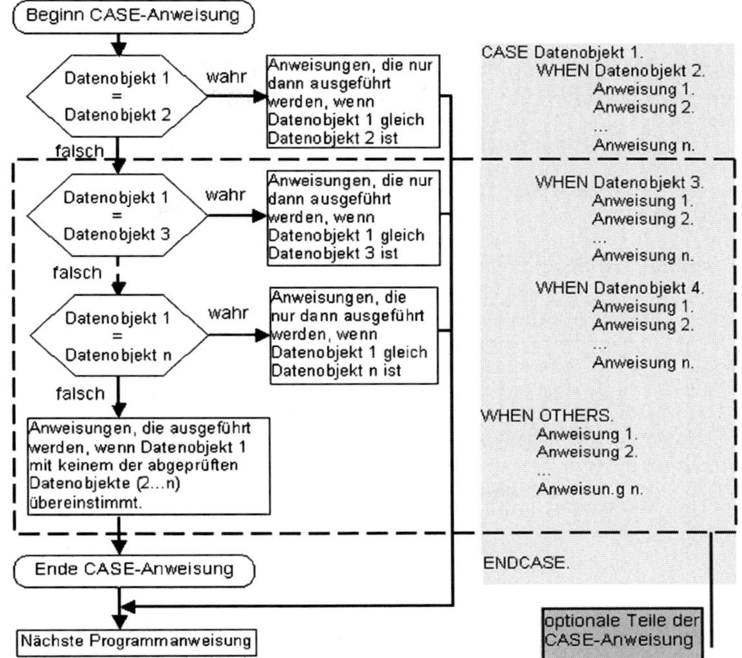


*Abb. 4.58 Wirkungsweise und Syntax der CASE- Anweisung*

**Beispiel**

```
DATA: BEGIN OF wa,
          jahr(4),monat(2),tag(2),
        END OF wa.
wa = sy-datum.
CASE wa-monat.
  WHEN '01'.
    WRITE: 'Januar'.
  WHEN '02'.
    WRITE: 'Februar'.
  WHEN '03'.
    WRITE: 'März'.
  WHEN OTHERS.
    WRITE:'Monat liegt nicht im I. Quartal'.
ENDCASE.
```

CASE-Anweisungen können beliebig geschachtelt werden.

## 4.5.2 Programmschleifen

Schleifen werden benötigt, um Anweisungenblöcke mehrmals hintereinander ausführen zu können, ohne sie wiederholt zu implementieren. In ABAP/4 gibt es folgende Schleifen:

- DO-Schleifen, WHILE-Schleifen,
- LOOP-Schleifen,
  (siehe ...)
- SELECT-Schleife zur Bearbeitung von Datenbanktabellen

*Abb. 4.59 Wirkungsweise von Programmschleifen*

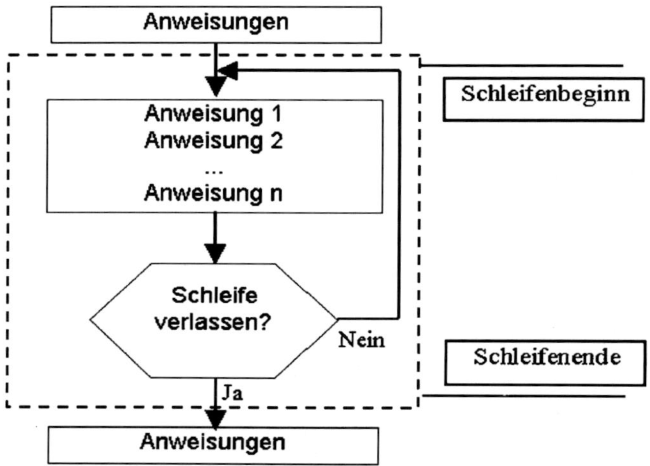


### *Die DO-Schleife*

Syntax 1:

*Abb. 4.60 Wirkungsweise und Syntax der DO-Schleife*

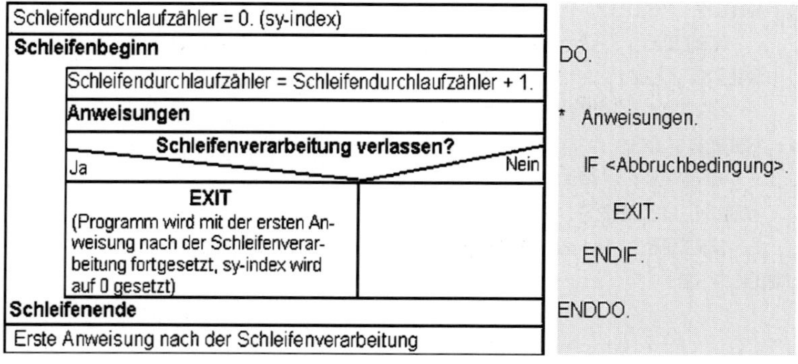


Die Systemvariable sy-index enthält während der Schleifenverarbeitung die Anzahl der bisherigen Schleifendurchläufe.

Achtung: Wird die EXIT-Anweisung nicht erreicht, haben Sie eine sogenannte Endlosschleife programmiert.

**Beispiel:**

```
REPORT zdo1.
DATA:
zins%(3) TYPE p DECIMALS 2 VALUE '12.5',
anfangskap TYPE p DECIMALS 2 VALUE '1000',
wunschkap TYPE p DECIMALS 2 VALUE '2000',
kap TYPE p DECIMALS 2.

START-OF-SELECTION.
  kap = anfangskap.
  DO.
    kap = kap + kap * zins% / 100.
    WRITE: /(2) sy-index UNDER 'Jahr',
                kap UNDER 'Wert'.
    IF kap >= wunschkap.
      EXIT.
    ENDIF.
  ENDDO.

TOP-OF-PAGE.
  WRITE:'Wertentwicklung: Anfangskapital =',
         (8) anfangskap,
        /'Zinssatz = ',zins%,'%',/,
        /'Jahr',10 'Wert'.
```

Das Beispiel berechnet in einer DO-Schleife die Wertentwicklung einer Kapitalanlage. Vor dem Eintritt in die Schleifenverarbeitung wird die Variable „kap", die in der Schleife kummuliert wird, auf den Anfangswert (Inhalt der Variablen „anfangskap") geladen. Abgebrochen wird die Schleifenverarbeitung, wenn die Geldanlage den gewünschten Endwert („wunschkap") erreicht hat.

**Hinweis:** Bei der Abbruchbedingung sollten Sie nicht auf Gleichheit prüfen. Insbesondere bei Berechnungen ist die Wahrscheinlichkeit hoch, dass das Ergebnis nicht 100%ig mit dem Vergleichswert übereinstimmt.

Ausgabe:

| | | |
|---|---|---|
| **Wertentwicklung: Anfangskapital = 1000,00** | | |
| **Zinssatz = 12,50%** | | |
| **Jahr** | **Wert** | |
| **1** | | **1.125,00** |
| **2** | | **1.265,63** |
| **3** | | **1.423,83** |
| **4** | | **1.601,81** |
| **5** | | **1.802,04** |
| **6** | | **2.027,30** |

Syntax 2:

*Abb. 4.61 Wirkungsweise und Syntax der DO n TIMES-Schleife*

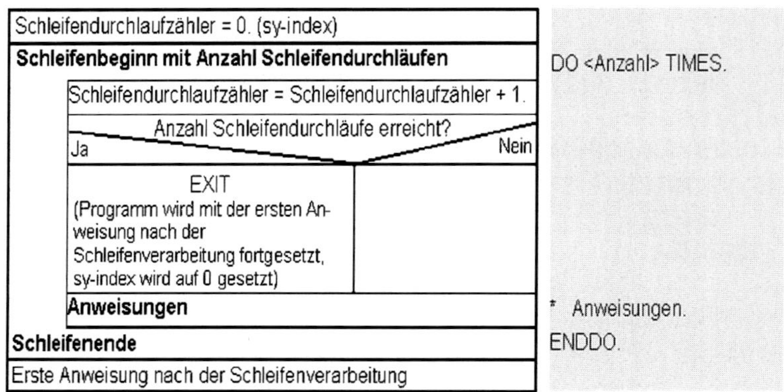


Bei dieser Schleife wird die Anzahl der Schleifendurchläufe als Literal oder als Variable im Schleifenkopf angegeben. Die im Struktogramm angegebene Abfrage „Anzahl der Schleifendurchläufe erreicht?“ dient nur zum Verdeutlichen der Arbeitsweise dieser Schleife. Die Schleife wird automatisch beendet, eine Abfrage im Programm ist nicht notwendig.

**Beispiel:**

```
REPORT zdo2.
DATA:
zins%(3) TYPE p DECIMALS 2 VALUE '12.5',
anfangskap TYPE p DECIMALS 2 VALUE '1000',
laufzeit TYPE n VALUE '5',
kap TYPE p DECIMALS 2.

START-OF-SELECTION.
  kap = anfangskap.
  DO laufzeit TIMES.
    kap = kap + kap * zins% / 100.
```

```
    WRITE: /(2) sy-index UNDER 'Jahr',
                kap UNDER 'Wert'.
  ENDDO.

TOP-OF-PAGE.
  WRITE:'Wertentwicklung: Anfangskapital =',
         (8) anfangskap,
        /'Zinssatz = ',zins%,'%',/,
        /'Jahr',10 'Wert'.
```

In diesem Beispiel wird die Wertentwicklung einer Kapitalanlage über eine vorgegeben Laufzeit berechnet. Pro Jahr muss die Schleife einmal durchlaufen werden. Vor dem Eintritt in die Schleifenverarbeitung wird die Variable „kap", die in der Schleife kummuliert wird, auf den Anfangswert (Inhalt der Variablen „anfangskap") geladen. Abgebrochen wird die Schleifenverarbeitung nach 5 Schleifendurchläufen.

Ausgabe:

**Wertentwicklung: Anfangskapital = 1000,00**
**Zinssatz = 12,50 %**

| Jahr | Wert |
|---|---|
| 1 | 1.125,00 |
| 2 | 1.265,63 |
| 3 | 1.423,83 |
| 4 | 1.601,81 |
| 5 | 1.802,04 |

### *Die WHILE-Schleife*

Syntax

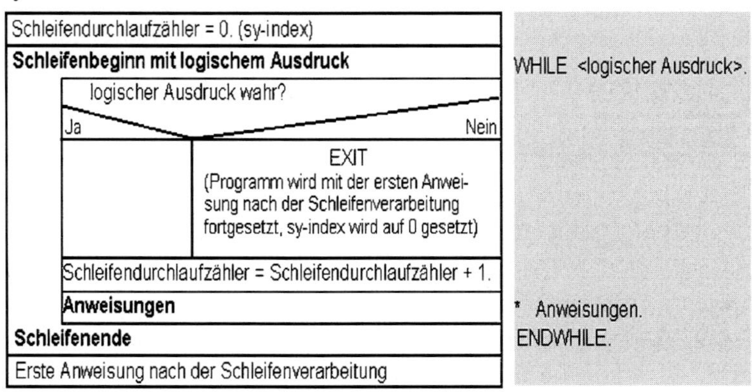


*Abb. 4.62 Wirkungsweise und Syntax der WHILE-Schleife*

Die Schleife wird durchlaufen, wenn der im Schleifenkopf angegebene logische Ausdruck wahr ist. Die im Struktogramm angegebene Abfrage „logischer Ausdruck wahr?“ dient nur zum Verdeutlichen der Arbeitsweise dieser Schleife.

**Beispiel:**

```
REPORT zwhile.
DATA:
zins%(3) TYPE p DECIMALS 2 VALUE '12.5',
anfangskap TYPE p DECIMALS 2 VALUE '1000',
wunschkap TYPE p DECIMALS 2 VALUE '2000',
kap TYPE p DECIMALS 2.

START-OF-SELECTION.
  kap = anfangskap.
  WHILE kap <= wunschkap.
    kap = kap + kap * zins% / 100.
    WRITE: /(2) sy-index UNDER 'Jahr',
                kap UNDER 'Wert'.
  ENDWHILE.

TOP-OF-PAGE.
  WRITE:'Wertentwicklung: Anfangskapital =',
         (8) anfangskap,
        /'Zinssatz = ',zins%,'%',/,
        /'Jahr',10 'Wert'.
```

Im Beispiel wird die Wertentwicklung einer Kapitalanlage in einer WHILE-Schleife berechnet. Vor dem Eintritt in die Schleifenverarbeitung wird die Variable „kap“, die in der Schleife kummuliert wird, auf den Anfangswert (Variable „anfangskap“) geladen. Die Schleife wird solange durchlaufen, wie der Wert der Kapitalanlage kleiner oder gleich dem „Wunschkapital“ ist (kap <= wunschkap).

### 4.5.3 Logische Ausdrücke

In ABAP/4 stehen Ihnen folgende Operatoren für logische Ausdrücke zur Verfügung:

| Bezeichnug | Operatoren | | Beispiel / Erklärung |
|---|---|---|---|
| | Variante 1 | Var. 2 | |
| Gleich (equal) | EQ | = | do1 = do2.<br>do1 EQ '123'. |
| Ungleich (not equal) | NE | <> | do1 <> do2.<br>do1 NE '123'. |
| größer als (greater than) | GT | > | do1 > do2.<br>do1 GT '123'. |
| größer/gleich (greater / equal) | GE | >= | do1 >= do2.<br>do1 GE '123'.<br>do1 GE do2. |
| Kleiner (less than) | LT | < | do1 < do2.<br>do1 LT '123'. |
| kleiner/gleich (less / equal) | LE | <= | do1 <= do2.<br>do1 LE do2. |
| Zwischen (between) | BETWEEN AND | | do1 BETWEEN do2 AND do3 |
| Initialwert (initial) | IS INITIAL | | do1 IS INITIAL.<br>Der Ausdruck ist wahr, wenn do1 mit seinem Initialwert geladen ist. |
| UND-Verbindung (and) | AND | | do1 = do2 AND do3 > do4.<br>Der Ausdruck ist wahr, wenn beide Teilausdrücke wahr sind. |
| ODER-Verbindung (or) | OR | | do1 = do2 OR do3 > do4.<br>Der Ausdruck ist wahr, wenn einer der beide Teilausdrücke wahr ist. |
| Negation (not) | NOT | | do1 NOT IS INITIAL.<br>Der Ausdruck ist wahr, wenn do1 nicht mit seinem Initialwert geladen ist. |

**Verknüpfungsregeln bei AND, OR und NOT**

- NOT bindet stärker als AND
- AND bindet stärker als OR.

Der logische Ausdruck
NOT do1 < do2 OR do2 > do3 AND do2 = do5.

entspricht dem logischen Ausdruck
NOT ( do1 < do2 OR ( do2 > do3 AND do2 = do5 ).

**Hinweise:**

- Setzen Sie aus Gründen der Übersichtlichkeit und der Fehlervermeidung auch dann Klammern, wenn das nicht unbedingt notwendig ist.
- Beachten Sie, dass vor und nach Operatoren je ein Leerzeichen stehen muss. Auch Klammern sind Operatoren.

## 4.6 Lesen von Daten aus Datenbanktabellen

Der größte Teil aller Daten des SAP-Systems ist im relationalen Datenbanksystem gespeichert. Der Zugriff auf die Daten erfolgt über die Abfragesprache SQL (Structured Query Language). SQL weist, trotz Standardisierung, herstellerspezifische Eigenschaften auf. Programme, in denen SQL-Anweisungen direkt verwenden werden, sind deshalb abhängig vom eingesetzten Datenbanksystem. Damit ABAP/4-Programme datenbankunabhängig entwickelt werden können, stellt das R/3-System eine eigene Abfragesprache namens „Open-SQL" und eine Datenbankschnittstelle zur Verfügung.

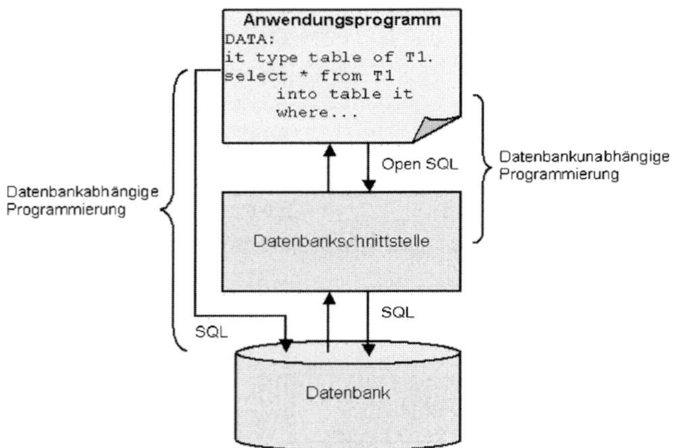


*Abb. 4.63 Datenbankabfragen über SQL und OPEN-SQL*

Die Datenbankschnittstelle setzt Open-SQL-Anweisungen in (datenbankabhängige) SQL-Anweisungen um. SQL-Anweisungen können auch direkt im ABAP-Programm eingesetzt werden. Die dadurch erreichbare geringe Performanceverbesserung wiegt in der Regel den Nachteil der Datenbankabhängigkeit nicht auf.

**Hinweis:** SQL-Anweisungen werden in diesem Buch nicht behandelt.

## 4.6.1 Die „SELECT-Anweisung" als Schleife

Die SELECT-Anweisung liest Datensätze einer Datenbanktabelle. In Ihrer Grundform arbeitet diese Anweisung als Schleife.

Syntax

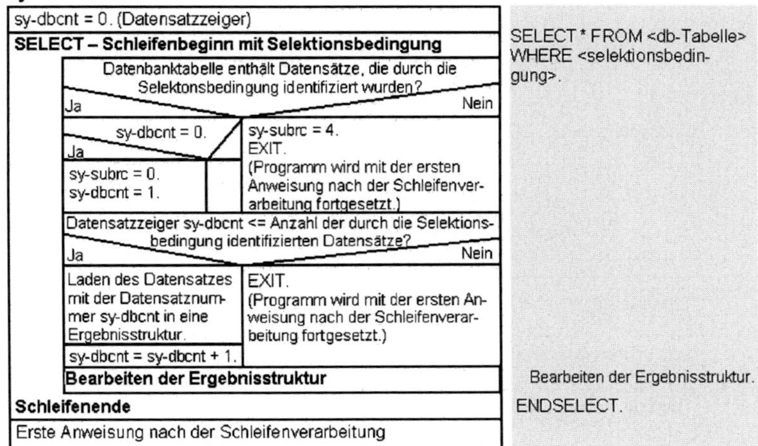


*Abb. 4.64 Wirkungsweise der SELECT-Anweisung als Schleife*

Die SELECT-Anweisung belegt folgende Systemvariablen:

| | |
|---|---|
| sy-subrc | Mit 0 belegt, wenn durch die SELECT-Anweisung Datensätze der ausgewählten Datenbanktabelle identifiziert wurden. Wurden keine Datensätze gefunden, wird sy-subrc mit 4 geladen. |
| sy-dbcnt | enthält die Nummer des aktuell bearbeiteten Datensatzes. Diese Variable steht auch nach dem Verlassen der SELECT-Schleife zur Verfügung. Sie enthält dann die Anzahl der identifizierten Datensätze. |

Die Select-Anweisung besteht aus einer Reihe von Klauseln. Die wichtigsten werden nachfolgend beschrieben:

### *Die SELECT-Klausel*

Mit der SELECT-Klausel wird angegeben, welche Felder aus welcher Datenbanktabelle gelesen werden sollen.

Syntax:
SELECT <Feldliste> FROM <Datenbanktabelle>
[CLIENT SPECIFIED].

Als Feldliste werden, durch Leerzeichen getrennt, die zu lesenden Felder der Datenbanktabelle angegeben. Sollen alle Felder gelesen werden, kann das durch die Angabe eines * angewiesen werden.

Durch den optionalen Zusatz „CLIENT SPECIFIED" können Datensätze beliebiger Mandanten in die Ergebnismenge geschrieben werden. Ohne diesen Zusatz werden von der SELECT-Anweisung nur Datensätze des aktuellen Mandanten identifiziert.

**Beispiel 1:**

*Abb. 4.65 Wirkungsweise der Feldliste*

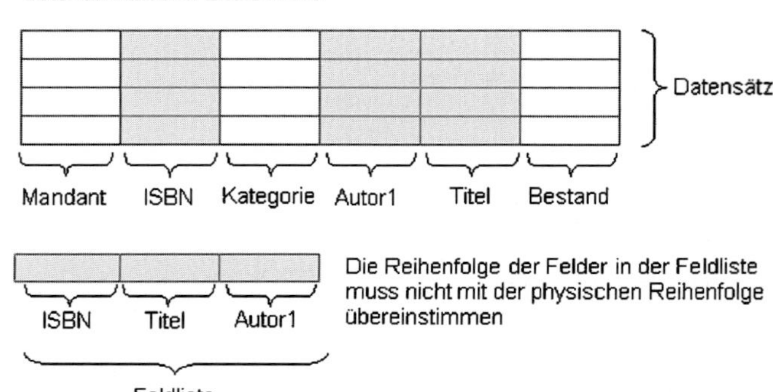


Aus der Datenbanktabelle ZBESTAND sollen die Felder ISBN, TITEL und AUTOR1 gelesen werden.

```
SELECT isbn titel autor1 FROM zbestand.
*  Bearbeiten des Datensatzes mit der Datensatznummer sy-dbcnt
ENDSELECT.
```

**Beispiel 2:**
Es sollen alle Felder der Tabelle ZBESTAND gelesen werden:

```
SELECT * FROM zbestand.
*  Bearbeiten des Datensatzes mit der Datensatznummer sy-dbcnt
ENDSELECT.
```

### *Die INTO-Klausel*

Die INTO-Klausel gibt an, wohin die mit der SELECT-Klausel gelesenen Daten, geschrieben werden. In der Regel wird hier eine

Struktur angegeben. Die Komponenten der Struktur müssen in der gleichen Reihenfolge angelegt sein, wie die Feldliste der SELECT-Klausel.

Syntax:
SELECT <Feldliste> FROM <Datenbanktabelle>
**INTO <Struktur>.**
* Bearbeiten des Datensatzes mit der Datensatznummer sy-dbcnt
ENDSELECT.

**Beispiel:**

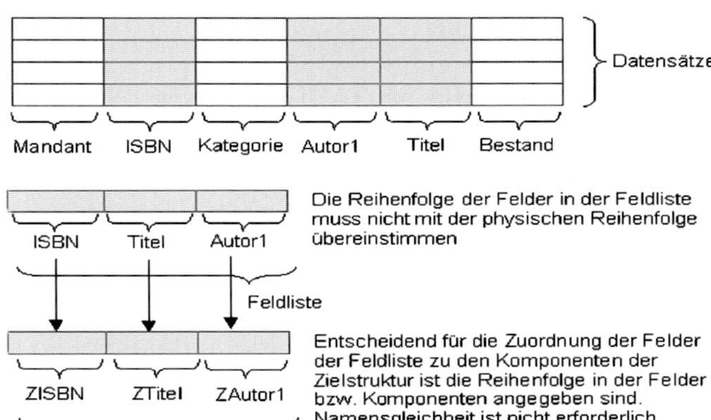


*Abb. 4.66 Wirkungsweise der INTO-Klausel*

```
REPORT zselectinto.
DATA: BEGIN OF wa_zbestand,
        zisbn TYPE zbestand-isbn,
        ztitel TYPE zbestand-titel,
        zautor1 TYPE zbestand-autor1,
      END OF wa_zbestand.

START-OF-SELECTION.
  SELECT isbn titel autor1 FROM zbestand
  INTO wa_zbestand.
    WRITE: / wa_zbestand-zisbn,
             wa_zbestand-zautor1,
             wa_zbestand-ztitel.
  ENDSELECT.
  IF sy-subrc <> 0.
    WRITE: 'Keine Datensätze gefunden'.
  ENDIF.
```

Wollen Sie alle Felder der Datenbanktabelle lesen (SELECT * FROM...) gibt es die Möglichkeit, mit der TABLES-Anweisung eine Standardstruktur mit allen Feldern der Datenbanktabelle zu erzeugen. Die Standardstruktur hat den gleichen Namen wie die Datenbanktabelle.

**Hinweis:**
Diese Vorgehensweise wird von der SAP nicht mehr empfohlen. Die TABLES-Anweisung soll nur noch als Schnittstelle zu Dynpros benutzt werden.

Syntax der TABLES-Anweisung:
TABLES <datenbanktabelle>.

Wenn Sie als Zielstruktur die mit TABLES angelegte Standardstruktur benutzen, können Sie auf die INTO-Klausel verzichten.

**Beispiel:**
```
REPORT zselect.
TABLES: zbestand.
START-OF-SELECTION.
  SELECT * FROM zbestand.
    WRITE: / zbestand-isbn, zbestand-autor1,
             zbestand-titel.
  ENDSELECT.
  IF sy-subrc <> 0.
    WRITE: 'Keine Datensätze gefunden'.
  ENDIF.
```

**Alternative:**
```
REPORT zselect.
DATA: wa_zbestand type zbestand.
START-OF-SELECTION.
  SELECT * FROM zbestand
  INTO wa_zbestand.
    WRITE: / wa_zbestand-isbn,
             wa_zbestand-autor1,
             wa_zbestand-titel.
  ENDSELECT.
  IF sy-subrc <> 0.
    WRITE: 'Keine Datensätze gefunden'.
  ENDIF.
```

### *Die INTO CORRESPONDING FIELDS OF-Klausel*

Der Zusatz INTO CORRESPONDING FIELDS OF bewirkt, dass die Zuordnung der Felder der Feldliste zu den Feldern der Zielstruktur nicht über ihre übereinstimmende Reihenfolge sondern durch ihre Namensgleichheit erfolgt.

Syntax:
SELECT <Feldliste> FROM <Datenbanktabelle>
**INTO CORRESPONDING FIELDS OF <Struktur>**.
* Bearbeiten des Datensatzes mit der Datensatznummer sy-dbcnt
ENDSELECT.

**Beispiel:**

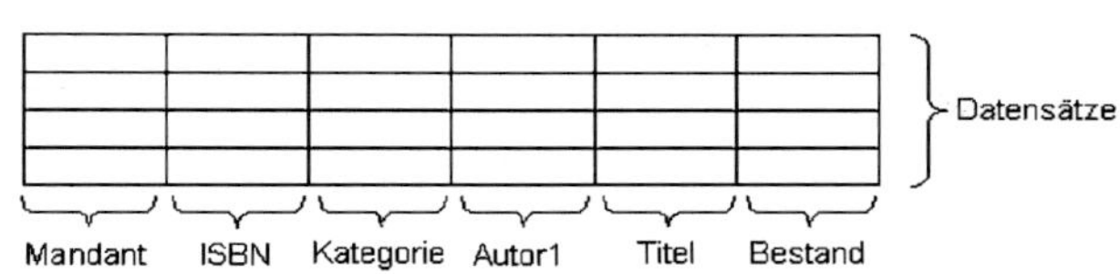


*Abb. 4.67 Wirkungsweise der INTO CORRESPONDING FIELDS OF-Klausel*

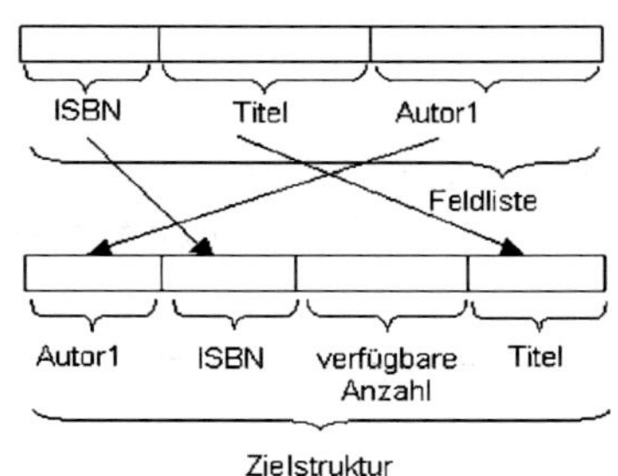


Die Reihenfolge der Felder in der Feldliste muss nicht mit der physischen Reihenfolge der Felder der Datenbanktabelle übereinstimmen

**Entscheidend** für die Zuordnung der Felder der Feldliste zu den Komponenten der Zielstruktur **ist die Namensgleichheit der Felder und Komponenten**. Die Reihenfolge der Komponenten ist für die Zuordnung nicht von Bedeutung. Die Zielstruktur kann deshalb auch Komponenten enthalten, die nicht in der Feldliste stehen.

```
REPORT zselect.
DATA: BEGIN OF wa_zbestand,
        autor1 TYPE zbestand-autor1,
        isbn TYPE zbestand-isbn,
        verfuegbare_Anzahl TYPE i,
        titel TYPE zbestand-titel,
      END OF wa_zbestand.

START-OF-SELECTION.
  SELECT isbn titel autor1 FROM zbestand
  INTO CORRESPONDING FIELDS OF wa_zbestand.
    WRITE: / wa_zbestand-isbn,
             wa_zbestand-autor1,
             wa_zbestand-titel.
  ENDSELECT.
```

```
  IF sy-subrc <> 0.
    WRITE: 'Keine Datensätze gefunden'.
  ENDIF.
```

### *Die WHERE-Klausel*

Die WHERE-Klausel wählt die Datensätze der Datenbanktabelle aus, die verarbeitet werden sollen.

Syntax:
SELECT <Feldliste> FROM <Datenbanktabelle>
INTO…
**WHERE <Feld1> <Operator> <Vergleichswert1>**
**[<log. Operator> <Feld2> <Operator> <Vergleichswert2>**
**[<log. Operator> <Feldn> <Operator> <Vergleichswertn>].**
* Bearbeiten des Datensatzes mit der Datensatznummer sy-dbcnt
ENDSELECT.

**Beispiel**

*Abb. 4.68 Wirkungsweise der WHERE-Klausel*

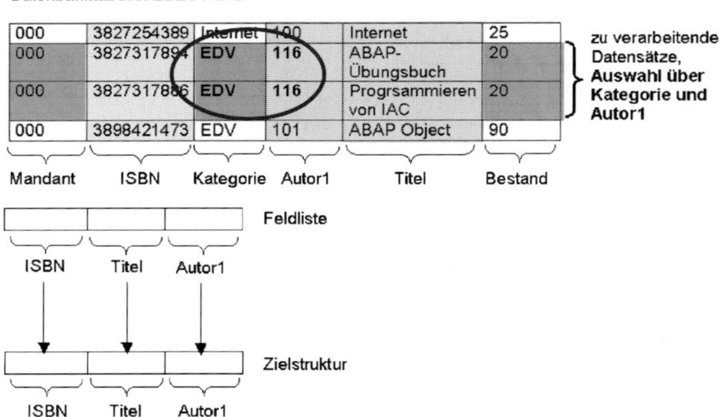


```
REPORT zselect.
DATA:
BEGIN OF wa_zbestand,
  autor1 TYPE zbestand-autor1,
  isbn TYPE zbestand-isbn,
  titel TYPE zbestand-titel,
END OF wa_zbestand,
v_autor1 TYPE zbestand_tw-autor1 VALUE 116',
v_kat TYPE zbestand-kategorie VALUE 'EDV'.

START-OF-SELECTION.
  SELECT isbn titel autor1 FROM zbestand
```

```
INTO CORRESPONDING FIELDS OF wa_zbestand
WHERE autor1 = v_autor1
AND   kategorie = v_kat.
      WRITE: / wa_zbestand-isbn,
               wa_zbestand-autor1,
               wa_zbestand-titel.
ENDSELECT.
```

### *Die ORDER BY-Klausel*

Die Ergebnismenge einer Select-Anweisung kann durch die ORDER BY-Klausel sortiert werden.

Syntax 1:
SELECT <Feldliste> FROM <Datenbanktabelle>
INTO...
WHERE...
**ORDER BY <Feld1> [ASCENDING/DESCENDING]**
**<Feld2> [ASCENDING/DESCENDING]**
**<Feldn> [ASCENDING/DESCENDING]**
* Bearbeiten des Datensatzes mit der Datensatznummer sy-dbcnt
ENDSELECT.

Durch die Angabe der optionalen Parameter erfolgt die Sortierung der Ergebnismenge aufsteigend (ASCENDING) oder absteigend (DESCENDING). Ohne die Angabe dieser Parameter erfolgt eine aufsteigende Sortierung.

**Hinweis:**
Ist zu der Feldkombination <Feld1> <Feld2> <Feldn> kein Sekundärindex angelegt, wird die Sortierung der Ergebnismenge zur Laufzeit des Programmes auf dem Datenbankserver vorgenommen. Es ist in diesem Fall laufzeitgünstiger, die Ergebnismenge in eine interne Tabelle zu schreiben und diese dann mit der SORT-Anweisung zu sortieren.

Syntax 2:
SELECT <Feldliste> FROM <Datenbanktabelle>
INTO...
WHERE...
**ORDER BY PRIMARY KEY.**

Die Angabe „PRIMAR KEY“ in der ORDER BY-Klausel bewirkt eine Sortierung der Ergebnismenge entsprechend des Primärschlüssels.

**Hinweis:**
Die in der ORDER BY-Klausel angegebenen Felder müssen in der Feldliste der SELECT-Klausel enthalten sein.

## 4.6.2 Einzelsatzzugriff mit der „Select single-Anweisung"

Werden in der WHERE-Klausel alle Schlüsselfelder der Datenbanktabelle spezifiziert, besteht die Ergebnismenge der SELECT-Anweisung aus genau einem Datensatz. In diesem Fall kann die SELECT-Anweisung mit dem Zusatz „SINGLE" ergänzt werden. Dadurch arbeitet die SELECT-Anweisung nicht mehr als Schleife sondern greift genau auf den Datensatz, der durch die WHERE-Klausel identifiziert wird, zu.

Syntax:
SELECT SINGLE <Feldliste>
INTO...
WHERE <log.Ausdruck, der alle Schlüsselfelder spezifiziert>.

**Hinweise:**

- Da diese Anweisung nicht als Schleife arbeitet, entfällt die ENDSELECT-Anweisung.
- Durch die SELECT-Anweisung werden nur Datensätze des aktuellen Mandanten bearbeitet. Der Mandant darf deshalb nicht als Parameter der WHERE-Klausel angegeben werden. Sollen durch die SELECT-Anweisung Datensätze anderer Mandanten identifiziert werden, ist der Zusatz „CLIENT SPECIFIED" einzusetzen. Weitere Informationen dazu finden Sie in der Schlüsselwortdokumentation zu „FROM".

**Beispiel:**

*Abb. 4.69 SELECT SINGLE*

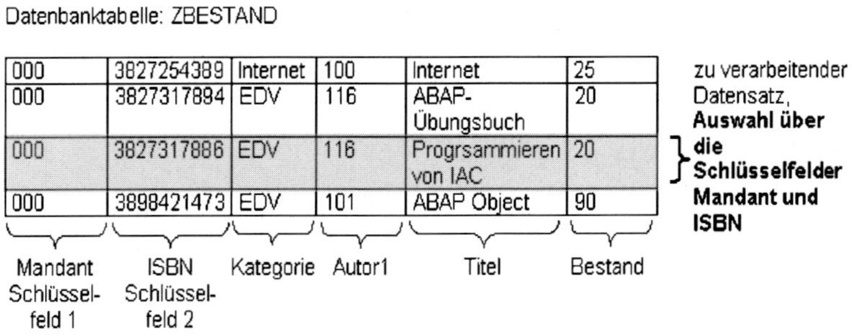

Datenbanktabelle: ZBESTAND

| Mandant Schlüsselfeld 1 | ISBN Schlüsselfeld 2 | Kategorie | Autor1 | Titel | Bestand |
|---|---|---|---|---|---|
| 000 | 3827254389 | Internet | 100 | Internet | 25 |
| 000 | 3827317894 | EDV | 116 | ABAP-Übungsbuch | 20 |
| 000 | 3827317886 | EDV | 116 | Progrsammieren von IAC | 20 |
| 000 | 3898421473 | EDV | 101 | ABAP Object | 90 |

zu verarbeitender Datensatz, **Auswahl über die Schlüsselfelder Mandant und ISBN**

```
REPORT zselect.
DATA: wa_zbestand TYPE zbestand_tw,
      v_isbn TYPE zbestand_tw-isbn
      VALUE '3827317886'.

START-OF-SELECTION.
  SELECT SINGLE * FROM zbestand_tw
  INTO wa_zbestand
  WHERE isbn = v_isbn.

  IF sy-subrc <> 0.
    WRITE: 'Keine Datensätze gefunden'.
  ELSE.
    WRITE: / wa_zbestand-isbn,
             wa_zbestand-autor1,
             wa_zbestand-titel.
  ENDIF.
```

### 4.6.3 Array-Fetch – Laden einer internen Tabelle mit Daten aus einer Datenbanktabelle

Der Array-Fetch ist die performancegünstigste Möglichkeit, eine Menge von Datensätzen der Datenbanktabelle in eine interne Tabelle zu schreiben. Die Datensätze werden dabei nicht sequentiell, d.h. einzeln, sondern als Block in die interne Tabelle übertragen.

Syntax:
SELECT <Feldliste> FROM <Datenbanktabelle>
**INTO** [CORRESPONDING FIELDS OF] **TABLE** <int. Tabelle>
WHERE....

**Hinweis:**

- Da beim Array-Fetch die Daten „in einem Block" von der Datenbanktabelle in die interne Tabelle geschrieben werden und die SELECT-Anweisung somit nicht als Schleife arbeitet, entfällt die ENDSELECT-Anweisung.
- Die Klausel „CORRESPONDING FIELDS OF" bewirkt, dass der Inhalt namensgleicher Felder von der Datenbanktabelle in die interne Tabelle transportiert wird. Ohne diesen Zusatz erfolgt die Zuordnung der Felder über die (übereinstimmende) Reihenfolge der Felder der Feldliste und dem Zeilentyp der internen Tabelle.

**Beispiel:**

*Abb. 4.70 ARRAY-Fetch*

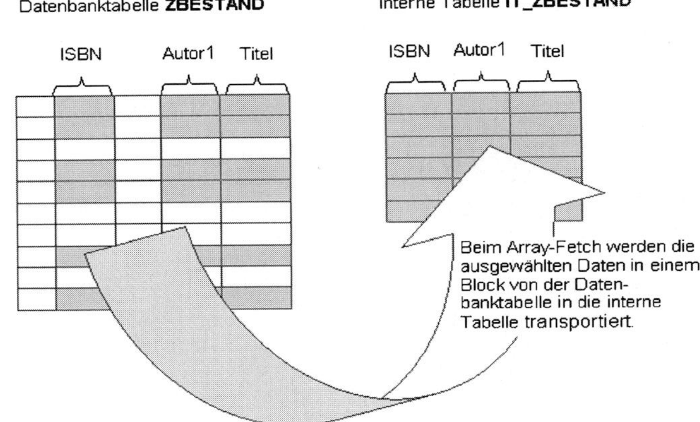


```
REPORT zselect.
DATA: BEGIN OF wa_zbestand,
        isbn TYPE zbestand-isbn,
        autor1 TYPE zbestand-autor1,
        titel TYPE zbestand-titel,
      END OF wa_zbestand,

      it_zbestand LIKE TABLE OF
      wa_zbestand,

      v_autor1 TYPE zbestand-autor1
      VALUE '116'.

START-OF-SELECTION.
 SELECT isbn autor1 titel FROM zbestand
 INTO CORRESPONDING FIELDS OF TABLE it_zbestand
 WHERE autor1 = v_autor1.

 IF sy-subrc <> 0.
   WRITE: 'Keine Datensätze gefunden'.
 ELSE.
   LOOP AT it_zbestand INTO wa_zbestand.
     WRITE: / wa_zbestand-isbn,
              wa_zbestand-autor1,
              wa_zbestand-titel.
   ENDLOOP.
 ENDIF.
```

Das Programm YK04DBAS soll nun so geändert werden, dass die interne Tabelle über einen Array-Fetch aus der Tabelle ZBESTAND geladen wird. Die Ergebnismenge soll alle Bücher des Autors mit der Autorennummer 116 (AUTOR1 = '116') enthalten.

1. Löschen Sie die Stellen im Quelltext, in denen die interne Tabelle IT_ZBESTAND mit fiktiven Daten geladen wird.
2. Fügen Sie eine SELECT-Anweisung ein, die die interne Tabelle mit den gewünschten Daten füllt.
3. Füllen Sie die interne Tabelle it_zbestand durch einen Array-Fetch über die Datenbanktabelle ZBESTAND.
4. Legen Sie eine Struktur WA_ZAUTOREN mit Bezug zur Datenbanktabelle ZAUTOREN an. Fügen Sie in die LOOP-Schleife zur Datenausgabe eine SELECT SINGLE-Anweisung zur Datenbanktabelle ZAUTOREN ein. Diese Anweisung soll über die Autorennummer den jeweiligen Autorenstammsatz selektieren und in die Struktur WA_ZAUTOREN schreiben. (AUTORENNR = ZBESTAND-AUTOR1)
5. Geben Sie an Stelle der Autorennummer (WA_ZBESTAND-AUTOR1) den Namen des Autors aus (WA_ZAUTOREN-NAME).
6. Die Ausgabezeilen sollen abwechselnd im Format FORMAT COLOR COL_NORMAL INTENSIFIED ON und FORMAT COLOR COL_NORMAL INTENSIFIED OFF erfolgen. Legen Sie dazu eine Variable FARBE vom Type C mit der Länge 1 an. Über folgende Syntax könnte dann das alternierende Format eingestellt werden:

```
IF farbe = '1'.
  FORMAT COLOR COL_NORMAL INTENSIFIED ON.
  farbe = '0'.
ELSE.
  FORMAT COLOR COL_NORMAL INTENSIFIED OFF.
  farbe = '1'.
ENDIF.
```

Lösung: YK04DBAS_7

Ihr Programm sollte jetzt folgende Änderungen bzw. Ergänzungen enthalten:

```
REPORT  yk04dbas.
DATA: it_zbestand TYPE zint_zbestand,
```

```
      wa_zbestand TYPE zst_zbestand,
      wa_zautoren TYPE zautoren,
      ausgabedatum TYPE sy-datum,
      ausgabezeit TYPE sy-uzeit,
      zeilen TYPE i,farbe.

START-OF-SELECTION.
 ausgabedatum = sy-datum.
 ausgabezeit = sy-uzeit.
*it_zbestand über Arra-Fetch laden
 SELECT * FROM zbestand
 INTO CORRESPONDING FIELDS OF TABLE it_zbestand
 WHERE autor1 = '116'.

*Ausgabe der internen Tabelle
 LOOP AT it_zbestand INTO wa_zbestand.
*IF-Anweisung zur Einstellung der Farbe
   IF farbe = '1'.
     FORMAT COLOR COL_NORMAL INTENSIFIED ON.
     farbe = '0'.
   ELSE.
     FORMAT COLOR COL_NORMAL INTENSIFIED OFF.
     farbe = '1'.
   ENDIF.
*Berechnung der Anzahl verfügbarer Exemplare
   wa_zbestand-verfuegbar =
wa_zbestand-bestand
       - wa_zbestand-ausgeliehen.
*Selektion des *Autorenstammsatzes
   SELECT SINGLE * FROM zautoren_tw
   INTO wa_zautoren
   WHERE autorennr = wa_zbestand-autor1.
   WRITE:
   /(3) sy-tabix,
   wa_zbestand-isbn UNDER 'ISBN'(002),
   wa_zbestand-titel UNDER 'Titel'(003),
   wa_zautoren-name UNDER 'Autor'(004),
   (10) wa_zbestand-kategorie
       UNDER 'Kategorie'(005),
   wa_zbestand-verfuegbar
       UNDER 'verfügbar'(006),
   125 ' '.
ENDLOOP.
```

```
  DESCRIBE TABLE it_zbestand
  LINES zeilen.
  WRITE: /,'Anzahl Bücher'(010),(3) zeilen.

TOP-OF-PAGE.
*Dieser Ereignisblock wird vom Laufzeitsystem
*aufgerufen, wenn
*eine neue Ausgabeseite begonnen wird
  FORMAT COLOR COL_HEADING INTENSIFIED ON.
  WRITE:'Ausgabeliste'(001),
         20 'Ausgabedatum'(007),
         ausgabedatum,
        'Ausgabezeit'(008),
        ausgabezeit,125 ''.
  FORMAT COLOR COL_HEADING INTENSIFIED OFF.
  WRITE: / 'Lfdnr'(009),
           7  'ISBN'(002) COLOR COL_KEY
              INTENSIFIED ON,
          18 'Titel'(003),
          85 'Autor'(004),
         107 'Kategorie'(005),
         117 'verfügbar'(006).
```

## 4.6.4 Der Selektionsbildschirm

Wie Sie sicher erkannt haben werden, weist unser Programm YK04DBAS noch einen entscheidenden Nachteil auf. Die für die WHERE-Klausel der SELECT-Anweisung benötigten Selektionsparameter können bisher vom Benutzer nicht zur Laufzeit des Programmes eingegeben werden. Ändert sich ein Selektionsparameter, muss das Quellprogramm geändert werden – ein Zustand, der durch die Anweisungen

- PARAMETERS und
- SELECT-OPTIONS

beseitigt werden kann.

### *Die Parameters-Anweisung*

Die PARAMETERS-Anweisung erzeugt ein Eingabefeld auf einem Selektionsbildschirm. Existiert dieser Selektionsbildschirm im Programm noch nicht, wird er durch die PARAMETERS-Anweisung automatisch erzeugt.

Syntax:
PARAMETERS <Name des Parameters>
TYPE <Datentyp> [Zusätze].

**Hinweise:**

- Der Name des Parameters darf maximal 8 Zeichen lang sein.
- Über das Menü Springen → Textelemente → Selektionstexte im ABAP-Editor können Sie für die Parameter Texte hinterlegten.
- Bezieht sich die PARAMETERS-Anweisung auf eine im ABAP-Dictionary angelegte Komponente der eine Suchhilfe zugeordnet ist, wird die Suchhilfe auf dem Selektionsbildschirm automatisch zur Verfügung gestellt.
- Über Zusätze können Sie z.B. anweisen, dass die Eingabe in das PARAMERS-Feld obligatorisch (Mussfeld) ist oder als Ankreuzfeld dargestellt wird. Über den Zusatz MATCHCODE <Suchhilfe> können Sie an das PARAMETERS-Feld eine Suchhilfe anbinden. Weitere Zusätze finden Sie in der Schlüsselwortdokumentation zum Schlüsselwort PARAMETERS.

**Beispiel:**

```
PARAMETERS:
  betrag(5) TYPE p DECIMALS 2,
  mwst%(2) TYPE n,
  autor TYPE zautoren-autorennr.
```

Diese Anweisungen erzeugen den folgenden Selektionsbildschirm:

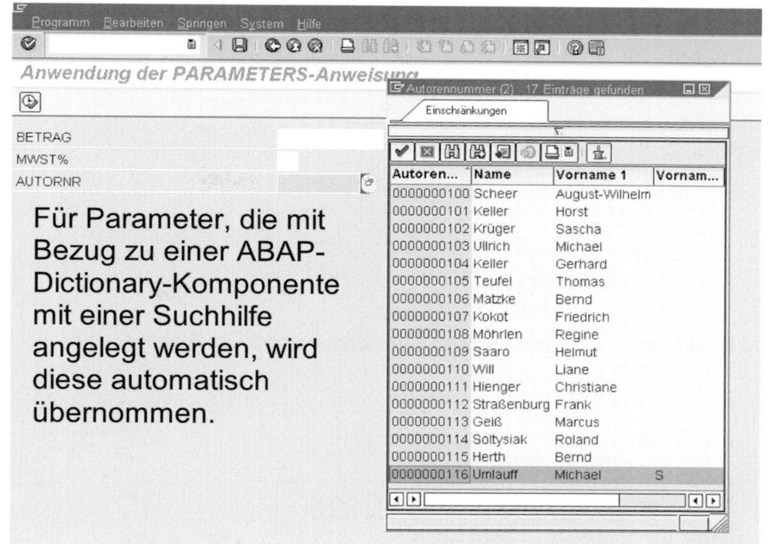


*Abb. 4.71 Selektionsbildschirm, erzeugt mit PARAMETERS*

Im Programm YK04DBAS soll die Autorennummer, die zur Selektion der auszugebenden Datensätze benötigt wird, durch eine PARAMETERS-Anweisung zur Laufzeit des Programmes eingegeben werden können.

1. Fügen Sie in das Programm YK04DBAS eine PARAMETERS-Anweisung für die Eingabe der Autorennummer ein.
   Namensvorschlag für den Eingabeparameter: p_autor
   TYPE: zautoren-autorennr

   **Hinweis:**
   Im Kapitel „Das ABAP-Dictionary" wurde der Tabelle ZAUTOREN eine Suchhilfe zugeordne, die jetzt für das Eingabefeld zur Verfügung steht.
2. Ersetzen Sie in der WHERE-Klausel der SELECT-Anweisung den fest programmierten Selektionswert ('116') durch den Parameter p_autor.

Lösung: YK04DBAS_8

Ihr Programm sollte jetzt folgende Änderungen und Ergänzungen enthalten:

```
REPORT  yk04dbas.
DATA: it_zbestand TYPE zint_zbestand,
      wa_zbestand TYPE zst_zbestand,
      wa_zautoren TYPE zautoren,
      ausgabedatum TYPE sy-datum,
      ausgabezeit TYPE sy-uzeit,
      zeilen TYPE i,farbe.
parameters: p_autor type zautoren-autorennr.

START-OF-SELECTION.
 ausgabedatum = sy-datum.
 ausgabezeit = sy-uzeit.
*it_zbestand über Array-Fetch
 SELECT * FROM zbestand
 INTO CORRESPONDING FIELDS OF TABLE it_zbestand
 WHERE autor1 = p_autor.
```

### *Die Select-Options-Anweisung*

Die SELECT-OPTIONS-Anweisung erzeugt, wie auch die PARAMETERS-Anweisung, Eingabefelder auf einem Selektionsbildschirm. Existiert dieser Selektionsbildschirm im Programm noch nicht, wird er durch die SELECT-OPTIONS-Anweisung automatisch erzeugt.

Syntax:
SELECT-OPTIONS <Name> FOR <Bezugsfeld> [Zusätze].

**Beispiel:**

```
DATA:
  betrag_bezugsfeld(5) TYPE p DECIMALS 2,
  mwst%_bezugsfeld(2) TYPE n,
  wa_zautoren TYPE zautoren.
SELECT-OPTIONS:
  betrag FOR betrag_bezugsfeld,
  mwst% FOR mwst%_bezugsfeld,
  autor FOR wa_zautoren-autorennr.
```

Diese Anweisungen erzeugen den folgenden Selektionsbildschirm:

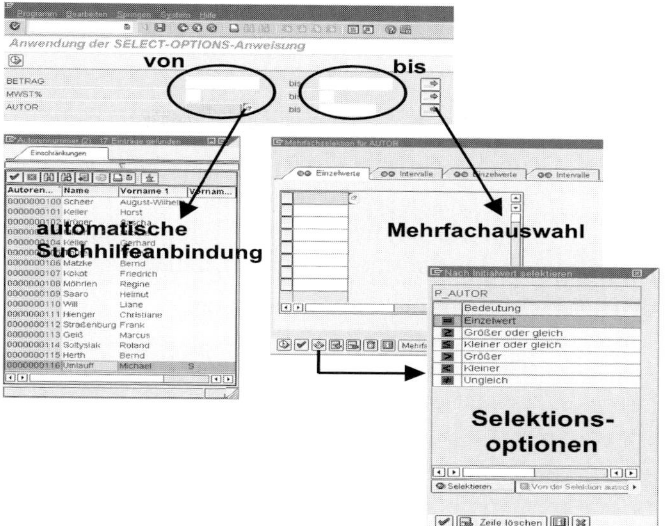


*Abb. 4.72 Selektionsbildschirm, erzeugt mit SELECT-OPTIONS*

**Eigenschaften der SELECT-OPTIONS-Anweisung:**

- Für jede SELECT-OPTIONS-Anweisung werden auf dem Selektionsbildschirm zwei Eingabefelder (von, bis) angelegt. Wird die SELECT-OPTIONS-Anweisung in Kombination mit der WHERE-Klausel einer SELECT-Anweisung benutzt, wird die Ergebnismenge wie folgt gebildet:

| von | bis | Ergebnismenge |
|---|---|---|
| INH_V | leer | Alle Datensätze, in denen das Bezugsfeld den Wert INH_V hat. |
| INH_V | INH_B | Alle Datensätze, in denen das Bezugsfeld einen Wert hat, der zwischen INH_V und INH_B liegt. (INH_V<=Inhalt Bezugsfeld<=INH_B) |
| leer | INH_B | Alle Datensätze, in denen der Inhalt des Bezugsfeldes kleiner / gleich INH_B ist. |
| leer | leer | Alle Datensätze. |

- Die Mehrfachauswahl bietet die Möglichkeit, mehrere Einzelwerte oder Intervalle in die Ergebnismenge einzubeziehen bzw. von der Ergebnismenge auszuschließen.

- Die Anweisung SELECT-OPTIONS <Name> FOR ... erzeugt eine interne Tabelle <Name> mit Kopfzeile[1] die folgenden Komponenten besitzt:

| **Komponente** | **Inhalt** |
|---|---|
| SIGN | I (included) : Intervall bzw. Einzelwert ist in die Ergebnismenge zu übernehmen<br>E (excluded) Intervall bzw. Einzelwert ist nicht in die Ergebnismenge zu übernehmen |
| OPTION | Ausgewählte Selektionsoption<br>(= ; > ; >= ; < ; <=)<br>Die Selektionsoption kann vom Benutzer zur Laufzeit ausgewählt werden (Siehe Abb. 4.72) |
| LOW | Wert des Eingabefeldes "von" |
| HIGH | Wert des Eingabefeldes "bis" |

- Da mit der SELECT-OPTIONS-Anweisung eine interne Tabelle erzeugt wird, muss in der WHERE-Klausel der SELECT-Anweisung der IN-Operator benutzt werden

  **Beispiel:**
  SELECT-OPTIONS so_autor FOR wa_zautoren-autorennr.

  SELECT * FROM zbestand INTO TABLE it_zbestand
  **WHERE autor1 IN so_autor.**

[1] Informationen zu internen Tabellen mit Kopfzeile finden Sie unter Hilfe → SAP-Bibliothek; Basis → ABAP-Programmierung und Laufzeitumgebung → ABAP-Programmierung; ABAP-Programmiersprache → Bearbeitung großer Datenmengen → Interne Tabellen → Interne Tabellen anlegen → Interne Tabellenobjekte.

Das Programm YK04DBAS soll jetzt so geändert werden, dass ein Selektionsbildschirm mit Eingabemöglichkeiten für

- die ISBN (Namensvorschlag so_isbn)
- den Titel (Namensvorschlag so_title)
- den Autor (Namensvorschlag so_autor) und
- die Kategorie (Namensvorschlag so_kat).

1. Legen Sie eine Struktur wa_kategorie mit Bezug zur Datenbanktabelle ZKATEGORIE an.
2. Löschen Sie die PARAMETERS-Anweisung
3. Ergänzen Sie für jedes Eingabefeld eine SELECT-OPTIONS-Anweisung. Beziehen Sie sich bei den Eingabefeldern ISBN und Titel auf die entsprechenden Komponenten der Struktur wa_zbestand, beim Eingabefeld Autor auf die entsprechende Komponente der Struktur wa_zautoren und beim Eingabefeld für die Kategorie auf die entsprechende Komponente der Struktur wa_zkategorie.
4. Für die Eingabefelder ISBN, Titel und Autor soll die Anzeige des zweiten Eingabefeldes unterbunden werden (keine Intervallangaben). Machen Sie sich dazu in der Schlüsselwortdokumentation mit den Zusätzen der SELECT-OPTIONS-Anweisung vertraut. Außerdem soll das Eingabefeld Titel und Kategorie mit dem Zusatz „LOWER CASE“ versehen werden.
5. Ergänzen Sie die WHERE-Klausel der SELECT-Anweisung so, dass alle Eingaben des Benutzers bei der Ermittlung der Ergebnismenge berücksichtigt werden. Die Autorennummer (Eingabefeld Autor) soll dabei in den Feldern AUTOR1, AUTOR2 und AUTOR3 geprüft werden. Unabhängig davon, ob das Feld AUTOR1, AUTOR2 oder AUTOR3 mit dem Inhalt des Eingabefeldes Autor übereinstimmt, soll in der Ausgabeliste weiterhin der Name des Autors1 ausgegeben werden.

Lösung: YK04DBAS_9

Das Programm YK04DBAS wurde um folgende Anweisungen ergänzt:

```
REPORT  yk04dbas.
DATA: it_zbestand TYPE zint_zbestand,
      wa_zbestand TYPE zst_zbestand,
      wa_zautoren TYPE zautoren,
      wa_zkategorie TYPE zkategorie,
      ausgabedatum TYPE sy-datum,
      ausgabezeit TYPE sy-uzeit,
      zeilen TYPE i,farbe.
SELECT-OPTIONS:
so_isbn FOR wa_zbestand-isbn   NO INTERVALS,
so_titel FOR wa_zbestand-titel LOWER CASE
                               NO INTERVALS,
so_autor FOR wa_zautoren-autorennr
                               NO INTERVALS,
so_kat FOR wa_zkategorie-kategorie LOWER CASE.

START-OF-SELECTION.
*Systemdatum und -zeit in die Variablen ein-
*tragen
 ausgabedatum = sy-datum.
 ausgabezeit = sy-uzeit.

* it_zbestand über Array-Fetch
SELECT * FROM zbestand_tw
 INTO CORRESPONDING FIELDS OF TABLE it_zbestand
 WHERE isbn IN so_isbn AND
  titel IN so_titel AND
  (   autor1 IN so_autor OR
    ( autor2 IN so_autor and autor2 > 0 ) OR
    ( autor3 IN so_autor and autor3 > 0 ) ) AND
  kategorie IN so_kat.
```

Der Zusatz...autor2 > 0 und ...autor3 > 0 in der WHERE-Klausel ist notwendig, um bei den Selektionsoptionen „größer als" und „ungleich" keine Datensätze zu selektieren, die im Feld Autor2 und Autor3 keinen Eintrag besitzen.

### Selektionstexte hinzufügen

Unser Programm YK04DBAS hat sich zu einem gebrauchsfähigen Rechercheprogramm entwickelt. Störend und unpraktisch für eine spätere Übersetzung sind die Ausschriften auf dem Selektionsbild, wie z.B. so_isbn, so_autor. Diese sollen jetzt durch Selektionstexte ersetzt werden.

*Vorgehensweise: Selektionstexte erstellen*

Ausgangspunkt zum Erstellen der Selektionstexte ist der ABAP-Editor. Laden Sie also das Programm, zu dem Selektionstexte angelegt werden sollen und aktivieren Sie es gegebenenfalls. Wählen Sie dann das Menü „Springen → Textelemente → Selektionstexte". Tragen im Folgebild einen Text für den Selektionsparameter ein. Bezieht sich der Selektionsparameter auf ein Datenelement können Sie das Kontrollkästchen „Dictionary Referenz" aktivieren. In diesem Fall wird der Bezeichner des Datenelementes als Selektionstext eingesetzt.

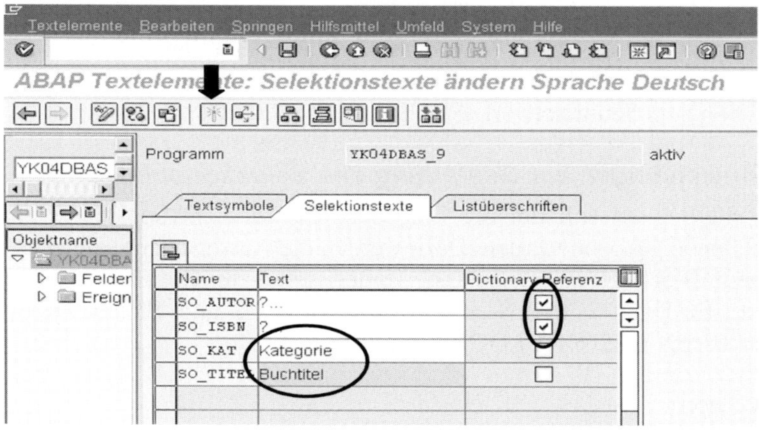


Abb. 4.73 Selektionstexte pflegen

Aktivieren Sie anschließend die Selektionstexte.

Beim Start des Programmes erhalten Sie dann folgenden Selektionsbildschirm:

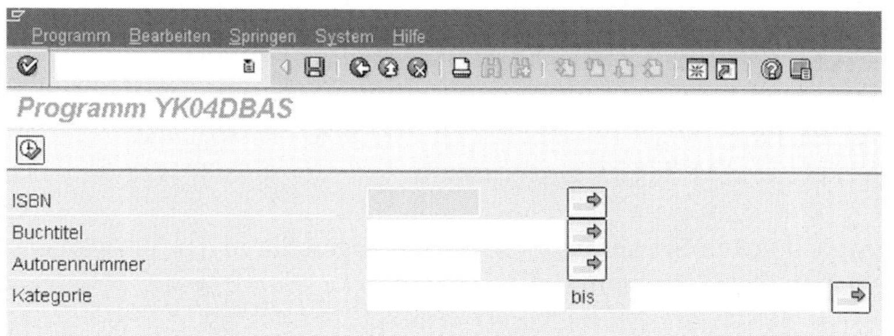


Abb. 4.74 Selektionsbildschirm mit Selektionstexten

### *Die Anweisung SELECTION-SCREEN BEGIN OF SCREEN <scr>.*

Die Anweisungen PARAMETERS und SELECT-OPTIONS in ihrer bisherigen Anwendung, werden vom Laufzeitsystem im Ereignisblock INITIALIZATION gesucht und beim Start des Programmes auf dem Bildschirm abgebildet. Mit der Konstruktion

SELECTION-SCREEN BEGIN OF SCREEN<scr>.
*Anweisungen zur Gestaltung des Selektionsbildes
SELECTION-SCREEN END OF <scr>.

haben Sie die Möglichkeit, ein Selektionsbild zu definieren und mit der Anweisung CALL SELECTION-SCREEN <scr>. zu einem beliebigen Zeitpunkt aufzurufen.
Für <scr> setzen Sie Zahlen größer 1000 ein.

Für nicht ausführbare Programme ist diese Verfahrensweise zwingend. Weitere Erklärungen finden Sie in der Schlüsselwortdokumentation zum Schlüsselwort „SELECTION-SCREEN“.

### *Anweisungen zur Gestaltung des Selektionsbildes*

Zum Schluss soll um die Eingabefelder des Selektionsbildes ein Rahmen gezogen werden. Dazu werden die Anweisungen, die zu einem Block zusammengefasst werden sollen in die Anweisungen SELECTION-SCREEN BEGIN OF BLOCK und SELECTION-SCREEN END OF BLOCK eingeschlossen.

Syntax:
SELECTION-SCREEN BEGIN OF BLOCK <Blockname>
WITH FRAME TITLE <Titel>.
*        Parameters- bzw. Select-Options-Anweisungen
SELECTION-SCREEN END OF BLOCK <Blockname>

**Hinweis:** Sie sollten für den Titel ein Textsymbol verwenden. Da die Länge des Titels auf 8 Zeichen begrenzt ist, muss das Textsymbol über folgende Syntax angelegt werden:

SELECTION-SCREEN BEGIN OF BLOCK <Blockname>
WITH FRAME TITLE **text-<nnn>.**

Doppelklicken Sie auf **text-<nnn>** und legen Sie in der Vorwärtsnavigation den Rahmentitel an.

Geben Sie jetzt Ihrem Programm YK04DBAS den letzten Schliff und legen Sie für Ihre Eingabefelder passende Selektionstexte an. Programmieren Sie dann einen Rahmen um die Eingabefelder.

Lösung: YK04DBAS_10

Ihr Programm sollte jetzt die folgende Ergänzung bekommen haben:

```
SELECTION-SCREEN BEGIN OF BLOCK recherche
WITH FRAME TITLE text-011.
  SELECT-OPTIONS:
   so_isbn FOR wa_zbestand-isbn   NO INTERVALS,
   so_titel FOR wa_zbestand-titel LOWER CASE
                                  NO INTERVALS,
   so_autor FOR wa_zautoren-autorennr
                                  NO INTERVALS,
   so_kat FOR wa_zkategorie-kategorie
      LOWER CASE.
SELECTION-SCREEN END OF BLOCK recherche.
```

# 5 Spezielle Techniken der Listenerstellung

## 5.1 Zielstellung des Kapitels

In diesem Kapitel werden die folgenden Themen behandelt:

- Modularisierung durch Unterprogramme und Includes,
- Benutzen von Ikonen in Listen,
- Programmierung der Oberfläche (Menüleiste, Drucktastenleiste Kontextmenüs und Titelzeile),
- Anzeige von Zusatzinformationen in Verzweigungslisten,
- Mehrfachauswahl von Zeilen und dyn. Sortierung der Liste,
- Arbeiten mit Funktionsbausteinen.

Die im vorigen Kapitel programmierte Ausgabeliste soll in ihrem Aussehen und ihrer Funktionalität erweitert werden.

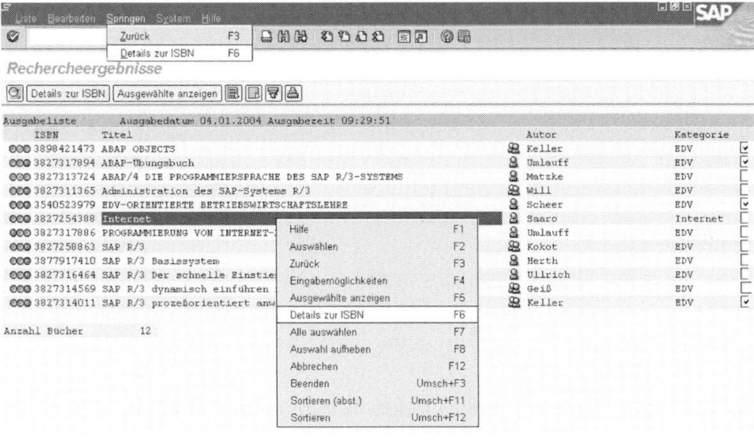


*Abb. 5.1 Liste der Rechercheergebnisse mit Ikonen, Kontrollkästchen und einer funktional erweiterten Oberfläche*

Abb. 5.2 Abbilden von Zusatzinformationen zu einer ausgewählten Zeile

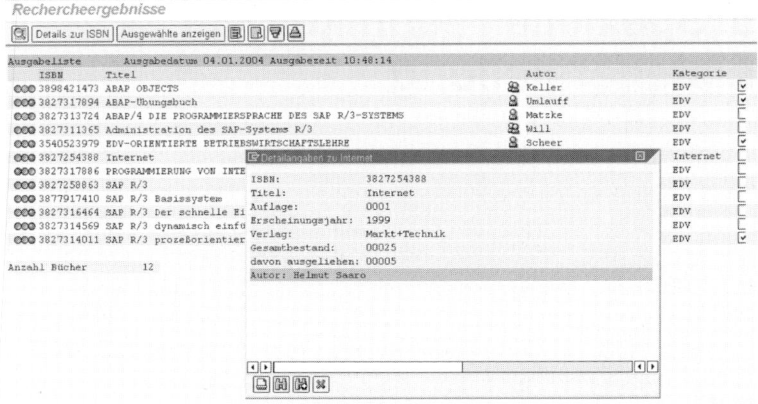


Durch Doppelklick auf eine Listenzeile oder durch Menüauswahl wird eine Verzweigungsliste mit zusätzlichen Informationen abgebildet.

Abb. 5.3 Verdichtete Ergebnisliste

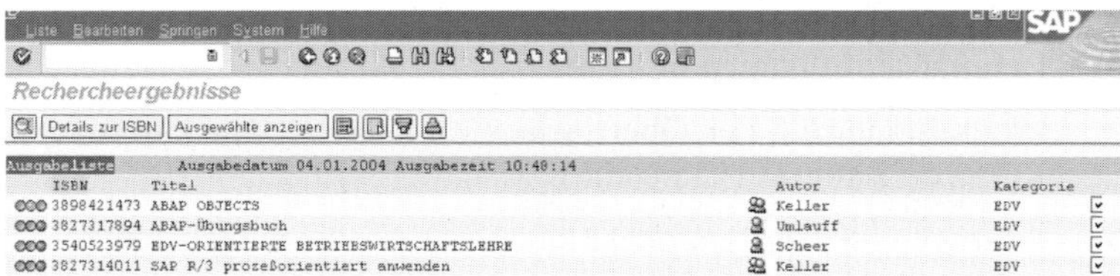


Die Ergebnisliste kann auf Zeilen mit aktivierten Kontrollkästchen verdichtet werden. Außerdem kann der Benutzer die Liste nach verschiedenen Spalten sortieren.

## 5.2 Modularisierung durch Unterprogramme

Wie Sie in Kapitel 4.2 „Grundaufbau eines ABAP-Programmes“ gesehen haben, ist ein ABAP-Programm durch seine Ereignisblöcke in verschiede Abschnitte unterteilt. Die Aufteilung des Quellcodes in verschiedene Abschnitte wird als Modularisierung bezeichnet. Nun kann der Quellcode nicht nur auf verschiedene Ereignisblöcke, sondern auch auf Abschnitte, die der Entwickler selbst definieren kann, aufgeteilt werden. Diese Abschnitte sind in der prozeduralen Programmierung die Unterprogramme und Funktionsbausteine.

In Unterprogrammen und Funktionsbausteinen wird in der Regel Quelltext gekapselt, der eine bestimmte Funktionalität, z.B. Ausgabe einer Liste oder Listzeile, besitzt. Unterprogramme und Funktionsbausteine können von verschiedenen Stellen des Programmes aus aufgerufen werden. Diese Technik bietet folgende Vorteile:

- Die Lesbarkeit des Programmes wird erhöht, weil für das Gesamtverständnis des Programmes unnötige Details, in Unterprogramme oder Funktionsbausteine ausgelagert werden können.
- Ein modular aufgebautes Programm ist „pflegeleichter“ als ein Programm, dessen Quellcode „in einem Stück“ programmiert wurde. Im Idealfall wird eine Funktionalität (z.B. Ausgabe einer Liste oder einer Listzeile) in einem Unterprogramm gekapselt und von verschiedenen Stellen des Programmes aufgerufen. Der Quellcode für diese Funktionalität ist also nur einmal, nämlich im Unterprogramm bzw. dem Funktionsbaustein, vorhanden. Soll nun die Funktionalität geändert werden, ist lediglich das Unterprogramm oder der Funktionsbaustein anzupassen.
- Datenobjekte können so angelegt werden, dass sie nur zur Laufzeit des Unterprogrammes vorhanden sind. Das spart Speicherplatz.
- Außerdem unterstützt die Modularisierung die Programmentwicklung, weil sich der Entwickler zunächst auf den Ablauf des Programmes konzentrieren kann. Die Details werden später im den Unterprogramme programmiert (Top-Down-Methode).

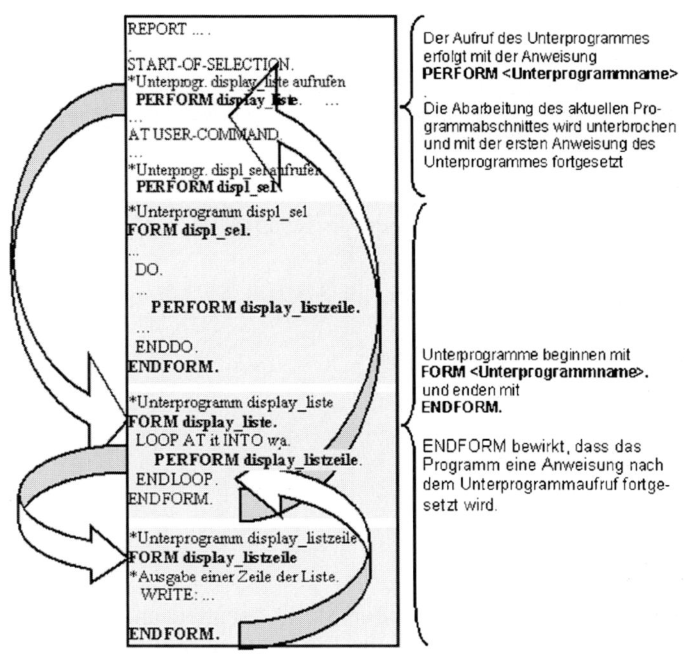


*Abb. 5.4 Modularisierung mit Unterprogrammen (Prinzip)*

***Definition des Unterprogrammes:***

Syntax:
FORM <Name desUnterprogrammes> [Parameterschnittstelle].
* ABAP-Anweisungen
ENDFORM.

***Aufruf des Unterprogrammes:***

Syntax:
PERFORM <Name des Unterprogrammes> [Parameterschnittstelle].

**Beispiel:**

```
REPORT  zdemo_up.

START-OF-SELECTION.
  PERFORM up1.
  PERFORM up2.

FORM up1.
  WRITE: / 'Unterprogramm 1'.
ENDFORM.

FORM up2.
  WRITE: / 'Unterprogramm 2'.
ENDFORM.
```

*Abb. 5.5 Ergebnisbildschirm des Beispiels:*

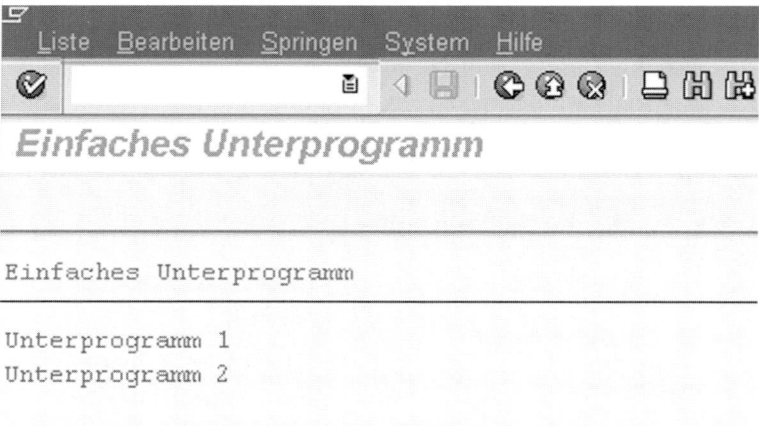


**Hinweise:**

- Ein Ereignisblock ist an der Stelle beendet, an der ein neuer Verarbeitungsblock beginnt. Ein Unterprogramm ist ein solcher Verarbeitungsblock. FORM UP1 beendet also im Beispielprogramm den Ereignisblock „START-OF-SELECTION".

- Im Beispiel erfolgt die Definition der Unterprogramme im gleichen Programm wie der Unterprogrammaufruf. Im Allgemeinen werden Unterprogramme jedoch in INCLUDE-Programme geschrieben. Diese Technik wird zu einem späteren Zeitpunkt in diesem Kapitel behandelt.

### *Die Parameterschnittstelle*

Um in Unterprogrammen allgemeine Algorithmen ablegen zu können, ist die Übergabe von Parametern, mit denen das Unterprogramm arbeiten soll, ein wichtiges Hilfsmittel. Könnte man z.B. dem Unterprogramm UP1 aus dem Beispiel auf Seite 262 einen Parameter übergeben, der den auszugebenden Text enthält, würde das Unterprogramm UP2 nicht mehr gebraucht. Alle Textausgaben könnte UP1 übernehmen. Im einfachsten Fall wird der Parameter mit dem Schlüsselwort USING übergeben und vom Unterprogramm, ebenfalls mit USING, übernommen.

**Beispiel:**

```
REPORT  zdemo_up.

START-OF-SELECTION.
PERFORM up1
USING '"Alle Kreter lügen", sagt ein Kreter.'.
PERFORM up1 USING 'Das stimmt aber nicht,'.
PERFORM up1 USING 'weil alle Kreter lügen.'.

FORM up1 using p_text.
  WRITE: / p_text.
ENDFORM.
```

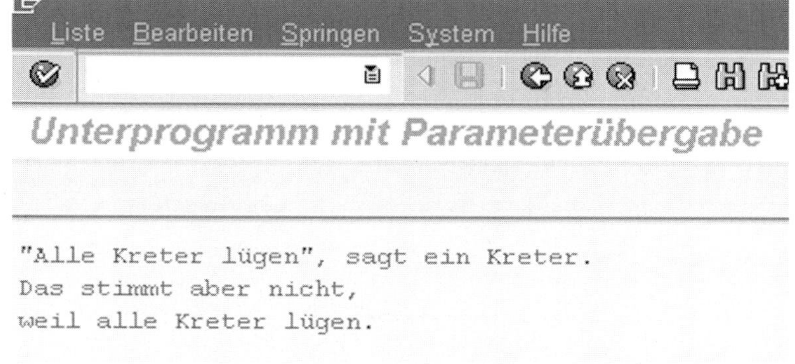


*Abb. 5.6 Ergebnisbildschirm des Beispiels*

Der vom aufrufenden Programm übergebene Parameter, im Beispiel ein Text, wird als **Aktualparameter**, der im Unterprogramm verwendete Parameter, im Beispiel p_text, als **Formalparameter**, bezeichnet. Werden mehrere Parameter übergeben, erfolgt die Zuordnung des Aktualparameters zum Formalparameter über die Reihenfolge der Aktual- bzw. Formalparameter.

```
PERFORM up1 USING ap1 ap2 ap3.
                   ↓   ↓   ↓
FORM up1    USING fp1 fp2 fp3.
...
ENDFORM.
```

### *Arten der Parameterübergabe*

Die Art der Parameterübergabe legt fest, wie das Unterprogramm mit den übergebenen Parametern arbeitet. In ABAP/4 gibt es folgende Möglichkeiten der Parameterübergabe:

- Wertübergabe (call-by-value)
- Adressübergabe (Call-by-reference)
- Wertübergabe mit Rückgabe (call-by-value-and-result)

### *Wertübergabe*

Syntax:
Definition des Unterprogrammes
FORM <Name> **USING VALUE(p1) VALUE(p2)...VALUE(pn).**
Aufruf des Unterprogrammes:
PERFORM <Name> USING a1 a2 an.

*Abb. 5.7 Prinzip der Wertübergabe*

**Wertübergabe**

Programm | Arbeitsspeicher

```
REPORT zup.
DATA: ak1 TYPE i,
      ak2 TYPE i.
PERFORM UP
USING ak1 ak2.
```

```
FORM UP
USING VALUE(p1)
      VALUE(p2).
  p1 = p1 + 1.
  p2 = p2 + 1.
ENDFORM.
```

| $t_0$ | $t_1$ | $t_2$ | $t_3$ | |
|---|---|---|---|---|
| 0 | 0 | 0 | 0 | ak1 |
| 0 | 0 | 0 | 0 | ak2 |
| | 1 | 1 | | p1 |
| | 0 | 1 | | p2 |

$t_0$ – ak1 und ak2 vor dem Unterprogrammaufruf
$t_1$ – Änderung von p1 im Unterprogramm
$t_2$ – Änderung von p2 im Unterprogramm
$t_3$ – ak1 und ak2 nach Beenden des Unterprogrammes

- Im Unterprogramm wird eine Kopie der Aktualparameter angelegt (ak1→p1, ak2→p2).
- Das Unterprogramm arbeitet mit den Kopien (p1;p2).
- Nach dem Beenden des Unterprogrammes stehen die Formalparameter nicht mehr zur Verfügung. Ihre Lebensdauer ist identisch mit der Laufzeit des Unterprogrammes.
- Die Aktualparameter (ak1; ak2) im aufrufenden Programmteil behalten ihre ursprünglichen Werte, sie werden **nicht** mit den Formalparametern überschrieben.

Benutzen Sie die Wertübergabe immer dann, wenn die übergebenen Datenobjekte im Unterprogramm geändert werden, die Aktualparameter ihren Wert behalten sollen.

### *Adressübergabe*

Syntax: 1
Definition des Unterprogrammes
FORM <Name> **USING p1 p2...pn.**
Aufruf des Unterprogrammes:
PERFORM <Name> USING a1 a2 an.

Um die Übersichtlichkeit Ihres Programmes zu erhöhen, sollten Sie diese Syntax Syntax verwenden, wenn die Formalparameter im Unterprogramm nicht geändert werden.

Syntax: 2
Definition des Unterprogrammes
FORM <Name> **CHANGING p1 p2...pn. .**

Aufruf des Unterprogrammes:
PERFORM <Name> CHANGING a1 a2 an.

Verwenden Sie diese Syntax, wenn die Formalparameter geändert werden.

**Adressübergabe**

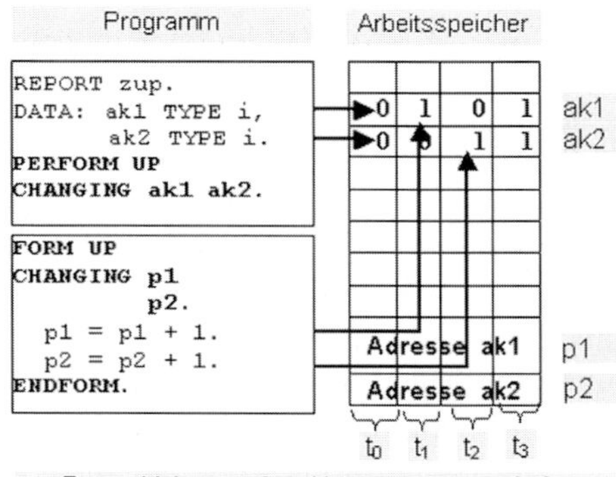


- Dem Unterprogramm werden die Speicheradressen der Aktualparameter übergeben.
- Das Unterprogramm arbeitet direkt auf den übergebenen Adressen.
- Änderungen an den Formalparametern wirken sich sofort auf die Aktualparameter aus.
- Nach dem Beenden des Unterprogrammes behalten die Aktualparameter (ak1; ak2) die aktuellen Werte.

*Abb. 5.8 Prinzip der Wertübergabe*

Die Adressübergabe sollten Sie nur anwenden, wenn die Datenobjekte im Unterprogramm nicht geändert werden oder wenn Sie größere interne Tabellen an das Unterprogramm übergeben.

### *Wertübergabe mit Rückgabe*

Syntax:
Definition des Unterprogrammes
FORM <Name> **CHANGING**
**VALUE(p1) VALUE(p2)   VALUE(pn).**
<u>Aufruf des Unterprogrammes:</u>
PERFORM <Name> USING a1 a2 an.

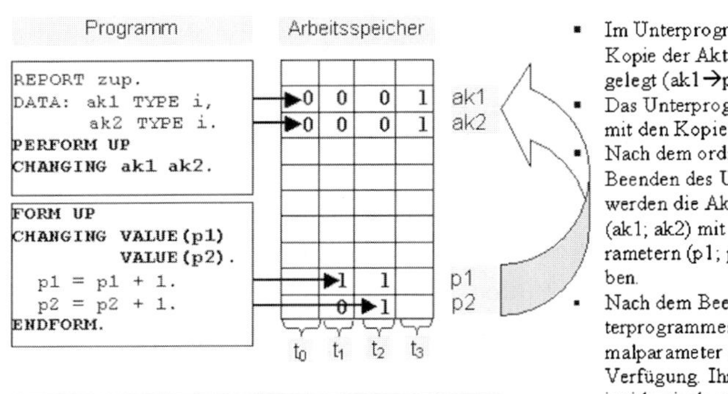

Wertübergabe mit Rückgabe
Programm
Arbeitsspeicher
REPORT zup.
DATA: ak1 TYPE i,
ak2 TYPE i.
PERFORM UP
CHANGING ak1 ak2.
FORM UP
CHANGING VALUE(p1)
VALUE(p2).
p1 = p1 + 1.
p2 = p2 + 1.
ENDFORM.
ak1
ak2
p1
p2
$t_0$ $t_1$ $t_2$ $t_3$
$t_0$ – Datenobjekte vor dem Unterprogrammaufruf
$t_1$ – Änderung von p1 im Unterprogramm
$t_2$ – Änderung von p2 im Unterprogramm
$t_3$ – ak1 und ak2 nach Beenden des Unterprogrammes
Im Unterprogramm wird eine Kopie der Aktualparameter angelegt (ak1→p1, ak2→p2).
Das Unterprogramm arbeitet mit den Kopien (p1;p2).
Nach dem ordnungsgemäßen Beenden des Unterprogrammes werden die Aktualparameter (ak1; ak2) mit den Formalparametern (p1; p2) überschrieben.
Nach dem Beenden des Unterprogrammes stehen die Formalparameter nicht mehr zur Verfügung. Ihre Lebensdauer ist identisch mit der Laufzeit des Unterprogrammes.

*Abb. 5.9 Prinzip der Wertübergabe mit Rückgabe*

Benutzen Sie die Wertübergabe mit Rückgabe immer dann, wenn die übergebenen Datenobjekte im Unterprogramm geändert werden, und die Änderungen auch im aufrufenden Programm zur Verfügung stehen sollen.

Vorteil gegenüber der Adressübergabe:
Wird das Unterprogramm nicht ordnungsgemäß beendet, z.B. durch die Ausgabe einer Fehlernachricht, werden die Datenobjekte des aufrufenden Programmes nicht geändert, d.h. im aufrufenden Programm herrschen die ursprünglichen (definierten) Verhältnisse. Bei der Adressübergabe ist das nicht so, weil vor dem Abbruch des Unterprogrammes bereits Datenobjekte geändert worden sein können. Es herrschen dann im aufrufenden Programm keine definierten Verhältnisse mehr.

### *Verschiedene Arten der Parameterübergabe in einem Unterprogramm*

**Beispiel:**

```
PERFORM UP1 USING ak1 ak2
            CHANGING ak3 ak4.
```

```
FORM UP1 USING VALUE(p1) p2
     CHANGING VALUE(p3) p4..
```

| Parameter | Art der Übergabe |
|---|---|
| ak1 → p1 | Wertübergabe |
| ak2 → p2 | Adressübergabe |
| ak3 → p3 | Wertübergabe mit Rückgabe |
| ak4 → p4 | Adressübergabe |

### *Sichtbarkeit und Lebensdauer von Datenobjekten*

Auf Datenobjekte, die im globalen Deklarationsteil des ABAP-Programmes (siehe Kapitel 4.2 „Grundaufbau eines ABAP-Programmes“) vereinbart wurden, können Sie auch im Unterprogramm zugreifen. Sie sind im gesamten Programm sichtbar. Die Lebensdauer dieser Objekte ist identisch mit der Laufzeit des Programmes.

Auf ein im Unterprogramm deklariertes Datenobjekt kann nur das Unterprogramm zugreifen, in dem es angelegt wurde. Die Sichtbarkeit ist auf das jeweilige Unterprogramm begrenzt. Die Lebensdauer dieser Datenobjekte ist identisch mit der Laufzeit des Unterprogrammes.

### *Typisierung von Formalparametern*

Die Formalparameter können in der Parameterschnittstelle einem bestimmten Datentyp zugeordnet werden.

Syntax:
FORM up1 USING/CHANGING
VALUE(p1)|p1 **TYPE|LIKE<Datentyp|Datenobjekt>.**

| | |
|---|---|
| TYPE <Datentyp> | Mit TYPE können Sie alle an dieser Stelle sichtbaren programmlokalen und globalen **Datentypen** für die Typisierung einsetzen. |
| LIKE <Datenobjekt> | Mit LIKE können Sie alle an dieser Stelle sichtbaren programmlokalen und globalen **Datenobjekte** für die Typisierung einsetzen. |

Die Typisierung hat den Vorteil, dass dem Unterprogramm die technischen Eigenschaften der übergebenen Parameter bereits zur Kompilierungszeit bekannt sind. Dadurch werden falsche Parameterübergaben bereits durch den Syntaxcheck herausgefunden. Somit ist die Typübergabe eine gute Methode, Laufzeitfehler zu vermeiden. Die

Typisierung ist bei elementaren Datentypen optional, bei Strukturen und internen Tabellen jedoch zwingend erforderlich.

Um den Verallgemeinerungsgrad eines Unterprogrammes zu erhöhen, können die Datentypen im Unterprogramm unvollständig, d.h. generisch, angegeben werden. So muss z.B. in die Schnittstelle eines Unterprogrammes, dem eine interne Tabelle übergeben wird, nicht deren konkreter Tabellentyp eingetragen werden. Für eine positive Syntaxprüfung reicht es in vielen Fällen aus, lediglich anzugeben, dass es sich beim Übergabeparameter um eine interne Tabelle handelt. Tabelle 5.1) enthält generische Übergabeparameter.

*Tabelle 5.1 Generische Angabe des Datentyps*

| Generischer Typ | Bedeutung |
|---|---|
| ANY | Vollständig generische Übergabe des Parameters. |
| ANY TABLE | Der Formalparameter ist eine interne Tabelle. |
| INDEX TABLE | Der Formalparameter ist eine interne Tabelle mit Index (standard table oder sorted table). |
| [STANDARD] TABLE | Der Formalparameter ist eine Standardtabelle (standard table). |
| SORTED TABLE | Der Formalparameter ist eine sortierte Tabelle (sorted table). |
| HASHED TABLE | Der Formalparameter ist eine Hashedtabelle (hashed table). |
| c, n, x, p | Eingebaute Datentypen ohne Längenangabe. |

**Beispiel:**
Generische Typisierung für eine Indextabelle:
FORM up1 USING it_tab TYPE INDEX TABLE.

**Hinweise:**

- Ein in der Parameterschnittstelle nicht typisierter Parameter wird im Unterprogramm wie ein mit ANY typisierter Parameter behandelt.
- Beim Syntaxcheck wird überprüft, ob die übergebenen Parameter mit dem (typisierten) Formalparameter kompatibel sind.
- Sie sollten alle Formalparameter typisieren. Das erhöht die Lesbarkeit Ihres Programmes und führt zu robusteren Programmen.

### *Includes*

Includes sind Programme, die in andere Programme eingebunden werden können. Includes verbessern die Lesbarkeit des Gesamtprogrammes (Rahmenprogramm) und vereinfachen die Wiederverwendung von Programmkomponenten. Für umfangreiche Programme sollte jeweils ein Include für globale Datendeklarationen, Ereignisse und Unterprogramme angelegt werden. Für diese Includes sollten Sie folgende Namenskonventionen einhalten:

| Name | Inhalt |
|---|---|
| <progr>TOP | Für die globalen Deklarationen |
| <progr>F01 | Für die Definition der Unterprogramme |
| <progr>E01 | Für Ereignisse |

**Hinweis:**
An die Stelle <progr> soll der Programmname, dem das Include zugeordnet werden soll, geschrieben werden.

Das Einbinden des Quellcodes der Includes erfolgt über die INCLUDE-Anweisung.

Syntax:
INCLUDE <Name des Includes>.

**Beispiel:**

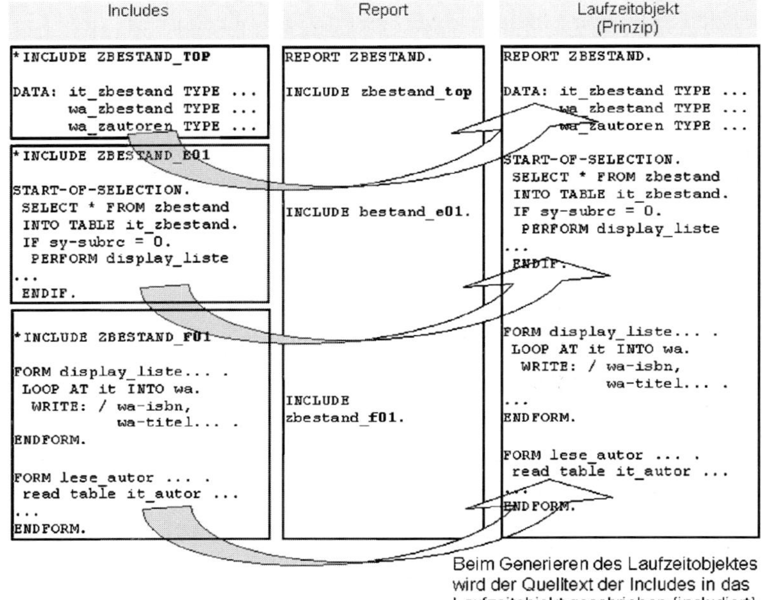


*Abb. 5.10 Einbinden von Includes*

## 5.2.1 Anlegen eines Includes

*Vorgehensweise: Anlegen eines Includes*

Starten Sie den Object Navigator (SE80), laden Sie das Programm, zu dem ein Include angelegt werden soll und wählen Sie über die rechte Maustaste das Kontextmenü entsprechend Abb. 5.11.

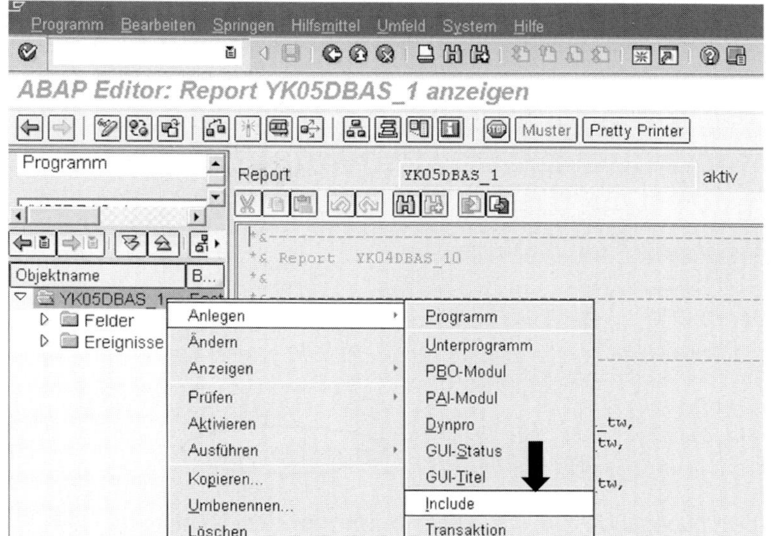

*Abb. 5.11 Menü: Anlegen eines Includes*

Tragen Sie im Folgebild den Namen des anzulegenden Includes ein.

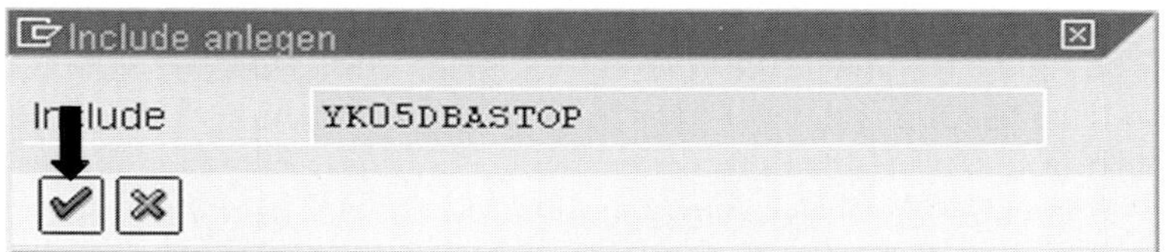


*Abb. 5.12 Anlegen eines Includes*

Sichern Sie dann Ihr Include. Nachdem Sie die Entwicklungsklasse und den Workbenchauftrag zugewiesen haben, wird vom System die INCLUDE-Anweisung an das Ende Ihres Programmes eingefügt.

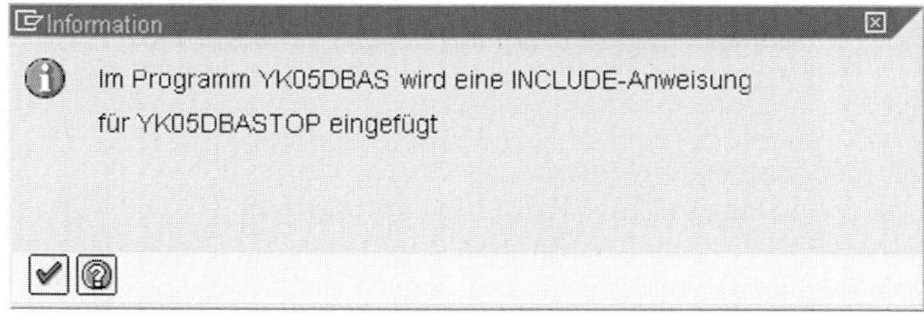


*Abb. 5.13 INCLUDE-Anweisung automatisch eingefügt*

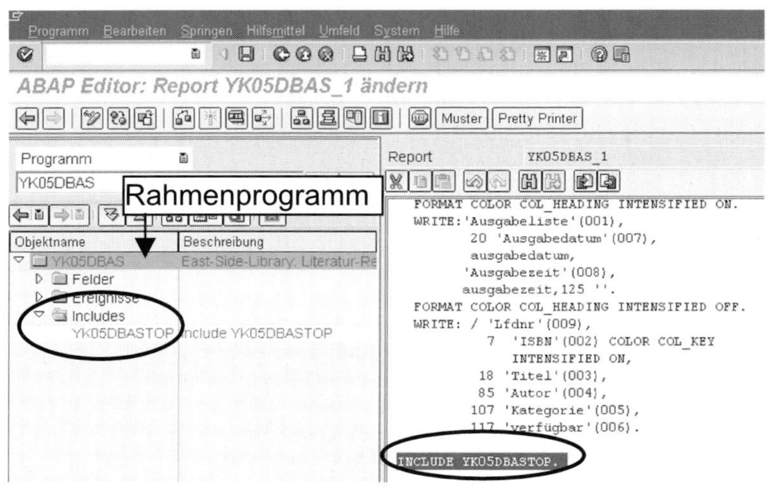


*Abb. 5.14 Object Navigator nach dem Anlegen des INCLUDES*

Der Navigationsteil des SE80 wurde um den Knoten Includes ergänzt. Unter diesen Knoten finden Sie das neu angelegte Include. In das Rahmenprogramm wurde die INCLUDE-Anweisung für das neue Include geschrieben.

Für die Übungen in diesem Kapitel soll das Programm YK04DBAS aus dem vorigen Kapitel kopiert werden. Sollten Sie erst in diesem Kapitel mit Ihrem ABAP-Training beginnen, kopieren Sie bitte das Programm YK04DBAS_10. Der neue Programmname soll YK05DBAS sein.

1. Anlegen des Programmes YK05DBAS durch Kopieren von YK04DABS bzw. YK04DBAS_10.
   - Starten Sie den Object Navigator (SE80) und laden Sie das zu kopierende Programm YK04DBAS bzw. YK04DBAS-_10. Achten Sie darauf, dass das Programm aktiviert ist.
   - Klicken Sie im Navigationsteil des Object Navigators mit der rechten Maustaste auf den Knoten des Rahmenprogrammes (YK04DBAS bzw. YK04DBAS_10) und wählen Sie aus dem Kontextmenü den Menüpunkt „Kopieren“ aus. Im Folgebildschirm „Programm YK04DBAS kopieren“ geben Sie den Namen des Zielprogrammes YK05DABAS ein. Bestätigen Sie im Folgebild „Programm YK04DBAS kopieren nach YK05DBAS“ die Angaben. Ordnen Sie dann der Kopie, wie gewohnt, Ihre Entwicklungsklasse YABAP_TR und Ihren Workbenchauftrag „ABAP-Training“ zu.

2. Legen Sie die folgenden Includes an.

    - YK05DBAS_TOP,
    - YK05DBAS_E01,
    - YK05DBAS_F01.

    Achten Sie darauf, dass die Include-Anweisung

    „INCLUDE yk05dbastop“ als erste Includeanweisung steht.

3. Kopieren Sie alle Datendeklarationen (DATA-Anweisungen und den Selectionsbildschirm) in das TOP-Include und löschen Sie diese Anweisungen im Rahmenprogramm.
4. Kopieren Sie die beiden Ereignisblöcke „START-OF-SELECTION“ und „TOP-OF-PAGE“ in das Ereignis-Include YK05DBASE01.
5. Aktivieren Sie über das Kontextmenü (rechte Maustaste im Knoten des Rahmenprogrammes YK05DBAS) alle Programmkomponenten.
6. Starten Sie Ihr Progamm (am besten ebenfalls über das Kontextmenü). Es muss jetzt ein Selektionsbild angezeigt werden und danach eine Ausgabeliste.

Lösung: YK05DBAS_1

Ihr Programm sollte jetzt folgende Änderungen aufweisen:

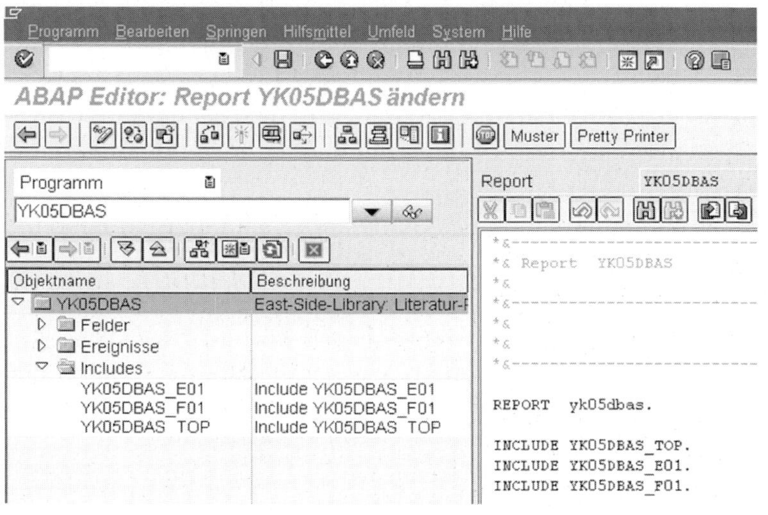


Abb. 5.15 Das Rahmenprogramm nach den Änderungen

Im Rahmenprogramm YK05DBAS sind nur noch die INCLUDE-Anweisungen zu finden. In Navigationsteil sind die Includes zu sehen, für die im Rahmenprogramm eine INCLUDE-Anweisung existiert.
Das TOP-Include YK05DBAS_TOP enthält alle Datendeklarationen.

*Abb. 5.16 Das TOP-Include nach den Änderungen*

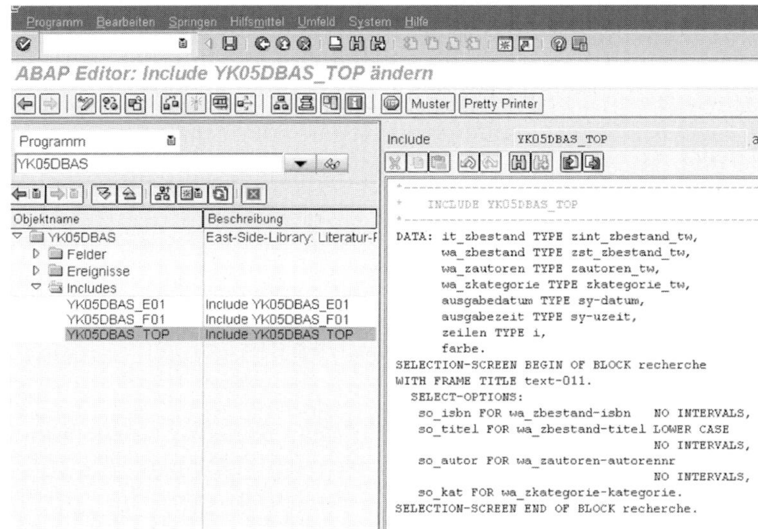


Die Ereignisblöcke START-OF-SELECTION und TOP-OF-PAGE befinden sich jetzt im Ereignisinclude YK05DBAS_E01.

*Abb. 5.17 Das EREIGNIS-Include nach den Änderungen*

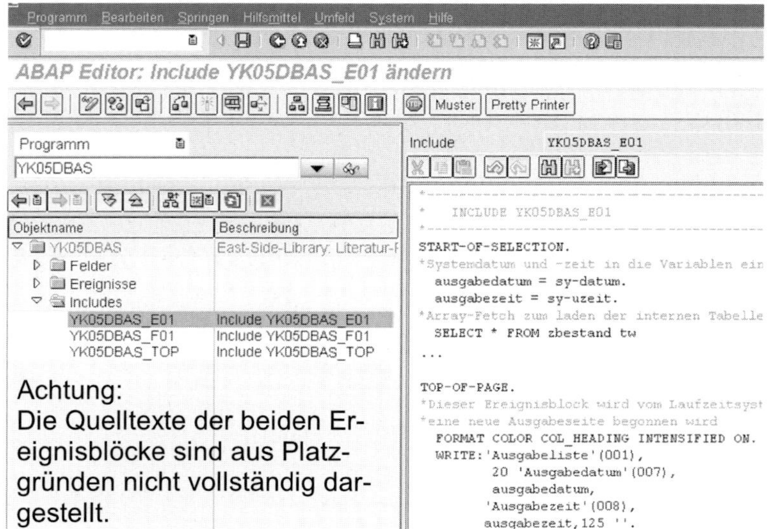

## 5.2.2 Anlegen und Einbinden eines Unterprogrammes

*Vorgehensweise: Anlegen eines Unterprogrammes*

Starten Sie den Object Navigator (SE80), laden Sie das Programm, zu dem ein Unterprogramm angelegt werden soll und wählen Sie über die rechte Maustaste das Kontextmenü entsprechend Abb. 5.18.

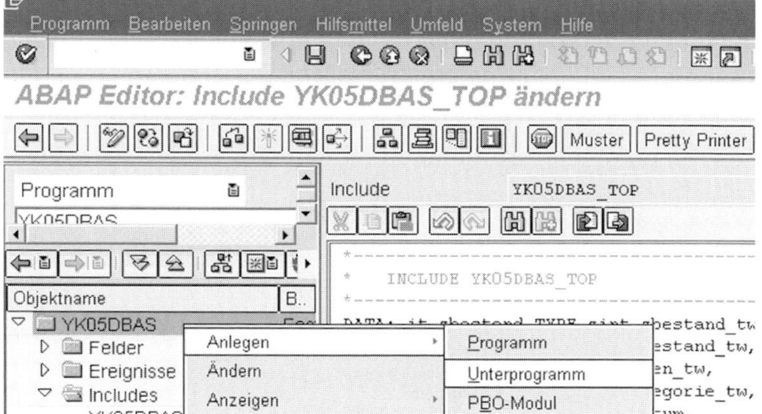


*Abb. 5.18 Menü: Unterprogramm anlegen*

Geben Sie im Folgebild den Namen des Unterprogrammes an und wählen Sie das Include, in welches das Unterprogramm geschrieben werden soll aus.

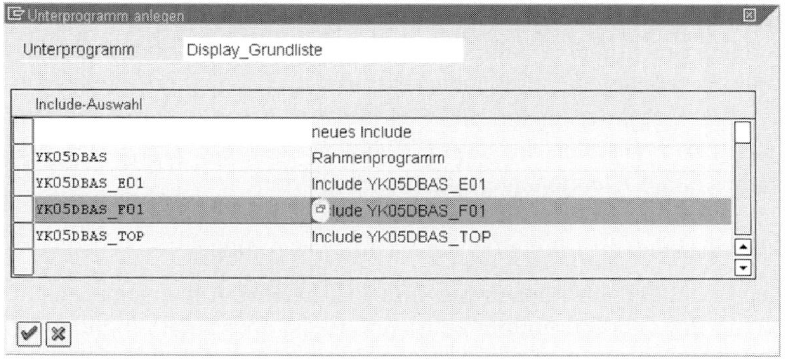


*Abb. 5.19 Angabe des Unterprogrammnamens und Auswahl des Includes*

**Hinweis:**
Das Unterprogramm ist an das Rahmenprogramm angebuden. Der Unterprogrammname muss also nur im jeweiligen Rahmenprogramm eindeutig sein.

Im Folgebild wird Ihnen der Quelltext des ausgewählten Includes bereitgestellt. Die FORM- und ENDFORM-Anweisung Ihres Unterprogrammes sind bereits eingetragen. Sie müssen gegebenenfalls noch die Parameterschnittstelle definieren und den Quelltext des Unterprogrammes schreiben.

*Abb. 5.20 Parameterschnittstelle und Quelltext des UP anlegen*

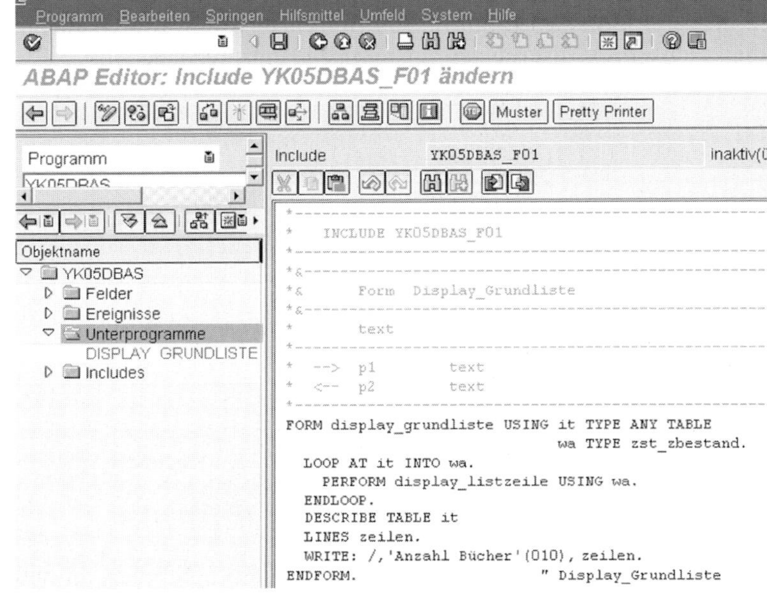


Aktivieren Sie zum Schluss Ihr Unterprogramm.

**Hinweis:**
Achten Sie immer darauf, dass alle Programmkomponenten aktiv sind. Sie können an der blauen Textfarbe im Navigationsteil des Object Navigators erkennen, dass es inaktive bzw. überarbeitete Programmkomponenten in Ihrem Rahmenprogramm gibt. Alle blau dargestellten Komponenten sind nicht aktiviert.

*Vorgehensweise: Einbinden eines Unterprogrammes*

Selbstverständlich können Sie Ihre PERFORM-Anweisung „manuell“ in das Quellprogramm eintragen. Es ist aber auch möglich, den Unterprogrammaufruf per „Drag and Drop“ aus dem Navigationsteil des Object Navigators in den Quellcode zu ziehen.

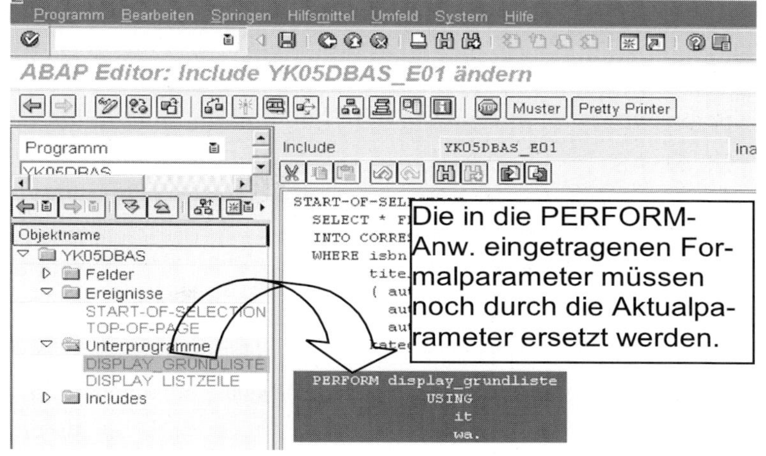


*Abb. 5.21 Unterprogrammaufruf mit Drag and Drop erzeugen*

Die in dieser Übung im Programm YK05DBAS anzulegenden Unterprogramme sind im Include YK05DBAS_F01 zu kapseln.

1. Legen Sie ein Unterprogramm „Display_Grundliste" an und kopieren Sie den Quelltext zum Erstellen der Grundliste im Ereignisblock „START-OF-SELECTION" hinein. Übergeben Sie die Tabelle it_zbestand und die Struktur wa_zbestand per Adressübergabe. Programmieren Sie an die Stelle des ursprünglichen Quelltextes den Unterprogrammaufruf.
2. Legen Sie ein Unterprogramm „Display_Listzeile" an. Kopieren Sie aus dem UP „Display_Grundliste" den Quelltext zum Erzeugen einer Ausgabezeile in das neue Unterprogramm. Übergeben Sie die Struktur wa_zbestand per Wertübergabe. Fügen Sie im Unterprogramm „Display_Grundliste" eine entsprechende PERFORM-Anweisung ein.
3. Die Überschriften, die z.Z. im Ereignisblock „TOP-OF-PAGE" angelegt werden, sollen im Unterprogramm „Display_Ueberschrift" gekapselt werden. Legen Sie dieses Unterprogramm und einen entsprechenden Unterprogrammaufruf an.
4. Welche der im TOP-Include deklarierten Variablen könnten besser in den Unterprogrammen angelegt werden?

Lösung: YK05DBAS_2

Das Programm YK05DBAS besteht jetzt aus folgenden Komponenten:

| Komponente | Bedeutung |
|---|---|
| YK05DBAS | Rahmenprogramm des Literatur-Rechercheprogrammes der East-Side-Library |
| DISPLAY_ Grundliste | Unterprogramm zur Ausgabe der Rechercheergebnisse |
| DISPLAY_ Listzeile | Unterprogramm zur Ausgabe einer Zeile der Rechercheergebnisse |
| DISPLAY_ Ueberschrift | Unterprogramm zur Ausgabe der Seiten- und Spaltenüberschriften |
| YK05DBAS_TOP | Include, das alle globalen Datendefinitionen und Datendeklarationen enthält |
| YK05DBAS_F01 | Include, das alle Unterprogramme enthält |
| YK05DBAS_E01 | Include, das den Quellcode der Ereignisblöcke enthält |

Diese Komponenten sollten jetzt folgende Änderungen enthalten:

```
*---------------------------------------------*
*   INCLUDE YK05DBAS_TOP                      *
*---------------------------------------------*
DATA: it_zbestand TYPE zint_zbestand_tw,
      wa_zbestand TYPE zst_zbestand_tw,
      wa_zkategorie TYPE zkategorie_tw,
      farbe.
*      wa_zautoren TYPE zautoren_tw,
*      ausgabedatum TYPE sy-datum,
*      ausgabezeit TYPE sy-uzeit,
*      zeilen TYPE i,
SELECTION-SCREEN BEGIN OF BLOCK recherche
WITH FRAME TITLE text-011.
SELECT-OPTIONS:
 so_isbn FOR wa_zbestand-isbn  NO INTERVALS,
 so_titel FOR wa_zbestand-titel
                              LOWER CASE
                              NO INTERVALS,
* so_autor FOR wa_zautoren-autorennr
*                             NO INTERVALS,
 so_autor FOR wa_zbestand-autor1
```

```
                                     NO INTERVALS,
  so_kat FOR wa_zkategorie-kategorie.
SELECTION-SCREEN END OF BLOCK recherche.
```

Die im TOP-Include auskommentierten Datendeklarationen wurden in die Unterprogramme verlagert. Das spart Speicherplatz, weil die im Unterprogramm deklarierten Variablen nur zur Laufzeit des Unterprogrammes existieren. Da die Struktur wa_zautoren keine globale Variable mehr ist, kann sie in der SELECT-OPTIONS-Anweisung nicht mehr verwendet werden. Deswegen wurde als Bezugsfeld für so_autor die Komponente autor1 der Struktur wa_zbestand eingesetzt.

```
START-OF-SELECTION.
*Array-Fetch zum laden der internen Tabelle
*it_zbestand
  SELECT * FROM zbestand_tw INTO
  CORRESPONDING FIELDS OF TABLE it_zbestand
  WHERE isbn IN so_isbn AND
   titel IN so_titel AND
   ( autor1 IN so_autor OR
    ( autor2 IN so_autor and autor2 > 0 ) OR
    ( autor3 IN so_autor and autor3 > 0 ))
   AND kategorie IN so_kat.

PERFORM display_grundliste
        USING it_zbestand wa_zbestand.

TOP-OF-PAGE.
PERFORM display_ueberschrift.
```

Anstelle der ursprünglichen Quelltexte stehen jetzt Unterprogrammaufrufe. Das ist einfacher zu lesen, oder?

```
*------------------------------------------------*
*&      Form  Display_Grundliste                 *
*------------------------------------------------*
FORM display_grundliste
USING it TYPE ANY TABLE
      wa TYPE zst_zbestand.
  DATA: zeilen TYPE i.
  LOOP AT it INTO wa.
    PERFORM display_listzeile USING wa.
  ENDLOOP.
```

```
  DESCRIBE TABLE it
  LINES zeilen.
  WRITE: /,'Anzahl Bücher'(010),zeilen.
ENDFORM.                    " Display_Grundliste
```

Die Variable zeile (ursprünglich global deklariert) wird nur in diesem Unterprogramm benötigt. Es ist deshalb günstig, sie als lokale Variable anzulegen. Die Ausgabe der Listzeile erfolgt im Unterprogramm DISPLAY_Listzeile, weil in einer späteren Aufgabe Listzeilen einzeln ausgegeben werden sollen. Außerdem ist dadurch Übersichtlichkeit des Programmes besser.

```
*----------------------------------------------*
*&      Form  Display_Listzeile                 *
*----------------------------------------------*
FORM display_listzeile USING wa
                       TYPE zst_zbestand.
  DATA: wa_zautoren TYPE zautoren.
  IF farbe = '1'.
    FORMAT COLOR COL_NORMAL INTENSIFIED ON.
    farbe = '0'.
  ELSE.
    FORMAT COLOR COL_NORMAL INTENSIFIED OFF.
    farbe = '1'.
  ENDIF.
*Berechnung der Anzahl verfügbarer Exemplare
  wa-verfuegbar = wa-bestand
                - wa-ausgeliehen.
*Selektion des Autorenstammsatzes
  SELECT SINGLE * FROM zautoren
  INTO wa_zautoren
  WHERE autorennr = wa-autor1.

  WRITE:
  /(3) sy-tabix,
   wa-isbn UNDER 'ISBN'(002),
   wa-titel UNDER 'Titel'(003),
   wa_zautoren-name UNDER 'Autor'(004),
  (10) wa-kategorie
       UNDER 'Kategorie'(005),
   wa-verfuegbar
       UNDER 'verfügbar'(006),
   125 ' '.
ENDFORM.                    " Display_Listzeile
```

# 5.3 Ikonen in Listen

Ikonen können dazu beitragen, Listen übersichtlicher und aussagekräftiger zu gestalten. Übertreibt man Ihren Einsatz nicht, sehen die Listen auch interessanter aus. In diesem Kapitel soll die Ausgabeliste des Literatur-Rechercheprogrammes durch zwei Ikonen etwas aufgepeppt werden.

Ikonen werden über die WRITE-Anweisung in die Ausgabeliste geschrieben.

Syntax:
WRITE <icon-name | icon-ID> AS ICON.

| | |
|---|---|
| icon-name | Feld der Datenbanktabelle ICON, das den Namen der Ikone enthält |
| icon-id | Schlüsselfeld der Datenbanktabelle ICON, das eine 4-stellige Zeichenkette enthält, die die Ikone eindeutig definiert. |

Voraussetzung:
Um Ikonen in Ihrem Programm zu verwenden, muss das Include <icon> in Ihr Programm eingebunden werden. Achtung: Die spitzen Klammern gehören hier ausnahmsweise mit zum Includenamen.

*Vorgehensweise: Verwenden von Ikonen*

1. Binden Sie das Include <icon> in Ihr Programm ein.
   ```
   INCLUDE <icon>.
   ```
2. Da in der Regel auf einer Listenposition verschiedene Ikonen abgebildet werden, ist es zweckmäßig, eine Variable für die Ikone zu deklarieren. Diese kann mit icon-id typisiert werden.
   ```
   DATA: icon_status TYPE icon-id.
   ```
3. Laden Sie dann diese Variable mit der id oder dem Namen der Ikone, die in der Liste abgebildet werden soll. Sie finden diese Angaben über die Schlüsselwortdokumentation zu ICON, dort finden Sie einen Link zur „Liste der Ikonen". Doppelklicken Sie in dieser Liste auf die gewünschte Ikone. Sie erhalten einen Bildschirm mit den Eigenschaften der Ikone.
   ```
   icon_status = '@BI@'. oder
   icon_status = ICON_POSITION_HR.
   ```

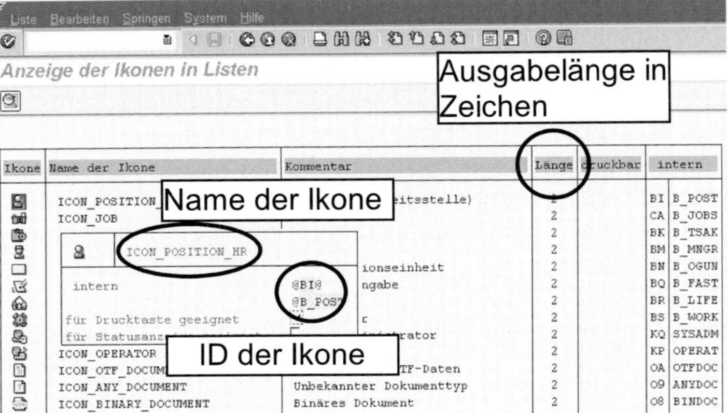


4. Programmieren Sie die WRITE_Anweisung
   `WRITE: icon_status AS ICON.`

In der folgenden Übung soll durch eine Ikone gekennzeichnet werden, ob ein Buch von einem oder von mehreren Autoren geschrieben wurde. Bei einem Autor soll vor die Ausgabe des Autors die Ikone ICON_POSITION_HR bei mehreren Autoren die Ikone

ICON_SHARED_POSITION gesetzt werden.

1. Fügen Sie in das Rahmenprogramm das Include <icon> ein.
2. Deklarieren Sie im Unterprogramm DISPLAY_Listzeile eine Variable icon_autoren vom Typ icon-id.
3. Laden Sie im Unterprogramm DISPLAY_Listzeile die Variable icon_autoren mit der Ikone ICON_POSITION_HR, wenn für die auszugebende Listzeile die Komponenten autor2 und autor3 leer sind (IS INITIAL), anderenfalls mit der Ikone ICON_SHARED_POSITION.
4. Ändern Sie die Ausgabe der Listzeile und die Spaltenüberschriften. Die Ausgabe soll wie folgt formatiert werden:

| ab Position | Ausgabe |
|---|---|
| 6 | ISBN |
| 17 | Titel |
| | icon_autoren |
| 85 | Autor |
| 110 | Kategorie |
| 120 | verfügbar |

Erweitern Sie das Programm so, dass ab Ausgabeposition 2 eine Ikone ausgegeben wird, die Auskunft über die Verfügbarkeit eines Buches gibt. Dabei sollen folgende Ikonen zum Einsatz kommen:

| Verfügbarkeit | Ikonenname |
|---|---|
| 0 % | icon_red_light |
| >0% und <= 5% | icon_yellow_light |
| > 5% | icon_green_light |

Namensvorschläge für Variable:

| Name | Inhalt |
|---|---|
| icon_verfuegbar | ID der auszugebenden Ikone |
| verfuegbar% | Berechnung der prozentualen Verfügbarkeit |
| > 5% | icon_green_light |

Da die Ikonen die Verfügbarkeit hinreichend genau anzeigen, soll die Anzahl der verfügbaren Bücher nicht mehr ausgegeben werden.

Lösung: YK05DBAS_3

Vergleichen Sie Ihre Änderungen mit dem folgenden Quelltextauszügen:

```
*&---------------------------------------------*
*&          Report  YK05DBAS_3                 *
*&---------------------------------------------*
REPORT  yk05dbas.
INCLUDE <icon>.
INCLUDE YK05DBAS_3_TOP.
INCLUDE YK05DBAS_3_E01.
INCLUDE YK05DBAS_3_F01.

*&---------------------------------------------*
*&       Form  Display_Listzeile              *
*&---------------------------------------------*
FORM display_listzeile USING wa
                        TYPE zst_zbestand.
  DATA: wa_zautoren TYPE zautoren,
        icon_autoren TYPE icon-id,
        icon_verfuegbar TYPE icon-id,
        verfuegbar% TYPE p DECIMALS 2,
        zeilen TYPE i.
*IF-Anweisung zur Einstellung der Farbe
.************nicht geänderter Quelltext******************
```

```
*Auswahl der Ikone für die Anzahl Autoren
  IF wa-autor2 IS INITIAL
  AND wa-autor3 IS INITIAL .
    icon_autoren = icon_position_hr.
  ELSE.
    icon_autoren = icon_shared_position.
  ENDIF.
*Berechnung der Anzahl verfügbarer Exemplare
  wa-verfuegbar = wa-bestand
                - wa-ausgeliehen.
*Berechnung der Verfügbarkeit in %
  verfuegbar% = wa-verfuegbar
              / wa-bestand * 100.
  IF wa-verfuegbar <= 0.
    icon_verfuegbar = icon_red_light.
  ELSEIF  verfuegbar% < 5.
    icon_verfuegbar = icon_yellow_light.
  ELSE.
    icon_verfuegbar = icon_green_light.
  ENDIF.
*SELECT SINGLE-Anweisung zur Selektion des
*Autorenstammsatzes
.************nicht geänderter Quelltext******************
  WRITE:
  /2 icon_verfuegbar AS ICON,
    wa-isbn UNDER 'ISBN'(002),
    wa-titel UNDER 'Titel'(003),
    icon_autoren AS ICON,
    wa_zautoren-name UNDER 'Autor'(004),
   (10) wa-kategorie UNDER 'Kategorie'(005),
   128 ' '.
ENDFORM.                  " Display_Listzeile

*&---------------------------------------------*
*&      Form  Display_ Ueberschrift            *
*&---------------------------------------------*
FORM display_ueberschrift.
.************nicht geänderter Quelltext******************
  WRITE: /6  'ISBN'(002) COLOR COL_KEY
             INTENSIFIED ON,
         17 'Titel'(003),
         85 'Autor'(004),
        110 'Kategorie'(005),
        128 ''.
ENDFORM.               " Display_ Ueberschrift
```

# 5.4 Verzweigungslisten

Verzweigungslisten sind Listen, die angezeigt werden, wenn der Benutzer z.B. einen Doppelklick auf eine Listzeile ausführt. Der Gesamtumfang an Informationen, die ein Programm liefern soll, kann so auf mehrere Listen verteilt werden. Damit ist auch ein Performance-Gewinn verbunden, denn Zusatzinformationen werden nur dann ermittelt, wenn sie der Benutzer auch wirklich sehen will.

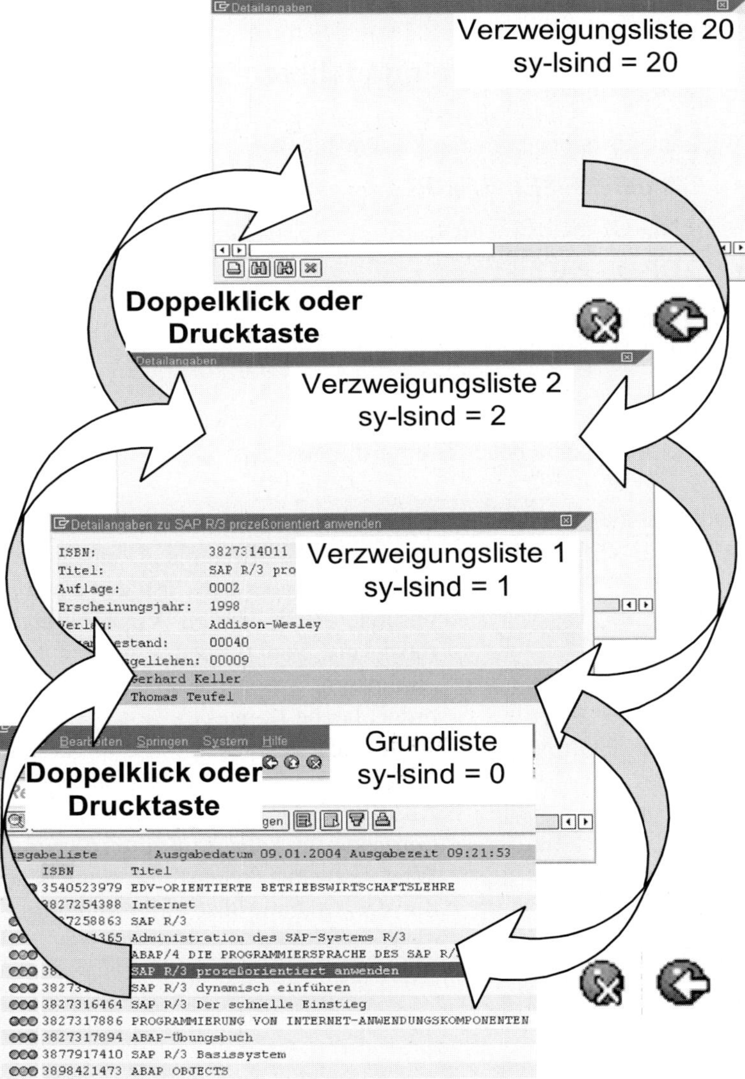


*Abb. 5.22 Das Listensystem*

Prinzipien des Listensystems:

- Zusätzlich zur Grundliste können Sie maximal 20 Verzweigungslisten anlegen.
- Jede Liste wird in einem eigenen Listenpuffer gehalten. Vor dem Anzeigen der Liste wird der Systemvariablen sy-lsind entsprechend Abb. 5.22 der Listenindex zugeordnet.
- Die Funktionen „Zurück" und „Abbruch" geben den Listenpuffer wieder frei (d,h. die Liste wird gelöscht). Danach wird die vorherige Liste wieder angezeigt.

## 5.4.1 Anlegen von Verzweigungslisten

Während Grundlisten in den Ereignisblöcken

- START-OF-SELECTION,
- END-OF-SELECTION,
- TOP-OF-PAGE,
- END-OF-PAGE
- GET

angelegt werden können, gibt es für die Verzweigungslisten die in Tabelle 5.2 beschriebenen Ereignisblöcke

*Tabelle 5.2 Ereignisblöcke für Verzweigungslisten*

| Ereignisblock | Beschreibung |
|---|---|
| AT LINE-SELECTION | Wird nach dem Ereignis „Doppelklick" ausgelöst. Außerdem löst der Funktionscode PICK diesen Verarbeitungsblock aus. Funktioscodes werden Menüpunkten bzw. Drucktasten zugeordnet (siehe Kapitel 6). |
| AT USER-COMMAND | Wird nach einer Benutzeraktion, z.B. drücken einer Drucktaste ausgelöst. Ausnahme: Drucktaste mit dem Funktionscode PICK (siehe Kapitel 6). |
| TOP-OF-PAGE DURING LINESELECTION | Wird ausgelöst, bevor eine neue Seite der Verzweigungsliste aufgebaut wird. |

1. Legen Sie im Include YK05DBAS_E01 den Ereignisblock AT LINE-SELECTION an. In diesem Ereignisblock soll das Unterprogramm DETAILANZEIGE aufgerufen werden.
2. Legen Sie im Include YK05DBAS_F01 das Unterprogramm DETAILANZEIGE an. Zunächst soll hier nur der Inhalt der Systemvariablen sy-lsind ausgegeben werden (WRITE: 'Verzweigungsliste', sy-lsind.).
3. Starten Sie das Programm YK05DBAS und lassen Sie sich die Grundliste anzeigen. Doppelklicken Sie dann auf eine Listzeile – die Verzweigungsliste wird angezeigt.
4. Doppelklicken Sie auf die Zeile der Verzweigungsliste. Was passiert?

Das neue Programm hat folgende Änderungen erhalten:

```
*---------------------------------------------------*
*   INCLUDE YK05DBAS_E01                            *
*---------------------------------------------------*
AT LINE-SELECTION.
  PERFORM detailanzeige.

*---------------------------------------------------*
*&      Form  Detailanzeige                         *
*---------------------------------------------------*
FORM detailanzeige.
  WRITE: 'Verzweigungsliste',sy-lsind.
ENDFORM.                       " Detailanzeige
```

**Ergebnis:**
Beim Doppelklick auf die Zeile „Verzweigungsliste 1" der Verzweigungsliste wird die „Verzweigungsliste 2" angezeigt usw. Nach dem Doppelklick auf „Verzweigungsliste 20" wird der Laufzeitfehler „LIST_TOO_MANY_LEVELS" ausgelöst. Um das zu verhindern und immer die richtige Verzweigungsliste aufzubauen, ist im Ereignisblock AT LINE-SELECTION die Systemvariable SY-LSIND (siehe Abb. 5.22 Seite 285) wie folgt auszuwerten:

```
AT LINE-SELECTION.
  CASE sy-lsind.
    WHEN 1.
*  Aufbau der 1. Verzweigungsliste
    WHEN 2.
*  Aufbau der 2. Verzweigungsliste
  ENDCASE.
```

1. Ergänzen Sie im Programm YK05DBAS im Ereignisblock AT LINE-SELECTION die CASE-Anweisung zur Auswertung der Variablen sy-lsind.
2. Programmieren Sie im Unterprogramm DETAILANZEIGE eine Verzweigungsliste mit dem abgebildeten Layout.

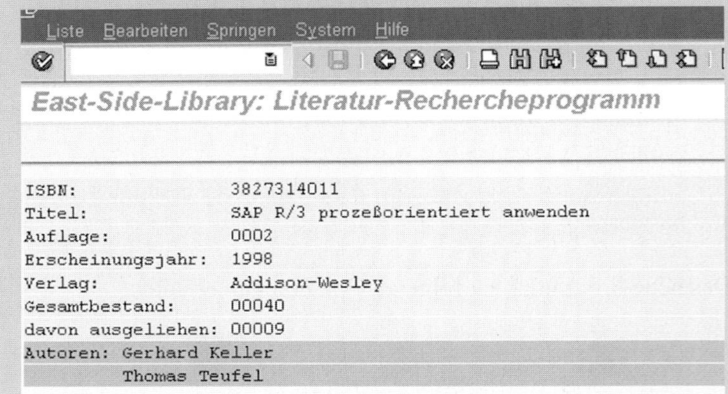


**Hinweise:**

- Die bisherige Struktur wa_zbestand enthält nicht alle benötigten Komponenten. Legen Sie deshalb eine Struktur wa_bestand1 mit Bezug zur Datenbanktabelle zbestand an und laden Sie diese über die Select-Anweisung
  SELECT SINGLE * FROM zbestand
  INTO wa_zbestand1
  WHERE isbn = wa_zbestand-isbn.
- Zur Ermittlung aller Buchautoren kann eine interne Tabelle it wie folgt geladen werden:
  SELECT * FROM zautoren INTO TABLE it
  WHERE autorennr = wa_bestand1-autor1 OR
  autorennr = wa_bestand1-autor2 OR
  autorennr = wa_bestand1-autor3.
- Benutzen Sie zur Formatierung der Autorenausgabe die Anweisungen CONCATENATE und CONDENSE.
- Starten Sie Ihr Programm und doppelklicken Sie in eine Zeile der Grundliste. Wird die Verzweigungsliste angezeigt? Werden in der Verzweigungsliste die richtigen Daten angezeigt?

Lösung: YK05DBAS_4

**Eine mögliche Lösung:**

```
*-------------------------------------------------*
*   INCLUDE YK05DBAS_4_E01                         *
*-------------------------------------------------*
AT LINE-SELECTION.
  CASE sy-lsind.
    WHEN 1.
      PERFORM detailanzeige.
  ENDCASE.

*-------------------------------------------------*
*&      Form  Detailanzeige                        *
*-------------------------------------------------*

FORM detailanzeige.
 DATA: wa_zbestand1 TYPE zbestand,
       wa_zautoren TYPE zautoren,
       it_zautoren TYPE TABLE OF zautoren,
       name TYPE string,
       anzahl_autoren type i,
       pos TYPE i VALUE 20.
*Die in der Grundliste ausgewählte Zeile
*enthält die ISBN im Feld wa_zbestand-isbn.
*Um auch die, in der Grundliste nicht vor-
*handenen Felder(Auflage, Erscheinungsjahr,
*Verlag)ausgeben zu können, wird die Struktur
*wa_zbestand1 geladen
 SELECT SINGLE * FROM zbestand_tw
 INTO wa_zbestand1
 WHERE isbn = wa_zbestand-isbn.

 FORMAT COLOR COL_NORMAL INTENSIFIED ON.
 WRITE:
   'ISBN:',20 wa_zbestand1-isbn,85 '',
 / 'Titel:',20 wa_zbestand1-titel,85 '',
 / 'Auflage:',20 wa_zbestand1-auflage,85 '',
 / 'Erscheinungsjahr:',
    20 wa_zbestand1-erscheinungsjahr,85 '',
 / 'Verlag:',20 wa_zbestand1-verlag,85 '',
 / 'Gesamtbestand:',
    20 wa_zbestand1-bestand,85 '',
```

```
/ 'davon ausgeliehen:',
   20 wa_zbestand1-ausgeliehen,85 ''.

*Laden der internen Tabelle it_zautoren
*mit den Buchautoren des Buches aus der
*ausgewählten Zeile der Grundliste
 SELECT * FROM zautoren
 INTO TABLE it_zautoren
 WHERE autorennr = wa_zbestand1-autor1 OR
       autorennr = wa_zbestand1-autor2 OR
       autorennr = wa_zbestand1-autor3.

 DESCRIBE TABLE it_zautoren
 LINES anzahl_autoren.

 FORMAT COLOR COL_HEADING INTENSIFIED ON.
 IF anzahl_autoren > 1.
   WRITE: / 'Autoren:'.
   pos = 10.
 ELSE.
   WRITE: / 'Autor:'.
   pos = 8.
 ENDIF.
 LOOP AT it_zautoren INTO wa_zautoren.
   CONCATENATE wa_zautoren-vorname1
               wa_zautoren-vorname2
               wa_zautoren-name
          INTO name SEPARATED BY space.
*Hat der Autor keinen 2. Vornamen, stehen
*in „name" zwei Leerzeichen hinterienander.
*Diese sollten mit CONDENSE beseitigt werden
    CONDENSE name.
*Der Zusatz "AT" der WHERE-Anweisung gestattet
*die Verwendung von Variablen für die Angabe der
*Ausgabeposition und -länge.
    WRITE: AT pos name,AT pos1 ''.
    NEW-LINE.
  ENDLOOP.
ENDFORM.                    " Detailanzeige
```

Dieses Programm baut die Verzweigungsliste mit dem geforderten Layout auf. Es werden jedoch, unabhängig von der ausgewählten Zeile, immer die Zusatzangaben zur letzten Zeile der Grundliste angezeigt. Das kommt daher, dass beim Aufbau der Grundliste die

Struktur (im Beispielprogramm wa_zbestand) in der LOOP-Schleife des Unterprogrammes DISPLAY_GRUNDLISTE jeweils mit den Daten der aktuellen Zeile der internen Tabelle (im Beispiel it_zbestand) geladen wird – im letzten Schleifendurchlauf mit den Daten der letzten Zeile. Die Frage ist, wie die Struktur die Daten der ausgewählten Zeile bekommt. Um die Antwort zu finden, müssen wir uns mit dem HIDE-Bereich und der HIDE-Anweisung beschäftigen.

### *Der HIDE-Bereich*

Der HIDE-Bereich ist ein Speicherbereich, in dem für jede Zeile der Ausgabeliste die Werte ausgewählter Variablen gespeichert werden. Mit Hilfe der Cursorposition werden beim Auftreten der Ereignisse

- AT LINE-SELECTION und
- AT USER-COMMAND

diese Variablen aus dem HIDE-Bereich mit den Werten der ausgewählten Zeile geladen. Die folgenden beiden Grafiken sollen das veranschaulichen:

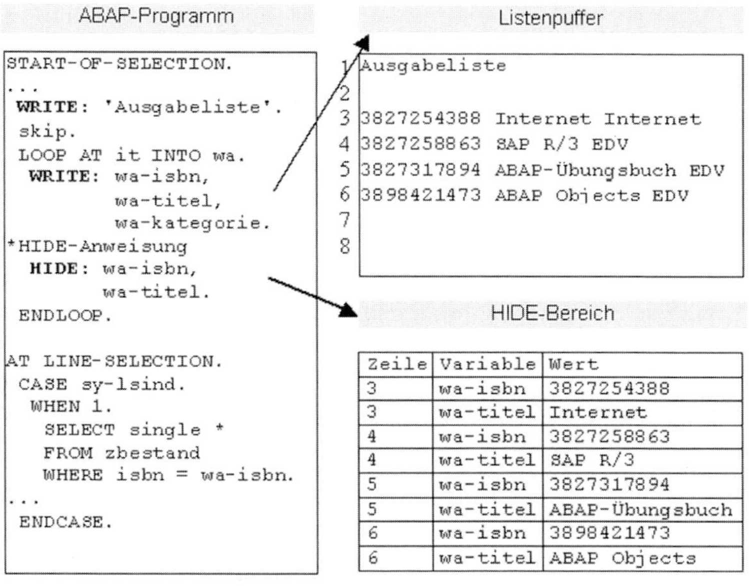


*Abb. 5.23 Laden des HIDE-Bereiches*

Die HIDE-Anweisung bewirkt das Speichern der Variablen im HIDE-Bereich. Wie Sie in Abb. 5.23 sehen, stehen nur Angaben zu Zeilen im HIDE-Bereich, zu denen auch eine HIDE-Anweisung ausgeführt wurde. Die Zeilen 1 und 2 sind darin also nicht zu finden.

Syntax:
HIDE <Variable>.

**Hinweise:**

- Die <Variable > kann auch eine Struktur sein.
- Es ist <u>nicht</u> erforderlich, das die <Variable> vorher durch die WRITE-Anweisung in den Listenpuffer geschrieben wurde.

Laden des HIDE-Bereiches

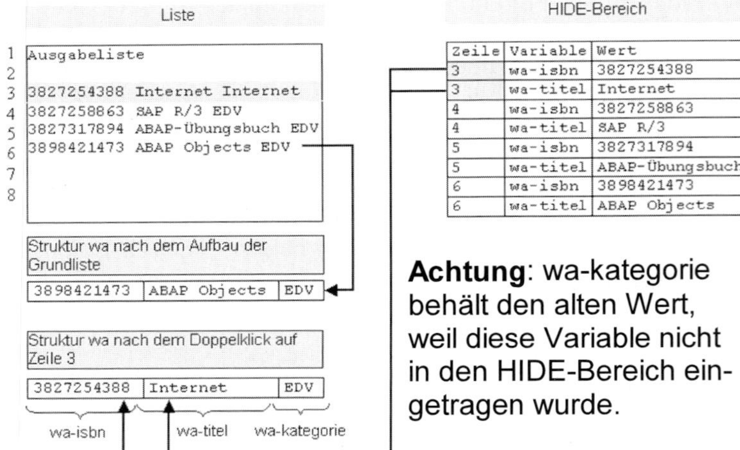


*Abb. 5.24 Laden der Variablen aus dem HIDE-Bereich*

Wie Sie sehen, kann unser Programm YK05DBAS durch eine einzige Anweisung dazu gebracht werden, in der Verzweigungsliste die richtigen Daten anzuzeigen.

Ergänzen Sie im Unterprogramm DISPLAY_Listzeile, nach der letzten WRITE-Anweisung, die HIDE-Anweisung.

**Hinweis:**

Es ist ausreichend, die Komponente WA-ISBN in den HIDE-Bereich zu speichern, weil in der Verzweigungsliste der Datensatz über die SELECT-Anweisung neu gelesen wird. Dazu wird nur die ISBN benötigt (Schlüsselfeld).

Lösung: YK05DBAS_4

Lösung:

```
*&---------------------------------------------------*
*&      Form  Display_Listzeile                      *
*&---------------------------------------------------*
```

```
.************nicht geänderter Quelltext*******************
  WRITE:
  /2 icon_verfuegbar,
    wa-isbn UNDER 'ISBN'(002),
    wa-titel UNDER 'Titel'(003),
    icon_autoren AS ICON,
    wa_zautoren-name UNDER 'Autor'(004),
   (10) wa-kategorie
       UNDER 'Kategorie'(005),
   128 ' '.
  HIDE: wa-isbn.
ENDFORM.                    " Display_Listzeile
```

Ein Problem gibt es mit unserer Verzweigungsliste noch: doppelklicken Sie in eine ungültige Zeile (z.B. die Überschrift) wird die Verzweigungsliste zur letzten Zeile angezeigt. Um das zu verhindern, nutzen wir den Umstand, dass im HIDE-Bereich nur Zeilen gespeichert sind, zu denen eine HIDE-Anweisung existiert. Diese Zeilen werden als „gültige Zeilen" bezeichnet. Die Überschrift ist demzufolge eine ungültige Zeile.

Bei der Auswahl einer ungültigen Zeile, werden die Variablen demzufolge nicht aus dem HIDE-Bereich geladen, sondern behalten ihre Werte. Setzt man, nach der Ausgabe der Grundliste, eine der im HIDE-Bereich stehenden Variablen auf einen ungültigen Wert (Prüfwert), z.B. ISBN = '0', kann vor dem Aufbau der Verzweigungsliste überprüft werden, ob eine gültige Zeile ausgewählt wurde (IF isbn <> '0').

Beachten Sie bei dieser Methode, dass beim „Rücksprung" in die vorige Liste der Listenhierarchie, der Programmcode zu deren Erzeugung nicht erneut durchlaufen wird. Auf dem Bildschirm wird lediglich der (alte) Inhalt des Listenpuffers dieser Liste angezeigt. Dadurch wird auch Ihre Prüfvariable, z.B. ISBN, nicht wieder auf den Prüfwert gesetzt. Doppelklicken Sie jetzt auf eine ungültige Zeile, wird die Verzweigungsliste trotzdem aufgebaut, mit den Daten der vorher ausgewählten gültigen Zeile. Um das zu verhindern, ist, nach dem Aufbau der Listenstufe „n", die Prüfvariable (z.B. ISBN) der Listenstufe „n-1" mit ihren Prüfwert zu laden.

1. Setzen Sie im Unterprogramm DISPLAY_Listzeile, nach der HIDE-Anweisung, die Komponente WA-ISBN auf ihren Initialwert zurück. (CLEAR wa-isbn.).

2. Fügen Sie in das Unterprogramm DETAILANZEIGE eine IF- oder eine CHECK-Anweisung ein, die verhindert, dass die Verzweigungsliste aufgebaut wird, wenn die Komponente WA-ISBN mit ihrem Initialwert geladen ist.
3. Laden Sie nach dem Aufbau der Verzweigungsliste WA-ISBN wieder mit dem Initialwert.
4. Testen Sie Ihr Programm. Wird die Verzweigungsliste nur dann aufgebaut, wenn eine gültige Zeile ausgewählt wurde?

Lösung: YK05DBAS_5

Lösung:

```
*&-------------------------------------------------*
*&      Form  Display_Listzeile                    *
*&-------------------------------------------------*
FORM display_listzeile USING wa_zbestand
                       TYPE zst_zbestand.
.************nicht geänderter Quelltext******************
  HIDE: wa_zbestand-isbn.
*wa_zbestand-isbn auf den Initialwert
*('000000000') setzen
  CLEAR wa_zbestand-isbn.
ENDFORM.                    " Display_Listzeile

*&-------------------------------------------------*
*&      Form  Detailanzeige                        *
*&-------------------------------------------------*
FORM detailanzeige.
  DATA: wa_zbestand1 TYPE zbestand,
        wa_zautoren TYPE zautoren,
        it_zautoren TYPE TABLE OF zautoren_,
        name TYPE string,
        anzahl_autoren TYPE i,
        pos TYPE i VALUE 20,
        pos1 TYPE i VALUE 85.
  CHECK NOT wa_zbestand-isbn IS INITIAL.
*Der folgende Programmabschnitt wird nur
*durchlaufen, wenn wa_zbestand-isbn nicht
*mit dem Initialwert '00000000' geladen ist.
*Das ist der Fall, wenn der Benutzer eine
*gültige Zeile ausgewählt hat. WA_zbestand-*isbn
```

```
ist dann aus dem HIDE-Bereich mit der *isbn der
ausgewählten Zeile geladen.
  SELECT SINGLE * FROM zbestand
  INTO wa_zbestand1
  WHERE isbn = wa_zbestand-isbn.
.************nicht geänderter Quelltext******************
*wa_zbestand-isbn für den nächsten Aufruf *der
Verzweigungsliste auf den Initialwert *setzen.
  CLEAR wa_zbestand-isbn.
ENDFORM.                      " Detailanzeige
```

### *Verzweigungsliste in einer modalen Dialogbox anzeigen*

Die Anzeige der Verzweigungsliste im Vollbildmodus ist für viele Anwendungen nicht ideal, weil Informationen der vorigen Liste verdeckt werden. Durch die WINDOW-Anweisung kann die Verzweigungsliste auch in einer modalen Dialogbox angezeigt werden.

Syntax
WINDOW STARTING AT x1 y1 [ENDING AT x2 y2].

| | |
|---|---|
| x1 | linke Begrenzungsspalte der Dialogbox |
| y1 | obere Begrenzungszeile der Dialogbox |
| x2 | rechte Begrenzungsspalte |
| y2 | untere Begrenzungszeile |

**Hinweise:**

- Für x1, y1, x2 und y2 können auch Variable eingesetzt werden.
- Vom System werden Systemvariable zur Berechnung von x1, y1, x2 und y2, in Abhängigkeit zur Position der ausgewählten Zeile und Spalte der Grundliste, bereitgestellt. Sie finden diese Systemvariablen in der Schlüsselwortdokumentation (Schlüsselwort „Systemfelder für Listen").
- Für x1 und y1 müssen Werte größer 0 eingesetzt werden.
- Die Dialogbox wird immer vollständig, d.h. mit Titel (obere Zeile) und Drucktastenleiste (untere Zeile) abgebildet. Laufleisten werden bei Bedarf automatisch angelegt. Ist y2 größer als die darstellbare Zeilenanzahl, wird der untere Rand der Dialogbox nach oben geschoben, so dass die Drucktastenleiste der Dialogbox am unteren Bildrand abgebildet wird. Ist x2 größer als die max. Spaltenanzahl verhält sich die Dialogbox analog.

Die Verzweigungsliste, die im Programm YK05DBAS aufgebaut wird, soll als modale Dialogbox angezeigt werden.

- Die Dialogbox soll auf der ausgewählten Zeile der Grundliste in der Spalte 40 beginnen (Systemvariable sy-curow).
- Die Breite der Verzweigungsliste beträgt 65 Zeichen.
- Y2 soll mit der Anzahl der Zeilen der Verzweigungsliste geladen werden (Systemvariable sy-linno).

Fügen Sie die notwendigen Programmänderung in das Unterprogramm DETAILANZEIGE ein.

Lösung: YK05DBAS_6

Lösung:

```
*&---------------------------------------------*
*&      Form  Detailanzeige                    *
*&---------------------------------------------*
FORM detailanzeige.
  DATA: wa_zbestand1 TYPE zbestand,
        wa_zautoren TYPE zautoren,
        it_zautoren TYPE TABLE OF zautoren,
        name TYPE string,
        anzahl_autoren TYPE i,
        pos TYPE i VALUE 20,
        pos1 TYPE i VALUE 85,
        x1 type i VALUE 40,
        y1 type i,
        x2 type i,
        y2 type i.
.************nicht geänderter Quelltext******************
  y1 = sy-curow.
  x2 = x1 + 65.
  y2 = y1 + sy-linno.
  WINDOW STARTING AT x1 y1 ENDING AT x2 y2.
ENDFORM.                    " Detailanzeige
```

# 5.5 Die Programmoberfläche

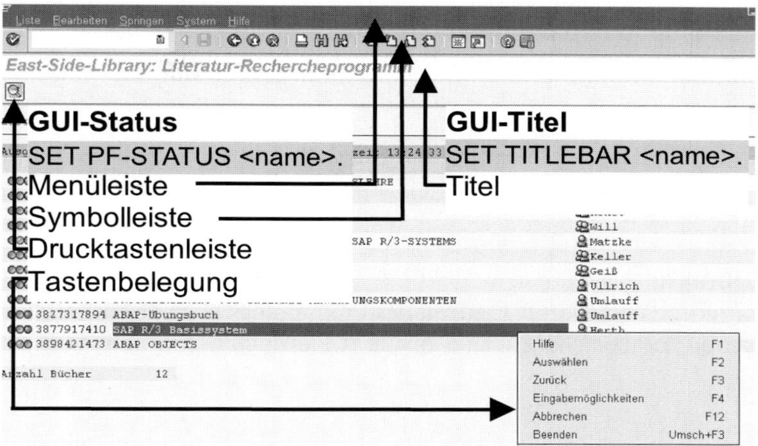


Abb. 5.25 Bestandteile der Programmoberfläche

Für jedes Bildschirmbild wird ein GUI-Titel und ein GUI-Status angelegt. Die Menge aller GUI-Titel und Status bilden die Oberfläche des Programmes.

*Vorgehensweise: Anlegen und Einbinden eines GUI-Titels*

Wählen Sie entsprechend der Abb. 5.26 aus dem Kontextmenü den Menüpunkt GUI-Titel.

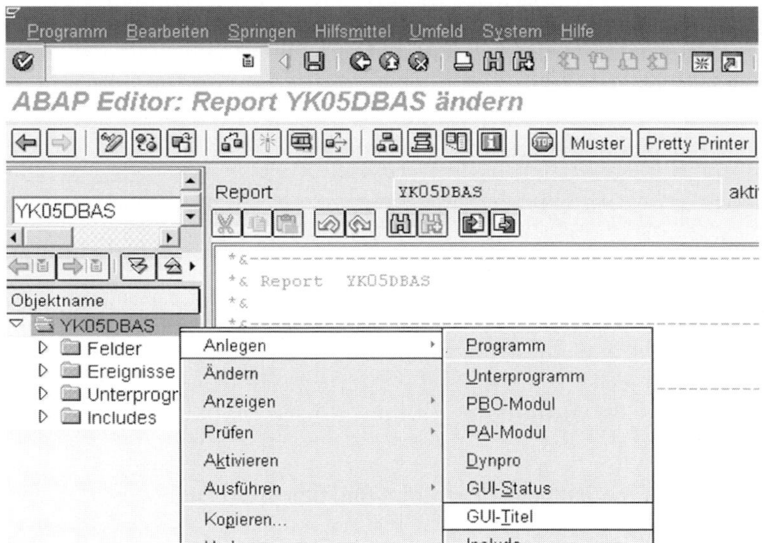


Abb. 5.26 Menüauswahl GUI-Titel

Geben Sie im Folgebild „Titel anlegen“ einen Titelcode und den Titel ein. Den Titelcode benötigen Sie später, um den GUI-Titel einem Bildschirmbild zuordnen zu können. Der Titel erscheint in der Titelzeile des Bildschirmbildes.

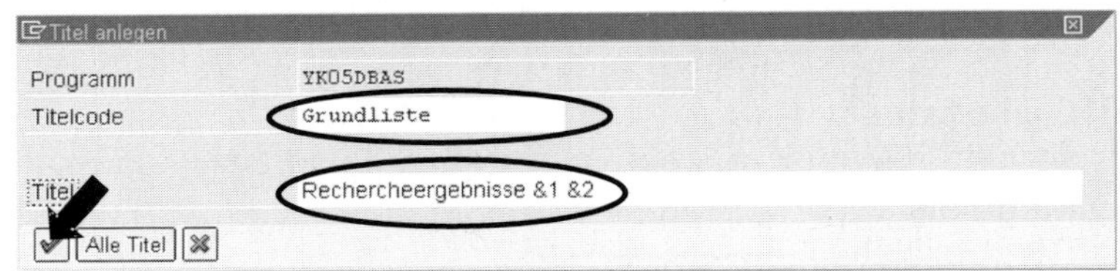


*Abb. 5.27 Titelcode und Titel eingeben*

**Hinweis:**
Um der Titelzeile zur Laufzeit des Programmes noch Daten zu übergeben, können Sie im Titel bis zu 9 Platzhalter (&1...&9) verwenden.

Der GUI-Titel ist fertig angelegt. Er muss jetzt in den Programmteil, in dem das betreffende Bildschirmbild erzeugt wird, eingebunden werden.

Syntax:
SET TITLEBAR <Titelcode> [with <&1>…<&9>].
Beispiel:

```
name = 'Umlauff'.
...
SET TITLEBAR 'GRUNDLISTE' with 'Autor:' name.
```

**Achtung:**
Der Titelcode (im Beispiel 'GRUNDLISTE') ist unbedingt mit Großbuchstaben zu schreiben.

Das Beispiel liefert das folgende Ergebnis:

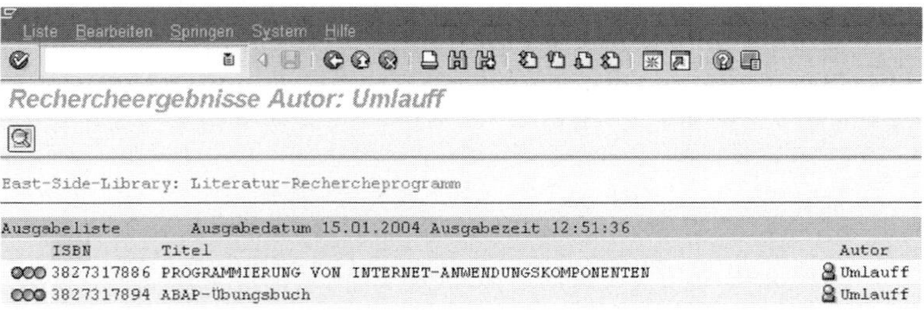


*Abb. 5.28 Titel-Beispiel mit Platzhaltern*

Aktivieren Sie jetzt das Programm und den GUI-Titel.

1. Legen Sie für die Grundliste des Literatur-Rechercheprogrammes YK05DBAS einen GUI-Titel an:
   - Titelcode: GRUNDLISTE
   - Titel: Rechercheergebnisse

   und binden Sie ihn in das Unterprogramm DISPLAY-Grundliste ein.
2. Legen Sie für die Verzweigungsliste einen zweiten GUI-Titel an:
   - Titelcode: VERZWEIGUNGSLISTE
   - Titel: Detailangabe zum Titel &1

   und binden Sie ihn in das Unterprogramm DETAILANZEIGE ein. Übergeben Sie dem GUI-Titel den Titel des in der Verzweigungsliste angezeigten Buches.

Lösung YK05DBAS_7

Lösung:

```
*&---------------------------------------------*
*&      Form  Detailanzeige                    *
*&---------------------------------------------*
FORM detailanzeige.
.************nicht geänderter Quelltext*****************
  SELECT SINGLE * FROM zbestand_tw
  INTO wa_zbestand1
  WHERE isbn = wa_zbestand-isbn.

  condense wa_zbestand1-titel.
  SET TITLEBAR 'VERZWEIGUNGSLISTE'
  with wa_zbestand1-titel.
```

### *Funktionsprinzip des GUI-Status*

1. Beim Anlegen eines GUI-Status (siehe Abb. 5.25) wird jedem GUI-Status-Element (Menüpunkt, Symbol, Drucktaste, Funktionstaste) ein Funktionscode zugeordnet.
2. Beim Auswählen eines GUI-Status-Elements durch den Benutzer, wird

- die Systemvariable sy-ucomm mit dem Funktionscode des ausgewählten GUI-Status-Elements geladen,

- das Programm mit den Ereignisblöcken
    - AT LINE-SELECTION oder AT USER-COMMAND
    - oder mit einer Systemfunktion

fortgesetzt.

Um ein Programm mit einem GUI-Status auszurüsten, sind folgende Schritte notwendig:

1. Anlegen des GUI-Status,
2. Einbinden des GUI-Status in das Bildschirmbild,
3. Reagieren auf die Benutzeraktion.

*Vorgehensweise: GUI-Status Anlegen und Einbinden*

Die Vorgehensweise zum Anlegen eines GUI-Status soll an einem Beispiel gezeigt werden. Die Verzweigungsliste soll nicht nur über den Doppelklick auf eine Zeile der Grundliste angezeigt werden, sondern soll auch über die Menüleiste, die Drucktastenleiste und das Kontextmenü aufgerufen werden können.

Wählen Sie entsprechend der Abb. 5.29 aus dem Kontextmenü den Menüpunkt GUI-Status.

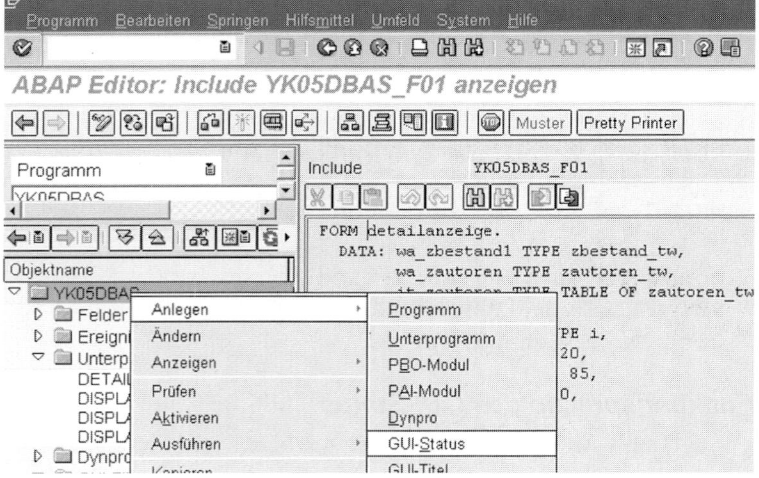


*Abb. 5.29 Menüauswahl GUI-Status*

Im Folgebild legen Sie den Namen des Status und den Statustyp fest. Außerdem ist noch ein Kurztext einzugeben. Den Namen des Status brauchen Sie, um den Status dem jeweiligen Bildschirmbild zuzuordnen.

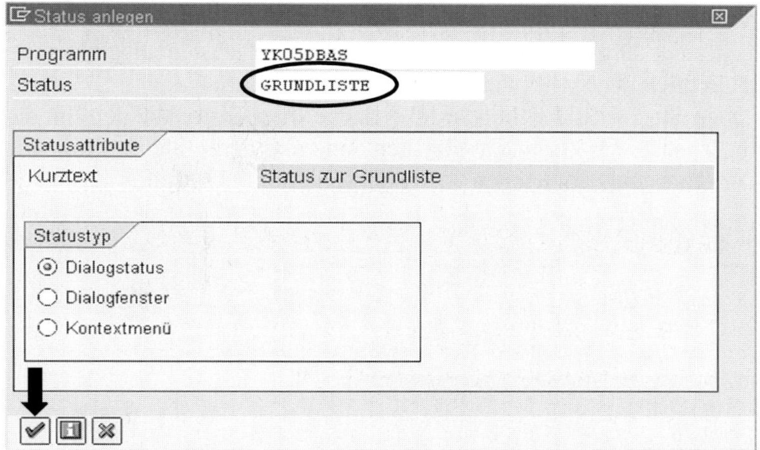


*Abb. 5.30 Status, Statustyp und Kurztext festlegen*

Der Menü Painter startet. Sie können jetzt die Menüleiste, die Drucktastenleiste und die Funktionstasten programmieren.

*Abb. 5.31 Menü Painter*

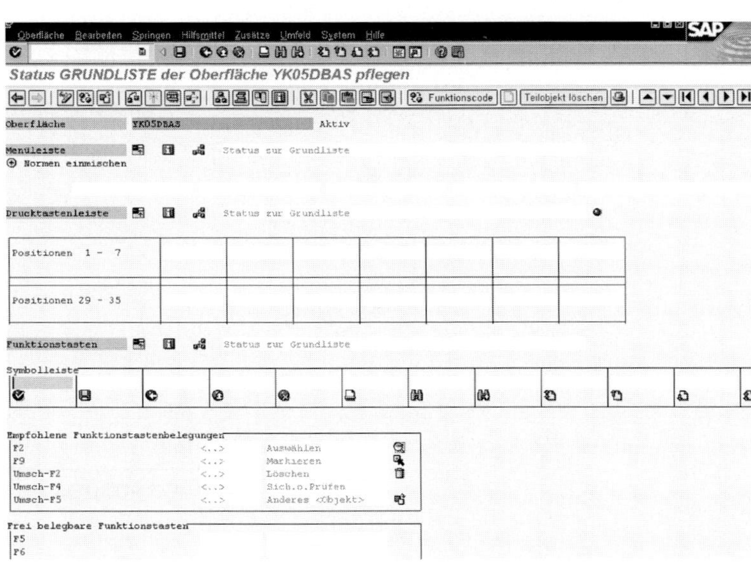


*Abb. 5.32 Menü Painter mit aufgerissener Arbeitsfläche zum Anlegen der Menüleiste, Drucktastenleiste und Funktionstastenbelegung*

Abbildung 5.32 zeigt die Arbeitsoberfläche zum Anlegen der Menüleiste, der Drucktastenleiste und der Funktionstastenbelegung (einschließlich der Symbolleiste).
Laden Sie zuerst die Standardoberfläche Ihrer Liste. Wählen Sie dazu „Zusätze → Vorlage abgleichen" und aktivieren Sie im Folgebild „Vorlagestatus abgleichen" den Auswahlknopf „Liststatus".

*Abb. 5.33 Standardoberfläche laden*

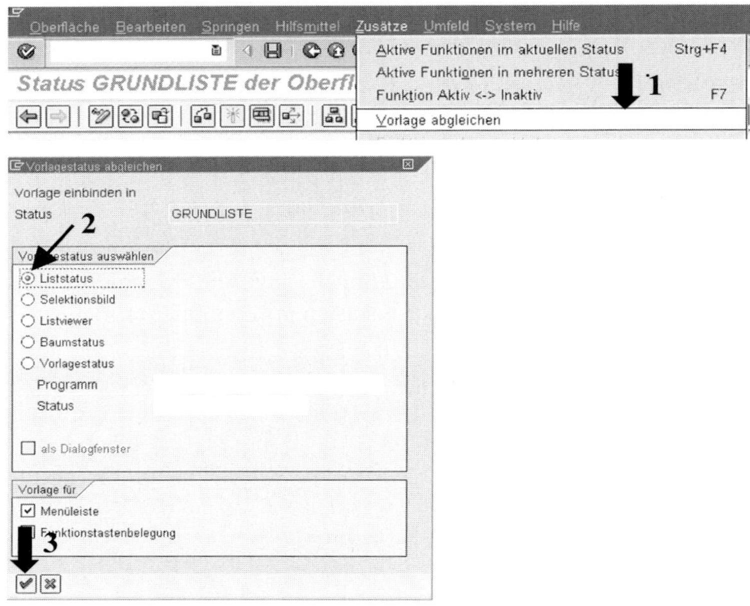


Die Standardoberfläche für eine Liste ist fertig.

*Abb. 5.34 Oberfläche mit Standardfunktionen einer Liste*

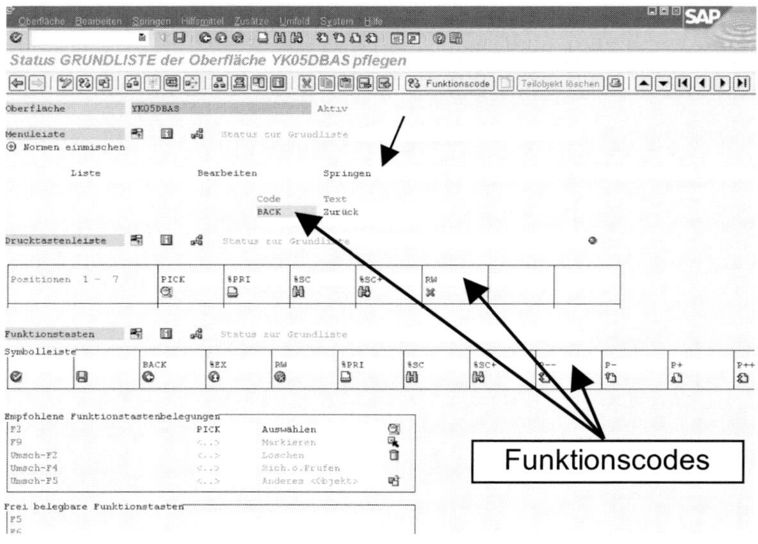

Nach einer Benutzeraktion (z.B. anklicken einer Symbols in der Symbolleiste) wird der für diese Aktion vorgesehene Funktionscode ausgelöst. Daraufhin wird ein Ereignisblock oder eine Systemfunktion aufgerufen:

*Tabelle 5.3 Funktionscodes und ihre Wirkung*

| Funktionscode | Wirkung |
|---|---|
| PICK | Der Ereignisblock AT LINE-SELECTION wird ausgeführt |
| %PRI | Systemfunktion: Drucken der Liste |
| %SC | Systemfunktion: Suchen innerhalb der Liste |
| %SC+ | Systemfunktion: Weitersuchen |
| RW | Systemfunktion: Abbrechen |
| BACK | Systemfunktion: Zurück |
| %EX | Systemfunktion: Beenden |
| P-- | Systemfunktion: Blättern, erste Seite |
| P- | Systemfunktion: Blättern, vorige Seite |
| P+ | Systemfunktion: Blättern, nächste Seite |
| P++ | Systemfunktion: Blättern, letzte Seite |
| **alle anderen Funktionscodes** | **Lösen den Ereignisblock AT USER-COMMAND aus.** |

Um die Verzweigungsliste auch über die Menüleiste aufrufen zu können, tragen Sie an eine geeignete Stelle in der Menüleiste einen Funktionscode (frei wählbar) und einen Text ein.

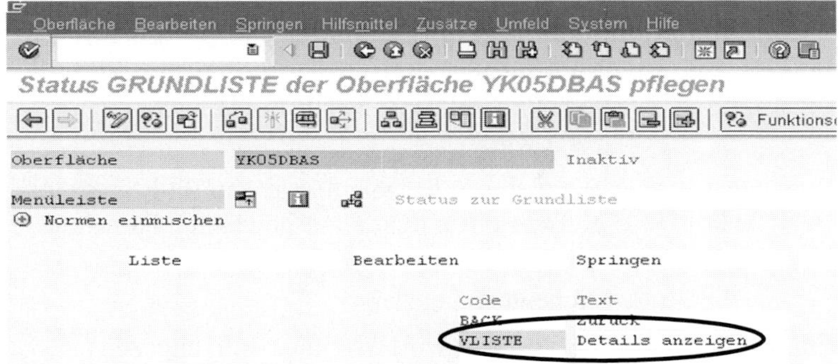


*Abb. 5.35 Menüleiste erweitern*

Danach kann mit dem gleichen Funktionscode eine Drucktaste und eine Funktionstaste angelegt bzw. belegt werden.

*Abb. 5.36 Funktionstaste auswählen*

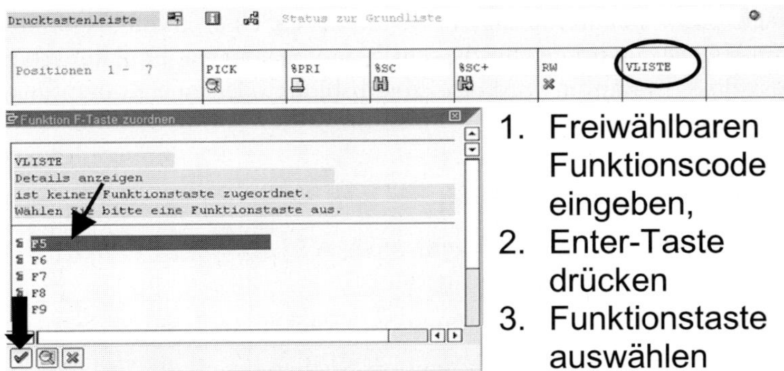


Im Anschluss legen Sie die Eigenschaften der Funktion VLISTE fest. Doppelklicken Sie dazu auf den Funktionscode.

*Abb. 5.37 Eigenschaften der Funktion festlegen*

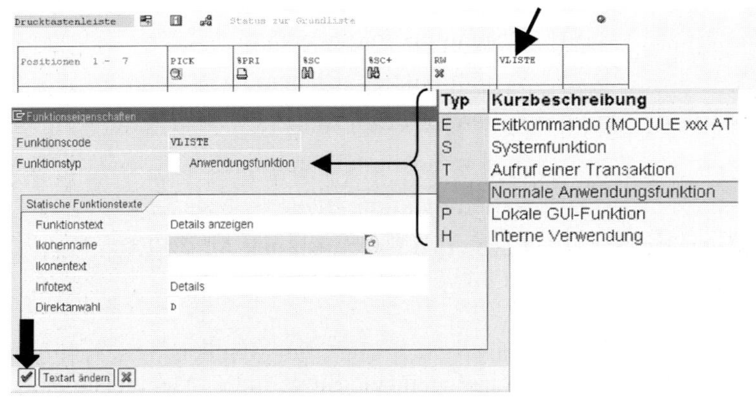


| Statische Funktionstexte | Beschreibung |
|---|---|
| Ikonenname | Sie können eine Ikone auswählen, die in der Drucktastenleiste anstelle der Drucktaste angezeigt wird. |
| Ikonentext | Wenn dieses Eingabefeld ausgefüllt ist, wird eine Drucktaste mit der ausgewählten Ikone und dem Ikonentext angezeigt |
| Infotext | Der Infotext wird als Quick-Info angezeigt |
| Direktwahl | Alt-<Direktwahl> löst die Funktion aus |

Sichern und Aktivieren Sie anschließend den GUI-Status. Das Aktivieren kann auch später, zusammen mit dem Aktivieren des Programmes erfolgen.

Der GUI-Status für die Grundliste ist jetzt vollständig angelegt. Er muss in das Programm, welches die Grundliste erzeugt, eingebunden werden. Im Programm YK05DBAS ist das das Unterprogramm DISPLAY_Grundliste. Das Einbinden erfolgt über die

Syntax:
SET PF-STATUS <Name des GUI-Status>.

**Beispiel:**

```
FORM display_grundliste
USING it TYPE ANY TABLE
      wa TYPE zst_zbestand_tw.
  DATA: zeilen TYPE i.
  SET TITLEBAR 'GRUNDLISTE'.
  SET PF-STATUS 'GRUNDLISTE'.
```

Die Grundliste hat jetzt ihren eigenen GUI-Status.

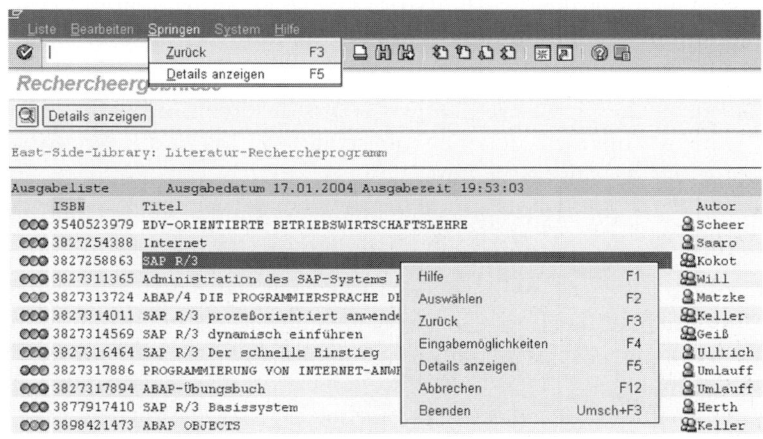


*Abb. 5.38 Grundliste mit GUI-Titel und GUI-Status*

### *Reagieren auf Benutzeraktionen*

Die Auswahl des gerade angelegten Menüpunktes „Detail anzeigen", der gleichnamigen Drucktaste oder der zugeordneten Funktionstaste F5 durch den Benutzer bewirkt, dass die Systemvariable SY-UCOMM mit dem den Menüpunkt zugeordneten Funktionscode VLISTE (siehe Abb. 5.35 Seite 303) geladen und das Programm mit dem Ereignisblock AT USER-COMMAND fortgesetzt wird. In diesem Ereignisblock wird die Systemvariable SY-UCOMM untersucht und die gewünschte Funktionalität (im Beispiel: „Aufbau der Verzweigungsliste“) aufgerufen.

**Beispiel:**

```
AT USER-COMMAND.
  CASE sy-ucomm.
    WHEN 'VLISTE'.
*         Aufruf des Unterprogrammes, das
*         die Verzweigungsliste erzeugt
      PERFORM detailanzeige.
  ENDCASE.
```

1. Legen Sie einen GUI-Status „GRUNDLISTE“ (Statustyp „Dialogstatus“) an. Ordnen Sie ihm die Standardfunktionalität einer Liste (Springen → Vorlage abgleichen / Liststatus) und einen zusätzlichen Menüpunkt „Springen → Detail anzeigen“ (Vorschlag für den Funktionscode: VLISTE) zu. Legen Sie zusätzlich eine Drucktaste „Detail anzeigen“ mit dem gleichen Funktionscode an. Verbinden Sie diese Drucktastaste mit der Funktionstaste F5.
2. Binden Sie den neuen GUI-Status in Ihr Programm ein (Unterprogramm DISPLAY_GRUNDLISTE) ein.
3. Ergänzen Sie im Ereignisinclude YK05DBAS_E01 den Ereignisblock AT USER-COMMAND und sorgen Sie dafür, dass beim Auslösen des Funktionscodes VLISTE die Verzweigungsliste angezeigt wird.
4. Starten Sie das Programm und zeigen Sie die Verzweigungsliste an. Welcher GUI-Status ist dort aktiv?
5. Wie aus Aufgabe 4 zu erkennen ist, ist der GUI-Status der Grundliste auch in der Verzweigungsliste aktiv. In der Verzweigungsliste wird die Zusatzfunktionalität „Detail anzeigen“ nicht benötigt. Legen Sie deshalb eine weiteren GUI-Status „VERZWEIGUNGSLISTE“ an, der nur mit der Standardfunktionalität ausgerüstet ist. Ordnen Sie diesen GUI-Status der Verzweigungsliste zu.

Lösung YK05DBAS_8

**Lösung:**
Nachdem Sie die GUI-Status „GRUNDLISTE“ und „VERZWEIGUNGSLISTE“ angelegt haben, sind folgende Programmergänzungen zu programmieren:

```
*----------------------------------------------------*
*   INCLUDE YK05DBAS_8_E01                           *
*----------------------------------------------------*
AT user-command.
  CASE sy-ucomm.
    WHEN 'VLISTE'.
      PERFORM detailanzeige.
  ENDCASE.

*----------------------------------------------------*
*&      Form  Display_Grundliste                     *
*----------------------------------------------------*
FORM display_grundliste
USING it TYPE ANY TABLE
      wa TYPE zst_zbestand_tw.
  DATA: zeilen TYPE i.
  SET TITLEBAR 'GRUNDLISTE'.
  SET PF-STATUS 'GRUNDLISTE'.
.************nicht geänderter Quelltext******************
*----------------------------------------------------*
*&      Form  Detailanzeige                          *
*----------------------------------------------------*
FORM detailanzeige.
  DATA: wa_zbestand1 TYPE zbestand_tw,
        wa_zautoren TYPE zautoren_tw,
        it_zautoren TYPE TABLE OF zautoren_tw,
        name TYPE string,
        anzahl_autoren TYPE i,
        pos TYPE i VALUE 20,
        pos1 TYPE i VALUE 85,
        x1 TYPE i VALUE 40,
        y1 TYPE i,
        x2 TYPE i,
        y2 TYPE i.

  CHECK NOT wa_zbestand-isbn IS INITIAL.
*Der folgende Programmabschnitt wird nur
*durchlaufen, wenn wa_zbestand-isbn nicht
*mit dem Initialwert '0' geladen ist.
  SET PF-STATUS 'VERZWEIGUNGSLISTE'.
.************nicht geänderter Quelltext******************
```

## 5.6 Dynamische Auswahl von Datensätzen der Ausgabeliste

In diesem Kapitel soll die Ausgabeliste um ein Kontrollkästchen ergänzt werden, mit dem der Benutzer ihn interessierende Einträge in der Liste markieren kann. Durch eine Erweiterung des GUI-Status und ein zusätzliches Unterprogramm soll die Liste zur Laufzeit des Programmes so geändert werden, dass nur noch die Zeilen mit aktivem Kontrollkästchen angezeigt werden.

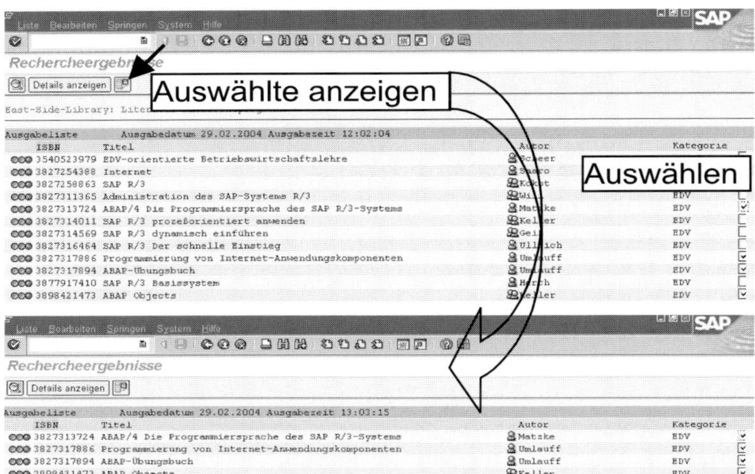


*Abb. 5.39 Aufgabenbeschreibung*

Im ersten Schritt sollen in der Ausgabeliste die Kontrollkästchen ausgegeben und der GUI-Status ergänzt werden.

1. Legen Sie im Top-Include eine Variable chkbox vom Typ ‚C' mit der Länge 1 an.
2. Ergänzen Sie im Unterprogramm Display_Listzeile die Ausgabe der Checkbox. Verwenden Sie dabei folgende Syntax: WRITE: chkbox AS CHECKBOX.
3. Fügen Sie in den GUI-Status „Grundliste" in die Menüleiste einen neuen Menüpunkt „Bearbeiten->Ausgewählte anzeigen" (Vorschlag für den Funktionscode: DISP_SEL) und eine dazugehörige Drucktaste (Icon: ICON_SUMMARIZE) ein.
4. Ändern Sie den Ereignisblock „AT USER-COMMAND" so, dass bei der Auswahl des Funktionscodes DISP-SEL ein Unterprogramm Change_Grundliste aufgerufen wird. Legen Sie dieses Unterprogramm zunächst ohne Quelltext an.

Lösung: YK05DBAS_9

Lösung:

```
*---------------------------------------------*
* INCLUDE YK05DBAS_TOP *
*---------------------------------------------*
DATA: it_zbestand TYPE zint_zbestand_tw,
wa_zbestand TYPE zst_zbestand_tw,
wa_zkategorie TYPE zkategorie_tw,
farbe,chkbox.
*---------------------------------------------*
* INCLUDE YK05DBAS_E01 *
*---------------------------------------------*
AT USER-COMMAND.
CASE sy-ucomm.
WHEN 'VLISTE'.
* Aufruf des Unterprogrammes, das
* die Verzweigungsliste erzeugt
PERFORM detailanzeige.
WHEN 'DISP_SEL'.
PERFORM change_grundliste USING 'SEL'.
ENDCASE.
*---------------------------------------------*
* FORM change_grundliste *
*---------------------------------------------*
FORM change_grundliste.
ENDFORM.
```

### *Lesen im Listenpuffer*

Den Kern des Unterprogrammes „Change_Grundliste" bildet die Anweisung „Read Line". Mit dieser Anweisung kann eine Zeile der Liste im Listenpuffer gelesen werden. Gleichzeitig werden die Werte, die zu dieser Zeile im HIDE-Bereich gespeichert sind, in die Ursprungsvariablen zurückgestellt.

**Hinweis:**
Die Änderung des Kontrollkästchens führt zu einer Änderung der Variablen chkbox im Listenpuffer.

Syntax der READ LINE-Anweisung:

```
RAED LINE <n> FIELD VALUE <f1> [INTO <g1>]
                          <f2> [INTO <g2>]
                          <fn> [INTO <fn>].
```

Belegung der Systemvariablen sy-subrc durch die READ LINE-Anweisung:

| | |
|---|---|
| sy-subrc = 0 | Die Zeile n konnte gelesen werden |
| sy-subrc = 4 | Die Zeile n konnte nicht gelesen werden (n > Anzahl der Zeilen im Listenpuffer). |

**Erklärung:**
Die Ausgabezeile n wird gelesen. Der Inhalt der (in dieser Zeile vorkommenden) Variablen f1 wird auf die Variable g1 geschrieben, der Inhalt von f2 auf g2 und der Inhalt von fn auf gn. Enthält die Zeile n keine Variable f1 (f2, fn), bleibt g1 (g2, gn) leer. Wird g1 (g2, gn) nicht angegeben, wird der Wert f1 (f2, fn) der Listenzeile n auf die Variablen f1 (f2, fn) geschrieben. Dabei ist zu beachten, dass alle aus dem Listenpuffer gelesenen Werte vom Typ „C" sind.

Weiter Varianten der READ LINE-Anweisung finden Sie in der Schlüsselwortdokumentation.

Sollen alle Zeilen des aktuellen Listenpuffers gelesen und ausgewertet werden, wird die READ LINE-Anweisung innerhalb einer DO-Schleife benutzt.

**Beispiel** (Unterprogramm Change_Grundliste")

```
DO.
*Lesen der Zeile sy-index (sy-index ist der
*Schleifenzähler der DO-Schleife)
  READ LINE sy-index FIELD VALUE chkbox.
*Prüfen, ob die Zeile gelesen werden konnte
*Wenn nicht, DO-Schleife verlassen
  IF sy-subrc <> 0.
    EXIT.
  ENDIF.
*Durch die READ LINE-Anweisung wurde die
*Variable chkbox mit dem aktuellen Wert chkbox
*der gelesenen Zeile geladen. Ist das Kontroll-
*kästchen aktiv, hat chkbox den Wert 'X'.
  IF NOT chkbox IS INITIAL.
*Aufbau der Listzeile sy-index.
  ENDIF.
ENDDO.
```

1. Schreiben Sie das Unterprogramm „Change_Grundliste". Wenn in einer Listenzeile das Kontrollkästchen aktiviert wurde, soll zu dieser Zeile das Unterprogramm „Display_Listzeile" aufgerufen werden. Diesem Unterprogramm wird beim Aufruf die Struktur wa_zbestand übergeben. Diese muss vorher mit den Daten der ausgewählten Zeile geladen werden. Da READ LINE- alle Werte der gelesenen Zeile aus dem HIDE-Bereich in die Ursprungsvariablen zurückstellt, kann das über die Anweisung
   ```
   SELECT SINGLE * FROM zbestand
   INTO CORRESPONDING FIELDS OF wa_zbestand
   WHERE isbn = wa_zbestand-isbn
   ```
   erfolgen.
   Hinweis: Die HIDE-Anweisung finden Sie im Unterprogramm „Display_Listzeile" – falls Sie noch mal nach ihr sehen wollen.
2. Damit keine neue Verzweigungsliste aufgebaut, sondern die Grundliste geändert wird, ist nach der Datenausgabe die Systemvariable SY-LSIND auf den Wert „0" zu setzen. Dadurch wird die neue Liste in den Listenpuffer der Grundliste geladen. Testen Sie das Programm einmal mit dieser Zuweisung und einmal ohne sie.

Lösung: YK05DBAS_10

Eine Lösung für das Unterprogramm „Change_Grundliste":

```
*-------------------------------------------------*
*&      Form  change_grundliste                   *
*-------------------------------------------------*
FORM change_grundliste.
DO.
*Listenzeile sy-index lesen
   READ LINE sy-index FIELD VALUE chkbox.
*nach der READ LINE-Anweisung haben die
*Variablen chkbox und wa_zbestand-isbn die
*Werte der gerade gelesenen Zeile.
*sy-subrc ist <> 0, wenn alle Zeilen gelesen
*wurden
   IF sy-subrc <> 0.
     EXIT.
   ENDIF.
   CHECK NOT chkbox IS INITIAL.
*Durch die CHECK-Anweisung kommt das
*Programm nur an diese Stelle, wenn das Kon-
```

```
*trollkästchen (chkbox) der aktuellen Zeile
*aktiviert ist.
   selected = 'J'.
   SELECT SINGLE * FROM zbestand_tw
    INTO CORRESPONDING FIELDS OF wa_zbestand
    WHERE isbn = wa_zbestand-isbn.
   chkbox = ''.
   PERFORM display_listzeile
           USING wa_zbestand.
 ENDDO.
 sy-lsind = 0.
ENDFORM.                       " change_grundliste
```

### *Ändern des Listenpuffers*

Nicht nur das Lesen sondern auch das Ändern von Variablen in der Liste ist möglich. Dazu steht die Anweisung „MODIFY LINE" zur Verfügung. Zu dieser Anweisung gibt es viele Syntaxformen und Zusätze. Hier soll nur eine der gebräuchlichste Formen dieser Anweisung behandelt werden. Ein Blick in die Schlüsselwortdokumentation zu „Modify Line" lohnt sich daher.

Syntax der MODIFY CURRENT LINE-Anweisung:

```
MODIFY CURRENT LINE FIELD VALUE <f1> FROM <g1>
                                <f2> FROM <g2>
                                <fn> FROM <gn>.
```

**Erklärung:**
Mit dieser Form der Anweisung ändern Sie die zuletzt mit READ LINE gelesene Listenzeile. Die Variable f1 (f2, fn) der vorher mit READ LINE gelesenen Listenzeile wird mit dem Inhalt der Variablen g1 (g2, gn) überschrieben.

Durch die folgende Übung soll es dem Benutzer des Literatur-Rechercheprogrammes ermöglicht werden, durch Auswahl einer Menüfunktion bzw. Drucktaste, alle Kontrollkästchen der Ausgabeliste zu aktivieren bzw. zu deaktivieren. Außerdem soll die vollständige Liste wiederhergestellt werden können.

1. Erweitern Sie dazu den PF-Status „Grundliste" um folgende Menüpunkte und Drucktasten.

| Menü | Fkt.code | Wirkung |
|---|---|---|
| Bearbeiten → alle aktivieren<br>Icon für Drucktaste:<br>ICON_SELECT_ALL | AKT_ALL | Aufruf Unterprogramm AKT_ALL |
| Bearbeiten → alle deaktivieren<br>Icon für Drucktaste:<br>ICON_DESELECT_ALL | DAKT_ALL | Aufruf Unterprogramm-DAKT_ALL |
| Bearbeiten → alle anzeigen<br>Icon für Drucktaste:<br>ICON_TOGGLE_DISPLAY | DISP_ALL | Aufruf Unterprogramm DISP_ALL |

2. Legen Sie die Unterprogramme AKT_ALL, DAKT_ALL und DISP_ALL an und sorgen Sie dafür, dass diese Unterprogramme bei Auswahl des entsprechenden Menüpunktes bzw. Drucktaste aufgerufen werden.
3. Schreiben Sie das Unterprogramm AKT_ALL. Es besteht aus einer DO-Schleife in der über eine READ LINE-Anweisung jede Listenzeile gelesen wird und einer MODIFY CURRENT LINE-Anweisung, die den Inhalt der Variablen chkbox in der Listenzeile mit ‚X' überschreibt.
4. Programmieren Sie in ähnlicher Form das Unterprogramm DAKT_ALL.
5. Rufen Sie im Unterprogramm DISP_ALL das Unterprogramm DISPLAY_GRUNDLISTE auf.

Lösung: YK05DBAS_11

Lösung:

```
*------------------------------------------------*
*   INCLUDE YK05DBAS_11_E01                      *
*------------------------------------------------*
AT USER-COMMAND.
 CASE sy-ucomm.
  WHEN 'VLISTE'.  PERFORM detailanzeige.
  WHEN 'DISP_SEL'.PERFORM change_grundliste.
  WHEN 'AKT_ALL'. PERFORM akt_all.
  WHEN 'DAKT_ALL'.PERFORM dakt_all.
  WHEN 'DISP_ALL'.PERFORM disp_all.
 ENDCASE.
*------------------------------------------------*
*&      Form  akt_all                            *
*------------------------------------------------*
 DO.
```

```
    READ LINE sy-index.
    IF sy-subrc <> 0.
      EXIT.
    ENDIF.
    MODIFY CURRENT LINE
     FIELD VALUE chkbox FROM 'X'.
  ENDDO.
  sy-lsind = 0.
ENDFORM.                                    " akt_all

*---------------------------------------------*
*&      Form  dakt_all                        *
*---------------------------------------------*
FORM dakt_all.
  DO.
    READ LINE sy-index.
    IF sy-subrc <> 0.
      EXIT.
    ENDIF.
    MODIFY CURRENT LINE
     FIELD VALUE chkbox FROM ''.
  ENDDO.
  sy-lsind = 0.
ENDFORM.                                   " dakt_all

*---------------------------------------------*
*&      Form  disp_all                        *
*---------------------------------------------*
FORM disp_all.
  PERFORM display_grundliste
             USING
                it_zbestand
                wa_zbestand.
ENDFORM.                                   " disp_all
```

## 5.7 Dynamisches Sortieren der Ausgabeliste

Dynamisches Sortieren der Ausgabeliste bedeutet, dass der Benutzer die Liste zur Laufzeit des Programmes nach verschiedenen Spalten aufsteigend oder absteigend sortieren kann. Dazu stellt der Benutzer den Cursor in die Spalte der Ausgabeliste nach der sortiert werden soll und klickt auf eine entsprechende Drucktaste. Dabei darf die aktuelle Buchauswahl, die der Benutzer durch die Funktion „ausgewählte anzeigen“ eventuell eingeschränkt hat und der Status der Kontrollkästchen (ausgewählt bzw. nicht ausgewählt) nicht verloren gehen.

Um diese Aufgabenstellung programmtechnisch umzusetzen, brauchen wir eine Möglichkeit, den Spaltennamen der Ausgabespalte zu ermitteln, in die der Benutzer den Cursor gestellt hat. Dazu nutzen wir die GET CURSOR-Anweisung.

Syntax:
GET CURSOR FIELD <f>.

Der Name des Feldes, auf dem der Cursor positioniert ist, wird in die Zeichenvariable <f> übertragen.

Belegung der Systemvariablen sy-subrc durch die Anweisung:

| | |
|---|---|
| sy-subrc = 0 | Cursor stand in einem Feld |
| sy-subrc = 4 | Cursor stand nicht in einem Feld |

**Hinweis:**
Die Zeichenvariable <f> wird nur dann mit dem Namen des Feldes, auf dem der Cursor positioniert ist geladen, wenn das Feld global angelegt wurde. Lokale Felder, also Felder, die im Unterprogramm deklariert wurden, werden wie Felder ohne Namen behandelt, d.h. die Variable <f> wird auf ihren Initialwert gesetzt. Das gilt auch für Literale, Feldsymbole und Parameter. Dabei wird sy-subrc trotzdem mit 0 geladen.

**Beispiel:**
Eine LOOP-Schleife

```
LOOP AT it_zbestand INTO wa_zbestand.
  WRITE: / wa_zbestand-isbn,
           wa_zbestand-titel,
           wa_zbestand-autor1.
endloop.
```

erzeugt folgende Ausgabeliste:

```
3540523979 EDV-orientierte Betriebswirtschaftslehre                0000000100
3827254388 Internet                                                0000000109
3827258863 SAP R/3                                                 0000000107
3827311365 Administration des SAP-Systems R/3                      0000000110
3827313724 ABAP/4 Die Programmiersprache des SAP R/3-Systems       0000000106
3827314011 SAP R/3 prozeßorientiert anwenden                       0000000104
3827314569 SAP R/3 dynamisch einführen                             0000000113
3827316464 SAP R/3 Der schnelle Einstieg                           0000000103
3827317886 Programmierung von Internet-Anwendungskomponenten       0000000116
3827317894 ABAP-Übungsbuch                                         0000000116
3877917410 SAP R/3 Basissystem                                     0000000115
3898421473 ABAP Objects                                            0000000101
```

Der Benutzer hat den Cursor in die Spalte gestellt, die mit wa_zbestand-titel angelegt wurde.

Das folgende Programm ermittelt mit GET CURSOR die ausgewählte Spalte und bereitet das ermittelte Feld so auf, dass damit die interne Tabelle it_zbestand dynamisch sortiert werden kann.

```
DATA: spalte(30).
GET CURSOR FIELD spalte.
*Inhalt der Variablen spalte:
*'wa_zbestand-titel'
*Zum sortieren über die SORT-Anweisung wird
*jedoch nur der Komponentenname 'titel'
*benötigt.
spalte = spalte+13.
*+13 ist der sogenannte Offset. Der Variab-
*len spalte wird die Zeichenkette 'titel'
*zugewiesen (13. Stelle der Zeichenkette
*'wa_zbestand-titel' bis zum Ende)

sort it_zbestand by (spalte).
*Das Sortierkriterium kann der SORT-Anweisung
*auch als Variable übergeben werde. Die
*Variable, die das Sortierfeld enthält, wird in
*runde Klammern geschrieben. Diese Methode heißt
*'dynamisches sortieren'.
```

### *Dynamisches Sortieren einer internen Tabelle*

Der SORT-Anweisung können über die Syntax

SORT <itab> BY <f1> <f2>...<fn>.

**Beispiel:**

```
sort it_zbestand by kategorie titel.
```

in den Variablen <f1>...<fn> die Sortierfelder übergeben werden. Stehen die Felder, nach denen die interne Tabelle sortiert werden soll, in Zeichenkettenvariablen, werden diese in runde Klammern (ohne Leerzeichen) übergeben. Man spricht dann von „dynamischer“ Sortierung, weil erst zur Laufzeit des Programmes festgelegt wird, nach welchen Feldern die interne Tabelle sortiert werden soll.

**Beispiel:**

```
DATA: f1(20), f2(20).
f1 = 'kategorie'.
f2 = 'titel'.
sort it_zbestand by (f1) (f2).
```

Zusätzlich kann über die Klauseln „ascending“ und „descending“ aufsteigend oder absteigend sortiert werden. Dabei steht „ascending“ für aufsteigend (Standard) und „descending“ für absteigend. Die Anweisung

```
sort it_zbestand by (f1) descending.
                    (f2) ascending.
```

bewirkt eine absteigende Sortierung nach Kategorie und eine aufsteigende nach Titel (innerhalb einer Kategorie).

In dieser Übung soll die Ausgabeliste so verbessert werden, dass der Benutzer, wie eingangs beschrieben, die Ausgabe dynamisch auf- oder absteigend sortieren kann. Dabei können Sie so vorgehen:

1. Legen Sie im GUI-Status „Grundliste“ entsprechend der nachfolgenden Tabelle zwei Menüpunkte und Drucktasten an.

| Menü | Fkt.code | Wirkung |
|---|---|---|
| Bearbeiten → Sortieren (aufst.) | SORTUP | Aufruf UP |
| Icon für Drucktaste: ICON_SORT_UP | | SORT |
| Bearbeiten → Sortieren (abst.) | SORTDOWN | Aufruf UP |
| Icon für Drucktaste: ICON_SORT_DOWN | | SORT |

2. Legen Sie das Unterprogramm SORT an (zunächst ohne Quelltext) und sorgen Sie im Ereignisblock „AT USER-COMMAND“ dafür, dass es beim Auslösen der Funktionscodes SORTUP und SORTDOWN aufgerufen wird. Übergeben Sie dem Unterprogramm beim Aufruf über den Funktionscode SORTUP die Zeichenkette ‚UP’ und beim Aufruf über den Funktionscode SORTDOWN die Zeichenkette ‚DN’. Über diese Parameter soll im Unterprogramm die auf- bzw. absteigende Sortierung ausgewählt werden.

3. Die Ausgabeliste soll u.a. auch nach dem Namen des Autors sortiert werden können. Diese Ausgabe wird z.Z. über die lokale Variable wa_zautoren-name1 erzeugt. Da für den Einsatz der GET CURSOR FIELD-Anweisung globale Variablen benötigt werden, kopieren Sie die die entsprechende DATA-Anweisung vom Unterprogramm „DISPLAY_LISTZEILE" in das Top-Include.
4. Um die Ausgabeliste zu sortieren, benötigen Sie eine interne Tabelle mit allen Spalten der Ausgabeliste, nach denen sortiert werden soll. Legen Sie im Unterprogramm SORT dazu zunächst eine Struktur (Namensvorschlag: wa_listzeile) mit den folgenden Komponenten an:

   - Alle Komponenten der Struktur wa_zbestand
   - ctrlkaestchen (Type C mit der Länge 1) zur Speicherung des Status des Kontrollkästchens chkbox
   - name like wa_zautoren-name

   Hinweis: Um Schreibarbeit zu sparen, können Sie sich in der Schlüsselwortdokumentation „INCLUDE STRUCTURE" mit der Syntax zum Includieren von Strukturen bekannt machen. Ignorieren Sie die Hinweise, dass diese Methode veraltet ist. Für die dynamische Sortierung können Sie diese Methode gut verwenden.
5. Legen Sie mit dieser Struktur eine Standardtabelle (Namensvorschlag it_listzeile) an.
6. Deklarieren Sie die Variablen
   - spalte(50)
   - offset type i.
7. Laden Sie über die GET CURSOR FIELD-Anweisung die Variable spalte mit dem Namen des Feldes, in das der Benutzer den Cursor gestellt hat.
8. Steht der Cursor in einer gültigen Zeile (sy-subrc = 0 AND NOT spalte IS INITIAL) kann über eine SEARCH-Anweisung der Offset ermittelt werden. Dabei können Sie davon ausgehen, dass der Komponentenname hinter dem Zeichen „-" (Bindestrich) steht. Ermitteln Sie den Komponentennamen wie folgt:

```
SEARCH spalte FOR '-'.
IF sy-subrc = 0.
   offset = sy-fdpos + 1.
   spalte = spalte+offset.
   DO.
   *Gültige Listenzeilen mit der READ
   *LINE-Anweisung lesen. Siehe Punkt 9.
   *interne Tabelle it-listzeile mit
   *den Werten der gültigen Listenzeilen
   *füllen Siehe Punkt 10.
   ENDDO.
   ...
ENDIF.
```

9. In der im Punkt 8 angelegten DO-Schleife werden zunächst alle Zeilen der Ausgabeliste gelesen. Nutzen Sie dazu die READ LINE-Anweisung. **Zur Wiederholung:** Diese Anweisung liest eine Zeile der Ausgabeliste, stellt ausgewählte Feldinhalte in ihre Ursprungsvariablen zurück. Zusätzlich werden die im HIDE-Bereich stehenden Variablen zur gelesenen Zeile ebenfalls in ihre Ursprungsvariablen geladen. Sie können dazu die folgende Syntax benutzen:

```
CLEAR wa_zbestand-isbn.
READ LINE sy-index FIELD VALUE chkbox
wa_zautoren-name.
IF sy-subrc <> 0.
EXIT.
ENDIF.
*Nur gültige Zeilen bearbeiten
IF NOT wa_zbestand-isbn IS INITIAL.
*interne Tabelle it-listzeile mit
*den Werten der gültigen Listenzeilen
*füllen Siehe Punkt 11.
ENDIF.
```

10. Füllen Sie jetzt (zeilenweise) die interne Tabelle mit den Werten zur im Punkt 9 gelesenen Zeile. Die SELECT SINGLE-Anweisung über die Tabelle zbestand füllt die Struktur wa_listzeile mit den aus dieser Tabelle stammenden Feldinhalten. Die Komponenten wa_listzeile-name und wa_listzeile-ctrlkaestchen müssen durch zusätzliche Anweisungen geladen werden. Sie können sich an dieser Syntax orientieren:

```
SELECT SINGLE * FROM zbestand_tw
INTO CORRESPONDING FIELDS OF wa_listzeile
```

```
WHERE isbn = wa_zbestand-isbn.

wa_listzeile-ctrlkaestchen = chkbox.
wa_listzeile-name = wa_zautoren-name.
*die später zu sortierende Tabelle
*it_listzeile laden
APPEND wa_listzeile TO it_listzeile.
```

11. Sortieren Sie jetzt die interne Tabelle it_listzeile nach dem in der Variablen spalte stehenden Feld. Sortieren Sie absteigend, wenn dem Unterprogramm der Parameter 'UP' übegeben wurde, andernfalls sortieren Sie aufsteigend.

12. Im letzten Schritt ist die Liste neu auszugeben. Programmieren Sie eine LOOP-Schleife über die interne Tabelle it_listzeile. Laden Sie in dieser Schleife die Struktur wa_zbestand mit den korrespondierenden Feldern der Struktur wa_listzeile. Laden Sie die Variable chkbox mit wa_listzeile-ctrlkaestchen und rufen Sie dann, ebenfalls innerhalb der Schleife, das Unterprogramm DISPLAY_LISTZEILE auf. Überschreiben Sie nach der ENDLOOP-Anweisung den Listenpuffer der Grundliste mit der sortierten Liste. Auch hier eine Hilfestellung hinsichtlich der Codierung:

```
LOOP AT it_listzeile INTO wa_listzeile.
MOVE-CORRESPONDING wa_listzeile TO
         wa_zbestand.
chkbox = wa_listzeile-ctrlkaestchen.
PERFORM display_listzeile
USING wa_zbestand.
ENDLOOP.
sy-lsind = 0.
```

Lösung: YK05DBAS_12

Das war schon eine ganz anspruchsvolle Programmieraufgabe, finden Sie das nicht auch? Hier nun eine funktionierende Lösung:

```
*----------------------------------------------*
*   INCLUDE YK05DBAS_6_TOP                     *
*----------------------------------------------*
DATA: it_zbestand TYPE zint_zbestand_tw,
      wa_zbestand TYPE zst_zbestand_tw,
      wa_zkategorie TYPE zkategorie_tw,
      wa_zautoren TYPE zautoren_tw,
      farbe,chkbox.
```

```
*---------------------------------------------*
*   INCLUDE YK05DBAS_8_E01                    *
*---------------------------------------------*
AT USER-COMMAND.
 CASE sy-ucomm.
  WHEN 'VLISTE'.  PERFORM detailanzeige.
  WHEN 'DISP_SEL'.PERFORM change_grundliste.
  WHEN 'AKT_ALL'. PERFORM akt_all.
  WHEN 'DAKT_ALL'.PERFORM dakt_all.
  WHEN 'DISP_ALL'.PERFORM disp_all.
  WHEN 'SORTUP'.  PERFORM sort USING 'UP'.
  WHEN 'SORTDOWN'.PERFORM sort USING 'DN'.
 ENDCASE.

*---------------------------------------------*
*&      Form  sort                            *
*---------------------------------------------*
FORM sort USING p_sort.

*Deklarieren einer Struktur, die alle
*Komponenten der Struktur wa_zbestand
*und zusätzlich die Komponente
*'ctrkaestchen' enthält.

DATA: BEGIN OF wa_listzeile.
        INCLUDE STRUCTURE wa_zbestand.
DATA: ctrlkaestchen,
      name like wa_zautoren-name.
DATA: END OF wa_listzeile.

DATA:
 it_listzeile LIKE TABLE OF wa_listzeile,
 spalte(50),
 offset TYPE i.
GET CURSOR FIELD spalte.
*spalte enthält jetzt den Namen des Feldes, in
*dem der Cursor steht (z.B. 'wa_zbestand-titel'

IF sy-subrc <> 0 OR spalte IS INITIAL .
 WRITE: 'Keine sortierbare Spalte'.
 EXIT.
ENDIF.
SEARCH spalte FOR '-'.
```

```
*Zeichen '-' gefunden → sy-subrc = 0, sy-fdpos
*= Position des Zeichens in spalte (im Bsp: 12)

IF sy-subrc <> 0. EXIT. ENDIF.
offset = sy-fdpos + 1.
spalte = spalte+offset.
DO.
 CLEAR wa_zbestand-isbn.

*Read Line liest die Listenzeile sy-index
*(Schleifenzähler), schreibt den Inhalt des
*Feldes chkbox der akt. Listenzeile in die Va-
*riable chkbox, wa_zbestand-isbn wird aus dem
*HIDE-Ber. mit dem Wert der akt. Zeile geladen

 READ LINE sy-index FIELD VALUE chkbox
                      wa_zautoren-name.
 IF sy-subrc <> 0.EXIT. ENDIF.

*Nur gültige Zeilen bearbeiten
 IF NOT wa_zbestand-isbn IS INITIAL.

*wa_zbestand aus der Tabelle zbestand neu laden
  SELECT SINGLE * FROM zbestand
  INTO CORRESPONDING FIELDS OF wa_listzeile
  WHERE isbn = wa_zbestand-isbn.

*Status des Kontrollkästchens, Autorrennamen in
*die Struktur wa_listzeile schreiben
  wa_listzeile-ctrlkaestchen = chkbox.
  wa_listzeile-name = wa_zautoren-name.

*die später zu sortierende Tabelle
*it_listzeile laden
  APPEND wa_listzeile TO it_listzeile.
 ENDIF.
ENDDO.

*Dynamische Sortierung der internen Tabelle
*it_listzeile. Die Variable spalte enthält den
*Namen der Tabellenspalte, nach der die Tabelle
*sortiert werden soll
IF p_sort = 'UP'.
 SORT it_listzeile BY (spalte).
```

```
ELSE.
 SORT it_listzeile BY (spalte)DESCENDING.
ENDIF.

*Aufbau der sortierten Liste
LOOP AT it_listzeile INTO wa_listzeile.
 MOVE-CORRESPONDING
            wa_listzeile TO wa_zbestand.
 chkbox = wa_listzeile-ctrlkaestchen.
 PERFORM display_listzeile USING wa_zbestand.
ENDLOOP.
sy-lsind = 0.
ENDFORM.                                    " sort
```

## 5.8 Ein Freund des Programmierers – Der Debugger

Der Debugger hilft Ihnen, Ihr Programm zu analysieren. Sie können damit sowohl den Programmablauf verfolgen als auch den Inhalt von Datenobjekten (elementare Datenobjekte, Strukturen, interne Tabellen ...) anzeigen. In diesem Kapitel soll der Einsatz des Debuggers am Beispiel des Programmes aus Abschnitt 5.7 „Dynamisches Sortieren der Ausgabeliste“ Seite 314 gezeigt werden. Laden Sie dazu das Programm YK05DBAS_12 in den ABAP-Editor.

**Hinweis:**
Das zu debuggende Programm muss aktiviert sein.

### 5.8.1 Start des Debuggers

Es gibt verschiedene Möglichkeiten, den Debugger einzuschalten.

#### *Start des Debuggers über /h im Kommandofeld*

Starten Sie das Programm YK05DBAS_12 und lassen Sie sich die Grundliste anzeigen. Geben Sie in das Kommandofeld die Zeichenkette /h ein und Drücken Sie die Entertaste.

Abb. 5.40 Debugging einschalten

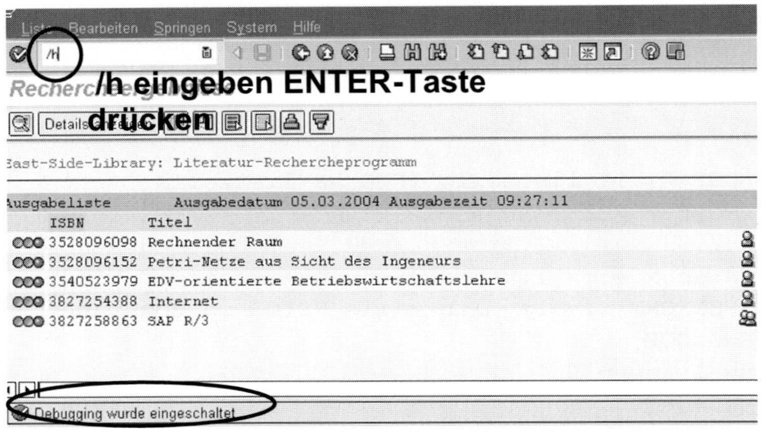


Stellen Sie jetzt den Cursor in eine sortierbare Spalte der Ausgabeliste und wählen Sie das Symbol „Sortieren (aufst.)". Sie verzweigen in den Debugger. Die Möglichkeiten, die Ihnen dieses Werkzeug bietet, werden weiter unten in diesem Kapitel behandelt. Beenden Sie den Debugger über das Menü „Debugging → Debugging aus".

Abb. 5.41 Debugging ausschalten

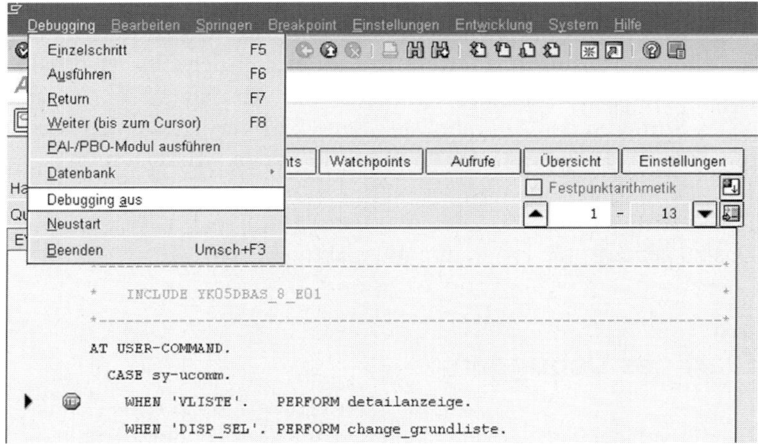


### *Start des Debuggers über einen Breakpoint*

Es ist für den Programmierer häufig praktischer, den Debugger über einen Breakpoint, der im ABAP-Editor gesetzt wird, zu starten. Das Programm verzweigt erst dann in den Debuggingmodus, wenn im Programmablauf dieser Breakpoint erreicht ist.

Um einen Breakpoint zu setzen, laden Sie das zu debuggende Programm in den ABAP-Editor, setzen den Cursor in die Anweisung, vor deren Ausführung der Debuggingmodus eingeschaltet werden soll und klicken das Symbol „Breakpoint setzen /löschen".

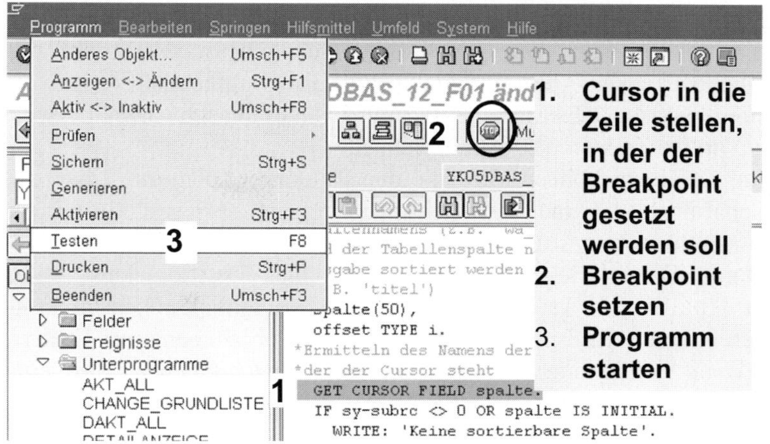


*Abb. 5.42 Breakpoint setzen*

Starten Sie dann das Programm. Unmittelbar vor der Ausführung der Anweisung auf die der Breakpoint gesetzt ist, wird der Debugger eingeschaltet. Sie können diesen Modus, wie in Abb. 5.41 gezeigt, wieder ausschalten. Den Breakpoint löschen Sie auf die gleiche Art, wie Sie Ihn gesetzt haben (Cursor in die Zeile mit dem Breakpoint setzen und Symbol „Breakpoint setzen / löschen wählen).

## 5.8.2 Programm debuggen

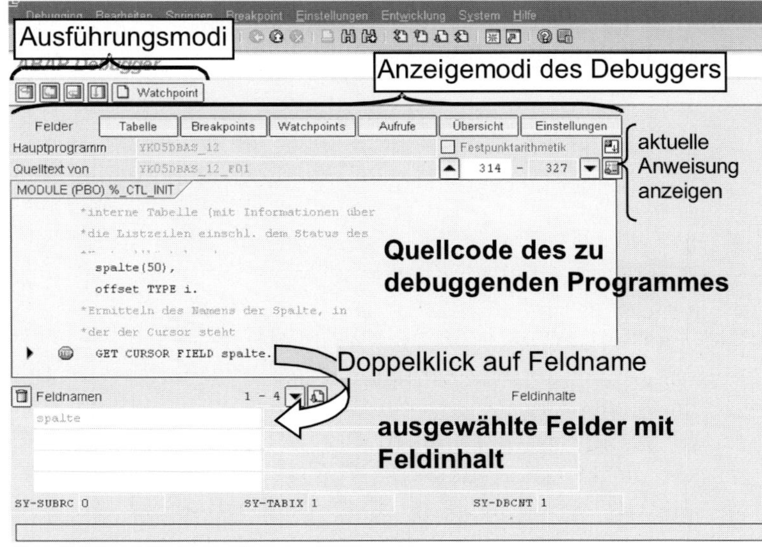


*Abb. 5.43 Anzeigemodus „Felder“ des Debuggers*

Nach dem Verzweigen in den Debuggingmodus wird der in Abb. 5.45 dargestellte Anzeigemodus „Felder" bereitgestellt. In der Quellcodeanzeige des zu debuggenden Programmes ist die Anweisung, die als nächstes ausgeführt wird, durch ein schwarzes Dreieck am linken Zeilenrand gekennzeichnet.
Im Quelltext können Sie mit den Bildtasten blättern. Über die Schaltfläche „Aktuelle Anweisung anzeigen" springen Sie zurück zur nächsten auszuführenden Anweisung.
Durch Doppelklick auf den Namen eines Datenobjektes (Feld, Struktur, interne Tabelle) wird dieses mit seinem aktuellen Inhalt in den unteren Bildschirmbereich gestellt. Bei elementaren Feldern können Sie hier auch den Inhalt ändern. Überschreiben Sie dazu einfach den alten Inhalt und drücken Sie dann das Bleistiftsymbol am rechten Rand des Eingabefeldes.

Über die Symbolgruppe „Ausführungsmodi" können Sie das Debugging steuern. Diese Symbole sind in der folgenden Tabelle erklärt.

| Symbolname | Funktion |
|---|---|
| Einzelschritt  | Mit dieser Option wird das Programm **Anweisung für Anweisung** ausgeführt. Speziell bietet diese Art der Ausführung die Möglichkeit, in Unterprogramme und Funktionsbausteine zu verzweigen, so dass auch diese Anweisung für Anweisung abgearbeitet werden können. Nach der Abarbeitung der Unterprogramme und Funktionsbausteine gelangen Sie zu der Anweisung im Programm, die der aufrufenden Anweisung folgt. |
| Ausführen   | Mit der Option wird ein Programm **zeilenweise** abgearbeitet. Alle Arbeitsschritte, die zu der aktuellen Zeile gehören, werden zusammengefasst. Wenn Sie sich in einer Zeile befinden, die ein Unterprogramm aufruft, und hier *Ausführen* wählen, führt der Debugger das Unterprogramm aus und geht zu der Zeile über, die dem Unterprogrammaufruf direkt folgt. Auf diese Weise überspringen Sie die Anweisungen innerhalb des Unterprogramms. |
| Return 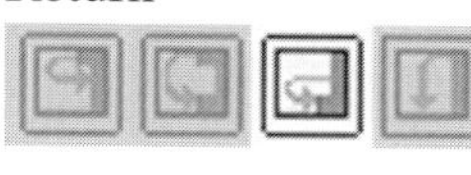 | Der Debugger **kehrt** an die Position **zurück**, an der ein aufrufendes Programm wieder die Steuerung übernimmt. Sie wählen diese Option, wenn Sie sich in einem Unterprogramm, Funktionsbaustein oder einem gerufenen Programm befinden und wieder zum rufenden Programm zurückkehren wollen. |
| Weiter (bis zum Cursor)  | Mit dieser Option wird das Programm **bis zum nächsten Breakpoint** oder **bis zur Cursor-Position** abgearbeitet. Sind im nachfolgenden Quelltext keine (weiteren) Breakpoints vorhanden und wurde kein Cursor gesetzt, so wird der Debuggingmodus beendet und das Programm ausgeführt. |

1. Setzen Sie im Unterprogramm SORT des Programmes YK05DBAS_12 einen Breakpoint auf die Anweisung „GET CURSOR FIELD spalte“ und starten Sie das Programm.
2. Doppelklicken Sie im Debugger auf den Feldnamen „spalte“ der Anweisung „GET CURSOR FIELD spalte“.
3. Klicken Sie auf das Symbol Einzelschritt“. Die Anweisung „GET CURSOR FIELD spalte“ wird ausgeführt.

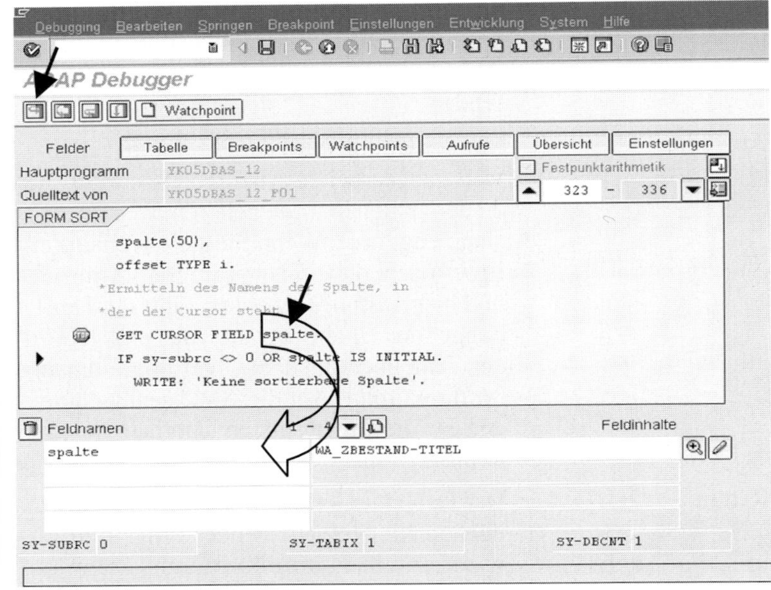


*Abb. 5.44 Stand des Debuggers nach der Anweisung GET CURSOR...*

### *Strukturen im Debugger*

1. Blättern Sie im Quellcode des Unterprogrammes SORT bis zur Anweisung. Sie können dazu die Bild-Tasten benutzen.
2. Setzen Sie den Cursor in diese Anweisung und wählen Sie das Symbol „Weiter (bis zum Cursor)“.
3. Doppelklicken Sie auf den Namen der Struktur (wa_listzeile).

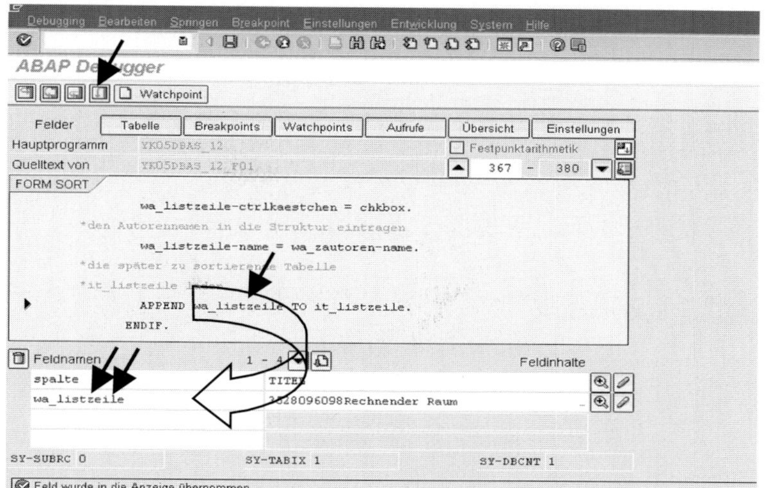


*Abb. 5.45 Struktur im Debugger (Anzeigemodus Felder)*

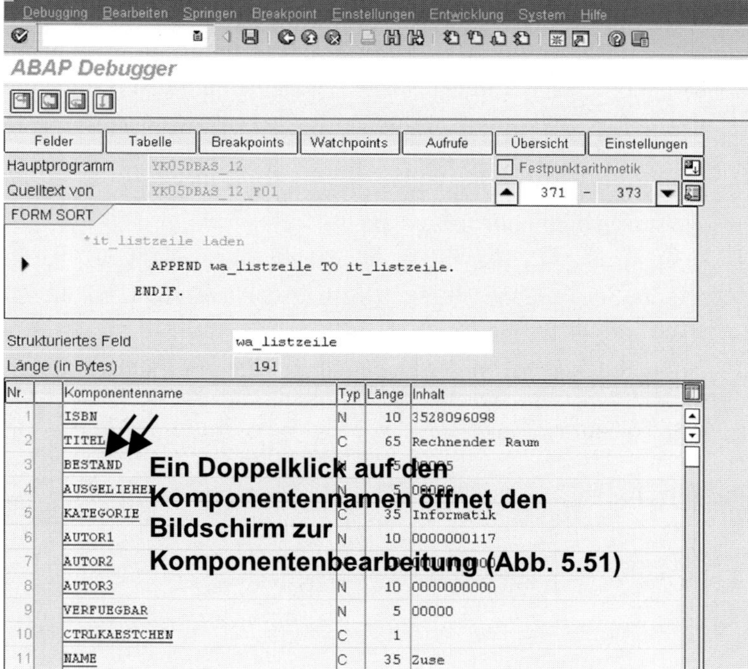


*Abb. 5.46 Struktur im Debugger (Anzeige der Komponenten)*

Abb. 5.47 Struktur im Debugger (Ändern einer Komponente)

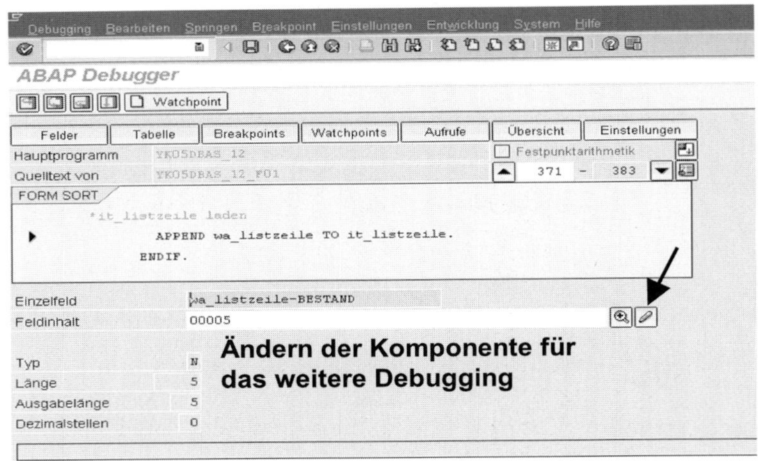


## *Interne Tabellen im Debugger*

1. Doppelklicken Sie in der Quelltextanzeige des Debugger auf den Namen der internen Tabelle it_listzeile (Abb. 5.48).
2. Doppelklicken Sie in der Spalte Feldnamen auf den Namen der internen Tabelle. Sie gelangen in die Tabellenanzeige Abb. 5.49).
3. Doppelklicken Sie in die erste Anweisung nch der DO-Schleife. Sie setzen damit einen Breakpoint.
4. Stellen Sie den Cursor in die ENDDO-Anweisung und klicken Sie die Schaltfläche „Weiter (bis Cursor)" so oft an, bis die interne Tabelle gefüllt ist (Abb. 5.49).
5. Doppelklicken Sie in der Debuggeranzeige ein Element der internen Tabelle. Sie gelangen in einen Bildschirm, in dem Sie dieses ändern können.

Abb. 5.48 Interne Tabelle im Debugger (Anzeigemodus: Felder)

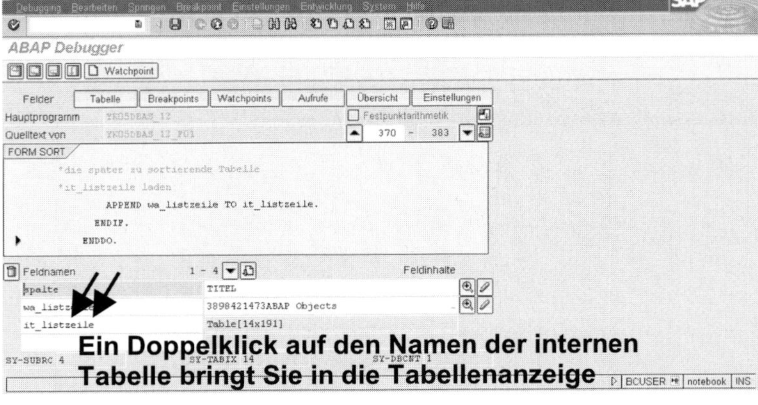

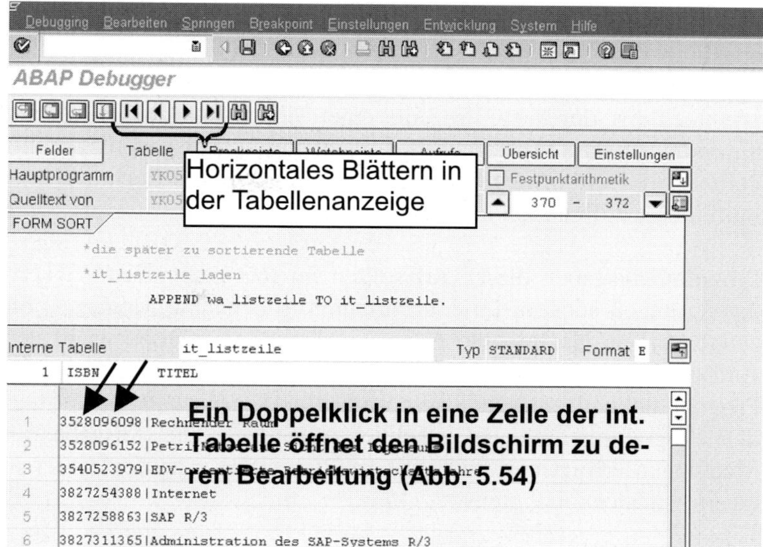


*Abb. 5.49 Interne Tabelle im Debugger (Anzeigemodus: Tabelle)*

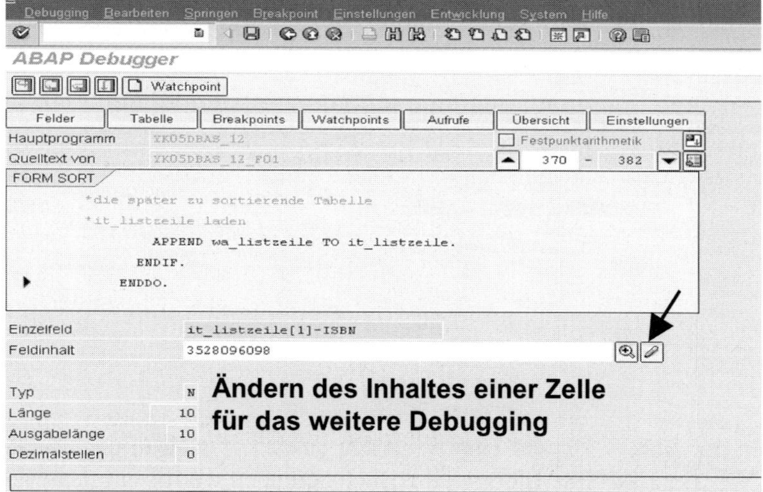


*Abb. 5.50 Interne Tabelle im Debugger (Änderung einer Zelle)*

## 5.9 Ausgabe von Meldungen (Messages)

Unser Literatur-Rechercheprogramm für die East-Side-Library hat jetzt fast den in der Aufgabenstellung beschriebenen Stand erreicht.

Einige Dinge sollten jedoch noch verbessert werden. Meldungen des Programmes (z.B. „Keine sortierbare Spalte“) werden zum Beispiel

über WRITE-Anweisungen ausgegeben. Das geht natürlich, wirkt aber nicht unbedingt professionell.
Außerdem ist es nicht besonders originell, dem Benutzer des Programmes erst durch die Anzeige einer leeren Ausgabeliste darauf hinzuweisen, dass seine Recherche nicht zum gewünschten Ergebnis geführt hat. Der Anwender hat in dieser Situation ein Recht auf eine mitfühlendere Reaktion des Programmes.

Programmausgaben dieser Art sollten im R/3 nicht über WRITE-Anweisungen sondern über Nachrichten, sogenannte Messages, erzeugt werden. Nachrichten geben nicht nur Informationen auf den Bildschirm aus sondern können darüber hinaus zur Steuerung des Programmablauf eingesetzt werden – eine Eigenschaft die oftmals den Programmieraufwand erheblich verringert. Die Ausgabe der Meldungen erfolgt entweder auf der Statuszeile (Standard) oder in einem modalen Dialogfenster.

*Abb. 5.51 Message mit Langtext*

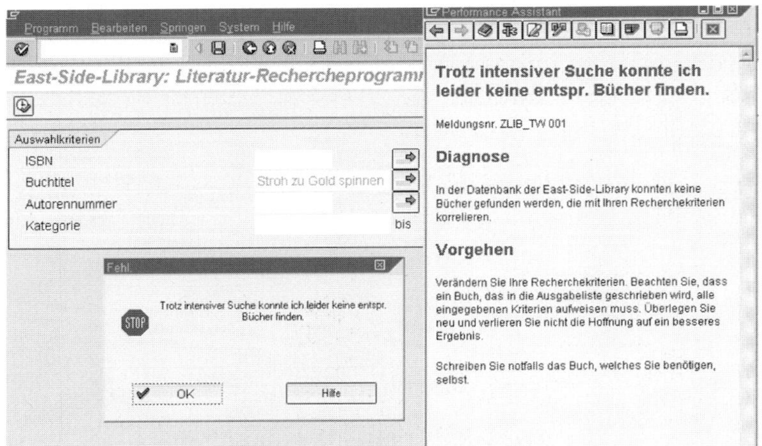


In der Abb. 5.51 wird eine Nachricht ausgelöst, weil in der Datenbank der East-Side-Library kein Buch gefunden wurde, das den Eingaben der Suchmaske entspricht. Diese Nachricht bewirkt, dass der Anwender nicht in den listenerzeugenden Programmteil (Display_Grundliste) verzweigt, sondern im Selektionsbild verbleibt und die Suchkriterien ändern kann. Somit steuert also die Nachricht den weiteren Programmablauf.

### *Verwaltung von Nachrichten*

Jede Nachricht muss einer Nachrichtenklasse zugeordnet werden. Die Nachrichtenklasse erhält beim Anlegen einen maximal 20-stelligen alphanumerischen Bezeichner im Kundennamensraum.

Dieser Bezeichner ist im R/3-System eindeutig. Für die Nachricht selbst wird ein maximal 3-stelliger freiwählbarer alphanumerischer Bezeichner vergeben. Dieser ist für jede Nachrichtenklasse eindeutig.

Nachrichtenklassen und Nachrichten werden in der Tabelle T100 gespeichert. Über die Transaktion SE91 (Werkzeuge → ABAP Workbench → Entwicklung → Programmierumfeld → SE91 Nachricht) werden sie verwaltet.

*Vorgehensweise: Anlegen einer Nachrichtenklasse / Nachricht*

Zweckmäßigerweise legen Sie Nachrichtenklassen und Nachrichten über den ABAP-Editor an.

Starten Sie über den Object Navigator den ABAP-Editor. Wählen Sie dort „Programm → Anderes Objekt“ oder klicken Sie die entsprechende Drucktaste. Lassen Sie sich die Registerkarte „Weitere“ anzeigen. Aktivieren Sie den Auswahlknopf „Nachrichtennummer“ und geben Sie einen Bezeichner für Nachrichtenklasse (ZLIB) und Nachricht (001) an. Klicken Sie dann die Schaltfläche „anlegen“. Orientieren Sie sich dabei an Abb. 5.52.

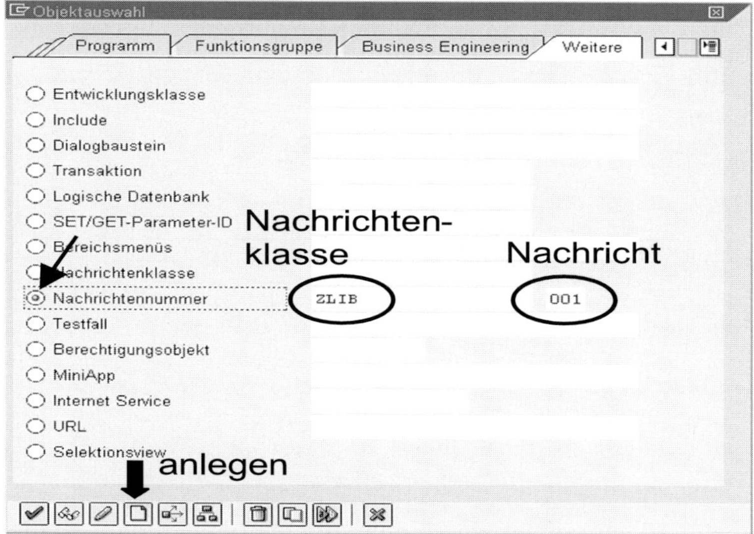


*Abb. 5.52 Eingabe der Bezeichner für Nachrichtenklasse und Nachricht*

Im Folgebild „Nachrichtenpflege: Nachrichtenklasse ändern“ geben Sie einen Kurztext ein und sichern die Nachrichtenklasse. Danach gehen Sie in die Registerkarte „Nachrichten“.

Abb. 5.53
Anlegen der Nachrichtenklasse

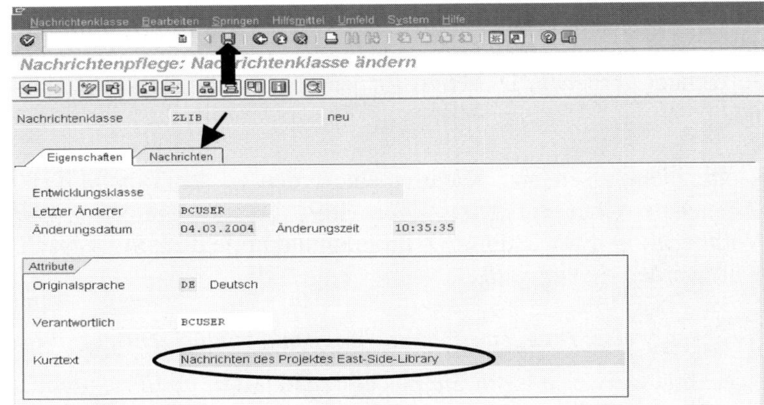


In der Registerkarte „Nachrichten" legen Sie den Nachrichtenkurztext an. Ist dieser Kurztext selbsterklärend, aktivieren Sie das Kontrollkästchen „Selbsterklärend". Das modale Fenster, in dem die Nachricht angezeigt wird, enthält dann keine Drucktaste „Hilfe". Sichern Sie Ihre Nachricht. Wollen Sie einen Hilfetext zu Ihrer Nachricht verfassen, stellen Sie den Cursor in die Nachrichtennummer und klicken die Drucktaste „Langtext".

Abb. 5.54
Anlegen des Nachrichtentextes

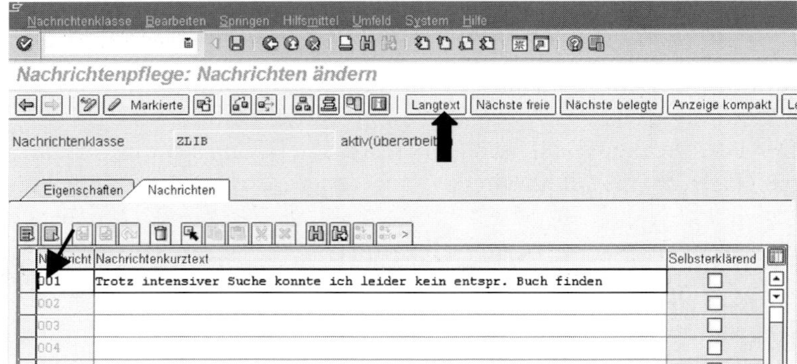

Abb. 5.55 Anlegen eines Hilfetextes zur Nachricht

&CAUSE&

In der Datenbank der East-Side-Library konnten keine Bücher gefunden werden, die mit Ihren Recherchekriterien korrelieren.

&SYSTEM_RESPONSE&

&WHAT_TO_DO&

Verändern Sie Ihre Recherchekriterien. Beachten Sie, das ein Buch, dass in die Ausgabeliste geschrieben wird, alle eingegebenen Kriterien aufweisen muss. Überlegen Sie neu und verlieren Sie nicht die Hoffnung auf ein besseres Ergebnis.

Schreiben Sie notfalls das Buch, welches Sie benötigen, selbst.

&SYS_ADMIN&

### *Auslösen von Nachrichten*

Nachrichten werden über das Schlüsselwort MESSAGE ausgelöst.

Syntax 1
MESSAGE ID <Klasse> TYPE <Nachrichtentyp>
NUMBER <Nachrichtennummer>.

Syntax 2
MESSAGE <Nachrichtentyp><Nachrichtennummer>(<Klasse>).

Der Nachrichtentyp ist, zusammen mit dem Ereignisblock, in dem die Nachricht ausgelöst wird, für die Steuerung des Programmablaufes verantwortlich. Tabelle 5.3 gibt Auskunft über die verschiedenen Nachrichtentypen:

| Typ | Kurz-beschr. | Programmreaktion |
|---|---|---|
| A | Abbruch-meldung (Abend) | Das Programm wird nach Anzeige der Nachricht in einem Dialogfenster abgebrochen. Das System verzweigt nach Bestätigung durch den Benutzer in das vorhergehende Bereichsmenü. |
| E | Fehler-meldung (Error) | Das Programm wird nach Anzeige der Nachricht **je nach auslösenden Ereignisblock** entweder abgebrochen oder mit einem Fehlerdialog fortgesetzt. |
| I | Info | Das Programm wird nach Anzeige der Nachricht in einem Dialogfenster und Bestätigung durch den Benutzer nach der MESSAGE-Anweisung fortgesetzt. |
| S | Status-meldung | Das Programm wird nach der MESSAGE-Anweisung normal fortgesetzt und die Nachricht wird in der Statuszeile des folgenden Bildschirmbilds angezeigt. |
| W | Warn-meldung (Warning) | Das Programm wird nach Anzeige der Nachricht **je nach auslösenden Ereignisblock** entweder abgebrochen oder es wird ein Fehlerdialog geführt. |
| X | Exit mit Kurzdump | Das Programm wird ohne Anzeige der Nachricht mit einem Kurzdump abgebrochen. Programmabbrüche mit Kurzdumps treten in der Regel nur bei Laufzeitfehlern auf. Der Nachrichtentyp X erlaubt das bewußte Auslösen solcher Abbrüche. Der Kurzdump enthält die Nachrichtenkennung. |

**Beispiel:**
Auslösen der Nachricht „001“ der Nachrichtenklasse „ZLIB“:

MESSAGE ID zlib TYPE e NUMBER '001'.
oder
MESSAGE e001(zlib).

### *Steuerung des Programmablaufes über Nachrichten*

Wie bereits beim „Auslösen von Nachrichten“ erwähnt, sind Nachrichtentyp und auslösender Ereignisblock für das Programmverhalten ausschlaggebend. Die Nachrichtenklasse und die Nachricht selbst haben keinen Einfluss auf das Verhalten des Programmes.

*Tabelle 5.4 Programmablauf in Abhängigkeit des Nachrichtentyps und des auslösenden Ereignisblockes*

| | E (Error) | W (Warning) |
|---|---|---|
| **Initialization**<br>**Start-of-Selection**<br>**End-of-Selection**<br>AT User-Command<br>**Top-of-Page**<br>**End-of-Page** | Message anzeigen (Statuszeile) → Programmabbruch | Message anzeigen (Statuszeile) → Programmabbruch |
| **Load-of-Program** | Message anzeigen (Dialogfenster) → Programmabbruch | Message anzeigen (Statuszeile des Folgebildes) → **Programmfortsetzung** |
| **AT Selection-Screen** | Selektionsbild (ISBN, Titel) → Message anzeigen (Statuszeile) → Selektionsbild | Selektionsbild (ISBN, Titel) → Message anzeigen (Statuszeile) Selektionsbild bleibt eingabebereit → ENTER → **Programmfortsetzung** |
| **AT Line-Selection**<br>**Top-of-Page During Line-Selection** | Message anzeigen (Statuszeile) → Abbruch des Verarbeitungsblockes → Anzeige der Liste der vorherigen Listenstufe | Message anzeigen (Statuszeile) → Abbruch des Verarbeitungsblockes → Anzeige der Liste der vorherigen Listenstufe |

Im Rechercheprogramm YK05DBAS soll jetzt die fehlende Eingabeprüfung ergänzt werden. Programmieren Sie diese so, dass die Ausgabeliste nur dann erzeugt wird, wenn die SELECT-Anweisung in der Tabelle ZBESTAND Daten findet. Andernfalls soll das Selektionsbild wieder angezeigt werden.

1. Legen Sie eine Nachrichtenklasse (ZLIB) und eine Nachricht (001) mit einem aussagekräftigen Kurz- und Langtext an.
2. Programmieren Sie den Ereignisblock AT SELECTION-SCREEN und verschieben Sie die SELECT-Anweisung aus START-OF-SELECTION dorthin.
3. Ergänzen Sie zur SELECT-Anweisung die Auswertung des Rückkehrcodes. Lösen Sie die unter 1. angelegte Nachricht als Error-Nachricht aus, wenn der Rückkehrcode sy-subrc der Select-Anweisung ungleich 0 ist.
4. Ersetzen Sie auch die WRITE-Anweisung WRITE: 'keine sortierbare Spalte' im Unterprogramm SORT durch eine Nachricht vom Typ I.

   **Hinweis:** Sie können Nachrichten auch in der Vorwärtsnaviga tion anlegen.
5. Lassen Sie sich die Schlüsselwortdokumentation zu „REPORT" anzeigen. Sorgen Sie dafür, das der Standardseitenkopf unterdrückt wird.

Lösung: YK05DBAS_13

Lösung:

```
*&---------------------------------------------*
*   INCLUDE YK05DBAS_8_E01                     *
*&---------------------------------------------*
AT SELECTION-SCREEN.
 SELECT * FROM zbestand INTO CORRESPONDING
 FIELDS OF TABLE it_zbestand
 WHERE isbn IN so_isbn AND
 titel IN so_titel AND
 ( autor1 IN so_autor OR
 ( autor2 IN so_autor AND autor2 > 0 ) OR
 ( autor3 IN so_autor AND autor3 > 0 ) ) AND
 kategorie IN so_kat.
 IF sy-subrc <> 0.
   MESSAGE e001(zlib_tw).
 ENDIF.
*&---------------------------------------------*
*&      Form  sort                             *
*&---------------------------------------------*
FORM sort USING p_sort.
.************nicht geänderter Quelltext*****************
```

```
 GET CURSOR FIELD spalte.
 IF sy-subrc <> 0 OR spalte IS INITIAL.
  MESSAGE i002(zlib).
  EXIT.
 ENDIF.
.************nicht geänderter Quelltext******************

*&---------------------------------------------------*
*& Report  YK05DBAS_13                               *
*&---------------------------------------------------*
REPORT yk05dbas_13 NO STANDARD PAGE HEADING.

INCLUDE <icon>.
INCLUDE YK05DBAS_13_TOP.
INCLUDE YK05DBAS_13_E01.
INCLUDE YK05DBAS_13_F01.
```

## 5.10 Modularisierung mit Funktionsbausteinen

Bisher haben wir öfter benötigte Programmfunktionen, wie z.B. Aufbau und Ausgabe der Listenzeile, in Unterprogrammen gekapselt. Unterprogramme können an verschiedenen Stellen des Programmes aufgerufen und über ihre Schnittstellen mit den zu verarbeitenden Daten versorgt werden. Unterprogramme stellen somit wiederverwendbare Softwarekomponenten *innerhalb eines Anwendungsprogrammes* dar. Sie sind durch die folgenden Haupteigenschaften gekennzeichnet:

- Unterprogramme sind an ein Rahmenprogramm gebunden,
- sie besitzen eine Schnittstelle, über die der Datenaustausch zwischen Rahmenprogramm und Unterprogramm organisiert wird,
- in ihnen deklarierte Datenobjekte sind nur innerhalb des Unterprogrammes sichtbar,
- enthalten den Quelltext der gewünschten Funktionalität.

Für *anwendungsübergreifende,* wiederverwendbare Softwarekomponenten werden keine Unterprogramme, sondern Funktionsbausteine benutzt. Diese werden im Function Builder angelegt und stellen eigenständige Repository-Objekte dar. Dadurch können alle ABAP-Programme auf diese Funktionsbausteine zugreifen. Wir können uns die Funktionsbausteine letztlich als zentral abgelegte Unterprogramme vorstellen.

***Eigenschaften von Funktionsbausteinen:***

- Ein Funktionsbaustein hat einen systemweit eindeutigen Namen,
- er wird als eigenständiges Objekt im Repository abgelegt,
- läuft innerhalb eines Rahmenprogrammes, das als Funktionsgruppe bezeichnet wird,
- besitzt eine für alle Programme zugängliche Schnittstelle,
- in ihm deklarierte Datenobjekte sind nur innerhalb des Funktionsbausteins sichtbar,
- enthält den Quelltext einer häufig benötigten Funktionalität,
- mittels Remote Function Call (RFC) kann ein Funktionsbaustein auch von anderen SAP-Systemen (R/3- und R/2-Systeme) und sogar von Fremdsystemen aufgerufen werden.

Jeder Funktionsbaustein ist Teil einer Funktionsgruppe, die

- mehrere Funktionsbausteine,
- einen globalen Deklarationsteil und
- alle üblichen Verarbeitungsblöcke (außer den Ereignisblöcken INITIALIZATION, START-OF-SELECTION, GET table, GET table LATE und END-OF-SELECTION)

enthalten kann.

**Hinweis:**
Wird ein Funktionsbaustein von einem Programm aufgerufen, wird immer die gesamte Funktionsgruppe in den internen Modus des aufrufenden Programmes geladen. Sie sollten deshalb nur inhaltlich zusammengehörige Funktionsbausteine in einer Funktionsgruppe kapseln.

*Vorgehensweise: Funktionsgruppe anlegen*

Jeder Funktionsbaustein ist einer Funktionsgruppe zuzuordnen. Existiert diese noch nicht, so muss sie angelegt werden. Starten Sie den Object Navigator (SE80). Wählen Sie als Objekt „Funktionsgruppe“ aus, und vergeben Sie einen Namen im Kundennamensbereich. Nachdem Drücken der ENTER-Taste können Sie die Funktionsgruppe in der Vorwärtsnavigation anlegen.

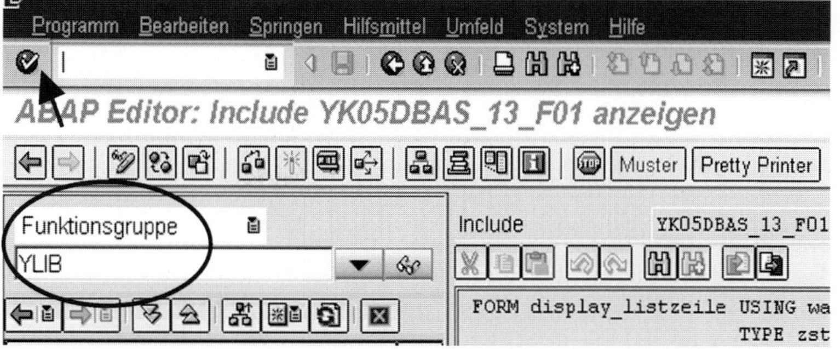


Abb. 5.56 Funktionsgruppe anlegen, Einstieg

Geben Sie im Folgebild einen Kurztext für die Funktionsgruppe ein.

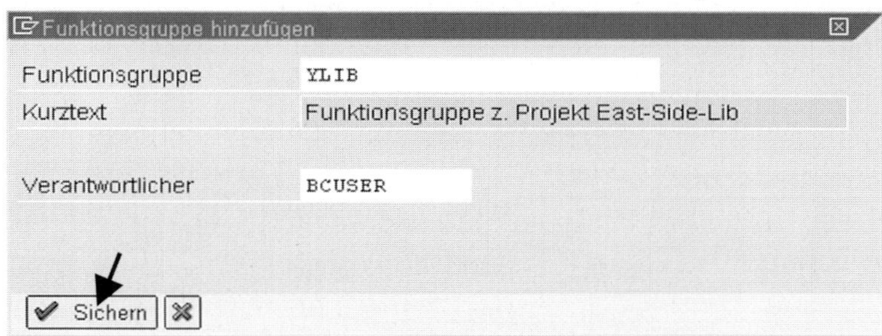


Abb. 5.57 Kurztext vergeben und sichern

Ordnen Sie dann die Funktionsgruppe Ihrer Entwicklungsklasse und Ihrem Workbenchauftrag zu. Laden Sie dann die Funktionsgruppe in den Object Navigator und aktivieren Sie sie.

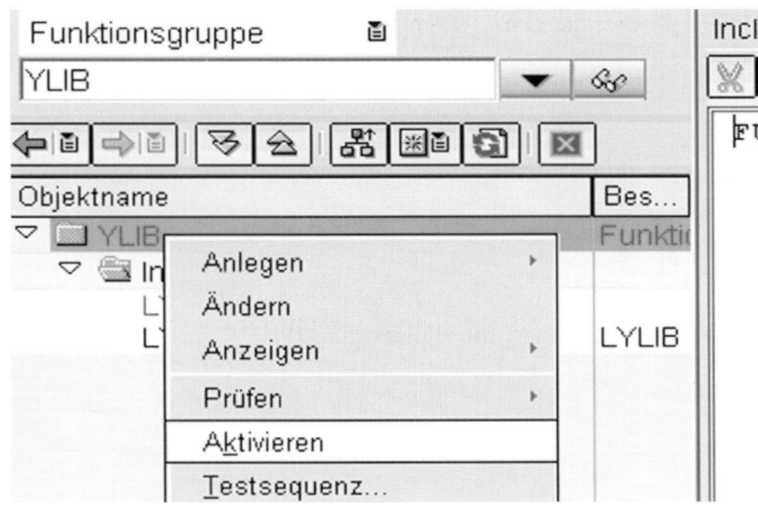


Abb. 5.58 Aktivieren der Funktionsgruppe

*Vorgehensweise: Funktionsbaustein anlegen*

Die Vorgehensweise wird an einem Beispiel erläutert. Die Funktionalität, die bis jetzt im Unterprogramm DISPLAY_LISTZEILE gekapselt war, soll jetzt durch den Funktionsbaustein YDISPLAY_ZEILE bereitgestellt werden.

Laden Sie die Funktionsgruppe, in der der Funktionsbaustein angelegt werden soll, in den Object Navigator (SE80). Stellen Sie den Cursor in die Funktionsgruppe (im Beispiel YLIB) und wählen Sie über das Kontextmenü „Anlegen → Funktionsbaustein".

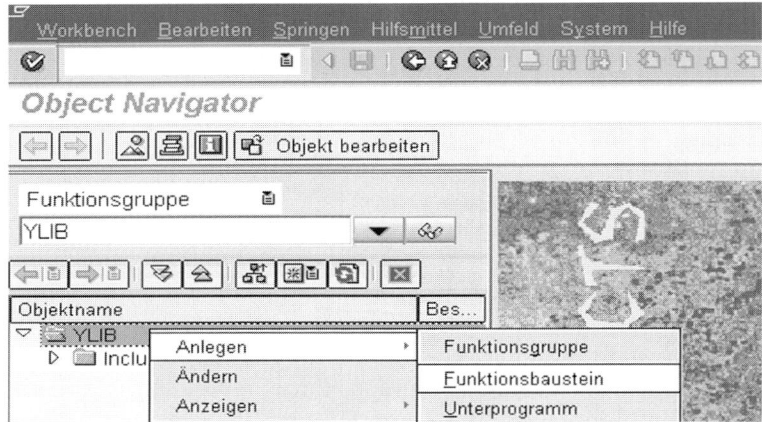


*Abb. 5.59 Funktionsbaustein anlegen, Einstieg*

Geben Sie im Folgebild den Namen für den Funktionsbaustein und einen Kurztext ein. Der Kundennamensbereich für den Funktionsbaustein beginnt mi „Z_" oder „Y_".

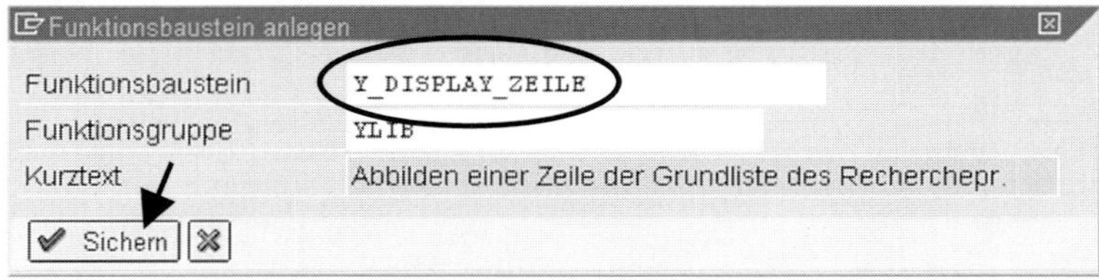


*Abb. 5.60 Funktionsbausteinname und Kurztext festlegen*

Danach startet der Function Builder (SE37)

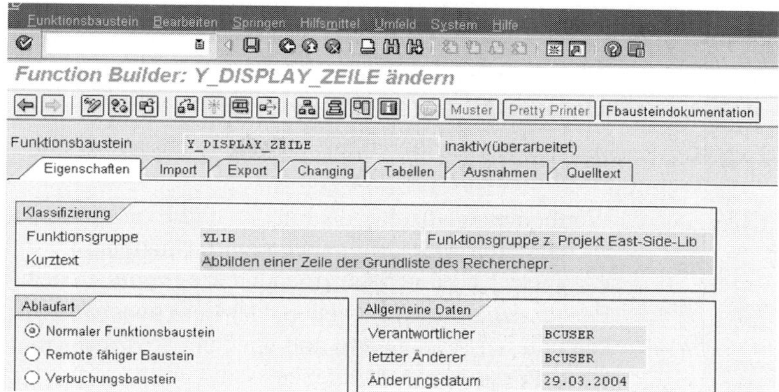


*Abb. 5.61 Funktionsbausteinname und Kurztext festlegen*

Werfen Sie im Function Builder zunächst einen Blick auf die Registerkarte „Eigenschaften“. In der Datengruppe „Ablaufart“ sind die Möglichen Funktionsbausteinarten auswählbar:

| **Ablaufart** | **Erklärung** |
|---|---|
| Normaler Funktionsbaustein | Wird zur externen Modularisierung benötigt. |
| Remotefähiger Baustein (RFC) | Ein Funktionsbaustein mit dieser Eigenschaft kann von anderen SAP-Systemen (R/2 u. R/3) und sogar über Fremdanwendungsprogramme gestartet werden. |
| Verbucherbaustein | Diese Funktionsbausteine werden benötigt, um über den Verbucherworkprozess die Datenbank zu aktualisieren. |

Die Registerkarten „Import“, „Export“, „Changing“ und „Tabellen“ beschreiben die Schnittstelle zwischen aufrufenden Programm und Funktionsbaustein. Tabelle 5.5 gibt zu den einzelnen Registerkarten eine kurze Erklärung.

| Name | Bedeutung |
|---|---|
| Import | Werte, die vom aufrufenden Programm an den Funktionsbaustein übergeben werden. |
| Export | Werte, die vom Funktionsbaustein an das aufrufende Programm übergegeben werden. |
| Changing | Werte, die gleichzeitig als Import- und Exportparameter fungieren. Der Originalwert eines Changing-Parameters wird vom aufrufenden Programm an den Funktionsbaustein übergeben. Der Funktionsbaustein kann diesen Wert ändern und ihn dann an das aufrufende Programm zurückgeben. |
| Tabellen | Interne Tabellen, die sowohl importiert als auch exportiert werden können. Der Inhalt interner Tabellen wird vom aufrufenden Programm an den Funktionsbaustein übergeben. Der Funktionsbaustein kann den Inhalt der internen Tabelle ändern und dann an das aufrufende Programm zurückgeben. Die Übergabe erfolgt hier immer als Adressübergabe. |
| Ausnahmen | Fehlersituationen, die bei einem Funktionsbaustein auftreten können. Das aufrufende Programm fragt über Ausnahmen ab, ob Fehler im Funktionsbaustein aufgetreten sind und kann danach geeignet verfahren. |

In der Registerkarte „Quelltext“ wird der Quellcode des Funktionsbausteins angelegt.
In der Registerkarte „Import“ werden die an den Funktionsbaustein zu übergebende Datenobjekte festgelegt. Als Bezugstype ist ein eingebauter Datentyp oder ein Dictionary-Datentyp einzutragen.

*Abb. 5.62 Importparameter*

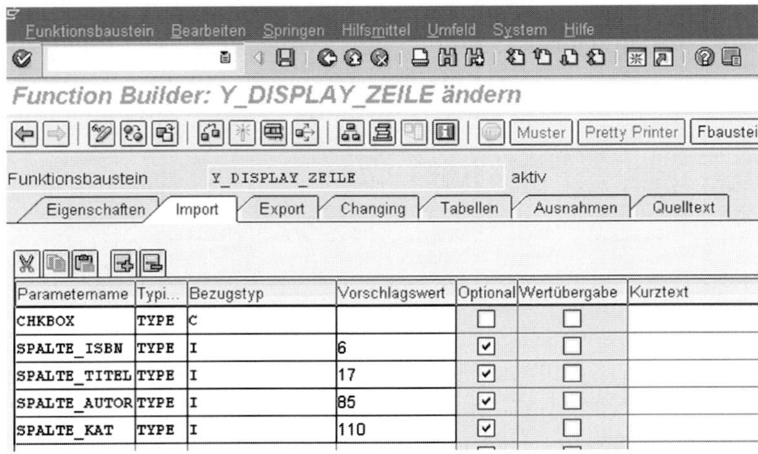

Die Variable CHKBOX wird vom Funktionsbaustein lediglich in einer WRITE-Anweisung ausgegeben. Sie wird deshalb im Funktionsbaustein als Importparameter deklariert. Zusätzliche (optionale) Importparameter werden für die Ausgabepositionen angelegt.

Einzelne Komponenten der Struktur, die die Ausgabedaten enthält, und die Variable FARBE werden im Funktionsbaustein geändert und müssen deshalb vom aufrufenden Programm als Changingparameter exportiert werden.

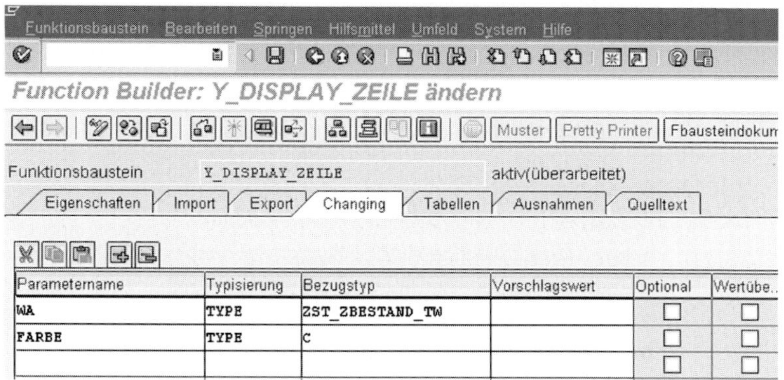


*Abb. 5.63 Changingparameter*

Wird eine Struktur an den Funktionsbaustein übergeben, die keine Autorennummer (AUTOR1) enthält, soll eine Ausnahme „NO_AUTOR" ausgelöst werden. Diese ist in der Registerkarte „Ausnahmen" zu definieren.

Funktionsbaustein Bearbeiten Springen Hilfsmittel Umfeld System Hilfe

Function Builder: Y_DISPLAY_ZEILE ändern

Muster Pretty Printer

Funktionsbaustein Y_DISPLAY_ZEILE inaktiv

Eigenschaften Import Export Changing Tabellen Ausnahmen Quellt

Exceptionklasse

| Ausnahme | Kurztext | Langtext |
|---|---|---|
| NO_AUTOR | Feld AUTOR1 der Struktur wa ist leer | |
| | | |

*Abb. 5.64 Ausnahmen*

Jetzt kann der Quelltext angelegt werden. Er wird im Vergleich zum Quelltext des ursprünglichen Unterprogrammes nur unwesentlich geändert. Die Änderungen sind hervorgehoben.

```
FUNCTION y_display_zeile.
*"----------------------------------------------------
*"*"Lokale Schnittstelle:
*"  IMPORTING
*"     REFERENCE(CHKBOX) TYPE  C
*"     REFERENCE(SPALTE_ISBN) TYPE  I DEFAULT 6
*"     REFERENCE(SPALTE_TITEL) TYPE  I DEFAULT 17
*"     REFERENCE(SPALTE_AUTOR) TYPE  I DEFAULT 85
*"     REFERENCE(SPALTE_KAT) TYPE  I DEFAULT 110
*"  CHANGING
*"     REFERENCE(WA) TYPE  ZST_ZBESTAND_TW
*"     REFERENCE(FARBE) TYPE  C
*"  EXCEPTIONS
*"      NO_AUTOR
*"----------------------------------------------------
  INCLUDE <icon>.
  DATA: icon_autoren TYPE icon-id,
        icon_verfuegbar TYPE icon-id,
        verfuegbar% TYPE p DECIMALS 2,
        zeilen TYPE i,
        wa_zautoren TYPE zautoren_tw.
*IF-Anweisung zur Einstellung der Farbe
  IF farbe = '1'.
    FORMAT COLOR COL_NORMAL INTENSIFIED ON.
    farbe = '0'.
  ELSE.
    FORMAT COLOR COL_NORMAL INTENSIFIED OFF.
    farbe = '1'.
  ENDIF.
*Auslösen der Ausnahme NO_AUTOR wenn
*wa-autor1 leer ist.
  IF wa-autor1 IS INITIAL.
    RAISE no_autor.
  ENDIF.
*Auswahl der Ikone für die Anzahl Autoren
  IF wa-autor2 IS INITIAL
  AND wa-autor3 IS INITIAL .
    icon_autoren = icon_position_hr.
  ELSE.
    icon_autoren = icon_shared_position.
  ENDIF.
*Berechnung der Anzahl verfügbarer Exemplare
  wa-verfuegbar = wa-bestand
                - wa-ausgeliehen.
```

```
*Berechnung der Verfügbarkeit in %
  verfuegbar% = wa-verfuegbar
               / wa-bestand * 100.
  IF wa-verfuegbar <= 0.
    icon_verfuegbar = icon_red_light.
  ELSEIF  verfuegbar% < 5.
    icon_verfuegbar = icon_yellow_light.
  ELSE.
    icon_verfuegbar = icon_green_light.
  ENDIF.
*SELECT SINGLE-Anweisung zur Selektion des
*Autorenstammsatzes
  SELECT SINGLE * FROM zautoren_tw
  INTO wa_zautoren
  WHERE autorennr = wa-autor1.
  WRITE:
  /2 icon_verfuegbar,
   AT spalte_isbn wa-isbn,
   AT spalte_titel wa-titel,
   icon_autoren AS ICON,
   AT spalte_autor wa_zautoren-name,
   AT spalte_kat(10) wa-kategorie.
  IF chkbox <> 'Kein Ankreuzfeld'.
   WRITE chkbox AS CHECKBOX.
  ENDIF.
  WRITE 128 ' '.
  HIDE: wa-isbn.
  CLEAR wa-isbn.
ENDFUNCTION.
```

Aktivieren Sie die Funktionsgruppe (siehe Abb. 5.58).

Damit ist der Funktionsbaustein vollständig angelegt. Er muss jetzt noch in das Programm YK05DBAS eingebunden werden.

*Vorgehensweise: Funktionsbaustein aufrufen*

Der Funktionsbaustein wird über den Funktionsbausteinnamen aufgerufen. Es ist nicht sinnvoll, die Syntax für den Aufruf „per Hand" in das Quellprogramm einzutragen. Das ist zu fehleranfällig. Außerdem müssten Sie vorher erst alle Parameternamen ermitteln.
Laden Sie das Programm, in dem der Funktionsbaustein aufgerufen werden, in den ABAP-Editor und stellen Sie den Cursor an die Aufrufstelle. Klicken Sie dann die Schaltfläche „Muster" an.

Abb. 5.65 Aufruf eines Funktionsbausteins über „Muster“ einfügen

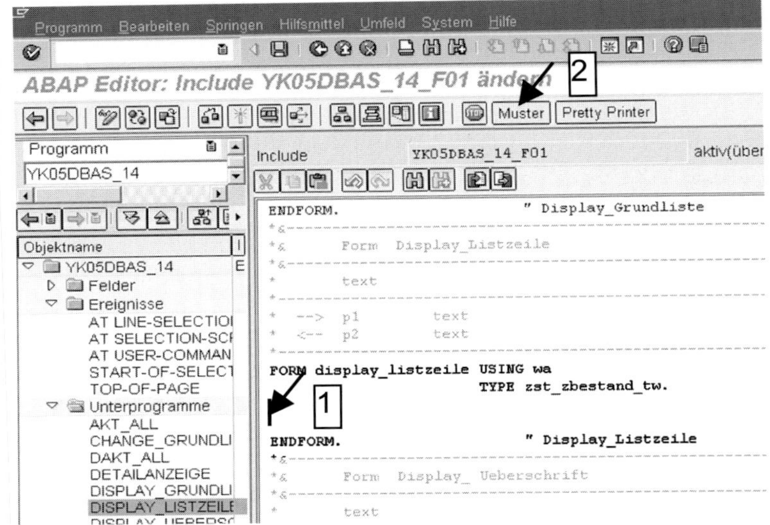


Im Folgebild „Muster einfügen“ ist der Name des einzufügenden Funktionsbausteins anzugeben und der Auswahlknopf „CALL FUNCTION“ auszuwählen.

Abb. 5.66 Muster „CALL FUNCTION“ einfügen

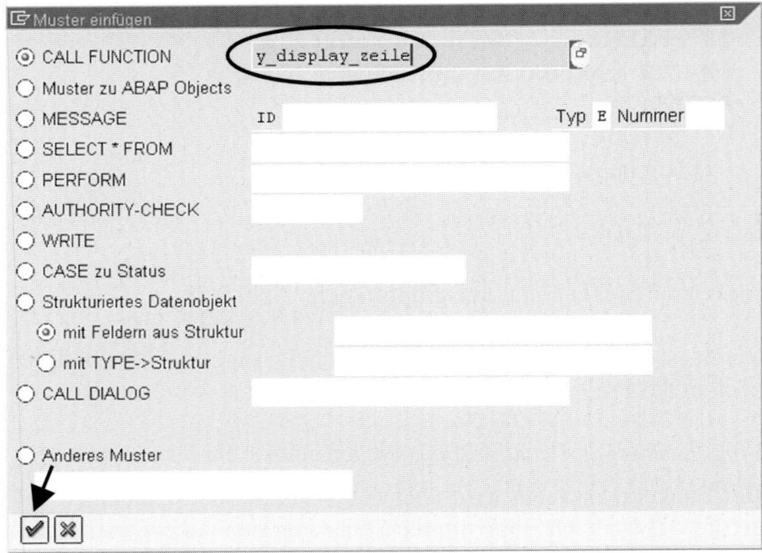


Nachdem Drücken der ENTER-Taste wird die Syntax zum Aufruf des Funktionsbausteines in das Quellprogramm eingefügt.

```
*&---------------------------------------------------*
*&       Form  Display_Listzeile                    *
*&---------------------------------------------------*
FORM display_listzeile USING wa
                         TYPE zst_zbestand_tw.
 CALL FUNCTION 'Y_DISPLAY_ZEILE'
   EXPORTING
     chkbox            =
*    SPALTE_ISBN       = 6
*    SPALTE_TITEL      = 17
*    SPALTE_AUTOR      = 85
*    SPALTE_KAT        = 110
   changing
     wa                =
     farbe             =
*  EXCEPTIONS
*    NO_AUTOR          = 1
*    OTHERS            = 2
          .
 IF sy-subrc <> 0.
*  MESSAGE ID SY-MSGID TYPE SY-MSGTY ...
ENDIF.
ENDFORM.                    " Display_Listzeile
```

*Abb. 5.67 Eingefügter Funktionsbausteinaufruf*

**Erklärung:**

- Funktionsbausteine werden über die Anweisung CALL FUNCTION aufgerufen.
- Auf der linken Seite der Zuweisungen des Abschnittes EXPORTING stehen die in der Registerkarte „IMPORT“ des Funktionsbausteins definierten Datenobjekte. Die rechte Seite der Zuweisungen sind mit den zu exportierenden Datenobjekten zu ergänzen. Die auskommentierten Zeilen enthalten optional zu übergebende Datenobjekte.
- Der Abschnitt CHANGING enthält die in der Registerkarte „CHANGING“ des Funktionsbausteins definierten Datenobjekte. Dieser Abschnitt ist ebenso wie der Abschnitt EXPORTING zu behandeln.
- Die EXCEPTIONS enthalten die Zuordnung der Ausnahmen zum Inhalt der Systemvariablen SY-SUBRC. Die angegebenen Werte sind Vorschlagswerte, die Sie überschreiben könnten. Im Beispiel würde beim Auslösen der Ausnahme NO_AUTOR durch den Funktionsbaustein die Systemvariable SY-SUBRC mit dem Wert 1 geladen.

Abb. 5.68 Bearbeiteter Funktionsbausteinaufruf

```
*&---------------------------------------------------*
*&      Form  Display_Listzeile                      *
*&---------------------------------------------------*
FORM display_listzeile USING wa
                       TYPE zst_zbestand_tw.
  CALL FUNCTION 'Y_DISPLAY_ZEILE'
    EXPORTING
      chkbox               = chkbox
*     SPALTE_ISBN          = 6
*     SPALTE_TITEL         = 17
*     SPALTE_AUTOR         = 85
*     SPALTE_KAT           = 110
    changing
      wa                   = wa
      farbe                = farbe
    exceptions
      no_autor             = 1
      OTHERS               = 2
            .
  IF sy-subrc <> 0.
    WRITE: / 'Fehler im DS, Autor fehlt'
  endif.
ENDFORM.                 " Display_Listzeile
```

1. Legen Sie eine Funktionsgruppe YLIB an.
2. Legen Sie einen Funktionsbaustein Y_DISPLAY_ZEILE an. Dieser soll die Aufgabe, die bisher vom Unterprogramm DISPLAY_LISTZEILE ausgeführt wurde, übernehmen. Orientieren Sie sich dabei an den Erklärungen in der Vorgehensweise „Funktionsbaustein anlegen“.
3. Programmieren Sie den Aufruf des Funktionsbausteines im Unterprogramm DISPLAY_ZEILE. Auch hier ist die Lösung in der Vorgehensweise „Funktionsbaustein anlegen“ beschrieben.

Lösung: YK05DBAS_14
Funktionsgruppe: YLIB_TW
Funktionsbaustein: Y_DISPLAY_ZEILE_TW

# 6 Grundlagen der Dynproprogrammierung

## 6.1 Zielstellung des Kapitels

Dieses Kapitel legt die Grundlagen der Programmierung von Anwendungsprogrammen mit Dynpros. Am Beispiel des Rechercheprogrammes der der East-Side-Library werden folgende Themen behandelt:

- Bestandteile eines Dynpros,
- Anlegen eines Dynpros,
- Dynproelemente zur Datenausgabe,
  - Textfelder,
  - Statusikonen,
  - Gruppenrahmen,
- Dynproelemente zur Ein- und Ausgabe,
  - Ein- / Ausgabefelder,
  - Ankreuzfelder,
  - Auswahlknopfgruppen,
  - Drucktasten.

Darüber hinaus werden die Eigenschaften der Dynproelemente zur Laufzeit des Programmes geändert und eine Eingabeprüfung programmiert. Abb. 6.1 und 6.2 zeigen die Ausgabebildschirme des in diesem Kapitel zu erstellenden Programmes.

Abb. 6.1 *Einstiegsbild des Recherche-programmes*

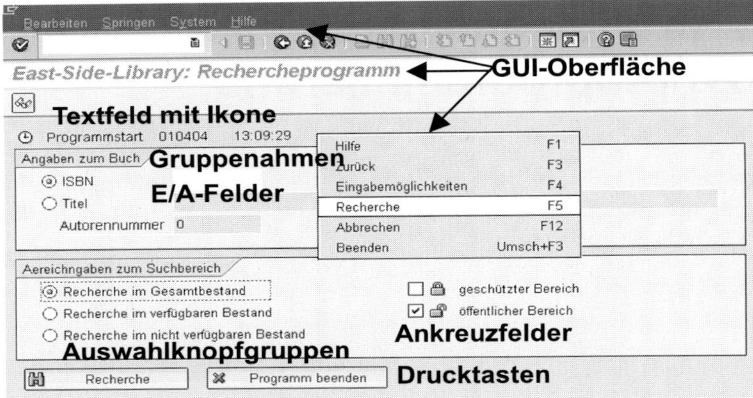


Abb. 6.2 *Ausgabebild des Recherche-programmes*

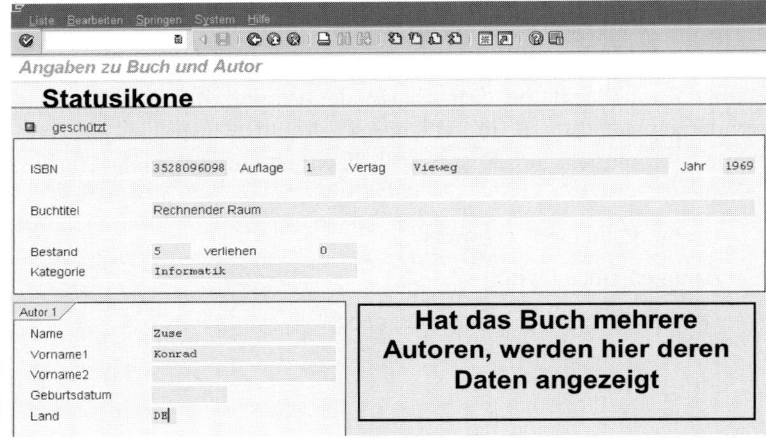


### *Vorbereitende Aufgabe*

Für die einzelnen Übungsaufgaben soll das Programm SAPMYK06 vom Typ Modulpool benutzt werden.

1. Legen Sie einen Modulpool SAPMYK06 mit TOP-Include an. Der Name eines Modulpools sollte immer mit der Zeichenkette SAPM beginnen. Der Folgebuchstabe kennzeichnet den Kundennamensbereich (Z oder Y). Bei Einhaltung dieser Konvention werden die Include-Namen automatisch vorgeschlagen bzw. ausgewählt.

2. Bestätigen Sie den vorgeschlagenen Namen für das TOP-Include.

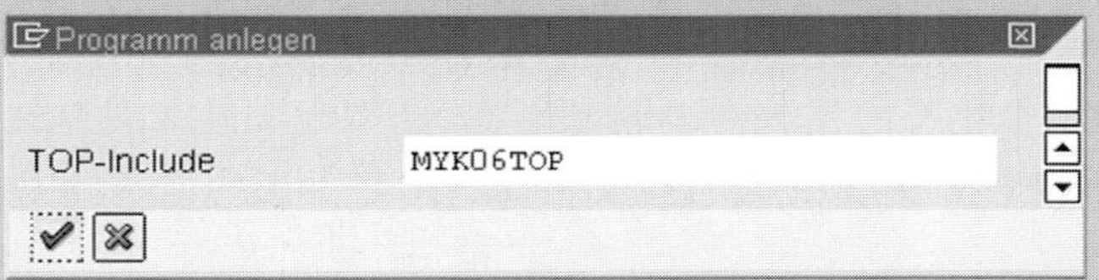


3. Im Bildschirm ABAP-Prorammeigenschaften im Feld TYP der Modulpool schon als Vorschlagswert eingetragen

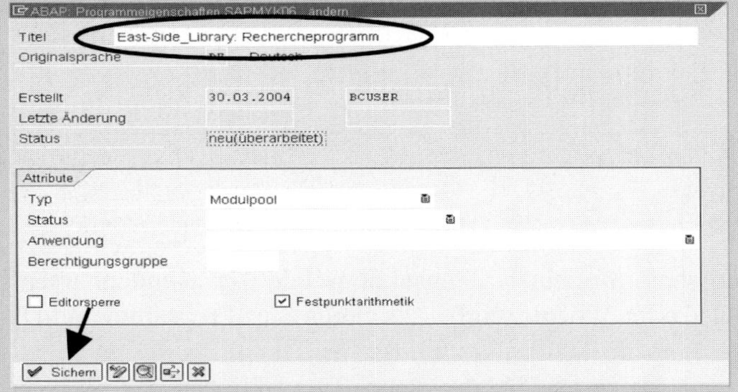


4. Ordnen Sie Entwicklungsklasse und Workbenchauftrag zu.

Lösung: SAPMYK06_1

Programme vom Typ Modulpool können nicht direkt, sondern nur über einen Transaktionscode ausgeführt werden.

*Vorgehensweise: Transaktionscode anlegen*

Laden Sie das Programm, zu dem der Transaktionscode angelegt werden soll, in den Object Navigator (SE80), stellen Sie den Cursor in den Programmnamen, wählen Sie „Anlegen → Transaktion".

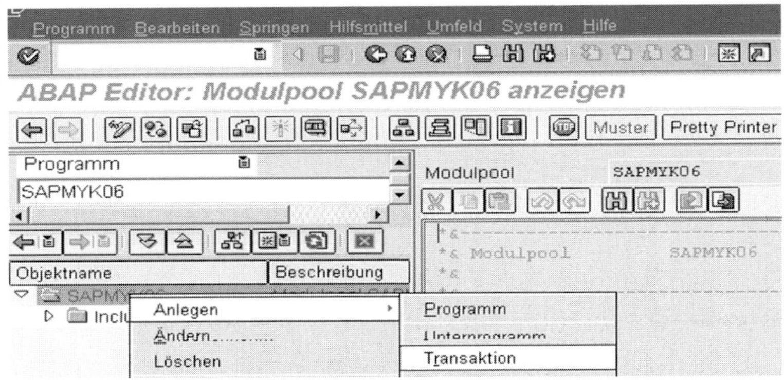

Abb. 6.3 Transaktionscode anlegen (Einstieg)

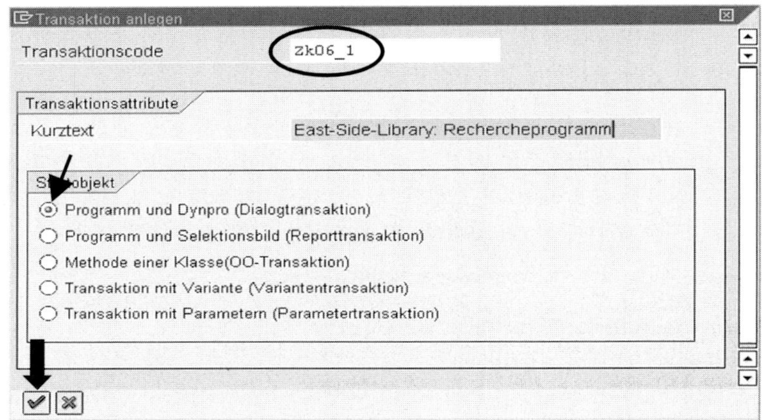

Abb. 6.4 Transaktionscode vergeben

Vergeben Sie einen Transaktionscode im Kundennamensbereich (mit Z oder Y beginnend). Aktivieren Sie „Programm und Dynpro".

Geben Sie zum Schluss einen Transaktionstext („East-Side-Lib.: Recherchepr") und das Startdynpro (100) ein. Das Startdynpro ist das Dynpro, das von der Transaktion im Programm gesucht und gestartet wird. Sichern Sie den Transakionscode.

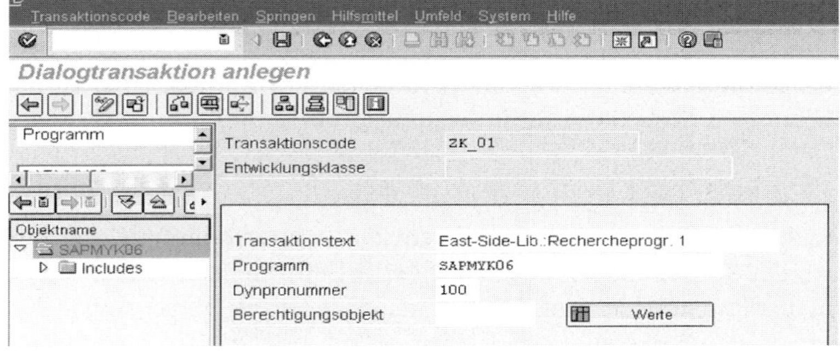

Abb. 6.5 Startdynpro festlegen

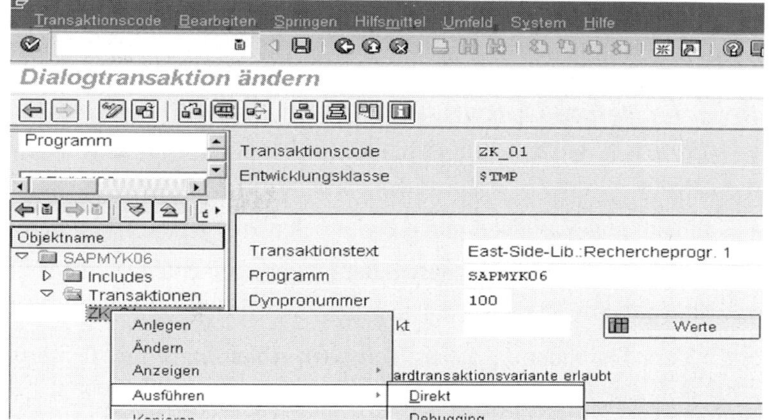


*Abb. 6.6 Programmstart aus dem Object Navigator*

Legen Sie für das Programm SAPMYK06 den Transaktionscode ZK06_1 an.

Lösung: SAPMYK06_2

## 6.2 Dynpros und ihre Komponenten

Der Name „Dynpro“ ist die Abkürzung für „dynamisches Programm“. Dynpros rufen sich, wie später gezeigt werden wird, entsprechend der Benutzereingaben selbst auf. Es entscheidet sich also erst zur Laufzeit des Programmes, d.h. dynamisch, welches Dynpro tatsächlich ausgeführt (prozessiert) wird. Ein Dynpro besteht aus folgenden Komponenten:

- Ablauflogik
  Die Ablauflogik umfasst 4 Ereignisse, die auch als Zeitpunkte bezeichnet werden:
  - PBO – Process Before Output,
  - PAI – Process After Input,
  - POH – Process On Helprequest (POH wird ausgeführt, wenn der Benutzer die Feldhilfe F1 aufruft),
  - POV – Process On Value Request (POV wird ausgeführt, wenn der Benutzer eine F4-Hilfe anfordert).

  Der PBO-Teil muss, die anderen Komponenten können, im Dynpro vorhanden sein. POV und POH werden in diesem Buch nicht behandelt.

- Layout mit Dynproelementen (Ein-/Ausgabefeldern, Drucktasten, Textfeldern etc).

### Process Before Output

Der PBO-Teil der Ablauflogik wird vom Dynpro ausgeführt, bevor das Layout auf dem Bildschirm angezeigt wird. Er dient dazu,

- Inhalte von Variablen in die Dynproelemente zu transportieren,
- gegebenenfalls Eigenschaften der Dynproelemente festzulegen,
- GUI-Status und GUI-Titel zu laden.

Nach dem Durchlaufen dieses Teils der Ablauflogik des Dynpros wird das Layout, das aus einer Menge von Dynproelementen besteht, angezeigt. Jetzt wartet das Dynpro auf Benutzeraktionen. Lässt sich nun der Benutzer dazu hinreißen, eine Menüauswahl vorzunehmen, eine Drucktaste zu klicken oder auch nur die ENTER-Taste zu drücken, führt das Dynpro den PAI-Teil der Ablauflogik aus.

### Process After Input

Im PAI wird

- analysiert, welche Aktion der Benutzer ausgeführt hat.
- Eine entsprechende Reaktion wird ausgelöst (z.B. Aufruf eines anderen Dynpros, Ausführen eines Unterprogrammes).

### Layout

Das Layout enthält Dynproelemente mit deren Hilfe Daten auf dem Dynpro ein- und ausgegeben und der Bildschirm übersichtlich gestaltet werden kann. Zu den klassischen Dynproelementen gehören:

- Textfelder,
- Gruppenrahmen,
- Statusikonen,
- Subscreenbereiche,
- Ein- / Ausgabefelder,
- Ankreuzfelder,
- Auswahlknöpfe (bzw. Auswahlknopfgruppen),
- Drucktasten,
- Table Controls zur Ein- u. Ausgabe von Daten in Tabellenform,
- Tabstrips zur Ein- und Ausgabe von Daten auf verschiedenen Registerkarten.

**Ablauflogik PBO (Process bevor output)**

Typische Aufgaben zu PBO

- Laden des GUI-Status und des GUI-Titels,
- Dyn. Ändern der Attribute der Dynproelemente,
- Transport von Variableninhalten in die entsprechenden Ausgabefelder des Dynpros.

**Layout**

Warten auf eine Benutzereingabe

**Ablauflogik PAI (Process after input)**

Typische Aufgaben zu PAI

- Ermitteln, welche Benutzeraktion ausgeführt wurde
- Auslösen der entsprechenden Programmreaktion
- dyn. Aufruf des Folgedynpros

*Abb. 6.7 Bestandteile eines Dynpros*

**Dynpros sind an ein konkretes Programm gebunden**. Dieses muss nicht unbedingt vom Typ Modulpool sein, ihm kann auch ein anderer Programmtyp (z.B. ausführbares Programm) zu Grunde liegen. Der Modulpool wird für umfangreiche Programme verwendet.

## 6.3 Statischer und dynamischer Dynproaufruf

In den Eigenschaften eines Dynpros kann ein sogenanntes statisches Folgedynpro angegeben werden. Das dort angegebene Dynpro wird prozessiert, wenn zur Laufzeit in der Ablauflogik (PAI) kein anderes Dynpro aufgerufen wird (dynamischer Dynproaufruf). In der Regel ist als statisches Folgedynpro die Nummer des aktuellen Dynpros eingetragen. Dadurch wird erreicht, dass nur bei entsprechenden Benutzeraktionen das Dynpro verlassen wird, nicht etwa durch das Drücken der ENTER-Taste. Der dynamische Dynproaufruf hat immer Vorrang vor dem statischen Aufruf.

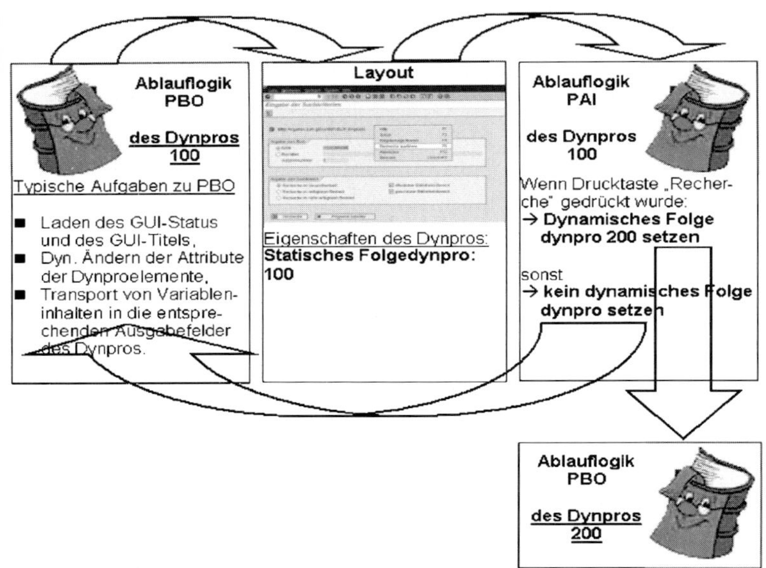


*Abb. 6.8 statischer und dynamischer Dynproaufruf*

### *Dynprofolgen*

Wenn sich die Dynpros gegenseitig aufrufen, spricht man auch von Dynprofolgen oder Dynproketten. Ob der (dynamische) Aufruf eines Dynpros eine bestehende Dynprokette abschließt oder eine zusätzliche erzeugt, ist von der Programmierung dieses Aufrufes abhängig. Der Aufruf eines Dynpros mit „CALL SCREEN <dynpronr>" erzeugt eine neue Dynprokette. Diese wird mit der Anweisung „LEAVE TO SCREEN 0" beendet. Das Programm wird mit der Anweisung, die auf „CALL SCREEN <dynpronr>" folgt, fortgesetzt. Wie in Abb. 6.9 zu sehen ist, können Dynpros auch mit der Anweisung LEAVE TO SCREEN <dynpronr> aufgerufen werden. Bei diesem Aufruf wird keine neue Dynprokette erzeugt.

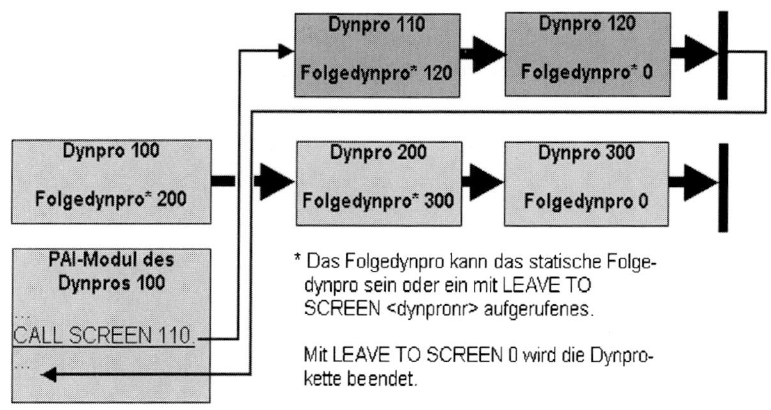


*Abb. 6.9 Aufruf von Dynprofolgen*

## 6.4 Dateneingabe und –ausgabe mit Dynpros

Die Ein- bzw. Ausgabe von Daten ist nach folgendem Prinzipien organisiert:

- Im Dynpro werden für alle Ein- bzw. Ausgaben Dynproelemente angelegt.
- Jedem Dynproelement, das Benutzerdaten entgegennimmt oder zur Programmlaufzeit ermittelte Daten ausgibt, wird genau ein Datenobjekt zugeordnet, über das der Datentransport Dynproelement ↔ ABAP-Programm erfolgt. Dieses Datenobjekt, im weiteren auch als korrespondierendes Datenobjekt bezeichnet, ist im ABAP-Programm (TOP-Include) namensgleich zu „seinem“ Dynproelement zu deklarieren.
- Die korrespondierenden Datenobjekte werden durch das Programm (im Allgemeinen zu PBO) mit den auszugebenden Werten geladen. Vor der Layoutanzeige transportiert das Laufzeitsystem diese Werte in die zugehörigen Dynproelemente.
- Alle Benutzereingaben werden zunächst in den Dynproelementen gehalten. Zu PAI wird vom Laufzeitsystem der Datentransport vom Dynproelement in das korrespondierende Datenobjekt vorgenommen.

*Vorgehensweise: Dynpro anlegen*

Starten Sie den Object Navigator (SE80) mit dem Programm, zu dem ein Dynpro angelegt werden soll. Stellen Sie den Cursor in den Namen des Rahmenprogrammes, wählen Sie „Anlegen → Dynpro“.

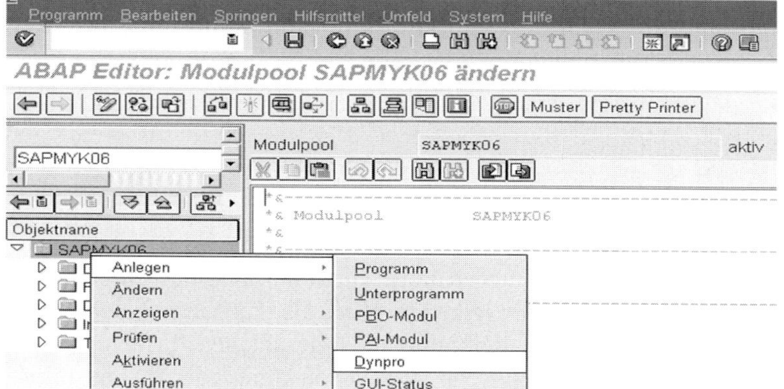


*Abb. 6.10*
*Dynpro anlegen*

Geben Sie im Folgebild eine Nummer für Ihr Dynpro ein. Üblicherweise beginnt die Zählung mit 100.

*Abb. 6.11 Dynpronummer eingeben*

Der Screen-Painter, ein grafisches Werkzeug zum Anlegen des Dynpros und aller Dynproelemente, startet.

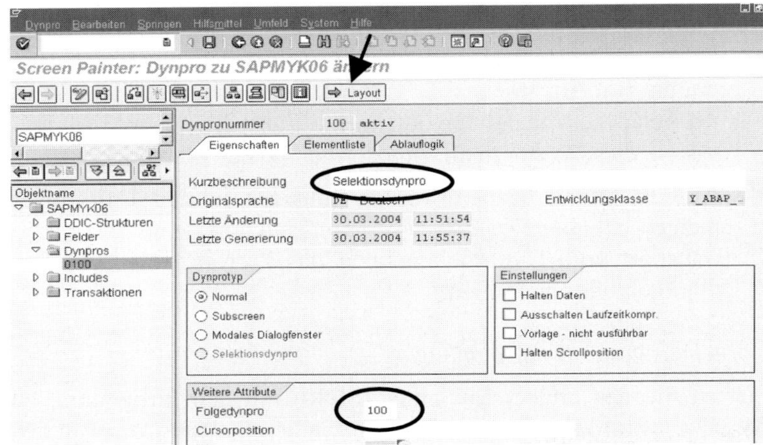


*Abb. 6.12 Eigenschaften des Dynpros festlegen*

In der Registerkarte „Eigenschaften" werden die allgemeinen Eigenschaften des Dynpros, wie z.B.

- Kurzbeschreibung,
- Dynprotyp,
- Einstellungen,
- statisches Folgedynpro und
- Kontextmenü

festgelegt. Tragen Sie eine Kurzbeschreibung und das Folgedynpro ein. Im Eingabefeld „Folgedynpro" ist als statisches Folgedynpro immer die aktuelle Dynpronummer vorgeschlagen. In den meisten Fällen ist das auch richtig. Sie würden sonst mit jeder PAI auslösenden Benutzeraktion, die kein dynamisches Folgedynpro setzt (z. B. drücken der ENTER-Taste), das aktuelle Dynpro verlassen.

Überprüfen Sie jetzt, ob der „Grafische Layout Editor“ aktiviert ist. Wählen Sie dazu das Menü „Hilfsmittel → Einstellungen“. Aktivieren Sie gegebenenfalls in der Registerkarte „Screen Painter“ das entsprechende Kontrollkästchen.

Sichern Sie zum Schluss das Dynpro.

## 6.4.1 Dynproelemente

In diesem Kapitel werden die Dynproelemente

- Textfelder,
- Gruppenrahmen,
- Ein- / Ausgabefelder,
- Auswahlknopfgruppen,
- Ankreuzfelder,
- Drucktasten und
- Statusikonen

behandelt. Alle Dynproelemente besitzen statische und dynamische Eigenschaften. Die statischen werden im Layouteditor festgelegt. Die dynamischen Eigenschaften können zur Laufzeit über die interne Tabelle SCREEN geändert werden (siehe dynamische Bildmodifikationen).

### *Der Layouteditor*

Alle Dynproelemente werden im Layouteditor angelegt. Rufen Sie zum Start dieses Werkzeuges den Screen Painter mit dem zu bearbeitende Dynpro auf. Klicken Sie dann die Schaltfläche „Layout“ (Abb. 6.12).

**Hinweis:** Solange der Layouteditor geöffnet ist, kann in keinem anderen Modus gearbeitet werden.

Abb. 6.13
Grafischer
Layout Editor

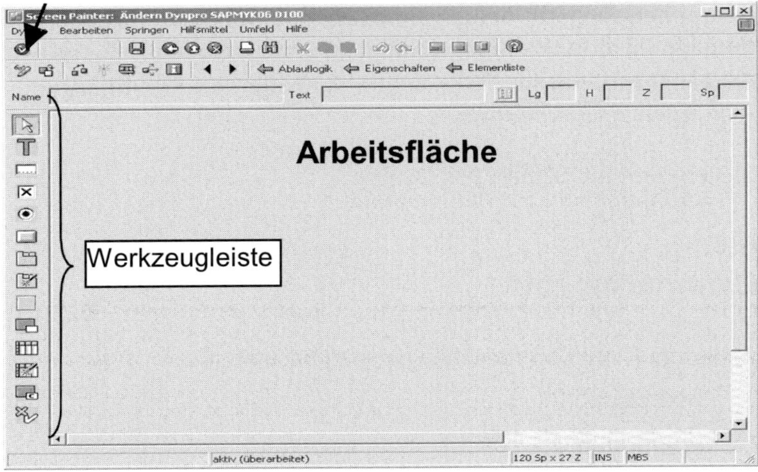


## 6.4.2 Dynproelemente zur Ausgabe

### *Textfelder*

Textfelder werden eingesetzt, um einen feststehenden Text auf dem Dynpro auszugeben. Als Text dient häufig der Kurz- Mittel oder Langbezeichner von Datenelementen aus dem ABAP-Dictionary. Sie können die Texte aber auch im Layouteditor „manuell“ anlegen. In beiden Fällen ist die zusätzliche Ausgabe einer Ikone möglich.

Zur Laufzeit des Programmes können folgende Eigenschaften der Textfelder geändert werden (siehe dynamische Bildmodifikationen):

- Helligkeit (intensiv / nicht intensiv),
- Länge,
- Sichtbarkeit (sichtbar oder unsichtbar).

Der Ausgabetext und die Ikone können zur Laufzeit nicht geändert werden.

*Vorgehensweise: Textfeld anlegen*

Ausgangspunkt ist der Layouteditor.

Gehen Sie wie folgt vor:

1. Klicken Sie das Symbol „Textfeld“ in der Werkzeugleiste an.
2. Schieben Sie den Mauszeiger an die Stelle der Arbeitsfläche des Layouteditors, an der das Textfeld positioniert werden soll (dabei darf keine Maustaste gedrückt sein).

3. Drücken Sie die linke Maustaste. Der Beginn des Textfeldes ist nun durch ein kleines rotes Rechteck gekennzeichnet.
4. Doppelklicken Sie in dieses rote Rechteck. Das Fenster „Screen Painter: Attribute" öffnet sich.
5. Füllen Sie dieses Fenster entsprechend Abb. 6.14 bzw. 6.15 aus und sichern Sie das Dynpro.

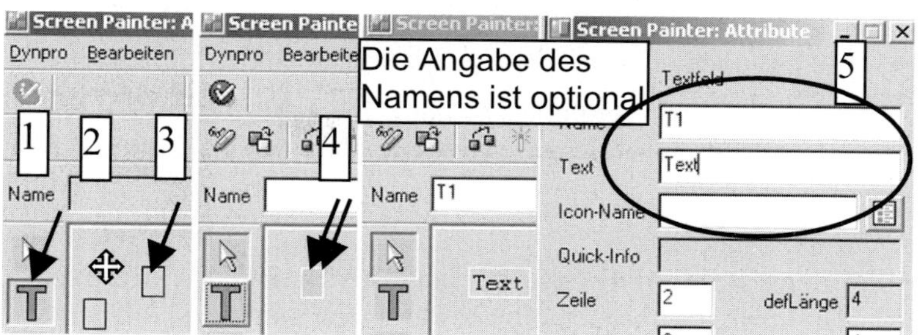


*Abb. 6.14 Textfeld ohne Bezug zu einem Datenelement anlegen*

Um den Bezeichner eines Datenelementes als Text zu benutzen, ist der Name des Textfeldes namensgleich zum Datenelement zu wählen. Aktivieren Sie das Ankreuzfeld „Aus Dict." und gehen Sie entsprechend Abb. 6.15 vor.

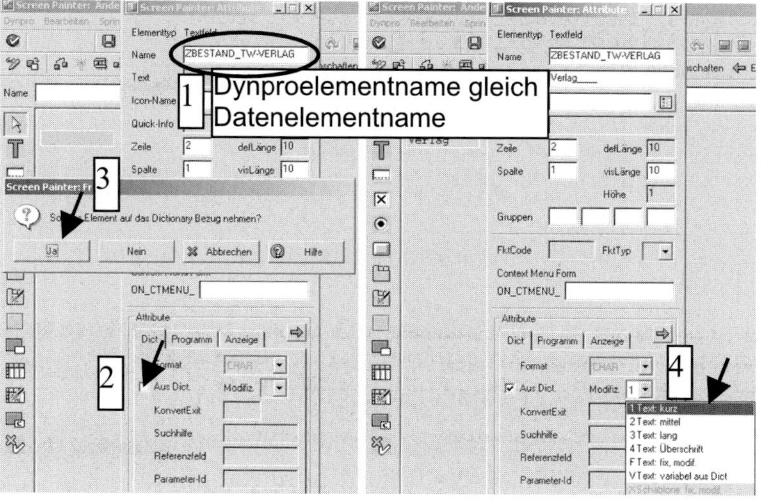


*Abb. 6.15 Textfeld mit Bezug zum Datenelement zbestand_tw_verlag anlegen*

### Gruppenrahmen

Mit Gruppenrahmen werden zusammengehörige Dynproelemente (z.B. eine Gruppe von Ein-/Ausgabefeldern) optisch zusammengefasst. Gruppenrahmen haben folgende allg. Eigenschaften:

- Wird einem Gruppenrahmen ein Kontextmenü[1] zugeordnet, wird dieses für alle im Gruppenrahmen befindlichen Dynproelemente angezeigt, sofern diese keine eigenen Kontextmenüs besitzen.
- Enthält ein Gruppenrahme nur unsichtbare Dynproelemente und ist das Dynproattribut „Laufzeitkomprimierung“ aktiviert (Screen Painter, Registerkarte „Eigenschaften“), wird der Gruppenrahmen auch nicht angezeigt.
- Ein Gruppenrahmen kann eine Rahmenüberschrift besitzen.

Zur Laufzeit des Programmes können folgende Eigenschaften der Gruppenrahmen geändert werden (siehe dynamische Bildmodifikationen):

- Rahmenüberschrift
  Um die Rahmenüberschrift dynamisch zu ändern, aktivieren Sie das Attribut „Ausgabefeld“ des Gruppenrahmens und legen eine zum Gruppenrahmen namensgleiche Textvariable im ABAP-Programm an (korrespondierendes Datenobjekt). Laden Sie diese vor der Layoutanzeige mit der Rahmenüberschrift.
- Sichtbarkeit.

*Vorgehensweise: Gruppenrahmen anlegen*

Ausgangspunkt ist der Layouteditor.

1. Klicken Sie im Layouteditor das Werkzeug „Rahmen“ an,
2. schieben Sie den Mauszeiger (Minirahmen), ohne eine Maustaste zu drücken, an die linke obere Ecke des künftigen Rahmens,
3. fixieren Sie den Minirahmen durch drücken der linken Maustaste,
4. ziehen Sie den Minirahmen, mit gedrückter linker Maustaste, bis zum unteren rechten Rand des künftigen Rahmens,
5. lassen Sie die Maustaste wieder los,
6. doppelklicken Sie **genau** auf die Rahmenbegrenzung, damit sich das Fenster „Screen Painter: Attribute“ öffnet,
7. bearbeiten Sie das Attribute-Fenster wie in Abb. 6.16. Das Attribut „Ausgabefeld“ finden Sie im unteren Teil dieses Fensters in der Registerkarte „Programm“.

---

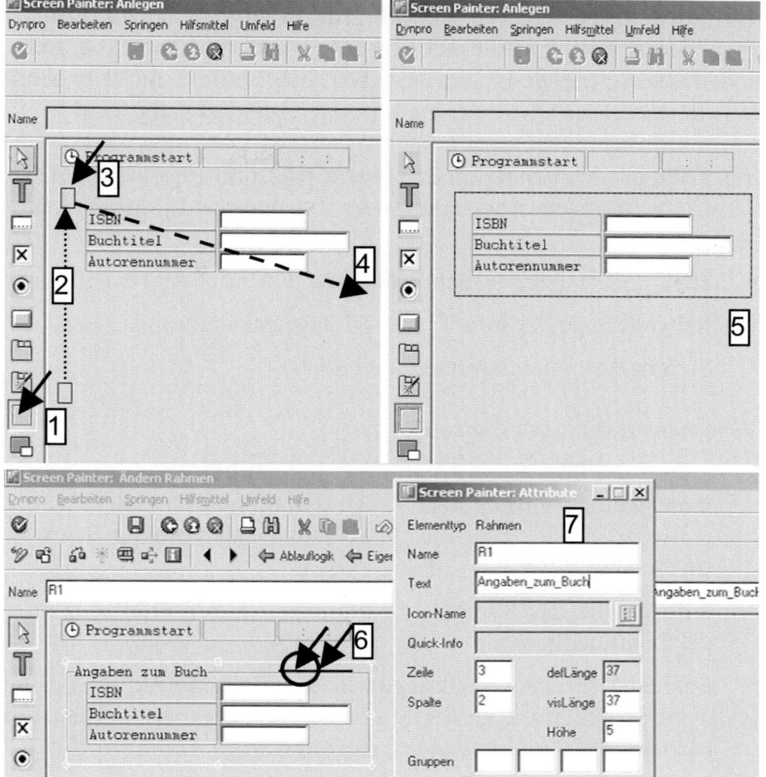


Abb. 6.16 Gruppenrahmen anlegen

Ergebnis:

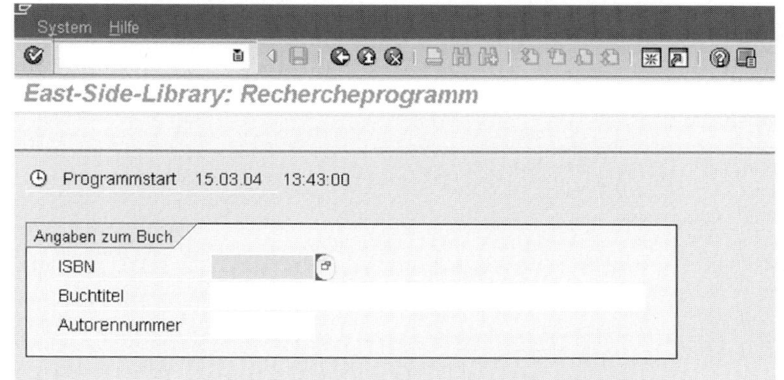


Abb. 6.16a Ein-/Ausgabefelder mit Gruppenrahmen

## Statusikonen

Statusikonen sind Ausgabefelder mit denen eine Ikone zur Anzeige gebracht werden kann. Das Besondere an diesem Ausgabefeld ist, dass die anzuzeigende Ikone erst zur Programmlaufzeit geladen wird. Sie können mit diesem Dynproelement, je nach Programmkontext, verschiedene Ikonen ausgeben. Ein Textfeld, mit dem ebenfalls Ikonen ausgegeben werden können, leistet das nicht.

Zur Laufzeit des Programmes können folgende Eigenschaften der Statusikonen geändert werden (siehe dynamische Bildmodifikationen):

- Helligkeit (intensiv / nicht intensiv),
- Länge (Länge des Info-Textes + Länge der Ikone),
- Sichtbarkeit (sichtbar oder unsichtbar).

*Vorgehensweise: Statusikone anlegen*

1. Legen Sie im ABAP-Programm eine zum Dynproelement namensgleiche Variable an (korrespondierendes Datenobjekt). Verwenden Sie dazu das Feld TEXT der Struktur ICONS. **`DATA ikone TYPE icons-text.`**
2. Klicken Sie das Symbol „Status-Icon" in der Werkzeugleiste des Layouteditors an.
3. Schieben Sie den Mauszeiger an die Stelle der Arbeitsfläche des Layouteditors, an der Statusikone positioniert werden soll (dabei darf keine Maustaste gedrückt sein).
4. Drücken Sie die linke Maustaste. Die Statusikone wird als kleines rotes Rechteck mit einem Platzhalter dargestellt.
5. Doppelklicken Sie in dieses rote Rechteck. Das Fenster „Screen Painter: Attribute" öffnet sich.
6. Füllen Sie dieses Fenster entsprechend Abb. 6.17 aus und sichern Sie das Dynpro.

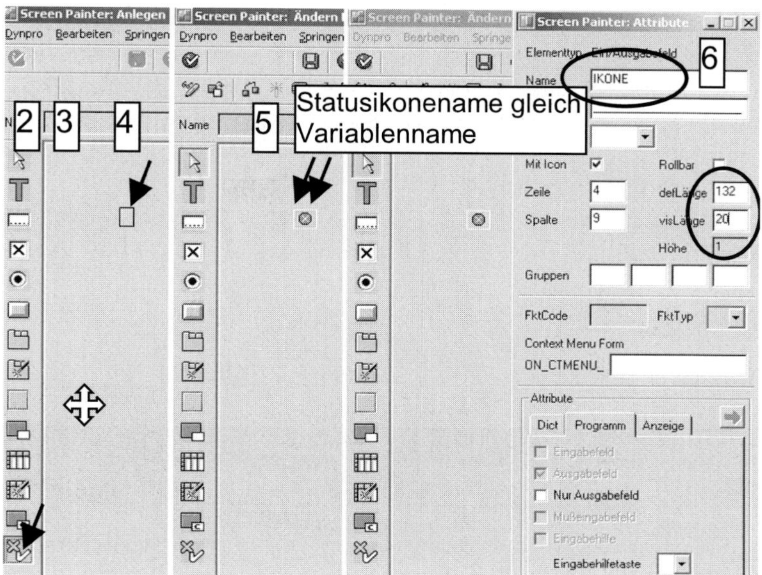


*Abb. 6.17 Statusikone anlegen*

### *Füllen der Statusikone*

Die Auswahl der anzuzeigende Ikone erfolgt programmgesteuert. Vor der Layoutanzeige ist über den Funktionsbaustein 'ICON_CREATE der technische Name der Ikone zu ermitteln und ein Quick-Infotext zuzuordnen. Beides wird dann, durch den Funktionsbaustein, dem korrespondierenden Datenobjekt übergeben.

Beispiel: (siehe auch „Programmierung der Ablauflogik“, Seite 382)

```
*&---------------------------------------------*
*& Include MYK06_TOP                           *
*&---------------------------------------------*
INCLUDE <icon>.
DATA: ikone TYPE icons-text, bereich.
*&---------------------------------------------*
*&     Module  ikone_0100  OUTPUT              *
*&---------------------------------------------*
MODULE ikone_0100 OUTPUT.
 IF bereich = '1'.
  CALL FUNCTION 'ICON_CREATE'
   EXPORTING
    name = icon_flight
    text = 'Nutzung des Firmen-Flugzeuges'
   IMPORTING
    result = ikone.
 ELSE.
```

```
    CALL FUNCTION 'ICON_CREATE'
     EXPORTING
      name = icon_railway
      text = 'Nutzung des der Firmen-Bahncard'
     IMPORTING
      result = ikone.
  ENDIF.
ENDMODULE.                 " ikone_0100  OUTPUT
```

Ergebnis:

Bereich = '1'. Bereich <> 1

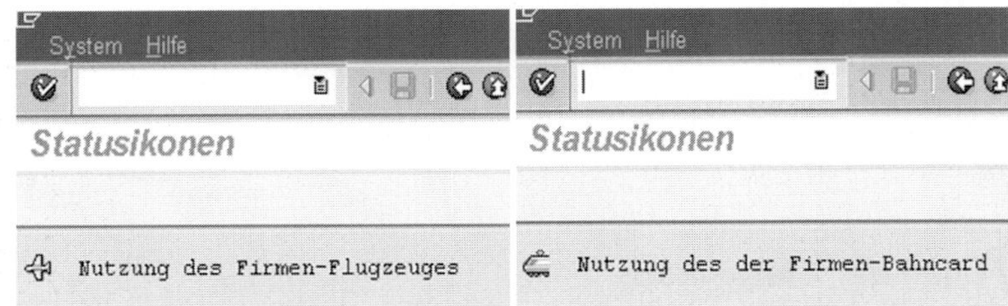


*Abb. 6.18 Dynpro mit Statusikone*

## 6.4.3 Dynproelemente zur Ein-/Ausgabe

### *Ein- / Ausgabefelder*

Ein- / Ausgabefelder werden zur Dateneingabe durch den Benutzer bzw. zur Datenausgabe durch das Programm benötigt. Sie haben folgende allgemeine Eigenschaften:

- Sie können mit Bezug zu Dictionary- oder programmlokal deklarierten Datenobjekten angelegt werden.
- Es erfolgt immer eine automatische Eingabeprüfung hinsichtlich der datentypgerechten Eingabe (z.B. gültiges Datumsformat bei Datumsfeldern)
- Bei Eingabefeldern mit Bezug zum ABAP-Dictionary erfolgen zusätzliche Prüfungen (z.B. Fremdschlüsselprüfungen, Wertebereichsprüfungen)
- Bei Ausgabefeldern mit Bezug zum Dictionary erfolgt die Ausgabe gegebenenfalls entsprechend der im Dictionary festgelegten Ausgabekonvertierung.
- F1- und F4-Hilfe werden gegebenenfalls aus dem Dictionary übernommen.

Zur Laufzeit des Programmes können folgende Eigenschaften der Ein- / Ausgabefelder geändert werden (siehe dynamische Bildmodifikationen):

- Größe,
- Eingabefähigkeit,
- Musseingabe,
- Helligkeit,
- Sichtbarkeit,
- 2D- oder 3D-Darstellung.

*Vorgehensweise: Ein-/Ausgabefeld ohne Bezug zum ABAP-Dictionary anlegen*

**Voraussetzung:** Für das anzulegende Feld ist eine gleichnamige Variable im ABAP-Programm deklariert. Der Programmteil, indem die Variable angelegt wurde, ist aktiv.

**Wirkungsweise:**
Der Datentransport von und zu den Ein-/Ausgabefeldern des Dynpros erfolgt über namensgleiche (korrespondierende) Datenobjekte. Die Inhalte der Datenobjekte werden vor der Layoutanzeige in die namensgleichen Ein-/Ausgabefelder gestellt. Zu PAI werden die Inhalte der Ein-/Ausgabefelder in ihre korrespondierenten Datenobjekte zurückgeladen.

Starten Sie den Layouteditor. Drücken Sie die Drucktaste „Dict./Programmfelder-Fenster.

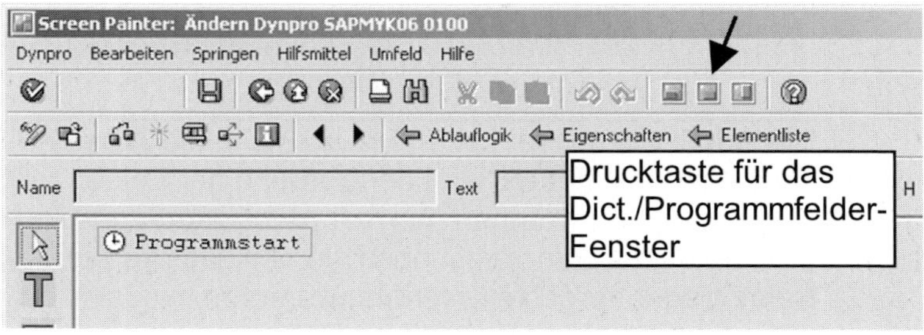


*Abb. 6.19 Dict./Programmfelder-Fenster öffnen*

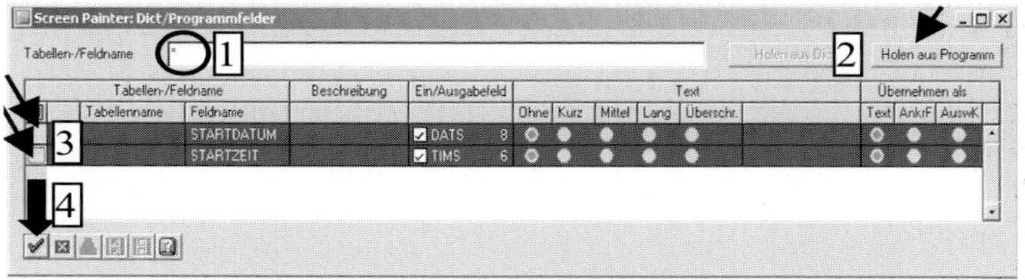


*Abb. 6.20 Auswahl der Felder*

Im „Dict./Programmfelder-Fenster" gehen Sie wie folgt vor:

1. Variablenname eintragen (* für alle Felder),
2. Drucktaste „Holen aus Programm" anklicken,
3. benötigte Felder markieren,
4. ENTER drücken.

Das Drücken der ENTER-Taste schließt das Dict./ Programmfelder-Fenster. Sie befinden sich wieder im Layouteditor. Positionieren Sie die Felder entsprechend Abb. 6.21.

*Abb. 6.21 Felder positionieren*

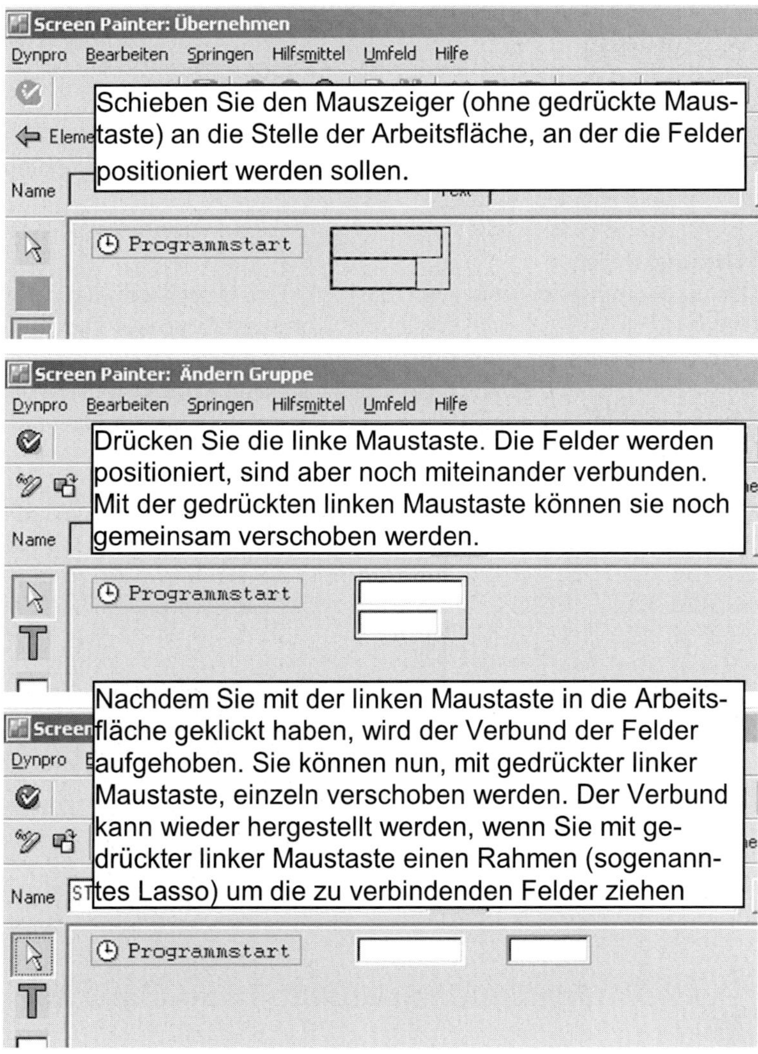

Nachdem sich nun die Felder an der richtigen Stelle im Layout befinden, werden deren Eigenschaften festgelegt. Doppelklicken Sie dazu in das Ein-/Ausgabefeld. Das Fenster „Screen Painter: Attribute“ wird geöffnet. In diesem Fenster können Sie z.B. die Anzeigeeigenschaften des Feldes ändern.

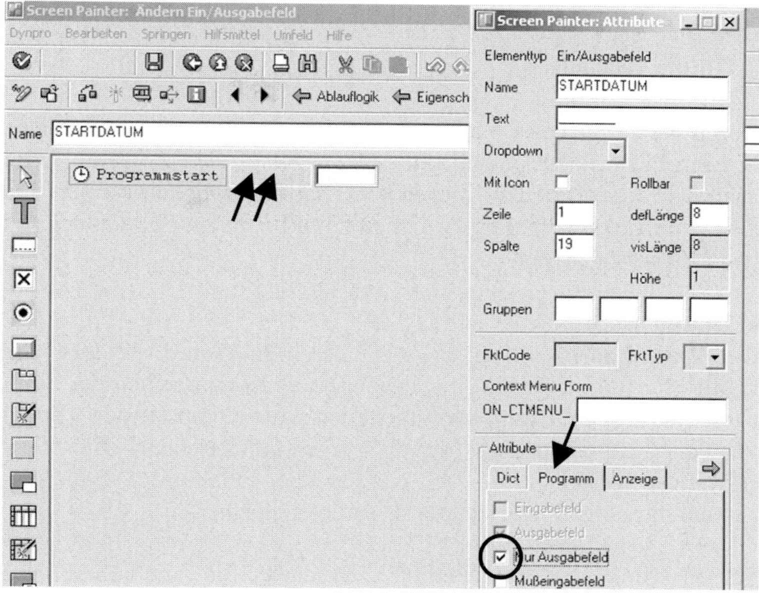


Abb. 6.22 Feldeigenschaften im Attribute-Fenster ändern

Alternativ können die Feldeigenschaften auch in der Elementliste gepflegt werden. Das ist vor allem dann ganz praktisch, wenn die Eigenschaften mehrerer Felder geändert werden sollen. In die Elementliste gelangen Sie vom Layouteditor über die Drucktaste Elementliste. Sie können auch den Layouteditor schließen und im Einstiegsbild des Screen Painters die Registerkarte „Elementliste“ auswählen.

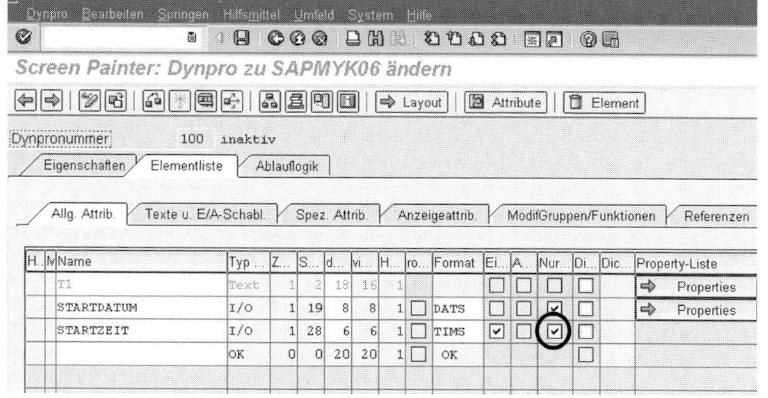


| H.. | M | Name | Typ ... | Z... | S... | d... | vi... | H... | ro... | Format | Ei... | A... | Nur... | Di... | Dic... | Property-Liste |
|---|---|---|---|---|---|---|---|---|---|---|---|---|---|---|---|---|
| | | T1 | Text | 1 | 2 | 18 | 16 | 1 | | | ☐ | ☐ | ☐ | ☐ | | Properties |
| | | STARTDATUM | I/O | 1 | 19 | 8 | 8 | 1 | ☐ | DATS | ☐ | ☐ | ☑ | ☐ | | Properties |
| | | STARTZEIT | I/O | 1 | 28 | 6 | 6 | 1 | ☐ | TIMS | ☑ | ☐ | ☑ | ☐ | | |
| | | | OK | 0 | 0 | 20 | 20 | 1 | ☐ | OK | | | | ☐ | | |

Abb. 6.23 Feldeigenschaften in der Elementliste ändern

*Vorgehensweise: Ein-/Ausgabefeld mit Bezug zu einer Datenbanktabelle*

**Voraussetzung:** Im ABAP-Programm (TOP-Include) existiert eine TABLES-Anweisung zur Datenbanktabelle, deren Felder im Dynpro abgebildet werden sollen.

Syntax:
TABLES <Datenbanktabelle>.

Durch die TABLES-Anweisung wird eine programmlokale Struktur mit den Feldern der Datenbanktabelle angelegt. Diese Struktur wird auch als Standardstruktur bezeichnet, hat den gleichen Namen wie die Datenbanktabelle und wird in einem besonderen Bereich des Arbeitspeichers angelegt.

**Wirkungsweise:**
Der Datentransport von und zu den Ein-/Ausgabefeldern des Dynpros erfolgt über die (namensgleichen) Komponenten der Standardstruktur. Die Inhalte der Standardstruktur-Komponenten werden vor der Layoutanzeige in die korrespondierenden Ein-/Ausgabefelder gestellt. Zu PAI werden die Inhalte der Ein-/Ausgabefelder in die Standardstruktur zurückgeladen.

Starten Sie den Layouteditor. Drücken Sie die Drucktaste „Dict./Programmfelder-Fenster.

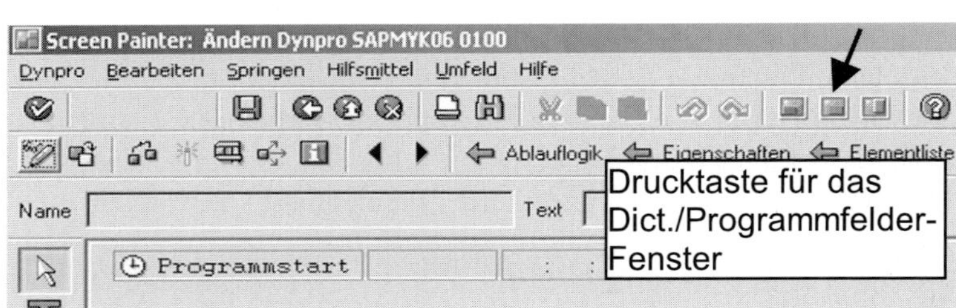


*Abb. 6.24 Dict./Programmfelder-Fenster öffnen*

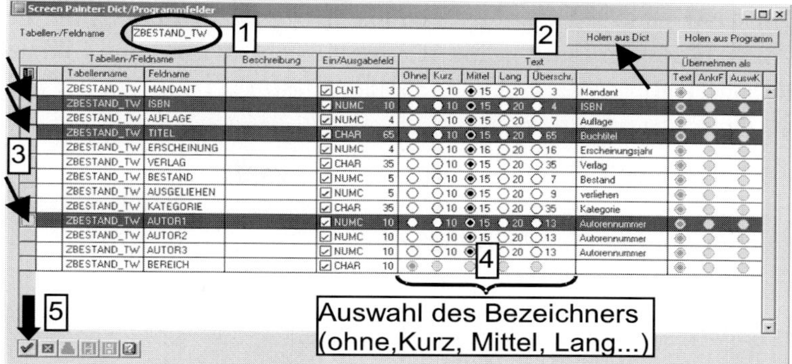


*Abb. 6.25 Auswahl der Tabellenfelder*

Im „Dict./Programmfelder-Fenster" gehen Sie wie folgt vor:

1. Name der Datenbanktabelle eintragen,
2. Drucktaste „Holen aus Dict." anklicken,
3. benötigte Felder markieren,
4. gewünschten Bezeichner auswählen,
5. ENTER drücken.

Schieben Sie dann den Mauszeiger an die Stelle der Arbeitsfläche des Layouteditors, an der die Felder positioniert werden sollen. Zum Fixieren der Felder drücken Sie die linke Maustaste. Die Positionierung der Ein-/Ausgabefelder ist in Abb. 6.21 (Seite 370) gezeigt.

Ergebnis:

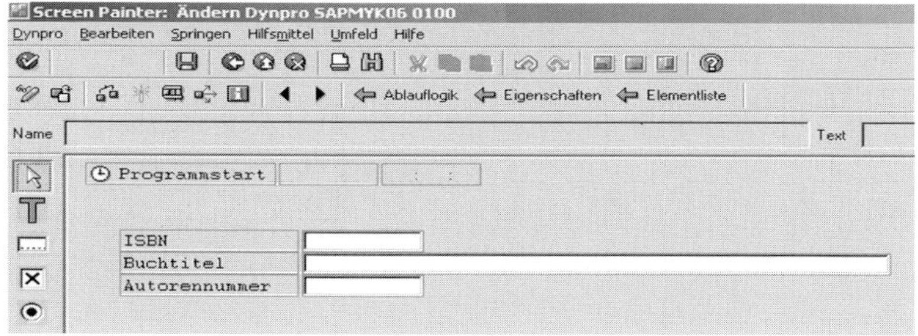


*Abb. 6.26 Dynpro mit E/A-Feldern*

### Auswahlknopfgruppen

Auswahlknopfgruppen enthalten mehrere Auswahlknöpfe (Radiobutton). Der Benutzer kann aus der Auswahlknopfgruppe genau einen Auswahlknopf aktivieren.

Zur Laufzeit des Programmes können folgende Eigenschaften der Auswahlknopfgruppen geändert werden (siehe dynamische Bildmodifikationen):

- Ein- und Ausgabefähigkeit,
- Sichtbarkeit.

*Vorgehensweise: Auswahlknopfgruppe anlegen*

Für jeden Auswahlknopf ist im ABAP-Programm (TOP-Include) ein Datenopjekt vom Typ C mit der Länge 1 anzulegen. Datenobjekt und Auswahlknopf müssen namensgleich sein.

**Wirkungsweise:**
Vor der Anzeige des Layouts erhält der Auswahlknopf, dessen korrespondierendes Datenobjekt mit 'X' geladen ist, den Status „aktiv". Zu PAI werden die Werte der Auswahlknöpfe in die namensgleichen Datenobjekte zurückgeladen.
Als Datenobjekt wird häufig eine Struktur verwendet. Die einzelnen Auswahlknöpfe müssen dann namensgleich zur jeweiligen Komponente der Struktur sein.

```
DATA:
wa_rbg, rb1 value 'X', rb2, end of wa_rbg.
```

Legen Sie dann im Layouteditor die Auswahlknöpfe an.

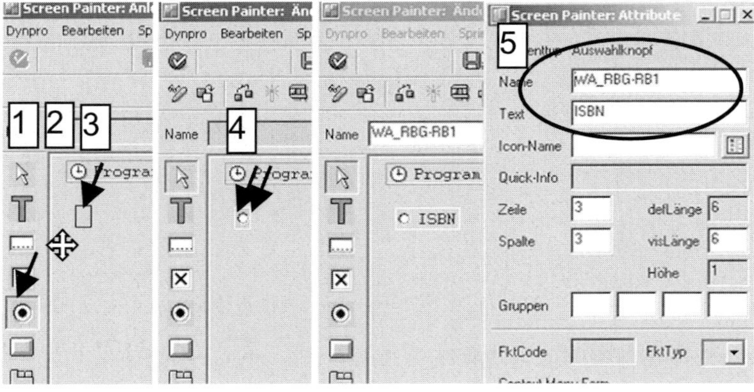


*Abb. 6.27 Anlegen eines Auswahlknopfes*

1. Klicken Sie das Werkzeug „Auswahlknopf" an.
2. Schieben Sie den Mauszeiger (Minirahmen), ohne eine Maustaste zu drücken, an die Stelle, an die der Auswahlknopf positioniert werden soll.

3. Fixieren Sie den Minirahmen durch drücken der linken Maustaste.
4. Doppelklicken Sie in den neu entstandenen (roten) Auswahlknopf. Das Fenster „Screen Painter: Attribute“ öffnet sich.
5. Füllen Sie dieses Fenster entsprechend der Abbildung aus. Achten Sie auf die Namensgleichheit von Datenobjekt und Auswahlknopf.
6. Legen Sie alle Auswahlknöpfe der Auswahlknopfgruppe an.

Im nächsten Schritt werden die Auswahlknöpfe zu einer Auswahlknopfgruppe zusammengefasst.

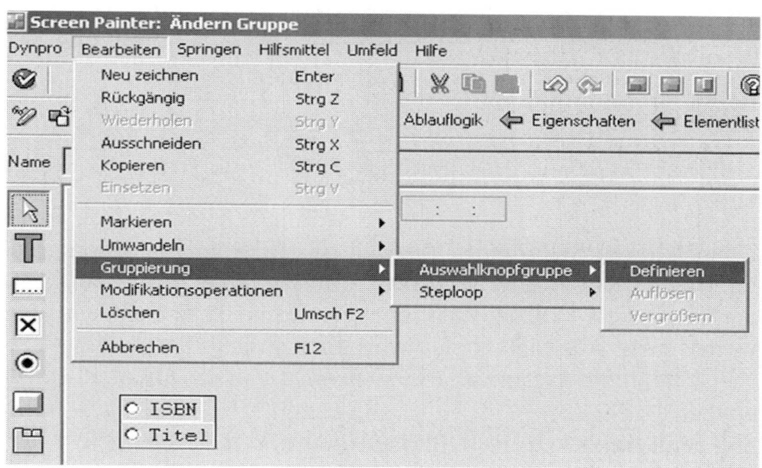


Abb. 6.28 Anlegen einer Auswahlknopfgruppe (Einstieg)

1. Markieren Sie alle zur Auswahlknopfgruppe gehörenden Auswahlknöpfe (Klicken Sie jeden Knopf bei gedrückter Shift-Taste an oder ziehen Sie mit gedrückter linker Maustaste ein Lasso um die Gruppe).
2. Wählen Sie das Menü „Bearbeiten → Gruppierung → Auswahlknopfgruppe → Definieren.

Soll das Anklicken eines Auswahlknopfes durch den Benutzer PAI auslösen, ist der Auswahlknopfgruppe ein Funktionscode zuzuordnen.

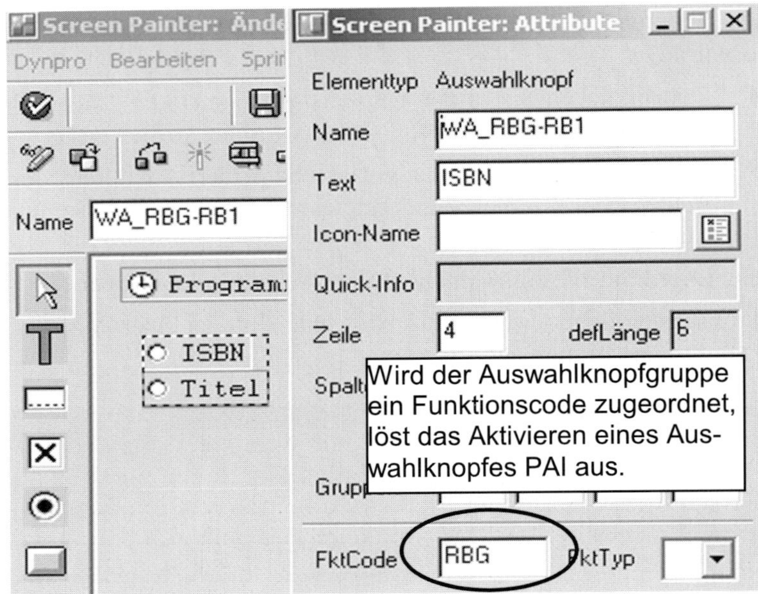


Abb. 6.29 Auswahlknopfgruppe anlegen (Einstieg)

Doppelklicken Sie in einen Auswahlknopf der Auswahlknopfgruppe. Das „Screen Painter: Attribute"-Fenster öffnet sich. Tragen Sie dort in das Feld FktCode eine beliebige Zeichenkette ein. Beim aktivieren eines Auswahlknopfes wird PAI ausgelöst und diese Zeichenkette in die Systemvariable sy-ucomm und das OK-Feld eingetragen.
Soll beim Anklicken eines Auswahlknopfes kein PAI ausgelöst werden, vergeben Sie einfach keinen Funktionscode für die Auswahlknopfgruppe.

Die Auswertung, welcher Auswahlknopf aktiv ist, wird zweckmäßig über folgende CASE-Anweisung vorgenommen:

```
CASE 'X'.
     when wa_rbg-rb1.
          "wa_rbg-rb1 ist aktiv
     when wa_rbg-rb2.
          "wa_rbg-rb1 ist aktiv
ENDCASE.
```

### Ankreuzfelder

Über Ankreuzfelder kann der Benutzer verschiedene Optionen auf dem Dynpro auswählen.

Zur Laufzeit des Programmes können folgende Eigenschaften der Ankreuzfelder geändert werden (siehe dynamische Bildmodifikationen):

- Ein- und Ausgabefähigkeit,
- Sichtbarkeit.

*Vorgehensweise: Ankreuzfelder anlegen*

Für jedes Ankreuzfeld ist im ABAP-Programm (TOP-Include) ein Datenopjekt vom Typ C mit der Länge 1 anzulegen. Datenobjekt und Ankreuzfeld müssen namensgleich sein.

```
DATA: chk1, chk2.
```

**Wirkungsweise:**
Vor der Anzeige des Layouts erhalten die Ankreuzfelder, deren korrespondierende Datenobjekte mit 'X' geladen sind, den Status „aktiv". Zu PAI werden die Werte der Ankreuzfelder in die namensgleichen Datenobjekte zurückgeladen.

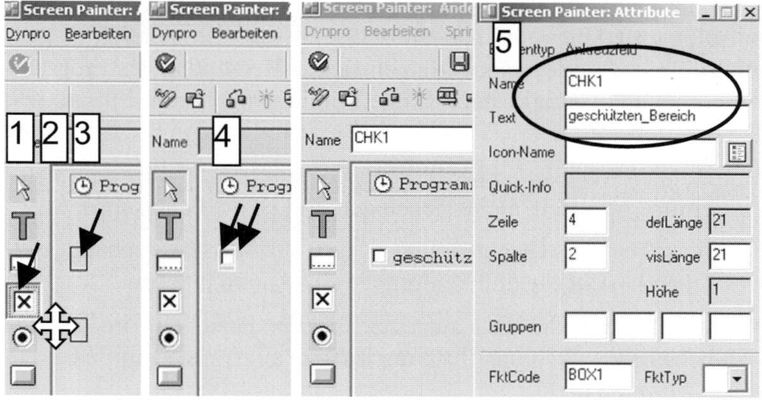


*Abb. 6.30 Ankreuzfeld anlegen*

1. Klicken Sie das Werkzeug „Ankreuzfeld" an.
2. Schieben Sie den Mauszeiger (Minirahmen), ohne eine Maustaste zu drücken, an die Stelle, an der das Ankreuzfeld positioniert werden soll.
3. Fixieren Sie den Minirahmen durch drücken der linken Maustaste.
4. Doppelklicken Sie in das neu entstandene Ankreuzfeld. Füllen Sie das sich daraufhin öffnende Fenster „Screen Painter: Attribute" entsprechend der Abbildung aus. Soll beim Anklicken des Ankreuzfeldes PAI durchlaufen werden, vergeben Sie im

Feld FktCode einen frei wählbaren Funktionscode. Dieser wird beim Auslösen der PAI-Ablauflogik in das Systemfeld sy-ucomm und in das OK-Feld geschrieben.

Da, anders als bei der Auswahlknopfgruppe, jedes Ankreuzfeld aktiv sein kann, ist die Ermittlung, ob ein Ankreuzfeld aktiv oder inaktiv ist, nur über eine IF-Anweisung für jedes Ankreuzfeld möglich.

```
IF NOT chk1 IS INITIAL.
     "Ankreuzfeld chk1 ist aktiv
ELSE.
     "Ankreuzfeld chk1 ist inaktiv
ENDIF.
IF NOT chk2 IS INITIAL.
     "Ankreuzfeld chk2 ist aktiv
ELSE.
     "Ankreuzfeld chk2 ist inaktiv
ENDIF.
```

### *Drucktasten*

Drucktasten werden benutzt, um oft benötigte Funktionen schnell aufrufen zu können und das Bildschirmlayout übersichtlich zu gestalten. Richtig angewendet, können sie die Bedienung des Programmes erheblich vereinfachen. Einige Empfehlungen zum Einsatz von Drucktasten:

- Platzieren Sie Drucktasten, die sich auf ein Feld oder eine Feldgruppe beziehen, rechts neben dem Feld bzw. Feldgruppe.
- Benutzen Sie Gruppenrahmen, um den Zusammenhang zwischen Drucktaste und Feldgruppe sichtbar zu machen.
- Drucktasten, die sich auf eine Tabellendarstellung im Dynpro beziehen, sollten unterhalb der Tabelle angeordnet werden.
- Alle über Drucktasten auswählbaren Funktionen sollten auch im Menü einen entsprechenden Eintrag haben.

Drucktasten können einen Text und / oder eine Ikone ausgeben.

Zur Programmlaufzeit können folgende Eigenschaften der Drucktasten geändert werden (siehe dynamische Bildmodifikationen):

- Text/Ikone
  Um den Text, der auf der Drucktaste abgebildet wird, dynamisch zu ändern, aktivieren Sie das Attribut „Ausgabefeld" der Drucktaste und legen eine zur Drucktaste namensgleiche Textvariable im ABAP-Programm (TOP-Include) an. Laden Sie diese vor der Layoutanzeige mit dem Drucktastentext.

- Wird als Schaltertext eine Ikone mit Text verwendet, ist in diesem Fall eine Statusikone einzusetzen. Ikonenname und Ikonentext sind über die Funktion ICON_CREATE vor der Layoutanzeige zu laden.
- Sichtbarkeit.

*Vorgehensweise: Drucktasten anlegen*

Für die dynamische Textausgabe ist im ABAP-Programm (TOP-Include) eine zur Drucktaste namengleiche Variable anzulegen.

| Drucktaste mit | Variablenname | Variablentyp | Länge |
|---|---|---|---|
| Text | Namensgleich mit dem Namen der Drucktaste | C | Länge des max. Ausgabetextes |
| Text + Ikone | | icons-text | |
| Ikone | | icons-text | |

Die Ikone oder Ikone + Text wird mit der Funktion 'ICON_CREATE' erzeugt (siehe Statusikonen).

Beispiel: (Programm: YK06DBAS_DSchalter)

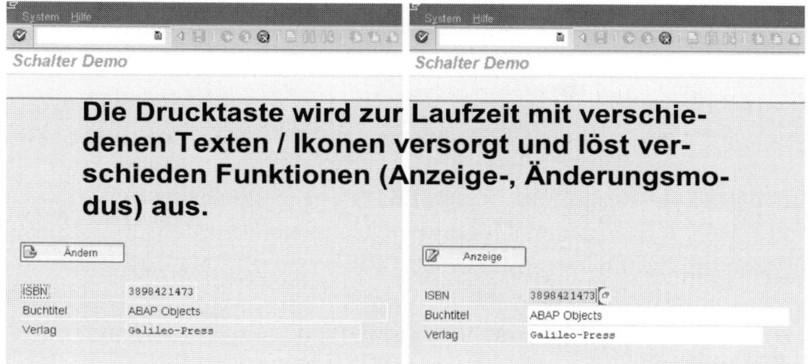


*Abb. 6.31 Beispiel für dynamisches Setzen des Drucktastentextes*

**Wirkungsweise:**
Zu PBO wird die Drucktaste mit dem in der namensgleichen Variable stehenden Text und/oder der Ikone geladen, sofern es sich um eine ausgabefähige Drucktaste handelt.

Jeder Drucktaste muss ein Funktionscode zugeordnet werden. Beim Anklicken der Drucktaste wird dieser Funktionscode in das OK-Feld und in die Systemvariable sy-ucomm geschrieben und PAI ausgelöst. Der Funktionscode wird in einem PAI-Modul ausgewertet.

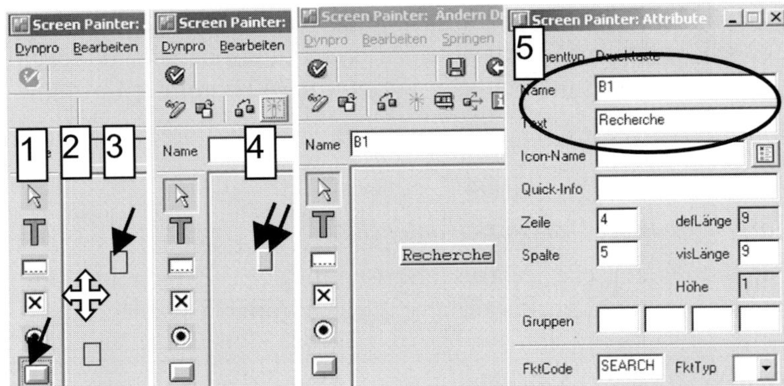


*Abb. 6.32 Drucktastentext dynamisch setzen*

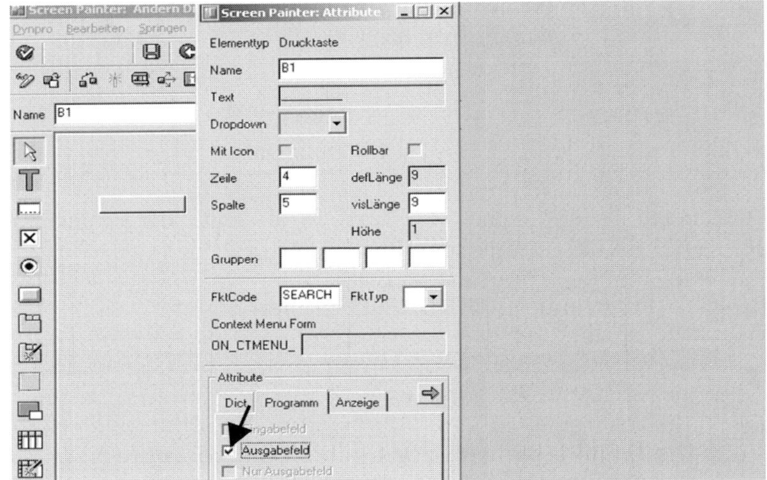


*Abb. 6.33 Drucktastenattribut „Ausgabefeld" aktivieren*

Legen Sie im Programm SAPMYK06 ein Dynpro (Dynpronr. 100) an. Löschen Sie in den Dynproeigenschaften das statische Folgedynpro um das Dynpro mit der ENTER-Taste schließen zu können.

Legen Sie die Dynproelemente entsprechend der nachfolgenden Abbildung an.

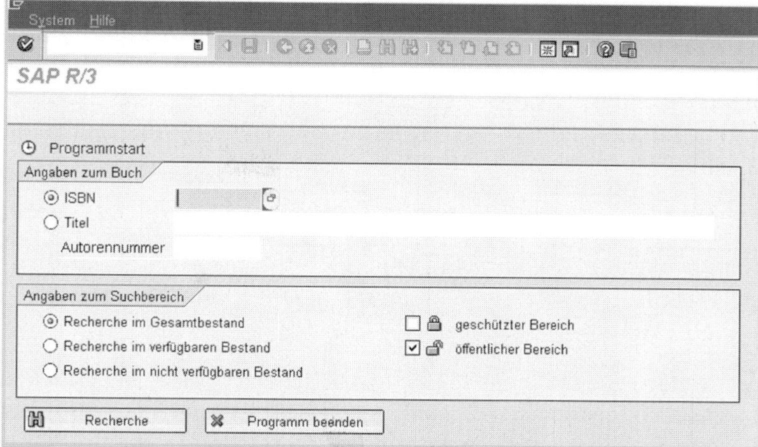


**Textfeld mit Ikone**
Text: „Programmstart",
Ikone: ICON_TIME

**Ein-/Ausgabefelder**
Wählen Sie aus der Tabelle ZBESTAND die Felder ISBN, Titel und Autor1 aus. Für die Felder ISBN und Titel soll der Bezeichner nicht in das Dynpro übernommen werden.
Denken Sie an die TABLES-Anweisung im TOP-Include.

**Auswahlknopfgruppe „Angaben zum Buch"**
Legen Sie für den Datentransport zu den Auswahlknöpfen eine Struktur an.

| Strukturname | wa_rbg1 | |
|---|---|---|
| Komponeten | isbn<br>titel | mit 'X' vorbelegt |

Vergeben Sie für die Auswahlknopfgruppe den Funktionscode RBG1.

**Auswahlknopfgruppe „Angaben zum Suchbereich"**
Legen Sie auch für diese Auswahlknopfgruppe eine Struktur für den Datentransport an.

| Strukturname | wa_rbg2 | |
|---|---|---|
| Komponten | ges<br>ver<br>nver | mit 'X' vorbelegt |

Diese Auswahlknopfgruppe soll kein PAI auslösen. Es wird daher kein Funktionscode vergeben.

**Ankreuzfelder**
Deklarieren Sie für die Ankreuzfelder zwei korrespondierende Variablen.

| Variablenname | TYPE | |
|---|---|---|
| chk_protected | C, Länge 1 | |
| chk_public | C, Länge 1 | mit 'X' vorbelegt |

Verwenden Sie die Icons ICON_LOCKED und ICON_UNLOCKED. ls Quick-Info können Sie eintragen: „Besondere Rechte erforderlich“ und „Jedermannsbereich“ eintragen.

**Drucktasten**
Legen Sie die beiden Drucktasten „Recherche“ und „Programm beenden“ an.

| Dynproelementname | Text | Ikonen | FktCode |
|---|---|---|---|
| B1 (optional) | Recherche | ICON_SEARCH | RECHERCHE |
| B2 (optional) | Programm beenden | ICON_CANCEL | CANCEL |

**Häufigste Fehler**
Namensgleichheit nicht beachtet,
Nicht alle Auswahlknöpfe gruppiert,
Nicht alle Programmteile aktiviert.

Lösung: SAPMYK06_3

# 6.5 Programmierung der Ablauflogik

## 6.5.1 Module und Modulaufruf

Die Ablauflogik wird vom Dynpro-Prozessor abgearbeitet, der keine ABAP/4-Anweisungen verarbeiten kann. Die Ablauflogik selbst kann somit keinen ABAP/4-Code enthalten. Sie wird in der Dynprosprache programmiert. In ihr werden lediglich Module aufgerufen, das sind Programmteile, die eine gewisse Ähnlichkeit mit Unterprogrammen ohne Schnittstelle aufweisen. Diese Module werden vom ABAP-Prozessor abgearbeitet und enthalten ABAP/4-Anweisungen. Das Prinzip dieser Arbeitsweise ist in Abb. 6.34 dargestellt.

Module werden ausschließlich in der Ablauflogik von Dynpros aufgerufen.
Es ist üblich, die Module der Ablaufsteuerung in folgenden Includes zu kapseln:

| | |
|---|---|
| Module der PBO-Ablauflogik | <programmname>O01 |
| Module der PAI-Ablauflogik | <programmname>I01 |

*Abb. 6.34 Ablauflogik und ABAP-Prozessor*

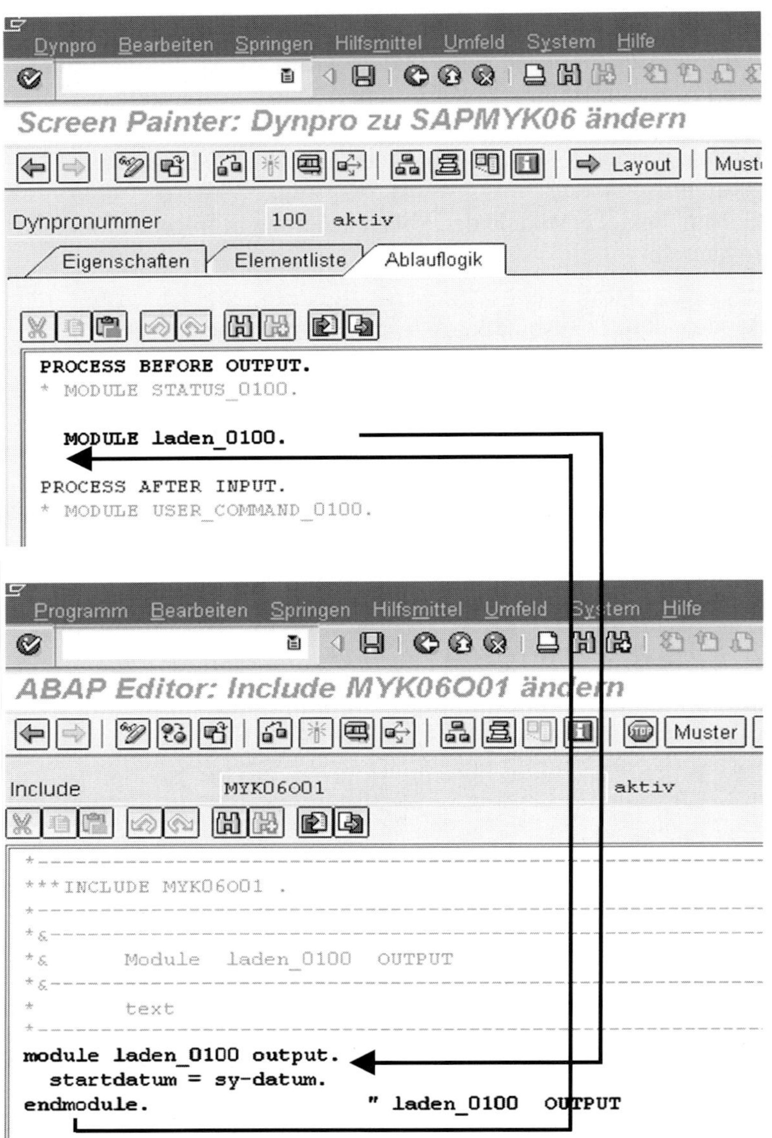


Syntax: Modulaufruf
MODULE <name>.

Syntax: Moduldefinition

| Module der PBO-Ablauflogik | Module der PAI-Ablauflogik |
| --- | --- |
| MODULE <name> OUTPUT<br>ABAP-Anweisungen<br>ENDMODULE | MODULE <name> INPUT<br>ABAP-Anweisungen<br>ENDMODULE |

*Vorgehensweise: Modul anlegen*

Starten Sie den Screen Painter mit dem Dynpro, dessen Ablauflogik programmiert werden soll. Wählen Sie die Registerkarte „Ablauflogik". Programmieren Sie im PBO bzw. PAI-Teil der Ablauflogik den Modulaufruf. Der Modulname ist frei wählbar, sollte aber die Dynpronummer enthalten.

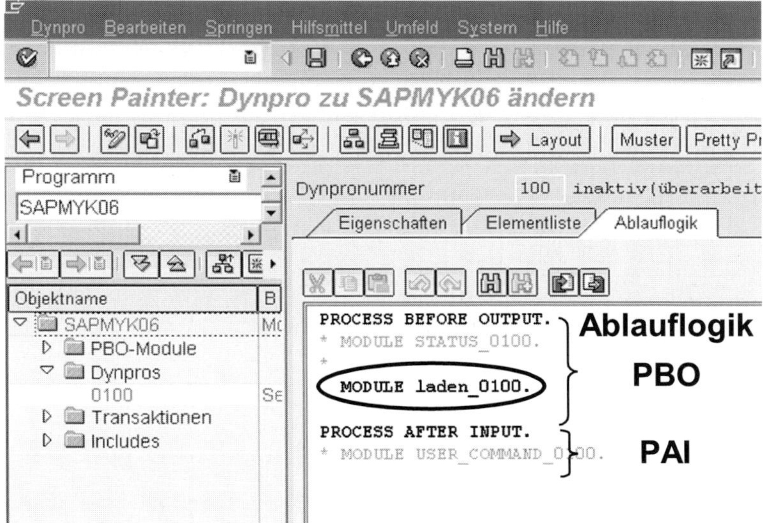


*Abb. 6.35 Modulaufruf in der Ablauflogik*

Legen Sie das Modul in der Vorwärtsnavigation (Doppelklick auf Modulnamen) an. Tragen Sie im Folgebildschirm „PBO-Modul anlegen" (bzw. „PAI-Modul anlegen") in die obere freie Zeile den Namen des Includes ein, in dem das Modul angelegt werden soll (<programmname>O01 bzw. <programmname>I01). Vergessen Sie dabei nicht, die obere Zeile zu markieren. Existiert das Include bereits, ist nur die entsprechende Zeile zu markieren. Bei Programmen vom Typ „Modulpool" sind die Eingabefelder bereits mit Vorschlagswerten geladen.

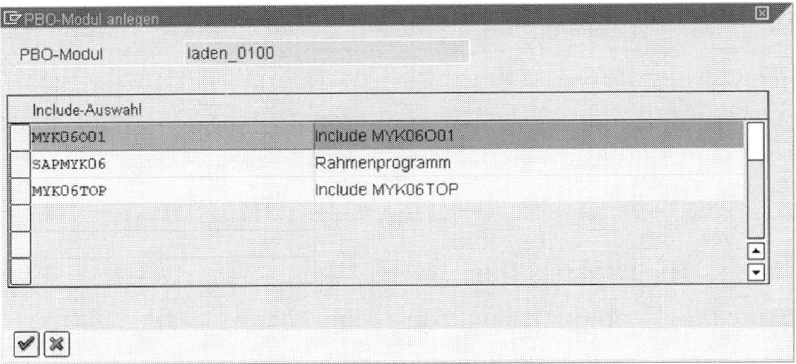


*Abb. 6.36 Include für Ablauflogik-Module anlegen*

Nach der Zuordnung Ihrer Entwicklungsklasse und Ihres Workbenchauftrages gelangen Sie in den ABAP-Editor. Legen Sie dort den Quelltext für das Module an.

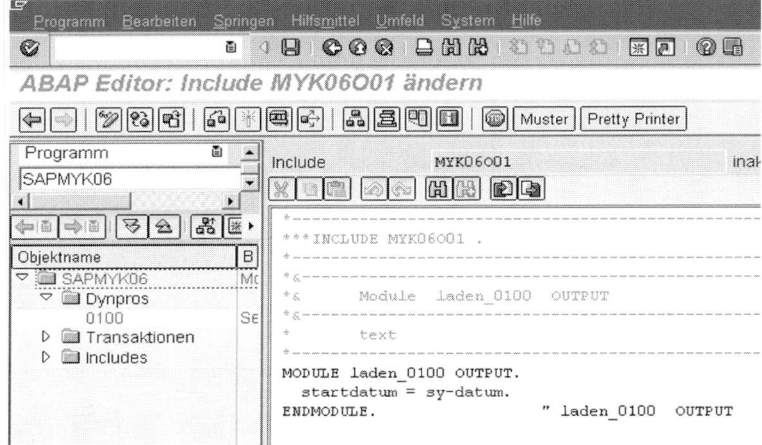


*Abb. 6.37 Modul im ABAP-Editor anlegen*

Das Modul ist jetzt fertig angelegt. Aktivieren Sie zum Schluss alle Programmbestandteile.

1. Deklarieren Sie im TOP-Include des Programmes SAPMYK06 eine Variable „startdatum“ vom Type d und eine Vaiable „startzeit“ vom Typ t. Aktivieren Sie das TOP-Include.
2. Legen Sie im Dynpro 100 des Programmes über das „Dict./Programmfelder-Fenster“ je ein Ein-/Ausgabefeld für die Ausgabe des Startdatums und der Uhrzeit an. Für beide Felder soll die Eigenschaft „Nur Ausgabefeld“ aktiviert werden.
3. Legen Sie in der Ablauflogik PBO des Dynpros 100 ein Modul „laden_0100“ an, in dem die Variablen geladen werden.

Speichern Sie dieses Modul im Include MYK06_O01. Hinweis: Die Systemvariable sy-datum enthält das Systemdatum und sy-uzeit ist mit der Systemzeit geladen.

Lösung: SAPMYK06_4

Das Programm sollte nun Startdatum und Startzeit ausgeben.

Schwerpunkte der Lösung:

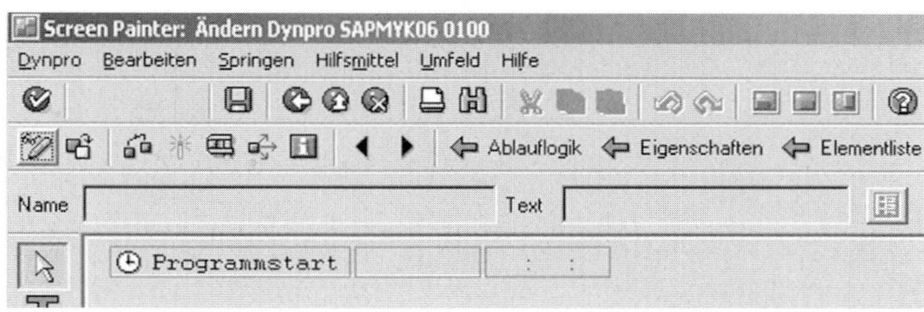


*Abb. 6.38 Layouteditor*

Die Eigenschaft „Nur Ausgabefeld" bewirkt, dass die Ausgabefelder wie Textfelder aussehen. Die Eigenschaft kann entweder im Layouteditor (Screen Painter: Attribute-Fenster) oder in der Elementliste gesetzt werden (Abb. 6.40).

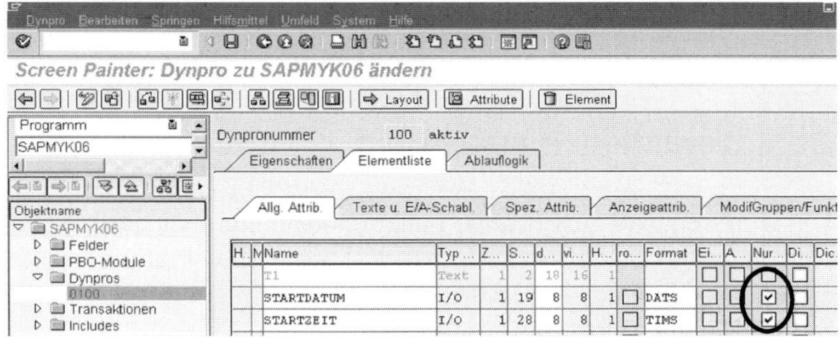


*Abb. 6.39 Elementliste (allg. Attrib.)*

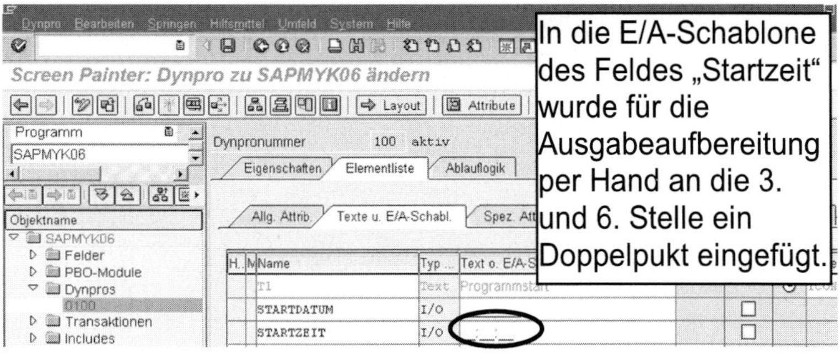

In die E/A-Schablone des Feldes „Startzeit" wurde für die Ausgabeaufbereitung per Hand an die 3. und 6. Stelle ein Doppelpukt eingefügt.

*Abb. 6.40 Elementliste (Texte u. E/A-Schabl.)*

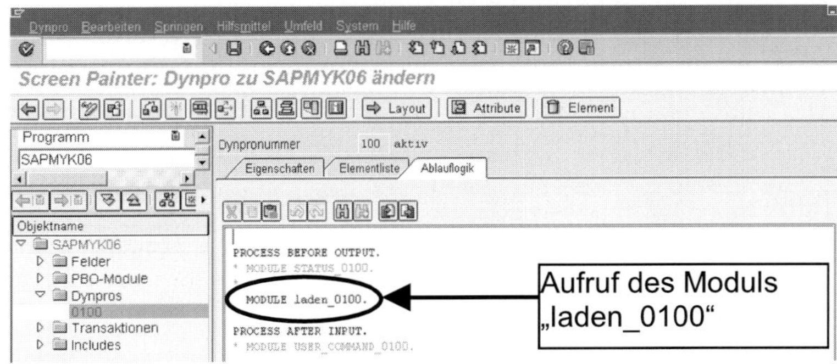


*Abb. 6.41 Ablauflogik des Dynpros*

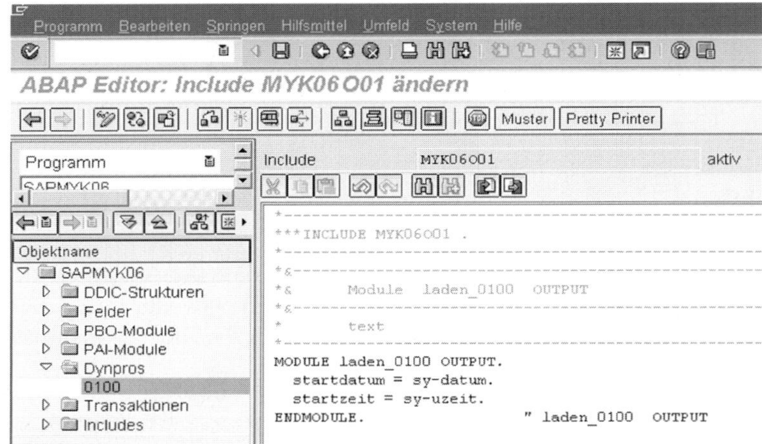


*Abb. 6.42 Modul „laden_0100“*

## 6.5.2 Benutzeraktionen auswerten

Die vom Benutzer ausgewählte Funktion kann nur dann ausgewertet werden, wenn durch sie PAI ausgelöst wird. Der PAI-auslösende Funktionscode wird, wie in der Listenprogrammierung auch, in die Systemvariable sy-ucomm geschrieben.

| PAI-auslösende Aktion | Bedingung | sy-ucomm und OK-Feld |
|---|---|---|
| Auswahl eines Menüpunktes | löst immer PAI aus. | Funktionscode des Menüpunktes |
| Anklicken einer Drucktaste | löst immer PAI aus. | Funktionscode der Drucktaste |
| Aktivieren bzw. Deaktivieren eines Ankreuz-feldes | Dem Ankreuzfeld muss ein Funktionscode zugeordnet sein. Sonst wird kein PAI ausgelöst. | Funktionscode des Ankreuzfeldes |
| Aktivieren eines Auswahlknopfes | Der Auswahlknopfgruppe muss ein Funktionscode zugeordnet sein. Sonst wird kein PAI ausgelöst | Funktionscode der Auswahlknopf-gruppe |
| ENTER | löst immer PAI aus. | sy-ucomm und das OK-Feld werden nicht geändert, d.h. sie behalten den vorherigen Funkti-onscode. |

Der Inhalt dieser Systemvariablen bleibt solange erhalten, bis der Benutzer wiederum ein Dynproelement auswählt, das einen eigenen Funktionscode besitzt und PAI auslöst. In diesem Verhalten lauert die Programmierfalle. Diese soll am folgenden Beispiel gezeigt werden:

**Annahme 1:**
Sie befinden sich im Dynpro 200 eines Anwendungsprogrammes und lösen dort den Funktionscode „BACK“ aus. Im Dynpro 200 ist dieser mit der Anweisung LEAVE TO SCREEN 100, im Dynpro 100 mit LEAVE TO SCREEN 0 verknüpft.

**Wirkung:**
Sy-ucomm wird mit dem Wert 'BACK' geladen. PAI des Dynpros 200 wird ausgelöst und die Anweisung LEAVE TO SCREEN 100 ausgeführt. Sie gelangen in das Dynpro 100, sy-ucomm behält den Funktionscode 'BACK'.

**Annahme 2:**
Im Dynpro 100 drücken Sie (versehentlich) die ENTER-Taste.

**Wirkung:**
PAI des Dynpros 100 wird ausgelöst und die Anweisung LEAVE TO SCREEN 0 ausgeführt weil sy.ucomm noch mit dem Funktionscode 'BACK' geladen ist. Das Programm wird beendet.

**Schlussfolgerung:**

- Die Variable, die den Funktionscode der PAI-auslösenden Benutzeraktion enthält, sollte unmittelbar nach ihrer Auswertung initialisiert werden.
- Die Systemvariable sy-ucomm sollte zur Auswertung des Funktionscodes nicht genutzt werden, weil von der SAP empfohlen wird, Systemvariablen nur in Ausnahmefällen im Programm zu überschreiben.

Glücklicherweise wird der PAI-auslösende Funktionscode zusätzlich vom System in ein Dynprofeld, das sogenannte OK-Feld, geschrieben. Dieses OK-Feld muss in die Elementliste des Dynpros eingetragen werden. Es ist üblich, dafür den Namen ok_code zu verwenden. Zur Auswertung des OK-Feldes ist im ABAP-Programm (TOP-Include) eine namensgleiche Variable vom Typ sy-ucomm anzulegen.

*Vorgehensweise: Ausgelösten Funktionscode zu PAI ermitteln*

1. Deklarieren Sie im TOP-Include die Variable ok_code und ok_save:.

   ```
   DATA:ok_code TYPE sy-ucomm.
   DATA:ok_save TYPE sy-ucomm.
   ```

2. Starten Sie den Screen Painter mit dem Dynpro, zu dem die Ablauflogik programmiert werden soll. Tragen Sie in die Elementliste den Variablennamen ok_code ein.
3. Dekommentieren Sie den im PAI vorbereiteten Modulaufruf

   ```
   MODULE user_command_<dynpronr>.
   ```

4. Legen Sie in der Vorwärtsnavigation diese Modul im Include ...I01 an.

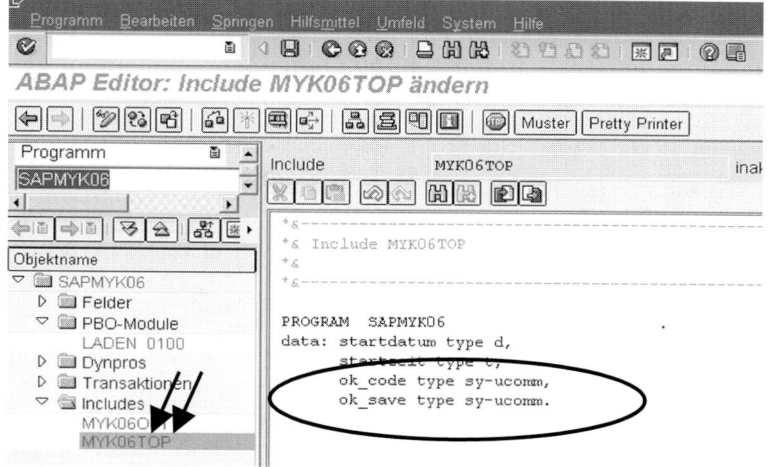


*Abb. 6.43 Deklaration der Variablen ok_code und ok_save*

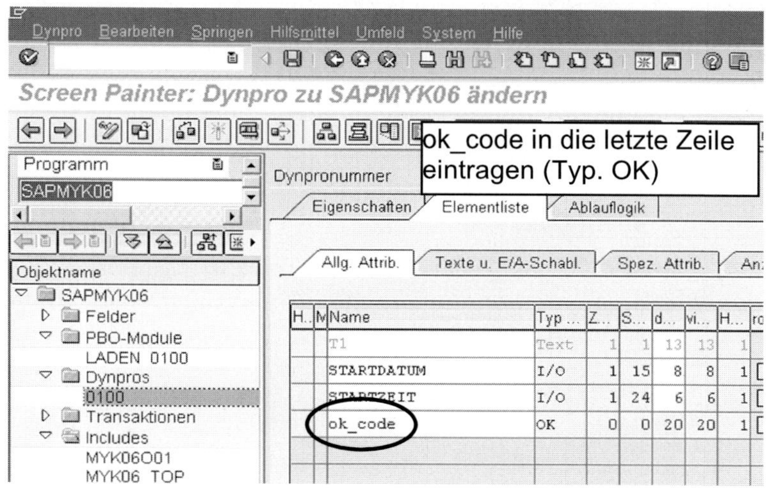


*Abb. 6.44 ok_code in die Elementliste eintragen*

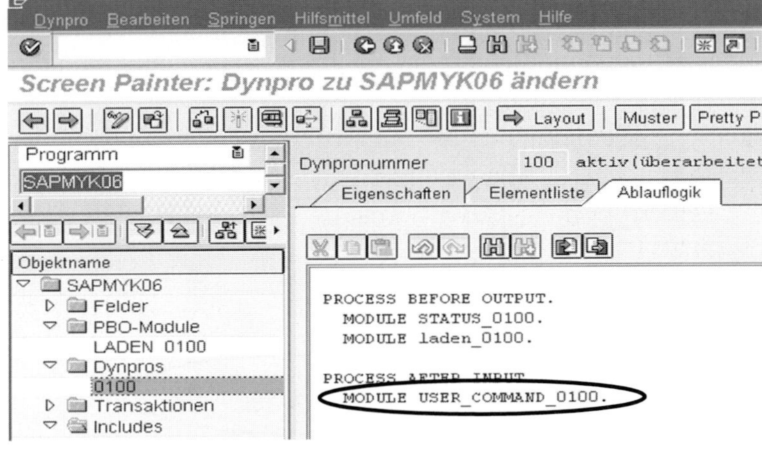


Abb. 6.45 PAI-Module USER_COMMAND aufrufen

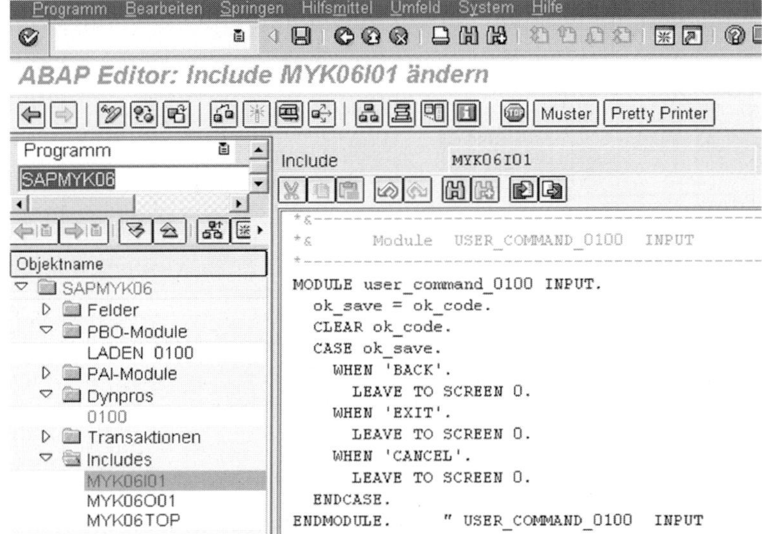


Abb. 6.46 Im Modul USER_COMMAND auf Benutzeraktion reagieren

Hinweise zum MODULE user_command_0100 INPUT

- Dieses Modul wird für die Auswertung der Benutzereingaben benutzt und ist von der SAP deshalb auch schon in die Ablauflogik eingetragen. Sie müssen den Modulaufruf nur noch dekommentieren und das Modul anlegen (Vorwärtsnavigation).
- Der Funktionscode der ausgewählten Funktion wird vom Laufzeitsystem in das OK-Feld geschrieben, welches der Variablen ok_code zugeordnet wurde (Abb. 6.45). Damit enthält letztendlich diese Variable den ausgewählten Funktionscode.

- Wie wir in der Einleitung dieses Kapitels erfahren haben, soll die Variable, die den Funktionscode erhält, zum nächstmöglichen Zeitpunkt initialisiert werden. Dazu wird der Funktionscode in die Variable ok_save geschrieben und die Variable ok_code wird mit CLEAR ok_code zurückgesetzt.
- In der CASE-Anweisung wird die Variable ok_save untersucht und die für die ausgewählte Funktion richtige Programmreaktion ausgelöst.

In der folgenden Aufgabe wird das Programm SAPMYK06 so erweitert, dass die Auswahl der Drucktasten eine entsprechende Programmreaktion auslöst und das Programm nur noch über die Drucktaste „Programm beenden" verlassen werden kann.

1. Legen Sie im TOP-Include des Programmes die Variablen ok_code und ok_save mit Bezug zur Systemvariablen sy-ucomm an.
2. Ordnen Sie in der Elementliste des Dynpros 100 dem OK-Feld die Variable ok_code zu.
3. Dekommentieren Sie in der PAI-Ablauflogik des Dynpros 100 den Modulaufruf des Moduls „user_command_0100" und legen Sie dieses über die Vorwärtsnavigation im Include MYK06I01 an.
4. Vergewissern Sie sich im Layout, dass die Funktionscodes „RECHERCHE" bzw „CANCEL" in das Feld FktCode der Drucktasten eingetragen sind.
5. Schreiben Sie den Quelltext zum Modul „user_command_0100". Die Drucktaste „Programm beenden" soll über die Anweisung „LEAVE TO SCREEN 0" das Programm beenden. Die Drucktaste „Recherche" gibt die Nachricht „Hier wird später das Dynpro 200 aufgerufen" aus. Legen Sie diese Nachricht in der Nachrichtenklasse ZLIB an.
6. Tragen Sie in der Registerkarte „Eigenschaften" des Dynpros 100 als Folgedynpro die Nummer 100 ein. Damit ruft sich das Dynpro nach PAI immer wieder selbst auf, es sei denn, Sie drücken die Drucktaste „Programm beenden". Diese setzt, bei fehlerfreier Programmierung, dynamisch das Folgedynpro 0.
7. Kontrollieren Sie, ob alle Auswahlknöpfe und Kontrollkästchen aktiviert werden können und ob die Auswahlknopfgruppe „Angaben zum Buch" wirklich PAI auslöst. Setzen Sie dazu einen Breakpoint in das Modul „user_command_0100".

**Häufigste Fehler**

- In der Elementliste des Dynpros wurde der ok_code nicht eingetragen.
- In der CASE-Anweisung des Moduls „user_command..." wurde nicht ok_save sondern ok_code untersucht. Diese Variable ist aber nach CLEAR ok-code leer.
- Der in der CASE-Anweisung wurde ein anderer Funktionscode abgefragt als der für das Dynproelement vergebene oder er wurde nicht in Großbuchstaben geschrieben.
- Es wurden nicht alle Programmteile aktiviert
- Es wurden nicht alle Auswahlknöpfe einer Auswahlknopfgruppe zugeordnet.

Lösung: SAPMYK06_5

Lösung:

```
*&---------------------------------------------*
*& Include MYK06_5TOP                          *
*&---------------------------------------------*
PROGRAM  sapmyk06_5.
DATA: startdatum type d,
      startzeit type t.
DATA: ok_code type sy-ucomm,
      ok_save type sy-ucomm.

DATA: begin of wa_rbg1,
        isbn value 'X',
        titel,
      end of wa_rbg1,

      begin of wa_rbg2,
        ges value 'X',
        ver,
        nver,
      end of wa_rbg2,

      chk_protected, chk_public value 'X'.
tables: zbestand_tw.
```

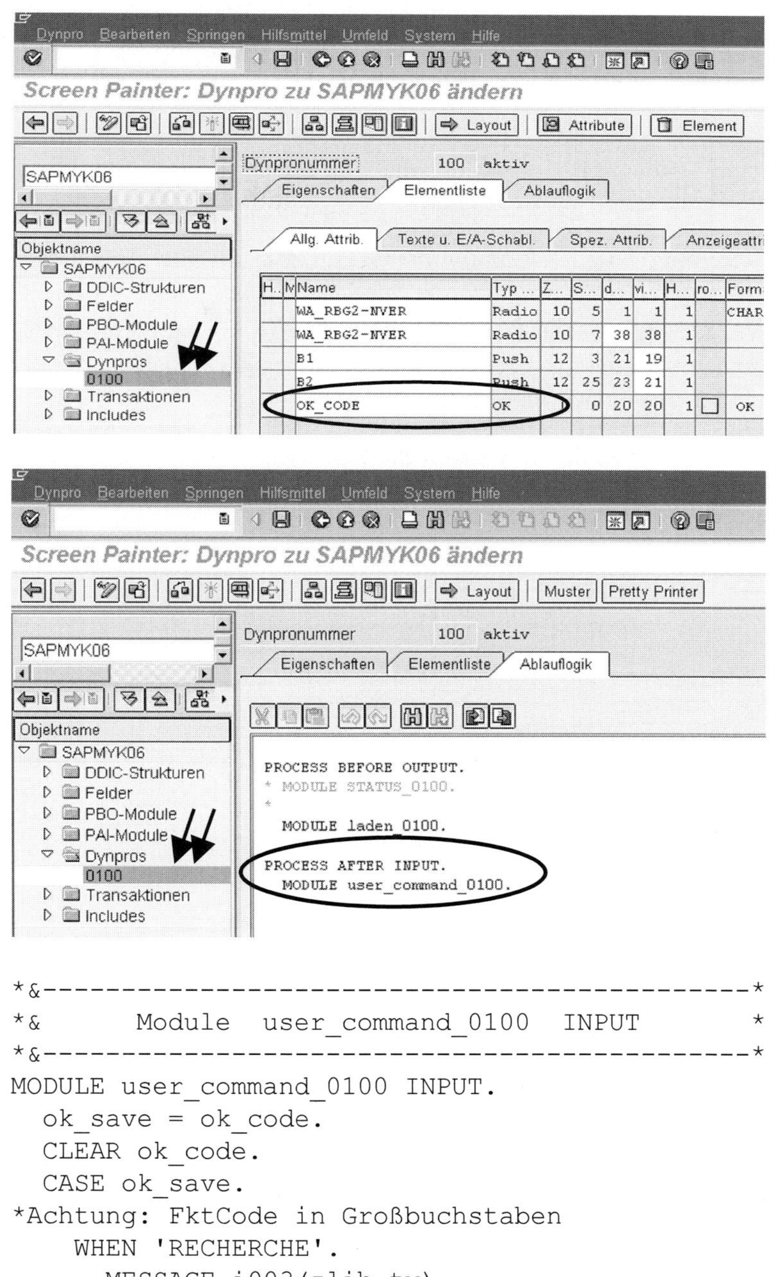


*Abb. 6.47 Elementliste des Dynpros 100 der Übungsaufgabe*

*Abb. 6.48 Ablauflogik des Dynpros 100 der Übungsaufgabe*

```
*&---------------------------------------------*
*&      Module  user_command_0100  INPUT       *
*&---------------------------------------------*
MODULE user_command_0100 INPUT.
  ok_save = ok_code.
  CLEAR ok_code.
  CASE ok_save.
*Achtung: FktCode in Großbuchstaben
    WHEN 'RECHERCHE'.
      MESSAGE i003(zlib_tw).
    WHEN 'CANCEL'.
      LEAVE TO SCREEN 0.
  ENDCASE.
ENDMODULE.       " user_command_0100  INPUT
```

## 6.6 GUI-Status und GUI-Titel des Dynpros

GUI-Status und GUI-Titel, werden in der Ablauflogik PBO geladen. Zum Zeitpunkt PAI wird dann die vom Benutzer ausgelöste Aktivität ermittelt und auf sie reagiert.

*Vorgehensweise: GUI-Status und GUI-Titel in die PBO-Ablauflogik einbinden*

**Voraussetzung:** Das Dynprofeld OK-Code ist mit der korrespondierenden Variable (ok_code) des Dynpros verbunden. Siehe dazu 6.5.2 „Benutzeraktionen auswerten“ Seite 388.

Starten Sie den Screen Painter mit dem Dynpro, zu dem GUI-Status und GUI-Titel eingebunden werden sollen. Wählen Sie die Registerkarte „Ablauflogik“. Dekommentieren Sie den Eintrag „MODULE status_<dynpronr>.“. Legen Sie in der Vorwärtsnavigation dieses Modul im Include <programmname>O01 an.

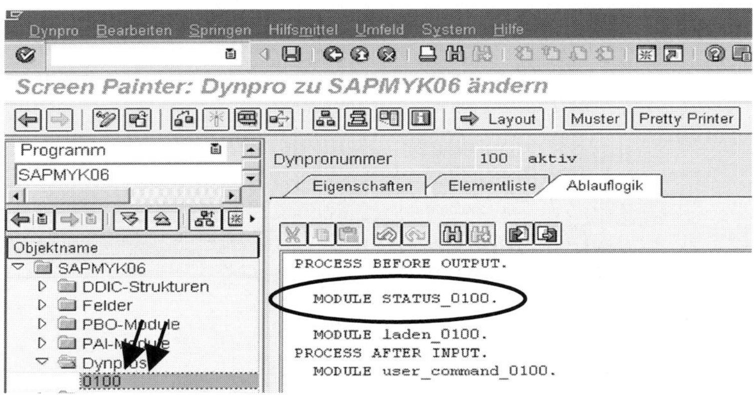


*Abb. 6.49 Aufruf des Moduls „status_0100“*

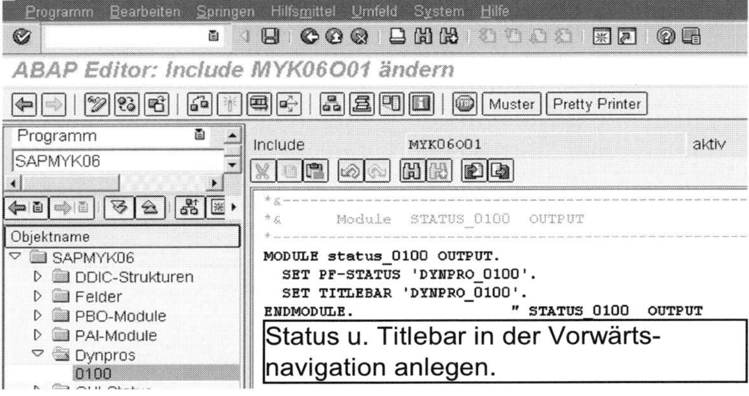


*Abb. 6.50 Modul mit Aufruf des GUI-Status und GUI-Titls*

1. Legen Sie im Programm YK06DBAS einen GUI-Status entsprechend der nachfolgenden Abbildung an.

2. Sorgen Sie mit einem entsprechenden GUI-Titel dafür, dass in die Titelzeile des Dynpros „East-Side-Library: Rechercheprogramm“ geschrieben wird
3. Dekommentieren Sie in der Ablauflogik des Dynpros den Aufruf des Moduls „Status_0100“ und legen Sie dieses Modul in der Vorwärtsnavigation an.
4. Binden Sie GUI-Stautus und GUI-Titel in das Modul „Status_0100“ ein und sorgen Sie in „User_command _0100“ dafür, dass das Programm auf die Menüauswahl reagiert. Bei allen 3 Menüpunkten soll das Programm beendet werden.
5. Falls noch nicht geschehen, setzen Sie für das Dynpro 100 in der Registerkarte „Eigenschaften“ des Screen Painters das Folgedynpro 100.

**Hinweis:** Denken Sie daran, alle Programmteile zu aktivieren.

Lösung: SAPMYK06_6

Lösung:

*Abb. 6.51 Ablauflogik Dynpro 100*

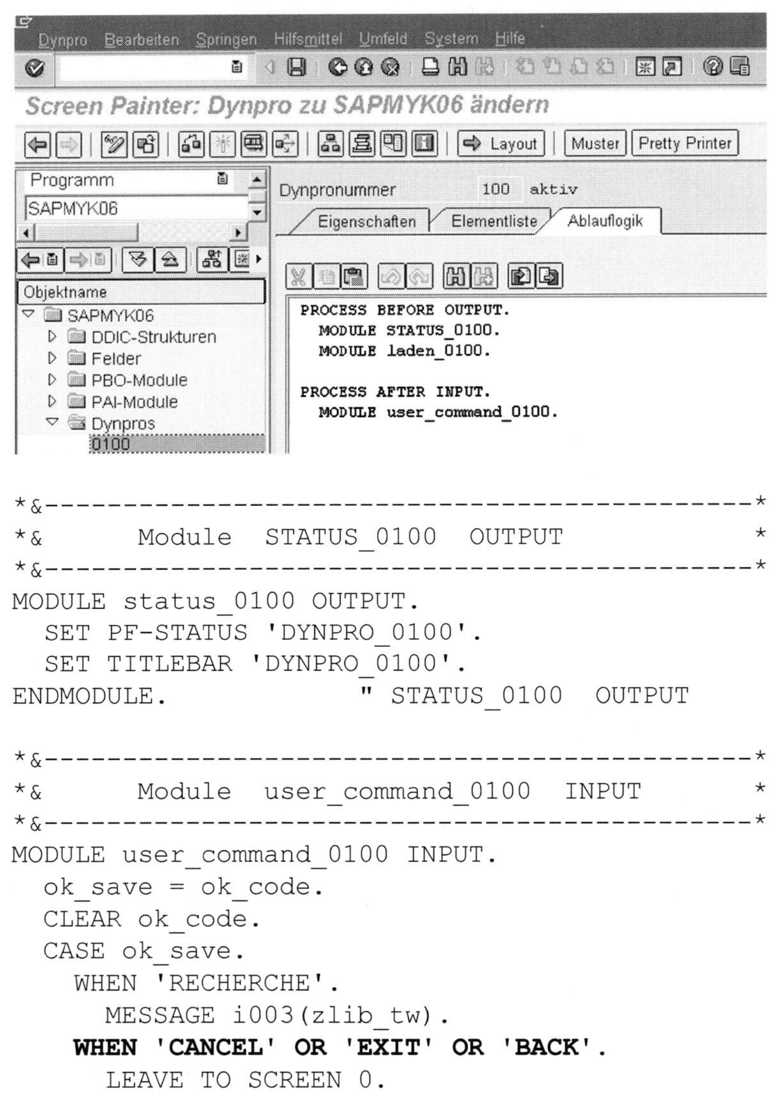


*PBO-Modul „status_0100"*

```
*&---------------------------------------------------------*
*&      Module  STATUS_0100  OUTPUT                        *
*&---------------------------------------------------------*
MODULE status_0100 OUTPUT.
  SET PF-STATUS 'DYNPRO_0100'.
  SET TITLEBAR 'DYNPRO_0100'.
ENDMODULE.              " STATUS_0100  OUTPUT
```

*PBO-Modul „status_0100"*

```
*&---------------------------------------------------------*
*&      Module  user_command_0100  INPUT                   *
*&---------------------------------------------------------*
MODULE user_command_0100 INPUT.
  ok_save = ok_code.
  CLEAR ok_code.
  CASE ok_save.
    WHEN 'RECHERCHE'.
      MESSAGE i003(zlib_tw).
    WHEN 'CANCEL' OR 'EXIT' OR 'BACK'.
      LEAVE TO SCREEN 0.
  ENDCASE.
ENDMODULE.          " user_command_0100  INPUT
```

## 6.7 Eigenschaften der Dynproelemente dynamisch ändern

Bestimmte Eigenschaften von Dynproelementen kann man dynamisch, d.h. zur Programmlaufzeit, ändern. So ist es z.B. möglich, Eingabebereitschaft oder Sichtbarkeit bestimmter Dynproelemente ein- bzw. auszuschalten.

Der dynamischen Änderung von Dynproelementattributen liegt folgende Technologie zu Grunde:

1. Das Laufzeitsystem initialisiert zu Beginn der PBO-Ablauflogik die Systemtabelle SCREEN mit den, im Layouteditor festgelegten, statischen Eigenschaften der Dynproelemente des anzuzeigenden Dynpros. Für jedes Dynproelement wird in SCREEN eine Zeile erzeugt.
2. Nach dem Laden dieser Tabelle erfolgt der Aufruf der PBO-Module. Diese haben Zugriff auf die Systemtabelle SCREEN und übernehmen die dort eingetragenen Eigenschaften.
3. Auf der Grundlage der aktuellen Daten der Systemtabelle SCREEN erfolgt jetzt die Anzeige des Layouts.

Ausschnitt der Tabelle SCREEN nach der Initialisierung

| Name des Dynpro-elements | Group1 | Eigenschaften des Dynpro-elements | | Layout, das auf Grund der statischen Attribute angezeigt werden **würde** |
|---|---|---|---|---|
| | | required | **input** | |
| zbestand-isbn | A | 0 (kein Mussfeld) | **1 (Eingabefeld)** | 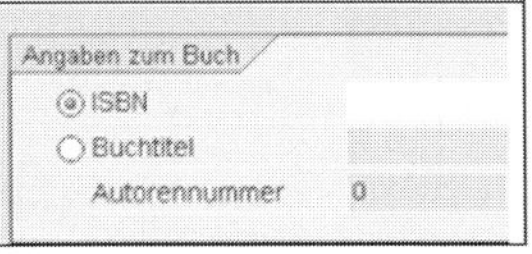 Angaben zum Buch<br>ISBN |
| zbestand-titel | B | 0 (kein Mussfeld) | **0 (kein Eingabe feld)** | Buchtitel |
| zbestand-autor1 | B | 0 (kein Mussfeld) | **0 (kein Eingabe feld)** | Autorennummer 0 |

In einem PBO-Modul wird die Eigenschaft „input" der Datenelemente mit Group1 = „B" auf „1" und die der Group1 = „A" auf „0" gesetzt.
(Group1 ist ein statisches Attribut eines Dynproelements, Sie können es zur Gruppierung von Dynproelementen nutzen, deren Attribute gemeinsam geändert werden sollen)

Ausschnitt der Tabelle SCREEN nach der Abarbeitung der PBO-Module

| Name des Dynpro-elements | Group1 | Eigenschaften des Dynpro-elements | | Layout, das auf Grund der dynamisch geänderten Attribute angezeigt **wird** |
|---|---|---|---|---|
| | | required | **input** | |
| zbestand-isbn | A | 0 (kein Mussfeld) | **0 (kein Eingabe feld)** | 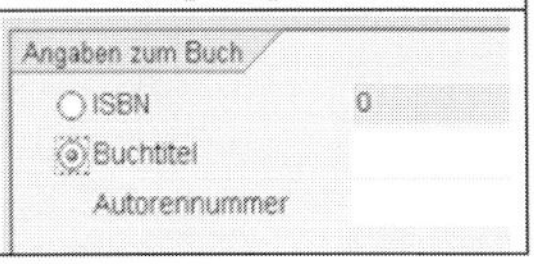 Angaben zum Buch<br>ISBN 0 |
| zbestand-titel | B | 0 (kein Mussfeld) | **1 (Eingabefeld)** | Buchtitel |
| zbestand-autor1 | B | 0 (kein Mussfeld) | **1 (Eingabefeld)** | Autorennummer |

*Abb. 6.52 Dynamische Änderung der Dynproelemente*

*Tabelle 6.1 Zuordnung statischer Eigenschaften zu Feldern der Systemtabelle SCREEN*

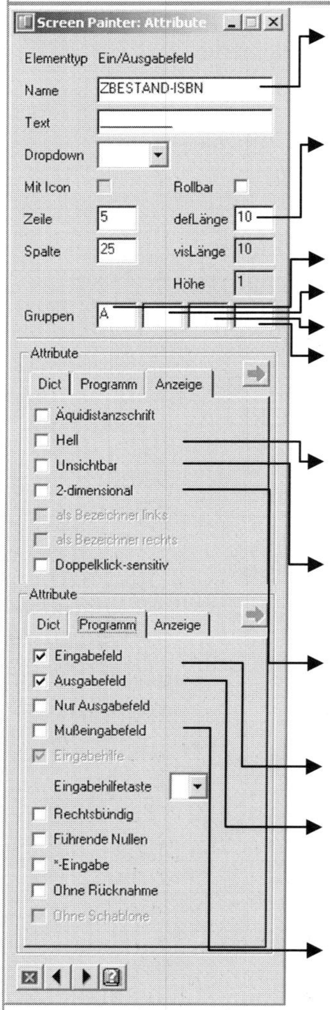

| Screen Painter: Attribute | Feldname in der internen Tabelle SCREEN | Verwendung |
|---|---|---|
| | NAME | Name des Dynproelements |
| | LENGTH | Sichtbare Länge des Dynproelements<br>screen-length = <Länge in Zeichen>. |
| | GROUP1<br>GROUP2<br>GROUP3<br>GROUP4 | Über diese Felder können Dynpro-elemente zusammengefasst werden, deren Eigenschaften den gleichen Änderungen unterliegen sollen. |
| | INTENSIFIED | Intensive Darstellung:<br>screen-intensified = 1.<br>Normale Darstellung:<br>screen-intensified = 0. |
| | INVISIBLE | Siehe Tabelle 6.1 |
| | DISPLAY-3D | 3D-Darstellung:<br>screen-display-3d = 1.<br>2D-Darstellung:<br>screen-display-3d = 0. |
| | INPUT | Siehe Tabelle 6.1 |
| | OUTPUT | Siehe Tabelle 6.1 |
| | REQUIRED | Mussfeld:<br>screen-required = 1.<br>kein Mussfeld:<br>screen-required = 0. |
| | ACTIVE | Dieses Feld hat keine Entsprechung im Screen Painter. Es dient der Vereinfachung der Änderungen<br>siehe Tabelle 6.1 |

### *Die Felder active, input, output und invisible*

Wie in Tabelle 6.1 zeigt, ist das Feld ACTIVE keinem statischen Dynproattribut direkt zugeordnet. Es wird eingesetzt, um mit einer einzigen Anweisung die Sichtbarkeit eines Dynproelementes dynamisch zu ändern. Zu Beginn der PBO-Ablauflogik wird dieses Feld für alle Dynproelemente mit dem Wert „1" geladen.

Das Setzen von ACTIVE = 0 bewirkt, dass die Felder INPUT = 0, OUTPUT = 0 und INVISIBLE = 1 automatisch für diese Tabellenzeile gesetzt werden. Damit ist das betreffende Dynproelement unsichtbar. Umgedreht bewirkt das Setzen von INPUT = 0, OUTPUT = 0 und INVISIBLE = 1 auch dass Setzen von ACTIVE = 0. Andere Zuweisungen an diese Felder werden ignoriert.

Wird das Feld ACTIVE nicht auf „0" gesetzt, bestimmen die Felder INPUT, OUTPUT, und INVISIBLE über die Sichtbarkeit eines Dynproelements. Verschiedene Varianten der Sichtbarkeit enthält Tabelle 6.2.

*Tabelle 6.2 Sichtbarkeitsvarianten*

| ACT. | INP. | OUT. | INV. | Beschreibung der Sichtbarkeit |
|---|---|---|---|---|
| 1 | 0 | 0 | 0 | Das Dynproelement<br>▪ wird angezeigt, wenn nicht statisch mit der Eigenschaft „Nur Ausgabefeld" angelegt,<br>▪ ist **nicht** eingabebereit,<br>▪ zeigt **keine** Ausgabedaten an. |
| 1 | 0 | 0 | 1 | Diese Belegung gibt es nicht. Bei INPUT = 0, OUTPUT = 0 und INVISIBLE = 0 wird ACTIVE automatisch auf 0 gesetzt |
| 1 | 0 | 1 | 0 | Das Dynproelement<br>▪ wird angezeigt,<br>▪ gibt den Inhalt des korrespondierenden Datenobjektes aus,<br>▪ ist **nicht** eingabebereit. |
| 1 | 0 | 1 | 1 | Das Dynproelement<br>▪ ist inaktiv (unsichtbar). |

| ACT. | INP. | OUT. | INV. | Beschreibung der Sichtbarkeit |
|---|---|---|---|---|
| 1 | 1 | 0 | 0 | Das Dynproelement<br>▪ wird angezeigt, wenn nicht statisch mit der Eigenschaft „Nur Ausgabefeld“ angelegt,<br>▪ ist eingabebereit,<br>▪ zeigt **keine** Ausgabedaten an. |
| 1 | 1 | 0 | 1 | Das Dynproelement<br>▪ wird angezeigt, wenn nicht statisch mit der Eigenschaft „Nur Ausgabefeld“ angelegt,<br>▪ Ausgabe durch Sterne (*) maskiert,<br>▪ Eingabebereit, Benutzereingabe durch * maskiert. |
| 1 | 1 | 1 | 0 | Das Dynproelement<br>▪ wird angezeigt,<br>▪ gibt den Inhalt des korrespondierenden Datenobjektes aus,<br>▪ ist eingabebereit, wenn nicht statisch mit der Eigenschaft „Nur Ausgabefeld“ angelegt. |
| 1 | 1 | 1 | 1 | Das Dynproelement<br>▪ wird angezeigt, wenn es nicht statisch mit der Eigenschaft „Nur Ausgabefeld“ angelegt ist,<br>▪ zeigt **keine** Ausgabedaten an,<br>▪ Eingabebereit, Benutzereingabe durch * maskiert. |

Das Setzen von INPUT = 1 wird für Felder, die statisch als *Nur Ausgabe* gekennzeichnet sind, ignoriert. Für solche Felder gilt immer INPUT = 0. Das Unsichtbarmachen von Benutzereingaben durch Sterne ( * ) kann für die Eingabe von Passwörtern verwendet werden.

### *Programmtechnische Umsetzung*

Um Dynproelementattribute zur Laufzeit zu ändern, ist in der PBO-Ablauflogik eine Schleife über die interne Tabelle SCREEN zu programmieren. In dieser Schleife wird genau die Zeile des zu ändernden Dynproelements geändert.

Beispiel:
Die Ankreuzfelder CHK_PROTECTED und CHK_PUBLIC sollen auf dem Dynpro 100 nicht angezeigt werden. Das wäre zum Beispiel dann sinnvoll, wenn dem Benutzer keine Rechte für den geschützten Bibliotheksbereich eingeräumt wurden.

1. In der PBO-Ablauflogik ist ein Modul (z.B. „Attribute_setzen_0100") aufzurufen, in dem die dynamische Änderung der Dynproattriubute programmiert wird.

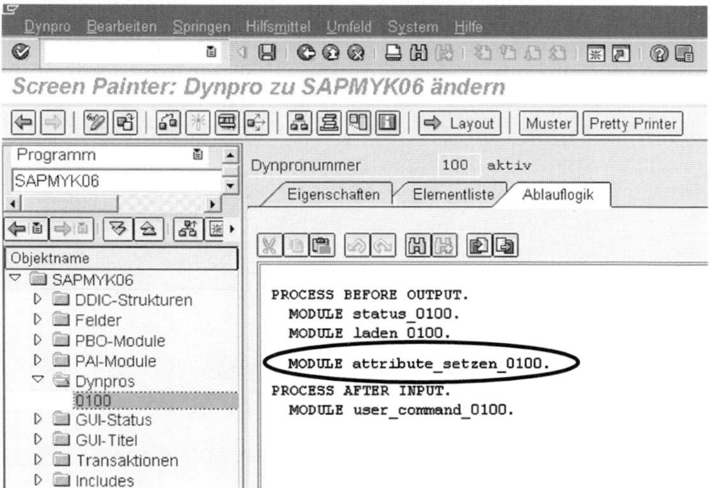


2. Im Modul „Attribute_setzen_0100" wird die Tabelle SCREEN in einer LOOP-Schleife geändert. Bei der SCREEN-Tabelle handelt es sich um eine interne Tabelle mit Kopfzeile, d.h. die sonst zur Bearbeitung einer internen Tabelle notwendige Struktur (Arbeitsbereich) ist in die Tabelle (als sogenannte Kopfzeile) integriert. Die Kopfzeile sprechen Sie über den Namen der internen Tabelle an. Das Feld ACTIVE z.B. würde über SCREEN-ACTIVE adressiert werden.

```
MODULE attribute_setzen_0100 OUTPUT.
*Die INTO-Klausel der LOOP-Anw. entfällt bei
*int. Tabellen mit Kopfzeile. Für jedes
```

```
*Dynproelement ein Schleifendurchlauf.
  LOOP AT SCREEN.
*Auswahl der zu ändernden Dynproelemente
*über eine if-Anweisung.
    IF screen-name = 'CHK_PROTECTED' OR
       screen-name = 'CHK_PUBLIC'.
*Änderung der Kopfzeile
      screen-active = 0.
*geänderte Kopfzeile in Tabelle eintragen
      MODIFY SCREEN.
    ENDIF.
  ENDLOOP.
ENDMODULE.   " attribute_setzen_0100  OUTPUT
```

Die Eingabemöglichkeiten im Programm SAPMYK06 sind noch unvollkommen. Gibt man die ISBN an, sind Angaben zu Titel und Autor nicht notwendig, weil ein Buch eindeutig durch die ISBN identifiziert wird. Die Datengruppe „Angaben zum Buch" soll deshalb so programmiert werden, dass entweder das Eingabefeld „ISBN" oder die Eingabefelder „Titel" **und** „Autorennummer" eingabefähig sind. Welche dieser beiden Eingabemöglichkeiten genutzt werden kann, steuert die Auswahlknopfgruppe ISBN / Titel.

1. Ordnen Sie dem E/A-Feld ZBESTAND-ISBN in der Gruppe1 die Zeichenkette „AI", den anderen die Zeichenkette „AT" zu.

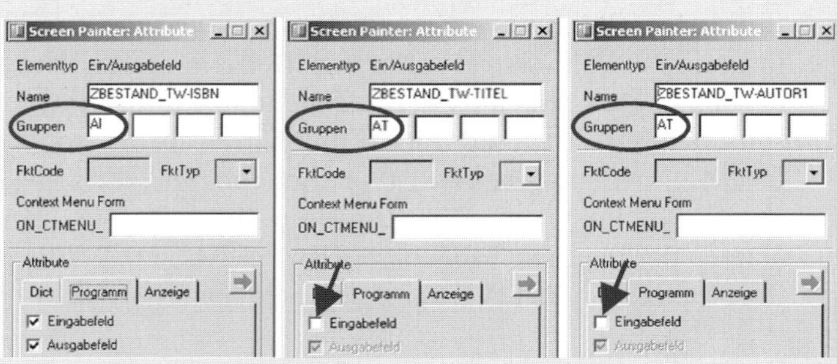


2. Deaktivieren Sie für ZBESTAND-TITEL und ZBESTAND-AUTOR1 die statische Eigenschaft „Eingabefeld".

3. Programmieren Sie in der PBO-Ablauflogik den Aufruf des Moduls, in dem die Änderungen der Dynproelementattribute erfolgen sollen (Namensvorschlag: „attribute_setzen_0100“)
4. Programmieren Sie dieses Modul entsprechend der Aufgabenstellung.

Lösung: SAPMYK06_7

Lösung:

```
*&---------------------------------------*
*&   Module  attribute_setzen_0100  OUTPUT
*&---------------------------------------*
MODULE attribute_setzen_0100 OUTPUT.
  LOOP AT SCREEN.
*Ermittlung des aktiven Auswahlknopfes
*in der CASE-Anweisung
    CASE 'X'.
      WHEN wa_rbg1-isbn.
        IF screen-group1 = 'AI'.
*Kopfzeile für Dynproelemente der
*Gruppe1 = 'AI' ändern
          screen-input = 1.
        ELSEIF screen-group1 = 'AT'.
*Kopfzeile für Dynproelemente der
*Gruppe1 = 'AT' ändern
          screen-input = 0.
        ENDIF.
        MODIFY SCREEN.
      WHEN wa_rbg1-titel.
        IF screen-group1 = 'AI'.
          screen-input = 0.
        ELSEIF screen-group1 = 'AT'.
          screen-input = 1.
        ENDIF.
*Änderungen in die Systemtabelle SCREEN
*eintragen
        MODIFY SCREEN.
    ENDCASE.
  ENDLOOP.
ENDMODULE.    " attribute_setzen_0100  OUTPUT
```

Der Modulaufruf wurde in der PBO-Ablauflogik ergänzt.

```
PROCESS BEFORE OUTPUT.
  MODULE status_0100.
  MODULE laden_0100.
  MODULE attribute_setzen_0100.

PROCESS AFTER INPUT.
  MODULE user_command_0100.
```

## 6.8 Eingabeprüfungen mit der FIELD-Anweisung

### *Einzelfelder überprüfen*

Zum Überprüfen der in das Dynpro eingegebenen Daten können Module in der PAI-Ablauflogik über die Field-Anweisung aufgerufen werden.

Syntax
FIELD <Ein-/Ausgabefeld> MODULE <Modulname>.

**Wirkung:**

1. Der Inhalt des <Ein-/Ausgabefeldes> wird an das gleichnamige Datenobjekt übergeben.
2. Das Modul <Modulname> wird ausgeführt.
3. Eine Message vom Typ „E“ oder „W“, ausgegeben im Modul <Modulname>, beendet die Abarbeitung der PAI-Ablauflogik. Das Dynpro wird, ohne das PBO durchlaufen wird, erneut angezeigt. Dabei ist nur das <Ein-/Ausgabefeld> eingabebereit.

**Beispiel:**
Im Programm SAPMYK06 soll verhindert werden, dass bei der Recherche nach Titel und Autor der Suchvorgang ausgelöst wird, wenn der Benutzer keinen Buchtitel eingegeben hat.

Dazu wird zu PAI über die Field-Anweisung das Modul „PRUEFEN_0100“ mit dem Ein-/Ausgabefeld ZBEZUG-TITEL aufgerufen.

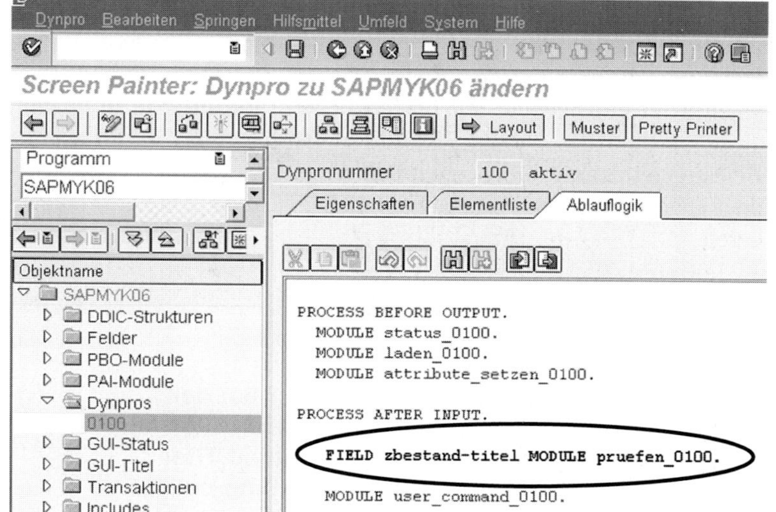


*Abb. 6.53 FIELD-Anweisung mit-Modulaufruf*

Die Programmierung des Moduls PRUEFEN_0100 sieht so aus:

```
*&---------------------------------------*
*&      Module  Pruefen_0100  INPUT
*&---------------------------------------*
MODULE pruefen_0100 INPUT.

*Die Fehlernachricht e004 darf nicht ausgegeben
*werden, wenn der Benutzer gerade den
*Auswahlknopf ISBN oder TITEL aktiviert hat, er
*hätte sonst keine Gelegenheit mehr, vor der
*Fehlerprüfung, Titel bzw. ISBN einzugeben.
*Deshalb wird die Fehlermeldung nur dann
*ausgegeben, wenn PAI nicht durch den
*Funktionscode RBG1, der diesen Auswahlknöpfen
*über die Auswahlknopfgruppe zugeordnet ist,
*ausgelöst wird.
*Hinweis: Der Funktionscode steht in OK_CODE

  IF wa_rbg1-titel = 'X'
  AND ok_code <> 'RBG1'.
    IF zbestand-titel IS INITIAL.
      CLEAR ok_code.
      MESSAGE e004(zlib_tw).
    ENDIF.
  ENDIF.
ENDMODULE.                 " Pruefen_0100  INPUT
```

Das Programm zeigt jetzt das folgende Verhalten:

Der Benutzer aktiviert den Auswahlknopf „Titel“ und klickt, ohne einen Titel einzugeben, auf eine beliebige Schaltfläche. PAI wird ausgelöst und das Modul PRUEFEN_0100 aufgerufen. Nach der Bestätigung der entsprechenden Fehlermeldung wird das Dynpro erneut angezeigt. Es ist nur das Feld „ZBESTAND_TITEL“ eingabebereit.

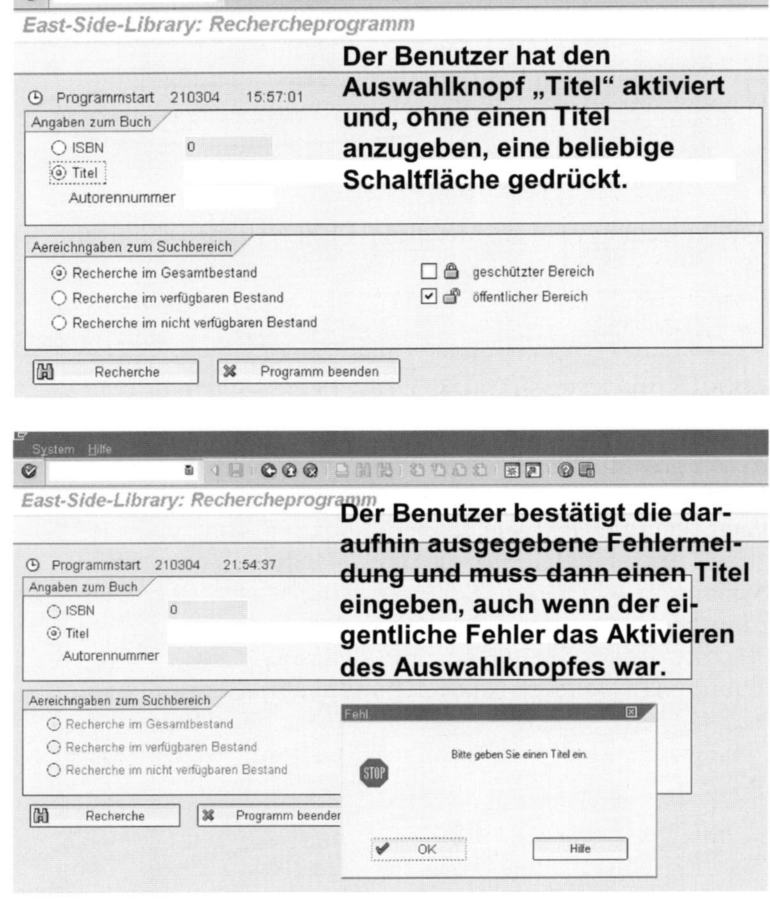


Optimal ist das Verhalten des Programmes noch nicht. Es treten zwei Bedienungsprobleme auf:

1. Es kann sein, dass der Auswahlknopf WA_RBG1-TITEL versehentlich aktiviert wurde. Um den Eingabefehler zu korrigieren, muss zunächst mindestens ein Zeichen in das Ein-/Ausgabefeld WA_ZBESTAND-TITEL eingegeben und PAI erneut ausgelöst werden (z.B. durch drücken der ENTER-Taste).
2. Auch die Drucktaste „Programm beenden“ kann im Fehlerfall vom Anwender nicht so benutzt werden, wie er sich das wünscht. Bevor er das Programm schließen kann, muss er den Fehler korrigieren.

In unserem Beispiel müssten also, um ein optimales Programmverhalten zu erreichen, die Dynproelemente

- WA_RBG1-ISBN (Auswahlknopf),
- WA_RBG1-TITEL (Auswahlknopf) und
- ZBESTAND-TITEL (Ein-/Ausgabefeld)

nach einer fehlerhaften Anwendereingabe eingabebereit geschaltet werden. Das ist mit der FIELD-Anweisung in der bisher behandelten Form nicht erreichbar, weil immer nur ein Dynproelement angegeben werden kann.

### *Mehrere Felder überprüfen*

Um mehrere voneinander abhängige Felder zu überprüfen oder/und diese Felder nach einer fehlerhaften Benutzereingabe zur Korrektur bereitzustellen, werden die FIELD-Anweisungen in einer Verarbeitungskette zusammengefasst.

Syntax:

```
CHAIN.
        FIELD: f1, f2, f3 MODULE <Modulname1>.
        [FIELD: f4, f5 MODULE <Modulname2>.]
ENDCHAIN.
```

**Wirkung:**

1. Die erste FIELD-Anweisung wird abgearbeitet und die Inhalte der Dynproelemente f1, f2 und f3 werden in die namensgleichen Datenobjekten transportiert.
2. Das Modul <Modulname1> wird ausgeführt.
3. Löst dieses Modul eine Nachricht vom Typ „E“ oder „W“ aus, wird PAI beendet und das Dynpro ohne PBO-Durchlauf erneut

angezeigt. Alle Felder der Verarbeitungskette (f1, f2, f3, f4, f5) sind eingabebereit.

4. Die zweite FIELD-Anweisung wird abgearbeitet und die Inhalte der Dynproelemente f4 und f5 werden in die namensgleichen Datenobjekten transportiert.
5. Das Module <Modulname2> wird ausgeführt.
6. Löst dieses Modul eine Nachricht vom Typ „E“ oder „W“ aus, wird PAI beendet und das Dynpro ohne PBO-Durchlauf angezeigt. Alle Felder der Verarbeitungskette (f1, f2, f3, f4, f5) sind eingabebereit.

**Beispiel:**
Im Programm YK06DBAS soll verhindert werden, dass bei der Recherche nach Titel und Autor der Suchvorgang ausgelöst wird, wenn kein Buchtitel eingegeben wurde. Der Benutzer soll jedoch die Möglichkeit erhalten, auf eine entsprechende Fehlermeldung mit dem Aktivieren des Auswahlknopfes WA_RBG1-ISBN zu reagieren.

Dazu wird zu PAI eine Verarbeitungskette programmiert, die die Inhalte der Dynproelemente

- WA_RBG1-ISBN,
- WA_RBG1-TITEL und
- ZBESTAND-TITEL

an die namensgleichen Datenobjekte übergibt und das Modul PRUEFEN_0100 aufruft. Ist das Ein-/Ausgabefeld ZBESTAND-TITEL nicht ausgefüllt, gibt das Modul eine Nachricht vom Typ „E“ aus.

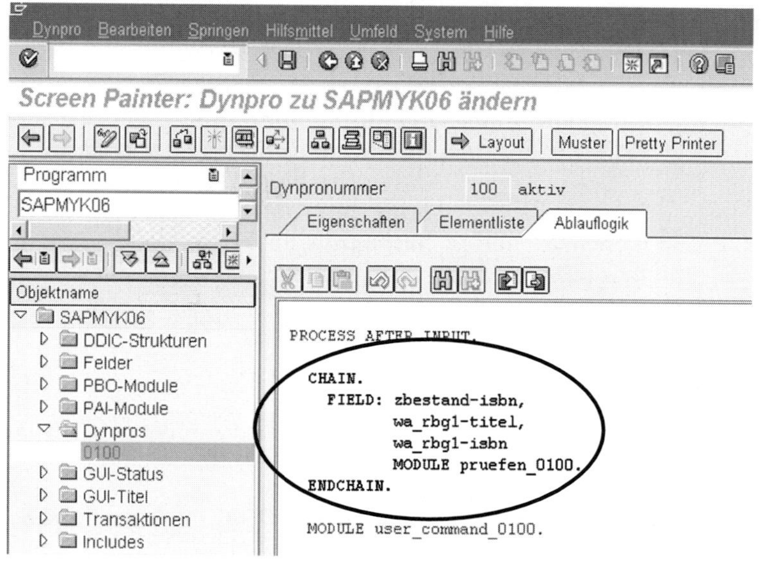


*Abb. 6.54 Verarbeitungskette*

Das Module PRUEFEN_0100 wurde nicht geändert. Seinen Quelltext können Sie auf Seite 411 analysieren.

Das Programm zeigt jetzt dieses Verhalten:

Der Benutzer aktiviert den Auswahlknopf „Titel“ und klickt, ohne einen Titel einzugeben, auf eine beliebige Schaltfläche. PAI wird ausgelöst und das Modul PRUEFEN_0100 aufgerufen Nach der Bestätigung der entsprechenden Fehlermeldung wird das Dynpro erneut angezeigt. Die Dynproelemente ZBESTAND_TITEL, WA_RBG1-ISBN und WA_RBG1-TITEL sind eingabebereit.

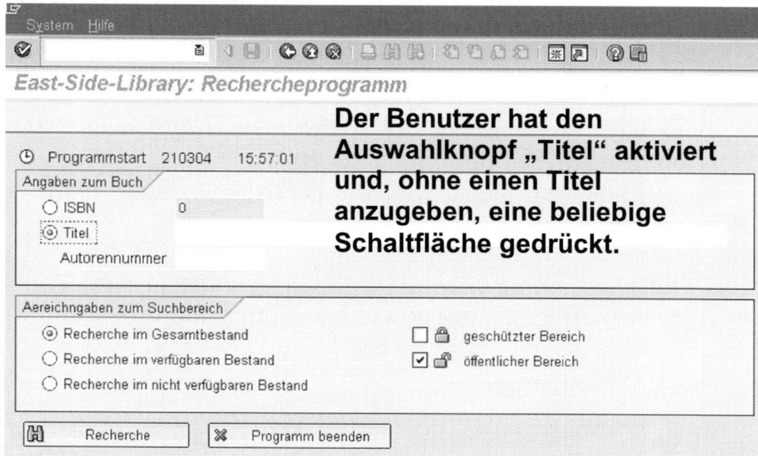

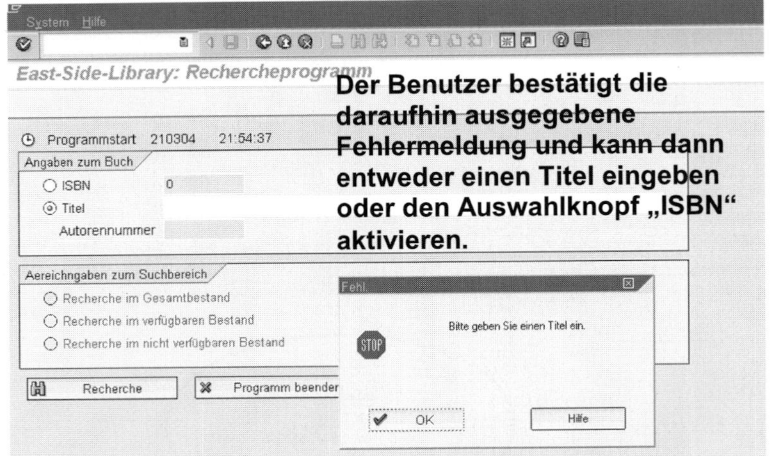

Programmieren Sie im Programm SAPMYK06 folgende Eingabeprüfungen:

- Ist der Auswahlknopf WA_RBG1-ISBN aktiviert, soll die Recherche nur ausgeführt werden, wenn der Benutzer eine ISBN eingegeben hat. Bei leerem Eingabefeld ZBESTAND-ISBN ist eine Message vom Typ „E“ (Text: „Bitte eine ISBN angeben“) auszugeben. Die Dynproelemente WA_RBG1-TITEL, WA_RBG1-ISBN und ZBESTAND-ISBN sind eingabefähig bereitzustellen.
- Ist der Auswahlknopf WA_RBG1-TITEL aktiviert soll der Anwender gezwungen werden, Titel und Autorennummer anzugeben. Hat der Benutzer nicht beide Ein-/Ausgabefelder ausgefüllt, soll ebenfalls eine Message vom Typ „E“ ausgegeben werden (Text: „Bitte Titel und Autorennummer angeben“). WA_RBG1-ISBN, WA_RBG-TITEL, ZBESTAND-TITEL und ZBESTAND-AUTOR1 sind eingabefähig bereitzustellen.
- Eine letzte Prüfung soll verhindern, dass die Recherche ausgeführt wird, wenn keines der Ankreuzfelder (geschützter Bereich, öffentlicher Bereich) aktiv ist. Auch hier ist eine entsprechende Message auszugeben. Die Ankreuzfelder sind eingabefähig anzuzeigen.

Führen Sie die Prüfungen in 3 Modulen (PRUFUNG1_0100, PRUEFUNG2_0100 und PRUEFUNG3_0100) durch.

Lösung: SAPMYK06_8

Lösung:

*PAI-Ablauflogik*

```
PROCESS AFTER INPUT.
*Alle Inhalte der in den Verarbeitungsketten
*angegebenen Dynproelemente stehen im jweils
*aufgerufenen Modul zur Verfügung. Wird im
*Modul eine Message vom Typ "E" od. "W" aus-
*gelöst, stehen alle Dynproelemente der Ver-
*arbeitungskette auf dem Dynpro
*eingabebereit zur Verfügung
  CHAIN.
    FIELD: zbestand_tw-isbn,
           wa_rbg1-titel, wa_rbg1-isbn
           MODULE pruefen1_0100.
  ENDCHAIN.
  CHAIN.
    FIELD: zbestand_tw-titel,
           zbestand_tw-autor1,
           wa_rbg1-isbn, wa_rbg1-titel
           MODULE pruefen2_0100.
  ENDCHAIN.
  CHAIN.
    FIELD: chk_protected,
           chk_public
           MODULE pruefen3_0100.
  ENDCHAIN.
  MODULE user_command_0100.
```

*Modul PRUEFEN1_ 0100*

```
*&---------------------------------------------------*
*&      Module  Pruefen1_0100  INPUT                 *
*&---------------------------------------------------*
MODULE pruefen1_0100 INPUT.
IF wa_rbg1-isbn = 'X' AND ok_code <> 'RBG1'.
  IF zbestand_tw-isbn IS INITIAL.
    CLEAR ok_code.
    MESSAGE e005(zlib_tw).
  ENDIF.
ENDIF.
ENDMODULE.             " Pruefen1_0100 INPUT
Modul PRUEFEN2_
0100
*&---------------------------------------------------*
*&      Module  Pruefen2_0100  INPUT                 *
*&---------------------------------------------------*
MODULE pruefen2_0100 INPUT.
```

```
IF wa_rbg1-titel = 'X' AND ok_code <> RBG1'.
  IF zbestand_tw-titel IS INITIAL OR
  zbestand_tw-autor1 IS INITIAL.
    CLEAR ok_code.
    MESSAGE e004(zlib_tw).
  ENDIF.
ENDIF.
ENDMODULE.                 " Pruefen2_0100  INPUT
```

*Modul PRUEFEN3_ 0100*

```
*&---------------------------------------------------------------*
*&      Module  Pruefen3_0100  INPUT                              *
*&---------------------------------------------------------------*
MODULE pruefen3_0100 INPUT.
IF chk_protected IS INITIAL AND chk_public IS
INITIAL.
  CLEAR ok_code.
  MESSAGE e006(zlib_tw).
ENDIF.
ENDMODULE.                 " Pruefen3_0100  INPUT
```

## 6.9 Bedingtes bzw. vorrangiges Ausführen von Modulen

Bisher haben wir beim Anlegen von Dynproelementen zwar einen Funktionscode vergeben, dem Funktionstyp jedoch keine Beachtung geschenkt. Der Funktionstyp informiert den Dynproprozessor beim Auslösen eines Funktionscodes darüber, wie dieser zu interpretieren ist. In speziellen Fällen entscheidet nicht der Funktionscode sondern der Funktionstyp darüber, welches Modul abgearbeitet wird. Tabelle 6.3 zeigt die Funktionstypen und ihre Wirkung auf die Ablauflogik des Dynpros.

| Funktionstyp | Wirkung auf die Ablaufsteuerung |
|---|---|
| E<br>(Exitkommando) | Das Modul mit dem Zusatz AT EXIT COMMAND wird ausgeführt. |
| H<br>(Help) | Module in der Ablauflogik POH (Process on Help Request) wird ausgeführt. |
| S<br>(Systemfunktion) | Eine Systemfunktion wird aufgerufen. Dieser Funktionstyp wird in der Regel nur in SAP-Programmen benutzt. |
| T<br>(Transaktion) | Eine Transaktion wird aufgerufen<br>Beispiel:<br>Funktionscode einer Drucktaste: SE80<br>Funktionstyp: T<br>Beim Anklicken der Drucktaste wird die Transaktion SE80 ausgeführt. |
| P | Lokales Blättern im Tabstrip |
| leer | Standard, normale PAI-Abarbitung |

*Tabelle 6.3 Funktionstypen*

Über Zusätze beim Aufruf eines Moduls kann erreicht werden, dass

- Ein Modul, unabhängig von seiner Stellung in der Ablauflogik, vorrangig aufgerufen wird, wenn der Anwender eine Drucktaste oder einen Menüpunkt mit bestimmten Eigenschaften (Funktionstyp „E") ausgewählt hat,
- ein Prüfmodul nur dann aufgerufen wird, wenn der Benutzer Eingaben oder Änderungen in einem zu prüfenden Feld vorgenommen hat.

*Tabelle 6.4 Zusätze zur MODULE-Anweisung*

| Zusatz | Anwendung |
|---|---|
| AT EXIT-COMMAND | **MODULE flucht AT EXIT-COMMAND.**<br>Eine Drucktaste bzw. ein Menüpunkt mit dem Funktionstyp „E" „springt" genau das Modul FLUCHT an.<br>**Hinweise**<br>▪ Das Modul FLUCHT wird nur ausgeführt, wenn es über eine Schaltfläche bzw. einem Menüpunkt mit dem Funktionstyp „E" aufgerufen wird. Bei anderen Funktionstypen wird dieses Modul von der PAI-Ablauflogik übersprungen.<br>▪ Enthält das Modul FLUCHT keine Anweisung zum Verlassen des aktuellen Dynpros, werden nachfolgen die Prüfmodule und dann die „normalen" PAI-Module prozessiert. |
| ON INPUT | **FIELD xy MODULE pruef ON INPUT.**<br>Nur wenn sich der Wert von XY von seinem Initialwert unterscheidet, wird PRUEF ausgeführt. |
| ON CHAIN-INPUT | **CHAIN.**<br>**FIELD: ax, bx**<br>**MODULE pruef ON CHAIN-INPUT.**<br>**ENDCHAIN.**<br>Nur wenn sich der Wert für AX oder BX vom Initialwerten unterscheidet, wird das Module PRUEF prozessiert. |
| ON REQUEST | FIELD x MODULE pruef ON REQUEST.<br>Nur wenn sich der Wert für X geändert hat, wird PRUEF ausgeführt. |
| ON CHAIN-REQUEST | **CHAIN.**<br>**FIELD: ax, bx**<br>**MODULE pruef ON CHAIN-REQUEST.**<br>**ENDCHAIN.**<br>Nur wenn sich der Wert für AX oder BX geändert hat, wird das Module PRUEF prozessiert. |

In dieser Aufgabe soll das Programmverhalten so geändert werden, dass mit dem Funktionscode CANCEL das Programm beendet wird, ohne das die Prüfmodule ausgeführt werden.

1. Legen Sie im Attributefenster der Drucktaste „Programm beenden“ und im GUI-Status „DYNPRO_0100“ für den Funktionscode CANCEL den Funktionstyp „E“ (Exit) fest

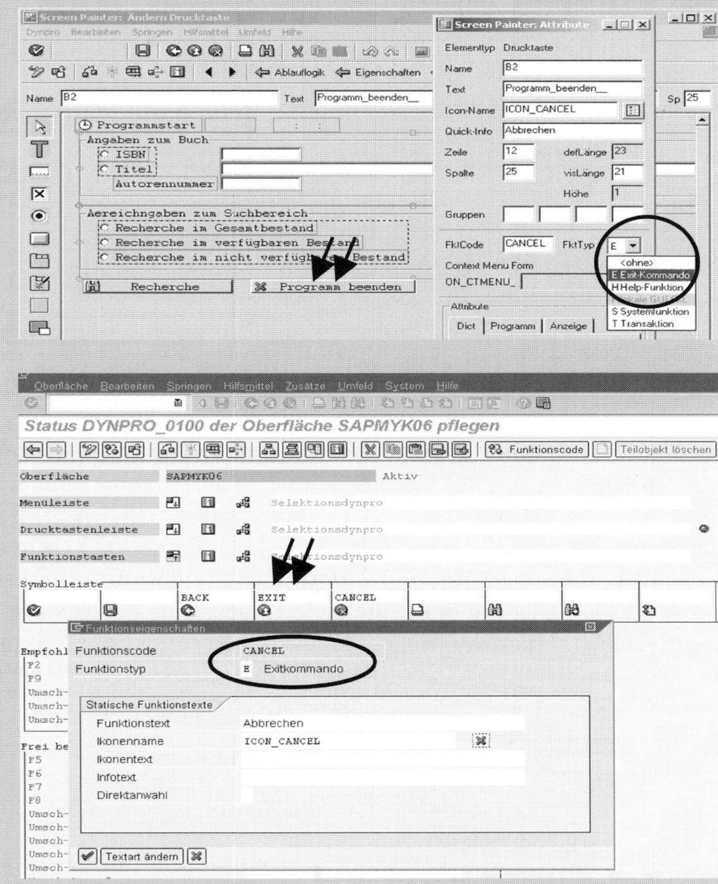

2. Fügen Sie in die PAI-Ablauflogik die Anweisung MODULE beenden AT EXIT-COMMAND ein.
3. Legen Sie das Modul BEENDEN per Vorwärtsnavigation an.
4. Beenden Sie im Modul BEENDEN das Programm mit der Anweisung LEAVE TO SCREEN 0.

5. Führt der Funktionscode CANCEL direkt zum Modul BEENDEN? Testen Sie Ihr Programm.

Lösung: SAPMYK06_9

Lösung:

```
PROCESS AFTER INPUT.
```

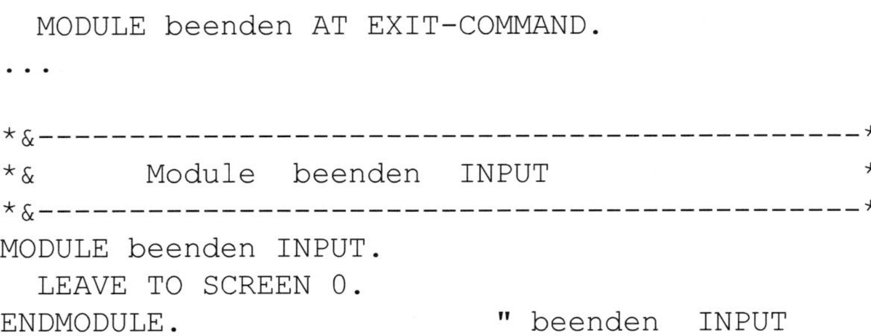

```
  MODULE beenden AT EXIT-COMMAND.
...

*&---------------------------------------------------------*
*&      Module  beenden  INPUT                             *
*&---------------------------------------------------------*
MODULE beenden INPUT.
  LEAVE TO SCREEN 0.
ENDMODULE.                 " beenden  INPUT
```

Zum Abschluss dieses Kapitels sollen nun die Daten des im Selektionsdynpro ausgewählten Buches in einem zweiten Dynpro angezeigt werden. Prinzipielles zum Aufruf von Dynpros und zu Dynproketten ist schon in Kapitel 6.3 auf Seite 357 ausgeführt worden. Die Abb. 6.55 zeigt für unser Beispielprogramm den Aufruf des Dynpros 200 über die Anweisung CALL SCREEN 0200, die eine neue Dynprokette aufruft, und den Rücksprung über die Anweisung LEAVE TO SCREEN 0, die die neue Dynprokette beendet und zur Aufrufstelle (zurück)verzweigt.

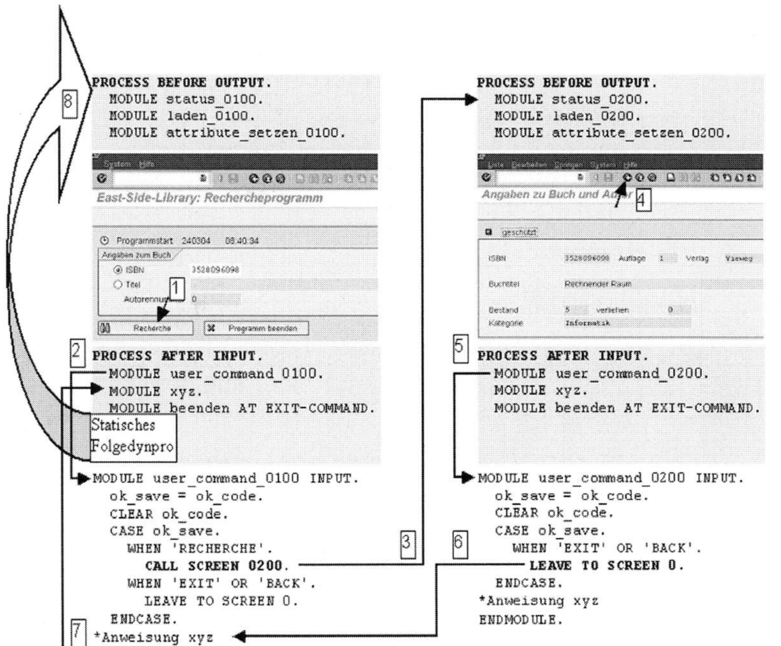


*Abb. 6.55 Aufruf einer Dnprokette über CALL SCREEN.*

Abbilung 6.56 zeigt den Aufruf des Dynpros 200 über die Anweisung LEAVE TO SCREEN 0200 und den Rücksprung vom Dynpro 200 in Dynpro 100, über die Anweisung LEAVE TO SCREEN 0100.

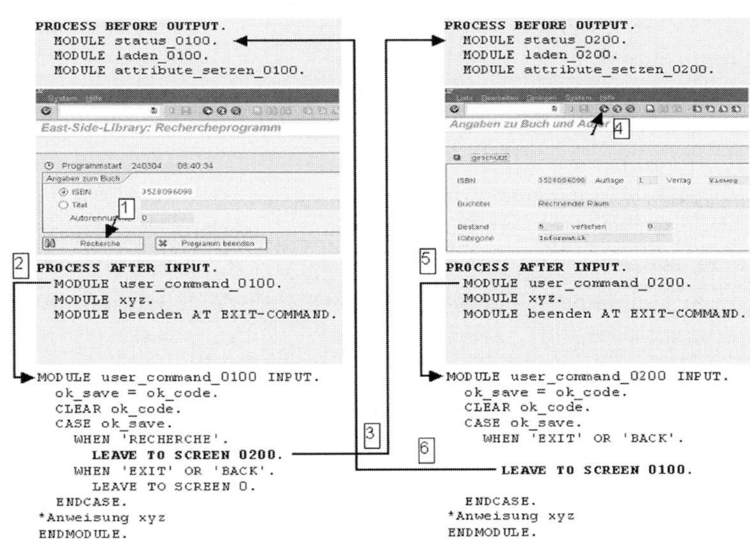


*Abb. 6.56 Dynproaufruf mit LEAVE TO SCREEN <scr>*

Der gegenseitige Dynproaufruf über LEAVE TO SCREEN <scr> ist sicher die geeignetere Methode für unser Beispielprogramm.

1. Legen Sie im Programm SAPMYK06 ein Dynpro mit der Dynpronummer 200 an. In diesem Dynpro sollen Angaben zum ausgewählten Buch und dessen Autor(en) angezeigt werden. Orientieren Sie sich am folgenden Layout:

Statusikone + <ZBESTAND-BEREICH>

ISBN Auflage Verlag Jahr

Buchtitel

Bestand verliehen

Kategorie

Felder aus der Datenbanktabelle ZBESTAND

Autor 1 Autor 2 Autor 3

Name

Vorname1

Vorname2

Geburtsdatum

Land

Komponenten aus WA_AUTOR1...WA_AUTOR3

2. Legen Sie einen GUI-Status DYNPRO_200 an. Ordnen Sie in der Symbolleiste die Funktinscodes BACK, EXIT und CANCEL den entsprechenden Symbolen zu.

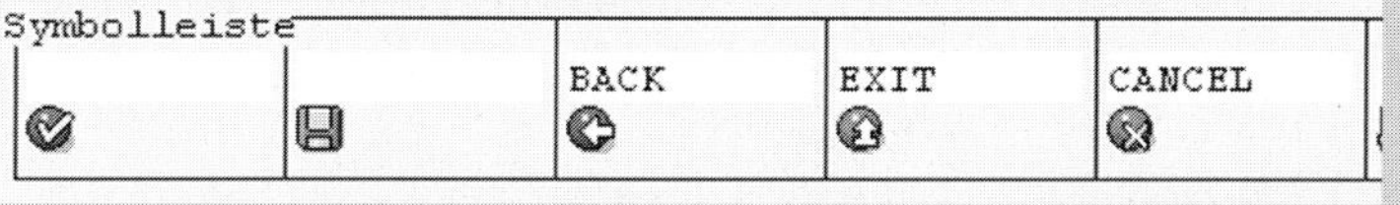


3. Legen Sie GUI-Titel DYNPRO_0200 an. Tragen Sie als Titel „Angaben zu Buch und Autor“ ein.
4. Programmieren Sie in der PBO-Ablauflogik des Dynpros 200 einen Modulaufruf MODULE status_0200. Legen Sie dieses Modul in der Vorwärtsnavigation an und rufen Sie dort GUI-Status und GUI-Titel auf.
5. Programmieren Sie in der PAI-Ablauflogik des Dynpros 200 den Modulaufruf MODULE user_command_0200. Sorgen Sie in diesem Modul dafür, dass für die Funktionscodes BACK und EXIT das Dynpro 100 aufgerufen wird. Der Funktionscode CANCEL soll das Programm beenden.
6. Programmieren Sie im Module USER_COMMAND_0100 des Dynpros 100 den Aufruf des Dynpros 200. Aktivieren Sie alle Programmteile und testen Sie Ihr Programm.

7. Legen Sie in der PBO-Ablauflogik des Dynpros 200 ein Modul LADEN_0200 an. Laden Sie dort die Standardstruktur ZBESTAND mit den Daten des Buches, das durch die Eingaben in Dynpro 100 selektiert wurde. Berücksichtigen Sie dabei:

   - Die Ankreuzfelder (geschützter bzw. öffentlicher Bestand). Welche Bücher zum „geschützten" bzw „öffentlichen" Bereich gehören, entscheidet sich im Feld „Bereich" der Tabelle ZBESTAND. Dort gibt es die Einträge „öffentlich" und „geschützt".
   - Die Auswahlfelder (Gesamtbestand, verfügbarer / nicht verfügbarer Bestand)

   Hinweis: Lesen Sie dazu zuerst über eine SELECT SINGLE-Anweisung den Datensatz aus der Datenbanktabelle ZBESTAND. Untersuchen Sie danach, ob der Datensatz den Bedingungen des Auswahl- und der Ankreuzfelder entspricht.

   Laden Sie die Strukturen WA_AUTOR1, WA_AUTOR2 und WA_AUTOR3 mit den entsprechenden Daten aus der Datenbanktabelle ZAUTOREN.

5. Legen Sie in der PBO-Ablauflogik des Dynpros 200 ein weiteres Modul „ATTRIBUTE_SETZEN_0200" an. In diesem Modul soll die Statusikone in Abhängigkeit vom Feld BEREICH der Datenbanktabelle ZBESTAND wie folgt geladen werden:

| **Bereich** | **Ikone** |
|---|---|
| öffentlich | ICON LED GREEN |
| geschützt | ICON LED RED |

   Sorgen Sie in diesem Modul auch dafür, dass die Ein-/Ausgabefelder für die Datengruppen Autor2 und Autor3 nur dann sichtbar sind, wenn im Bestandsdatensatz des anzuzeigenden Buches die Felder AUTOR2 bzw AUTOR3 nicht leer sind.

Lösung: YK06DBAS_10

Lösung:

```
*&---------------------------------------------*
*& Include MYK06_10TOP                          *
*&---------------------------------------------*
PROGRAM  SAPMYK06_10                   .
```

```
tables: zbestand_tw.
DATA: wa_autor1 type zautoren_tw,
      wa_autor2 type zautoren_tw,
      wa_autor3 type zautoren_tw,
      anzeige,
      anzahl type zbestand_tw-bestand,
      icon1 type icons-text.
DATA: startdatum type d, startzeit type t.
DATA: ok_code type sy-ucomm,
      ok_save type sy-ucomm.
DATA: begin of wa_rbg1,
        isbn value 'X',
        titel,
      end of wa_rbg1,
      begin of wa_rbg2,
        ges value 'X',
        ver,
        nver,
      end of wa_rbg2,
      chk_protected, chk_public value 'X'.
```

### *Dynpro 100*

```
*&---------------------------------------------------------------*
*&      Module  user_command_0100  INPUT                         *
*&---------------------------------------------------------------*
MODULE user_command_0100 INPUT.
  ok_save = ok_code.
  CLEAR ok_code.
  CASE ok_save.
    WHEN 'RECHERCHE'.
      LEAVE TO SCREEN 0200.
    WHEN 'EXIT' OR 'BACK'.
      LEAVE TO SCREEN 0.
  ENDCASE.
ENDMODULE.          " user_command_0100  INPUT
```

### *Dynpro 200*

**Hinweis:** In Punkt 5 der Aufgabenstellung sollen die Ausgabefelder für die Autoren 2 und 3 unsichtbar geschaltet werden, wenn Autor 2 bzw. Autor 3 nicht vorhanden ist. Es ist deshalb ganz praktisch, die Felder in der Elementliste mit unterschiedlichen Einträgen in „Gruppe 1" zu versehen.

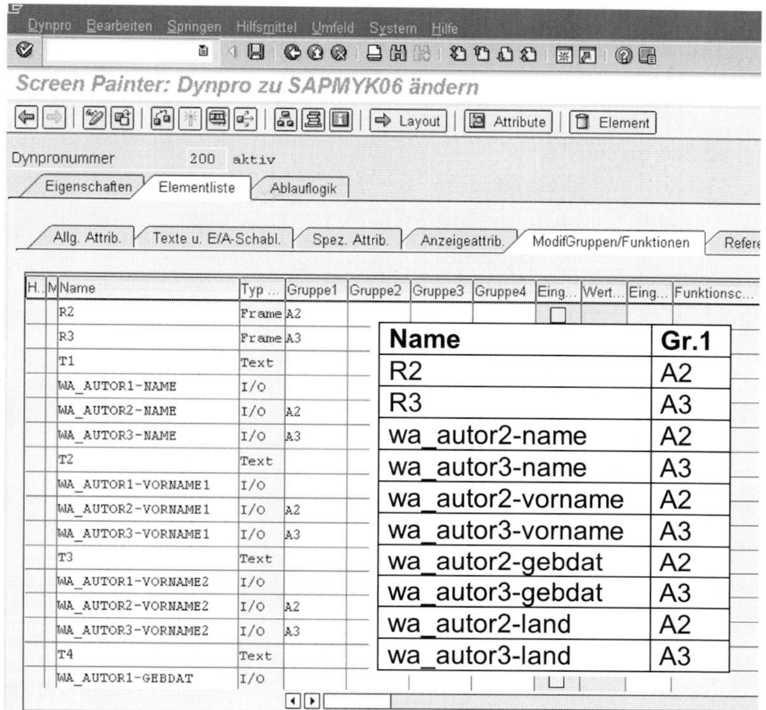


| Name | Gr.1 |
|---|---|
| R2 | A2 |
| R3 | A3 |
| wa_autor2-name | A2 |
| wa_autor3-name | A3 |
| wa_autor2-vorname | A2 |
| wa_autor3-vorname | A3 |
| wa_autor2-gebdat | A2 |
| wa_autor3-gebdat | A3 |
| wa_autor2-land | A2 |
| wa_autor3-land | A3 |

### *Ablauflogik Dynpro 200*

```
PROCESS BEFORE OUTPUT.
  MODULE status_0200.
  MODULE laden_200.
  MODULE attribute_setzen_0200.
PROCESS AFTER INPUT.
  MODULE user_command_0200.
*Das Modul BEENDEN, ursprünglich angelegt im
*Dynpro 100, kann von jedem anderen Dynpro aus
*aufgerufen werden. Das gilt auch für andere
*Module
  MODULE beenden AT EXIT-COMMAND.

*&---------------------------------------------*
*&      Module  STATUS_0200  OUTPUT            *
*&---------------------------------------------*
MODULE status_0200 OUTPUT.
  SET PF-STATUS 'DYNPRO_0200'.
  SET TITLEBAR 'DYNPRO_0200'.
ENDMODULE.                 " STATUS_0200  OUTPUT
```

```
*&---------------------------------------------------*
*&      Module  laden_200  OUTPUT                    *
*&---------------------------------------------------*
MODULE laden_200 OUTPUT.
  anzeige = '0'.
  IF NOT wa_rbg1-isbn IS INITIAL.
    SELECT SINGLE * FROM zbestand_tw
    INTO zbestand_tw
    WHERE isbn = zbestand_tw-isbn.
    IF sy-subrc = 0.anzeige = '1'.ENDIF.
  ELSE.
    SELECT SINGLE * FROM zbestand_tw
    INTO zbestand_tw
    WHERE titel = zbestand_tw-titel AND
    ( autor1 = zbestand_tw-autor1 OR
      autor2 = zbestand_tw-autor1 OR
      autor3 = zbestand_tw-autor1 ).
    IF sy-subrc = 0.anzeige = '1'.ENDIF.
  ENDIF.

*ANZEIGE = 1: DBTab. enthält gesuchte Daten
  IF anzeige = '1'.
    anzahl = zbestand_tw-bestand -
             zbestand_tw-ausgeliehen.
    CASE 'X'.
      WHEN wa_rbg2-ver.
        IF anzahl <= 0.anzeige = '0'.ENDIF.
*Anzeige auf '0' gesetzt, wenn nur der ver-
*fügbare Datenbestand angezeigt werden soll,
*das Buch jedoch nicht verfügbar ist.
      WHEN wa_rbg2-nver."nicht verfüg. Best.
        IF anzahl > 0.anzeige = '0'.ENDIF.
*Anzeige auf '0' gesetzt, wenn nur der nicht
*verfügbare Datenbestand angezeigt werden soll,
*das Buch jedoch verfügbar ist.
    ENDCASE.
*Berücksichtigung der Ankreuzfelder
    IF chk_protected IS INITIAL AND
    zbestand_tw-bereich = 'geschützt'.
*Buch im nicht-anzuzeigenden (gesch) Bereich
      anzeige = '0'.
    ENDIF.
    IF chk_public IS INITIAL AND
    zbestand_tw-bereich = 'öffentlich'.
```

```
      anzeige = '0'.
*Buch im nicht-anzuzeigenden (öffentl) Ber.
    ENDIF.
  ENDIF.
  IF anzeige = '1'.
    CLEAR: wa_autor1, wa_autor2, wa_autor3.
    SELECT SINGLE * FROM zautoren_tw
    INTO wa_autor1
    WHERE autorennr = zbestand_tw-autor1.

    SELECT SINGLE * FROM zautoren_tw
    INTO wa_autor2
    WHERE autorennr = zbestand_tw-autor2.

    SELECT SINGLE * FROM zautoren_tw
    INTO wa_autor3
    WHERE autorennr = zbestand_tw-autor3.
  ELSE.
    MESSAGE i007(zlib_tw).
    LEAVE TO SCREEN 100.
  ENDIF.
ENDMODULE.                 " laden_200  OUTPUT
*&---------------------------------------------*
*&     Module  attribute_setzen_0200  OUTPUT   *
*&---------------------------------------------*
MODULE attribute_setzen_0200 OUTPUT.
*Statusikone laden
  IF zbestand_tw-bereich = 'geschützt'.
    CALL FUNCTION 'ICON_CREATE'
         EXPORTING
              name   = 'ICON_LED_RED'
         IMPORTING
              result = icon1.
  ELSE.
    CALL FUNCTION 'ICON_CREATE'
         EXPORTING
              name   = 'ICON_LED_GREEN'
         IMPORTING
              result = icon1.
  ENDIF.
*Anzeigefelder für nicht vorhandene Autoren
*unsichtbar schalten
  LOOP AT SCREEN.
    IF screen-group1 = 'A2' AND
```

```
    wa_autor2-autorennr IS INITIAL.
      screen-invisible = 1.
    ENDIF.
    IF screen-group1 = 'A3' AND
    wa_autor3-autorennr IS INITIAL.
      screen-invisible = 1.
    ENDIF.
    MODIFY SCREEN.
  ENDLOOP.
ENDMODULE.   " attribute_setzen_0200  OUTPUT

*&-------------------------------------------------*
*&      Module  USER_COMMAND_0200  INPUT          *
*&-------------------------------------------------*
MODULE user_command_0200 INPUT.
  ok_save = ok_code.
  CLEAR ok_code.
  CASE ok_save.
    WHEN 'EXIT' OR 'BACK'.
      LEAVE TO SCREEN 0100.
  ENDCASE.
ENDMODULE.        " USER_COMMAND_0200  INPUT
```

# 7 Subscreens, Listen und Tabellen in Dynpros

## 7.1 Zielstellung des Kapitels

In diesem Kapitel werden folgende ABAP-Programmiertechniken behandelt:

- Anzeige von Dynpros in einem Trägerdynpro (Subscreentechnik),
- Anzeige von Listen in Dynpros,
- Anzeige von Daten in Table Controls.

Das Rechercheprogramm der East-Side-Library wird weiterentwickelt und sieht nach der Bearbeitung der Aufgaben dieses Kapitels wie folgt aus:

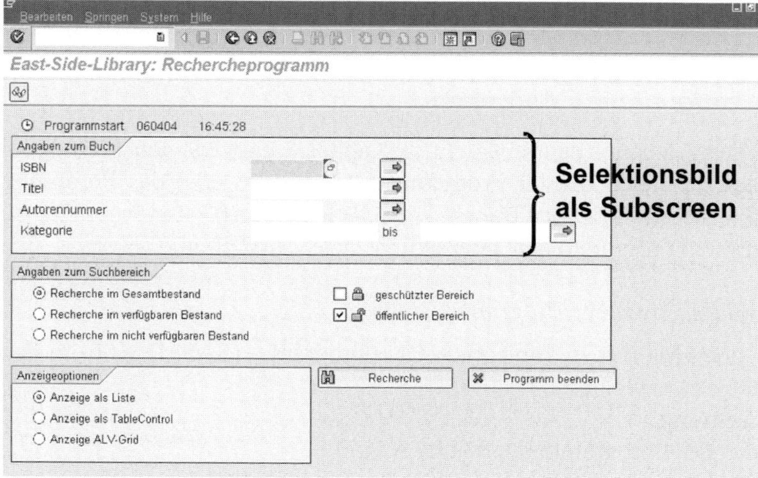


*Abb. 7.1 Dynpro 100 mit Selektionsbild*

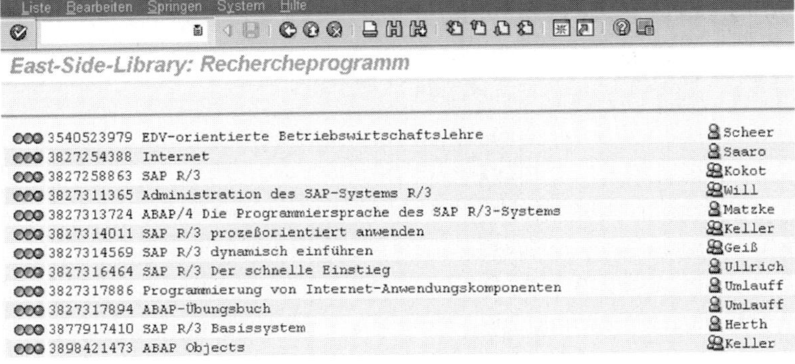


Abb. 7.2 Datenausgabe in Listenform auf einem Dynpro

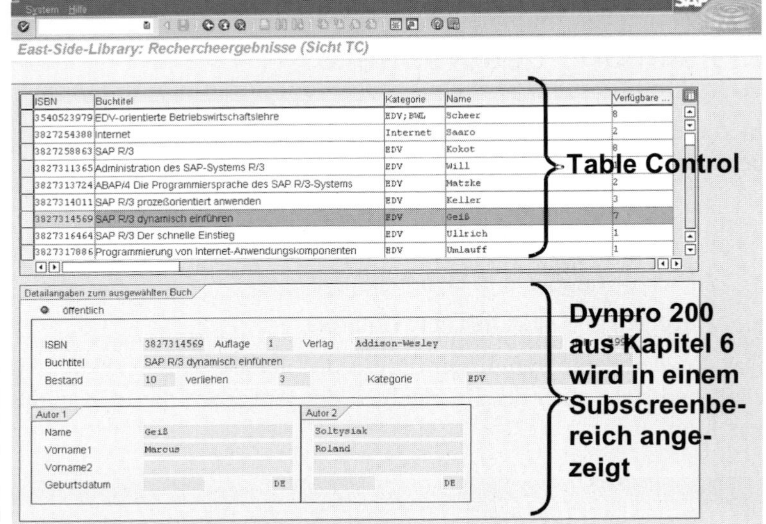


Abb. 7.3 Datenausgabe im Table Control, Detailangaben im Subscreendynpro

### *Vorbereitende Aufgaben*

Dieses Kapitel baut auf dem in Kapitel 6 entwickelten Modulpool auf. Kopieren Sie Ihr Programm SAPMYK06 oder das Programm SAPMYK06_10 der Buch-CD nach SAPMYK07 und legen Sie zu diesem Programm den Transaktionscode ZK07_1 an.

*Vorgehensweise: Programm kopieren*

Laden Sie das zu kopierende Quellprogramm (SAPMYK06) in den Object Navigator.

**Achtung:**

das Quellprogramm muss aktiv sein.

Wählen Sie im Kontextmenü des Rahmenprogrammes den Menüpunkt „Kopieren“.

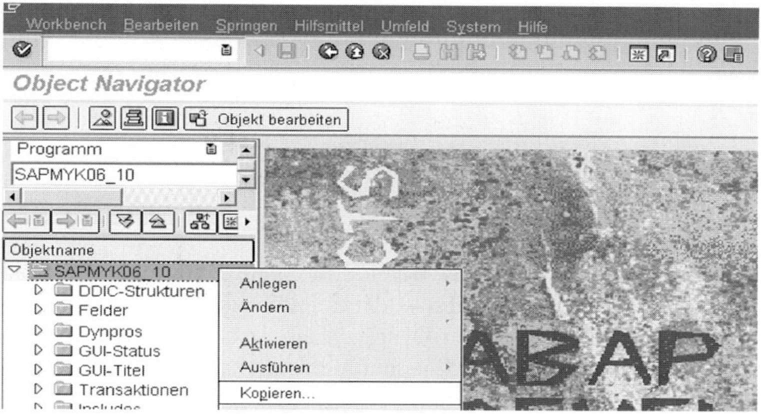


Abb. 7.4 Modulpool kopieren, Einstieg

Im Folgebild „Programm <Quellprogramm> kopieren“ tragen Sie den Namen des Zielprogrammes (SAPMYK07) ein.

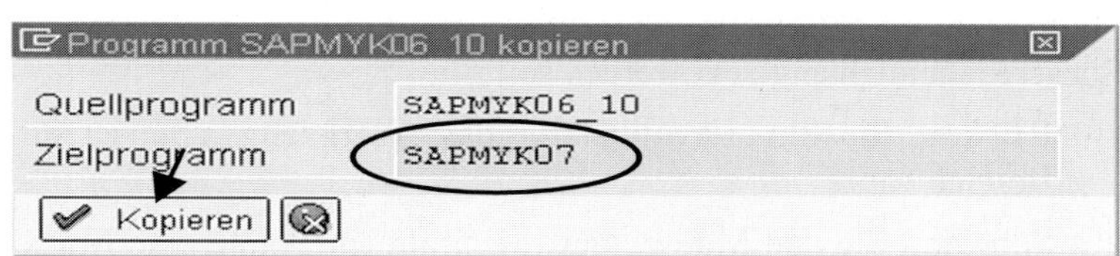


Abb. 7.5 Zielprogramm angeben

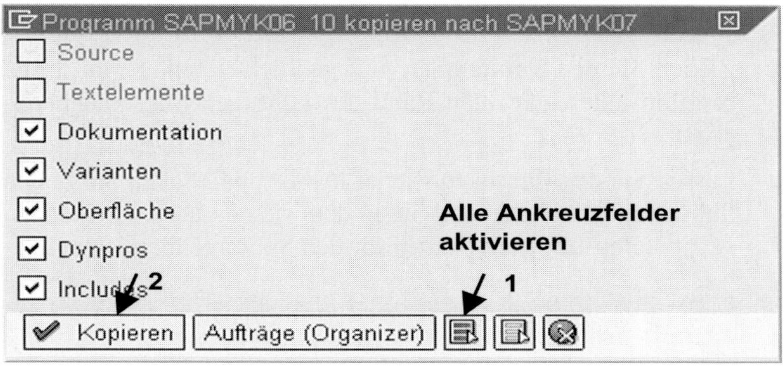

Abb. 7.6 Zu kopierende Programmkomponenten auswählen

Die Includes, die kopiert werden sollen, müssen im Folgebild ausgewählt werden. Wenn Sie sich an die Namenskonvention (SAPM...) halten, sind die Felder bereits richtig vorbelegt.

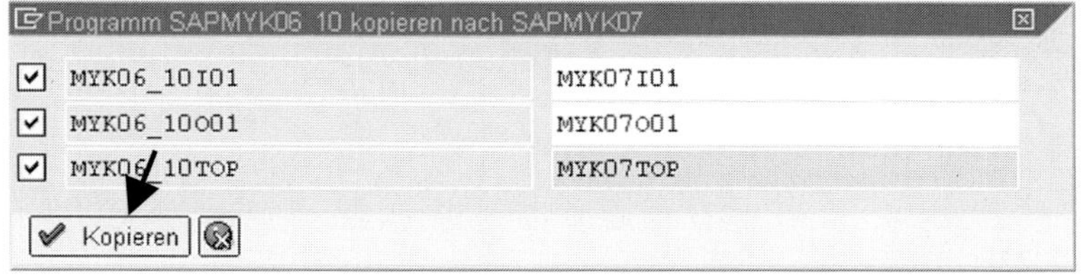


Abb. 7.7 Includes kopieren

Ordnen Sie anschließend der Kopie Entwicklungsklasse und Workbenchauftrag zu.

## 7.2 Subscreenbereiche und Subscreendynpros

Ein Subscreenbereich ist ein Bereich in einem Dynpros der für die Anzeige von Subscreendynpros oder Selektionsbildern reserviert ist. Ein Subscreendynpro ist ein Dynpro, das wie ein normales Dynpro angelegt und verwaltet wird, jedoch nur innerhalb eines Subscreenbereiches eines anderen Dynpros (Trägerdynpro) abgebildet werden kann.

*Vorgehensweise: Subscreenbereich anlegen*

Starten Sie den grafischen Layouteditor mit dem Dynpro, in dem der Subscreenbereich angelegt werden soll.

1. Klicken Sie im Layouteditor das Werkzeug „Subscreen-Bereich" an.
2. Schieben Sie den Mauszeiger (Minirahmen), ohne eine Maustaste zu drücken, an die linke obere Ecke des künftigen Subscreenbereiches.
3. Ziehen Sie den Minirahmen, mit gedrückter linker Maustaste, bis zum unteren rechten Rand des künftigen Subscreenbereiches.
4. Lassen Sie die Maustaste wieder los. Doppelklicken Sie in den Subscreenbereich. Tragen Sie in dem sich daraufhin öffnenden Attributefenster einen Namen für den Subscreenbereich ein.

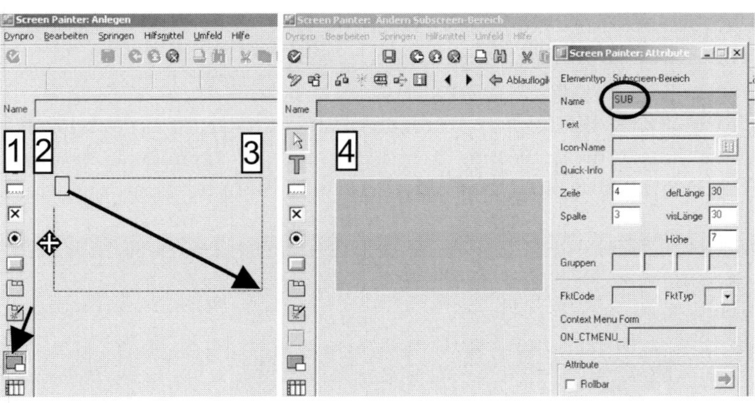


Abb. 7.8 Anlegen eines Subscreenbereiches

*Vorgehensweise: Subscreendynpro anlegen*

Ein Subscreendynpro wird wie ein normales Dynpro angelegt. Aktivieren Sie in der Registerkarte „Eigenschaften“ den Auswahlknopf „Subscreen“.

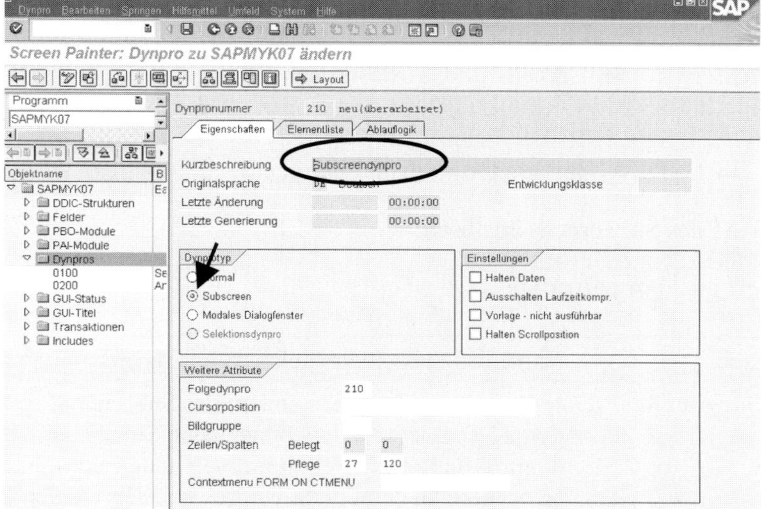


Abb. 7.9 Anlegen eines Subscreendynpros

## *Einschränkungen für Subscreendynpros*

Für Subscreendynpros bestehen folgende Einschränkungen:

- Sie dürfen nicht zwischen LOOP / ENDLOOP und CHAIN / ENDCHAIN aufgerufen werden.
- Ein Subscreendynpro darf kein OK-Feld besitzen (kein Eintrag im OK-Feld der Elementliste).
- Objektnamen müssen über alle Subscreendynpros, die in einem Trägerdynpro aufgerufen werden, eindeutig sein.
- Ein Subscreendynpro darf kein Modul mit dem Zusatz „AT EXIT-COMMAND“ enthalten.
- Die Anweisungen SET SCREEN... und LEAVE SCREEN... bzw. LEAVE TO SCREEN… sind nicht erlaubt und führen zu Laufzeitfehlern. (CALL SCREEN ... ist erlaubt).

Layout, Ablauflogik und Module eines Subscreendynpros werden, unter Beachtung der Einschränkungen für Subscreendynpros, genau so angelegt wie bei normalen Dynpros.

### *Subscreendynpro in Subscreenbereich einbinden*

Das Subscreendynpro bzw. das Selektionsbild, das in einem Subscreenbereich angezeigt werden soll, wird in der Ablaufsteuerung des Trägerdynpros aufgerufen. PBO und PAI des Subscreens werden ebenfalls von der Ablauflogik des Trägerdynpros ausgelöst.

Syntax:
**Aufruf des Subscreens und Auslösen von PBO:**
PROCESS BEFORE OUTPUT.
 CALL SUBSCREEN <sub>
 INCLUDING <programm> <dynpronummer>.

**PAI des Subscreens auslösen:**
PROCESS AFTER INPUT.
CALL SUBSCREEN <sub>.

| | |
|---|---|
| sub | Name des Subscreenbereiches im Trägerdynpro |
| programm | Name des Programmes, indem das Subscreendynpro angelegt ist. Es können auch Subscreendynpros aus anderen Programmen in den Subscreenbereich des Trägerdynpros geladen werden. |
| dynpronummer | Nummer des Subscreens. Kann statisch als Literal (z.B. '200') oder dynamisch als Variable angegeben werden. |

### *Statischer Aufruf eines Subscreens*

Abb. 7.10 Statischer Aufruf eines Sybscreens

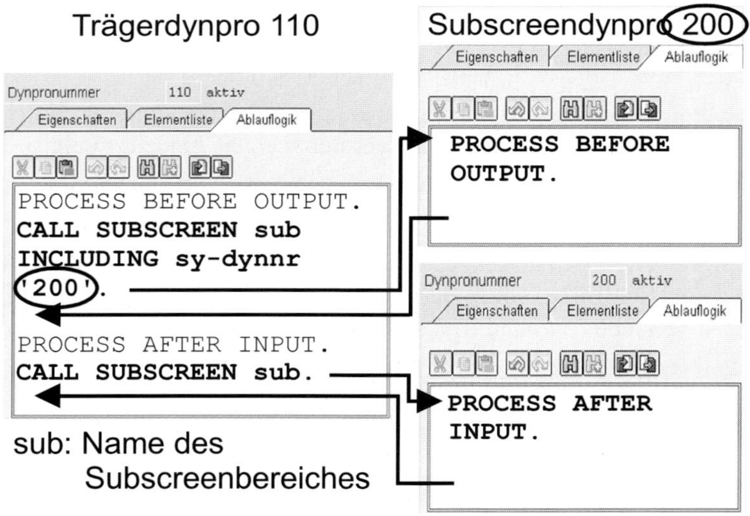

### *Dynamischer Aufruf eines Subscreens*

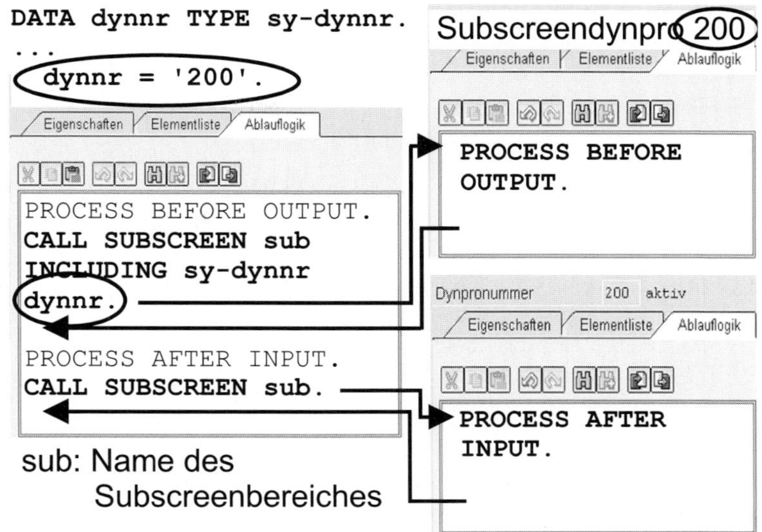


*Abb. 7.11 Dynamischer Aufruf eines Subscreens*

Das anzuzeigende Subscreendynpro wird erst zur Programmlaufzeit ausgewählt.

### *Selektionsbilder als Subscreens*

In der Listenprogrammierung können über die Konstruktion

```
SELECTION-SCREEN BEGIN OF SCREEN <dynnr>.
* Anweisungen zur Gestaltung des Selektionsbildes
SELECTION-SCREEN END OF SCREEN <dynnr>.
```

Selektionsbilder als eigenständiges Dynpro programmiert werden. Mit der Anweisung CALL SELECTION-SCREEN <dynnr>. wird das so definierte Selektionsbild aufgerufen. Weitere Hinweise dazu finden Sie in der Schlüsselwortdokumentation zu CALL SELECTION-SCREEN.

Die Anweisung zur Definition des Selektionsbildes kann mit der Klausel „AS SUBSCREEN“ erweitert werden. Sie können den Selektionsbildschirm dann wie ein Subscreendynpro einsetzen. Dieses Verfahren wird in der nächsten Aufgabe eingesetzt.

1. Legen Sie im Top-Include des Programmes SAPMYK07 ein Selektionsbild 1100 als Subscreen an.

```
SELECTION-SCREEN BEGIN OF SCREEN 1100
AS SUBSCREEN.
SELECT-OPTIONS:
 so_isbn FOR zbestand-isbn NO INTERVALS,
 so_titel FOR zbestand-titel LOWER CASE
                               NO INTERVALS,
 so_autor FOR zbestand-autor1 NO INTERVALS,
 so_kat FOR zbestand-kategorie LOWER CASE.
SELECTION-SCREEN END OF SCREEN 1100
```

   Aktivieren Sie das TOP-Include und pflegen Sie die Selektionstexte (Springen → Textelemente → Selektionstexte).

2. Durch den Einsatz des Selektionsbildschirmes 1100 im Dynpro 100 ist eine Auswahl zwischen verschiedenen Selektionsvarianten nicht mehr nötig. Löschen Sie deshalb im TOP-Include die Struktur WA_RBG1.

3. Legen Sie im Dynpro 100 einen Subscreenbereich SUB1 an.

   - Legen Sie (mit gedrückter linker Maustaste) ein Lasso um die Dynproelemente unterhalb des Rahmens „R1" (Angaben zum Buch) und verschieben Sie diese 3 cm nach unten.
   - Ziehen Sie die untere Kante des Rahmens „R1" so weit wie möglich nach unten.
   - Legen Sie ein Lasso um die Dynproelemente innerhalb des Rahmens „R1" und löschen Sie diese mit der Entfernungstaste auf der Tastatur.
   - Legen Sie in „R1" den Subscreenbereich SUB1 an.

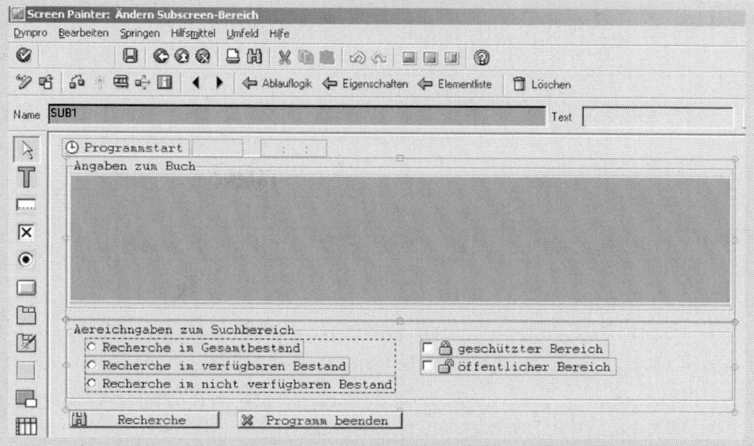

4. Löschen Sie in der PBO-Ablauflogik den Aufruf des Modules ATTRIBUTE_SETZEN_0100.

5. Löschen Sie das Modul ATTRIBUTE_SETZEN_0100 (Quelltext markieren, Löschen mit der Entfernungstaste).

6. Löschen Sie in der PAI-Ablauflogik die Verarbeitungskette

```
CHAIN.
  FIELD: zbestand_tw-isbn,
         wa_rbg1-titel,
         wa_rbg1-isbn
         MODULE pruefen1_0100.
ENDCHAIN.
CHAIN.
  FIELD: zbestand_tw-titel,
         zbestand_tw-autor1,
         wa_rbg1-isbn,
         wa_rbg1-titel
DULE pruefen2_0100.
ENDCHAIN.
```

   und die Module PRUEFEN1_0100 und PRUEFEN2_0100.

7. Programmieren Sie den Aufruf des Selektionsbildes 1100 im Subscreenbereich SUB1.

8. Kommentieren Sie die Anweisungen des Moduls LADEN_0200 aus.

Lösung: SAPMYK07_1

Lösung:

```
*&---------------------------------------------*
*& Include MYK07TOP
*&---------------------------------------------*
PROGRAM  sapmyk07                        .
TABLES: zbestand.
SELECTION-SCREEN BEGIN OF SCREEN 1100
AS SUBSCREEN.
SELECT-OPTIONS:
 so_isbn FOR zbestand-isbn      NO INTERVALS,
 so_titel FOR zbestand-titel    LOWER CASE
                                NO INTERVALS,
 so_autor FOR zbestand-autor1   NO INTERVALS,
 so_kat FOR zbestand-kategorie  LOWER CASE.
SELECTION-SCREEN END OF SCREEN 1100.
.************nicht geänderter Quelltext*****************
*&---------------------------------------------*
*& Ablauflogik Dynpro 100
*&---------------------------------------------*
PROCESS BEFORE OUTPUT.
 CALL SUBSCREEN sub1
 INCLUDING sy-cprog '1100'.
 MODULE status_0100.
 MODULE laden_0100.

PROCESS AFTER INPUT.
 CALL SUBSCREEN sub1.
 MODULE beenden AT EXIT-COMMAND.
 CHAIN.
   FIELD: chk_protected,  chk_public
          MODULE pruefen3_0100.
 ENDCHAIN.
 MODULE user_command_0100.
```

Ergebnis:

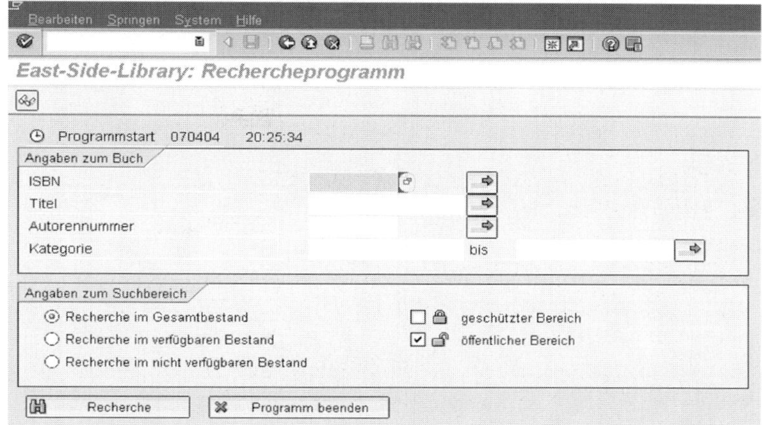


Die Möglichkeiten des Selektionsbildes lassen Recherchen zu, die mehr als einen Datensatz der Datenbanktabelle ZBESTAND identifizieren. Zur Darstellung des Rechercheergebnisses auf einem Dynpro gibt es 3 prinzipielle Möglichkeiten:

- Ausgabe als Liste. Damit steht zwar die Funktionalität der Standardliste zur Verfügung, eine Auszeichnung für modernes Design ist aber eher nicht zu erwarten.
- Ausgabe als Tabelle mittels Table Control. Das ist etwas aufwendiger als die Liste, entspricht aber eher den Vorstellungen des WINDOWS gewöhnten Benutzers.
- Ausgabe als Tabelle mittels ALV-GRID-CONTROL. Diese Technik setzt das Beherrschen von ABAP-Objects, also objektorientiertes Programmieren, voraus. Grundlagen dazu finden Sie in Kapitel 10.

## 7.3 Ausgabe von Listen auf einem Dynpro

Für die Listenausgabe auf Dynpros gelten folgende Grundsätze:

- Die Anweisungen WRITE, SKIP, ULINE füllen, wie bei der normalen Listenprogrammierung, einen Listenpuffer.
- Für jede Dynprokette steht ein Listenpuffer zur Verfügung, d.h. über eine CALL-Ebene hinweg, gibt es keinen gemeinsamen Listenpuffer.
- Die Listenanzeige wird am Ende des Dynpros prozessiert, in dessen Ablauflogik LEAVE TO LIST-PROCESSING

programmiert ist. Durch diese Anweisung wird ein Flag gesetzt, das sicherstellt, dass der Inhalt des Listenpuffers ausgegeben wird, sobald das Dynpro verarbeitet wurde.

*Abb. 7.12 Listenausgabe auf Dynpros*

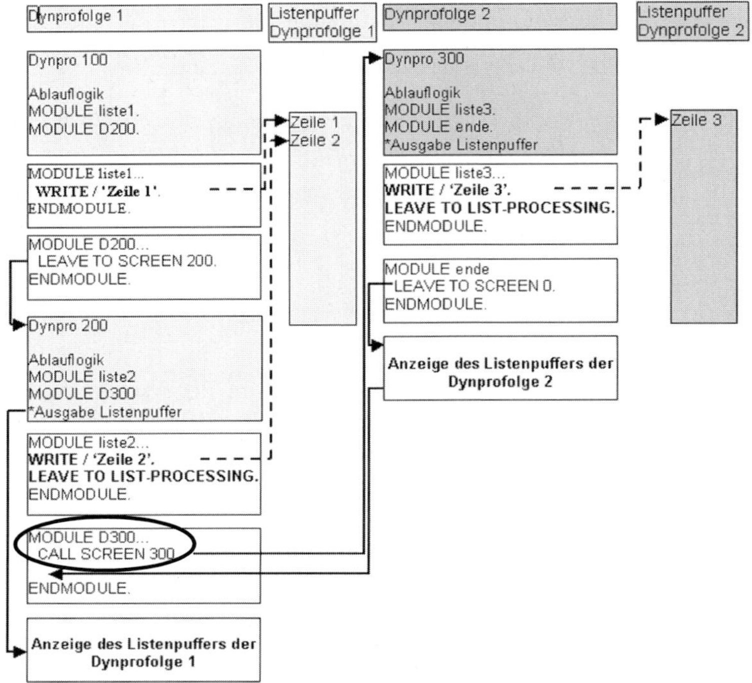


Abbildung 7.12 veranschaulicht die Grundprinzipien der Listenausgabe auf Dynpros. Im grafischen Beispiel ist zu erkennen:

- Im Modul LISTE1 des Dynpros 100 wird durch den WRITE-Befehl die Zeichenkette „Zeile 1“ in den Listenpuffer der Dynprokette 1 geschrieben. Eine Ausgabe des Listenpuffers erfolgt im Dynpro 100 nicht, weil weder im PBO noch im PAI die Anweisung LEAVE TO LIST-PROCESSING programmiert ist.
- Im Modul LISTE2 des Dynpros 200 ist ebenfalls eine WRITE-Anweisung programmiert. Diese bewirkt, dass in den Listenpuffer der Dynprokette 1 die Zeichenkette „Zeile 2“ eingetragen wird.
- Im Modul D300 des Dynpros 200 wird mit CALL SCREEN 300 eine neue Dynprokette erzeugt.. Diese Dynprokette hat ihren eigenen Listenpuffer. Das Modul LISTE3 des Dynpros 300 trägt die Zeichenkette „Zeile 3 in

diesen Listenpuffer ein. Anschließend wird durch die Anweisung LEAVE TO LIST-PROCESSING sichergestellt, dass am Ende des Dynpros 300 der Inhalt des Listenpuffers der Dynprokette 2 angezeigt wird.

- Nachdem Dynpro 300 abgearbeitet ist, werden die restlichen Anweisungen des Dynpros 200 ausgeführt. Durch LEAVE TO LIST-PROCESSING im Modul LISTE2 des Dynpros 200 wird am Ende des Dynpros 200 der Listenpuffer angezeigt.

Um Listen während der Dynproverarbeitung anzuzeigen, empfiehlt die SAP, für jedes aufzurufende Listensystem ein eigenes Dynpro zu definieren. Dieses Dynpro kapselt die Erstellung der Grundliste und ihre Anzeige. Es kann durch CALL SCREEN von beliebiger Stelle aus aufgerufen werden.

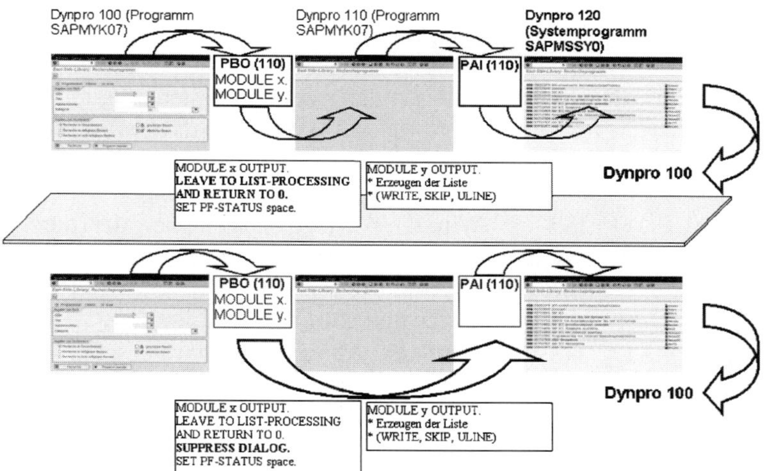


Abb. 7.13

Das Bildschirmbild dieses Dynpros kann leer bleiben. Im einfachsten Fall wird in der Ablauflogik nur ein PBO-Modul benötigt. In diesem Modul wird die Grundliste des Listensystems definiert und der Listenprozessor aufgerufen. Für eine bessere Übersichtlichkeit sollten Sie aber mehrere Module anlegen.

*Vorgehensweise: Listenausgabe auf Dynpros*

- Legen Sie für die auszugebende Liste ein leeres Dynpro an.
- Setzen Sie im Modul STATUS_<scr> über die Anweisung SET PF-STATUS SPACE den Standardlistenstatus oder über SET PF-STATUS <status> einen eigenen Listenstatus.
- Programmieren Sie (evtl. in einem eigenen Modul)

- LEAVE TO LIST-PROCESSING AND RETURN TO 0, um am Ende des Dynpros zur Listenanzeige zu verzweigen und nach Verlassen der Listenverarbeitung hinter die Aufrufstelle des Dynpros zurückzukehren und
- SUPPRESS DIALOG um das Trägerdynpro nicht anzuzeigen (siehe Abb. 7.13).
- Erzeugen Sie alle Komponenten Ihrer Liste (Grundliste, Verzweigungsliste, Ereignisblöcke) wie in Kapitel 4 und 5 beschrieben.

### *Anweisungen zur Listenausgabe auf Dynpros*

| **Anweisung** | **Wirkung** |
|---|---|
| LEAVE TO LIST-PROCESSING. | Bewirkt, dass am Ende des Dynpros, in dem diese Anweisung programmiert ist, der Inhalt des Listenpuffers der jeweiligen Dynprofolge angezeigt wird. |
| LEAVE-TO-LIST-PROCESSING AND RETURN TO SCREEN 0. | Wird die Anzeige der Liste beendet (durch oder programmgesteuert durch LEAVE LIST-PROCESSING) wird das Programm eine Anweisung nach dem Aufruf des Trägerdynpros fortgesetzt. |
| LEAVE-TO-LIST-PROCESSING AND RETURN TO <scr>. | Wird die Anzeige der Liste beendet (durch oder programmgesteuert durch LEAVE LIST-PROCESSING) wird PBO des Dynpros <scr> ausgeführt. |
| SET PF-STATUS SPACE | Der Standardlistenstatus wird gesetzt. |
| SUPPRESS DIALOG | Das Trägerdynpro wird nicht angezeigt. |
| LEAVE LIST-PROCESSING | Anweisung zum programmgesteuerten Verlassen der Listverarbeitung. |

Die Ausgabe der Rechercheergebnisse des Programmes SAPMYK07 wird jetzt an den Einsatz des Selektionsbildes angepasst. Die Suchergebnisse sollen mit Hilfe des Funktionsbausteines Y_DISPLAY_ZEILE bzw. Y_DISPLAY_ZEILE_TW als Liste ausgegeben werden.

1. Deklarieren Sie im TOP-Include folgende Datenobjekte:

| Datenobjekt | Bezug | Verwendung |
|---|---|---|
| IT_ZBESTAND | DBTabelle ZBESTAND bzw. ZBESTAND_TW | Die interne Tabelle wird später mit den anzuzeigenden Datensätzen der Tabelle ZBESTAND geladen werden |
| WA_ ZBESTAND | | |
| WA_ ZBESTAND_FB | globaler Strukturtyp ZST_ZBESTAND (aus Kap. 4) bzw ZST_BESTAND_TW | Schnittstelle zum Funktionsbaustein |
| FARBE | C (einstellig) | Schnittstelle zum Funktionsbaustein, Auswahl der Darstellungsart |

2. Legen Sie für die Ausgabe der Ergebnisliste ein Dynpro mit der Dynpronummer 110 (statisches Folgedynpro: 110) an. Programmieren Sie die Ablauflogik.

   **Ablauflogik PBO:**
   **Modul** STATUS_0110
   In diesem Modul wird über die Anweisung
   SET PF-STATUS SPACE der Standardstatus einer Liste gesetzt.

   **Modul** EINSTELLUNGEN_0110
   In diesem Modul wird über die Anweisung
   LEAVE TO LIST-PROCESSING AND RETURN TO SCREEN 0.
   der Listenprozessor eingeschaltet und mit SUPPRESS DIALOG dafür gesorgt , dass das Dynpro 110 nicht angezeigt wird.
   **Modul** LADEN_INT_TAB
   Das Modul lädt die interne Tabelle IT_ZBESTAND mit den anzuzeigenden Datensätzen der Datenbanktabelle ZBESTAND. Programmieren Sie eine Select-Anweisung als Schleife, die die Datensätze der Datenbanktabelle entprechend der Selektionskriterien liest.

```
SELECT * FROM zbestand INTO wa_zbestand
WHERE isbn IN so_isbn AND
titel IN so_titel AND
( autor1 IN so_autor OR
( autor2 IN so_autor AND autor2 > 0 ) OR
( autor3 IN so_autor AND autor3 > 0 ) ) AND kategorie IN
so_kat.
...
ENDSELECT
```

Prüfen Sie innerhalb der SELECT-Schleife, ob der Datensatz auch den Anforderungen der anderen Kriterien

- Ankreuzfelder
  CHK_PROTECTED (geschützter Bereich),
  CHK_PUBLIC (öffentlicher Bereich).

- Auswahlfelder
  WA_RBG2-GES (Recherche im Gesamtbestand)
  WA_RBG2-VER (Recherche im verfügbarer Bestand)
  WA_RBG2-NVER (Rech. im nicht verfüg. Bestand)

genügt. Tragen Sie ihn gegebenenfalls in die interne Tabelle IT_ZBESTAND ein.

**Ablauflogik PAI**
**Modul** AUSGABE_0110
In diesem Modul wird der Inhalt der internen Tabelle IT_ZBESTAND ausgegeben.

- Programmieren Sie eine LOOP-Schleife über die interne Tabelle IT_ZBESTAND
  (LOOP at it_zbestand INTO wa_zbestand.).
- Laden Sie innerhalb der Schleife mit der Anweisung MOVE-CORRESPONDING die Struktur WA_ZBESTAND_FB mit den korrespondierenden Komponenten der Struktur WA_ZBESTAND.
- Berechnen Sie die Anzahl verfügbarer Exemplare und tragen Sie diese in die Komponente WA_ZBESTAND_FB-VERFUEGBAR ein.
- Rufen Sie über die Drucktaste „Muster" den Funktionsbaustein Y_DISPLAY_ZEILE bzw. Y_DISPLAY_ZEILE_TW auf und übergeben Sie die Struktur WA_ZBESTAND_FB und die Variable FARBE.

Als Exportparameter für CHKBOX tragen Sie 'Kein Ankreuzfeld' ein.

3. Ersetzen Sie im Modul USER_COMMAND_0100 den Dynproaufruf LEAVE TO SCREEN 0200 durch die Anweisung CALL SCREEN 110.
4. Testen Sie Ihr Programm

Lösung: SAPMYK07_2

Lösung:

```
*&---------------------------------------------------*
*& Include MYK07TOP
*&---------------------------------------------------*

PROGRAM  sapmyk07  NO STANDARD PAGE HEADING.
TABLES: zbestand_tw.
DATA: it_zbestand TYPE TABLE OF zbestand,
      wa_zbestand TYPE zbestand,
      wa_zbestand_fb TYPE zst_zbestand,
      farbe, ds.
.************nicht geänderter Quelltext*****************

*&---------------------------------------------------*
*& Ablauflogik Dynpro 110
*&---------------------------------------------------*
PROCESS BEFORE OUTPUT.

  MODULE status_0110.

  MODULE einstellungen_0110.

  MODULE laden_int_tab.

PROCESS AFTER INPUT.
  MODULE ausgabe_0110.

*&---------------------------------------------------*
*&      Module  STATUS_0110  OUTPUT
*&---------------------------------------------------*
MODULE status_0110 OUTPUT.
  SET PF-STATUS space.
```

```
ENDMODULE.                " STATUS_0110  OUTPUT
*&---------------------------------------------------*
*&      Module  einstellungen_0110  OUTPUT
*&---------------------------------------------------*
MODULE einstellungen_0110 OUTPUT.
  LEAVE TO LIST-PROCESSING AND
  RETURN TO SCREEN 0.
  SUPPRESS DIALOG.
ENDMODULE.        " einstellungen_0110  OUTPUT
*&---------------------------------------------------*
*&      Module  laden_int_tab  OUTPUT
*&---------------------------------------------------*
MODULE laden_int_tab OUTPUT.
 ds = '0'.
 REFRESH it_zbestand.
 SELECT * FROM zbestand INTO wa_zbestand
 WHERE isbn IN so_isbn AND titel IN so_titel
   AND
   (  autor1 IN so_autor OR
    ( autor2 IN so_autor AND autor2 > 0 ) OR
    ( autor3 IN so_autor AND autor3 > 0 ) )
   AND kategorie IN so_kat.
   anzeige = '1'.
   anzahl = wa_zbestand-bestand -
            wa_zbestand-ausgeliehen.
   CASE 'X'.
     WHEN wa_rbg2-ver.
       IF anzahl <= 0.anzeige = '0'.ENDIF.
*Anzeige auf '0' gesetzt, wenn nur der ver-
*fügbare Datenbestand angezeigt werden soll,
*das Buch jedoch nicht verfügbar ist.
     WHEN wa_rbg2-nver."nicht verfüg. Best.
       IF anzahl > 0.anzeige = '0'.ENDIF.
*Anzeige auf '0' gesetzt, wenn nur der nicht
*verfügbare Datenbestand angezeigt werden
*soll, das Buch jedoch verfügbar ist.
   ENDCASE.
*Berücksichtigung der Ankreuzfelder
   IF chk_protected IS INITIAL AND
   wa_zbestand-bereich = 'geschützt'.
*Buch im nicht-anzuzeigenden (gesch) Bereich
     anzeige = '0'.
   ENDIF.
   IF chk_public IS INITIAL AND
```

```
    wa_zbestand-bereich = 'öffentlich'.
      anzeige = '0'.
*Buch im nicht-anzuzeigenden (öffentl)
*Bereich
    ENDIF.
    IF anzeige = '1'.
      APPEND wa_zbestand TO it_zbestand.
      ds = '1'.
    ENDIF.
  ENDSELECT.
  IF ds = '0'.
    MESSAGE i007(zlib_tw).
    LEAVE TO SCREEN 100.
  ENDIF.
ENDMODULE.           " laden_int_tab  OUTPUT

*&---------------------------------------------------------*
*&      Module  user_command_0100  INPUT
*&---------------------------------------------------------*
MODULE user_command_0100 INPUT.
  ok_save = ok_code.
  CLEAR ok_code.
  CASE ok_save.
    WHEN 'RECHERCHE'.
      CALL SCREEN 110.
    WHEN 'EXIT' OR 'BACK'.
      LEAVE PROGRAM.
  ENDCASE.
ENDMODULE.          " user_command_0100  INPUT
```

## 7.4 Datenausgabe mit Table Controls

Ein Table Control ist ein Bereich in einem Dynpro, indem große Datenmengen in Tabellenform angezeigt werden. Innerhalb eines Table Controls können

- programmlokale Datenobjekte,
- Dictionaryelemente,
- Ankreuzfelder,
- Auswahlknöpfe und Auswahlknopfgruppen und
- Drucktasten

verwendet werden. Das Aussehen des Table Controls kann zur Laufzeit konfiguriert und als Variante gespeichert werden.

*Abb. 7.14 Mögliche Aktivitäten im Table Control*

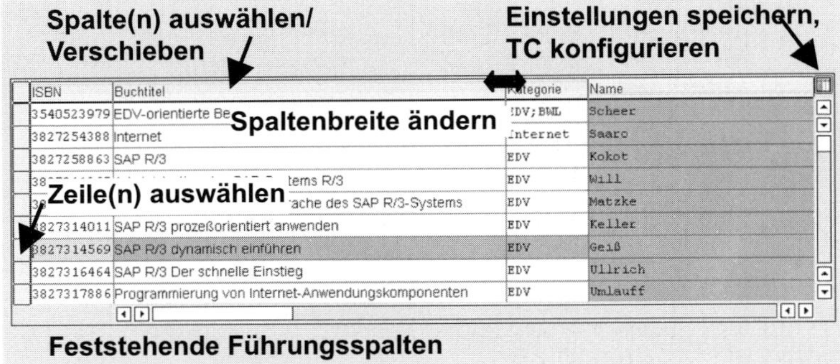


*Abb. 7.15 Erstellen einer Table Control-Variante*

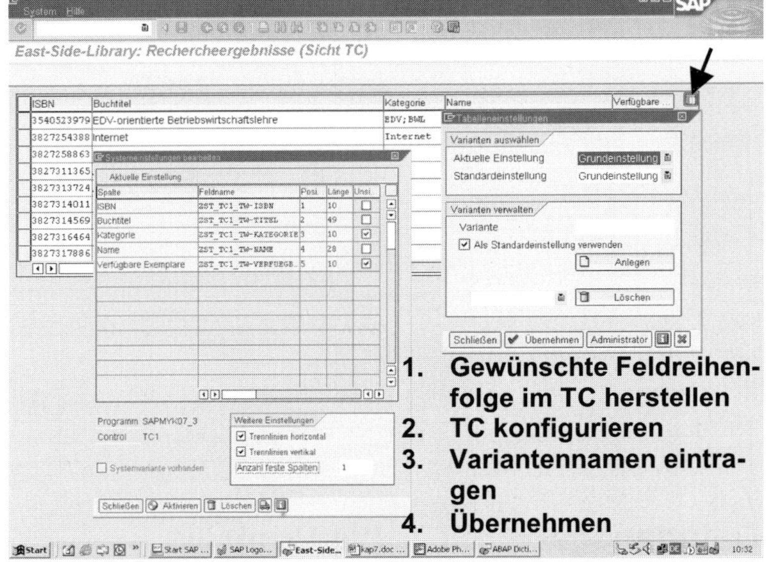

East-Side-Library: Rechercheergebnisse (Sicht TC)
1. Gewünschte Feldreihenfolge im TC herstellen
2. TC konfigurieren
3. Variantennamen eintragen
4. Übernehmen


## 7.4.1 Anlegen eines Table Controls

Um ein Table Control anzulegen, sind folgende Schritte nötig:

- Table Control-Bereich anlegen,
  Dieser Bereich, der als „Container" das anzulegende Table Control beherbergt, wird im Layout des Dynpros erzeugt.

- Eigenschaften des Table Controls festlegen,
z.B. mit Trennlinien, mit Zeilenmarkierung, mit Spaltenmarkierung etc.
- Felder des Table Controls definieren,
in diesem Schritt wird festgelegt, welche Felder in den Spalten des Table Controls anzeigt werden sollen.
- Table Control deklarieren,
über eine CONTROLS-Anweisung wird ein Datenobjekt vom Typ TABLEVIEW angelegt. Dieses Datenobjekt entspricht dem im Dictionary definierten Typ CXTAB_CONTROL (Typgruppe CXTAB) und enthält zunächst die beim Anlegen des Table Controls statisch festgelegten Eigenschaften.

**Hinweis:**
Die Komponenten, die zur Typgruppe CXTAB gehören, finden Sie im Dictionary (SE11). Wählen Sie im Einstiegsbild des Dictionaries das Menü „Hilfsmittel → Weitere Dictionary-Elemente". Aktivieren Sie dann den Auswahlknopf „Typgruppe", tragen Sie im dazugehörigen Eingabefeld den Namen CXTAB ein und klicken Sie auf das Symbol „Anzeigen".

*Vorgehensweise: Table Control anlegen*

Starten Sie den grafischen Layouteditor mit dem Dynpro, in dem das Table Control angelegt werden soll.

1. Klicken Sie im Layouteditor das Werkzeug „Table Control" an.
2. Schieben Sie den Mauszeiger (Minirahmen), ohne eine Maustaste zu drücken, an die linke obere Ecke des künftigen Table Controls.
3. Ziehen Sie den Minirahmen, mit gedrückter linker Maustaste, bis zum unteren rechten Rand des künftigen Table Controls.
4. Lassen Sie die Maustaste wieder los. Doppelklicken Sie in den Table Control-Bereich. Tragen Sie in dem sich daraufhin öffnenden Attributefenster einen Namen für das Table Control ein und legen Sie dessen Eigenschaften fest.
5. Jetzt sichern Sie das Layout, schließen den grafischen Layouteditor und laden das TOP-Include in den ABAP-Editor. Programmieren Sie die CONTROLS-Anweisung und deklarieren Sie gegebenenfalls eine mit dem Zeilenmarkierungselement namensgleiche Variable vom Typ C (Länge 1) an.

Syntax der CONTROLS-Anweisung:

CONTROLS <Name des TC> TYPE TABLEVIEW USING SCREEN '<Dynpronummer>'.

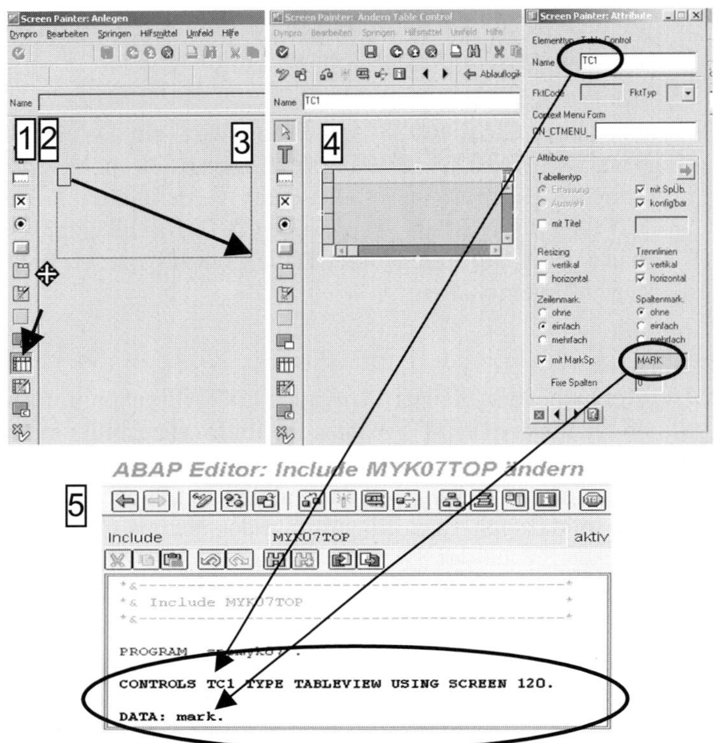


*Abb. 7.16 Anlegen eines Table Controls mit Markierungsspalte*

6. Kehren Sie in den Layouteditor zurück. Die Table-Control-Felder werden über die Funktion „Dict/Programmfelder-Fenster" geladen. Geben Sie im Eingabefeld dieser Funktion den Namen der Struktur an, mit deren Komponenten die Felder des Table Controls angelegt werden sollen. Wählen Sie dann „Holen aus Dict" bzw „Holen aus Programm". Die Komponenten der gewählten Struktur werden angezeigt. Markieren Sie die benötigten Komponenten und drücken Sie dann den Schalter „Übernehmen".

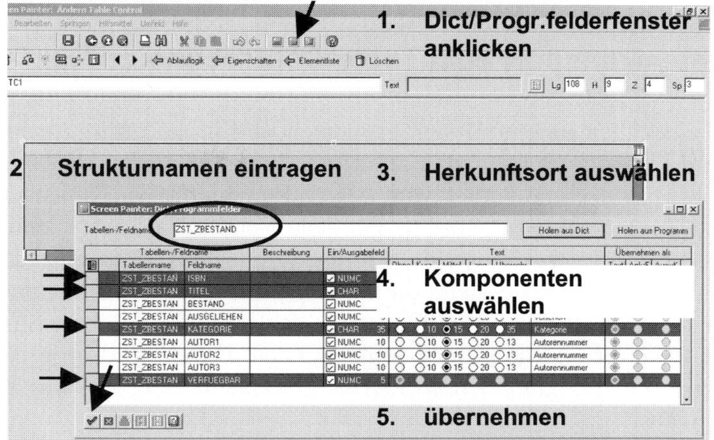


*Abb. 7.17 Felder des Table Controls auswählen*

Klicken Sie dann mit der Maustaste in das Table Control. Für jede ausgewählte Komponente wird eine Spalte eingerichtet. Bei Strukturen, die aus dem Dictionary geholt werden, erscheint der Datenelementtext als Spaltenüberschrift.

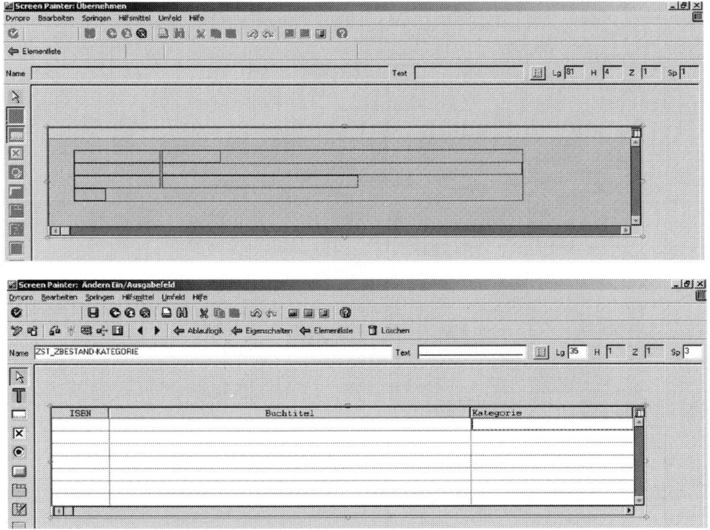


*Abb. 7.18 Felder im Table Control positionieren*

Das Table Control ist fertig angelegt. Es muss jetzt zeilenweise mit Daten gefüllt werden. Die Spalten können Sie per Drag and Drop verschieben. Klicken Sie dazu in die erste Zeile nach der Spaltenüberschrift.

## 7.4.2 Datentransport zum Table Control und zurück

Wie bei allen anderen Dynproelementen zur Ein- und Ausgabe auch, wird der Transport der im Table Control anzuzeigenden Daten zum Table Control und zurück zum ABAP-Programm über namensgleiche Datenobjekte organisiert. Für jede Spalte des Table Controls wird ein korrespondierendes, d.h. namensgleiches, Datenobjekt benötigt. Sie müssen deshalb die Struktur, mit der das Table Control angelegt wurde, im ABAP-Programm deklarieren. Über diese Struktur wird der Datentransport vorgenommen. Dieser wird in je einer Loop-Schleife zu PBO bzw. PAI programmiert. Abb. 7.19 verdeutlicht das.

*Abb. 7.19 Programmierung des Datentransports (Prinzip)*

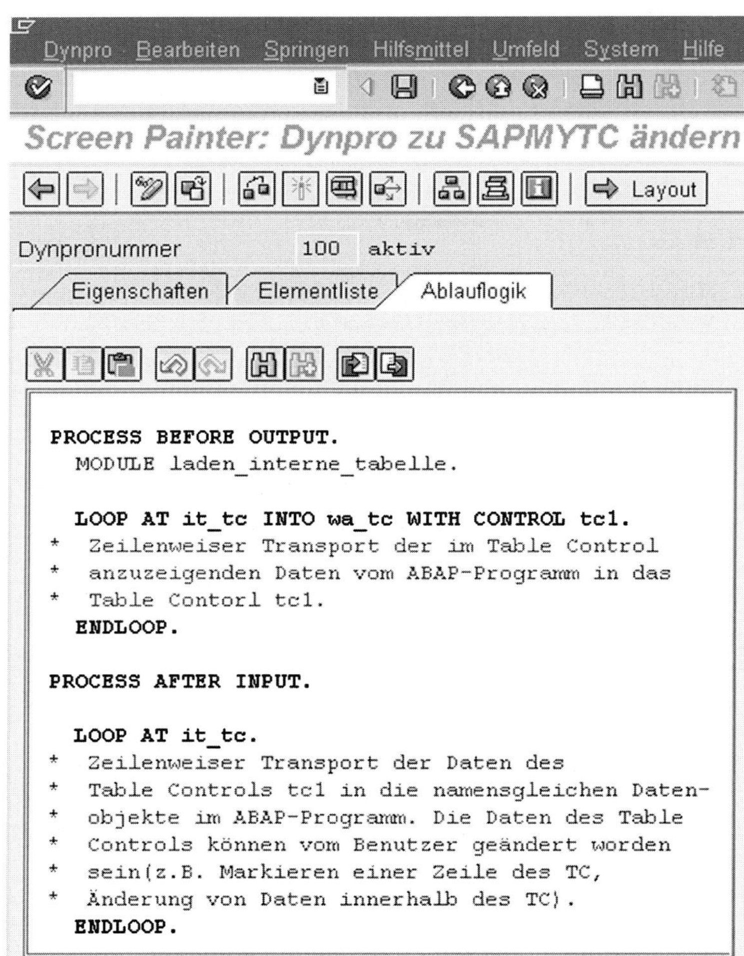


```
PROCESS BEFORE OUTPUT.
  MODULE laden_interne_tabelle.

  LOOP AT it_tc INTO wa_tc WITH CONTROL tc1.
*  Zeilenweiser Transport der im Table Control
*  anzuzeigenden Daten vom ABAP-Programm in das
*  Table Contorl tc1.
  ENDLOOP.

PROCESS AFTER INPUT.

  LOOP AT it_tc.
*  Zeilenweiser Transport der Daten des
*  Table Controls tc1 in die namensgleichen Daten-
*  objekte im ABAP-Programm. Die Daten des Table
*  Controls können vom Benutzer geändert worden
*  sein(z.B. Markieren einer Zeile des TC,
*  Änderung von Daten innerhalb des TC).
  ENDLOOP.
```

### *Transport der Daten in das Table Control*

Der Transport der Daten in das Table Control erfolgt über eine interne Tabelle. Diese enthält idealerweise für jede aus ihr zu füllende Spalte des Table Controls, eine namensgleiche Komponente. Über eine LOOP-Schleife in der PBO-Ablauflogik des jeweiligen Dynpros wird das Table Control zeilenweise geschrieben.

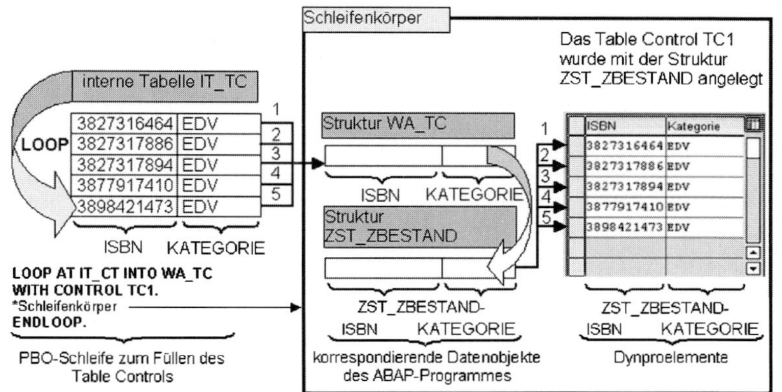


1, 2, ..., 5→Schleifendurchlauf

*Abb. 7.20 Versorgung der Table Control-Zeilen zu PBO*

Der Transport der Daten vom korrespondierenden Datenobjekt (Struktur ZST_BESTAND) zum Table Control (TC1) erfolgt nach **jedem** Schleifendurchlauf. Der Datentransport zu den restlichen Dynprofeldern erfolgt nach dem Füllen der Zeilen des Table Controls.

Beachten Sie beim Programmieren folgende Grundsätze:

1. Dem Table Control muss die Zeilenanzahl der internen Tabelle mitgeteilt werden. Diese wird über DESCRIBE in das Attribut <TableControl>-LINES eingetragen.

   DESCRIBE TABLE <it> LINES <Name des TC>-LINES.

2. Zu PBO und PAI wird je eine LOOP-Schleife benötigt.

   Syntax der LOOP-Schleife zu PBO:

   LOOP AT <int. Tabelle> INTO <Struktur>
   **WITH CONTROL** <Name des Table Controls>.
   *   zeilenweise in Table Control ausgeben
   ENDLOOP.

   Syntax der LOOP-Schleife zu PBO:
   LOOP AT <int. Tabelle>.
   *   zeilenweise int. Tabelle aktualisieren
   ENDLOOP.

Das in Abb. 7.20 dargestellte Beispiel könnte wie folgt programmiert werden:

```
*&---------------------------------------------*
*& Include MYTCTOP                             *
*&---------------------------------------------*
PROGRAM  sapmytc                     .
TABLES zst_zbestand."korrespond. Datenobjekt
TYPES: BEGIN OF st_tc,
        isbn TYPE zbestand-isbn,
        kategorie TYPE zbestand-kategorie,
      END OF st_tc.
CONTROLS tc1 TYPE TABLEVIEW
USING SCREEN '100'.
DATA: wa_tc TYPE st_tc,
      it_tc TYPE TABLE OF st_tc,
      mark. "für die Zeilenmarkierung
*&---------------------------------------------*
*& Ablauflogik                                 *
*&---------------------------------------------*
PROCESS BEFORE OUTPUT.
  MODULE laden_interne_tabelle.
  LOOP AT it_tc INTO wa_tc WITH CONTROL tc1.
    MODULE tc_zeile_laden.
  ENDLOOP.
PROCESS AFTER INPUT.
  LOOP AT it_tc. ENDLOOP.
*&---------------------------------------------*
*&    Module  laden_interne_tabelle  OUTPUT    *
*&---------------------------------------------*
MODULE laden_interne_tabelle OUTPUT.
  SELECT * FROM zbestand
  INTO CORRESPONDING FIELDS OF TABLE it_tc
  WHERE isbn >= 3827316464.
  DESCRIBE TABLE it_tc LINES tc1-lines.
ENDMODULE.   " laden_interne_tabelle  OUTPUT
*&---------------------------------------------*
*&      Module  tc_zeile_laden  OUTPUT         *
*&---------------------------------------------*
MODULE tc_zeile_laden OUTPUT.
  MOVE-CORRESPONDING wa_tc TO zst_zbestand.
ENDMODULE.          " tc_zeile_laden  OUTPUT
```

### *Transport der Daten vom Table Control in die interne Tabelle*

Ändert der Benutzer Daten im Table Control, müssen die Änderungen in die interne Tabelle, mit der das Table Control geladen wurde, eingetragen werden. Später kann mit der internen Tabelle die Datenbanktabelle aktualisiert werden. Die Änderungen des Table Controls werden in der PAI-Schleife zeilenweise in die interne Tabelle eingetragen. Abb. 7.21 veranschaulicht das Wirkungsprinzip.

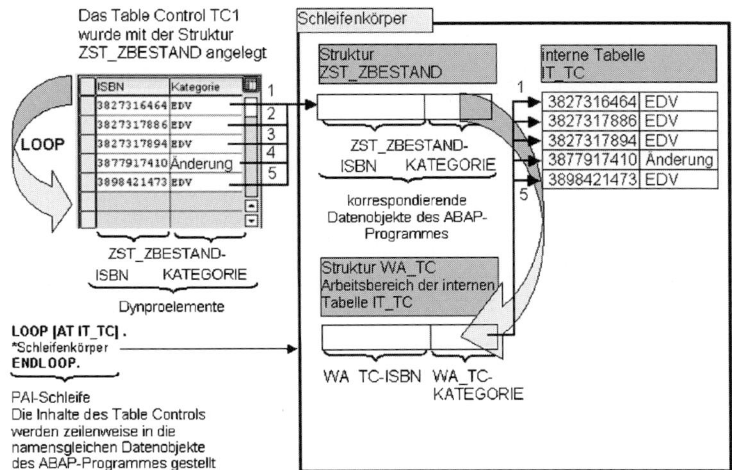


*Abb. 7.21 Datentransport Table Control → ABAP-Programm (Prinzip)*

**Prinzip:**

- Zu PAI wird über das Table Control eine LOOP-Schleife gelegt. Diese bewirkt, dass die Inhalte der Spalten des Table Controls automatisch zeilenweise in die namensgleichen Datenobjekte (im Beispiel in die Komponenten der Struktur ZST_BESTAND) transportiert werden. Pro Schleifendurchlauf erfolgt der Datentransport zu einer Zeile des Table Controls.
- Im Schleifenkörper wird mit diesen Daten die interne Tabelle (im Beispiel IT_TC) aktualisiert. Hat die korrespondierende Struktur (ZST_BESTAND) ein anderes Format als die Struktur des Arbeitsbereiches der internen Tabelle, sind die Daten über MOVE-CORRESPONDING in den Arbeitsbereich der internen Tabelle zu kopieren.

Wenn Benutzereingaben in das Table Control zugelassen werden, ist das Programm zu erweitern:

```
*&---------------------------------------------*
*& Ablauflogik                                 *
*&---------------------------------------------*
PROCESS BEFORE OUTPUT.
  MODULE laden_interne_tabelle.
  LOOP AT it_tc INTO wa_tc WITH CONTROL tc1.
    MODULE tc_zeile_laden.
  ENDLOOP.

PROCESS AFTER INPUT.
  LOOP AT it_tc.
    MODULE aktualisieren_interne_tabelle.
  ENDLOOP.

*&---------------------------------------------*
*&Module aktualisieren_interne_tabelle INPUT   *
*&---------------------------------------------*
MODULE aktualisieren_interne_tabelle INPUT.
*Felder der (automatisch geladenen) Struktur
*zst_bestand in den Arbeitsbereich der in
*ternen Tabelle kopieren.
  MOVE-CORRESPONDING zst_zbestand TO wa_tc.
*interne Tabelle mit den Daten aus dem
*Arbeitsbereich aktualisieren
*tc1-current_line enthält den aktuellen
*Schleifendurchlauf
  MODIFY it_tc FROM wa_tc
                    INDEX tc1-current_line.
ENDMODULE. "aktualisieren_interne_tabelle
```

Diese Lösung hat den Nachteil, dass das Modul AKTUALISIEREN_INTERNE_TABELLE für jede Zeile des Table Controls durchlaufen wird. Alternativ könnte das Modul nur für die im Table Control markierten Zeilen prozessiert werden. Es liegt auf der Hand, das dieses Vorgehen einen positiven Einfluss auf die Performance hat. Eine markierte Zeile ist daran zu erkennen, dass die Variable, die mit Zeilenmarkierelement korrespondiert, nicht mehr mit ihrem Initialwert geladen ist. Im Beispiel ist das die Variable MARK (siehe Abb. 7.16). Es ist also ein bedingter, vom Inhalt der Variablen MARK abhängiger Modulaufruf zu programmieren.

```
*&---------------------------------------------------*
*& Ablauflogik                                      *
*&---------------------------------------------------*
PROCESS BEFORE OUTPUT.
  MODULE laden_interne_tabelle.
  LOOP AT it_tc INTO wa_tc WITH CONTROL tc1.
    MODULE tc_zeile_laden.
  ENDLOOP.

PROCESS AFTER INPUT.
  LOOP AT it_tc.
    FIELD mark
      MODULE aktualisieren_interne_tabelle
      ON REQUEST.
  ENDLOOP.
```

Im Programm SAPMYK07 sollen die Rechercheergebnisse nicht nur in Listenform, sondern auch in einem Table Control ausgegeben werden können. Eine neue Auswahlknopfgruppe soll dafür sorgen, dass der Benutzer zwischen verschiedenen Anzeigeformen wählen kann.

1. Ergänzen Sie im Layout des Dynpros 100 entsprechend der folgenden Grafik eine Auswahlknopfgruppe.

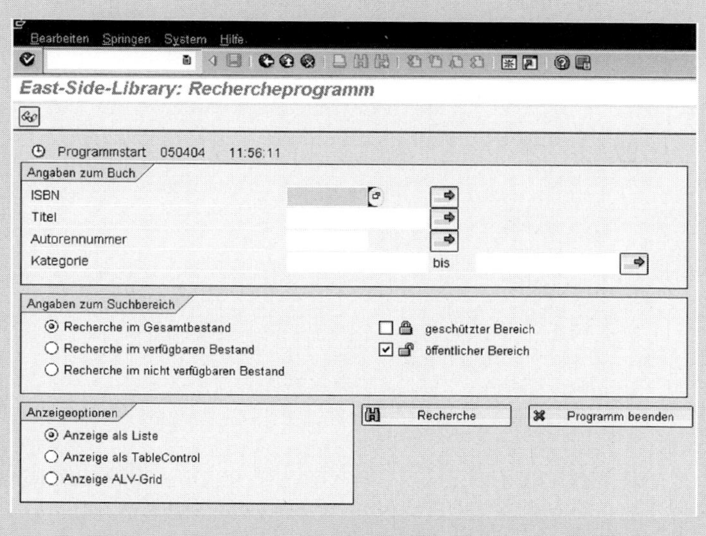


Legen Sie dazu im TOP-Include eine Struktur WA_RBG3 mit den Komponenten LISTE, TC und ALV an. Wird der Funktionscode RECHERCHE ausgelöst, sollen in Abhängigkeit des aktiven Auswahlknopfes verschiedene Dynpros prozessiert werden:

| aktiver Auswahlknopf | Dynpro |
|---|---|
| WA_RBG3-LISTE | Dynpro 110 (Listendarstellung) |
| WA_RBG3-TC | Dynpro 120 (Table Control) |
| WA_RBG3-ALV | (Dynpro 130) Da das ALV-GRID-Control erst im Kapitel 10 behandelt wird, geben Sie vorerst eine entsprechende Meldung aus. |

2. Am einfachsten lässt sich ein Table Control programmieren, wenn eine Dictionary-Struktur mit den im Table Control anzuzeigenden Feldern vorhanden ist. Legen Sie deshalb im Dictionary eine Struktur ZST_TC1 mit

   - allen Feldern der Tabelle ZBESTAND,
   - dem Feld NAME der Tabelle ZAUTOREN und
   - dem Feld VERFUEGBAR (numc, 5)

   an.

3. Legen Sie das Dynpro 120 an. Erzeugen Sie im Layout ein Table Control TC1 mit den Feldern

   - ISBN,
   - TITEL,
   - NAME,
   - KATEGORIE und
   - VERFUEGBAR

   der Struktur ZST_TC1. Das Table Control soll mit horizontalen und vertikalen Trennlinien und einfacher Zeilenmarkierung versehen sein. Aktivieren Sie das Ankreuzfeld „mit Mark.Sp“ und benutzen Sie MARK als Namen für das Zeilenmarkierelement.

4. Programmieren Sie die Ablauflogik für das Dynpro 120.

**Ablauflogik PBO:**

```
PROCESS BEFORE OUTPUT.
  MODULE status_0120.
  MODULE laden_int_tab.
  MODULE zeilenanzahl_setzen_0120.
  LOOP AT it_zbestand INTO wa_zbestand
  WITH CONTROL tc1.
    MODULE move_to_tc1.
  ENDLOOP.
```

**Modul** STATUS_0120

In diesem Modul wird der Status DYNPRO_120 gesetzt. Dieser Status ist dabei in der Vorwärtsnavigation anzulegen.

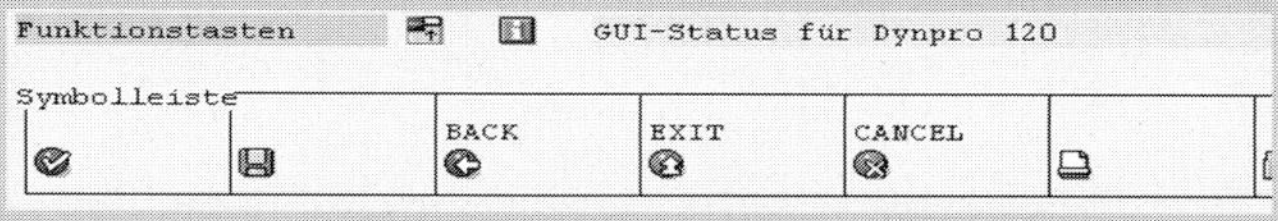

Funktionstasten GUI-Status für Dynpro 120

Symbolleiste

| | | BACK | EXIT | CANCEL | |
|---|---|---|---|---|---|

Beachten Sie, dass CANCEL mit dem Funktionstyp „E" angelegt wird. Tragen Sie den ok_code in die Elementliste ein.

**Modul** laden_int_tab

Dieses Modul wurde in der vorigen Aufgabe für Dynpro 110 angelegt. Es lädt die interne Tabelle IT_ZBESTAND mit den im anzuzeigenden Datensätzen der Tabelle ZBESTAND.

**Modul** zeilenanzahl_setzen_0120

Die Anzahl der Zeilen der Tabelle IT_ZBESTAND wird an die Komponente TC1-LINES des Table Controls übergeben. Nutzen Sie dazu die DESCRIBE TABLE-Anweisung.

**Modul** move_to_tc1

Dieses Modul wird für jede Zeile der internen Tabelle aufgerufen. Für jede Zeile des Table Controls werden die namensgleichen Datenobjekte geladen. Dazu sind mit der MOVE-CORRESPONDING-Anweisung die Inhalte der Komponenten der Struktur WA_ZBESTAND in die Struktur ZST_TC1 zu schreiben. Danach wird über eine SELECT SINGLE-Anweisung der Name des Autors1 in ZST_TC1 geladen, die verfügbare Anzahl Exemplare berechnet und in die Komponente ZST_TC1-VERFUEGBAR eingetragen.

**Ablauflogik PAI:**

```
PROCESS AFTER INPUT.
  LOOP.
  ENDLOOP

  MODULE user_command_0120.
  MODULE beenden AT EXIT-COMMAND.
```

**Modul** user_command_0120.

Beim Auslösen der Funktionscodes BACK und EXIT soll das Dynpro 100 wieder angezeigt werden.

5. Ergänzen Sie im TOP-Include folgende Einträge:

```
TABLES: zst_tc1.
DATA: mark.
CONTROLS TC1 TYPE TABLEVIEW USING
         SCREEN 120.
```

Lösung: SAPMYK07_3

Lösung:

```
*&---------------------------------------------------*
*& Include MYK07TOP                                  *
*&---------------------------------------------------*
PROGRAM  sapmyk07 NO STANDARD PAGE HEADING.
TABLES: zbestand,zst_tc1.
DATA: BEGIN OF wa_rbg3,
        liste, tc, alv,
      END OF wa_rbg3.

CONTROLS TC1 TYPE TABLEVIEW USING
         SCREEN 120.

DATA: it_zbestand TYPE TABLE OF zbestand,
      wa_zbestand TYPE zbestand,
      wa_zbestand_fb TYPE zst_zbestand,
      farbe, ds, mark.
.************nicht geänderter Quelltext******************

*&---------------------------------------------------*
*& Ablauflogik Dynpro 120                            *
*&---------------------------------------------------*
```

```
PROCESS BEFORE OUTPUT.
  MODULE status_0120.
  MODULE laden_int_tab.
  MODULE zeilenanzahl_setzen_0120.
  LOOP AT it_zbestand INTO wa_zbestand
  WITH CONTROL tc1.
    MODULE move_to_tc1.
  ENDLOOP.

PROCESS AFTER INPUT.
  LOOP.ENDLOOP.
  MODULE user_command_0120.
  MODULE beenden AT EXIT-COMMAND.
*&---------------------------------------------*
*& Module  zeilenanzahl_setzen_0120  OUTPUT    *
*&---------------------------------------------*
MODULE zeilenanzahl_setzen_0120 OUTPUT.
 DESCRIBE TABLE it_zbestand LINES tc1-lines.
ENDMODULE.

*&---------------------------------------------*
*&      Module  move_to_tc1  OUTPUT            *
*&---------------------------------------------*
MODULE move_to_tc1 OUTPUT.
 MOVE-CORRESPONDING wa_zbestand TO zst_tc1.

*Name des Autors aus ZAUTOREN laden
 SELECT SINGLE * FROM zautoren
 INTO CORRESPONDING FIELDS OF zst_tc1
 WHERE autorennr = zst_tc1-autor1.

*Berechnung der verfügbaren Exeplare
 zst_tc1_tw-verfuegbar = zst_tc1_tw-bestand
                     - zst_tc1_tw-ausgeliehen.
ENDMODULE.

*&---------------------------------------------*
*&      Module  laden_int_tab  OUTPUT          *
*&---------------------------------------------*
```

In diesem Modul wurde nichts geändert. Siehe Seite 444.

```
*&---------------------------------------------------------------*
*&      Module  user_command_0120  INPUT                         *
*&---------------------------------------------------------------*
MODULE user_command_0120 INPUT.
  ok_save = ok_code.
  CLEAR ok_code.
  CASE ok_save.
    WHEN 'EXIT' OR 'BACK'.
      LEAVE TO SCREEN 0100.
  ENDCASE.
ENDMODULE.

*&---------------------------------------------------------------*
*&      Module  user_command_0100  INPUT                         *
*&---------------------------------------------------------------*
MODULE user_command_0100 INPUT.
  ok_save = ok_code.
  CLEAR ok_code.
  CASE ok_save.
    WHEN 'RECHERCHE'.
      CASE 'X'.
        WHEN wa_rbg3-liste.
          CALL SCREEN 110.
        WHEN wa_rbg3-tc.
          CALL SCREEN 120.
        WHEN wa_rbg3-alv.
          MESSAGE i008(zlib_tw).
      ENDCASE.
    WHEN 'EXIT' OR 'BACK'.
      LEAVE PROGRAM.
  ENDCASE.
ENDMODULE.
```

In das Dynpro 120, in dem das Table Control abgebildet wird, soll in einem Subscreenbereich das Dynpro 200 integriert werden. Das Dynpro 200 wurde im Kapitel 6 angelegt und zeigt Detailangaben zu einem ausgewählten Buch an.

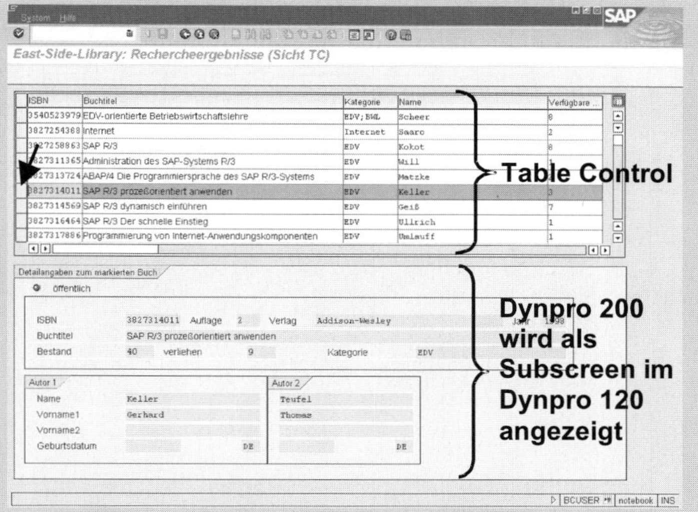


**Gewünschtes Programmverhalten:**

Der Benutzer markiert eine Zeile im Table Control und drückt zum Auslösen der PAI-Ablauflogik die ENTER-Taste. Da als statisches Folgedynpro das Dynpro 110 selbst angegeben ist, wird PBO des Dynpros 110 und des Subscreendynpros 200 durchlaufen und damit das Subscreendynpro mit den Detailangaben des im Table Control markierten Buches aktualisiert.

6. Ermitteln Sie die ISBN der im Table Control markierten Zeile.

   - Deklarieren Sie im TOP-Include des Programmes SAPMYK07 eine Variable TCISBN mit Bezug zum Feld ZBESTAND-ISBN.

   - Programmieren Sie für das Dynpro 120 die LOOP-Schleife der PAI-Ablauflogik. Für jede Zeile des Table Controls findet ein Schleifendurchlauf statt. Wurde vom Benutzer für die sich im Schleifendurchlauf befindliche Zeile das Zeilenmarkierungselement MARK aktiviert, ist das Modul MARKIEREN_0120 aufzurufen.

   - Legen Sie das Modul MARKIEREN_0120 in der Vorwärtsnavigation an und laden Sie dort die Variable TCISBN mit der ISBN der ausgewählten Zeile (ZST_TC1-ISBN).

7. Legen Sie im Dynpros 120 einen Subscreenbereich SUB2 an.

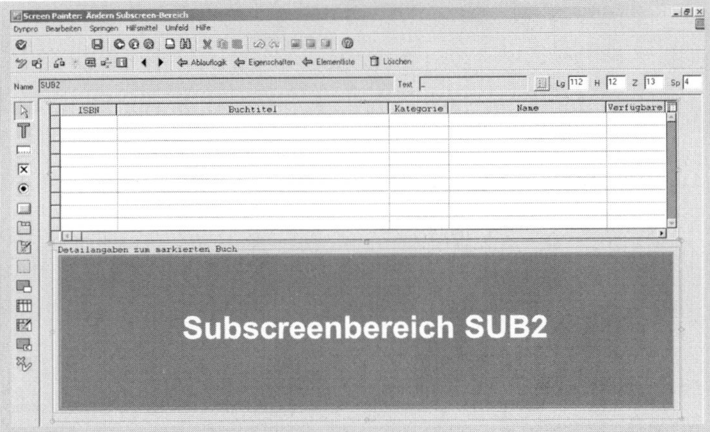


8. Laden Sie den Subscreenbereich SUB2 mit Dynpro 200.

```
PROCESS BEFORE OUTPUT.
CALL SUBSCREEN sub2
INCLUDING sy-cprog '200'.
...
PROCESS AFTER INPUT.
CALL SUBSCREEN sub2.
LOOP AT it_zbestand.
  FIELD mark MODULE markierung ON REQUEST.
ENDLOOP.
```

9. Wandeln Sie das Dynpro 200 zum Subscreendynpro um´.

| Zu löschende Komponente im Dynpro 200 | Begründung |
|---|---|
| OK-CODE in Elementliste | Subscreendynpros dürfen kein eigenes OK-Feld besitzen |
| Modul STATUS_0200 und dessen Aufruf | Für Subscreendynpros kann kein eigener PF-STATUS angelegt werden |
| Modul USER_COMMAND_0200 und dessen Aufruf,<br><br>Aufruf des Moduls BEENDEN | Dieses Modul enthält lediglich einen dynamischer Dynproaufruf (LEAVE TO SCREEN 0). Dieser wird nicht mehr benötigt. Außerdem sind dynamische Dynproaufrufe in Subscreendynpros nicht erlaubt. |

Wählen Sie in der Registerkarte „Eigenschaften" des Dynpros

200 als Dynprotyp „Subscreen“ aus.

10. Laden Sie die Felder des Subscreendynpros mit den Detailangaben des markierten Buches.
Im Modul LADEN_0200 ist in einer SELECT SINGLE-Anweisung die Struktur ZBESTAND (Standardstruktur, mit der einige Felder des Dynpros 200 verbunden sind) mit dem Datensatz der Tabelle ZBESTAND zu laden, der im Feld ISBN mit der Variablen TCISBN übereinstimmt. Anschließend sind die Stukturen WA_AUTOR1, WA_AUTOR2 und WA_AUTOR3 zu laden.

Lösung: SAPMYK07_4

Lösung:

```
*&-----------------------------------------------*
*& Include MYK07TOP                              *
*&-----------------------------------------------*
PROGRAM  sapmyk07_4   NO STANDARD PAGE HEADING .
TABLES: zbestand,zst_tc1.
DATA: tcisbn TYPE zbestand_tw-isbn.
.************nicht geänderter Quelltext*****************

*&-----------------------------------------------*
*& Ablauflogik Dynpro 120                        *
*&-----------------------------------------------*
PROCESS BEFORE OUTPUT.
  CALL SUBSCREEN sub2
  INCLUDING sy-cprog '200'.

  MODULE status_0120.

  MODULE laden_int_tab.

  MODULE zeilenanzahl_setzen_0120.
  LOOP AT it_zbestand INTO wa_zbestand
  WITH CONTROL tc1.
    MODULE move_to_tc1.
  ENDLOOP.

PROCESS AFTER INPUT.
  CALL SUBSCREEN sub2.
```

```
  LOOP AT it_zbestand.
    FIELD mark MODULE markieren_0120
    ON REQUEST.
  ENDLOOP.

  MODULE user_command_0120.
  MODULE beenden AT EXIT-COMMAND.

*&---------------------------------------------*
*& Ablauflogik Dynpro 200                       *
*&---------------------------------------------*
PROCESS BEFORE OUTPUT.

  MODULE laden_200.

  MODULE attribute_setzen_0200.

PROCESS AFTER INPUT.

*&---------------------------------------------*
*&      Module  laden_200  OUTPUT               *
*&---------------------------------------------*
MODULE laden_200 OUTPUT.
SELECT SINGLE * FROM zbestand
INTO zbestand
WHERE isbn = tcisbn.

CLEAR: wa_autor1, wa_autor2, wa_autor3.
SELECT SINGLE * FROM zautoren INTO wa_autor1
WHERE autorennr = zbestand-autor1.

SELECT SINGLE * FROM zautoren INTO wa_autor2
WHERE autorennr = zbestand-autor2.

SELECT SINGLE * FROM zautoren INTO wa_autor3
WHERE autorennr = zbestand-autor3.
ENDMODULE.

*&---------------------------------------------*
*& Module  attribute_setzen_0200  OUTPUT        *
*&---------------------------------------------*
MODULE attribute_setzen_0200 OUTPUT.
*Statusikone laden
```

```
  IF zbestand_tw-bereich = 'geschützt'.
    CALL FUNCTION 'ICON_CREATE'
       EXPORTING name   = 'ICON_LED_RED'
       IMPORTING result = icon1.
  ELSE.
    CALL FUNCTION 'ICON_CREATE'
       EXPORTING name   = 'ICON_LED_GREEN'
       IMPORTING result = icon1.
  ENDIF.
  LOOP AT SCREEN.
    IF screen-group1 = 'A2' AND
    wa_autor2-autorennr IS INITIAL.
      screen-invisible = 1.
    ENDIF.
    IF screen-group1 = 'A3' AND
    wa_autor3-autorennr IS INITIAL.
      screen-invisible = 1.
    ENDIF.
    MODIFY SCREEN.
  ENDLOOP.
ENDMODULE.
```

Das Programm SAPMYK07 weist noch eine kleine Unzulänglichkeit auf. Ist bei der Table Control-Ansicht (Dynpro 120) keine Zeile des Table Controls markiert, wird trotzdem die Detailsicht (ohne Werte) angezeigt. Das soll dadurch verhindert werden, dass im Subscreenbereich SUB2 ein anderes Subscreendynpro angezeigt wird, wenn die Variable TCISBN mit ihrem Initialwert geladen ist.

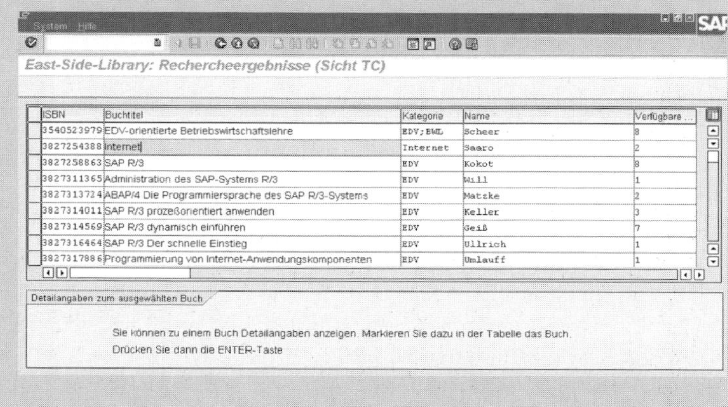


*Abb. 7.22 Dynamisches Laden eines Subscreenbereiches*

1. Legen Sie dazu ein Subscreendynpro (Dynpronr. 210) an. Geben Sie über ein Textfeld den Text „Sie können zu einem Buch Detailangaben anzeigen. Markieren Sie in der Tabelle das Buch. Drücken Sie dann die ENTER-Taste“ aus.
2. Deklarieren Sie im TOP-Include des Programmes SAPMYK07 die Variable **DYNNR** mit Bezug zur Systemvariablen SY-DYNNR an.
3. Ergänzen Sie in der PBO-Ablauflogik des Dynpros 120 den Aufruf des Moduls DYNPROAUSWAHL_0120.

   ```
   PROCESS BEFORE OUTPUT.
     MODULE dynproauswahl_0120.
     CALL SUBSCREEN sub2 ...
   ```
4. Programmieren Sie das Modul DYNPROAUSWAHL. Steht in der Variablen TCISBN der Initialwert, laden Sie die Variable **DYNNR** mit der Zeichenkette '210', sonst mit '200'.
5. Ändern Sie den Aufruf des Subscreendynpros in

   ```
   CALL SUBSCREEN sub2
   INCLUDING sy-cprog dynnr.
   ```
6. Setzen Sie im Modul LADEN_0200 nach der SELECT-Anweisung die Variable TCISBN auf ihren Initialwert (`CLEAR tcisbn`).

Lösung: SAPMYK07_5

Lösung:

```
*&---------------------------------------------*
*& Include MYK07TOP                            *
*&---------------------------------------------*
PROGRAM  sapmyk07_5   NO STANDARD PAGE HEADING.
TABLES: zbestand_tw,zst_tc1_tw.
DATA: dynnr TYPE sy-dynnr.
.************nicht geänderter Quelltext*****************

*&---------------------------------------------*
*& Ablauflogik Dynpro 120                      *
*&---------------------------------------------*
PROCESS BEFORE OUTPUT.
```

```
  MODULE dynproauswahl_0120.

  CALL SUBSCREEN sub2
  INCLUDING sy-cprog dynnr.

  MODULE status_0120.

  MODULE laden_int_tab.

  MODULE zeilenanzahl_setzen_0120.
  LOOP AT it_zbestand INTO wa_zbestand
  WITH CONTROL tc1.
    MODULE move_to_tc1.
  ENDLOOP.

PROCESS AFTER INPUT.
  CALL SUBSCREEN sub2.
  LOOP AT it_zbestand.
    FIELD mark MODULE markieren_0120
    ON REQUEST.
  ENDLOOP.
  MODULE user_command_0120.
  MODULE beenden AT EXIT-COMMAND.

*&---------------------------------------------*
*&     Module  dynproauswahl_0120  OUTPUT
*&---------------------------------------------*
MODULE dynproauswahl_0120 OUTPUT.
  IF tcisbn IS INITIAL.
    dynnr = '210'.
  ELSE.
    dynnr = '200'.
  ENDIF.
ENDMODULE.

*&---------------------------------------------*
*&      Module  laden_200  OUTPUT              *
*&---------------------------------------------*
MODULE laden_200 OUTPUT.
  SELECT SINGLE * FROM zbestand_tw
  INTO zbestand_tw
  WHERE isbn = tcisbn.
*tcisbn hat seine Aufgabe erfüllt. Die Vari-
```

```
*able wird auf ihren Initialwert zurück-
*gesetzt. Damit ist sie das Kriterium, ob der
*Benutzer eine Zeile des Table Controls
*aktiviert hat, denn sie wird im Modul
*MARKIEREN_0120 gesetzt. Dieses Modul wird
*nur durchlaufen, wenn der Benutzer eine Zeile
*im Table Control markiert hat.
*(FIELD mark MODULE markieren_0120
* on request)
  CLEAR tcisbn.
  CLEAR: wa_autor1, wa_autor2, wa_autor3.
  SELECT SINGLE * FROM zautoren_tw
  INTO wa_autor1
  WHERE autorennr = zbestand_tw-autor1.

  SELECT SINGLE * FROM zautoren_tw
  INTO wa_autor2
  WHERE autorennr = zbestand_tw-autor2.

  SELECT SINGLE * FROM zautoren_tw
  INTO wa_autor3
  WHERE autorennr = zbestand_tw-autor3.
ENDMODULE.

*&---------------------------------------------*
*&      Dynpro 210                             *
*&---------------------------------------------*
```

*Abb. 7.23 Eigenschaften des Subscreendynpros festlegen*

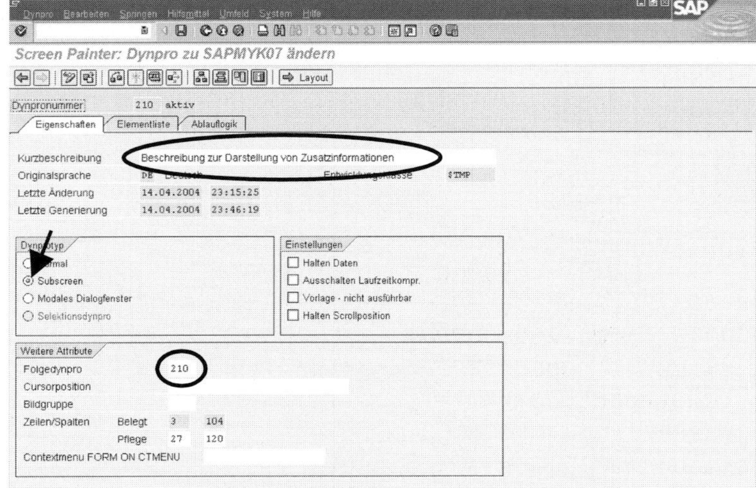

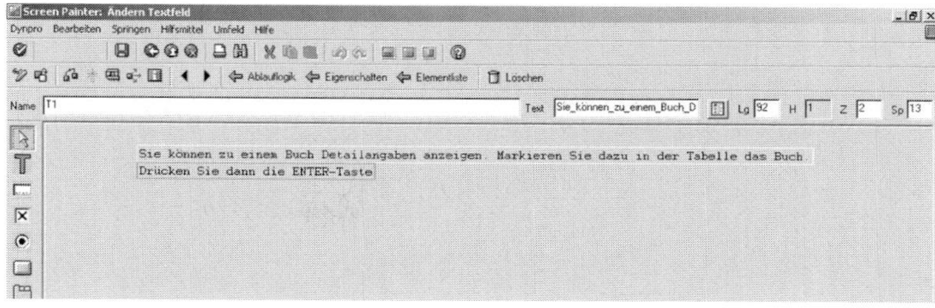


*Abb. 7.24 Layout des Subscreendynpros*

# 8 Tabstrips

## 8.1 Zielstellung des Kapitels

In diesem Kapitel wird der Einsatz von Tabstrips behandelt. Das Rechercheprogramm der East-Side-Library wird so geändert, dass die Dynpros auf je einer Registerkarte eines Tabstrip abgebildet werden.

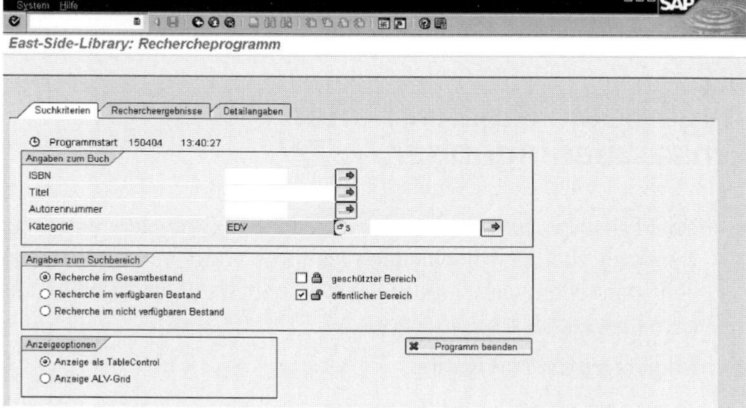


Abb. 8.1 Registerkarte „Suchkriterien“

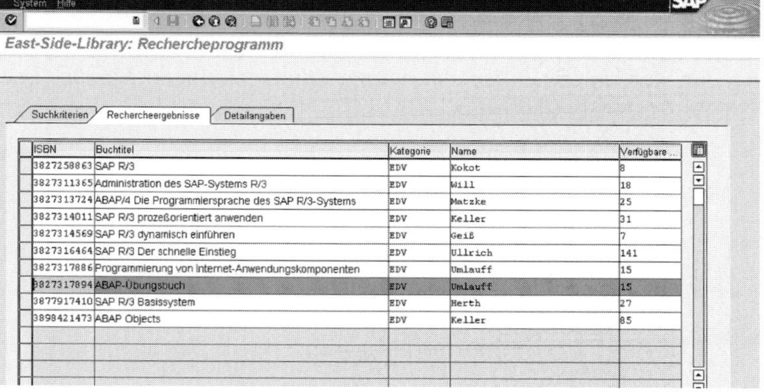


| ISBN | Buchtitel | Kategorie | Name | Verfügbare ... |
|---|---|---|---|---|
| 3827258863 | SAP R/3 | EDV | Kokot | 8 |
| 3827311365 | Administration des SAP-Systems R/3 | EDV | Will | 18 |
| 3827313724 | ABAP/4 Die Programmiersprache des SAP R/3-Systems | EDV | Matzke | 25 |
| 3827314011 | SAP R/3 prozeßorientiert anwenden | EDV | Keller | 31 |
| 3827314569 | SAP R/3 dynamisch einführen | EDV | Geiß | 7 |
| 3827316464 | SAP R/3 Der schnelle Einstieg | EDV | Ullrich | 141 |
| 3827317886 | Programmierung von Internet-Anwendungskomponenten | EDV | Umlauff | 15 |
| 3827317894 | ABAP-Übungsbuch | EDV | Umlauff | 15 |
| 3877917410 | SAP R/3 Basissystem | EDV | Herth | 27 |
| 3898421473 | ABAP Objects | EDV | Keller | 85 |

Abb. 8.2 Registerkarte „Recherche-ergebnisse“

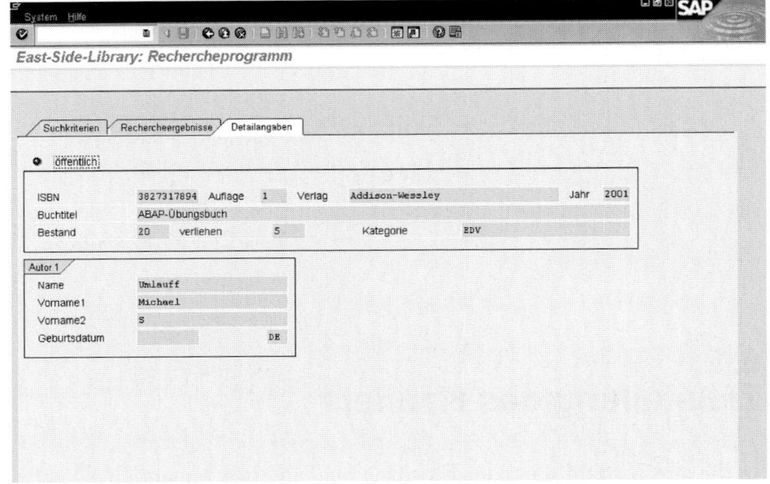


*Abb. 8.3 Registerkarte „Detailangaben“*

### *Vorbereitende Aufgaben*

Kopieren Sie Ihr Programm SAPMYK07 oder das Programm SAPMYK07_5 der Buch-CD nach SAPMYK08.

## 8.2 Allgemeine Eigenschaften Einsatzbedingungen

- Mit Tabstrips lassen sich verschiedene Teilobjekte einer Anwendung, die auf verschiedene Dynpros verteilt sind, übersichtlich darstellen. Ihre intuitive Bedienbarkeit vermindert den Lernaufwand des Anwenders,
- Erleichtern die Navigation,
- sind leicht zu programmieren und führen zu modernen Oberflächen.

Tabstrips dürfen nicht eingesetzt werden, wenn

- auf den einzelnen Registerkarten unterschiedliche Menüs, Titel, Drucktaste erforderlich sind,
- die Anzahl der Registerkarten nicht statisch angegeben werden kann.

## 8.3 Tabstrip-Elemente

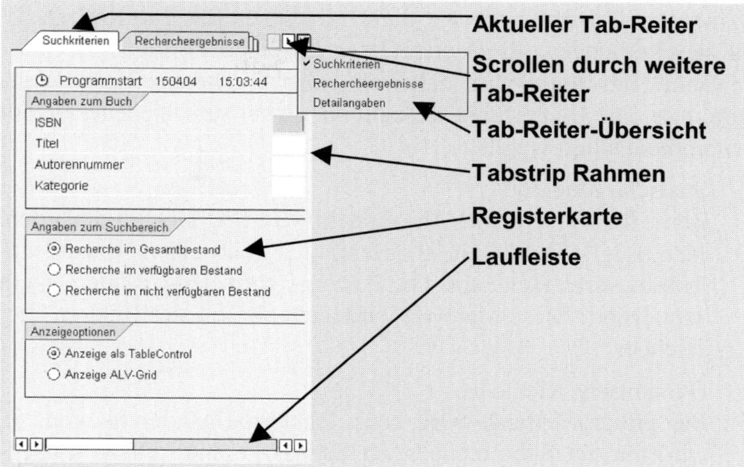


*Abb. 8.4* *Bestandteile der Oberfläche eines Tabstrips*

- in Tabstrip besteht aus mehreren Registerkarten.
- Jede Registerkarte besitzt einen einzeiligen Tab-Reiter.
- Können beim Anlegen eines Tabstrips im Layouteditor aus Platzgründen nicht alle Registerkarten angezeigt werden, wird automatisch eine Blätterleiste erzeugt.
- Laufleisten werden bei Bedarf automatisch angelegt.

### *Programmtechnische Sicht auf das Tabstrip*

Aus programmtechnischer Sicht besteht eine Registerkarte des Tabstrips aus einer Drucktaste, einem Subscreenbereich und einem Subscreendynpro.

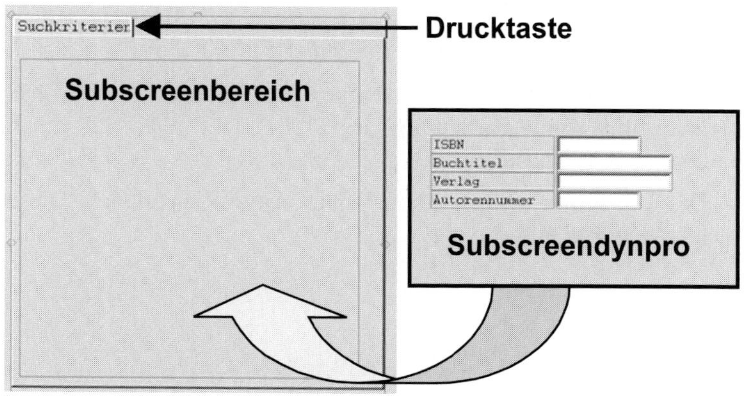


*Abb. 8.5* *Technische Bestandteile eines Tabstrips*

## 8.4 Blättern im Tabstrip

Blättern im Tabstrip bedeutet, durch Anklicken des Tab-Reiters, die mit ihm verbundene Registerkarte zur Anzeige zu bringen. Der ausgewählte Tab-Reiter wird dabei als „aktiv" gekennzeichnet (siehe Abb. 8.4). Die Blätterfunktion kann über zwei verschiedene Methoden implementiert werden:

- Statische Methode
  Beim Auswählen eines Tab-Reiters wird PAI nicht durchlaufen. Jede Registerkarte muss deshalb fest mit einem Subscreendynpro verbunden sein. Die Anzeige wird beim Blättern nicht aktualisiert. Diese Methode wird auch als „lokales Blättern" bezeichnet.
- Dynamische Methode
  Bei dieser Methode wird beim Blättern PAI durchlaufen. Es wird nur ein Subscreenbereich für das gesamte Tabstrip angelegt. In der Ablauflogik muss der Programmierer dafür Sorge tragen, dass der Subscreenbereich mit dem für die jeweils aktive Registerkarte vorgesehenen Subscreendynpro geladen wird.

### 8.4.1 Tabstrip mit statischer Blätterfunktion

Tabstrips mit statischer Blätterfunktion sind durch folgende Eigenschaften charakterisiert:

- Jedem Tab-Reiter ist ein eigener Subscreenbereich zugeordnet.
- Blättern löst kein PAI aus, es wird am Frontend ausgeführt. Das bedeutet, dass beim Blättern keine Kommunikation zwischen Präsentations- und der Applikationsebene stattfindet. Alle Subscreendynpros des Tabstrips werden zu PBO des Trägerdynpros an das Frontend übertragen.
- Jede Aktion auf dem Trägerdynpro des Tabstrips, die PAI auslöst, führt zur Abarbeitung der PAI-Blöcke aller Subscreendynpros des Tabstrips.
- Die Tab-Reiter sind mit dem Funktionstyp P anzulegen. Dieser löst kein PAI aus.

## 8.4.2 Tabstrip mit dynamischer Blätterfunktion

Tabstrips mit dynamischer Blätterfunktion sind durch folgende Eigenschaften charakterisiert:

- Alle Registerkarten benutzen den gleichen Subscreenbereich.
- Die Auswahl eines Tab-Reiters löst PAI aus.
- Zu PAI wird festgestellt, welcher Tab-Reiter ausgewählt wurde und eine Variable mit dessen Funktionscode geladen.
- Zu PBO wird der (einzige) Subscreenbereich des Tabstrips mit dem Subscreendynpro geladen, das dem aktiven Tab-Reiter zugeordnet ist.
- Am Ende der PBO-Verarbeitung erfolgt der Datentransport zum (aktiven) Subscreendynpro.
- Das zu PBO geladene Subscreendynpro wird im Tabstrip angezeigt.

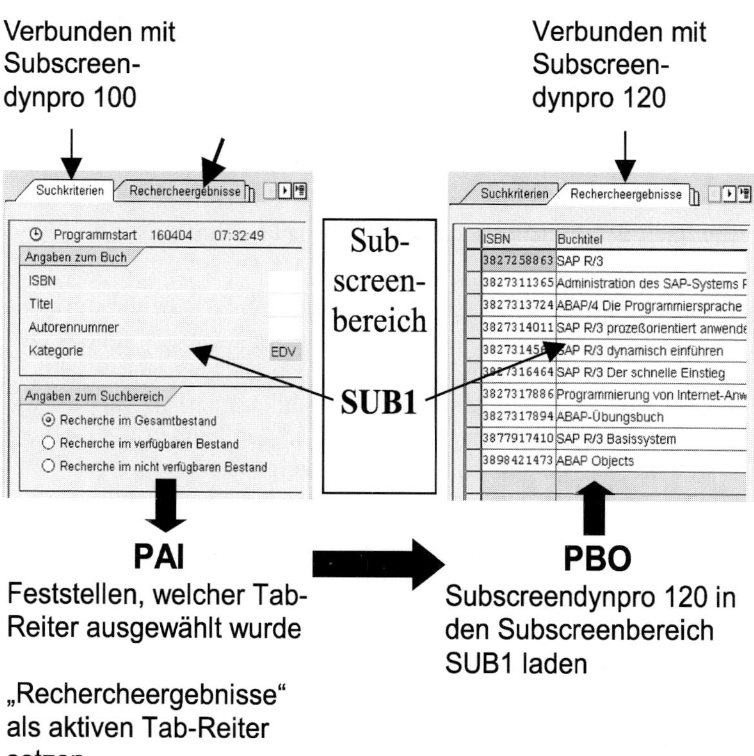


*Abb. 8.6 Dynamisches Blättern im Tabstrip (Prinzip)*

Das Anlegen eines Tabstrips verläuft in 3 Etappen:

- Layout anlegen und Eigenschaften für Tab-Reiter und Registerkarte definieren,
- Deklaration des Tabstrips im TOP-Include des ABAP-Programmes,
- Programmierung der Ablauflogik des Trägerdynpros.

## 8.5 Tabstrip anlegen

Um ein Tabstrip anzulegen, sind folgende Schritte nötig:

- Tabstrip im Layout des Trägerdynpros anlegen.
- Eigenschaften des Tabstrips definieren (z.B. Anzahl der Tab-Reiter).
- Eigenschaften der Tab-Reiter festlegen (z.B. Funktionscode und Funktionstyp).
- Subscreenbereich(e) anlegen.
- Tabstrip deklarieren.

  Über eine CONTROLS-Anweisung wird ein Datenobjekt vom Typ TABSTRIP angelegt. Dieses Datenobjekt entspricht dem im Dictionary definierten Typ CXTAB_TABSTRIP (Typgruppe CXTAB). Die Komponente ACTIVETAB dieser Struktur enthält den Funktionscode des aktiven Tab-Reiters.

  **Hinweis:**
  Die Komponenten, die zur Typgruppe CXTAB gehören, finden Sie im Dictionary (SE11). Wählen Sie im Einstiegsbild des Dictionaries das Menü „Hilfsmittel → Weitere Dictionary-Elemente“. Aktivieren Sie dann den Auswahlknopf „Typgruppe“, tragen Sie im dazugehörigen Eingabefeld den Namen CXTAB ein und klicken Sie auf das Symbol „Anzeigen“.
- Programmierung der Ablauflogik.

Die Subscreendynpros sind natürlich auch noch anzulegen.

*Vorgehensweise: Tabstrip anlegen*

Starten Sie den grafischen Layouteditor mit dem Dynpro, in dem der Tabstrip angelegt werden soll.

1. Schieben Sie den Mauszeiger, ohne eine Maustaste zu drücken, an die linke obere Ecke des künftigen Tabstrips.

2. Ziehen Sie den Minirahmen, mit gedrückter linker Maustaste, bis zum unteren rechten Rand des künftigen Tabstrips.
3. Doppelklicken Sie in den Tabstrip. Tragen Sie in dem sich daraufhin öffnenden Attributefenster den Namen des Tabstrips ein und legen Sie die Anzahl der Tab-Reiter fest. Alternativ können Sie auch das Werkzeug „Drucktaste" der Werkzeugleiste aktivieren und mit der Maus an die Stelle der Tab-Reiterleiste klicken, an der der Reiter positioniert werden soll.
4. Jetzt sichern Sie das Layout, schließen den grafischen Layouteditor und laden das TOP-Include in den ABAP-Editor. Programmieren Sie die CONTROLS-Anweisung.

   Syntax der CONTROLS-Anweisung:
   CONTROLS <Name des Tabstrips> TYPE TABSTRIP

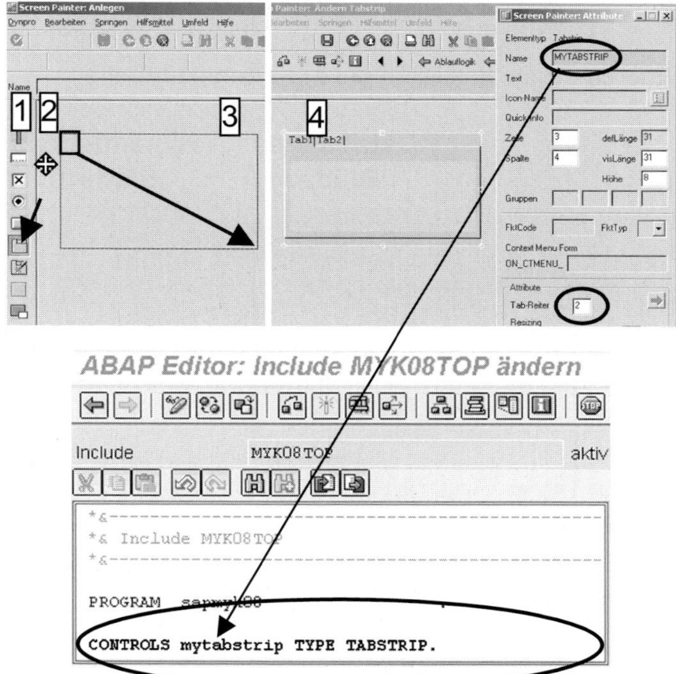


*Abb. 8.7 Anlegen eines Tabstrips*

   Diesen Punkt können Sie natürlich auch erst dann durchführen, wenn Sie alle Arbeiten im Layouteditor erledigt haben.

5. Kehren Sie in den Layouteditor zurück. Die Eigenschaften der Tab-Reiter und die Subscreenbereiche müssen jetzt festgelegt werden. Hier bestehen Unterschiede beim Anlegen eines Tabstrips mit statischer bzw. dynamischer Blätterfunktion.

6. Legen Sie in der ersten Registerkarte einen Subscreenbereich an.

*Abb. 8.8 Anlegen eines Subscreenbereiches im Tabstrip*

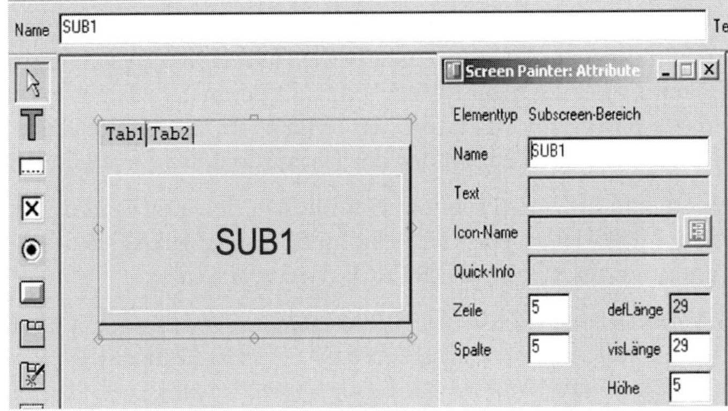


7. Pflegen Sie die Eigenschaften des Tab-Reiters Tab1.

*Abb. 8.9 Eigenschaften des Tab-Reiters pflegen*

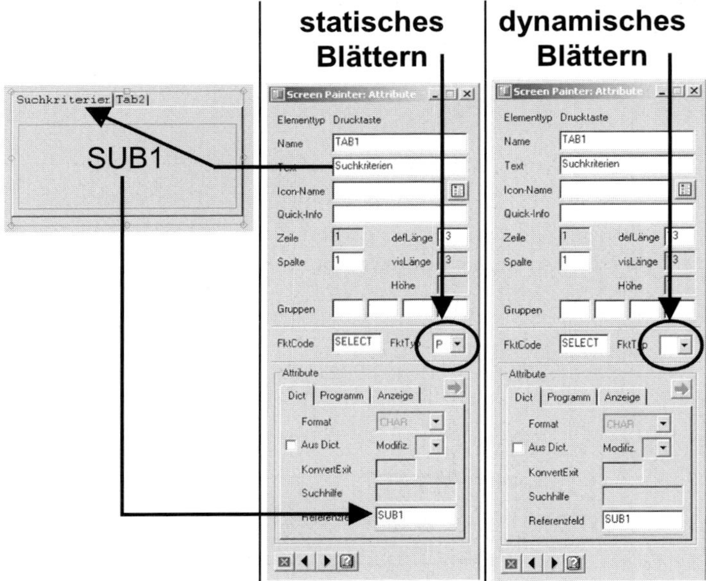


Bei der statischen Blätternfunktion ist als Funktionstyp der Typ „P" auszuwählen. Er unterbindet, dass der Tab-Reiter PAI auslöst.
Beim dynamischen Blättern ist SUB1 der Subscreenbereich, der von allen Registerkarten gemeinsam genutzt wird.

8. Pflegen Sie die Eigenschaften der 2. Registerkarte.

*Abb. 8.10 Subscreenbereich mit Tab-Reiter verknüpfen*

**statisches Blättern**

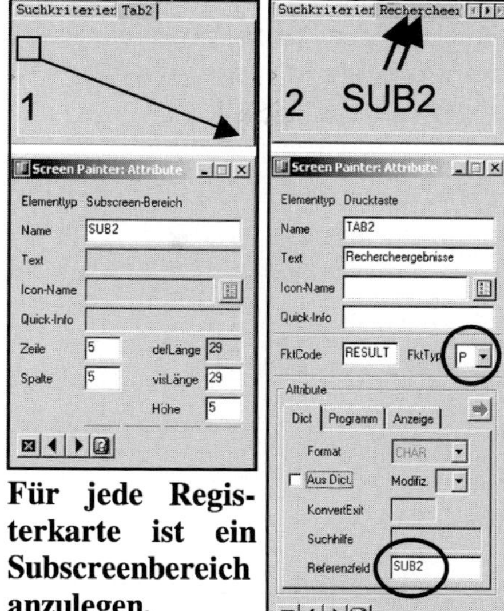


**Für jede Registerkarte ist ein Subscreenbereich anzulegen.**

1. Legen Sie einen Subscreenbereich für die Registerkarte an.
2. Pflegen Sie die Eigenschaften des Tab-Reiters. Geben Sie im „Referenzfeld“ den Namen des unter 1. angelegten Subscreenbereiches an (SUB2). Funktionstyp ist wiederum P.

**dynamisches Blättern**

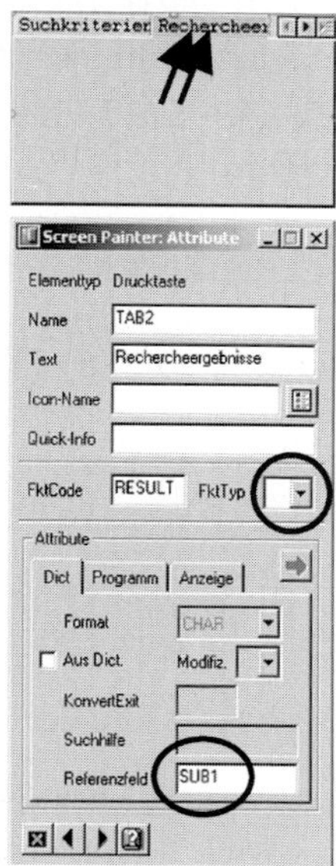


Geben Sie im „Referenzfeld“ den Namen des gemeinsamen Subscreenbereiches an (SUB1).
Siehe Punkt 7 der Vorgehensweise

9. Wiederholen Sie Schritt 8 für jede weitere Registerkarte.

Das Layout ist nun fertig angelegt. Fehlt noch die Programmierung des Tabstrips.

### *Programmierung des Tabstrips mit statischer Blätterfunktion*

Bei Tabstrips mit lokaler Blätterfunktion ist die Programmierung der Ablauflogik recht einfach. Sie müssen zur PBO des Trägerdynpros nur dafür sorgen, dass die Subscreendynpros die Sie auf den Registerkarten anzeigen wollen, den richtigen Subscreenbereichen zugeordnet werden. Lösen Sie zu PAI des Trägerdynpros noch die PAI-Vorgänge der Subscreendynpros aus, wird Ihr Tabstrip perfekt funktionieren.

**Beispiel:**
Der in der „Vorgehensweise: Tabstrip anlegen“ layoutete Tabstrip MYTABSTRIP soll in der Registerkarte „Suchkriterien“ das Subscreendynpro 100 und in der Registerkarte „Rechercheergebnisse“ das Subscreendynpro 120 anzeigen. Dazu ist die Ablauflogik des Dynpros 300 wie folgt zu programmieren:

*Abb. 8.11 Ablauflogik für Tabstrip mit lokaler Blätterfunktion*

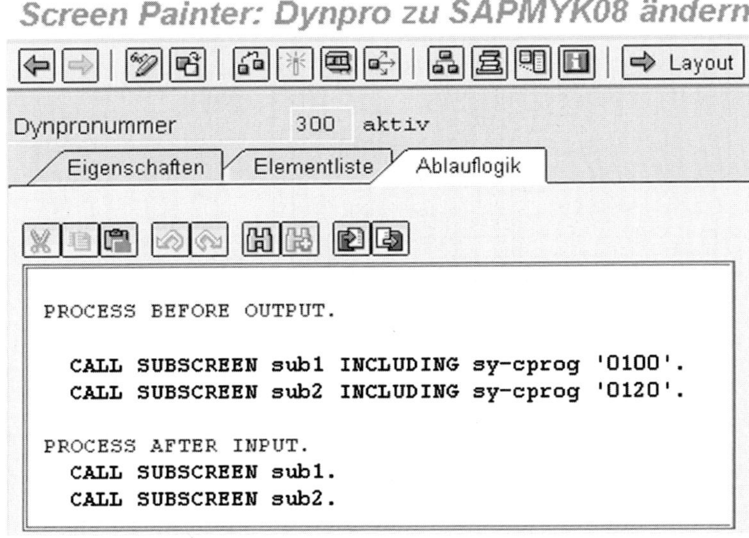


Voraussetzungen:

- Alle Tab-Reiter wurden mit dem Funktionstyp „P“ angelegt.
- Jede Registerkarte hat ihren eigenen Subscreenbereich (sub1, sub2).
- Im Top-Include wurde der Tabstrip mit
  CONTROLS mytabstrip TYPE TABSTRIP.
  deklariert.

### *Programmierung des Tabstrips mit dynamischer Blätterfunktion*

Die Programmierung eines Tabstrips mit dynamischer Blätterfunktion ist etwas aufwendiger. Das Prinzip ist in Abb. 8.6 auf Seite 475 dargestellt. Zu PAI wird ermittelt, welcher Tab-Reiter ausgewählt wurde. Zu PBO wird dann das entsprechende Subscreendynpro in den Subscreenbereich geladen.

**Beispiel:**

Der in der „Vorgehensweise: Tabstrip anlegen" angelegte Tabstrip MYTABSTRIP soll in der Registerkarte „Suchkriterien" das Subscreendynpro 100 und in der Registerkarte „Rechercheergebnisse" das Dynpro 120 anzeigen. Die im Subscreendynpro 120 auszugebenden Rechercheergebnisse sind abhängig von den Eingaben im Subscreendynpro 100, deshalb kann kein Tabstrip mit lokaler Blätterfunktion verwendet werden.

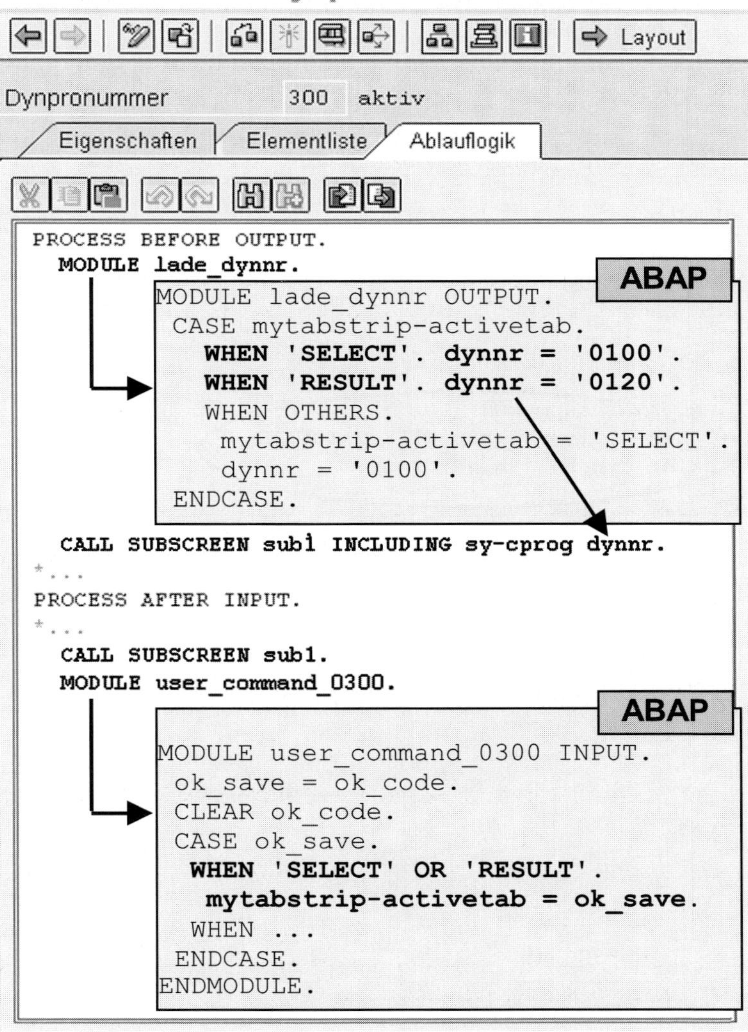

Voraussetzungen:

- Alle Tab-Reiter wurden mit dem Funktionstyp „leer“ angelegt.
- Alle Registerkarten nutzen den gleichen Subscreenbereich (SUB1).
- Im Top-Include wurde der Tabstrip mit
  CONTROLS mytabstrip TYPE TABSTRIP.
  deklariert.
- Im Top-Include wurde eine Variable deklariert, die mit einer Dynpronummer geladen werden kann. Im Beispiel ist das die Variable DYNNR.

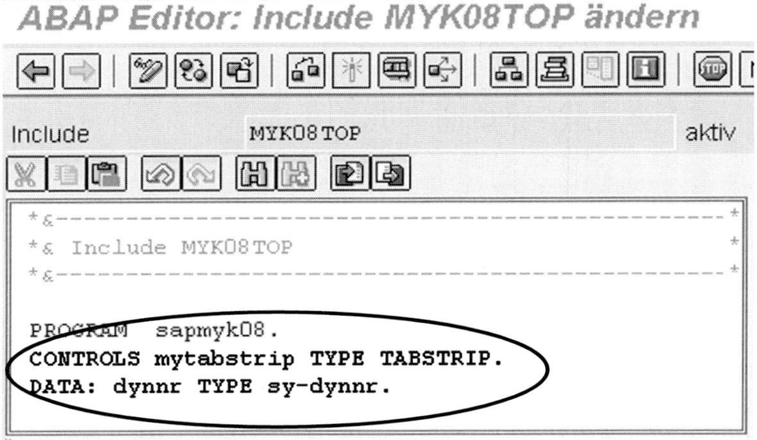

Die Dynpros des Programmes SAPMYK08 (Kopie von SAPMYK07_5 oder SAPMYK07) sollen in einem Tabstrip mit 3 Registerkarten angezeigt werden.

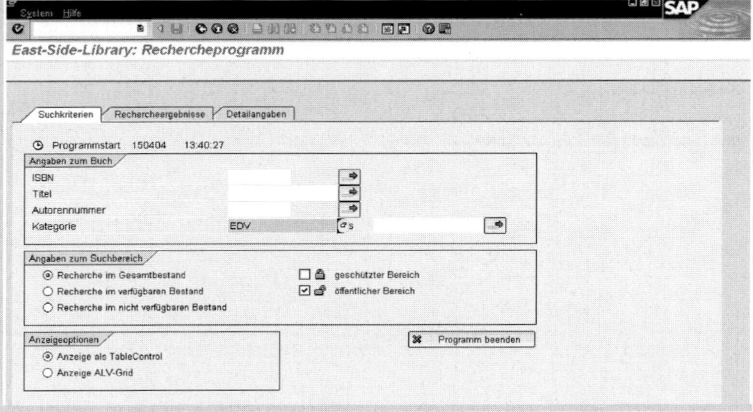

Die Ergebnisausgabe erfolgt nur noch als Table Control. Auf die Ausgabe als Liste (z.Z. Dynpro 110) wird verzichtet.

Dazu sind folgende Programmierarbeiten auszuführen:

- Dynpro 100 und 120 sind in Subscreendynpros umzuwandeln.
- Das Trägerdynpro (Dynpronummer 300) für den Tabstrip und der Tabstrip selbst ist anzulegen.
- Die Ablauflogik (dynamische Blätterfunktion) ist zu programmieren.

1. Dynpro 100 in ein Subscreendynpro umwandeln.

| Ort | Aktivität | Begründung |
|---|---|---|
| Ablauflogik | Anweisung **MODULE status_0100.** löschen. | Subscreendynpros dürfen keinen eigenen Status besitzen. |
| | Anweisung **MODULE beenden** ... löschen. | Das Modul enthält die Anweisung LEAVE TO SCREEN 0 die in Subscreens nicht erlaubt ist. |
| | Anweisung **MODULE user_command_0100.** löschen. | Dieses Modul wird nicht mehr benötigt. Die Funktionsauswahl (z.B. RECHERCHE) erfolgt über die Auswahl der Tab-Reiter. |
| Layout | Drucktaste „RECHERCHE“ löschen. | Das Auslösen dieser Funktion wird über die Auswahl des entspr. Tab-Reiters ausgelöst. |
| | Auswahlknopf „Anzeige als Liste“ (WA_RBG3-LISTE) löschen. | Auf die Anzeige der Rechercheergebnisse als Liste wird verzichtet, der Auswahlknopf wird also nicht mehr benötigt. |
| Elementliste | OK-Feld löschen. | Ein Subscreendynpro besitzt kein eigenes OK-Feld. |
| Register „Eigenschaften“ | Auswahlknopf „Subscreen“ aktivieren. | |

2. Dynpro 120 in Subscreendynpro umwandeln.

| Ort | Aktivität | Begründung |
|---|---|---|
| Ablauf-logik | Anweisung **MODULE status_0120.** löschen. | Dieses Modul entscheidet, ob Dynpro 200 oder 210 angezeigt wird. Diese Entscheidung muss aber im Trägerdynpro des Tabstrips erfolgen. |
| | Anweisungen **CALL SUBSCREEN sub2 INCLUDING sycprog dynnr.** **CALL SUBSCREEN sub2.** löschen. | Die Anzeige der bisher in SUB2 abgebildeten Dynpros 200 bzw. 210 erfolgt künftig in einer eigenen Registerkarte. Der Subscreenbereich SUB2 wird gelöscht. |
| | Anweisung **MODULE status_0120.** löschen. | Subscreendynpros dürfen keinen eigenen Status besitzen. |
| | Anweisung **MODULE user_command_0120.** löschen. | Bisher wird über dieses Modul das Programm beendet. Das Beenden des Programmes erfolgt künftig nur über den Status des Tabstrip-Trägerdynpros. |
| | Anweisung **MODULE beenden…** löschen. | Das Modul enthält die in Subscreens nicht erlaubte Anweisung LEAVE TO SCREEN. |
| Layout | Subscreenbereich SUB2 löschen. | Die Anzeige der bisher hier abgebildeten Dynpros erfolgt in einem eigenen Register. |
| Elementliste | OK-Feld löschen. | Ein Subscreendynpro besitzt kein eigenes OK-Feld. |
| Register „Eigenschaften“ | Auswahlknopf „Subscreen“ aktivieren. | |

3. Legen Sie das Trägerdynpro des Tabstrips (Dynpronummer 300) an (Statisches Folgedynpro: 300, OK_CODE in Elementliste eintragen).

4. Erstellen Sie im Layout des Dynpros 300 den Tabstrip. Wählen Sie als Tabstripnamen TS1. Legen Sie innerhalb des Tabstrips den Subscreenbereich SUBTS1 an und pflegen Sie dann im Attributefenster die Eigenschaften der Tab-Reiter. (FKTCODE entsprechend nachfolgender Tabelle, REFERENZFELD ist für jeden Tab-Reiter der Subscreenbereich SUBTS1).

| Pos. der Registerkarte | Text des Tab-Reiters (Funktionscode) | anzuzeigendes Dynpro | Bemerkung |
|---|---|---|---|
| 1 | Suchkriterien (SELECT) | 100 | |
| 2 | Recherche-ergebnisse (RESULT) | 120 | Nur anzeigen, wenn Treffermenge > 0. |
| 3 | Detailangaben (DETAILS) | 200/210 | 200 nur anzeigen, wenn in Dynpro 120 ein Buch markiert wurde, sonst 210. |

5. Programmieren Sie die Ablauflogik des Dynpros 300.

**Hinweise:**

- Falls noch nicht geschehen, tragen Sie die Anweisung CONTROLS TS1 TYPE TABSTRIP. in das TOP-Include ein.
- Legen Sie folgende Module an:

  **PBO:**

  - STATUS_0300.
    Verwenden Sie als Status des Dynpros 300 den Status DYNPRO_0120 und als Titlebar DYNPRO_0100.
  - LADEN_DYNNR
    Laden Sie in diesem Module die bereits deklarierte Variable DYNNR mit der Nummer des im Subscreenbereich SUBTS1 anzuzeigenden Dynpros.

**PAI:**

- USER_COMMAND_0300
  Laden Sie im Module USER_COMMAND_0300 die Komponente ACTIVETAB der Struktur TS1, die über die Anweisung CONTROLS: TS1 TYPE TABSTRIP deklariert wurde, mit dem Funktionscode des ausgewählten Tab-Reiters.

- Entsprechend der Aufgabenstellung soll die Registerkarte „Recherceergebnisse" (Subscreendynpro 120) nur angezeigt werden, wenn die Menge der anzuzeigenden Bücher größer 0 ist. Es ist daher zweckmäßig, die interne Tabelle IT_ZBESTAND unmittelbar vor der Auswahl des anzuzeigenden Dynpros zu laden. Programmieren Sie deshalb den Modulaufruf MODULE LADEN_INT_TAB im PBO des Dynpros 300 (vor LADEN_DYNNR) und löschen ihn aus der Ablauflogik des Dynpros 120. An Hand der Belegung der Variablen DS, die in diesem Modul geladen wird, können Sie erkennen, ob Datensätze anzuzeigen sind (DS = '1') oder nicht (DS = '0')

Löschen Sie Anweisung LEAVE TO SCREEN 100 im Modul LADEN_INT_TAB.

- Programmieren Sie nach dem Aufruf des Moduls LADEN_DYNNR die Anweisung

  CALL SUBSCREEN subts1 INCLUDING sy-cprog dynnr.

  und zu PAI die Anweisung

  CALL SUBSCREEN subts1.

6. Legen Sie für das Programm SAPMYK08 den Transaktionscode ZK08_1 (Startdynpro 300) an und testen Sie Ihr Pro-

Lösung: SAPMYK08_1

Lösung:

```
*&---------------------------------------------------*
*&       Ablauflogik Dynpro 100                      *
*&---------------------------------------------------*
PROCESS BEFORE OUTPUT.
  CALL SUBSCREEN sub1
  INCLUDING sy-cprog '1100'.
```

```
*  MODULE status_0100.
   MODULE laden_0100.
PROCESS AFTER INPUT.
   CALL SUBSCREEN sub1.
*  MODULE beenden AT EXIT-COMMAND.
   CHAIN.
     FIELD: chk_protected,
            chk_public
            MODULE pruefen3_0100.
   ENDCHAIN.
*  MODULE user_command_0100.

*&---------------------------------------------*
*&      Ablauflogik Dynpro 120                 *
*&---------------------------------------------*
   PROCESS BEFORE OUTPUT.
*    MODULE dynproauswahl_0120.
*    CALL SUBSCREEN sub2 INCLUDING sy-cprog
* dynnr.
*    MODULE status_0120.
*    MODULE laden_int_tab.
     MODULE zeilenanzahl_setzen_0120.
     LOOP AT it_zbestand INTO wa_zbestand
     WITH CONTROL tc1.
       MODULE move_to_tc1.
     ENDLOOP.
   PROCESS AFTER INPUT.
*    CALL SUBSCREEN sub2.
     LOOP AT it_zbestand.
       FIELD mark MODULE markieren_0120
                               ON REQUEST.
     ENDLOOP.
*    MODULE user_command_0120.
*    MODULE beenden AT EXIT-COMMAND.

*&---------------------------------------------*
*&      Ablauflogik Dynpro 300                 *
*&---------------------------------------------*
PROCESS BEFORE OUTPUT.
  MODULE status_0300.
  MODULE laden_int_tab.
  MODULE laden_dynnr.
  CALL SUBSCREEN subts1 INCLUDING sy-cprog
                                  dynnr.
```

```
PROCESS AFTER INPUT.
  CALL SUBSCREEN subts1.
  MODULE user_command_0300.
  MODULE beenden AT EXIT-COMMAND.

*&---------------------------------------------*
*&      Module  STATUS_0300  OUTPUT            *
*&---------------------------------------------*
MODULE status_0300 OUTPUT.
  SET PF-STATUS 'DYNPRO_0120'.
  SET TITLEBAR 'DYNPRO_0100'.
ENDMODULE.

*&---------------------------------------------*
*&      Module  laden_int_tab  OUTPUT          *
*&---------------------------------------------*
MODULE laden_int_tab OUTPUT.
.************nicht geänderter Quelltext******************
  IF ds = '0'.
    MESSAGE i007(zlib_tw).
*     LEAVE TO SCREEN 100.
  ENDIF.
ENDMODULE.                  " laden_int_tab  OUTPUT

*&---------------------------------------------*
*&      Module  laden_dynnr  OUTPUT            *
*&---------------------------------------------*
MODULE laden_dynnr OUTPUT.
*im Module LADEN_INT_TAB wird ds geladen
*ds = 1 --> Es gibt Bücher, die den Such-
*           kriterien entsprechen
*ds = 0 --> Es gibt keine Bücher, die den
*           Suchkriterien entsprechen

  IF ds > 0.
    CASE ts1-activetab.
      WHEN 'SELECT'.
        dynnr = '0100'.
      WHEN 'RESULT'.
        dynnr = '0120'.
      WHEN 'DETAIL'.
*TCISBN enthält eine ISBN, falls der
*Benutzer eine Zeile des Table Controls
*markiert hat. Anderenfalls ist TCISBN mit
```

```
*dem Initialwert geladen.
        IF NOT tcisbn IS INITIAL.
          dynnr = '0200'.
        ELSE.
          dynnr = '0210'.
        ENDIF.
      WHEN OTHERS.
        ts1-activetab = 'SELECT'.
        dynnr = '0100'.
    ENDCASE.
  ELSE.
    ts1-activetab = 'SELECT'.
    dynnr = '0100'.
  ENDIF.
ENDMODULE.

*&---------------------------------------------*
*&      Module  USER_COMMAND_0300  INPUT       *
*&---------------------------------------------*
MODULE user_command_0300 INPUT.
  ok_save = ok_code.
  CLEAR ok_code.
  CASE ok_save.
    WHEN 'SELECT' OR 'RESULT' OR 'DETAIL'.
      ts1-activetab = ok_save.
    WHEN 'EXIT' OR 'BACK'.
      LEAVE PROGRAM.
  ENDCASE.
ENDMODULE.
```

# 9 Datenbankänderungen programmieren

## 9.1 Zielstellung des Kapitels

Schwerpunkte dieses Kapitels sind:

- Datenbankändernde Anweisungen,
- Die Organisation von Datenbankänderungen und
- Das SAP-Sperrkonzept:

Die Thematik wird am Programm SAPMYK09_Bestand_1 erarbeitet. Dieses Programm befindet sich auf der Buch-CD. Es besteht aus den nachfolgend abgebildeten Dynpros und der in Abb. 9.3 dargestellten Ablauflogik, die im Verlaufe des Kapitels noch ergänzt werden wird.

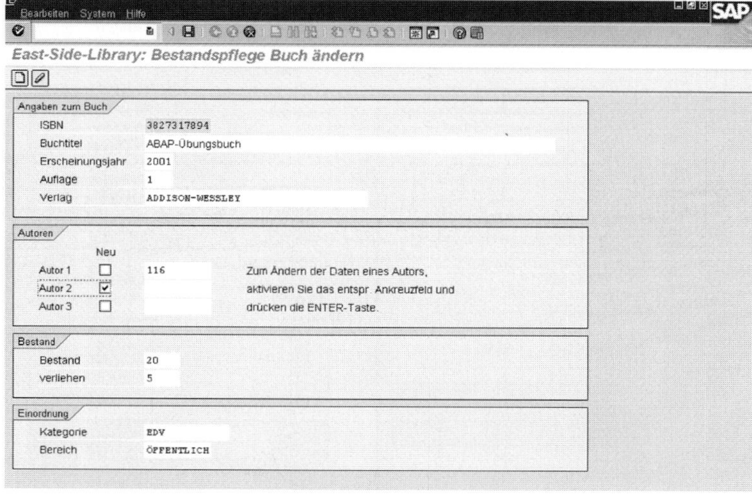


*Abb. 9.1 SAPMYK09_Bestand_1 (Dynpro 100 Bestandspflege)*

Abb. 9.2 SAPMYK09_ Bestand_1 (Dynpro 100 Autorenpflege)

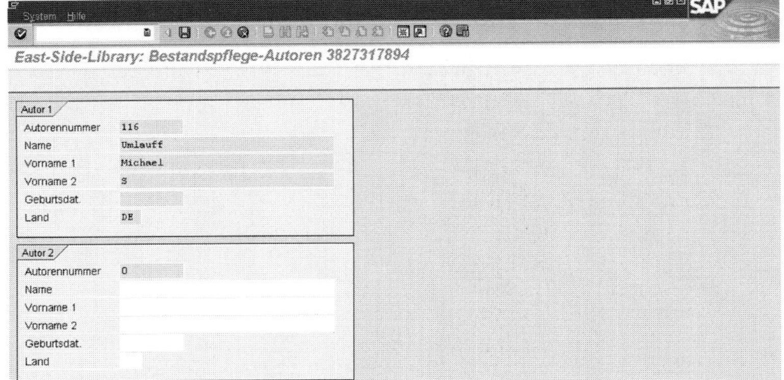

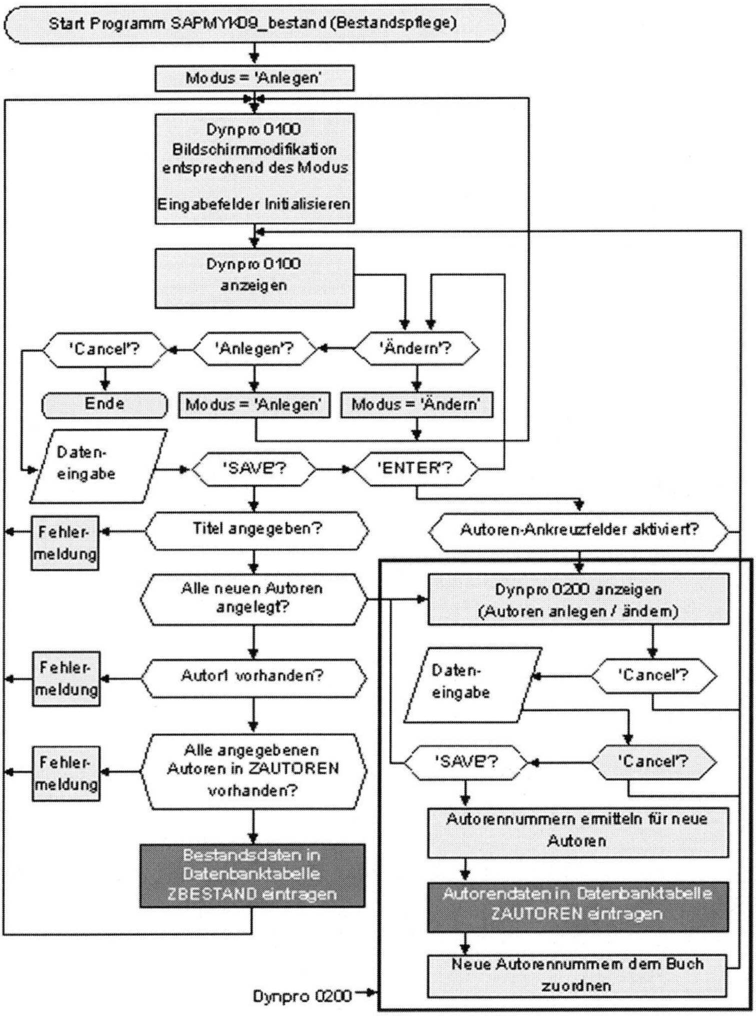

Abb. 9.3 Ablauflogik (Prinzip)

Start Programm SAPMYK09_bestand (Bestandspflege)
Modus = 'Anlegen'
Dynpro 0100 Bildschirmmodifikation entsprechend des Modus
Eingabefelder Initialisieren
Dynpro 0100 anzeigen
'Cancel'?
'Anlegen'?
'Ändern'?
Ende
Modus = 'Anlegen'
Modus = 'Ändern'
Daten-eingabe
'SAVE'?
'ENTER'?
Fehler-meldung
Titel angegeben?
Autoren-Ankreuzfelder aktiviert?
Alle neuen Autoren angelegt?
Dynpro 0200 anzeigen (Autoren anlegen / ändern)
Fehler-meldung
Autor1 vorhanden?
Daten-eingabe
'Cancel'?
Fehler-meldung
Alle angegebenen Autoren in ZAUTOREN vorhanden?
'SAVE'?
'Cancel'?
Autorennummern ermitteln für neue Autoren
Bestandsdaten in Datenbanktabelle ZBESTAND eintragen
Autorendaten in Datenbanktabelle ZAUTOREN eintragen
Neue Autorennummern dem Buch zuordnen
Dynpro 0200

***Vorbereitende Aufgaben***

1. Machen Sie sich mit dem Programm SAPMYK09_Bestand_1 vertraut. Als Hilfe zum Navigieren im Programm und zur Analyse des Quelltextes steht Ihnen der Programmablaufplan in Abb. 9.3 zur Verfügung. Die dort hervorgehobenen Aufgaben „Autorendaten in Datenbanktabelle ZAUTOREN eintragen" und „Bestandsdaten in Datenbanktabelle ZBESTAND eintragen" sind noch nicht realisiert.
2. Wenn Sie mit Ihren eigenen Tabellen ZAUTOREN und ZBESTAND arbeiten wollen, nehmen Sie bitte die zwei kleinen Änderungen, die im TOP-Include des Programmes SAPMYK09_Bestand_1 beschrieben sind, vor.

## 9.2 Datenbankändernde Anweisungen

In diesem Buch werden die im Open-SQL-Sprachumfang enthaltenen datenbankändernden Anweisungen

- INSERT,
- UPDATE,
- MODIFY und
- DELETE

besprochen. Jede dieser Anweisungen kann, je nach verwendeter Syntax, zur Bearbeitung eines Einzelsatzes (Einzelsatzzugriff) oder einer Menge von Datensätzen (Mengenzugriff) benutzt werden. Mengenzugriffe sind, gegenüber der gleichen Anzahl von Einzelzugriffen, immer performanter.

Alle diese Anweisungen laden die Systemvariablen SY-SUBRC und SY-DBCNT. SY-SUBRC wird stets mit 0 geladen, wenn die Aktion erfolgreich verlaufen ist. SY-DBCNT enthält die Anzahl Datensätze, für die die gewünschte Datenbankoperation tatsächlich durchgeführt wurde. Diese Information ist natürlich nur bei Mengenzugriffen von Bedeutung. Details zur Belegung der Systemvariablen SY-SUBRC werden in jeweiligen Abschnitten, in denen die Anweisungen erklärt werden, gegeben.

Bei allen Anweisungen, mit Ausnahme von MODIFY, gibt es eine Syntaxvariante, bei der die zu bearbeitenden Datensätze über eine WHERE-Klausel mit einer logischen Bedingung ausgewählt werden. Dabei können über ... WHERE <feld> LIKE '<Suchmaske>' auch Platzhalter verwendet werden ('_' für genau ein Zeichen, '%' für eine Zeichenkette).

## 9.2.1
## Die INSERT-Anweisung

### *Einzelsatz anlegen*

*Abb. 9.4 INSERT Einzelsatz anlegen*

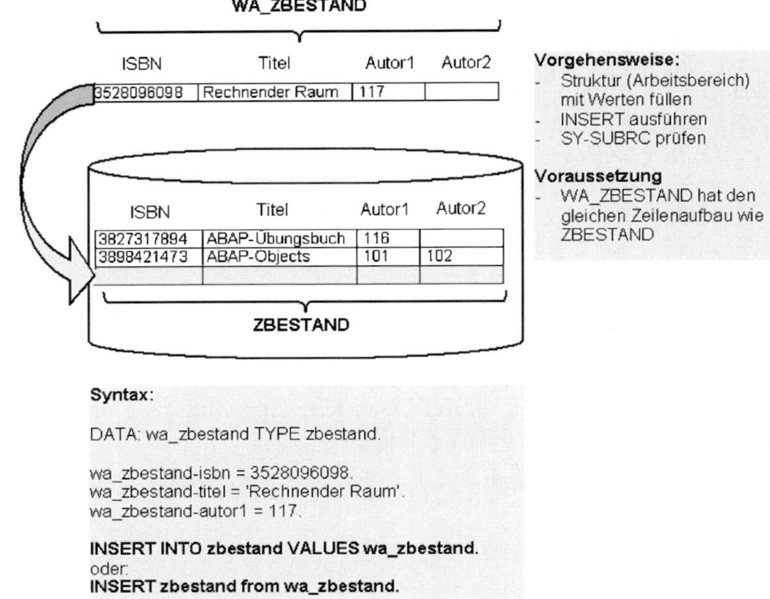


Syntax:
INSERT INTO <datenbanktabelle> [CLIENT SPEZIFIED]
VALUE <Struktur>.

Alternative:
INSERT <datenbanktabelle> [CLIENT SPECIFIED]
FROM <struktur>.

Voraussetzung: Die Struktur hat den gleichen Zeilenaufbau wie die Datenbanktabelle.

Die Klausel CLIENT SPECIFIED bewirkt, dass nicht nur Datensätze im aktuellen Mandanten angelegt werden können, die Struktur kann die Komponente MANDANT besitzen.

| Systemvariable | Belegung | Erklärung |
|---|---|---|
| SY-SUBRC | 0 | Datensatz konnte eingefügt werden. |
| | 4 | Datensatz konnte nicht eingefügt werden (z.B. Weil ein anderer Datensatz mit gleiche Schlüsselfeldbelegung bereits vorhanden ist). |

### *Menge von Datensätzen anlegen*

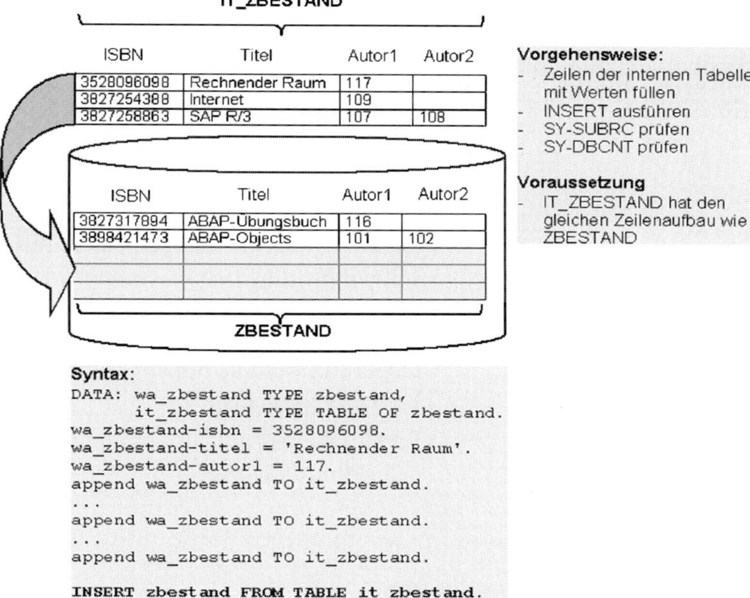


*Abb. 9.5 INSERT mehrere Datensätze anlegen*

Syntax:
INSERT <datenbanktabelle> [CLIENT SPECIFIED]
FROM TABLE <interne Tabelle>
[ACCEPTING DUPLICATE KEYS].

Voraussetzung: Die interne Tabelle hat den gleichen Zeilenaufbau wie die Datenbanktabelle.

Die Klausel CLIENT SPECIFIED bewirkt, dass nicht nur Datensätze im aktuellen Mandanten angelegt werden können. Die interne Tabelle kann eine Spalte MANDANT haben.

Kann mit einer Zeile der internen Tabelle kein Datensatz in der Datenbanktabelle angelegt werden (weil z.B. in der Datenbanktabelle bereits ein Datensatz mit gleicher Schlüsselfeldbelegung vorhanden war), wird ein Laufzeitfehler ausgelöst. Dadurch erfolgt ein Datenbank-Rollback, d.h. die Datenbankänderungen, die der INSERT-Befehl ausgeführt hat, werden zurückgesetzt. Dieses Verhalten können Sie mit der Klausel ACCEPTING DUPLICATE KEYS ändern. Bei Verwendung dieser Klausel

- erfolgt kein Laufzeitfehler (kein Rücksetzen der Datenbank).
- SY-SUBRC wird mit 4 geladen.

| Systemvariable | Belegung | Erklärung |
|---|---|---|
| SY-SUBRC | 0 | **Alle** Datensatz konnten eingefügt werden |
| | 4 | Mindestens ein Datensatz konnte nicht eingefügt werden (z.B. Weil ein anderer Datensatz mit gleiche Schlüsselfeldbelegung bereits vorhanden ist). Dazu muss die Klausel ACCEPTING DUPLICATE KEYS eingesetzt werden. Sonst wird ein Laufzeitfehler ausgelöst. |
| SY-DBCNT | | Enthält die Anzahl der tatsächlich angelegten Datensätze. |

## 9.2.2 Die UPDATE-Anweisung

Zum Ändern eines Datensatzes bzw. einer Menge von Datensätzen stehen jeweils zwei Methoden zur Verfügung. Einzelsätze können über eine Struktur oder über eine logische Bedingung, eine Menge von Datensätzen über eine interne Tabelle oder ebenfalls über eine logische Bedingung, geändert werden.

## *Einzelsatz über Arbeitsbereich ändern*

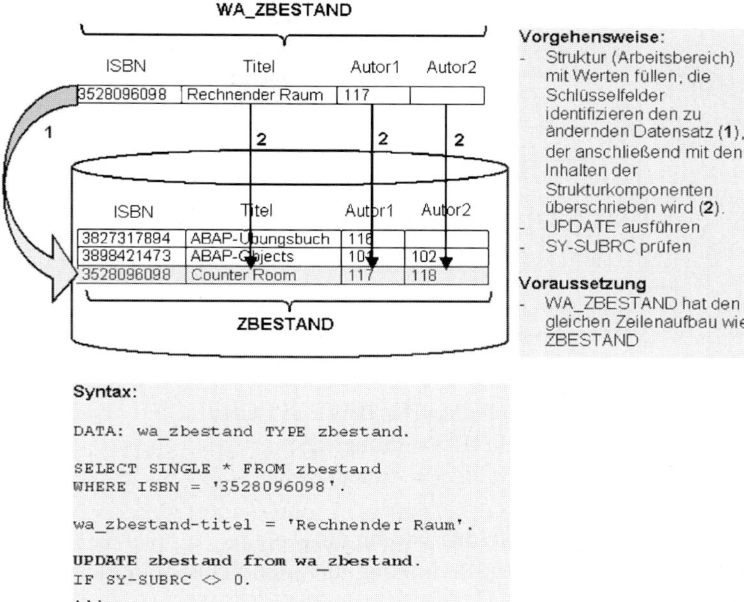


*Abb. 9.6 UPDATE Einzelsatz ändern*

Syntax:
UPDATE <datenbanktabelle> [CLIENT SPECIFIED]
FROM <struktur>.

Voraussetzung: Die Struktur hat den gleichen Zeilenaufbau wie die Datenbanktabelle.

Die Klausel CLIENT SPECIFIED bewirkt, dass nicht nur Datensätze des aktuellen Mandanten geändert werden können, die Struktur kann die Komponente MANDANT besitzen, so dass auch Datensätze mit anderen Mandantennummern geändert werden könnnen.

| Systemvariable | Belegung | Erklärung |
|---|---|---|
| SY-SUBRC | 0 | Datensatz konnte geändert werden. |
| | 4 | Datensatz konnte nicht geändert werden (z.B. Weil kein Datensatz mit gleicher Schlüsselfeldbelegung existiert). |

### *Einzelsatz über log. Bedingung ändern*

*Abb. 9.7 UPDATE Einzelsatz über log. Bedingung ändern*

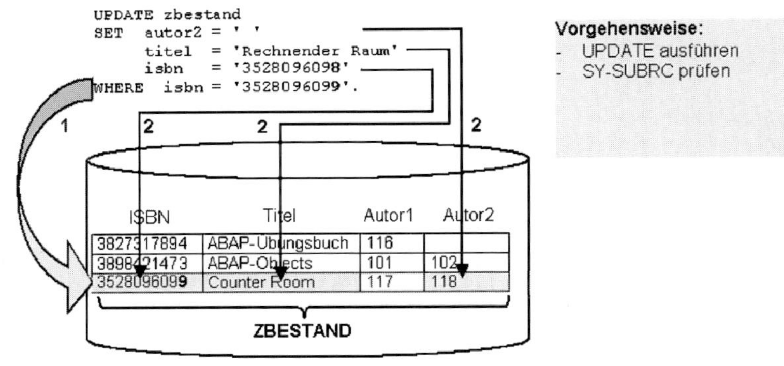


Syntax:

```
UPDATE <datenbanktabelle> [CLIENT SPECIFIED]
        SET   <tab_feld1> = <inhalt1>
              <tab_feld2> = <inhalt2>
              ...
              <tab_feldn> = <inhaltn>
        WHERE <log. Bedingung mit allen Schlüsselfeldern>.
```

Über die logische Bedingung wird genau ein Datensatz in der Datenbanktabelle identifiziert. Deshalb sind alle Schlüsselfelder, mit Ausnahme des Mandanten, einzubeziehen. Den Mandanten können Sie nur bei gesetzter CLIENT SPECIFIED-Klausel angeben. Wird über die WHERE-Anweisung ein Datensatz spezifiziert, werden die in der SET-Klausel angegebenen Felder mit dem, ebenfalls in der SET-Klausel festgelegten, neuen Inhalt überschrieben.

**Hinweis:**
Als <inhalt> kann die SET-Klausel auch eine Berechnung enthalten.

```
UPDATE zbestand
        SET bestand = bestand + 10
        WHERE ...
```

Voraussetzung dafür ist, dass das so zu ändernde Feld ein numerisches Feld ist.

| Systemvariable | Belegung | Erklärung |
|---|---|---|
| SY-SUBRC | 0 | Datensatz konnte geändert werden. |
| | 4 | Datensatz konnte nicht geändert werden (z.B. weil kein Datensatz mit gleicher Schlüsselfeldbelegung vorhanden ist). |

### Menge von Datensätzen über eine interne Tabelle ändern

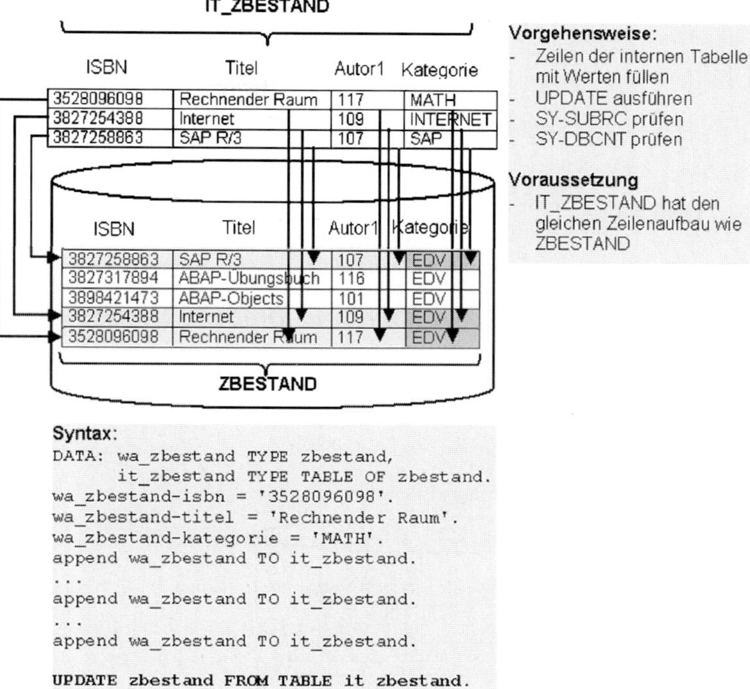


*Abb. 9.8 UPDATE mehrere Datensätze über interne Tabelle ändern*

Syntax:
UPDATE <datenbanktabelle> [CLIENT SPECIFIED]
FROM TABLE <interne Tabelle>.

Die interne Tabelle wird durch den UPDATE-Befehl zeilenweise abgearbeitet. Zuerst wird über die in der aktuellen Zeile der internen Tabelle stehenden Schlüsselfelder der zu ändernde Datensatz in der Datenbanktabelle gesucht. Konnte ein entsprechender Datensatz gefunden werden, wird dieser mit der aktuellen Zeile der internen Tabelle überschrieben.

| Systemvariable | Belegung | Erklärung |
|---|---|---|
| SY-SUBRC | 0 | **Alle** in der internen Tabelle stehenden Datensätze konnten in der Datenbanktabelle geändert werden. |
| | 4 | Mindestens ein Datensatz konnte nicht geändert werden (z.B. Weil kein Datensatz mit gleicher Schlüsselfeldbelegung vorhanden ist). |
| SY-DBCNT | | Enthält die Anzahl der tatsächlich geänderten Datensätze. |

### Menge von Datensätzen über eine logische Bedingung ändern

*Abb. 9.9 UPDATE mehrere Datensätze über log. Bedingung ändern*

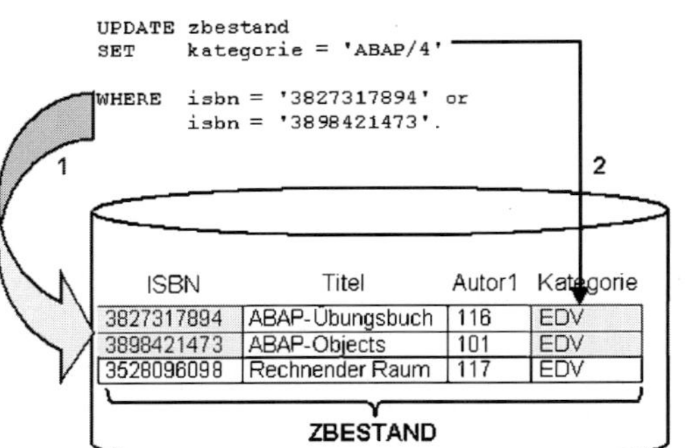
UPDATE zbestand
SET kategorie = 'ABAP/4'
WHERE isbn = '3827317894' or
isbn = '3898421473'.
1
2
Vorgehensweise:
- UPDATE ausführen
- SY-SUBRC prüfen
- SY-DBCNT prüfen
ISBN
Titel
Autor1
Kategorie
3827317894
ABAP-Übungsbuch
116
EDV
3898421473
ABAP-Objects
101
EDV
3528096098
Rechnender Raum
117
EDV
ZBESTAND
Im ersten Schritt werden durch die WHERE-Klausel die beiden gekennzeichneten Datensätze der Tabelle ZBESTAND identifiziert. Im 2. Schritt werden die Inhalte des Feldes KATEGORIE (EDV) dieser beiden Datensätze mit dem in der SET-Klausel festgelegten Wert (ABAP/4) überschrieben.

Syntax:

```
UPDATE <datenbanktabelle> [CLIENT SPECIFIED]
         SET  <tab_feld1> = <inhalt1>
              <tab_feld2> = <inhalt2>
              ...
              <tab_feldn> = <inhaltn>
         WHERE <log. Bedingung>.
```

Über die logische Bedingung wird eine Menge von Datensatzen in der Datenbanktabelle identifiziert. In allen durch die WHERE-Klausel spezifizierten Datensätzen werden die in der SET-Klausel angegebenen Datenbankfelder mit den, ebenfalls in der SET-Klausel festgelegten, Inhalten überschrieben.

**Hinweis:**
Als <inhalt> kann in der SET-Klausel auch eine Berechnung stehen.

```
UPDATE zbestand
        SET bestand = bestand + 10
        WHERE ...
```

Voraussetzung dafür ist, dass das so zu ändernde Feld ein numerisches Feld ist.

| Systemvariable | Belegung | Erklärung |
|---|---|---|
| SY-SUBRC | 0 | **Mindestens** ein Datensatz der Datenbanktabelle wurde geändert. |
| | 4 | Es wurde **kein** Datensatz geändert. |
| SY-DBCNT | | Enthält die Anzahl der tatsächlich geänderten Datensätze. |

## 9.2.3 Die MODIFY-Anweisung

Die MODIFY-Anweisung fasst die beiden Anweisungen INSERT und UPDATE zusammen. Existiert der durch die MODIFY-Anweisung zu bearbeitende Datensatz in der Datenbanktabelle, verhält sich MODIFY wie die UPDATE-Anweisung, existiert der Datensatz nicht, entspricht das Verhalten der MODIFY-Anweisung dem der INSERT-Anweisung.

Syntax:
**Für Einzelsatzzugriff:**

```
MODIFY <datenbanktabelle> [CLIENT SPECIFIED]
        FROM <struktur>.
```

| Systemvariable | Belegung | Erklärung |
|---|---|---|
| SY-SUBRC | 0 | Datensatz angelegt bzw. geändert. |
| | 4 | Datensatz nicht angelegt bzw. geändert. |

**Für Mengenzugriff:**

```
MODIFY <datenbanktabelle> [CLIENT SPECIFIED]
        FROM TABLE <interne Tabelle>.
```

| Systemvariable | Belegung | Erklärung |
|---|---|---|
| SY-SUBRC | 0 | **Alle** zu bearbeitenden Datensätze angelegt bzw. geändert. |
| | 4 | Die Bearbeitung **mindestens** eines Datensatzes ist fehlgeschlagen. |
| SY-DBCNT | | Enthält die Anzahl der tatsächlich geänderten Datensätze. |

## 9.2.4 Die DELETE-Anweisung

Einzelsätze können über eine Struktur oder eine logische Bedingung gelöscht werden. Das Löschen mehrerer Datensätze erfolgt über eine interne Tabelle oder ebenfalls über eine logische Bedingung.

### *Einzelsatz über Arbeitsbereich löschen*

*Abb. 9.10 DELETE Einzelsatz löschen*

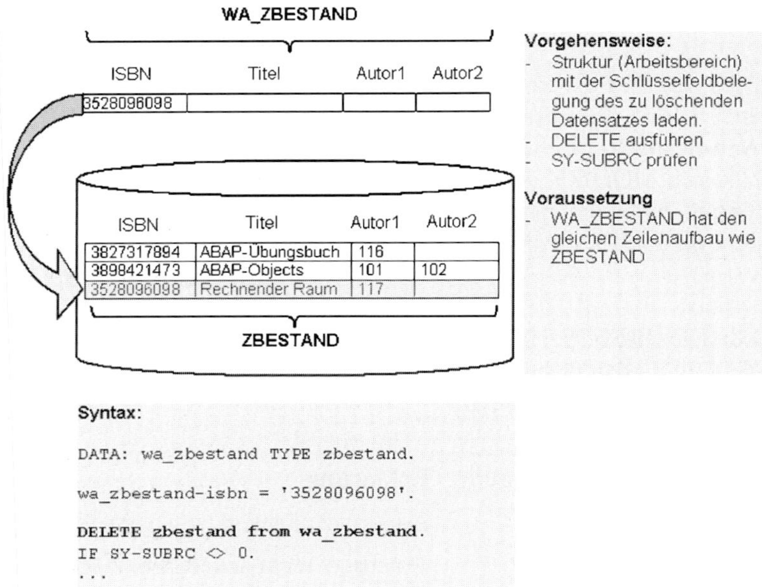


Syntax:
UPDATE <datenbanktabelle> [CLIENT SPECIFIED]
FROM <struktur>.

Voraussetzung: Die Struktur hat den gleichen Zeilenaufbau wie die Datenbanktabelle.

Die Klausel CLIENT SPECIFIED bewirkt, dass nicht nur Datensätze des aktuellen Mandanten gelöscht werden können, die Struktur kann die Komponente MANDANT besitzen, so dass auch Datensätze mit anderen Mandantennummern geändert werden könnnen.

| Systemvariable | Belegung | Erklärung |
|---|---|---|
| SY-SUBRC | 0 | Datensatz konnte gelöscht werden. |
| | 4 | Datensatz konnte nicht gelöscht werden (z.B. Weil kein Datensatz mit gleiche Schlüsselfeldbelegung existiert). |

### *Einzelsatz über log. Bedingung löschen*

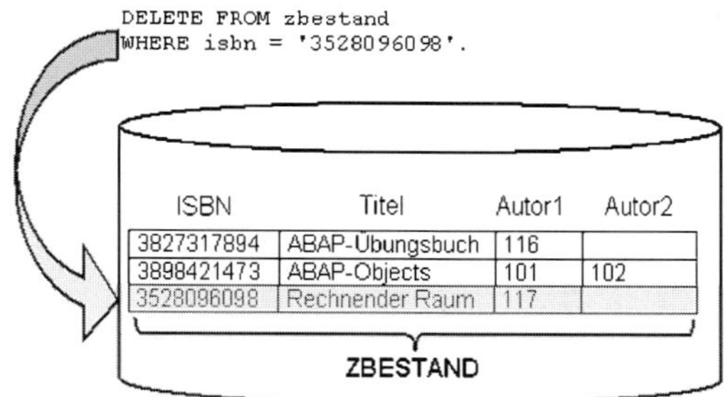


**Vorgehensweise:**
- DELETE ausführen
- SY-SUBRC prüfen

In der WHERE-Klausel sind alle Schlüsselfelder anzugeben

*Abb. 9.11 DELETE Einzelsatz über log. Bedingung löschen*

Syntax:
DELETE FROM <datenbanktabelle> [CLIENT SPECIFIED]
WHERE <log. Bedingung mit allen Schlüsselfeldern>.

Über die logische Bedingung wird genau ein Datensatz in der Datenbanktabelle identifiziert und dann gelöscht.

| Systemvariable | Belegung | Erklärung |
|---|---|---|
| SY-SUBRC | 0 | Datensatz konnte gelöscht werden. |
| | 4 | Datensatz konnte nicht gelöscht werden (z.B. weil durch die WHERE-Klausel kein Datensatz identifiziert wurde). |

### *Menge von Datensätzen über eine interne Tabelle löschen*

*Abb. 9.12 DELETE mehrere Datensätze über int. Tabelle löschen*

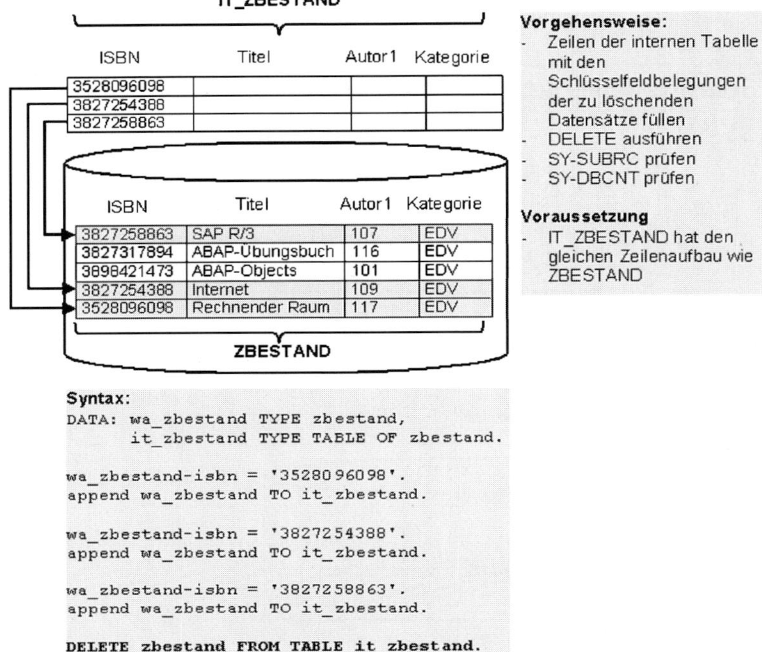


Syntax:
DELETE <datenbanktabelle> [CLIENT SPECIFIED]
FROM TABLE <interne Tabelle>.

Die interne Tabelle wird durch den DELETE-Befehl zeilenweise abgearbeitet. Wird in der Datenbanktabelle ein Datensatz gefunden, der mit der Schlüsselfeldbelegung der aktuellen Zeile der internen Tabelle übereinstimmt, wird dieser gelöscht.

| Systemvariable | Belegung | Erklärung |
|---|---|---|
| SY-SUBRC | 0 | **Alle** in der internen Tabelle stehenden Datensätze konnten in der Datenbanktabelle gelöscht werden. |
| | 4 | Mindestens ein Datensatz konnte nicht gelöscht werden (z.B. Weil kein Datensatz mit gleicher Schlüsselfeldbelegung vorhanden ist). |
| SY-DBCNT | | Enthält die Anzahl der tatsächlich gelöschten Datensätze. |

### *Menge von Datensätzen über eine logische Bedingung löschen*

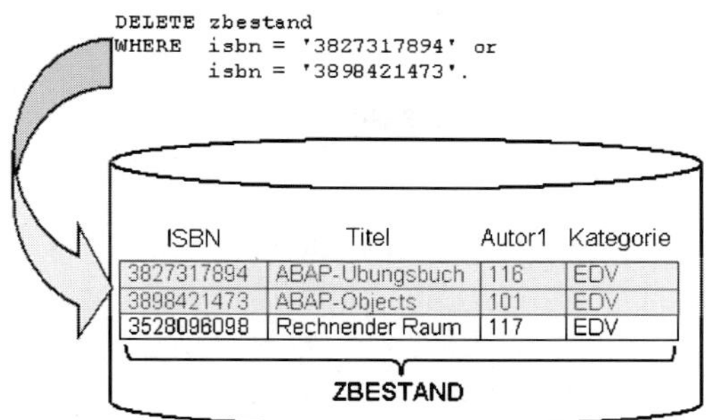


*Abb. 9.13 DELETE mehrere Datensätze über log. Bedingung löschen*

Syntax:
DELETE FROM <datenbanktabelle> [CLIENT SPECIFIED]
WHERE <log. Bedingung>.

Die über die logische Bedingung spezifizierte Menge von Datensätzen wird aus der Datenbanktabelle gelöscht.

| Systemvariable | Belegung | Erklärung |
|---|---|---|
| SY-SUBRC | 0 | **Mindestens** ein Datensatz der Datenbanktabelle wurde gelöscht. |
| | 4 | Es wurde **kein** Datensatz gelöscht. |
| SY-DBCNT | | Enthält die Anzahl der tatsächlich gelöschten Datensätze. |

Mit der Anweisung

DELETE FROM <datenbanktabelle> WHERE <feld> LIKE '%'.

löschen Sie bei mandantenunabhängigen Tabellen alle Datensätze, bei mandantenabhängigen Tabellen alle Datensätze des aktuellen Mandanten.
Wollen Sie alle Datensätze einer mandantenabhängigen Tabelle löschen, benutzen Sie die Anweisung

DELETE FROM <datenbanktabelle> CLIENT SPECIFIED
WHERE <feld> LIKE '%'.

Dabei ist <feld> ein beliebiges Feld der Tabelle, aus der die Datensätze gelöscht werden sollen. Beachten Sie dabei jedoch, dass ein Wiederherstellen der Datensätze, zumindest mit einem ABAP-Programm, nicht möglich ist.

Im Programm SAPMYK09_Bestand_1 sollen jetzt neu angelegte oder geänderte Bestands- bzw. Autorendaten in die Datenbanktabellen ZBESTAND und ZAUTOREN (bzw. ZBESTAND_TW und ZAUTOREN_TW) eingetragen werden.

3. **Tabelle ZBESTAND bzw. ZBESTAND_TW aktualisieren**
   Wählt der Benutzer die Funktion SICHERN (Funktionscode SAVE) im Dynpro 100, wird nach der Prüfung der eingegebenen Daten, im PAI-Modul USER_COMMAND_0100 das Unterprogramm BESTANDSDATEN_SICHERN aufgerufen. Die Daten, mit der die Datenbanktabelle aktualisiert werden soll, befinden sich in der Struktur WA_ZBESTAND, mit der auch das Layout des Dynpros 100 angelegt wurde. Diese Struktur besitzt den gleichen Zeilenaufbau wie die zu aktualisierende Tabelle. Um zu entscheiden, ob ein Datensatz dieser Tabelle geändert (UPDATE) oder neu angelegt (INSERT) werden muss, steht Ihnen die Variable MODUS zur Verfügung

   - MODUS = 'Buch anlegen'(006) → INSERT
   - MODUS = 'Buch ändern'(007) → UPDATE

   Keine Abfrage des MODUS brauchen Sie, wenn Sie die MODIFY-Anweisung benutzen.

   Programmieren Sie die Aktualisierung der Datenbanktabelle ZBESTAND bzw. ZBESTAND_TW im Unterprogramm BESTANDSDATEN_SICHERN.

4. **Tabelle ZAUTOREN bzw. ZAUTOREN_TW aktualisieren**
   Der Benutzer kann Autoren ändern oder neu anlegen. Die interne Tabelle IT_ZAUTOREN_CHANGED wird im Unterprogramm AUTOREN_AENDERUNGEN_ERMITTELN mit den Daten der zu ändernden Autoren des bearbeiteten Buches geladen. Diese Tabelle hat den gleichen Zeilenaufbau wie die zu aktualisierende Datenbanktabelle ZAUTOREN bzw. ZAUTOREN_TW. Programmieren Sie im Unterprogramm AUTOREN_AENDERUNGEN_SICHERN die Datenbankänderungen.
   Die Daten der neu anzulegenden Autorensätze befinden sich in der internen Tabelle IT_ZAUTOREN_NEW, die im Unterprogramm AUTOREN_NEUE_ERMITTELN geladen wird. Programmieren Sie das Anlegen der neuen Autoren im Unterprogramm AUTOREN_NEUE_ANLEGEN.

Lösung: SAPMYK09_Bestand_2

Lösung:

```
*&------------------------------------------------*
*&      Form  bestandsdaten_sichern               *
*&------------------------------------------------*
FORM bestandsdaten_sichern.
*Hier werden die geänderten bzw. neu angelegten
*Bestandsdaten in die Tabelle ZBESTAND bzw.
*ZBESTAND_TW eingetragen
  IF modus = 'Buch anlegen'(006).
    INSERT (t_bestand) FROM wa_zbestand.
    IF sy-subrc <> 0. MESSAGE a018(zlib_tw).
    ENDIF.
  ENDIF.
  IF modus = 'Buch ändern'(007).
    UPDATE (t_bestand) FROM wa_zbestand.
    IF sy-subrc <> 0. MESSAGE a019(zlib_tw).
    ENDIF.
  ENDIF.
ENDFORM.

*&------------------------------------------------*
*&      Form  autoren_aenderungen_sichern         *
*&------------------------------------------------*
FORM autoren_aenderungen_sichern.
*it_zautoren_changed enthält die Angaben zu den
*zu ändernden Autoren.
  UPDATE (t_autoren)
         FROM TABLE it_zautoren_changed.
  IF sy-subrc <> 0. MESSAGE a019(zlib_tw).
  ENDIF.
ENDFORM.

*&------------------------------------------------*
*&      Form  autoren_neue_anlegen                *
*&------------------------------------------------*
FORM autoren_neue_anlegen.
*it_zautoren_new enthält die Angaben zu den neu
*anzulegenden Autoren.
  insert (t_autoren)
         FROM TABLE it_zautoren_new.
  IF sy-subrc <> 0. MESSAGE a020(zlib_tw).
  ENDIF.
ENDFORM.
```

## 9.3 Datenbankänderungen organisieren

Was passiert eigentlich, wenn im Dynpro 200 des Programmes SAPMYK09_Bestand_1 ein neuer Autorenstammsatz erfolgreich angelegt wurde, das Anlegen des dazugehörigen Datensatzes in der Datenbanktabelle ZBESTAND jedoch scheitert. Wir haben dann einen Autorenstammsatz der keinem Buch zugeordnet ist. Das ist nun für unser Bibliotheksprogramm nicht unbedingt schlimm, denken Sie aber an andere Anwendungen (z.B. Umbuchen eines Geldbetrages vom Konto A nach Konto B), wird schnell klar, dass solche Risiken vom Programm abgefangen werden müssen.

Das Problem kann auch abstrakter ausgedrückt werden: Zu Programmbeginn befinden sich die Datenbanktabellen in einem konsistenten (d.h. fehlerfreien) Zustand. Zur Laufzeit des Programmes kommt es zwangsläufig zu inkonsistenten Zuständen in den beteiligten Datenbanktabellen. Diese dauern solange, bis alle Datenbankänderungen ausgeführt sind. Durch die Organisation der Datenbankänderungen muss der Programmierer dafür sorgen, dass die Ausführung des Programmes die Datenbank von einem konsistenten Zustand in einen anderen konsistenten Zustand überführt. Dieses Prinzip darf auch bei Programmabstürzen, nicht fehlerfrei ausgeführten datenbankändernden Anweisungen etc. nicht durchbrochen werden. Dieses Kapitel befasst sich mit den Programmiertechniken, die dazu eingesetzt werden.

### 9.3.1 Das LUW-Konzept

Unter einer LUW (Logical Unit of Work) ist die Zeitspanne zu verstehen, in der die Datenbank von einem konsistenten Zustand in einen anderen konsistenten Zustand überführt wird. Jede LUW endet entweder mit einem sogenannten COMMIT-Befehl, der die Änderungen in die Datenbank einträgt oder mit einem Datenbank-Rollback, der den Zustand der Datenbank vor der LUW wiederherstellt (weil eben z.B. eine Datenbankänderung fehlgeschlagen ist). Innerhalb einer LUW werden entweder alle Datenbankänderungen oder überhaupt keine ausgeführt (Alles oder Nichts-Prinzip). Für unser eingangs geschildertes Beispiel heißt das, dass beim Fehlschlagen des Anlegens des Bestandsdatensatzes die dazugehörigen Autorenstammsätze nicht in die Datenbank geschrieben werden.

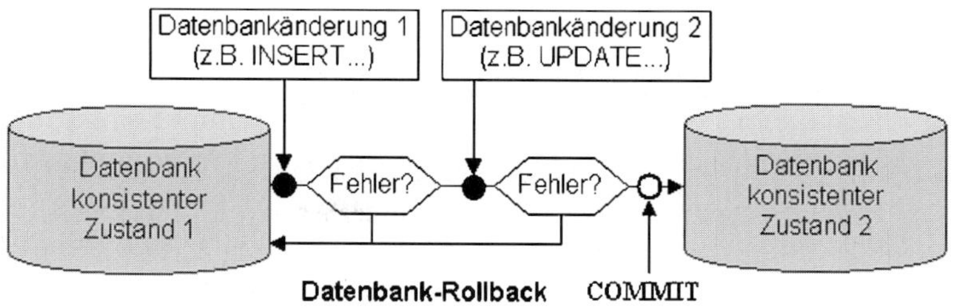


*Abb. 9.14 Dateenbankänderungen (Alles oder Nichts-Prinzip)*

## DB-LUW

Die Datenbank-LUW ist ein vom SAP-System unabhängiger Mechanismus des Datenbanksystems. Er führt, wie auch in Abb. 9.14 dargestellt, entweder alle Datenbankänderungen aus oder überhaupt keine. Die Frage ist, wann eine solche Datenbank-LUW ausgeführt wird und wie im Fehlerfall ein Rollback ausgelöst wird. Um den ersten Teil der Frage beantworten zu können, müssen wir uns mit dem Prinzip der Abarbeitung der Datenbankänderungen durch das SAP-System beschäftigen. Für einen Dialogschritt, also dem Abarbeiten der PAI-Ablauflogik bis zum Senden des Folgedynpros nach PBO, wird dem Programm vom SAP-Systemkern ein sogenannter Workprozess (im Dialogbetrieb ist das der Dialogworkprozess) zur Verfügung gestellt. Dieser Dialogworkprozess führt u.a. die Datenbankänderungen aus bzw. stößt einen anderen Workprozess, den sogenannten Verbucher, an, der das tut. Die Anzahl der Workprozesse ist begrenzt, es steht also nicht für jedes aktive Programm ein eigener Workprozess zur Verfügung, vielmehr wird jedem Dialogschritt ein, mehr oder weniger zufällig, freier Workprozess zugeordnet. Es ist auch nicht gewährleistet, dass dem nächsten Dialogschritt der gleiche Workprozess zugeordnet wird wie dem aktuellen. Da der Workprozess aber für die Durchführung der Datenbankänderungen verantwortlich ist, muss also nach jedem Dialogschritt eine Datenbank-LUW ausgelöst werden, damit der Workprozess dieser Verantwortung auch gerecht werden kann.

Eine DB-LUW wird also immer dann ausgelöst, wenn der dem Dialogschritt zugeordnete Workprozess beendet wird. Das ist der Fall

- wenn ein neuer Bildschirm gesendet wird (Achtung: auch beim Senden einer Message) oder
- die Programmausführung durch einen anderen Workprozess fortgesetzt wird (z.B. beim Aufruf von und der Rückkehr aus RFC-Funktionsbausteinen).

Kommen wir zum zweiten Teil der eingangs gestellten Frage: wie wird ein Datenbank-Rollback ausgelöst?

Das Datenbank-Rollback wird vom ABAP-Programm ausgelöst. Dafür gibt es zwei Möglichkeiten:

1. Nach dem Feststellen eines Fehlers bei der Durchführung der Datenbankänderung wird eine Message vom Typ A (Abbruch) oder X (Kurzdump) gesendet. Bei diesen Messagetypen wird das laufende Programm abgebrochen und die Datenbank zurückgesetzt.
2. Im Programm wird die Anweisung ROLLBACK WORK abgearbeitet. Diese Anweisung verursacht ein Datenbankrollback, ohne das Programm zu beenden. Hier ist allerdings Vorsicht geboten, weil der Programmkontext nicht zurückgesetzt wird (alle Datenobjekte behalten Ihre Werte).

*Abb. 9.15 Auslösen eines Datenbank-Rollbacks*

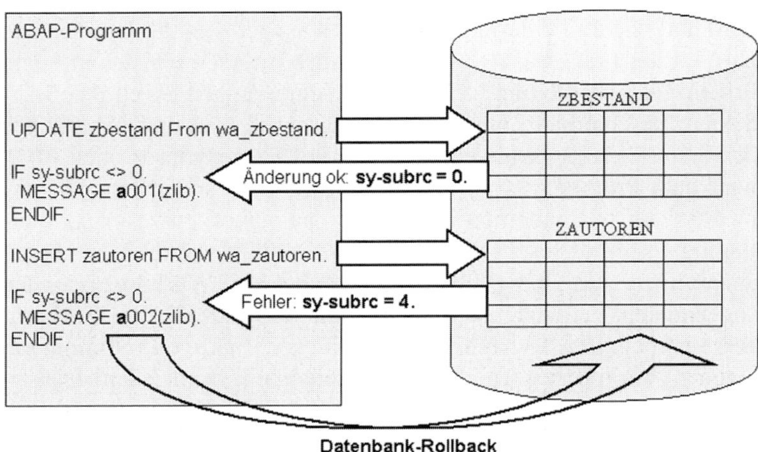


Bei der zweiten Datenbankänderung (INSERT...) ist ein Fehler aufgetreten. SY-SUBRC wird auf 4 gesetzt. Daraufhin sendet das ABAP-Programm eine Message vom Typ A. Da die Datenbankänderungen in der selben Datenbank-LUW durchgeführt wurden (zwischen UPDATE und INSERT erfolgte kein Bildwechsel) werden **beide** Datenbankänderungen zurückgesetzt.

### SAP-LUW

Widmen wir uns jetzt wieder unserem Bestandspflegeprogramm SAPMYK09_Bestand_1. Es besteht aus dem Dynpro 100, in dem die Tabelle ZBESTAND gepflegt wird und dem Dynpro 200, das die Autorentabelle ZAUTOREN aktualisiert. Gebe es nur das Prinzip der Datenbank-LUW, dürften die Datenbankänderungen nur im Dynpro 100 programmiert werden, weil die Änderungen sonst in zwei verschiedenen Datenbank-LUWs erfogten und im Fehlerfall nicht gemeinsam zurückgesetzt werden könnten. Hier kommt nun die SAP-LUW ins Spiel. Die SAP-LUW klammert die Schritte, die

zu einem betriebswirtschaftlichen Prozess gehören, zusammen. In unserem Beispiel die Bestands- und die Autorenpflege. In einem anderen Beispiel evtl. das Abbuchen eines Geldbetrages vom Konto A und die Gutschrift in Konto B.
Innerhalb der Datenbank-LUWs der einzelnen Bildschirmbilder, die von der SAP-LUW geklammert werden, finden keine Datenbankänderungen statt. Die Änderungen werden nur „vorgemerkt“. Sie werden erst am Ende der SAP-LUW, in einer einzigen Datenbank-LUW, ausgeführt. Damit werden alle Änderungen des betriebswirtschaftlichen Prozesses beim Auslösen eines Datenbank-Rollbacks zurückgesetzt. Das Ziel, die Datenbank von einem konsistenten Zustand in einen anderen, ebenfalls konsistenten Zustand zu überführen, ist damit unter allen Umständen gewährleistet. Die Änderungen werden also in der SAP-LUW auf die letzte DB-LUW gebündelt. Die SAP-LUW wird im ABAP-Programm mit der COMMIT WORK Anweisung abgeschlossen.

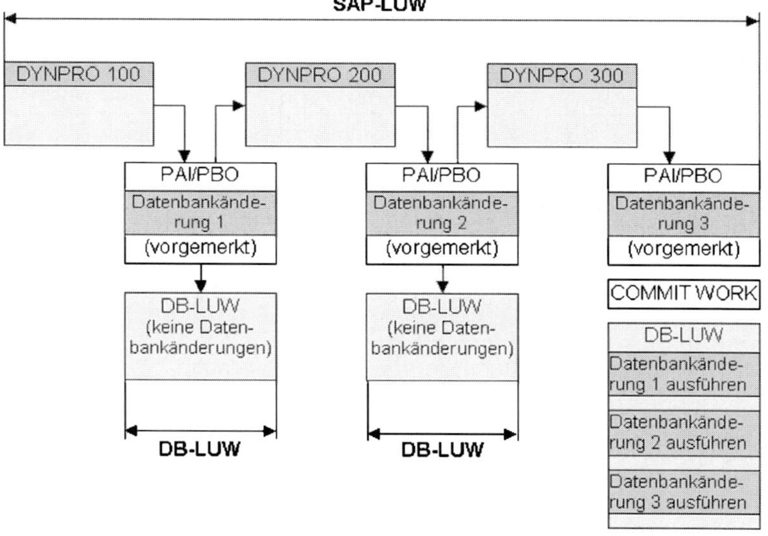


*Abb. 9.16 SAP-LUW*

Die Bündelung der Datenbankänderungen auf die letzte Datenbank-LUW der SAP-LUW kann über 3 Wege erreicht werden:

- Direkt, d.h. die Anweisung zur Datenbankänderung wird erst im letzten Dialogschritt programmiert (Dynpro 300 in Abb. 9.16). Damit ist die Einschränkung verbunden, dass Dynpro 300 in jedem Fall durchlaufen werden muss.
- Durch verzögert abzuarbeitende Unterprogramme. Bei dieser Methode werden die Datenbankänderungen in Unterprogrammen gekapselt. Die Unterprogramme werden an der richtigen

Stelle aufgerufen jedoch erst nach der Anweisung COMMIT WORK ausgeführt.

- Über den Verbucherworkprozess. Dieser Workprozess ist ein Systemprogramm, das durch das ABAP-Programm angestoßen wird und die Datenbankänderungen durchführt. Der Anstoß des Workprozesses erfolg über die Anweisung COMMIT WORK.

## 9.3.2 Bündelung durch Unterprogramme

**Prinzip:** Die Datenbankänderungen werden in Unterprogrammen gekapselt. Der Unterprogrammaufruf erfolgt in dem Dialogschritt, in dem der Benutzer die Änderung anweist. Durch die Klausel ON COMMIT beim Aufruf des Unterprogrammes wird dieses jedoch nicht ausgeführt, sondern in eine Systemtabelle eingetragen. Stößt das ABAP-Programm auf die Anweisung COMMIT WORK werden die der Systemtabelle stehenden Unterprogramme nach dem FIFO-Prinzip (First In – First out) abgearbeitet.

*Abb. 9.17 Bündelung durch Unterprogramme*

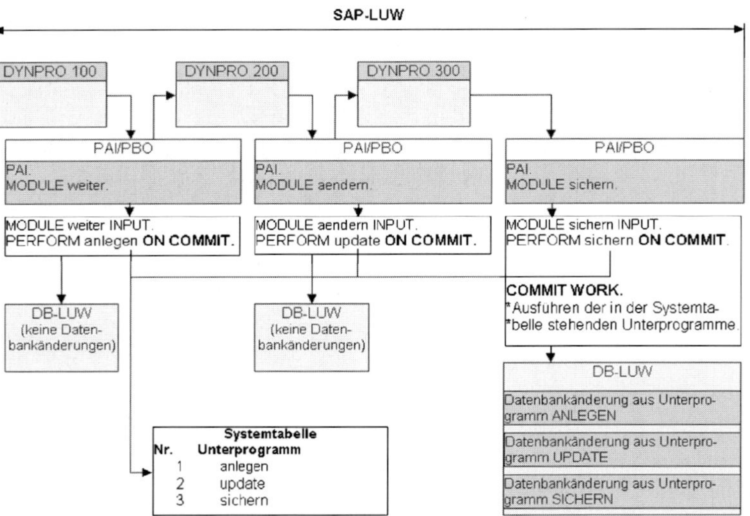


**Achtung:** Zur Datenbankänderung werden die globalen Daten des Programmes genutzt. Entscheidend für die Aktualisierung der Datenbank ist deren Inhalt zum Zeitpunkt der Ausführung der datenbankändernden Anweisungen, nicht der Zeitpunkt des Unterprogrammaufrufs über PERFORM ... ON COMMIT.

**Hinweis:**
Der ganze Aufwand nützt Ihnen nichts, wenn Sie vergessen, über eine Abbruchmeldung im Unterprogramm das Datenbank-Rollback auch auszulösen, wenn Fehler beim Aktualisieren der Datenbank aufgetreten sind.

1. Ändern Sie das Programm SAPMYK09_Bestand_1 so, dass die Datenbankänderungen erst ausgeführt werden, wenn der Benutzer **im Dynpro 100** die Funktion sichern auslöst. Nutzen Sie dafür die Methode PERFORM ... ON COMMIT. Beim Auftreten von Fehlern bei der Datenbankänderung soll die Datenbank zurückgesetzt werden.
2. Setzen Sie einen Breakpoint im Unterprogramm AUTOREN_AENDERUNGEN_SICHERN, starten Sie das Programm und ändern Sie für ein beliebiges Buch dessen Autor. Dann sichern Sie die Autorendaten, kehren zurück zu Dynpro 100 und sichern dort die Bestandsdaten. Erst jetzt wird der Breakpoint im Unterprogramm erreicht. Die Bündelung der Datenbankänderungen auf die letzte DB-LUW funktioniert.
3. Ändern Sie den GUI-Status DYNPRO_0200. Im Dynpro 200 soll nicht mehr das Symbol SICHERN (Diskette) sondern ZURÜCK (grüner Pfeil) die Datenänderungen in die Systemtabelle schreiben und die Datenbank aktualisieren. Danach soll das Programm in das Dynpro 100 verzweigen.

Lösung: SAPMYK09:Bestand:3

Lösung:

```
*&---------------------------------------------*
*&      Module  USER_COMMAND_0200  INPUT        *
*&---------------------------------------------*
MODULE user_command_0200 INPUT.
  ok_save = ok_code.
  CLEAR ok_code.
  CASE ok_save.
    WHEN 'BACK'.
      PERFORM autoren_aenderungen_ermitteln.
      IF ok = '1'.
*Unterprogramm nicht sofort ausführen,
*sondern in Systemtabelle schreiben
```

```
        PERFORM autoren_aenderungen_sichern
        ON COMMIT.
      ENDIF.
      PERFORM autoren_neue_ermitteln.
      IF ok = '1'.
        PERFORM autoren_neue_anlegen
        ON COMMIT.
      ENDIF.
      LEAVE TO SCREEN 0.
  ENDCASE.
ENDMODULE.
*&---------------------------------------------*
*&      Form  autoren_aenderungen_sichern      *
*&---------------------------------------------*
FORM autoren_aenderungen_sichern.
*Die Tabelle it_zautoren_changed enthält
*die Angaben zu den zu ändernden Autoren.
  UPDATE (t_autoren)
         FROM TABLE it_zautoren_changed.
  IF sy-subrc <> 0.
    MESSAGE a019(zlib_tw).
  ENDIF.
ENDFORM.

*&---------------------------------------------*
*&      Form  autoren_neue_anlegen             *
*&---------------------------------------------*
FORM autoren_neue_anlegen.
*Die Tabelle it_zautoren_new enthält die
*Angaben zu den neu anzulegenden Autoren.
  insert (t_autoren)
         FROM TABLE it_zautoren_new.
  IF sy-subrc <> 0.
    MESSAGE a020(zlib_tw).
  ENDIF.
ENDFORM.

*&---------------------------------------------*
*&      Module  USER_COMMAND_0100  INPUT       *
*&---------------------------------------------*
MODULE user_command_0100 INPUT.
  ok_save = ok_code.
  CLEAR ok_code.
  CASE ok_save.
```

```
*...
   WHEN 'SAVE'.
*...
     IF ok = '1'.
       PERFORM bestandsdaten_sichern
       ON COMMIT.
       COMMIT WORK.
       geladen_200 = '0'.
     ENDIF.
*...
  ENDCASE.
ENDMODULE.
```

## 9.3.3 Bündelung durch Verbucherbausteine

Eine weitere Möglichkeit zur Bündelung der Datenbankänderungen ist die Benutzung des Verbucherworkprozesses, einem Systemprogramm dessen Aufgabe es ist, die Datenbank zu aktualisieren. Bei dieser Methode werden die datenbankändernden Anweisungen in Verbucherfunktionsbausteinen gekapselt. Durch den Aufruf der Verbucherfunktionsbausteine über die Anweisung CALL FUNCTION <Name> IN UPDATE TASK wird dieser nicht sofort ausgeführt, sondern in die sogenannte Protokolltabelle geschrieben. Nach dem Abschluss der SAP-LUW durch COMMIT WORK, werden die in der Protokolltabelle dieser SAP-LUW zugeordneten Funktionsbausteine abgearbeitet. Standardmäßig arbeitet das Verbucherprogramm unabhängig von Ihrem ABAP-Programm (asynchrone Verbuchung).

Abb. 9.18 Nutzung des Verbucherprogrammes

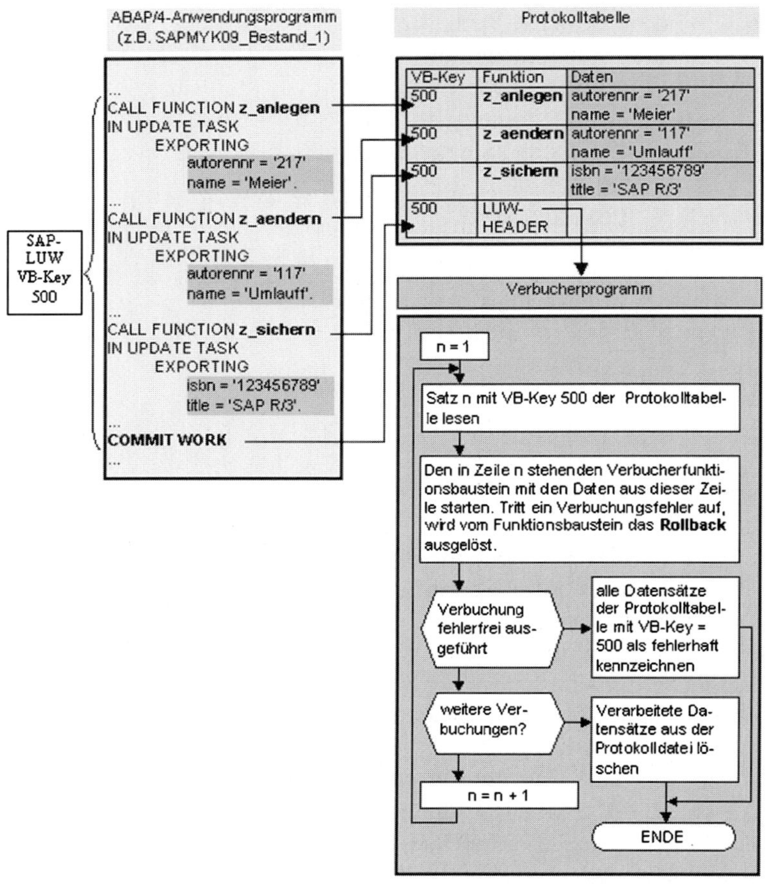


Erklärung zur Abb. 9.18

1. Jede SAP-LUW bekommt bei dieser Methode vom SAP-System einen eindeutigen Verbuchungsschlüssel (VB-Key) zugeordnet.
2. Um diese Technik anwenden zu können, müssen Sie (mindestens) einen Verbucherfunktionsbaustein anlegen. Der Aufruf dieses Funktionsbausteins erfolgt mit der Klausel IN UPDATE TASK. Dadurch wird der Funktionsbaustein mit den Exportparametern in die Protokolltabelle eingetragen.
3. Die Anweisung COMMIT WORK schließt die SAP-LUW. Es wird ein Header-Eintrag in der Protokolltabelle erzeugt.
4. Durch den Header-Eintrag in der Protokolltabelle erkennt das Verbucherprogramm, dass die Daten verbucht werden können und beginnt mit der Verbuchung.

5. Wird durch einen Verbucherbaustein ein Fehler bei der Datenbankänderung erzeugt, löst dieser das Rollback aus. Der Verbucher kennzeichnet alle Einträge der SAP-LUW in der Protokolltabelle als fehlerhaft und bricht die Verbuchung ab. Diese Datensätze können Sie mit der Transaktion SM13 bearbeiten.
6. Verläuft der Verbuchungsprozess fehlerfrei, werden die Datensätze der SAP-LUW aus der Protokolltabelle gelöscht.

Datensatzsperren (siehe folgendes Kapitel) werden im Standard vom ABAP-Programm an das Verbucherprogramm vererbt und nach der Verbuchung vom Verbucherprogramm zurückgesetzt.

**Hinweis:**
Das Verbucherprogramm arbeitet zeitlich unabhängig (asynchron) von Ihrem ABAP-Programm. Sie sollten deshalb in Ihrem Programm die Daten, die es gerade in die Protokolltabelle eingetragen hat, nicht über SELECT ... neu einlesen, weil sie das Verbuchungsprogramm eventuell noch nicht in die Datenbanktabelle eingetragen hat. Sollte das notwendig sein, arbeiten Sie mit COMMIT WORK AND WAIT (synchron).

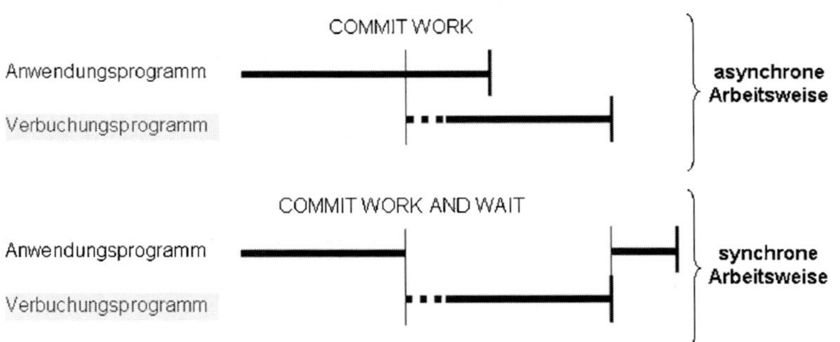


*Abb. 9.19 asynchrone und synchrone Arbeitsweise*

*Vorgehensweise: Verbucherfunktionsbaustein anlegen*

Das Anlegen von Verbucherfunktionsbausteinen unterscheidet sich im Prinzip nicht vom Anlegen eines normalen Funktionsbausteins (siehe Kapitel 5). Es sind allerdings einige Details zu beachten.

In der Registerkarte Eigenschaften ist der Auswahlknopf VERBUCHUNGSBAUSTEIN auszuwählen. Sie können verschiedene Eigenschaften einstellen:

| Eigenschaft | Erklärung |
|---|---|
| Start sofort | Die Verbuchung wird zum nächstmöglichen Zeitpunkt ausgeführt. Ist ein Verbuchungsfehler aufgetreten (Datenbank wurde zurückgesetzt), können Sie diese Verbuchungen „manuell" über die Transaktion SM13 auslösen (nachverbuchen). Dabei ist Vorsicht geboten, weil zwischenzeitlich durchgeführte Änderungen nicht berücksichtigt werden können. Diese Art der Verbuchung wird auch V1 Verbuchung genannt. |
| Start sofort – nicht nachverbuchbar | Die Verbuchung wird zum nächstmöglichen Zeitpunkt ausgeführt, nachverbuchen wird nicht erlaubt. Diese Art der Verbuchung wird auch V1 Verbuchung genannt. |
| Start verzögert | Die Verbuchung erfolgt erst, wenn alle V1-Verbuchungen erfolgreich ausgeführt wurden. Diese Art der Verbuchung wird auch V2 Verbuchung genannt. |
| Sammellauf | Eine Anzahl gleicher Funktionsbausteine, die bisher in der V2-Verbuchung einzeln jeder für sich liefen, können zu einem Sammellauf zusammengefaßt werden.<br>Weitere Informationen können in der ABAP-Dokumentation unter IMPORT FROM LOGFILE und VERBUCHUNG gefunden werden. |

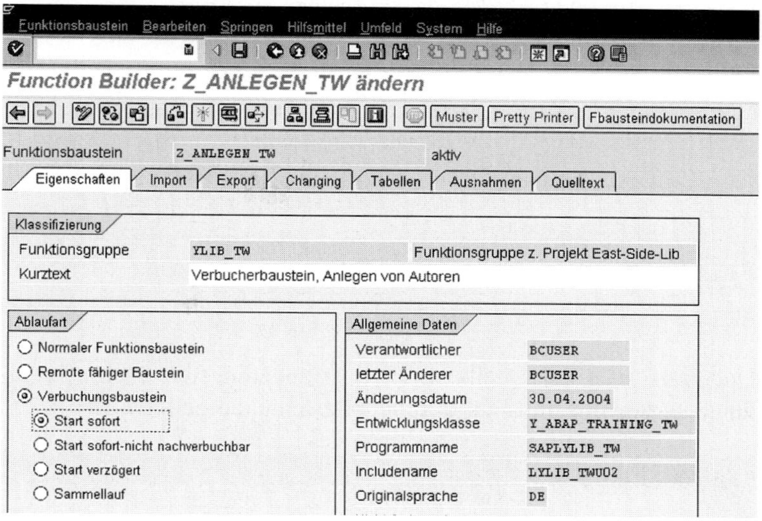

Abb. 9.20 *Eigenschaften festlegen*

Importparameter müssen zwingend als Wert übergeben werden. Eine Adressübergabe ist nicht möglich. Wenn Sie bedenken, dass die Verbucherbausteine in aller Regel asynchron arbeiten, könnte es bei der Adressübergabe dazu kommen, dass zwischenzeitlich andere Werte, als die zu verbuchenden, auf dieser Adresse gespeichert worden sind. Deshalb ist nur die Wertübergabe erlaubt.

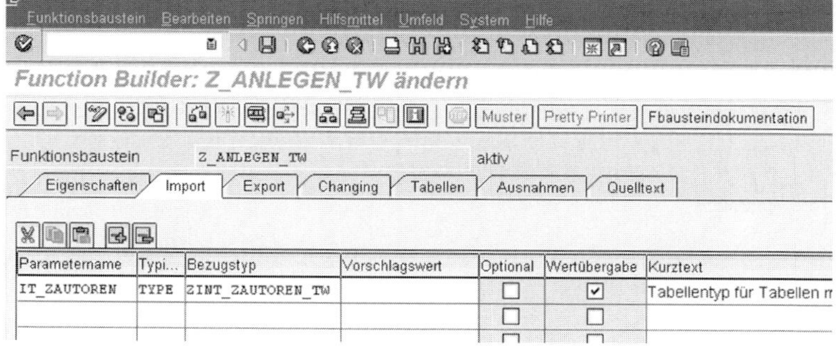


Abb. 9.21 *Importparameter festlegen*

Export- und Changing-Parameter gibt es für Verbucherfunktionsbausteine nicht. Auch das ist durch die asynchrone Arbeitsweise sicher leicht einzusehen.

Der Funktionsbaustein **muss** beim Auftreten eines Verbuchungsfehlers eine Message vom Typ A oder X ausgeben. Der Fehler wird in der Registerkarte AUSNAHMEN definiert.

Abb. 9.22 Ausnahmen festlegen

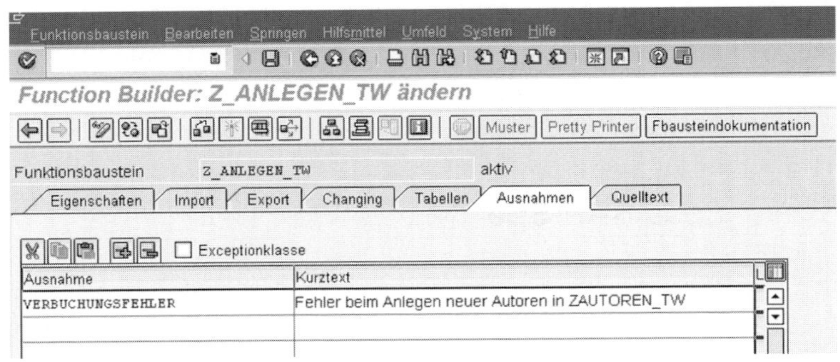


Und jetzt noch der Quelltext. Hier ist unbedingt die Abbruchmeldung auszugeben, falls ein Verbuchungsfehler aufgetreten ist.

Abb. 9.23 Quelltext anlegen

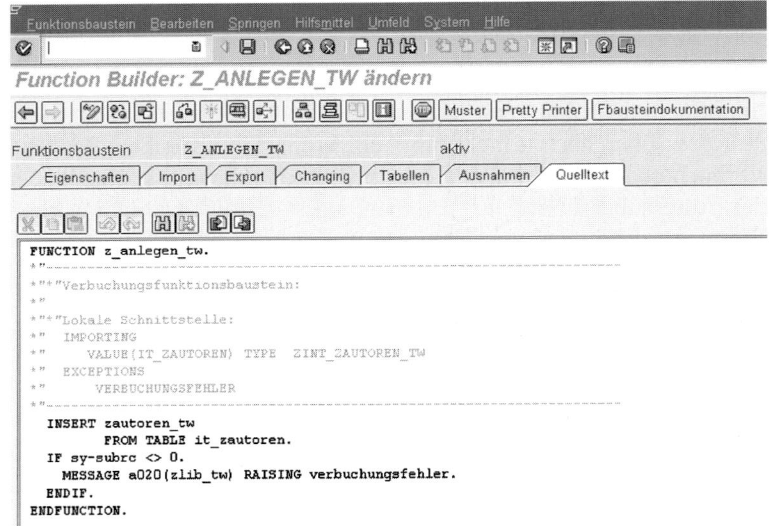


Aktivieren – und fertig.

## 9.4 Das SAP-Sperrkonzept

Wenn das Bestandspflegeprogramm SAPMYK09_Bestand_1 von mehreren Anwendern gleichzeitig benutzt werden soll, brauchen wir einen Mechanismus, der verhindert, das mehrere Benutzer (bzw. mehrere Programme) zur gleichen Zeit den selben Datensatz ändern. Würden wir das nicht ausschließen, könnten Änderungen verloren gehen. Zur Lösung des Problems hat die SAP ein eigenes Sperrkonzept entwickelt. Natürlich sperrt das Datenbanksystem während einer Datenbank-LUW den Datensatz gegen weitere Änderungen. Durch das SAP-Sperrkonzept kann der Datensatz aber über die gesamte SAP-LUW gesperrt werden.

## 9.4.1 Prinzip des SAP-Sperrkonzepts

Kern des SAP-Sperrkonzeptes ist die Sperrtabelle. Wenn ein Datensatz zum Bearbeiten bereitgestellt werden soll, muss das Anwendungsprogramm vorher prüfen, ob sich der Datensatz bereits in der Sperrtabelle befindet. Ist das nicht der Fall, wird er dort eingetragen und das Programm kann diesen Datensatz zum Bearbeiten bereitstellen. Hat der Datensatz jedoch bereits einen Eintrag in der Sperrtabelle, wird das dem Programm über die Systemvariable SY-SUBRC mitgeteilt. Der Datensatz darf dann nicht zur Bearbeitung bereitgestellt werden, der Benutzer bekommt in diesem Fall eine Meldung die besagt, dass sich der gewünschte Datensatz z.Z. in Bearbeitung befindet. Am Ende der Bearbeitung wird der Eintrag des Datensatzes in der Sperrtabelle wieder gelöscht, d.h. der Datensatz wird für weitere Bearbeitungen wieder freigegeben. Das SAP-Sperrkonzept sperrt die Datensätze logisch, nicht physisch. Es funktioniert nur dann, wenn alle Programme das Sperrkonzept bedienen. Die Verantwortung dafür liegt beim Programmierer. Syntaxfehler oder Laufzeitfehler werden durch eine vergessene Sperre nicht erzeugt.

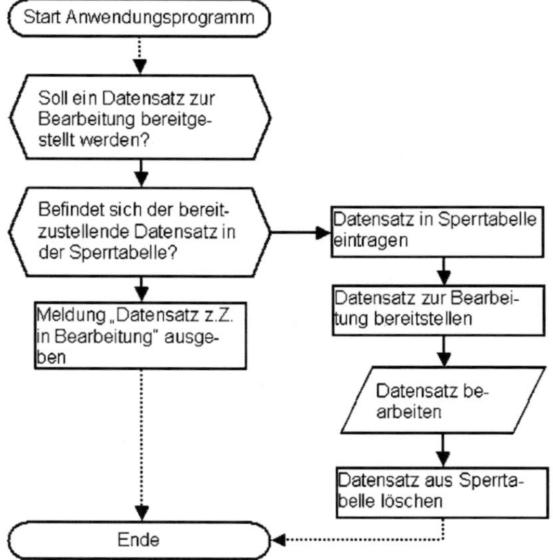


*Abb. 9.24 Prinzip des Sperrkonzeptes*

Die Verwaltung der Sperrtabelle wird durch einen eigenen Workprozess, dem Enqueue-Workprozess, übernommen.

### 9.4.2 Grundsätzliche Arbeitsweise beim Sperren und Freigeben

Für das Setzen bzw. Entfernen von Datensatzsperren ist folgende Reihenfolge anzuwenden:

1. Sperren des Datensatzes.
2. Lesen des Datensatzes, wenn die Sperre gesetzt werden konnte.
3. Ändern.
4. Aktualisierung der Datenbank.
5. Löschen der Sperre.

Diese Reihenfolge gewährleistet, dass

- die Änderungen vollständig unter dem Schutz der Sperre ablaufen,
- Keine Änderungen zu Datensätzen durchgeführt werden können, die durch andere Benutzer gerade geändert werden.

Voraussetzung ist allerdings, dass alle Programme das Sperrkonzept verwenden.
Sie sollten darüber hinaus die zu ändernden Datensätze so zeitig wie möglich sperren. Idealerweise zu Beginn der SAP-LUW.

### 9.4.3 Technische Realisierung

Um Sperren setzen zu können, benötigen Sie ein Sperrobjekt. In diesem wird festgelegt, in welcher Tabelle, bzw. in welchen Tabellen, Sperren gesetzt werden sollen. Außerdem wird im Sperrobjekt definiert, welche Datensätze zu sperren sind. Sie können genau einen Datensatz sperren oder eine Menge von Datensätzen. Durch das Aktivieren des Sperrobjektes werden zwei Funktionsbausteine angelegt, der ENQUEUE-Funktionsbaustein zum Setzen, und der DEQUEUE-Funktionsbaustein zum Löschen der Datensatzsperren. Diese Funktionsbausteine müssen an den entsprechenden Stellen des Anwendungsprogrammes aufgerufen werden. Als Exportparameter übergibt das Anwendungsprogramm die Schlüsselfelder des zu sperrenden Datensatzes. Der ENQUEUE-Funktionsbaustein versucht dann, den entsprechenden Datensatz zu sperren, gelingt das nicht, löst er eine Ausnahme aus, auf die das Anwendungsprogramm reagieren muss.

*Vorgehensweise: Sperrobjekt anlegen*

Sperrobjekte werden im ABAP-Dictionary angelegt. Starten Sie dieses Werkzeug (Transaktionscode SE11). Der Name eines Sperrobjektes beginnt mit dem Buchstaben E. Das zweite Zeichen kennzeichnet den Namensbereich (z oder y für den Kundennamensbereich). Die Vorgehensweise wird am Beispiel des Sperrobjektes EZZBESTAND_TW gezeigt, das Datensätze in der Tabelle ZBESTAND_TW sperren soll.
Tragen Sie den Namen des Sperrobjektes im Einstiegsbild des ABAP-Dictionarys ein und aktivieren Sie den Auswahlknopf SPERROBJEKT.

ABAP Dictionary: Einstieg

Datenbanktabelle
View
Datentyp
Domäne
Suchhilfe
Sperrobjekt EZZBESTAND_TW
Anzeigen Ändern Anlegen

*Abb. 9.25 Sperrobjekt anlegen, Einstieg*

Im Folgebild „Sperrobjekt pflegen" geben Sie eine ausagekräftige Kurzbeschreibung und den Namen der Tabelle, in der Sperren gesetzt werden sollen, sowie den gewünschten Sperrmodus ein.

*Abb. 9.26 Tabelle und Sperrmodus festlegen*

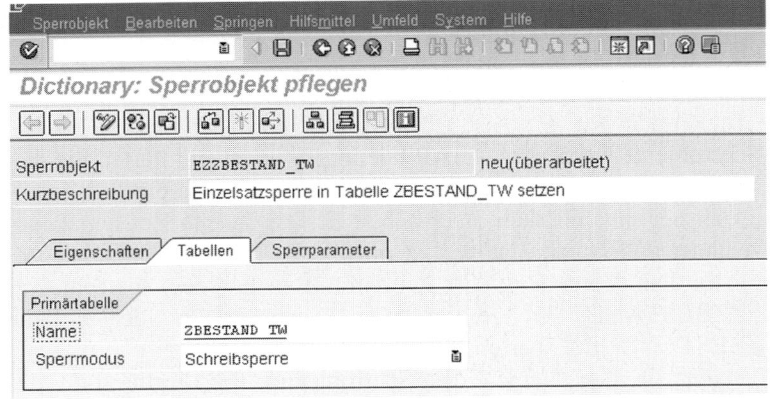


Eine Erklärung zu den Sperrmodi (hier „Schreibsperre") finden Sie unter Hilfe → Hilfe zur Anwendung (Link: „Sperrmodi").
Werfen Sie noch einen Blick auf die Registerkarte „Sperrparameter".

*Abb. 9.27 Sperrparameter festlegen*

Dictionary: Sperrobjekt pflegen

Sperrobjekt EZZBESTAND_TW neu(überarbeitet)
Kurzbeschreibung Einzelsatzsperre in Tabelle ZBESTAND_TW setzen

Eigenschaften | Tabellen | Sperrparameter

| G... | Sperrparameter | Tabelle | Feld |
|---|---|---|---|
| ☑ | MANDANT | ZBESTAND_TW | MANDANT |
| ☑ | ISBN | ZBESTAND_TW | ISBN |
| ☐ | | | |

In dieser Registerkarte stehen die Schlüsselfelder der Tabelle, in der Datensatzsperren gesetzt werden sollen. Über die Ankreuzfelder legen Sie die Importparameter der Sperrfunktionsbausteine (ENQUEUE und DEQUEUE) dieses Sperrobjektes fest. Wollen Sie genau einen Datensatz sperren, sind alle Schlüsselfelder der Tabelle als Sperrparameter auszuwählen.
Aktivieren Sie zum Schluss das Sperrobjekt. Dieser Vorgang bewirkt, dass die Funktionsbausteine ENQUEUE_EZZBESTAND_TW (Sperrfunktionsbaustein) und DEQUEUE_EZZBESTAND_TW (Freigabefunktionsbaustein) angelegt werden. Die Namensgebung erfolgt nach dem Muster ENQUEUE_<Name des Sperrobjektes> bzw. DEQUEUE_<Name des Sperrobjektes>.

Legen Sie die Sperrobjekte EZZBESTAND zum Setzen einer Schreibsperre in der Tabelle ZBESTAND (bzw. ZBESTAND_TW) und EZZAUTOREN zum Setzen einer Schreibsperre in der Tabelle ZAUTOREN (bzw. ZAUTOREN_TW) an.

*Vorgehensweise: Sperrbausteine einbinden*

Um einen Datensatz zu sperren bzw. die gesetzte Sperre wieder aufzuheben, werden die beim Anlegen des Sperrobjektes generierten Funktionsbausteine ENQUEUE_<Name des Sperrobjektes> bzw. DEQUEUE_<Name des Sperrobjektes> aufgerufen und ihnen die Schlüsselfeldbelegung des zu sperrenden Datensatzes übergeben. Stellen Sie dazu den Cursor an die Stelle Ihres Programmes, an der die Sperre gesetzt bzw. wieder aufgehoben werden soll. Beachten Sie dabei, dass der Datensatz erst gesperrt und dann, im Erfolgsfall, gelesen wird. Erzeugen Sie über die Schaltfläche MUSTER die Syntax zum Aufruf der Sperrbausteine.

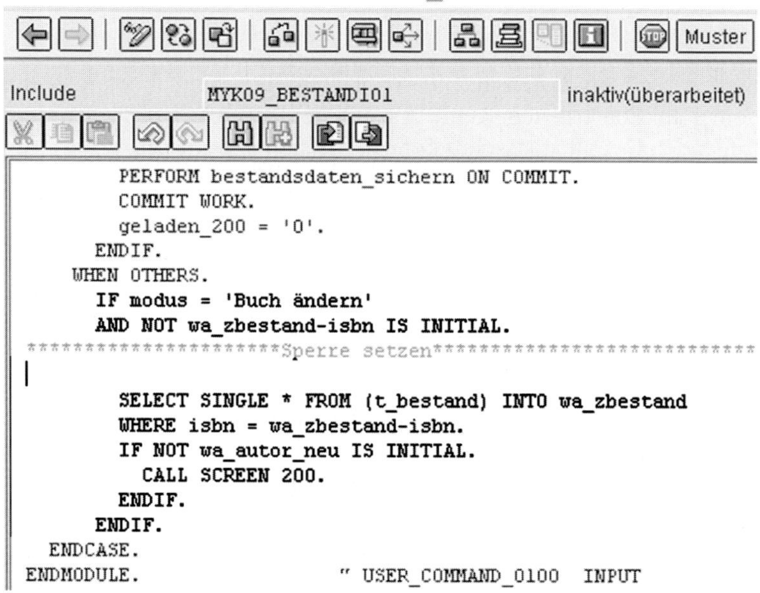


*Abb. 9.28 Sperrfunktionsbaustein aufrufen (1)*

*Abb. 9.29 Sperrfunktionsbaustein aufrufen (2)*

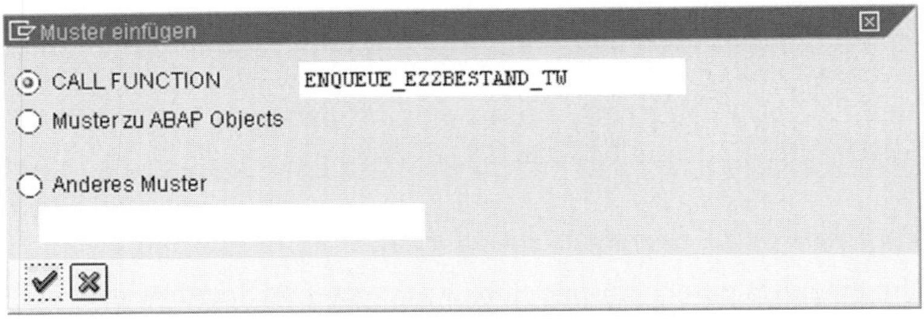

Muster einfügen

CALL FUNCTION ENQUEUE_EZZBESTAND_TW

Muster zu ABAP Objects

Anderes Muster

Die Syntax des Funktionsbausteinaufrufes wird in Ihr Programm geladen. Übergeben Sie im Abschnitt EXPORTING die Sperrparameter. Der Sperrbaustein löst folgende Ausnahmen aus:

| | |
|---|---|
| FOREIGN_LOCK | Datensatz durch anderen Benutzer bzw. durch ein anderes Programm gesperrt. |
| SYSTEM_FAILURE | Systemfehler, Datensatz konnte nicht gesperrt werden |
| OTHERS | anderer Fehler, Datensatz konnte nicht gesperrt werden |

Stellen Sie den Datensatz nur dann zum Bearbeiten bereit, wenn vom Funktionsbaustein keine Ausnahme ausgelöst wurde. An dem folgenden Quelltextausschitt können Sie sich orientieren.
Die Freigabe der gesperrten Datensätze programmieren Sie auf die gleiche Art und Weise, mit dem DEQUEUE-Funktionsbaustein. Im Unterschied zum ENQUEUE-Funktionsbaustein löst dieser keine Ausnahmen aus.

Wollen Sie alle Sperren, die durch das Programm gesetzt wurden, aufheben, können Sie auch den Funktionsbaustein DEQUEUE_ALL aufrufen.

```
IF modus = 'Buch ändern'
AND NOT wa_zbestand-isbn IS INITIAL.

****************Sperre setzen*****************
 CALL FUNCTION 'ENQUEUE_EZZBESTAND_TW'
  EXPORTING
   mode_zbestand_tw = 'E'
   mandant          = sy-mandt
   isbn             = wa_zbestand-isbn
  EXCEPTIONS
   foreign_lock     = 1
```

```
    system_failure    = 2
    OTHERS            = 3.
*Nur wenn sy-subrc = 0, konnte Sperre gesetzt
*werden
 IF sy-subrc = 0.
  SELECT SINGLE * FROM (t_bestand) INTO
  wa_zbestand
  WHERE isbn = wa_zbestand-isbn.
  IF NOT wa_autor_neu IS INITIAL.
   CALL SCREEN 200.
  ENDIF.
 ELSE.
*Sperre konnte nicht gesetzt werden
  MESSAGE i020(zlib_tw) WITH wa_zbestand-isbn.
 ENDIF.
ENDIF.
```

1. Programmieren Sie im Bestandspflegeprogramm SAPMYK09_Bestand_1 die notwendigen Datensatzsperren. Wählt der Benutzer ein Buch zum Ändern aus, wird der entsprechende Datensatz in der Tabelle ZBESTAND (bzw. ZBESTAND_TW) gesperrt. Außerdem sollen auch die Datensätze der Autoren des ausgewählten Buches in der Tabelle ZAUTOREN (bzw. ZAUTOREN_TW) gesperrt werden.
2. Löschen Sie die Sperren, wenn der Benutzer im Dynpro 100 die Änderungen gesichert hat oder sie verwirft.

Lösung: SAPMYK09_Bestand_4

Lösung:

```
*&---------------------------------------------*
*&      Module  USER_COMMAND_0100  INPUT       *
*&---------------------------------------------*
MODULE user_command_0100 INPUT.
  ok_save = ok_code.
  CLEAR ok_code.
  CASE ok_save.
...
    WHEN 'NEW'.
*eventuell gesetzte Datensatzsperren freigeben
      CALL FUNCTION 'DEQUEUE_ALL'.
```

```
      modus = 'Buch anlegen'(006).
      CLEAR wa_zbestand.
      CLEAR wa_autor_neu.
      geladen_200 = '0'.
...
    WHEN 'CHANGE'.
*eventuell gesetzte Datensatzsperren freigeben
      CALL FUNCTION 'DEQUEUE_ALL'.
      modus = 'Buch ändern'(007).
      CLEAR wa_zbestand.
      CLEAR wa_autor_neu.
      geladen_200 = '0'.
...
    WHEN 'SAVE'.
      PERFORM alle_neuen_autoren_angelegt.
      IF ok = '0'.
        MESSAGE i009(zlib_tw).
        geladen_200 = '0'.
        CALL SCREEN 200.
        ok = '0'.
      ENDIF.
      IF ok = '1'.
        PERFORM bestandsdaten_sichern ON COMMIT.
        COMMIT WORK. "Datenbank wird aktuali-
siert
*Datensatzsperren freigeben;
*Nur bei der Methode 'PERFORM...ON COMMIT.
*Bei CALL FUNCTION ... IN UPDATE TASK würde
*der Verbucher die Sperren "erben" und nach der
*Verbuchung freigeben
        CALL FUNCTION 'DEQUEUE_ALL'.
        CLEAR wa_zbestand.
        geladen_200 = '0'.
      ENDIF.
    WHEN OTHERS.
      IF modus = 'Buch ändern'
      AND NOT wa_zbestand-isbn IS INITIAL.

*Sperren setzen
        CALL FUNCTION 'ENQUEUE_EZZBESTAND_TW'
            EXPORTING
                 mode_zbestand_tw = 'E'
                 mandant          = sy-mandt
             isbn             = wa_zbestand-isbn
```

```
            EXCEPTIONS
                 foreign_lock      = 1
                 system_failure    = 2
                 OTHERS            = 3.
        IF sy-subrc = 0.
*Bestandsdatensatz konnte gesperrt werden
          SELECT SINGLE * FROM (t_bestand)
          INTO wa_zbestand
          WHERE isbn = wa_zbestand-isbn.
          ok = '0'.
*Zugehörige Autorendatensätze sperren
          PERFORM autor_sperren
              USING wa_zbestand-autor1.
          IF ok = '0'
          AND NOT wa_zbestand-autor2 IS INITIAL.
            PERFORM autor_sperren
               USING wa_zbestand-autor2.
          ENDIF.
          IF ok = '0'
          AND NOT wa_zbestand-autor3 IS INITIAL.
             PERFORM autor_sperren
               USING wa_zbestand-autor3.
          ENDIF.
          IF ok <> '0'.
*Mindestens ein Autorendatensatz konnte nicht
*gesperrt werden
            MESSAGE i022(zlib_tw).
*eventuell bereits gesperrte Datensätze
*freigeben
            CALL FUNCTION 'DEQUEUE_ALL'.
            CLEAR wa_zbestand.
          ELSE.
            IF NOT wa_autor_neu IS INITIAL.
              CALL SCREEN 200.
            ENDIF.
          ENDIF.
        ELSE.
          MESSAGE i021(zlib_tw)
             WITH wa_zbestand-isbn.
          CLEAR wa_zbestand.
        ENDIF.
      ENDIF.
  ENDCASE.
ENDMODULE.
```

```
*&---------------------------------------------*
*&      Form  autor_sperren                    *
*&---------------------------------------------*
FORM autor_sperren USING    p_autor.
  CALL FUNCTION 'ENQUEUE_EZZAUTOREN_TW'
       EXPORTING
            mode_zautoren_tw = 'E'
            mandant          = sy-mandt
            autorennr        = p_autor
       EXCEPTIONS
            foreign_lock     = 1
            system_failure   = 2
            OTHERS           = 3.
  IF sy-subrc <> 0.
    ok = '1'.
  ENDIF.
ENDFORM.
```

## 9.4.4 Die Sperrtabelle

Wie Sie bereits an früherer Stelle erfahren haben, werden alle Sperren in die Sperrtabelle eingetragen. Sie können sich die Sperrtabelle über die Transaktion SM12 (Werkzeuge → Administration → Verwaltung → Monitor → SM12 Sperreinträge) anzeigen lassen.

1. Starten Sie das Bestandspflegeprogramm (SAPMYK09_Bestand_1) und lassen Sie sich den Bestandsdatensatz zum Buch „Administration des SAP-Systems R/3" (ISBN 3827311365) im Änderungsmodus anzeigen.
2. Starten Sie in einem neuen Modus die Transaktion SM12.
3. Lassen Sie sich Ihre Sperreinträge anzeigen.
4. Wählen Sie im Programm SAPMYK09_Bestand_1 die Funktion „Neues Buch" aus und frischen Sie die Anzeige der Sperrtabelle auf.

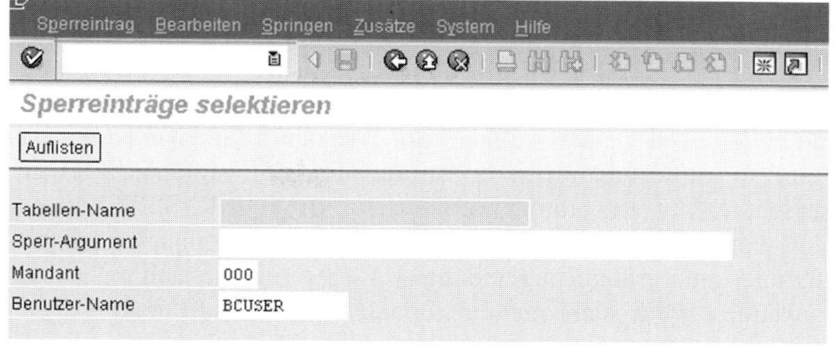


*Abb. 9.30 Sperrtabelle anzeigen*

**Liste der Sperreinträge**

Auffrischen | Details

| Man | Benutzer | Zeitpunkt | Shared | Tabelle | Sperrargument |
|---|---|---|---|---|---|
| 000 | BCUSER | 09:01:14 | | ZAUTOREN_T | 0000000000110 |
| 000 | BCUSER | 09:01:14 | | ZAUTOREN_T | 0000000000111 |
| 000 | BCUSER | 09:01:14 | | ZAUTOREN_T | 0000000000112 |
| 000 | BCUSER | 09:01:14 | | ZBESTAND_T | 0003827311365 |

Selektierte Sperreinträge: 4

*Abb. 9.31 Liste der Sperreinträge*

Das Sperrargument setzt sich aus den Schlüsselfeldern des zu sperrenden Datensatzes zusammen. Achten Sie penibel darauf, dass das Sperrargument korrekt gebildet wird, nicht etwa Doppelkreuze (#) enthält. Sonst wird nicht nur der eine Datensatz gesperrt, sondern mehrere.
Nach dem Auslösen der Funktion „Neues Buch" (oder einer beliebigen anderen Funktion) im Programm SAPMYK09_Bestand_1 werden die Sperren zurückgesetzt.

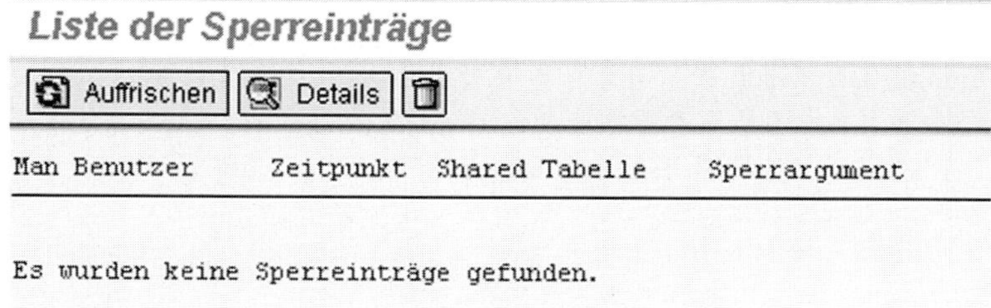

## 9.5 Nummernkreise

Beim Anlegen neuer Autoren im Programm SAPMYK09_ Bestand_1 werden automatisch Autorennummern vergeben. Das geschieht im Unterprogramm AUTOREN_NEUE_ ERMITTELN. Zur Zeit wird dazu die höchste bisher vergebene Autorennummer ermittelt und um 1 erhöht (incrementiert). Dagegen ist an sich nichts einzuwenden, wenn nicht mehrere Benutzer gleichzeitig neue Autoren anlegen. Ist das jedoch der Fall, kann diese Methode nicht mehr ohne Weiteres angewendet werden, weil nicht ausgeschlossen ist, dass Benutzer B eine neue Autorennummer ermittelt, bevor Benutzer A „seinen" neuen Autor in die Datenbanktabelle eingetragen hat. Das führt dazu, dass der vom Benutzer B anzulegende Autor die gleiche Autorennummer zugeordnet bekäme, wie der von Benutzer A. Die INSERT-Anweisung schlägt dann fehl und die Datenbank wird zurückgesetzt.
Zur Lösung des Problems können Sie ein sogenanntes Nummernkreisobjekt benutzen. Ein Nummernkreisobjekt verwaltet eine Anzahl von Nummern für ein Objekt (z.B. für die Autorennummer). Das Anwendungsprogramm holt sich dann für dieses Objekt eine Nummer aus diesem Nummernkreisobjekt.
In diesem Kapitel werden wir die Autorennummernvergabe über ein Nummernkreisobjekt programmieren. Dazu legen wir zunächst ein Nummernkreisobjekt für die Autorennummer an und holen im Anwendungsprogramm über einen Funktionsbaustein, für die neu anzulegenden Autoren, die Autorennummern aus diesem Nummernkreisobjekt.

*Vorgehensweise: Nummernkreisobjekt anlegen*

Starten Sie die Transaktion SNRO (Werkzeuge → ABAP Workbench → Entwicklung → SNRO Nummernkreise). Vergeben Sie im Einstiegsbild einen Namen für das Nummernkreisobjekt im Kundennamensbereich.

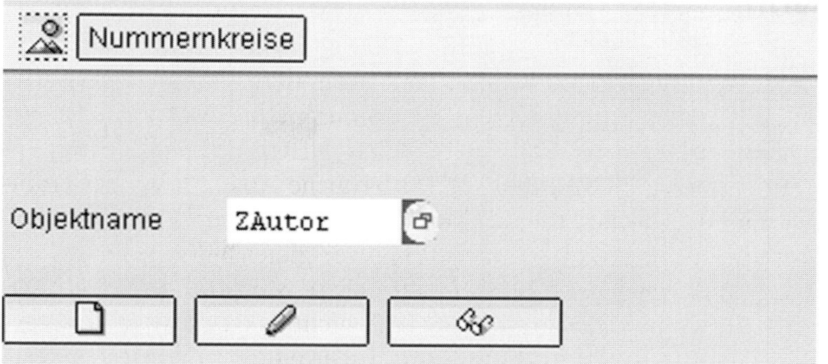


*Abb. 9.32 Nummernkreis-objekt anlegen*

Füllen Sie das Folgebild „NrKreisObjekt: Anlegen" entsprechend Abb. 9.33 aus.

NrKreisObjekt Bearbeiten Springen System Hilfe

**NrKreisObjekt: Anlegen**

| | | |
|---|---|---|
| Objektname | ZAUTOR | Es existieren keine Intervalle zum NrKreisObjekt |
| Kurztext | Autorennummer | |
| Langtext | automatische Vergabe von Autorennummern | |

Intervalleigenschaften

| | |
|---|---|
| Datenelement Unterobjekt | |
| Bis-Geschäftsjahr-Kz. | ☐ |
| Domäne für Nummernlänge | YRVP_NR_TW |
| Kein Rollieren der Intervalle | ☐ |

Customizingangaben

| | | | |
|---|---|---|---|
| Nummernkreistransaktion | ZNKR_AUTOR | | |
| Proz. Warnung | 10 | | |
| Hauptspeicher-Pufferung | ☐ | Anzahl Nummern im Puffer | 10 |

*Abb. 9.33 Eigenschaften des Nummern-objektes pflegen*

Sichern Sie dann Ihr Nummernkreisobjekt. Nach dem Sichern steht Ihnen eine Drucktaste „Nummernkreise" zur Verfügung. Klicken Sie die Drucktaste „Nummernkreise" und wählen Sie im Folgebildschirm „Intervalle ändern".

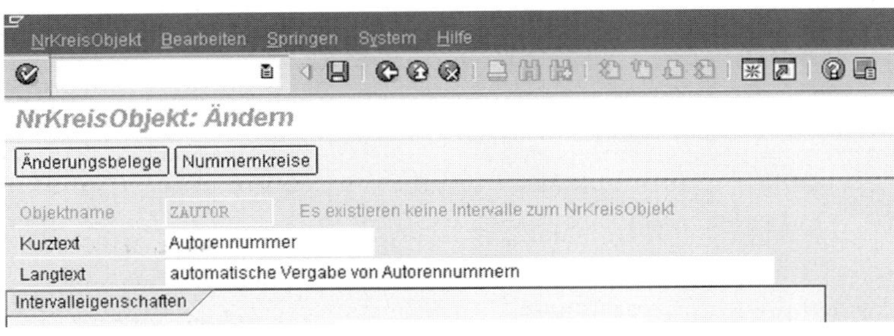


Abb. 9.34 Nummernkreise anlegen (1)

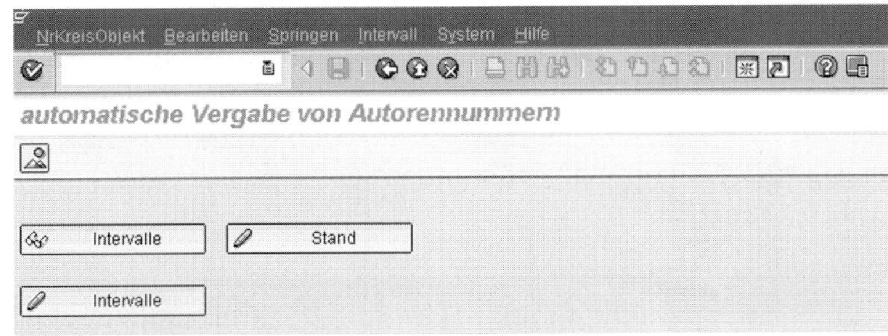


Abb. 9.35 Nummernkreise anlegen (2)

Wählen Sie im Bild „Nummernkreisintervalle pflegen" die Drucktaste „Intervall" aus und legen Sie im Folgebild „Intervall einfügen" die Intervallgrenzen fest, in denen der Nummernbereich liegen soll.

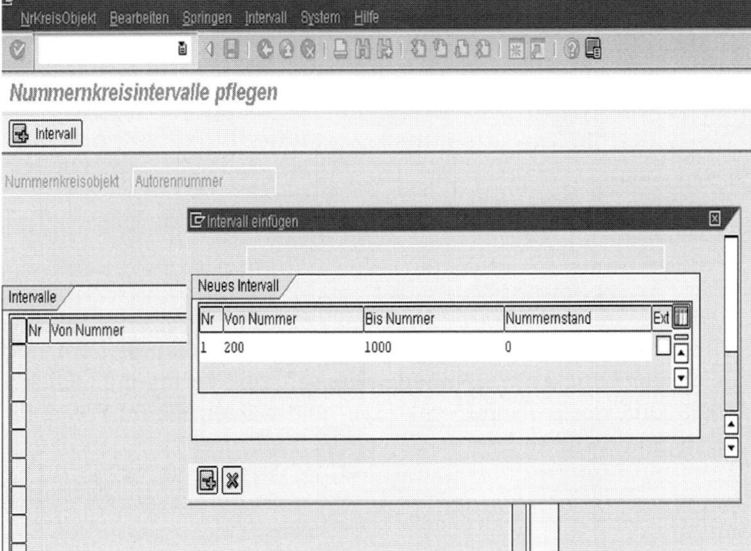


Abb. 9.36 Nummernkreis anlegen (3)

Drücken Sie dann die ENTER-Taste. Das Bild „Intervalle einfügen" schließt sich. Sichern Sie im Bild „Nummernkreisintervalle pflegen".

*Vorgehensweise: Nummern aus Nummernkreisobjekt holen*

Mit Hilfe des Funktionsbausteins NUMBER_GET_NEXT können Sie eine oder mehrere Nummern aus dem Nummernkreisobjekt holen. Beachten Sie, dass einmal geholte Nummern nicht mehr in das Nummernkreisobjekt zurückgestellt werden können. Es ist deshalb zweckmäßig, die Nummern erst dann zu holen, wenn sicher ist, dass sie auch verwendet werden. Fügen Sie den Funktionsbausteinaufruf über die Drucktaste MUSTER in Ihr Quellprogramm ein. Im folgenden Beispiel wird eine Nummer aus dem Nummernkreisobjekt ZAUTOR geholt und auf die Variable NR geschrieben.

DATA: nr TYPE zautoren-autorennr.

```
CALL FUNCTION 'NUMBER_GET_NEXT'
  EXPORTING
    nr_range_nr          = '1' "Intervallnummer
    object               = 'ZAUTOR'
  IMPORTING
    number               = nr
  EXCEPTIONS
    ...
IF sy-subrc <> 0.
* MESSAGE ...
ENDIF.
```

Unserem Bibliotheksprojekt fehlt noch ein Programm, das die Ausleihe und die Rückgabe von Büchern unterstützt. Dieses Programm soll jetzt erstellt werden. Dazu sind folgende Arbeitsschritte notwendig:

1. Um dem Benutzer die Arbeit zu erleichtern, sollten Sie eine neue Suchhilfen anlegen.
   - Suchhilfename: ZISBN_AUSLEIHE
   - Selektionsmethode: ZAUSLEIHE
   - Parameter

| Suchhilfeparameter | Import | Export | LPos | SPos |
|---|---|---|---|---|
| ISBN | ☑ | ☑ | 1 | 1 |
| KUNDENNR | ☑ | ☑ | 2 | 2 |
| AUSLEIHDAT | | ☑ | 3 | 3 |
| RUECKGABEDAT | | ☑ | 4 | 4 |
| ANZAHL | | | 5 | |

   Binden Sie diese Suchhilfe an die Felder ISBN und KUNDENNR der Tabelle ZAUSLEIHE an.

2. Legen Sie ein Programm SAPMYK09_Ausleihe als Modulpool und den Transaktionscode ZK09_AUSLEIHE an. Startdynpro ist Dynpro 100.
3. Erstellen Sie das Dynpro 100 mit dem abgebildeten Layout. Es soll später für die Buchrückgabe genutzt werden.

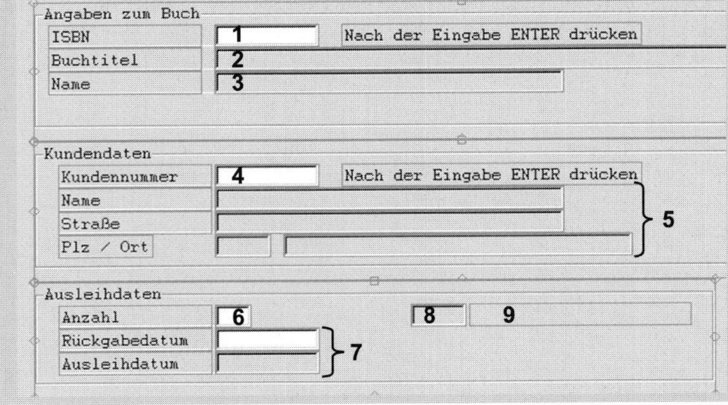

Legende

| Pos | Tabelle | Feld | aus Programm |
|---|---|---|---|
| 1 | ZAUSLEIHE | ISBN | |
| 2 | ZBESTAND | TITEL | |
| 3 | ZAUTOREN | NAME | |
| 4 | ZAUSLEIHE | KUNDENNR | |
| 5 | ZKUNDEN | NAME<br>STRASSE<br>PLZ<br>WOHNORT | |
| 6 | | | ANZAHL (DATA anzahl(3) |
| 7 | ZAUSLEIHE | RUECKGABEDAT<br>AUSLEIHDAT | |
| 8 | | | ANZEIGE_ ANZAHL (DATA Anzeige_Anzahl TYPE zbestand-bestand.) |
| 9 | | | TEXT (DATA text(22).) |

4. Kopieren Sie das Dynpro 100 (Zieldynpro 200). Die Abbildung zeigt die Vorgehensweise. Dynpro 200 soll später für die Buchausleihe benutzt werden.

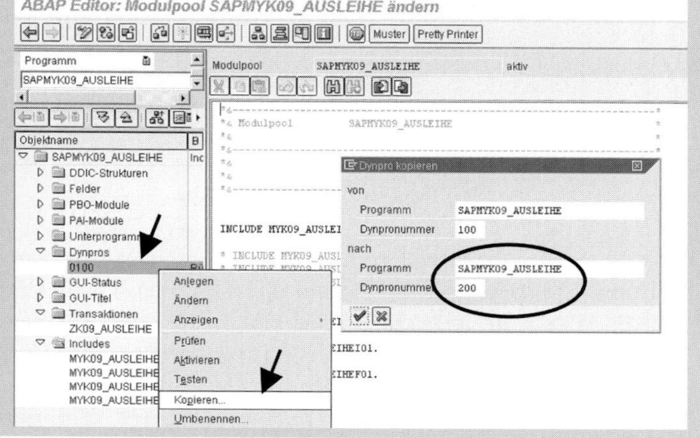

5. Im Dynpro 100, das für die Buchrückgabe genutzt werden soll, wird für die Felder ISBN und KUNDENNR die im Punkt 1 angelegte Suchhilfe angezeigt. Das erfolgt automatisch, weil die Suchhilfe im Punkt 2 der Aufgabenstellung diesen Feldern zugeordnet wurde. Im Dynpro 200, das für die Buchausleihe benutzt werden soll, nützt uns diese Suchhilfe nichts. Sie zeigt nur die bereits ausgeliehenen Bücher und die dazugehörigen Kunden. Für die Buchausleihe brauchen wir jedoch Suchhilfen, mit denen aus der Menge aller Kunden bzw. aller ISBN ausgewählt werden kann. Die Suchhilfen ZISBN_TW und ZKUNDEN_TW erfüllen diese Anforderung und sollen im Dynpro 200 dem Benutzer anstelle der Suchhilfe ZISBN_AUSLEIHE zur Verfügung gestellt werden. Diese Änderung lässt sich im Layout des Dynpros 200 programmieren. Die Abbildung zeigt die Vorgehensweise.

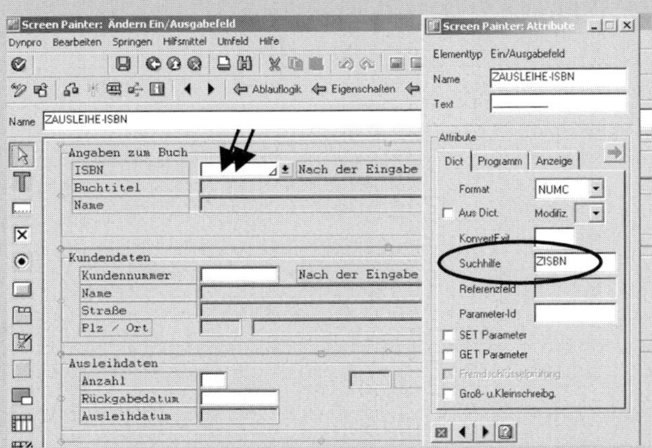


6. Erzeugen Sie einen GUI-Status GESAMT mit folgenden Funktionen:

| Funktionscode | Funktionstext | Funktionstyp |
|---|---|---|
| SAVE | Sichern | |
| AUSLEIHE | Ausleihe (F5) | |
| RUECKGABE | Rückgabe (F6) | |
| CANCEL | Abbrechen | E |

7. Damit Sie später das Programm ohne Probleme beenden können, sollten Sie jetzt ein PAI-Modul BEENDEN anlegen und dort über die Anweisung LEAVE TO SCREEN 0 das Beenden des Programmes vorsehen. Rufen Sie dieses Modul in den PAI-Ablaufsteuerungen der Dynpros 100 und 200 mit der Klausel AT EXIT-COMMAND auf.

8. Legen Sie die GUI-Titel
   DYNPRO_0100: „East-Side-Library: Buchrückgabe”
   DYNPRO_0200: „East-Side-Library: Buchausleihe“ an.
9. Programmieren Sie in der PBO-Ablauflogik der Dynpros den Aufruf der Module STATUS_0100 bzw. STATUS_0200 und laden Sie dort GUI-Status und GUI-Titel.
10. Die Drucktasten sollen folgende Funktionalität erhalten:

| **Taste** | **Dynpro** | **Funktion** |
|---|---|---|
| Rückgabe | 100 | Alle Eingabefelder des Dynpros 100 werden auf ihren Initialwert gesetzt. |
| | 200 | Aufruf des Dynpros 100. |
| Ausleihe | 100 | Aufruf des Dynpros 200. |

Programmieren Sie diese Funktionalität in den Modulen USER_COMMAND_0100 bzw. 0200.

11. Legen Sie ein PBO-Modul LADEN_0100 an, in dem die benötigten Strukturen und Variablen geladen werden.

| **Struktur** | **Bedingung** | **Inhalt** |
|---|---|---|
| ZAUSLEIHE | Eine in Tabelle ZAUSLEIHE vorhandene Kombination ISBN/Kundennummer wurde eingegeben. | Entsprechender Datensatz der Tabelle ZAUSLEIHE. |
| ZKUNDEN | Eine in Tabelle ZAUSLEIHE vorhandene Kundennummer wurde eingegeben. | Daten des Kunden aus ZKUNDEN. |
| ZBESTAND | Eine in Tabelle ZAUSLEIHE vorhandene ISBN wurde eingegeben. | Entsprechender Datensatz der Tabelle ZBESTAND. |

| **Variable** | **Inhalt** |
|---|---|
| ANZEIGE_ANZAHL | Anzahl vom Kunden ausgeliehener Bücher dieser ISBN. |
| TEXT | vom Kunden ausgeliehen. |

12. Da der Benutzer im Dynpro 100 sowohl die ISBN als auch die KUNDENNR per Hand eingeben kann, müssen die Eingaben in diesen Feldern geprüft werden. Folgende Prüfungen sind zu programmieren:
    - Ist vom Benutzer nur die Kundennummer eingetragen worden (ISBN noch leer), ist zu prüfen, ob diese in der Tabelle ZAUSLEIHE vorhanden ist.
    - Ist vom Benutzer nur die ISBN eingetragen worden (KUNDENNR noch leer), ist zu prüfen, ob diese in der Tabelle ZAUSLEIHE vorhanden ist.
    - Hat der Benutzer sowohl ISBN als auch KUNDENNR eingegebene, ist zu prüfen, ob es in der Tabelle ZAUSLEIHE einen Datensatz gibt, in dem diese Kombination vorkommt.
    - Die Anzahl der zurückgegebenen Bücher ist nicht größer als die der ausgeliehenen.
13. Legen Sie ein PBO-Modul LADEN_0200 an, in dem die benötigten Strukturen und Variablen geladen werden.

| **Struktur** | **Bedingung** | **Inhalt** |
|---|---|---|
| ZKUNDEN | Eine in Tabelle ZKUNDEN vorhandene Kundennummer wurde eingegeben. | Daten des Kunden aus ZKUNDEN |
| ZBESTAND | Eine in Tabelle ZBESTAND vorhandene ISBN wurde eingegeben. | Entsprechender Datensatz der Tabelle ZBESTAND |

| **Variable** | **Inhalt** |
|---|---|
| ZAUSLEIHE-RUECKGABEDAT | aktuelles Datum + 28 Tage |
| ZAUSLEIHE-AUSLEIHDAT | aktuelles Datum |
| ANZEIGE_ANZAHL | verfügbarer Bestand |
| TEXT | verfügbarer Bestand |

14. Auch im Dynpro 200 kann der Benutzer ISBN und KUNDENNR eintippen. Anders als im Dynpro 100 (Buchrückgabe), in dem die Eingaben gegen die Tabelle ZAUSLEIHE geprüft wurden, werden sie im Dynpro 200 gegen die Tabellen ZBESTAND und ZKUNDEN geprüft. Diese

Prüfungen werden jedoch automatisch durchgeführt, weil diese Tabellen als Prüftabellen für die Felder ISBN und KUNDENNR der Tabelle ZAUSLEIHE eingetragen sind. Im Dynpro 200 sollte geprüft werden, ob beim sichern der Daten

- Die Anzahl der zu verleihenden Bücher nicht größer als der verfügbare Bestand ist.
- Sowohl ISBN als auch KUNDENNR ausgefüllt sind, wenn der Benutzer die Daten sichern will.

15. Die Funktion „Sichern“ ist in den Dynpros 100 und 200 unterschiedlich zu programmieren.

| **Dyn** | **Bedingung** | **Funktionalität** |
|---|---|---|
| 100 | Anzahl = ZAUSLEHE_ANZAHL | Löschen des Datensatzes in ZAUSLEIHE. |
| | Anzahl <> ZAUSLEHE_ANZAHL | Aktualisieren des Datensatzes in ZAUSLEIHE. |
| 200 | Anzahl <= verfügbare Anzahl<br>Es existiert noch kein Datensatz mit gleicher Belegung der Felder ISBN, KUNDENNR und AUSLEIHDAT in der Tabelle ZAUSLEIHE. (Kunde leiht das erste Buch mit dieser ISBN an diesem Tag). | Anlegen eines Datensatzes in ZAUSLEIHE. |
| | Anzahl <= verfügbare Anzahl<br>Es existiert bereits ein Datensatz mit gleicher Belegung der Felder ISBN, KUNDENNR und AUSLEIHDAT in der Tabelle ZAUSLEIHE. (Kunde leiht ein weiteres Buch mit dieser ISBN an diesem Tag). | Aktualisieren des vorhandenen Datensatzes (Die Anzahl ausgeliehener Bücher ist zu kummulieren). |

Unabhängig davon, ob ein Buch ausgeliehen oder zurückgegeben wird, ist das Feld AUSGELIEHEN der Tabelle ZBESTAND zu aktualisieren.

16. Datensätze sperren und freigeben

Hinweis zum Setzen und Löschen der Sperren:
Zum Setzen und Löschen der Sperren stehen die Sperrobjekte EZZBESTAND_TW und EZZAUSLEIHE_TW zur Verfügung. Sie können also die Funktionsbausteine
ENQUEUE_EZZBESTAND_TW,
ENQUEUE_EZZAUSLEIHE_TW,
DEQUEUE_EZZBESTAND_TW und
DEQUEUE_EZZAUSLEIHE_TW nutzen.

**Sperren setzen im Dynpro 100 (Buchrückgabe)**
Sie können alle notwendigen Sperren im Modul LADEN_0100 bzw. LADEN_0200 setzen. Wurde vom Benutzer die ISBN des zurückgegebenen/auszuleihenden Buches eingegeben, ist der entsprechende Datensatz in der Tabelle ZBESTAND zu sperren. Zu beachten ist, dass der Benutzer die Eingabe der ISBN korrigieren kann. Ändert der Benutzer die ISBN, ist ein eventuell vorher gesperrter Datensatz wieder freizugeben. Um dieses Problem zu lösen, können Sie eine Variable, z.B. ISBN_ALT, deklarieren und diese nach dem erfolgreichen Sperren eines Datensatzes mit dessen ISBN laden. Vor dem Sperrvorgang löschen Sie eine vorher gesetzte Sperre über den DEQUEUE-Funktionsbaustein. Der Sperrparameter steht in ISBN_ALT.

Wurde vom Benutzer ISBN und KUNDENNR eingegeben, ist auch der entsprechende Datensatz in der Tabelle ZAUSLEIHE zu sperren. Auch hier ist zu berücksichtigen, dass der Benutzer seine Eingaben korrigieren kann.

Alle Sperren werden zurückgesetzt, wenn der Benutzer die Funktionscodes AUSLEIHE, RUECKGABE oder SICHERN ausgelöst hat. Beim Sichern sind die Sperren natürlich erst nach dem Sichern Aktualisieren der Datenbanktabelle zu löschen.

Lösung: SAPMYK09_Ausleihe_TW

Lösung:

```
*&---------------------------------------------------------------------*
*& Include MYK09_AUSLEIHETOP                                            *
*&---------------------------------------------------------------------*
```

```
PROGRAM  sapmyk09_ausleihe             .
TABLES: zausleihe_tw,zkunden_tw,
        zbestand_tw,
        zautoren_tw.
DATA: ok_code TYPE sy-ucomm,
      ok_save TYPE sy-ucomm,
      wa_zausleihe_alt TYPE zausleihe_tw,
      isbn_alt TYPE zbestand_tw-isbn,
      ok TYPE sy-subrc,
      anzeige_anzahl TYPE zbestand_tw-bestand,
      anzahl(3) TYPE n,
      text(22) VALUE 'verfügbarer Bestand'.

*&---------------------------------------------*
*& Ablauflogik Dynpro 100 (Buchrückgabe)       *
*&---------------------------------------------*
PROCESS BEFORE OUTPUT.
  MODULE status_0100.
  MODULE laden_0100.

PROCESS AFTER INPUT.
  MODULE beenden AT EXIT-COMMAND.
  CHAIN.
    FIELD: zausleihe_tw-isbn,
           zausleihe_tw-kundennr
           MODULE pruefen1_0100
           ON CHAIN-INPUT.
  ENDCHAIN.
  FIELD anzahl MODULE pruefen2_0200.
  MODULE user_command_0100.

*&---------------------------------------------*
*& Ablauflogik Dynpro 200 (Ausleihe)           *
*&---------------------------------------------*
PROCESS BEFORE OUTPUT.
  MODULE status_0200.
  MODULE laden_0200.

PROCESS AFTER INPUT.
  MODULE beenden AT EXIT-COMMAND.
  FIELD: anzahl MODULE pruefen2_0200.
  CHAIN.
   FIELD: zausleihe_tw-isbn,
          zausleihe_tw-kundennr
```

```
          MODULE pruefen1_0200.
  ENDCHAIN.
  MODULE user_command_0200.

*---------------------------------------------*
***INCLUDE MYK09_AUSLEIHEO01 .                *
*---------------------------------------------*
*&--------------------------------------------*
*&      Module  STATUS_0100  OUTPUT           *
*&--------------------------------------------*
MODULE status_0100 OUTPUT.
  SET PF-STATUS 'GESAMT'.
  SET TITLEBAR 'DYNPRO_0100'.
ENDMODULE.                 " STATUS_0100  OUTPUT

*&--------------------------------------------*
*&      Module  laden_0100  OUTPUT            *
*&--------------------------------------------*
MODULE laden_0100 OUTPUT.
*Laden der Struktur ZAUSLEIHE_TW
  text = 'vom Kunden ausgeliehen'.
  IF NOT zausleihe_tw-kundennr IS INITIAL.
    SELECT SINGLE * FROM zkunden_tw
    WHERE kundennr = zausleihe_tw-kundennr.
  ENDIF.
  IF NOT zausleihe_tw-isbn IS INITIAL.
*Datensatz in ZBESTAND_TW sperren.
    PERFORM sperren_zbestand.
*ok wird im Unterprogramm mit sy-subrc geladen
    IF ok = 0.
      SELECT SINGLE * FROM zbestand_tw
      WHERE isbn = zausleihe_tw-isbn.
      SELECT SINGLE * FROM zautoren_tw
      WHERE autorennr = zbestand_tw-autor1.
    ELSE.
*Datensatz konnte nicht gesperrt werden
      CLEAR: zausleihe_tw-isbn,
             zautoren_tw,
             zbestand_tw,
             anzahl,
             anzeige_anzahl.
    ENDIF.
  ENDIF.
  IF NOT zausleihe_tw-isbn IS INITIAL AND
```

```
     NOT zausleihe_tw-kundennr IS INITIAL.
*Datensatz in ZAUSLEIHE sperren
    PERFORM sperren_zausleihe.
*ok wird im Unterprogramm mit sy-subrc geladen
    IF ok = 0.
      SELECT SINGLE * FROM zausleihe_tw
      WHERE kundennr = zausleihe_tw-kundennr AND
                isbn = zausleihe_tw-isbn.
*Das Ausleihdatum, welches ebenfalls ein
*Schlüsselfeld ist, bleibt unberücksichtigt.
*Sollte mehr als ein Datensatz mit der gleichen
*Belegung der Felder ISBN und KUNDENNR in der
*Tabelle vorhanden sein (Kunde hat das gleiche
*Buch an verschiedenen Tagen ausgeliehen), wird
*der älteste Datensatz ausgewählt.
      anzeige_anzahl = zausleihe_tw-anzahl.
    ELSE.
*Datensatz konnte nicht gesperrt werden
      PERFORM initialisieren.
    ENDIF.
  ENDIF.
ENDMODULE.                 " laden_0100  OUTPUT

*&---------------------------------------------*
*&      Module  status_0200  OUTPUT            *
*&---------------------------------------------*
MODULE status_0200 OUTPUT.
  SET PF-STATUS 'GESAMT'.
  SET TITLEBAR 'DYNPRO_200'.
ENDMODULE.                 " status_0200  OUTPUT

*&---------------------------------------------*
*&      Module  laden_0200  OUTPUT             *
*&---------------------------------------------*
MODULE laden_0200 OUTPUT.
  text = 'verfügbarer Bestand'.
  IF NOT zausleihe_tw-isbn IS INITIAL.
*Datensatz in Tabelle ZBESTAND_TW sperren
    PERFORM sperren_zbestand.
*ok wird im Unterprogramm mit sy-subrc geladen
    IF ok = 0.
      SELECT SINGLE * FROM zbestand_tw
      WHERE isbn = zausleihe_tw-isbn.
      SELECT SINGLE * FROM zautoren_tw
```

```
      WHERE autorennr = zbestand_tw-autor1.
      zausleihe_tw-rueckgabedat = sy-datum + 28.
      zausleihe_tw-ausleihdat = sy-datum.
      anzeige_anzahl = zbestand_tw-bestand -
                       zbestand_tw-ausgeliehen.
    ELSE.
*Datensatz konnte nicht gesperrt werden
      CLEAR: zausleihe_tw-isbn,
             zbestand_tw,
             zautoren_tw,
             anzahl,
             anzeige_anzahl.
    ENDIF.
  ENDIF.
  IF NOT zausleihe_tw-kundennr IS INITIAL.
    SELECT SINGLE * FROM zkunden_tw
    WHERE kundennr = zausleihe_tw-kundennr.
  ENDIF.
  IF NOT zausleihe_tw-isbn IS INITIAL AND
  NOT zausleihe_tw-kundennr IS INITIAL.
    PERFORM sperren_zausleihe.
    IF ok <> 0.
*Datensatz konnte nicht gesperrt werden.
*Kann nur vorkommen, wenn der Kunde am gleichen
*Tag mehrere gleiche Bücher in verschiedenen
*Ausleihvorgängen ausleiht.
      PERFORM initialisieren.
    ENDIF.
  ENDIF.
ENDMODULE.                 " laden_0200  OUTPUT

*-----------------------------------------------*
***INCLUDE MYK09_AUSLEIHEI01 .                  *
*------- ---------------------------------------*
*&----------------------------------------------*
*&      Module  beenden  INPUT
*&----------------------------------------------*
MODULE beenden INPUT.
  LEAVE TO SCREEN 0.
ENDMODULE.                 " beenden  INPUT

*&----------------------------------------------*
*&      Module  user_command_0100  INPUT        *
*&----------------------------------------------*
```

```
MODULE user_command_0100 INPUT.
  ok_save = ok_code.
  CLEAR ok_code.
  CASE ok_save.
    WHEN 'AUSLEIHE'.
      CALL FUNCTION 'DEQUEUE_ALL'.
      LEAVE TO SCREEN 200.
    WHEN 'RUECKGABE'.
      CALL FUNCTION 'DEQUEUE_ALL'.
      PERFORM initialisieren.
    WHEN 'SAVE'.
      PERFORM sichern_rueckgabe.
      CALL FUNCTION 'DEQUEUE_ALL'.
  ENDCASE.
ENDMODULE.                 " user_command_0100
INPUT

*&-----------------------------------------------*
*&      Module  pruefen1_0100  INPUT            *
*&-----------------------------------------------*
MODULE pruefen1_0100 INPUT.
  IF ok_code <> 'AUSLEIHE'.
    IF NOT zausleihe_tw-isbn IS INITIAL AND
       NOT zausleihe_tw-kundennr IS INITIAL.
      SELECT SINGLE * FROM zausleihe_tw WHERE
      isbn = zausleihe_tw-isbn AND
      kundennr = zausleihe_tw-kundennr.
      IF sy-subrc <> 0.
        MESSAGE e023(zlib_tw)
        WITH zausleihe_tw-isbn
             zausleihe_tw-kundennr.
      ENDIF.
    ELSEIF NOT zausleihe_tw-isbn IS INITIAL.
      SELECT SINGLE * FROM zausleihe_tw
      WHERE isbn = zausleihe_tw-isbn.
      IF sy-subrc <> 0.
        MESSAGE e024(zlib_tw)
        WITH zausleihe_tw-isbn.
      ENDIF.
    ELSEIF NOT zausleihe_tw-kundennr IS INITIAL.
      SELECT SINGLE * FROM zausleihe_tw
      WHERE kundennr = zausleihe_tw-kundennr.
      IF sy-subrc <> 0.
        MESSAGE e025(zlib_tw)
```

```
        WITH zausleihe_tw-kundennr.
      ENDIF.
    ENDIF.
  ENDIF.
ENDMODULE.                 " pruefen1_0100
INPUT

*&---------------------------------------------*
*&      Module  user_command_0200  INPUT       *
*&---------------------------------------------*
MODULE user_command_0200 INPUT.
  ok_save = ok_code.
  CLEAR ok_code.
  CASE ok_save.
    WHEN 'AUSLEIHE'.
      CALL FUNCTION 'DEQUEUE_ALL'.
      PERFORM initialisieren.
    WHEN 'RUECKGABE'.
      CALL FUNCTION 'DEQUEUE_ALL'.
      LEAVE TO SCREEN 100.
    WHEN 'SAVE'.
      PERFORM sichern_ausleihe.
      CALL FUNCTION 'DEQUEUE_ALL'.
  ENDCASE.
ENDMODULE.               " user_command_0200
INPUT

*&---------------------------------------------*
*&      Module  pruefen1_0200  INPUT           *
*&---------------------------------------------*
MODULE pruefen1_0200 INPUT.
  IF ok_code = 'SAVE'.
    IF zausleihe_tw-isbn IS INITIAL
    OR zausleihe_tw-kundennr IS INITIAL.
      CLEAR ok_code.
      MESSAGE e028(zlib_tw).
    ENDIF.
  ENDIF.
ENDMODULE.                 " pruefen3_0200
INPUT

*&---------------------------------------------*
*&      Module  pruefen2_0200  INPUT           *
*----------------------------------------------*
```

```
MODULE pruefen2_0200 INPUT.
  IF ok_code = 'SAVE'.
*Das Feld zbestand_tw-titel wird in der
*if-Anweisung abgefragt, um sicher zu sein,
*dass der Benutzer die ENTER-Taste gedrückt
*und dadurch die Variable anzeige_anzahl
*geladen wurde.
    IF anzahl > anzeige_anzahl OR anzahl = 0
    OR zbestand_tw-titel IS INITIAL.
      CLEAR ok_code.
      MESSAGE e029(zlib_tw).
    ENDIF.
  ENDIF.
ENDMODULE.                 " pruefen4_0200
INPUT

*-----------------------------------------------*
***INCLUDE MYK09_AUSLEIHEF01 .                  *
*-----------------------------------------------*
*&----------------------------------------------*
*&      Form  initialisieren                    *
*&----------------------------------------------*
FORM initialisieren.
  CLEAR: zausleihe_tw,
         zkunden_tw,
         zbestand_tw,
         zautoren_tw,
         anzeige_anzahl,anzahl.
ENDFORM.                    " initialisieren

*&----------------------------------------------*
*&      Form  sichern_rueckgabe                 *
*&----------------------------------------------*
FORM sichern_rueckgabe.
  DATA: kundennr TYPE zausleihe_tw-kundennr.
  kundennr = zausleihe_tw-kundennr.
  zbestand_tw-ausgeliehen =
     zbestand_tw-ausgeliehen - anzahl.
  UPDATE zbestand_tw FROM zbestand_tw.
  IF sy-subrc <> 0.
    MESSAGE a030(zlib_tw)
    WITH 'Update in Tabelle ZBESTAND_TW'.
  ENDIF.
  IF anzahl = anzeige_anzahl.
```

```
    DELETE zausleihe_tw FROM zausleihe_tw.
    IF sy-subrc <> 0.
      MESSAGE a030(zlib_tw)
      WITH 'Delete in Tabelle ZAUSLEIHE_TW'.
    ENDIF.
  ELSE.
    zausleihe_tw-anzahl =
       zausleihe_tw-anzahl - anzahl.
    UPDATE zausleihe_tw FROM zausleihe_tw.
    IF sy-subrc <> 0.
      MESSAGE a030(zlib_tw)
      WITH 'Update in Tabelle ZAUSLEIHE_TW'.
    ENDIF.
  ENDIF.
  MESSAGE i031(zlib_tw)
  WITH zausleihe_tw-kundennr zausleihe_tw-isbn
  zausleihe_tw-ausleihdat.
  CLEAR: zausleihe_tw,
         zbestand_tw,
         zautoren_tw,
         anzahl,
         anzeige_anzahl.
  zausleihe_tw-kundennr = kundennr.
ENDFORM.                      " sichern_rueckgabe

*&---------------------------------------------*
*&      Form  sichern_ausleihe                  *
*&---------------------------------------------*
FORM sichern_ausleihe.
  DATA: kundennr TYPE zausleihe_tw-kundennr,
        wa_zausleihe TYPE zausleihe_tw.
  kundennr = zausleihe_tw-kundennr.
  zbestand_tw-ausgeliehen =
     zbestand_tw-ausgeliehen + anzahl.
  UPDATE zbestand_tw FROM zbestand_tw.
  IF sy-subrc <> 0.
    MESSAGE a030(zlib_tw)
    WITH 'Update in Tabelle ZBESTAND_TW'.
  ENDIF.
  SELECT SINGLE * FROM zausleihe_tw
  INTO wa_zausleihe
  WHERE isbn = zausleihe_tw-isbn AND
        kundennr = zausleihe_tw-kundennr AND
        ausleihdat = zausleihe_tw-ausleihdat.
```

```
  IF sy-subrc = 0.
    zausleihe_tw-anzahl =
       anzahl + wa_zausleihe-anzahl.
    UPDATE zausleihe_tw FROM zausleihe_tw.
    IF sy-subrc <> 0.
      MESSAGE a032(zlib_tw)
      WITH 'Update in Tabelle ZAUSLEIHE_TW'.
    ENDIF.
  ELSE.
    zausleihe_tw-anzahl = anzahl.
    INSERT zausleihe_tw FROM zausleihe_tw.
    IF sy-subrc <> 0.
      MESSAGE a032(zlib_tw)
      WITH 'Insert in Tabelle ZAUSLEIHE_TW'.
    ENDIF.
  ENDIF.
  MESSAGE i033(zlib_tw)
  WITH zausleihe_tw-kundennr zausleihe_tw-isbn
  zausleihe_tw-ausleihdat.
  CLEAR: zausleihe_tw,
       zbestand_tw,
       zautoren_tw,
       anzahl,
       anzeige_anzahl.
  zausleihe_tw-kundennr = kundennr.
ENDFORM.                    " sichern_ausleihe

*&---------------------------------------------*
*&      Form  sperren_zausleihe                *
*&---------------------------------------------*
FORM sperren_zausleihe.
*Sollte dieses Programm bereits ein anderen
*Datensatz in der Tabelle ZAUSLEIHE_TW gesperrt
*haben, wird dieser freigegeben. Das kann vor-
*kommen, wenn der Benutzer eine fehlerhafte Ein
*gabe im Feld ISBN oder KUNDENNR korrigiert. Die
*Daten des gesperrten Datensatzes stehen in der
*Struktur WA_ZAUSLEIHE_ALT.
  CALL FUNCTION 'DEQUEUE_EZZAUSLEIHE_TW'
      EXPORTING
       mode_zausleihe_tw = 'E'
       mandant    = sy-mandt
       isbn       = wa_zausleihe_alt-isbn
       kundennr   = wa_zausleihe_alt-kundennr
```

```
       ausleihdat = wa_zausleihe_alt-ausleihdat.
*Um den neuen Satz zu sperren, muss das Ausleih
*datum ermittelt werden
  SELECT SINGLE * FROM zausleihe_tw
  WHERE kundennr = zausleihe_tw-kundennr AND
            isbn = zausleihe_tw-isbn.
*Datensatz sperren
  CALL FUNCTION 'ENQUEUE_EZZAUSLEIHE_TW'
       EXPORTING
         mode_zausleihe_tw = 'E'
         mandant           = sy-mandt
         isbn           = zausleihe_tw-isbn
         kundennr       = zausleihe_tw-kundennr
         ausleihdat     = zausleihe_tw-ausleihdat
       EXCEPTIONS
         foreign_lock      = 1
         system_failure    = 2
         OTHERS            = 3.
  IF sy-subrc <> 0.
    MESSAGE ID sy-msgid TYPE 'W' NUMBER sy-msgno
            WITH sy-msgv1 sy-msgv2 sy-msgv3
                 sy-msgv4.
  ELSE.
*Merken, welcher Datensatz gesperrt wurde
    wa_zausleihe_alt = zausleihe_tw.
  ENDIF.
  ok = sy-subrc.
ENDFORM.                    " sperren_zausleihe

*&---------------------------------------------*
*&      Form  sperren_zbestand                 *
*&---------------------------------------------*
FORM sperren_zbestand.
*Sollte dieses Programm bereits ein anderen
*Datensatz in der Tabelle ZBESTAND_TW gesperrt
*haben, wird dieser freigegeben. Das kann vor-
*kommen, wenn der Benutzer eine fehlerhafte Ein-
*gabe im Feld ISBN korrigiert.
*Die Daten des gesperrten Datensatzes stehen in
*der Struktur WA_ZBESTAND_ALT.

*Datensatz sperren
CALL FUNCTION 'DEQUEUE_EZZBESTAND_TW'
       EXPORTING
```

```
            mode_zbestand_tw = 'E'
            mandant          = sy-mandt
            isbn             = isbn_alt.

  CALL FUNCTION 'ENQUEUE_EZZBESTAND_TW'
       EXPORTING
            mode_zbestand_tw = 'E'
            mandant          = sy-mandt
            isbn             = zausleihe_tw-isbn
       EXCEPTIONS
            foreign_lock     = 1
            system_failure   = 2
            OTHERS           = 3.
  IF sy-subrc <> 0.
    MESSAGE ID sy-msgid TYPE 'W' NUMBER sy-msgno
            WITH sy-msgv1 sy-msgv2 sy-msgv3
                 sy-msgv4.
  ELSE.
*Merken, welcher Datensatz gesperrt wurde
    isbn_alt = zausleihe_tw-isbn.
  ENDIF.
  ok = sy-subrc.
ENDFORM.                          " sperren_zbestand
```

Die folgende Aufgabe besteht darin, ein Programm zu entwickeln, mit der die Kunden der East-Side-Library gepflegt werden können. Dieses Programm soll aus einem Dynpro bestehen, mit dem Kundendaten angelegt und geändert werden können. Die Kundennummern sollen über ein Nummernkreisobjekt automatisch vergeben werden.

1. Legen Sie ein Programm SAPMYK09_Kunden als Modulpool und den Transaktionscode ZK09_Kunden an. Startdynpro ist Dynpro 100.

2. Erstellen Sie Dynpro 100 mit dem abgebildeten Layout. Es soll später für das Anlegen und Ändern der Kundendaten genutzt werden.

Kundennummer

Name

Name

Vorname 1

Vorname 2

Anschrift

Land

Plz

Ort

Straße

Kommunikation

Telefon

e-Mail

**Feld TEXT. Im Programm mit DATA text(25). deklarieren**

**Alle Eingabefelder stammen aus der Tabelle ZKUNDEN.**

3. Erzeugen Sie einen GUI-Status DYNPRO_0100 mit folgenden Funktionen:

| Funktionscode | Funktionstext | Funktionstyp |
|---|---|---|
| SAVE | Sichern | |
| AENDERN | Ändern (F5) | |
| ANLEGEN | Anlegen (F6) | |
| CANCEL | Abbrechen | E |

4. Damit Sie später das Programm ohne Probleme beenden können, sollten Sie jetzt ein PAI-Modul BEENDEN vorsehen und dort über die Anweisung LEAVE TO SCREEN 0 das Beenden des Programmes vorsehen. Rufen Sie dieses Modul in der PAI-Ablaufsteuerung mit der Klausel AT EXIT-COMMAND auf.

5. Legen Sie einen GUI-Titel DYNPRO_0100: „East-Side-Library: „&1" an.
   „&1" ist dabei ein Platzhalter, der beim Aufruf des Titels über die WITH-Klausel (SET TITLEBAR 'DYNPRO_0100' WITH 'Kunden anlegen'.) übergeben wird.

6. Um im Programm zu unterscheiden, ob gerade Kundenda ten angelegt oder geändert werden, legen Sie eine Variable STATUS (Type C, einstellig) an und laden diese mit 'A' (Anlegen). Wechselt der Benutzer in den Änderungsmodus, wird diese Variable auf 'C' gesetzt.

7. Programmieren Sie in der PBO-Ablauflogik den Aufruf des Moduls STATUS_0100 und laden Sie dort GUI-Status und GUI-Titel in Abhängigkeit zur Variable STATUS.

8. Die Drucktasten sollen folgende Programmreaktionen auslösen:

| Taste | **Funktion** |
|---|---|
| Anlegen | ■ Der Titel „East-Side-Library: Kunden anlegen“ wird gesetzt.<br>■ Alle Eingabefelder werden auf ihren Initialwert gesetzt.<br>■ Dem Feld KUNDENNR wird die Eingabebereitschaft entzogen. Alle anderen Felder sind eingabebereit.<br>■ Im Dynprofeld TEXT wird die Zeichenkette „wird automatisch vergeben“ angezeigt. |
| Ändern | ■ Titel „East-Side-Library: Kunden ändern“ wird gesetzt.<br>■ Alle Eingabefelder werden auf ihren Initialwert gesetzt.<br>■ Im Dynprofeld TEXT wird die Zeichenkette „ENTER drücken“ angezeigt.<br>■ Das Feld KUNDENNR wird zum Eingabefeld. Alle anderen Felder sind nicht eingabebereit. Erst wenn der Benutzer eine gültige Kundennummer eingegeben und ENTER gedrückt hat, werden die restlichen Felder zur Eingabe freigegeben. Dafür ist das Feld KUNDENNR nicht mehr eingabebereit. |

Programmieren Sie diese Funktionalität. Laden Sie beim Auslösen des Funktionscodes ANLEGEN die Variable STATUS mit 'A', beim Funktionscode AENDERN mit 'C'. Initialisieren Sie in beiden Fällen die Standardstruktur ZKUNDEN. Für das Ändern der Eigenschaften des Feldes KUNDENNR benötigen Sie ein PBO-Modul (Namensvorschlag DYBBILDMOD (Dynamisch Bildschirmmodifikation) indem die interne Tabelle SCREEN, die die Eigenschaften der Dynproelemente enthält, innerhalb einer LOOP-Schleife bearbeitet wird. Entscheiden Sie über die Variable STATUS, welche Felder Eingabefelder bzw. Ausgabefelder sind. Sie können sich die Arbeit erleichtern, wenn Sie dem Feld KUNDENNR in der Elementliste des Dynpros einen anderen Eintrag in einer Modifikationsgruppe (z.B. Gruppe1) zuordnen als den restlichen Feldern.

9. Programmieren Sie ein PBO-Modul LADEN_0100, in dem im Änderungsmodus (STATUS = 'C') die Struktur ZKUNDEN mit den Daten des ausgewählten Kunden geladen wird.

10. Legen Sie ein Nummernkreisobjekt ZKNR an.

    Hinweis: Das Feld KUNDENNR benutzt die Domäne YRVP_NR (oder YRVP_NR_TW). Diese ist beim Anlegen des Nummernkreisobjektes in das Feld „Domäne für Nummernlänge“ einzutragen.

    Legen Sie ein Nummernkreisintervall von 1500 bis 3500 an.

11. Im nächsten Schritt wird die Funktion „Sichern“ (Funktionscode SAVE) angelegt. Hier muss wieder unterschieden werden, ob im Anlege- oder im Änderungsmodus gearbeitet wird. Kriterium ist die Variable STATUS.

| **Status** | **Inhalt der Funktion Sichern** |
|---|---|
| A (Anlegen) | ■ Holen einer Kundennummer aus dem Nummernkreisobjekt ZKNR über den Funktionsbaustein NUMBER_GET_NEXT.<br>■ Anlegen eines neuen Datensatzes in der Tabelle ZKUNDEN. In das Feld EINTRITTSDADTUM soll das aktuelle Datum gespeichert werden. |
| C (Ändern) | ■ Aktualisieren des Kundendatensatzes in der Tabelle ZKUNDEN. |

12. Legen Sie ein Modul PRUEFEN_0100 an. In diesem Modul soll geprüft werden, ob beim Auslösen des Funktionscodes SAVE die Felder NAME, VORNAME1, PLZ, WOHNORT und STRASSE ausgefüllt sind. Ist das nicht der Fall, soll eine Fehlermeldung ausgegeben werden und diese Felder eingabebereit geschaltet werden. Legen Sie in der Ablauflogik eine entsprechende CHAIN-Kette an.

13. Zuletzt setzen Sie noch die erforderliche Sperre. Im Änderungsmodus wird der zu ändernde Datensatz gesperrt, wenn der Benutzer die Kundennummer ausgewählt und die ENTER-Taste gedrückt hat. Legen Sie einen Sperrbaustein EZKUNDEN an und binden Sie den ENQUEUE-Funktionsbaustein (ENQUEUE_EZKUNDE) in das Modul

LADEN_0100 ein. Setzen Sie die Sperre zurück, wenn der Funktionscode ANLEGEN oder AENDERN ausgelöst wurde. Nach dem Sichern ist die Sperre ebenfalls zu löschen und die Struktur ZKUNDEN zu initialisieren.

Lösung: SAPMYK09_KUNDEN_TW

Lösung:

```
*&---------------------------------------------*
*& Include MYK09_KUNDENTOP                     *
*&---------------------------------------------*
PROGRAM  sapmyk09_kunden                .
TABLES: zkunden_tw.
DATA: ok_code TYPE sy-ucomm,
      ok_save TYPE sy-ucomm,
      ok type sy-subrc,
      text(25),
      status VALUE 'A'.

*&---------------------------------------------*
*& Ablauflogik Dynpro 100                      *
*&---------------------------------------------*
PROCESS BEFORE OUTPUT.
  MODULE status_0100.
  MODULE dynbildmod.
  MODULE laden_0100.
*
PROCESS AFTER INPUT.
  MODULE beenden AT EXIT-COMMAND.
  CHAIN.
    FIELD: zkunden_tw-name,zkunden_tw-vorname1,
           zkunden_tw-plz,zkunden_tw-wohnort,
           zkunden_tw-strasse
    MODULE pruefen_0100.
  ENDCHAIN.
  MODULE user_command_0100.
*---------------------------------------------*
***INCLUDE MYK09_KUNDEN_TWO01 .               *
*---------------------------------------------*
*&---------------------------------------------*
*&     Module  dynbildmod  OUTPUT              *
*&---------------------------------------------*
```

```
MODULE dynbildmod OUTPUT.
  IF status = 'A'.
    LOOP AT SCREEN.
      IF screen-group1 = 'K'.
*Feld KUNDENNR ausschalten
        screen-input = 0.screen-output = 1.
      ELSE.
*alle anderen Felder einschalten
        screen-input = '1'.screen-output = 1.
      ENDIF.
      screen-invisible = 0.
      MODIFY SCREEN.
    ENDLOOP.
    IF zkunden_tw-name IS INITIAL.
      SET CURSOR FIELD 'ZKUNDEN_TW-NAME'.
    ENDIF.
  ENDIF.
  IF status = 'C'.
    LOOP AT SCREEN.
      IF zkunden_tw-kundennr IS INITIAL.
*Feld KUNDENNR einschalten
        IF screen-group1 = 'K'.
          screen-input = 1.screen-output = 1.
        ELSE.
*alle anderen Felder ausschalten
          screen-input = '0'.screen-output = 1.
        ENDIF.
      ELSE.
        IF screen-group1 = 'K'.
*Feld KUNDENNR ausschalten
          screen-input = 0.screen-output = 1.
        ELSE.
*alle anderen Felder ausschalten
          screen-input = '1'.screen-output = 1.
        ENDIF.
      ENDIF.
      screen-invisible = 0.
      MODIFY SCREEN.
    ENDLOOP.
    IF zkunden_tw-kundennr IS INITIAL.
      SET CURSOR FIELD 'ZKUNDEN_TW-KUNDENNR'.
    ENDIF.
  ENDIF.
ENDMODULE.                  " dynbildmod  OUTPUT
```

```
*&---------------------------------------------*
*&      Module  STATUS_0100  OUTPUT            *
*&---------------------------------------------*
MODULE status_0100 OUTPUT.
  SET PF-STATUS 'DYNPRO_0100'.
  IF status = 'A'.
    SET TITLEBAR 'DYNPRO_0100'
    WITH 'Kunden anlegen'.
    text = 'wird automatisch vergeben'.
  ELSE.
    SET TITLEBAR 'DYNPRO_0100' WITH 'Kunden
ändern'.
    text = 'ENTER drücken'.
  ENDIF.
ENDMODULE.                 " STATUS_0100  OUTPUT

*&---------------------------------------------*
*&      Module  laden_0100  OUTPUT             *
*&---------------------------------------------*
MODULE laden_0100 OUTPUT.
  IF status = 'C'.
    PERFORM sperren_zkunde.
    IF ok = 0.
      SELECT SINGLE * FROM zkunden_tw
      WHERE kundennr = zkunden_tw-kundennr.
      IF sy-subrc <> 0.
        MESSAGE i034(zlib_tw)
        WITH zkunden_tw-kundennr.
        CALL FUNCTION 'DEQUEUE_ALL'.
      ENDIF.
    ELSE.
      CLEAR zkunden_tw.
    ENDIF.
  ENDIF.
ENDMODULE.                 " laden_0100  OUTPUT

*----------------------------------------------*
***INCLUDE MYK09_KUNDEN_TWI01 .                *
*----------------------------------------------*
*&---------------------------------------------*
*&      Module  USER_COMMAND_0100  INPUT       *
*&---------------------------------------------*
MODULE user_command_0100 INPUT.
  ok_save = ok_code. CLEAR ok_code.
```

```
  CASE ok_save.
    WHEN 'ANLEGEN'.
      status = 'A'.
      CLEAR zkunden_tw.
      CALL FUNCTION 'DEQUEUE_ALL'.
    WHEN 'AENDERN'.
      status = 'C'.
      CLEAR zkunden_tw.
      CALL FUNCTION 'DEQUEUE_ALL'.
    WHEN 'SAVE'.
      PERFORM sichern.
      CLEAR zkunden_tw.
      CALL FUNCTION 'DEQUEUE_ALL'.
  ENDCASE.
ENDMODULE.                 " USER_COMMAND_0100  INPUT

*&---------------------------------------------*
*&      Module  beenden  INPUT                  *
*&---------------------------------------------*
MODULE beenden INPUT.
  LEAVE TO SCREEN 0.
ENDMODULE.                 " beenden  INPUT

*&---------------------------------------------*
*&      Module  pruefen_0100  INPUT             *
*&---------------------------------------------*
MODULE pruefen_0100 INPUT.
  IF ok_code = 'SAVE'.
    IF zkunden_tw-name IS INITIAL.
      MESSAGE e039(zlib_tw) WITH 'Name'.
    ENDIF.
    IF zkunden_tw-vorname1 IS INITIAL.
      MESSAGE e039(zlib_tw) WITH 'Vorname 1'.
    ENDIF.
    IF zkunden_tw-plz IS INITIAL.
      MESSAGE e039(zlib_tw) WITH 'Plz'.
    ENDIF.
    IF zkunden_tw-wohnort IS INITIAL.
      MESSAGE e039(zlib_tw) WITH 'Wohnort'.
    ENDIF.
    IF zkunden_tw-strasse IS INITIAL.
      MESSAGE e039(zlib_tw) WITH 'Strasse'.
    ENDIF.
  ENDIF.
```

```
ENDMODULE.                    " pruefen_0100  INPUT

*-----------------------------------------------*
***INCLUDE MYK09_KUNDEN_TWF01 .                 *
*-----------------------------------------------*
*&----------------------------------------------*
*&      Form  sichern
*&----------------------------------------------*
FORM sichern.
  IF status = 'A'.
    CALL FUNCTION 'NUMBER_GET_NEXT'
         EXPORTING
              nr_range_nr  = '1'
              object       = 'ZKNR_TW'
         IMPORTING
              number       = zkunden_tw-kundennr
         EXCEPTIONS
              interval_not_found      = 1
              number_range_not_intern = 2
              object_not_found        = 3
              quantity_is_0           = 4
              quantity_is_not_1       = 5
              interval_overflow       = 6
              OTHERS                  = 7.
    IF sy-subrc <> 0.
      MESSAGE ID sy-msgid TYPE sy-msgty
      NUMBER sy-msgno
      WITH sy-msgv1 sy-msgv2 sy-msgv3 sy-msgv4.
    ELSE.
      INSERT zkunden_tw FROM zkunden_tw.
      IF sy-subrc <> 0.
        MESSAGE a035(zlib_tw).
      ELSE.
        MESSAGE i036(zlib_tw)
        WITH zkunden_tw-kundennr.
      ENDIF.
    ENDIF.
  ELSE.
    UPDATE zkunden_tw FROM zkunden_tw.
    IF sy-subrc <> 0.
      MESSAGE a037(zlib_tw).
    ELSE.
      MESSAGE i038(zlib_tw)
      WITH zkunden_tw-kundennr.
```

```
    ENDIF.
  ENDIF.
ENDFORM.                                      " sichern

*&---------------------------------------------*
*&      Form  sperren_zkunde                   *
*&---------------------------------------------*
FORM sperren_zkunde.
  CALL FUNCTION 'ENQUEUE_EZKUNDEN_TW'
       EXPORTING
            mode_zkunden_tw = 'E'
            mandant         = sy-mandt
            kundennr        = zkunden_tw-
kundennr
       EXCEPTIONS
            foreign_lock    = 1
            system_failure  = 2
            OTHERS          = 3.
  IF sy-subrc <> 0.
    MESSAGE ID sy-msgid TYPE 'I' NUMBER sy-msgno
    WITH sy-msgv1 sy-msgv2 sy-msgv3 sy-msgv4.
  ENDIF.
  ok = sy-subrc.
ENDFORM.                        " sperren_zkunde
```

# 10 Ausblick: ABAP Objects

## 10.1 Zielstellung des Kapitels

Dieses Kapitel soll Ihnen den Einstieg in die Objektorientierte Programmierung erleichtern. Am Beispiel des Rechercheprogramms der „East-Side-Library“ werden wichtige Grundbegriffe und ihre programmtechnische Realisierung mit ABAP Objects gezeigt. Zum tieferen Eindringen in die objektorientierte Programmierwelt ist z.B. das Buch „ABAP Objects“ von Horst Keller und Sascha Krüger (ISBN 3-89842-147-3, Verlag: SAP Press) gut geeignet.

Außerdem wird für das in Kapitel 7 entwickelte Rechercheprogramm, die Datenausgabe mittels ALV Grid Control programmiert.

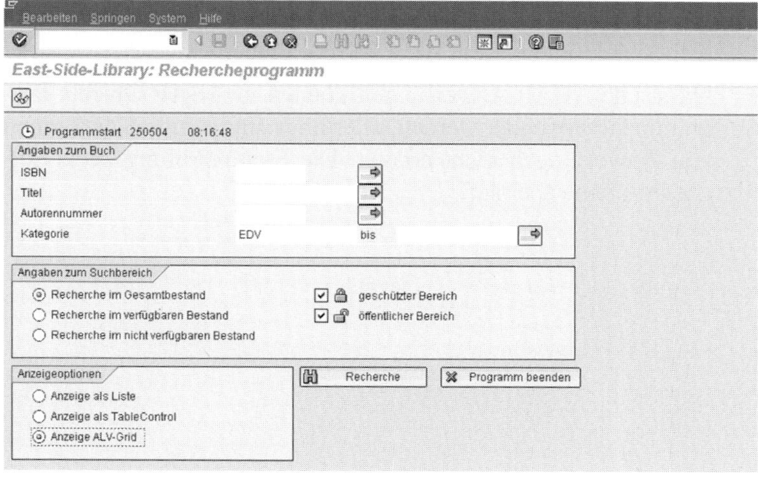


*Abb. 10.1 Selektionsbild aus Kapitel 7*

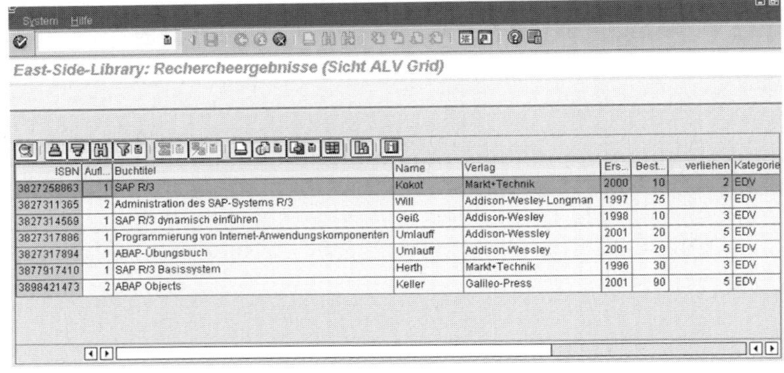


| ISBN | Aufl... | Buchtitel | Name | Verlag | Ers... | Best... | verliehen | Kategorie |
|---|---|---|---|---|---|---|---|---|
| 3827258863 | 1 | SAP R/3 | Kokot | Markt+Technik | 2000 | 10 | 2 | EDV |
| 3827311365 | 2 | Administration des SAP-Systems R/3 | Will | Addison-Wesley-Longman | 1997 | 25 | 7 | EDV |
| 3827314569 | 1 | SAP R/3 dynamisch einführen | Geiß | Addison-Wesley | 1998 | 10 | 3 | EDV |
| 3827317886 | 1 | Programmierung von Internet-Anwendungskomponenten | Umlauff | Addison-Wessley | 2001 | 20 | 5 | EDV |
| 3827317894 | 1 | ABAP-Übungsbuch | Umlauff | Addison-Wessley | 2001 | 20 | 5 | EDV |
| 3877917410 | 1 | SAP R/3 Basissystem | Herth | Markt+Technik | 1996 | 30 | 3 | EDV |
| 3898421473 | 2 | ABAP Objects | Keller | Galileo-Press | 2001 | 90 | 5 | EDV |

*Abb. 10.2 Ergebnisausgabe mit ALV Grid Control*

## 10.2 Ein Wort zu ABAP-Objects

ABAP Objects ist keine neue Programmiersprache. Es ist die objektorientierte Komponente von ABAP. Anweisungen aus dem Sprachumfang von ABAP Objects können Sie auch in Ihren „konventionellen" Programmen verwenden. Andererseits können Sie auch Anweisungen des klassischen ABAP/4 in ABAP Objects Programmen benutzen. ABAP Objects zeichnet sich durch folgende Eigenschaften aus:

- Es wurden nur objektorientiert Konzepte verwendet, die sich in anderen objektorientierten Sprachen bewährt haben,
- ABAP Objects Anweisungen können auch in klassischen, d.h. nicht objektorientierten, ABAP-Programmen eingesetzt werden,
- klassische ABAP-Anweisungen können in ABAP Objects Programmen verwendet werden, allerdings sind einige Kurzformen von Anweisungen nicht erlaubt. Die Syntaxprüfung deckt solche Probleme aber auf.

| In ABAP Objects verboten | Korrekte Syntax |
|---|---|
| TABLES dbtab<br>SELECT ...<br>FROM dbtab... | DATA wa TYPE dbtab.<br>SELECT ... FROM dbtab INTO wa. |
| TABLES dbtab<br>INSERT dbtab. | DATA wa TYPE dbtab.<br>INSERT dbtab FROM wa.<br>oder<br>INSERT INTO dbtab VALUES wa. |
| TABLES dbtab<br>UPDATE dbtab | DATA wa TYPE dbtab.<br>UPDATE dbtab FROM wa.<br>oder<br>UPDATE dbtab SET .... . |
| TABLES dbtab<br>DELETE dbtab. | DATA wa TYPE dbtab.<br>DELETE dbtab FROM wa.<br>oder<br>DELETE FROM dbtab WHERE ... |
| TABLES dbtab<br>MODIFY dbtab. | DATA wa TYPE dbtab.<br>MODIFY dbtab FROM wa. |

Wie Sie sehen, betreffen die Verbote die Kurzanweisungen, die eine mit der TABLES-Anweisung erzeugte Standardstruktur voraussetzen. Der Grund dafür ist einfach: Um eine bessere Lesbarkeit der ABAP Objects Programme zu erreichen, ist die TABLES-Anweisung im ABAP Objects Umfeld auch verboten. Sie können diese Anweisung also nicht in Klassendefinitionen, die weiter unten behandelt werden, verwenden.

- In ABAP Objects werden „schärfere" Typprüfungen als im klassischen ABAP durchgeführt.

## 10.3 Objekte, Attribute, Methoden und Klassen

Im Mittelpunkt der objektorientierten Denkweise stehen Objekte. Dabei können wir ein Objekt als Modell eines konkreter „Dinges" der realen Welt auffassen, wie z.B.:

- ein bestimmtes Buch,
- ein bestimmter Autor,
- ein bestimmter Kunde,
- ein bestimmtes Haus etc.

Objekte der gleichen Art, z.B. verschiede Bücher, unterscheiden sich in ihren Eigenschaften, die in der objektorientierten Welt Attribute genannt werden. Attribute für Buchobjekte können sein:
ISBN, Titel, Autor, Kategorie etc. Objekte der gleichen Art werden durch gleiche Attribute beschrieben, deren Inhalt natürlich unterschiedlich sein kann (ähnlich wie Datensätze einer Datenbanktabelle, die die gleichen Felder aber eine unterschiedliche Feldbelegung haben).
Zu einem Objekt gehören aber nicht nur die Daten (Attribute) sondern auch Programme, die diese Daten verarbeiten. So könnten wir im Objekt „Buch" ein Programm integrieren, das die ISBN, den Titel, den Autor und die Kategorie auf dem Bildschirm ausgibt. Die Programme, die in einem Objekt integriert sind, heißen Methoden.

Wie in der realen Welt, können verschiedene Objekte (z.B. Objekt „Buch" und Objekt „Autor") miteinander in Beziehung stehen.

**Zusammenfassung:**

- Objekte sind Modelle von konkreten Dingen der realen Welt.
- Objekte bilden eine Einheit aus Daten (Attributen) und den dazugehörigen Funktionen (Methoden).

*Abb. 10.3 Objekte*

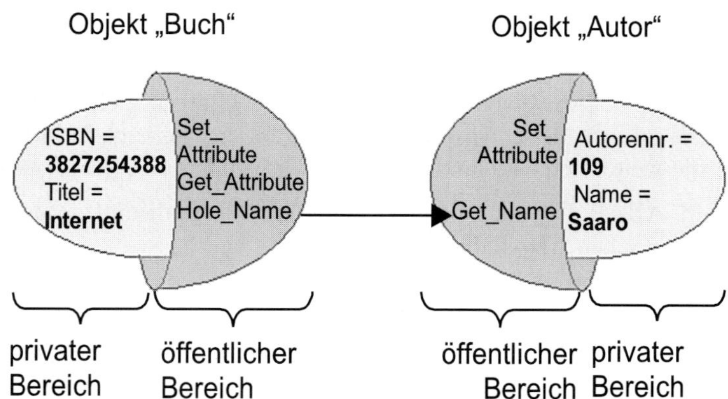


An Abbildung 10.3 können Sie noch einige typische Eigenschaften von Objekten erkennen. Objekte sind in mehrere Bereiche gegliedert. In der Abbildung ist das der öffentliche Bereich (engl. public section) und der private Bereich (engl. privat section). Der öffentliche Bereich stellt die Schnittstelle des Objektes zur Außenwelt, als z.B. zum ABAP-Programm oder einem anderen Objekt, dar. Er enthält in der Regel nur Methoden, die auf die Daten im privaten Be-

reich zugreifen können. Man sagt, die Daten werden gekapselt. Der öffentliche Bereich darf auch Attribute enthalten. Sie sollten aber solche öffentlichen Attributen sehr sparsam einsetzen.
So, die Begriffe Objekt, Attribut und Methoden sind geklärt. Was aber ist eine Klasse? Eine Klasse ist der „Bauplan" für ein Objekt. In diesem Bauplan wird definiert, welche Attribute und Methoden ein Objekt dieser Klasse besitzt und welchen Bereichen Attribute und Methoden zugeordnet sind. Ein anderer Teil der Klasse enthält dann den Quelltext der Methoden. Aus der Klasse wird im Programm ein Objekt erzeugt. Diesen Vorgang nennt man Instanzierung. Gelegentlich wird für den Begriff Objekt auch der Begriff Instanz benutzt.

## 10.4 Klassen in ABAP Objects

In ABAP Objects besteht eine Klasse aus den Definitions- und dem Implementationsteil. Der Definitionsteil enthält die Definition der Attribute und Methoden und ihre Einordnung in die Bereiche

- PUBLIC SECTION (öffentlicher Bereich),
- PROTECTED SECTION (Bereich auf den Unterklassen zugreifen können – wird in diesem Buch nicht behandelt) und
- PRIVATE SECTION (privater Bereich, nur die Methoden des Objektes haben Zugriff auf diesen Bereich).

Für die Methoden werden im Definitionsteil nur die Namen und die Schnittstellenparameter festgelegt. Den Quellcode, also die Funktionalität der im Definitionsteil benannten Methoden, enthält der Implementationsteil. Abbildung 10.4 gibt einen Überblick über Definitions- und Implementationsteil in ABAP Objects:

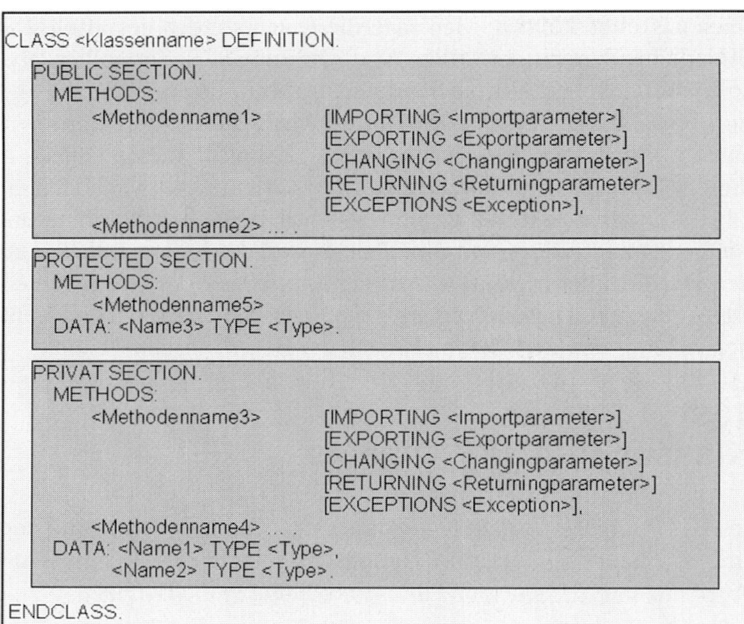

```
CLASS <Klassenname> DEFINITION.
  PUBLIC SECTION.
    METHODS:
      <Methodenname1>      [IMPORTING <Importparameter>]
                           [EXPORTING <Exportparameter>]
                           [CHANGING <Changingparameter>]
                           [RETURNING <Returningparameter>]
                           [EXCEPTIONS <Exception>],
      <Methodenname2> ... .
  PROTECTED SECTION.
    METHODS:
      <Methodename5>
    DATA: <Name3> TYPE <Type>.
  PRIVAT SECTION.
    METHODS:
      <Methodenname3>      [IMPORTING <Importparameter>]
                           [EXPORTING <Exportparameter>]
                           [CHANGING <Changingparameter>]
                           [RETURNING <Returningparameter>]
                           [EXCEPTIONS <Exception>],
      <Methodenname4> ... .
    DATA: <Name1> TYPE <Type>,
          <Name2> TYPE <Type>.
ENDCLASS.
```

*Abb. 10.4 Definitionsteil einer Klasse*

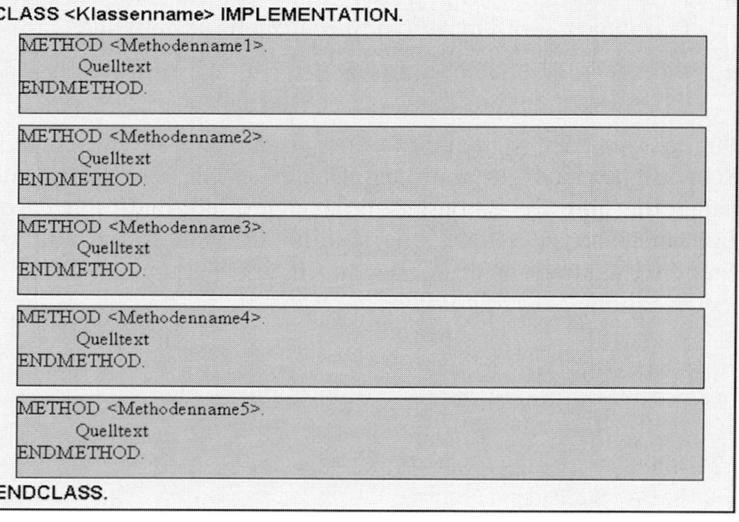

```
CLASS <Klassenname> IMPLEMENTATION.
  METHOD <Methodenname1>.
    Quelltext
  ENDMETHOD.
  METHOD <Methodenname2>.
    Quelltext
  ENDMETHOD.
  METHOD <Methodenname3>.
    Quelltext
  ENDMETHOD.
  METHOD <Methodenname4>.
    Quelltext
  ENDMETHOD.
  METHOD <Methodenname5>.
    Quelltext
  ENDMETHOD.
ENDCLASS.
```

*Abb. 10.5 Implementationsteil einer Klasse*

Die Klasse „Buch" würde für unser Bibliotheksprojekt so angelegt:

```
*-------------------------------------------------*
*        CLASS buch DEFINITION                     *
*-------------------------------------------------*
CLASS buch DEFINITION.
```

```
 PUBLIC SECTION.
  METHODS: set_attributes IMPORTING
             im_isbn TYPE zbestand_tw-isbn
             im_titel TYPE zbestand_tw-titel
             im_autor1 TYPE zbestand_tw-autor1
             im_kategorie TYPE zbestand_tw-
                               kategorie
             im_bestand TYPE zbestand_tw-bestand
             im_ausgeliehen TYPE zbestand_tw-
                               Bestand,
           ausgabe.
 private section.
  DATA: isbn TYPE zbestand_tw-isbn,
        titel TYPE zbestand_tw-titel,
        autor1 TYPE zbestand_tw-autor1,
        kategorie TYPE zbestand_tw-kategorie,
        verfuegbar TYPE zbestand_tw-bestand.
ENDCLASS.
*-----------------------------------------------*
*       CLASS buch IMPLEMENTATION
*-----------------------------------------------*
CLASS buch IMPLEMENTATION.
  METHOD set_attributes.
    isbn = im_isbn.
    titel = im_titel.
    autor1 = im_autor1.
    kategorie = im_kategorie.
    verfuegbar = im_bestand - im_ausgeliehen.
  ENDMETHOD.
  METHOD ausgabe.
    WRITE: / isbn, titel, autor1, kategorie,
             verfuegbar.
  ENDMETHOD.
ENDCLASS.
```

**Erklärung wichtiger Teile des Programms:**
Die Klasse stellt den Bauplan für ein Objekt „Buch" dar, nicht das Objekt selbst. Um ein Objekt „Buch" zu erzeugen, muss es instanziert werden. Nach diesem Vorgang gibt es ein Objekt „Buch", dessen Attributen jedoch in einem Folgeschritt noch Werte übergeben. werden müssen. Dafür ist die Methode SET_ATTRIBUTES vorgesehen. Diese Methode ist aufgrund ihrer Importschnittstelle und ihrer Zuordnung zur PUBLIC SECTION in der Lage, Werte vom ABAP-Programm für die Attribute entgegenzunehmen. Die Attribu-

te selbst (ISBN, TITEL,AUTOR1 etc) sind für das ABAP-Programm (bzw. für andere Objekte) nicht erreichbar, weil sie der PRIVATE SECTION zugeordnet sind.
Im Implementationsteil der Klasse ist die Funktionalität der Methode SET_ATTRIBUTES hinterlegt. Die über die Schnittstelle übergebenen Werte werden von dieser Methode in die Attribute geladen.

Die Methode AUSGABE gibt die Attribute anderer Objekte seiner Klasse (also eines Buches) auf dem Bildschirm aus.

## 10.5 Instanz- und statische Methoden, Instanz- und statische Attribute

Beim Instanzieren wird ein Objekt einer bestimmten Klasse angelegt. Entsprechend des bisher gesagten, enthält dieses Objekt die Methoden und Attribute, die in der Klassendefinition festgelegt sind. Methoden und Attribute die beim Instanzieren den Objekten übergeben werden, nennt man auch Instanzmethoden bzw. Instanzattribute. Zusätzlich gibt es noch statische Methoden und Attribute. Diese werden nicht an die Objekte übergeben sondern verbleiben in der Klasse. Sie werden deshalb auch als Klassenmethoden bzw. -attribute bezeichnet. Eine typische Anwendung für solche Methoden und Attribute ist das Anlegen von Zählern. Wenn Sie z.B. wissen wollen, wie viele Objekte einer Klasse angelegt wurden, kann Ihnen ein einzelnes Objekt darüber keine Auskunft geben, weil es vom Anlegen des Objektes nicht informiert wird. Es ist aber leicht möglich, beim Instanzieren eine Klassenmethode aufzurufen, die einen als statisches Attribut definierten Zähler inkrementiert. Klassenmethoden werden mit dem Schlüsselwort CLASS-METHODS, Klassenattribute mit dem Schlüsselwort CLASS-DATA im Definitionsteil der Klasse angelegt.

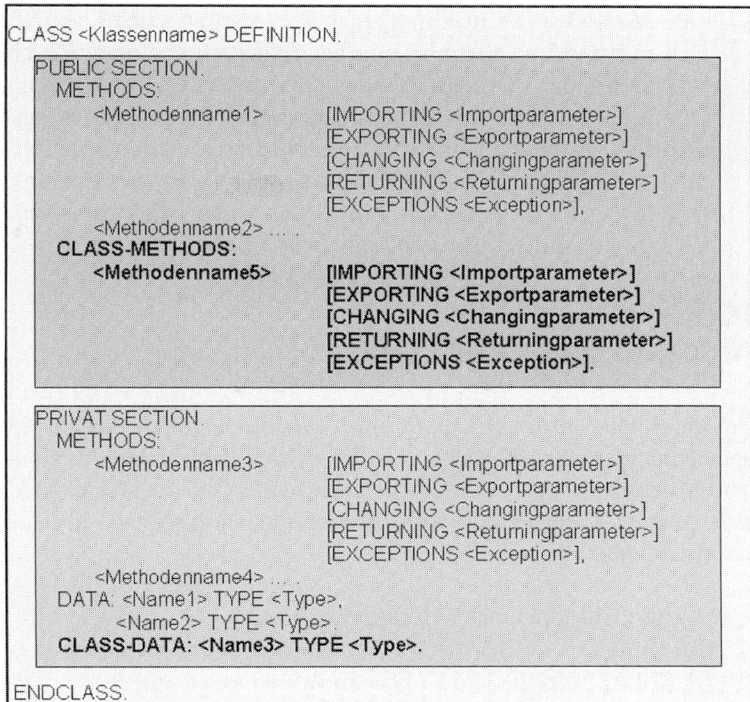

```
CLASS <Klassenname> DEFINITION.
  PUBLIC SECTION.
   METHODS:
      <Methodenname1>        [IMPORTING <Importparameter>]
                             [EXPORTING <Exportparameter>]
                             [CHANGING <Changingparameter>]
                             [RETURNING <Returningparameter>]
                             [EXCEPTIONS <Exception>],
      <Methodenname2> ... .
   CLASS-METHODS:
      <Methodenname5>        [IMPORTING <Importparameter>]
                             [EXPORTING <Exportparameter>]
                             [CHANGING <Changingparameter>]
                             [RETURNING <Returningparameter>]
                             [EXCEPTIONS <Exception>].

  PRIVAT SECTION.
   METHODS:
      <Methodenname3>        [IMPORTING <Importparameter>]
                             [EXPORTING <Exportparameter>]
                             [CHANGING <Changingparameter>]
                             [RETURNING <Returningparameter>]
                             [EXCEPTIONS <Exception>],
      <Methodenname4> ... .
   DATA: <Name1> TYPE <Type>,
         <Name2> TYPE <Type>.
   CLASS-DATA: <Name3> TYPE <Type>.
ENDCLASS.
```

*Abb. 10.6 Definitionsteil einer Klasse mit Klassenmethode und Klassenattribut*

## 10.6 Methoden in ABAP Objects

In der Schnittstelle der Methoden können folgende Parameter verwendet werden:

- Importing-Parameter

  Mit IMPORTING legen Sie einen oder mehrere Eingabeparameter fest (Parameter, die von der Methode importiert werden, z.B von einem anderen Objekt oder vom ABAP-Programm).

- Exporting-Parameter

  Mit EXPORTING legen Sie einen oder mehrere Ausgabeparameter fest (Parameter, die von der Methode exportiert werden, z.B an ein anderes Objekt oder an das ABAP-Programm).

- Changing-Parameter

  Mit CHANGING legen Sie einen oder mehrere Parameter fest, die sowohl Eingabe- als auch Ausgabeparameter sein können.

- einen Returning-Parameter

Jede Methode kann maximal einen Returningparameter besizen. Dieser Parameter übergibt, wie der Exporting-Parameter auch, Werte z.B. an ein anderes Objekt oder an das Hauptprogramm. Durch die Nutzung des Returningparameters ergeben sich syntaktische Vereinfachungen im importierenden Programm. Methoden, die einen Returning-Parameter benutzen, werden funktionale Methoden genannt. Sie dürfen keine Exporting- und Changingparameter besitzen.

## 10.7 Anlegen von Objekten

Um ein Objekt anzulegen, wird eine Variable benötigt, die mit der Speicheradresse des Objektes geladen werden kann. Diese Variable wird Referenzvariable, die Speicheradresse des Objektes Objektreferenz genannt. Gelegentlich wird die Referenzvariable auch als Zeiger bezeichnet.

Syntax zum Anlegen einer Referenzvariablen:

DATA <Referenzvariable> TYPE REF TO <Klasse>.

| | |
|---|---|
| <Name> | Name der Referenzvariablen.<br>Hinweis: Um n Objekte (Instanzen) einer Klasse anzulegen, benötigen Sie n Referenzvariable oder Sie speichern die Objektreferenzen in einer internen Tabelle ab, was an späterer Stelle gezeigt wird. |
| <Klasse> | Bauplan, nach dem das Objekt angelegt wird. |

Syntax zum Anlegen eines Objektes:

CREATE OBJECT <Referenzvariable>.

**Beispiel:**

```
CLASS buch DEFINITION.
...(siehe Seite 568
ENDCLASS.
CLASS buch IMPLEMENTATION.
...(siehe Seite 569)
ENDCLASS.

*Deklaration der Referenzvariable
```

```
DATA: r_buch1 TYPE REF TO buch.
*Anlegen eines Objektes der Klasse buch
*(Instanzierung)
CREATE OBJECT r_buch1.
```

# 10.8 Methodenaufrufe

## 10.8.1 Aufruf einer Instanzmethode

Eine Instanzmethode wird über die Referenzvariable des Objektes und dem Operator „->“ aufgerufen. Beim Aufruf werden die Schnittstellenparameter übergeben.

Syntax zum Aufruf einer Instanzmethode:

```
CALL METHOD <Referenzvariable>-><Methode>
         [EXPORTING  <Importparameter 1> = <Wert 1>
                     <Importparameter 2> = <Wert 2>
                     <Importparameter n> = <Wert n>]
         [IMPORTING  <Exportparameter 1> = <Wert 1>
                     <Exportparameter 2> = <Wert 2>
                     <Exportparameter n> = <Wert n>]
         [CHANGING   <Changingparameter 1> = <Wert 1>
                     <Changingparameter 2> = <Wert 2>
                     <Changingparameter n> = <Wert n>]
         [EXCEPTIONS <Exception1> = <Wert 1>
                     <Exception 2> = <Wert 2>
                     <Exception n> = <Wert n>
                     OTHERS = <Wert y>].
```

**Beispiel:**

```
CLASS buch DEFINITION.
...(siehe Seite 568)
ENDCLASS.
CLASS buch IMPLEMENTATION.
...(siehe Seite 569)
ENDCLASS.
*Deklaration der Referenzvariable
DATA: r_buch1 TYPE REF TO buch.
*Anlegen eines Objektes der Klasse buch
```

```
CREATE OBJECT r_buch1.
*Setzen der Attribute des Objekts
CALL METHOD r_buch->set_attributes
EXPORTING im_isbn = '1234567890'
        im_titel = 'ABAP-Objects'
*Ausgabe der Attribute des Objekts
CALL METHOD r_buch->ausgabe.
```

## 10.8.2 Aufruf einer Klassenmethode

Eine Klassenmethode wird über den Namen der Klasse und dem Operator „=>“ aufgerufen. Beim Aufruf werden die Schnittstellenparameter übergeben.

Syntax zum Aufruf einer Klassenmethode:

```
CALL METHOD <Klassenname>=><Methode>
        [EXPORTING   <Importparameter 1> = <Wert 1>
                     <Importparameter 2> = <Wert 2>
                     <Importparameter n> = <Wert n>]
        [IMPORTING   <Exportparameter 1> = <Wert 1>
                     <Exportparameter 2> = <Wert 2>
                     <Exportparameter n> = <Wert n>]
        [CHANGING    <Changingparameter 1> = <Wert 1>
                     <Changingparameter 2> = <Wert 2>
                     <Changingparameter n> = <Wert n>]
        [EXCEPTIONS  <Exception1> = <Wert 1>
                     <Exception 2> = <Wert 2>
                     <Exception n> = <Wert n>
                     OTHERS = <Wert y>].
```

**Beispiel:**

```
CLASS buch DEFINITION.
   PUBLIC SECTION.
  ...(siehe Seite 568)
     CLASS-METHODS counter.
   PRIVATE SECTION.
  ...(siehe Seite 568)
     CLASS-DATA: anzahl TYPE I.
ENDCLASS.
CLASS buch IMPLEMENTATION.
```

```
...(siehe Seite 569)
   METHOD counter.
      anzahl = anzahl + 1.
   ENDMETHOD.
ENDCLASS.
DATA: r_buch1 TYPE REF TO buch.
CREATE OBJECT r_buch1.
CALL METHOD r_buch->set_attributes
EXPORTING im_isbn = '1234567890'
         im_titel = 'ABAP-Objects'.
*Aufruf der Klassenmethode COUNTER
CALL METHOD buch=>counter.
```

## 10.9 Externer Zugriff auf öffentliche Attribute

Der Zugriff auf öffentliche Methoden von außerhalb der Klasse, z.B. vom ABAP-Programm oder von einer anderen Klasse, erfolgt über folgende Syntax:

Zugriff auf Instanzattribute: <Refernzvariable>-> <Instanzattribut>.

Zugriff auf Klassenattribut: <Klassenname>=><Klassenattribut>.

**Beispiel:**

```
CLASS zcl_buch DEFINITION.
 PUBLIC SECTION.
  DATA: bestand TYPE i.
  CLASS-DATA: buchanzahl TYPE i.
...
 ENDCLASS.
CLASS zcl_buch IMPLEMENTATION.
...
ENDCLASS.

DATA: buchanzahl_gesamt TYPE i,
      exemplare TYPE i,
      r_buch TYPE REF TO zcl_buch.
*Zugriff auf das Klassenattribut buchanzahl
*(Gesamtanzahl der Bücher der Bibliothek)
buchanzahl_gesamt = zcl_buch=>anzahl_buecher.
CREATE OBJECT r_buch.
```

```
*Zugriff auf das Instanzattribut bestand (Anzahl
*der Bücher zu einer ISBN.)
exemplare_ = r_buch->bestand
```

## 10.10 Funktionale Methoden

Funktionale Methoden sind Methoden, die einen RETURNING-Parameter besitzen. Dieser ist immer als Wertparameter zu programmieren (siehe Beispiel). EXPORTING- oder CHANGING-Parameter sind nicht erlaubt. Die Definition des RETURNING-Parameters erfolg durch das Schlüsselwort RETURNING (siehe Abb. 10.6, Seite 571) im Definitionsteil der Klasse. Der Vorteil funktionaler Methoden ist die Möglichkeit, sie direkt in logischen und arithmetischen Ausdrücken und Zuweisungen benutzen zu können. Außerhalb dieser Ausdrücke kann der Aufruf einer solchen Methode mit dem Schlüsselwort RECEIVING programmiert werden.

**Beispiel:**

```
CLASS zcl_buch DEFINITION.
 PUBLIC SECTION.
  CLASS-METHODS ausgabe_ist_gesamt RETURNING
             VALUE(ist_bestand_gesamt) TYPE i.
  METHODS ausgabe_ist_exemplar RETURNING
            VALUE(ist_bestand_exemplar) TYPE i.
...
 PRIVATE SECTION.
  CLASS-DATA: buchanzahl_gesamt TYPE i,
              ausgeliehen_gesamt TYPE i,
              ist_bestand_gesamt TYPE i.
  DATA: bestand_exemplar TYPE i,
        ausgeliehen_exemplar TYPE i,
        ist_bestand_exemplar TYPE i.
...
ENDCLASS.
CLASS zcl_buch IMPLEMENTATION.
 METHOD ausgabe_ist_gesamt.
  ist_bestand_gesamt =
  buchanzahl_gesamt - ausgeliehen_gesamt.
 ENDMETHOD.
 METHOD ausgabe_ist_exemplar.
  ist_bestand_exemplar =
  buchanzahl_exemplar - ausgeliehen_exemplar.
```

```
 ENDMETHOD.
ENDCLASS.

DATA r_buch TYPE REF TO zcl_buch.
     buchbestand_gesamt TYPE i.
*Zuweisung des Returningparameters der Klassen-
*methode ausgabe_ist_gesamt an
*buchbestand_gesamt.
*Langform
CALL METHOD zcl_buch=>ausgabe_ist_gesamt
  RECEIVING ist_bestand_gesamt = buchbe-
stand_gesamt
*Kurzform
buchbestand_gesamt =
zcl_buch=>ausgabe_ist_gesamt.

CREATE OBJECT r_buch.
IF r_buch->ausgabe_ist_exemplar <= 10.
      WRITE: 'Mindestbestand unterschritten'.
ENDIF.
```

In der folgenden Aufgabe soll die Klasse ZCL_BUCH angelegt, ein Objekt dieser Klasse erzeugt und initialisiert werden. Anschließend soll eine Methode aufgerufen werden, die die Attribute des Objektes auf dem Bildschirm ausgibt.

1. Legen Sie ein ausführbares Programm YK10 an.
2. Legen Sie das Top-Include YK10TOP und das Ereignisinclude YK10E01 an.
3. Legen Sie im Top-Include die Klasse ZCL_BUCH an. Orientieren Sie sich dabei an der Klasse BUCH auf Seite 568/569.
4. Deklarieren Sie eine Referenzvariable R_BUCH mit Bezug zur Klasse ZCL_BUCH.
5. Programmieren Sie im Include YK10E01 den Ereignisblock START-OF-SELECTION und instanzieren Sie ein Objekt der Klasse ZCL_BUCH.
6. Rufen Sie die Methode SET_ATTRIBUTES dieses Objektes auf und übergeben Sie der Methode sinnvolle Werte für deren Importparameter.
7. Rufen Sie die Methode AUSGABE auf.

Lösung: YK10_1

Lösung:

```
*-----------------------------------------------*
*          INCLUDE ZK10_1top                    *
*-----------------------------------------------*
*       CLASS zcl_buch DEFINITION               *
*-----------------------------------------------*
CLASS zcl_buch DEFINITION.
 PUBLIC SECTION.
  METHODS: set_attributes
            IMPORTING
            im_isbn TYPE zbestand_tw-isbn
            im_titel TYPE zbestand_tw-titel
            im_autor1 TYPE zbestand_tw-autor1
            im_kategorie TYPE zbestand_tw-
                              kategorie
            im_bestand TYPE zbestand_tw-bestand
            im_ausgeliehen TYPE zbestand_tw-
                                bestand,
           ausgabe.
 PRIVATE SECTION.
  DATA: isbn TYPE zbestand_tw-isbn,
        titel TYPE zbestand_tw-titel,
        autor1 TYPE zbestand_tw-autor1,
        kategorie TYPE zbestand_tw-kategorie,
        verfuegbar TYPE zbestand_tw-bestand.
ENDCLASS.
*-----------------------------------------------*
*       CLASS zcl_buch IMPLEMENTATION           *
*-----------------------------------------------*
CLASS zcl_buch IMPLEMENTATION.
  METHOD set_attributes.
    isbn = im_isbn.
    titel = im_titel.
    autor1 = im_autor1.
    kategorie = im_kategorie.
    verfuegbar = im_bestand - im_ausgeliehen.
  ENDMETHOD.
  METHOD ausgabe.
    WRITE: / isbn, titel, autor1,
             kategorie, verfuegbar.
  ENDMETHOD.
ENDCLASS.
```

```
DATA: r_buch TYPE REF TO zcl_buch.

*-----------------------------------------------*
*   INCLUDE ZK10_1E01                           *
*-----------------------------------------------*
START-OF-SELECTION.
*Objekt instanzieren
CREATE OBJECT r_buch.
*Methodenaufrufe
CALL METHOD r_buch->set_attributes
                    EXPORTING
                     im_isbn = '1234567890'
                     im_titel = 'ABAP-Objects'
                     im_autor1 = '110'
                     im_kategorie = 'SAP'
                     im_bestand = '10'
                     im_ausgeliehen = '6'.
CALL METHOD r_buch->ausgabe.
```

## 10.11 Der Konstruktor, eine besondere Methode

Nach dem Anlegen eines Objektes besitzt das Objekt die Methoden und Attribute, die in der Klasse definiert wurden. Die Attribute sind im Folgeschritt mit Werten geladen sollen. Das erfolgte im Beispielprogramm über die Methode SET_ATTRIBUTES, die im Programm über die Anweisung CALL METHOD r->buch EXPORTING ... aufgerufen wurde. Im Allgemeinen erfolgt die Initialisierung der Attribute jedoch nicht über eine „normale" Methode, sondern über eine Methode mit dem Namen CONSTRUCTOR. Im Definitions- und Implementationsteil gibt es, mit Ausnahme des vorgebenen Namens, keine Unterschiede zu anderen Methoden. Der Aufruf dieser Methode erfolgt jedoch nicht durch einen Methodenaufruf im Programm sondern wird vom Laufzeitsystem nach dem vollständigen Erzeugen des Objektes ausgeführt. Die Parameter werden mit der CREATE OBJECT-Anweisung an das Objekt übergeben.

**Beispiel:**

```
CREATE OBJECT r_buch EXPORTING
                      im_isbn = '1234567890'
                      im_titel = 'ABAP-Objects'.
.
```

Benennen Sie im Programm YK10 die Methode SET_ATTRIBUTES der Klasse ZCL_BUCH in CONSTRUCTOR um. Übergeben Sie die Werte für die Attribute in der CREATE OBJECT-Anweisung und löschen Sie den Aufruf der Methode SET_ATTRIBUTES.

Lösung: YK10_2

Lösung:

```
*----------------------------------------------*
*           INCLUDE ZK10_1top                   *
*----------------------------------------------*
*       CLASS zcl_buch DEFINITION               *
*----------------------------------------------*
CLASS zcl_buch DEFINITION.
 PUBLIC SECTION.
  METHODS: constructor
           IMPORTING
           im_isbn TYPE zbestand_tw-isbn
           im_titel TYPE zbestand_tw-titel
...
ENDCLASS.
*----------------------------------------------*
*       CLASS zcl_buch IMPLEMENTATION           *
*----------------------------------------------*
CLASS zcl_buch IMPLEMENTATION.
  METHOD constructor.
    isbn = im_isbn.
    titel = im_titel.
...
  ENDMETHOD.
...
ENDCLASS.
DATA: r_buch TYPE REF TO zcl_buch.
*----------------------------------------------*
*   INCLUDE ZK10_1E01                           *
*----------------------------------------------*
START-OF-SELECTION.
CREATE OBJECT r_buch EXPORTING
                      im_isbn = '1234567890'
                      im_titel = 'ABAP-Objects'
                      im_autor1 = '110'
                      im_kategorie = 'SAP'
```

```
                    im_bestand = '10'
                    im_ausgeliehen = '6'.
CALL METHOD r_buch->ausgabe.
```

## 10.12 Objekte löschen

Objekte belegen Platz im Hauptspeicher und sind deshalb zu löschen, wenn sie nicht mehr benötigt werden. Das Löschen der Objekte und die Freigabe des Speicherbereiches wird durch den sogenannten Garbage Collector (Müllabfuhr) übernommen. Alle Objekte, auf die keine Referenz mehr zeigt, werden vom Garbage Collector gelöscht und der von ihnen allokierte Speicherbereich wird freigegeben. Um ein Objekt zu löschen, ist also die Referenzvariable, die auf das Objekt zeigt, zu initialisieren. Den Garbage Collector müssen Sie nicht aufrufen, das besorgt das Laufzeitsystem.

## 10.13 Referenzen in internen Tabellen speichern

Referenzen können auch in internen Tabellen gespeichert werden. In einer LOOP-Schleife können dann die Methoden und Attribute der Objekte aufgerufen werden, deren Referenzen in der internen Tabelle gespeichert sind. Diese Methode ist immer dann günstig, wenn auf mehrere artgleiche Objekte zugegriffen werden soll, z.B. bei der Listenausgabe. Häufig wird solch eine interne Tabelle durch eine Klasssenmethode, die beim Anlegen bzw. Löschen eines Objektes vom Konstruktor aufgerufen wird, gepflegt. Die Listenausgabe sollte dann ebenfalls als Klassenmethode implementiert werden.

Die interne Tabelle ist über die folgende Syntax zu deklarieren:

DATA: <int.Tabelle> TYPE REF TO <Klasse>.

| | |
|---|---|
| <int. Tabelle> | Name der internen Tabelle |
| <Klasse> | Klasse der Objekte, deren Referenzen in der internen Tabelle gespeichert werden sollen. |

In dieser Aufgabe soll für jeden Datensatz der Datenbanktabelle ZBESTAND ein Objekt der Klasse ZCL_BUCH angelegt werden. Unmittelbar nach dem Anlegen des Objektes wird dessen Referenz in die interne Tabelle IT_ZCL_BUCH gespeichert. Am Schluss des Programmes wird für jedes Objekt, dessen Referenz in der internen Tabelle abgelegt ist, die Methode AUSGABE aufgerufen.

1. Deklarieren Sie im TOP-Include des Programms YK10 die interne Tabelle IT_ZCL_BUCH zum Speichern von Referenzen der Klasse ZCL_BUCH.
2. Programmieren Sie eine SELECT-Schleife über die Tabelle ZBESTAND. Erzeugen Sie in dieser Schleife ein Objekt dieser Klasse und laden Sie dessen Attribute mit den Werten aus dem Datensatz des aktuellen SELECT-Schleifendurchlaufes.
3. Übernehmen Sie die Referenz über eine APPEND-Anweisung in die interne Tabelle.
4. Programmieren Sie eine LOOP-Schleife (LOOP AT it_cl_buch INTO r_buch) und rufen Sie innerhalb der Schleife die Methode AUSGABE auf.

Lösung: YK10_3

Lösung:

```
*---------------------------------------------------*
*       CLASS zcl_buch DEFINITION                   *
*---------------------------------------------------*
CLASS zcl_buch DEFINITION.
 PUBLIC SECTION.
  METHODS:
   constructor
     IMPORTING
       im_isbn TYPE zbestand_tw-isbn
       im_titel TYPE zbestand_tw-titel
       im_autor1 TYPE zbestand_tw-autor1
       im_kategorie TYPE zbestand_tw-kategorie
       im_bestand TYPE zbestand_tw-bestand
       im_ausgeliehen TYPE zbestand_tw-
                                   ausgeliehen,
   ausgabe.
  PRIVATE SECTION.
    DATA: isbn TYPE zbestand_tw-isbn,
          titel TYPE zbestand_tw-titel,
```

```
          autor1 TYPE zbestand_tw-autor1,
          kategorie TYPE zbestand_tw-kategorie,
          verfuegbar TYPE zbestand_tw-bestand.
ENDCLASS.

*-----------------------------------------------*
*       CLASS zcl_buch IMPLEMENTATION           *
*-----------------------------------------------*
CLASS zcl_buch IMPLEMENTATION.
  METHOD constructor.
    isbn = im_isbn.
    titel = im_titel.
    autor1 = im_autor1.
    kategorie = im_kategorie.
    verfuegbar = im_bestand - im_ausgeliehen.
  ENDMETHOD.
  METHOD ausgabe.
    WRITE: / isbn, titel,
             autor1, kategorie, verfuegbar.
  ENDMETHOD.
ENDCLASS.

DATA: r_buch TYPE REF TO zcl_buch,
      it_zcl_buch TYPE TABLE OF REF TO zcl_buch,
      wa_zbestand TYPE zbestand_tw.

*-----------------------------------------------*
*   INCLUDE ZK10_1E01                           *
*-----------------------------------------------*
START-OF-SELECTION.
*Löschen der Zeilen der internen Tabelle
  REFRESH it_zcl_buch.
  SELECT * FROM zbestand_tw INTO wa_zbestand.
    CREATE OBJECT r_buch EXPORTING
           im_isbn = wa_zbestand-isbn
           im_titel = wa_zbestand-titel
           im_autor1 = wa_zbestand-autor1
           im_kategorie = wa_zbestand-kategorie
           im_bestand = wa_zbestand-bestand
           im_ausgeliehen = wa_zbestand-
                                ausgeliehen.
    APPEND r_buch TO it_zcl_buch.
  ENDSELECT.
```

```
LOOP AT it_zcl_buch INTO r_buch.
  CALL METHOD r_buch->ausgabe.
ENDLOOP.
```

## 10.14 Globale Klassen

Bisher haben wir Klassen im Programm definiert. Sie sind damit programmlokal angelegt. Ein Zugriff auf diese Klassen durch andere Programme ist nicht möglich. Wird eine Klasse in mehreren Programmen benötigt, sollte sie global im Class Builder angelegt werden.

*Vorgehensweise: Globale Klasse anlegen*

In dieser Vorgehensweise soll die globale Klasse ZCL_BUCH mit den gleichen Methoden und Attributen angelegt werden wie die namensgleiche programmlokale Klasse.
Starten Sie den Class Builder über Werkzeuge → ABAP Workbench → Entwicklung → SE24 Class Builder oder im Object Navigator über das Symbol „Anderes Objekt" → Registerkarte Klassenbibliothek.

Tragen Sie im Einstiegsbild in das Eingabefeld Objekttyp den Namen der anzulegenden Klasse ein und aktivieren Sie im Folgebild den Auswahlknopf „Klasse".

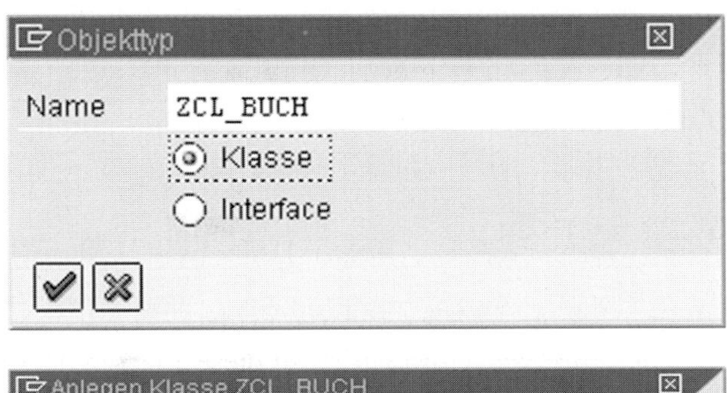


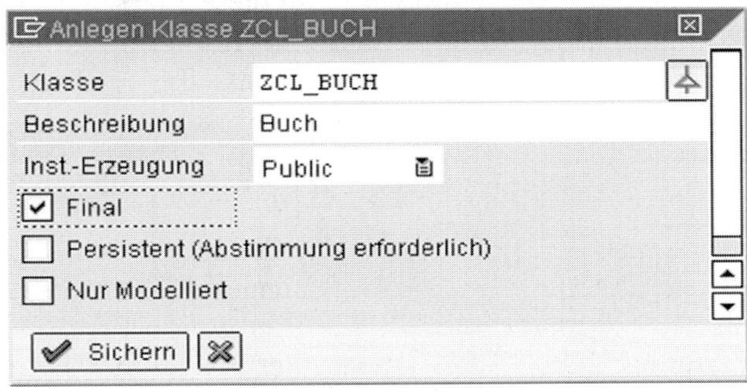


Geben Sie eine Kurzbeschreibung ein. Das Ankreuzfeld „Final" kann aktiviert bleiben (Eine finale Klasse ist eine Klasse, zu der keine Unterklassen angelegt werden können). Sichern Sie dann die Klasse.

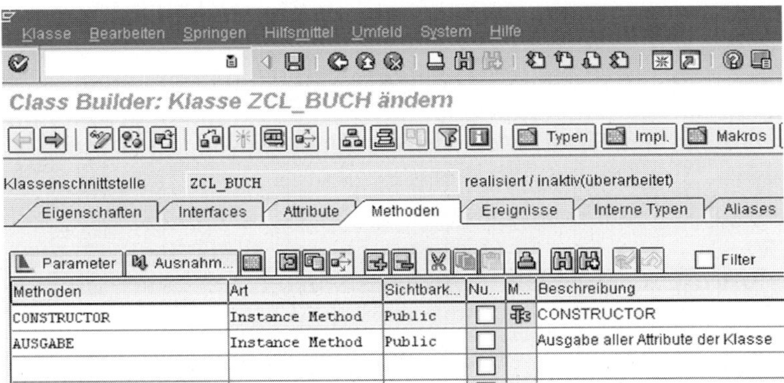


Sie gelangen in den Bildschirm „Class Builder: Klasse ZCL_BUCH ändern". Tragen Sie in der Registerkarte „Methoden" Namen, Methodenart und Sichtbarkeitsbereich der zur Klasse gehörenden Methoden ein. Den Eintrag für den Konstruktor erzeugen Sie über die Drucktaste Konstruktor.
Um die Parameter einer Methode festzulegen, stellen Sie den Cursor in die betreffende Methode und Klicken die Drucktaste „Parameter".

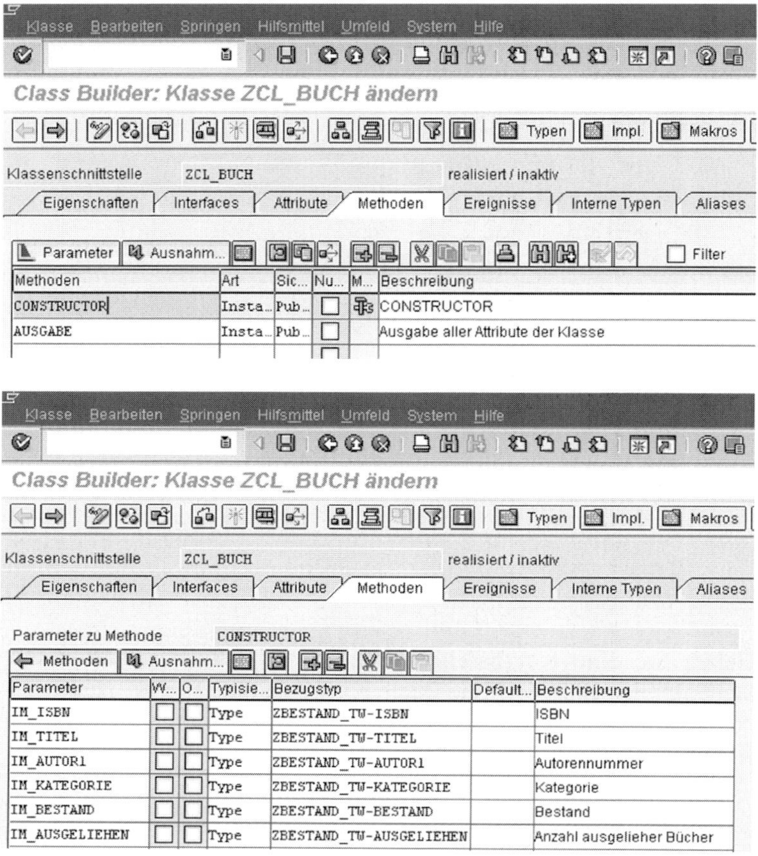


Über die Drucktaste „Methode" gelangen Sie wieder in den Bildschirm, in dem Sie die Methoden der Klasse eingetragen haben.

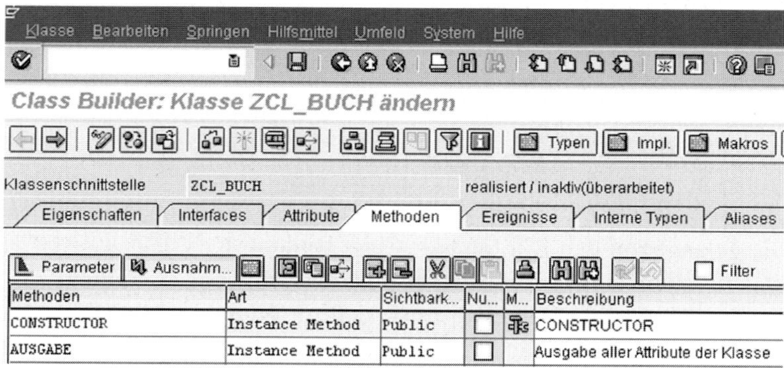


Durch Doppelklick auf den Methodennamen verzweigt das Programm in den Editor.

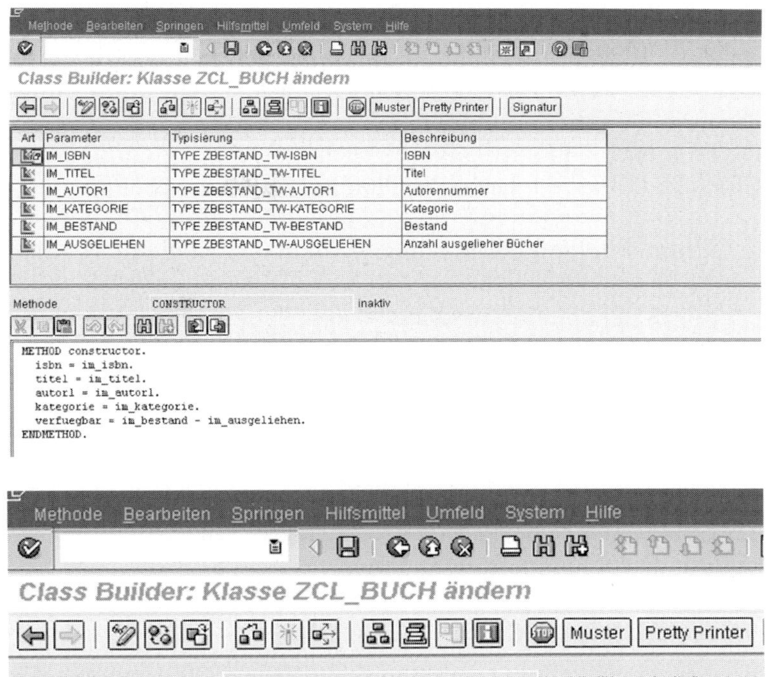


Methode Bearbeiten Springen Hilfsmittel Umfeld System Hilfe

Class Builder: Klasse ZCL_BUCH ändern

Muster Pretty Printer

Methode AUSGABE inaktiv(überarbeitet)

```
METHOD ausgabe.
  WRITE: / isbn, titel, autor1, kategorie, verfuegbar.
ENDMETHOD.
```

Zum Schluss sind noch die Attribute der Klasse festzulegen. Dazu steht die Registerkarte „Attribute" zu Verfügung.

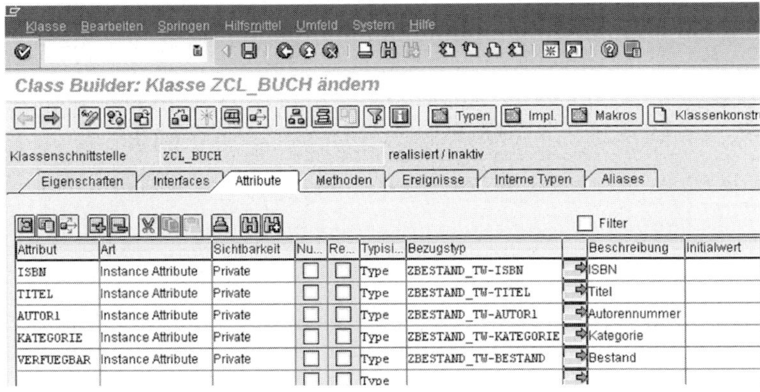


Aktivieren Sie die Klasse.

Die globale Klasse ZCL_BUCH ist damit fertig angelegt. Sie können diese Klasse in Ihrem Programm genau so benutzen, wie die lokale Klasse. Legen Sie eine Referenzvariable an und erzeugen Sie damit ein Objekt.
DATA r_buch TYPE REF TO zcl_buch.
CREATE OBJECT r_buch EXPORTING …

1. Legen Sie die globale Klasse ZCL_BUCH mit den gleichen Methoden und Attributen an, wie die namensgleiche lokale Klasse im Programm YK10. Orientieren Sie sich dabei an der Vorgehensweise „Globale Klasse anlegen“.
2. Kommentieren Sie den Definitions- und Implementationsteil der lokalen Klasse ZCL_BUCH im Programm YK10 aus, damit das Programm YK10 mit der globalen Klasse arbeitet.

Lösung: Klasse ZCL_BUCH_TW
Programm: YK10_4

## 10.15 Vererbung und Polymorphie

In der East-Side-Library sollen nicht nur Bücher sondern auch CDs verwaltet werden. Um an diesen Beispiel die Begriffe Vererbung und Polymorphie zu erklären, wird eine neue Klasse ZCL_MEDIUM angelegt. Diese enthält alle Attribute und Methoden, die für beide Medien, also Bücher und CDs, benötigt werden.

```
*----------------------------------------------------*
*       CLASS zcl_medium DEFINITION                   *
*----------------------------------------------------*
CLASS zcl_medium DEFINITION.
 PUBLIC SECTION.
  METHODS:
      neues_medium_hinzufuegen
        IMPORTING im_referenz
                  TYPE REF TO zcl_medium,
      ausgabe.
 PROTECTED SECTION.
  CLASS-DATA it_medien
             TYPE TABLE OF REF TO zcl_medium.
 PRIVATE SECTION.
  DATA r_referenz TYPE REF TO zcl_medium.
ENDCLASS.
```

```
*-------------------------------------------------*
*       CLASS zcl_medium IMPLEMENTATION           *
*-------------------------------------------------*
CLASS zcl_medium IMPLEMENTATION.
 METHOD neues_medium_hinzufuegen.
  APPEND im_referenz TO it_medien.
 ENDMETHOD.
 METHOD ausgabe.
*Alle Bücher und CDs werden in einem für jedes
*Medium spezifischen Format ausgegeben werden.
*Der Quelltext ist weiter unten in diesem
*Abschitt erläutert.
  LOOP AT it_medien INTO r_referenz.
   CALL METHOD r_referenz->ausgabe.
  ENDLOOP.
 ENDMETHOD.
ENDCLASS.
```

Die Klassen für Bücher (ZCL_BUCH) und CDs (ZCL_CD) werden durch Vererbung der Klasse ZCL_MEDIUM erzeugt. Damit stehen den Klassen ZCL_BUCH und ZCL_CD, die Unterklassen der Klasse ZCL_MEDIUM sind, **alle** Attribute und Methoden der Klasse ZCL_MEDIUM (Oberklasse) zur Verfügung. In den Unterklassen sind nur die Änderungen gegenüber der Oberklasse zu programmieren. Es können sowohl neue Methoden und Attribute definiert und implementiert, als auch der Implementationsteil der von der Oberklasse vererbten Methoden geändert werden.
Eine Klasse wird zur Erbin einer Oberklasse durch die Syntax:

CLASS <Unterklasse> DEFINITION
INHERITING FROM <Oberklasse>.

Damit stehen der Unterklasse alle Methoden und Attribute der Oberklasse zur Verfügung. Soll eine geerbte Methode geändert werden, ist der Methodenname in den Definitionsteil der Unterklasse aufzunehmen (gleicher Sichtbarkeitsbereich wie in der Oberklasse) und durch das Schlüsselwort **REDEFINITION** zu kennzeichnen. Die Parameter dürfen dabei in ABAP Objects nicht geändert werden. In unserem Beispiel wird die Methode SET_ATTRIBUTES in den Unterklassen ergänzt und die geerbte Methode AUSGABE geändert.

```
*-------------------------------------------------*
*       CLASS zcl_buch DEFINITION                 *
*-------------------------------------------------*
```

```
CLASS zcl_buch DEFINITION INHERITING FROM
zcl_medium.
 PUBLIC SECTION.
  METHODS: set_attributes IMPORTING
                    im_isbn TYPE zbestand_tw-isbn
                 im_titel TYPE zbestand_tw-titel,
           ausgabe REDEFINITION.
 PRIVATE SECTION.
  DATA: isbn TYPE zbestand_tw-isbn,
        titel TYPE zbestand_tw-titel.
ENDCLASS.
*-----------------------------------------------*
*       CLASS zcl_buch IMPLEMENTATION           *
*-----------------------------------------------*
CLASS zcl_buch IMPLEMENTATION.
 METHOD set_attributes.
  isbn = im_isbn.
  titel = im_titel.
 ENDMETHOD.
 METHOD ausgabe.
  WRITE:
   / 'Medium: Buch','ISBN: ',isbn,
     ' Titel: ',titel.
 ENDMETHOD.
ENDCLASS.
*-----------------------------------------------*
*       CLASS zcl_cd DEFINITION                 *
*-----------------------------------------------*
CLASS zcl_cd DEFINITION INHERITING FROM
zcl_medium.
 PUBLIC SECTION.
  METHODS: set_attributes IMPORTING
                 im_cdnr TYPE i
                 im_titel TYPE zbestand_tw-titel,
           ausgabe REDEFINITION.
 PRIVATE SECTION.
  DATA: cdnr TYPE I,
        titel TYPE zbestand_tw-titel.
ENDCLASS.
*-----------------------------------------------*
*       CLASS zcl_cd IMPLEMENTATION             *
*-----------------------------------------------*
CLASS zcl_cd IMPLEMENTATION.
 METHOD set_attributes.
```

```
  cdnr = im_cdnr.
  titel = im_titel.
 ENDMETHOD.
 METHOD ausgabe.
  WRITE:
   / 'Medium: CD','CD-Nr.: ',cdnr,'Titel:
',titel.
 ENDMETHOD.
ENDCLASS.

*-----------------------------------------------*
*       Programm                                *
*-----------------------------------------------*
*Das Programm soll je 2 Objekte der Klasse
*ZCL_BUCH und der Klasse ZCL_CD erzeugen. Danach
*soll eine Liste mit allen Objekten der Klassen
*ZCL_BUCH und ZCL_CD ausgegeben werden. Die
*Ausgabe soll dabei immer über die Methode
*AUSGABE der jeweiligen Klasse erfolgen.
DATA: r_medium TYPE REF TO zcl_medium,
      r_buch TYPE REF TO zcl_buch,
      r_cd TYPE REF TO zcl_cd.
START-OF-SELECTION.
CREATE OBJECT r_medium.
*Objekte erzeugen, Referenzen in der Tabelle
*it_medien eintragen
*1. Buch
CREATE OBJECT r_buch.
CALL METHOD r_buch->set_attributes EXPORTING
    im_isbn = '3827258863' im_titel = 'SAP R/3'.
CALL METHOD r_buch->neues_medium_hinzufuegen
                 EXPORTING im_referenz = r_buch.
*2. Buch
CREATE OBJECT r_buch.
CALL METHOD r_buch->set_attributes
                EXPORTING im_isbn = '3827254388'
                          im_titel = 'Internet'.
CALL METHOD r_buch->neues_medium_hinzufuegen
                 EXPORTING im_referenz = r_buch.
```

```
*1. CD
CREATE OBJECT r_cd.
CALL METHOD r_cd->set_attributes
                  EXPORTING im_cdnr = '100'
                            im_titel = 'Lieder'.
CALL METHOD r_cd->neues_medium_hinzufuegen
                  EXPORTING im_referenz = r_cd.
*2. CD
CREATE OBJECT r_cd.
CALL METHOD r_cd->set_attributes
                  EXPORTING im_cdnr = '101'
                            im_titel = 'Songs'.
CALL METHOD r_cd->neues_medium_hinzufuegen
                  EXPORTING im_referenz = r_cd.

*Ausgabe aller Objekte im Ausgabeformat, das in
*der Methode AUSGABE der jeweiligen Unterklasse
*festgelegt ist durch Aufruf der Methode AUSGABE
*der Klasse ZCL_MEDIUM (Oberklasse).
CALL METHOD r_medium->ausgabe.
```

**Ergebnis:**

```
Programm YK10_VERERBUNG

Medium: Buch ISBN:  3827258863  Titel:  SAP R/3
Medium: Buch ISBN:  3827254388  Titel:  Internet
Medium: CD CD-Nr.:         100  Titel:  Lieder
Medium: CD CD-Nr.:         101  Titel:  Songs
```

Hinweis: Das Programm ist auf der Buch-CD unter dem Namen YK10_Vererbung zu finden.

Hinweise zum Programm:

- Die Oberklasse ZCL_MEDIUM enthält als Klassenattribut die interne Tabelle IT_MEDIEN. In dieser Tabelle können Referenzen auf Objekte der Klasse ZCL_MEDIUM und ihrer Unterklassen (ZCL_BUCH, ZCL_CD) gespeichert werden.
- Die Methode NEUES_MEDIUM_HINZUFUEGEN wird unmittelbar nach dem Anlegen eines Objektes aufgerufen und trägt dessen Referenz in IT_MEDIEN ein. Die interne Tabelle enthält somit Referenzen zu Objekten der Klasse ZCL_BUCH und ZCL_CD.

- Die Methode **AUSGABE** ist in den **Unterklassen** durch Redefinition so geändert worden, dass sie die Attribute eines Objektes, in einer für die jeweilige Klasse spezifischen Form, auf dem Bildschirm ausgibt.
- In der Methode **AUSGABE** der **Oberklasse** wird für jede in der internen Tabelle eingetragene Referenz (Zeiger auf ein Objekt der Klassen ZCL_BUCH oder ZCL_CD) die Methode AUSGABE des jeweiligen Objektes aufgerufen.

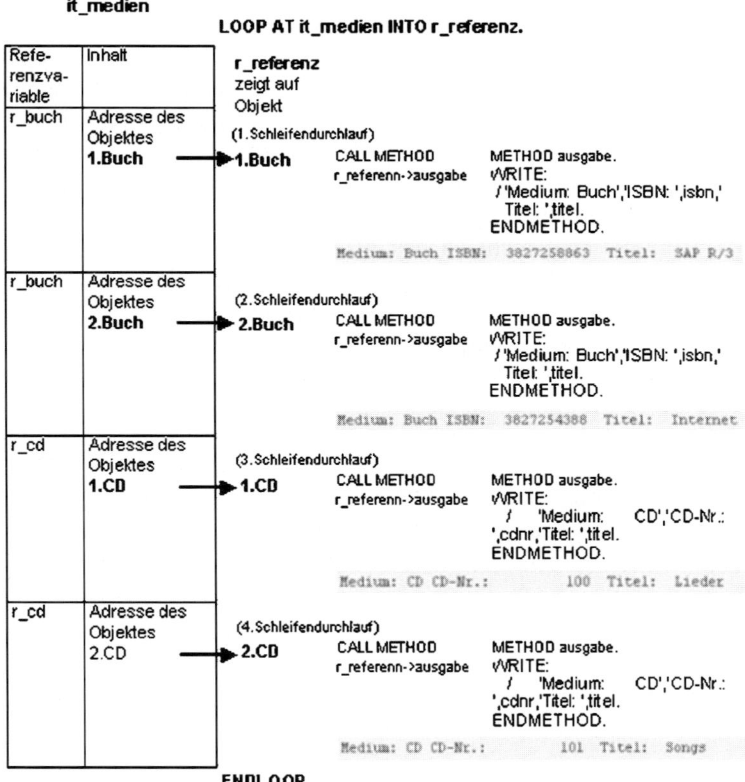


*Abb. 10.7 Grafische Darstellung der Abläufe der Methode AUSGABE der Oberklasse ZCL_MEDIUM*

Wie in Abb. 10.7 zu sehen ist, reagieren die Objekte auf den Methodenaufruf CALL METHOD r_referenz->ausgabe, entsprechend ihrer Klassenzughörigkeit, unterschiedlich. Dieses Verhalten wird als **Polymorphie** bezeichnet.

## 10.16 Kurzer Überblick über GUI-Controls am Beispiel des ALV-Grid-Controls

Die klassischen Controls, Tabstrip und TableControl, sind Softwarekomponenten der Laufzeitumgebung, mit denen der Programmierer komfortable Dynprooberflächen entwickeln kann. Dem gleichen Zweck dienen die GUI-Controls. Das sind eigenständige Softwarekomponenten, die jedoch nicht Teil der ABAP-Laufzeitumgebung sind. Sie werden zusammen mit der SAPGUI auf der Präsentationsebene installiert und laufen auch dort ab. Die Funktionalität der GUI-Controls, wie z.B. das Blättern in Listen, findet vollständig auf der Präsentationsebene (Frontend) statt und entlastet somit die Anwendungsebene. Allerdings ist die Netzbelastung höher, weil große Datenmengen zwischen Frontend und Applikationsserver transportiert werden müssen.
GUI-Controls sind nicht an den klassischen Datenstrom zwischen Anwendungsebene und Präsentationsebene angeschlossen. Der Datentransport findet über das sogenannte Control Framework (CFW), das in diesem Buch nicht weiter behandelt wird, statt. Für jedes GUI-Control existiert in der Klassenbibliothek eine globale Klasse. Möchte der Programmierer ein GUI-Control in einem Dynpro benutzen, legt er ein sogenanntes Stellvertreterobjekt der Klasse des gewünschten GUI-Controls an. Der Datenaustausch zwischen Stellvertreterobjekt auf der Applikations- und GUI-Control auf der Präsentationsebene wird durch das CFW organisiert.
Tabelle 10.1 gibt Auskunft über bis zu Version 4.7 realisierte GUI-Controls.

| GUI-Control | Funktion |
|---|---|
| Toolbar-Control | Ermöglicht die Programmierung einer vom GUI-Status unabhängigen Drucktastenleiste.<br>Stellvertreterklasse: CL_GUI_TOOLBAR |
| Picture-Control | Damit können Sie Bilder mit den Formaten BMP, JPG oder GIF in ihr Dynpro einbinden.<br>Stellvertreterklasse: CL_GUI_PICTURE |
| HTML-Control | Erlaubt das Einbinden von HTML-Seiten.<br>Stellvertreterklasse: CL_GUI_HTML_VIEWER |
| Textedtit-Control | Mit diesem Control können Sie einen Texteditor mit den üblichen Funktionen wie z.B. Suchen und Ersetzen, Markieren, in ein Dynpro einbinden.<br>Stellvertreterklasse: CL_GUI_TEXTEDIT. |
| Tree-Control | Hierarchische Zusammenhänge können mit diesem Control in Form einer Baumstruktur (mehrspaltiger Baum oder Listenbaum) grafisch dargestellt werden.<br>Stellvertreterklasse: CL_GUI_SIMPLE_TREE |
| ALV-Grid-Control | Bietet die Möglichkeit, komfortable Tabellen zu programmieren.<br>Stellvertreterklasse: CL_GUI_ALV_GRID |

#### *Abbilden eines GUI-Controls auf einem Dynpro (Prinzip)*

Anders als ein klassisches Control kann ein GUI-Control nicht direkt auf dem Dynpro platziert werden. Auf dem Dynpro wird im Layouteditor lediglich ein Bereich für einen Container, der im Programm mit dem GUI-Control verbunden wird, angelegt. Abbildung 10.8 stellt das Prinzip grafisch dar.

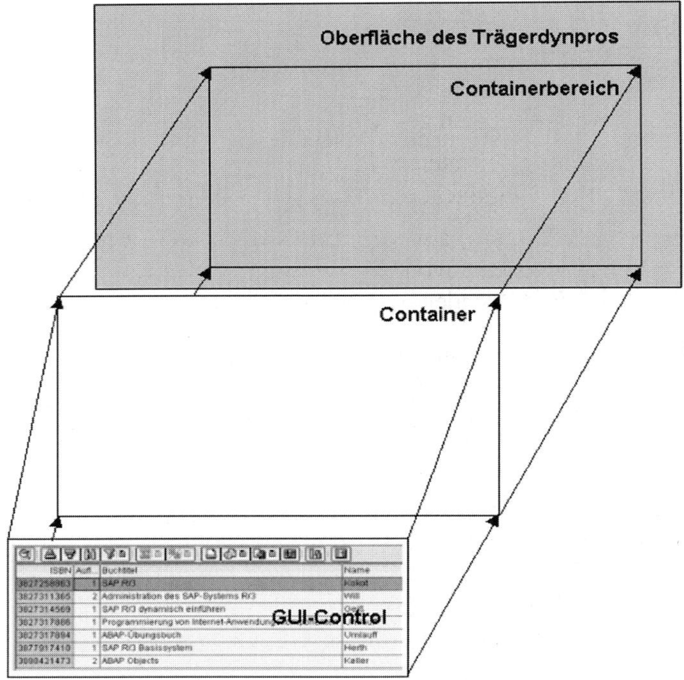


*Abb. 10.8 Abbilden eines GUI-Controls auf einem Dynpro*

Container sind Objekte einer Containerklasse. Die folgende Tabelle enthält die derzeit zur Verfügung stehenden Containerklassen.

| **Containerklasse** | **Kurzbeschreibung** |
|---|---|
| CL_GUI_CUSTOM_ CONTAINER | Die Objekte dieser Containerklasse werden wie in Abb. 10.8 eingesetzt. |
| CL_GUI_DOCKING_ CONTAINER | Die Containerbereiche von Containern dieser Klasse sind an die Rändern (links, rechts, oben oder unten) von Dynpros angeheftet (angedockt) |
| CL_GUI_SPLITTER_ CONTAINER | Der Container kann horizontal und/oder vertikal geteilt werden. In jedem Teil kann dann ein GUI-Control geladen werden. |
| CL_GUI_DIALOGBOX_ CONTAINER | Die Containerbereiche von Containern dieser Klasse sind eigenständige amodale Dialogfenster. |

*Vorgehensweise: Anzeigen von Daten mit dem ALV-Grid-Control*

Voraussetzungen:

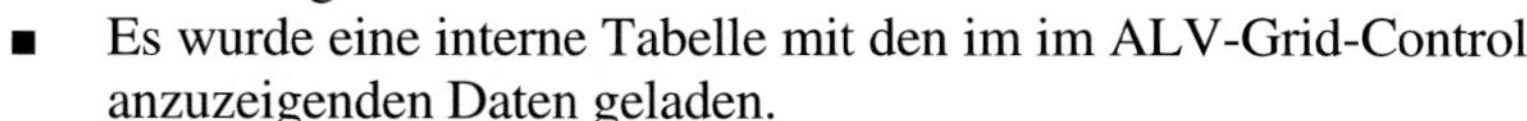

- Es wurde eine interne Tabelle mit den im im ALV-Grid-Control anzuzeigenden Daten geladen.

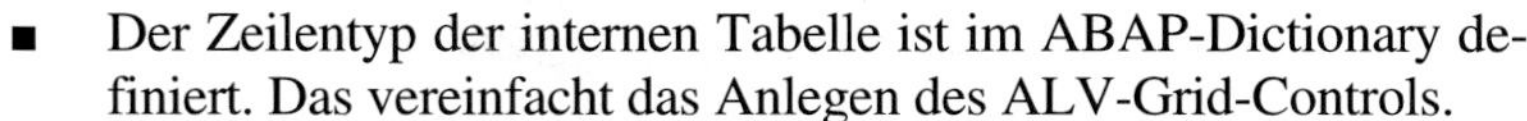

- Der Zeilentyp der internen Tabelle ist im ABAP-Dictionary definiert. Das vereinfacht das Anlegen des ALV-Grid-Controls.

Laden Sie das Dynpro, auf dem das GUI-Control platziert werden soll, in den grafischen Layouteditor. Legen Sie den Containerbereich entsprechend der folgenden Abbildung an.

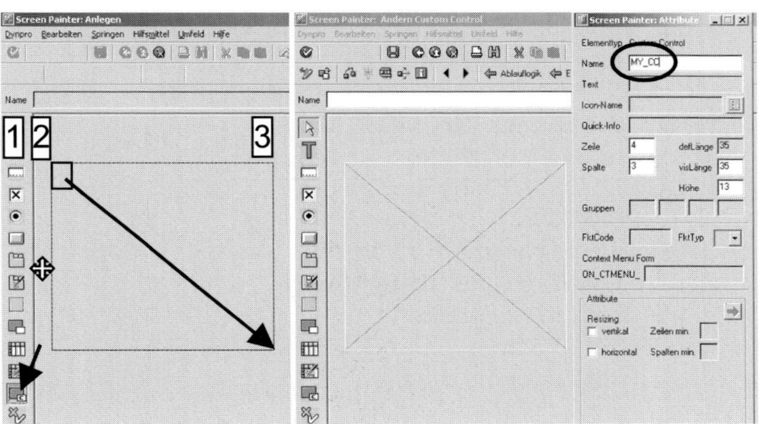


1. Klicken Sie im Layouteditor das Werkzeug „Custom Control".
2. Schieben Sie den Mauszeiger, ohne eine Maustaste zu drücken, an die linke obere Ecke des Containerbereiches.
3. Ziehen Sie den Minirahmen, mit gedrückter linker Maustaste, bis zum unteren rechten Rand des künftigen Bereiches.
4. Lassen Sie die Maustaste wieder los. Doppelklicken Sie in den Containerbereich. Tragen Sie in dem sich daraufhin öffnenden Attributefenster einen Namen für den Containerbereich ein.

Deklarieren Sie im ABAP-Programm je eine Referenzvariable für den Container und das ALV-Grid-Control.
Beispiel für eine Referenz auf ein Objekt der Klasse CL_GUI_CUSTOM_CONTAINER:

```
DATA: my_container TYPE REF TO
      cl_gui_custom_container.
```

Beispiel für eine Referenz auf ein Objekt der Klasse CL_GUI_ALV_GRID:

```
DATA: my_alv TYPE REF TO
      cl_gui_alv_grid.
```

Legen Sie ein PBO-Modul an, indem das Containerobjekt und das ALV-Grid-Objekt erzeugt wird. Das Containerobjekt wird beim Anlegen mit dem Containerbereich, das ALV-Grid-Objekt mit dem Container verbunden. Dem ALV-Grid-Objekt wird die interne Tabelle mit den abzubildenden Daten und der Zeilentyp, der idealerweise im ABAP-Dictionary definiert ist, übergeben. Orientieren Sie sich an der folgenden Syntax:

```
MODULE init_create_control_0130 OUTPUT.
*Container und ALV Grid Control nur einmal
*anlegen
  IF my_container IS INITIAL.
*Container MY_CONTAINER anlegen
    CREATE OBJECT my_container
      EXPORTING
*Als Exportparameter wird der Name der Contai
*nerbereiches MY_CC angegeben
        container_name              = 'MY_CC'
      EXCEPTIONS
        cntl_error                  = 1
        cntl_system_error           = 2
        create_error                = 3
        lifetime_error              = 4
        lifetime_dynpro_dynpro_link = 5
        others                      = 6.
    IF sy-subrc <> 0.
*Container konnte nicht angelegt werden
      MESSAGE ...
    ENDIF.
*ALV Grid Control angelegen, ebenfalls nur
*einmal und nicht bei jedem PBO-Durchlauf.
    CREATE OBJECT my_alv
      EXPORTING
*Als Exportparameter wird der Name der
*Containerobjektes MY_CONTAINER angegeben
        i_parent          = my_container
      EXCEPTIONS
        error_cntl_create = 1
        error_cntl_init   = 2
        error_cntl_link   = 3
        error_dp_create   = 4
```

```
          others              = 5.
      IF sy-subrc <> 0.
*ALV Grid Control konnte nicht angelegt werden
        MESSAGE ...
      ENDIF.
*Methode SET_TABLE_FOR_FIRST_DISPLAY aufrufen.
*Das ALV-Grid-Objekt wird mit der internen
*Tabelle, die die anzuzeigenden Daten enthält,
*und dem Zeilentyp, der z.B. die Spaltennamen
*enthält, verbunden.
 CALL METHOD my_alv->set_table_for_first_display
        EXPORTING
*der Zeilentyp wird als Exportparameter
*übergeben
          i_structure_name        = '<Zeilentyp>'
        CHANGING
*interne Tabelle als CHANGING-Parameter
*übergeben
          it_outtab                = <int. Tabelle>
        EXCEPTIONS
          invalid_parameter_combination = 1
          program_error                 = 2
          too_many_lines                = 3
          OTHERS                        = 4.
      IF sy-subrc <> 0.
*Methode konnte nicht ausgeführt werden
        MESSAGE ....
      ENDIF.
  ELSE.
*Existiert beim PBO-Durchlauf das ALV-Grid-
*Objekt bereits, wird lediglich die Anzeige
*aktualisiert.
      CALL METHOD my_alv->refresh_table_display.
  ENDIF.
ENDMODULE.
```

Erinnern Sie sich an die Aufgabe in Kapitel 7, bei der das Ergebnis einer Literaturrecherche als Liste und als TableControl ausgegeben wurde? In diesem Programm haben Sie schon die Ausgabe als ALV-Grid-Control vorbereitet. In folgender Aufgabe wird das Programm vervollständigt.

1. Kopieren Sie das Programm SAPMYK07_3_TW nach SAPMYK10_1. Aktivieren Sie das Programm und legen Sie

den Transaktionscode ZK10_1 zu diesem Programm an (Startdynpro 100).

2. Legen Sie das Dynpro 130 mit einem Containerbereich MY_CC an.
3. Legen Sie einen neuen GUI-Status (Namensvorschlag DYNPRO_0130) an. Programmieren Sie in diesem Status nur die Funktionstaste EXIT. Rufen Sie den Status im Dynpro 130 im Modul STATUS_0130 auf.
4. Ersetzen Sie im PAI-Modul USER_COMMAND_0100 die Anweisung MESSAGE i008(zlib) durch die Anweisung CALL SCREEN 130.
5. Legen Sie im Top-Include je eine Referenzvariable für ein Objekt der Klasse CL_GUI_ALV_GRID und der Klasse CL_GUI_CUSTOM_CONTAINER an. Außerdem benötigen Sie eine interne Tabelle mit Bezug auf die Dictionary-Struktur ZST_TC1_TW

```
DATA: my_alv TYPE REF TO cl_gui_alv_grid,
      my_container
       TYPE REF TO cl_gui_custom_container,
      it_tc1_tw TYPE TABLE OF zst_tc1_tw.
```

6. Rufen Sie im PBO des Dynpros 130 das bereits vorhandene Modul LADEN_INT_TAB auf. In diesem Modul wird die interne Tabelle IT_ZBESTAND mit den durch die Selektionskriterien identifizierten Daten der Tabelle ZBESTAND geladen.
7. Programmieren Sie Dynpro 130 nach dem Aufruf des Moduls LADEN_INT_TAB den Aufruf eines Moduls (Namensvorschlag: LADEN_ALV_INT_TAB), in dem die Daten der internen Tabelle IT_ZBESTAND in die namensgleichen Felder der Tabelle **IT_TC1_TW** gespeichert werden. Das Feld Name der internen Tabelle IT_TC1_TW wird mit dem Namen des Autors1 aus Datenbanktabelle ZAUTOREN geladen. Diese Tabelle und der zugehörige Zeilentyp **ZST_TC1_TW** wird später an das ALV-Grid-Control übergeben.
8. Programmieren Sie ein Modul (Namensvorschlag: INIT_CREATE_CONTROL_0130) in dem das Containerobjekt und das ALV-Grid-Objekt angelegt werden. Übergeben Sie an das ALV-Grid-Objekt die interne Tabelle IT_TC1_TW und deren Zeilentyp ZST_TC1_TW. Orientieren Sie sich dabei am Syntaxbeispiel der Vorgehensweise „Anzeigen von Daten mit dem ALV-Grid-Control". Rufen Sie dieses Modul im PBO des Dynpros 130 auf.

9. Programmieren Sie das PAI-Modul AT_USER_COMMAND_130 wie folgt:

```
MODULE user_command_0130 INPUT.
LEAVE TO SCREEN 0100.
ENDMODULE.
```

Bemerkung:

Das Modul muss ohne die Auswertung des OK_CODE-Feldes auskommen. Aufgrund der anderen Arbeitsweise der GUI-Controls wird dieses Feld nicht geladen. Die Alternative ist die Ereignissteuerung, die aber im Rahmen dieser kurzen Einführung in ABAP-Objects nicht behandelt wird.

Lösung: SAPMYK10_1

Lösung:

```
*&---------------------------------------------*
*& Include MYK10_1TOP                          *
*&---------------------------------------------*
PROGRAM  sapmyk10_1   NO STANDARD PAGE HEADING.
TABLES: zbestand_tw,zst_tc1_tw.
DATA: my_alv TYPE REF TO cl_gui_alv_grid,
      my_container TYPE REF TO
                        cl_gui_custom_container,
      it_tc1_tw TYPE TABLE OF zst_tc1_tw.
************nicht geänderter Quelltext*******************
*&---------------------------------------------*
*& Ablauflogik Dynpro 0130                     *
*&---------------------------------------------*
PROCESS BEFORE OUTPUT.

  MODULE status_0130.
  MODULE laden_int_tab.
  MODULE laden_alv_int_tab.
  MODULE init_create_control_0130.

PROCESS AFTER INPUT.
  MODULE user_command_0130.
*&---------------------------------------------*
*&      Module  STATUS_0130  OUTPUT            *
*&---------------------------------------------*
MODULE status_0130 OUTPUT.
  SET PF-STATUS 'DYNPRO_0130'.
```

```
  SET TITLEBAR 'DYNPRO_0130'.
ENDMODULE.

*&---------------------------------------------------*
*&      Module  laden_alv_int_tab  OUTPUT      *
*&---------------------------------------------------*
MODULE laden_alv_int_tab OUTPUT.
  REFRESH it_tc1_tw.
  LOOP AT it_zbestand INTO wa_zbestand.
   MOVE-CORRESPONDING wa_zbestand TO zst_tc1_tw.

    SELECT SINGLE * FROM zautoren_tw INTO
    CORRESPONDING FIELDS OF zst_tc1_tw
    WHERE autorennr = zst_tc1_tw-autor1.

    zst_tc1_tw-verfuegbar =
    zst_tc1_tw-bestand - zst_tc1_tw-ausgeliehen.

    APPEND zst_tc1_tw TO it_tc1_tw.
  ENDLOOP.
ENDMODULE.

*&---------------------------------------------------*
*&   Module  init_create_control_0130  OUTPUT  *
*&---------------------------------------------------*
MODULE init_create_control_0130 OUTPUT.
*Container und ALV Grid Control nur einmal
*anlegen
  IF my_container IS INITIAL.
    CREATE OBJECT my_container
      EXPORTING
        container_name              = 'MY_CC'
      EXCEPTIONS
        cntl_error                  = 1
        cntl_system_error           = 2
        create_error                = 3
        lifetime_error              = 4
        lifetime_dynpro_dynpro_link = 5
        others                      = 6.
    IF sy-subrc <> 0.
*Container konnte nicht angelegt werden
      MESSAGE ID sy-msgid TYPE sy-msgty
      NUMBER sy-msgno
      WITH sy-msgv1 sy-msgv2 sy-msgv3 sy-msgv4.
```

```
    ENDIF.

    CREATE OBJECT my_alv
      EXPORTING
        i_parent          = my_container
      EXCEPTIONS
        error_cntl_create = 1
        error_cntl_init   = 2
        error_cntl_link   = 3
        error_dp_create   = 4
        others            = 5.
    IF sy-subrc <> 0.
*ALV Grid Control konnte nicht angelegt werden
      MESSAGE ID sy-msgid TYPE sy-msgty
      NUMBER sy-msgno
      WITH sy-msgv1 sy-msgv2 sy-msgv3 sy-msgv4.
    ENDIF.
*Methode SET_TABLE_FOR_FIRST_DISPLAY aufrufen
 CALL METHOD my_alv->set_table_for_first_display
   EXPORTING
    i_structure_name               = 'zst_tc1_tw'
   CHANGING
      it_outtab                      = it_tc1_tw
      EXCEPTIONS
        invalid_parameter_combination = 1
        program_error                 = 2
        too_many_lines                = 3
        OTHERS                        = 4.
    IF sy-subrc <> 0.
*Methode konnte nicht ausgeführt werden
      MESSAGE ID sy-msgid TYPE sy-msgty
      NUMBER sy-msgno
      WITH sy-msgv1 sy-msgv2 sy-msgv3 sy-msgv4.
    ENDIF.
  ELSE.
    CALL METHOD my_alv->refresh_table_display.
  ENDIF.
ENDMODULE.
```

# Anlage

## Installation des Übungsszenarios

Die Dateien R900115.MBS, D900115.MBS und K900115.MBS der Buch-CD enthalten die Entwicklungsklasse (Paket) „Y_ABAP_TRAINING_TW“, in der sich die Lösungen der Übungsaufgaben befinden. Die Übernahme der Entwicklungsklasse und der dazugehörigen Entwicklungsobjekte in Ihr R/3-System erfolgt mittels eines Transportes. Dazu sind zunächst die Dateien in das Transportverzeichnis des R/3-Systems zu kopieren.

| Datei (auf Buch-CD) | R/3-Zielverzeichnis |
|---|---|
| R900115.MBS<br>D900115.MBS | <LW>:\<R3-System>\trans\data |
| K900115.MBS | <LW>:\<R3-System>\trans\cofiles |

Wenn Sie Zugang zum SAP-R/3-Server haben bzw. mit dem Mini-SAP arbeiten, können Sie den Kopiervorgang wie gewohnt durchführen. Anderenfalls gehen Sie entsprechend der Vorgehensweise „Upload Transportdateien“ vor.

Bei einem Transport in ein „echtes“ R/3-System sollten Sie *vorher* Ihren Systemadministrator konsultieren.

*Vorgehensweise: Upload Transportdateien*

1. Legen Sie die Buch-CD in Ihr CD-Laufwerk ein.
2. Starten Sie Ihr R/3-System, rufen Sie die Transaktion SE38 auf.
3. Legen Sie das Programm ZTP_UPLOAD an. Gehen Sie dabei entsprechend der nachfolgenden Abbildungen vor.

Abb. A.1
ABAP Editor:
Einstiegsbild

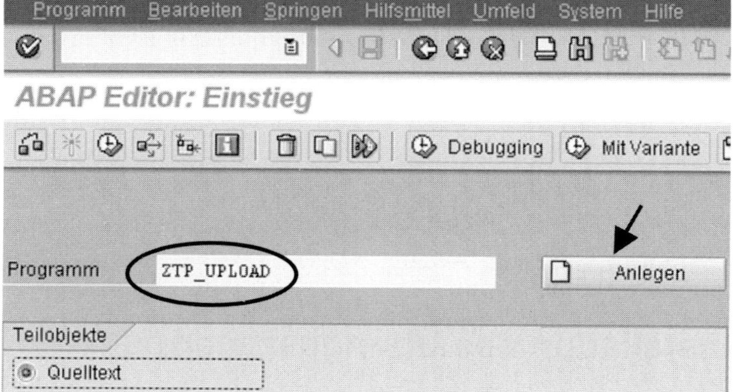


Abb. A.2
ABAP Editor:
Programm-
eigenschaften
festlegen

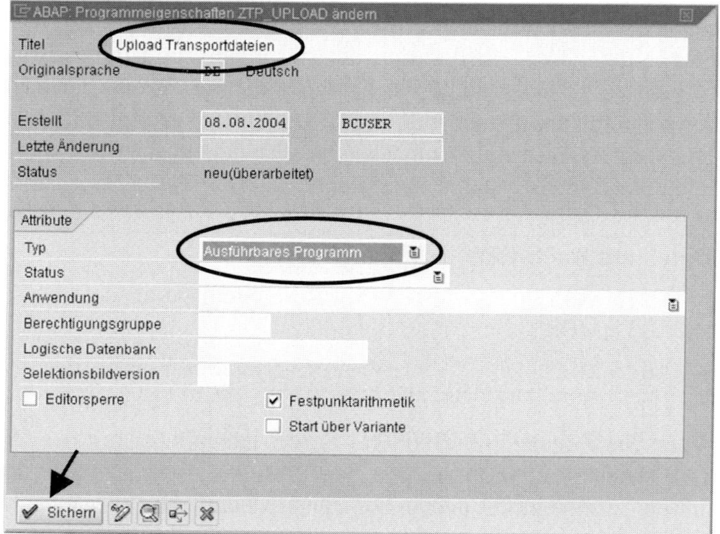


Abb. A.3
Programm als
lokales Objekt
sichern

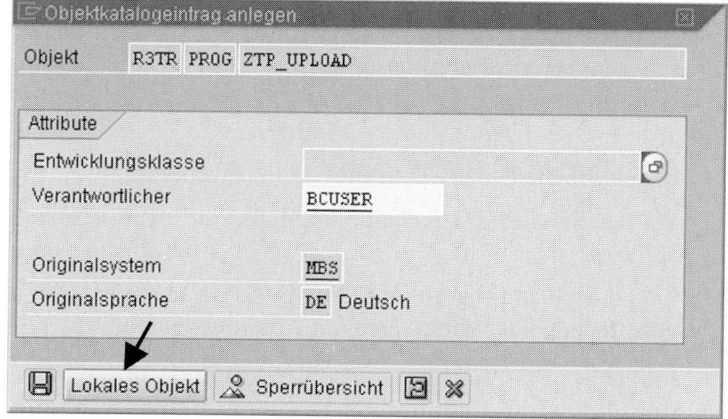

4. Laden Sie die Datei ZTP_UPLOAD der Buch-CD in einen Texteditor und kopieren Sie den gesamten Text in die Zwischenablage.
5. Verzweigen Sie wieder in den ABAP-Editor und fügen Sie den Quelltext aus der Zwischenablage ein.

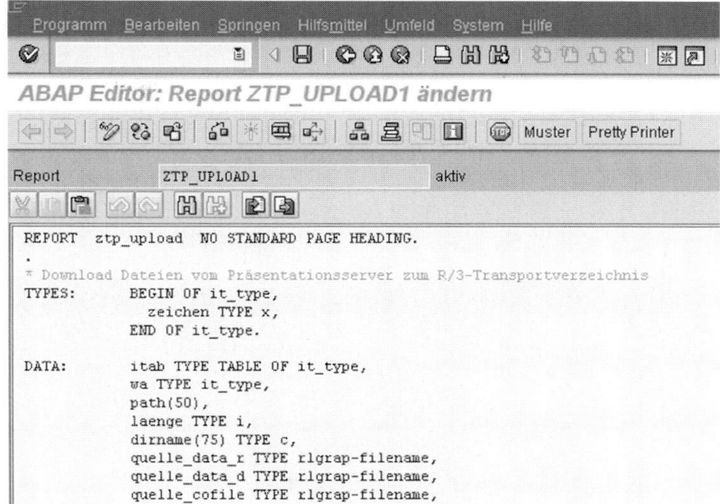


*Abb. A.4 Quelltext aus Zwischenablage einfügen*

Achten Sie darauf, dass der Anfang Ihres Programms so aussieht, wie in Abb. A.4. Löschen Sie gegebenenfalls die zusätzlich entstandene Zeile „REPORT ztp_upload.".

6. Sichern Sie das Programm (Symbol „Diskette" ).
7. Führen Sie das Programm aus (Menü Programm → Testen). Tragen Sie im Einstiegsbild das Laufwerk der Buch-CD ein. Die anderen Eingabefelder müssen nur im Ausnahmefall geändert werden.
   Klicken Sie das Symbol „Ausführen".

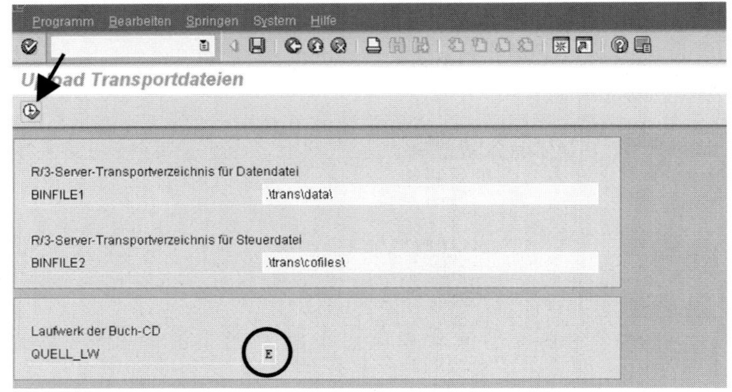


*Abb. A.5 Programm ZTP_UPLOAD ausführen*

8. Als Ergebnis wird Ihnen ein Transportprotokoll angezeigt.

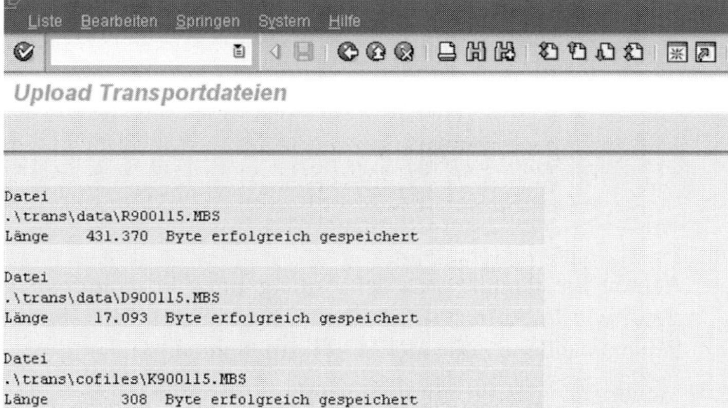


*Abb. A.6 Upload-Protokoll*

9. Sie können mit der Transaktion AL11 (SAP-Directories) überprüfen, ob die 3 Dateien im Transportverzeichnis vorhanden sind. Doppelklicken Sie im Einstiegsbild dieser Transaktion den Eintrag „DIR_TRANS" und danach „DATA" bzw. „COFILES" und kontrollieren Sie, ob die Dateien R900115.MBS, D900115.MBS und K900115.MBS in den Verzeichnissen zu finden sind.

Nach dem erfolgreichen Upload der Transportdateien in das Transportverzeichnis können Sie den Transport der Entwicklungsobjekte in Ihr R/3-System entsprechend der Vorgehensweise „Transport ausführen".

*Vorgehensweise: Transport ausführen*

1. Starten Sie die Transaktion STMS (Transport Management System)

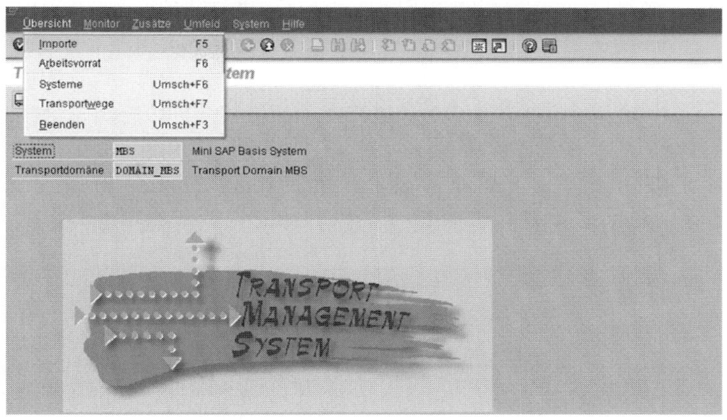


*Abb. A.7 Menüauswahl im Einstiegsbild des Transport Management Systems*

2. Wählen Sie im Einstiegsbild das Menü Übersicht → Importe.

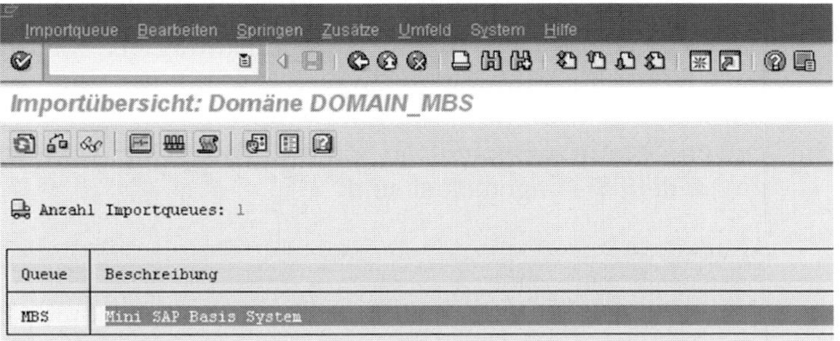


*Abb. A.8 Auswahl der Importqueue in der Importübersicht*

3. Doppelklicken Sie in der Importübersicht Ihr R/3-System.
4. Wählen Sie im Folgebild das Menü Zusätze → Weitere Aufträge → Anhängen.

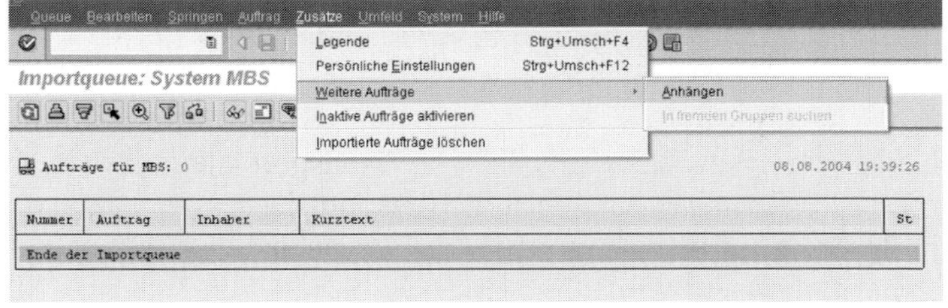


*Abb. A.9 Menüauswahl in der Importqueue*

Tragen Sie im folgenden Dialogfenster in das Eingabefeld „Transportauftrag“ die Zeichenkette MBSK00115 ein (auch wenn Ihr R/3-System nicht MBS heißt).

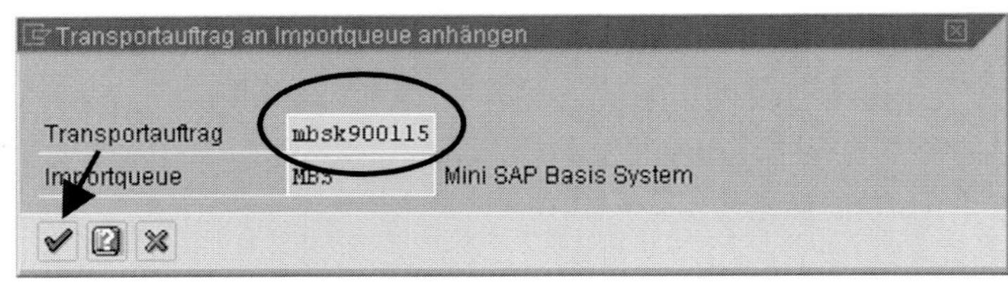


Abb. A.10 Eintragen des Transportauftrages

5. Beantworten Sie die folgende Sicherheitsabfrage „Transportauftrag MBSK900115 an Importqueue ... anhängen“ mit „Ja“.
6. Wählen Sie, falls möglich, das Menü Queue → Öffnen. Sie müssten jetzt folgendes Bildschirmbild erzeugt haben:

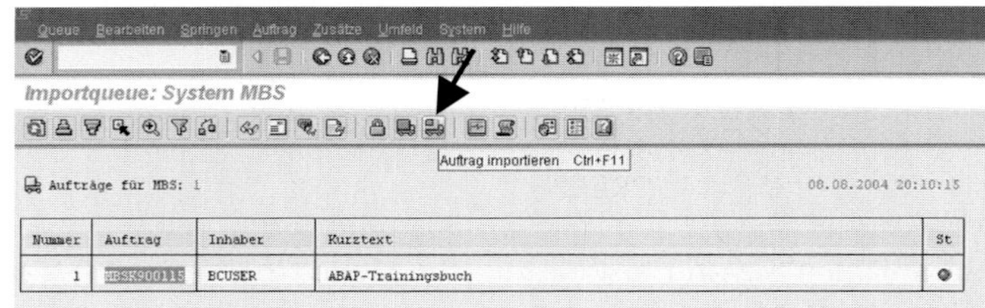


Abb. A.11 Auslösen des Imports

Stellen Sie den Cursor in den Transportauftrag und klicken Sie die Schaltfläche „Auftrag importieren“.

7. Tragen Sie im Folgebild als Zielmandanten den Mandanten ein, an dem Sie angemeldet sind.

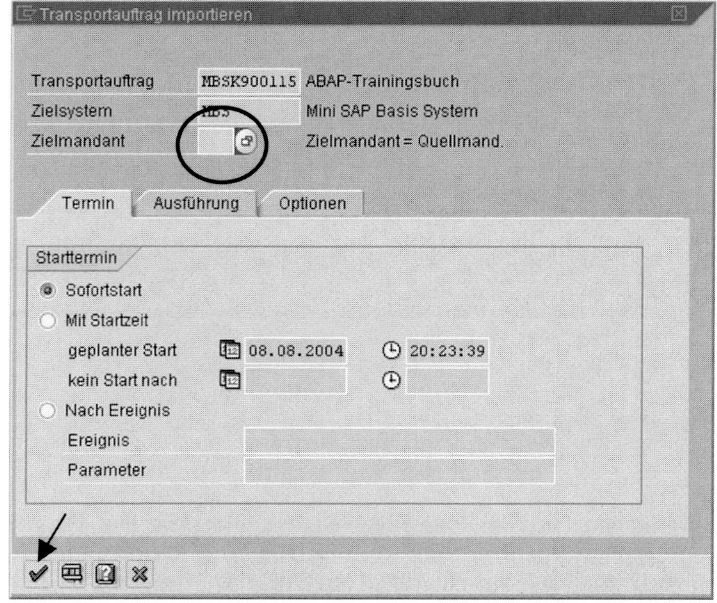


Abb. A.12 Import beginnen

# Index

## A

## E



## F



## G

## M



## N



## O



## P

## Q



## R



## S

# T



# U



# V

## W



## Z

Druck: Krips bv, Meppel
Verarbeitung: Litges & Dopf, Heppenheim